吳金成著作集 2

國法과 社會慣行

— 明淸時代 社會經濟史 硏究 —

吳金成

지식산업사

著者 吳金成

전북 정주에서 출생(1941)

서울대학교 사범대학 역사과 졸업(1964)

서울대학교에서 「明代 紳士層 硏究」로 박사학위 받음(1986)

서울대학교 동양사학과 교수로 재직(1972~2007)

서울대학교 명예교수

주요 저술

『中國近世社會經濟史硏究—明代紳士層의 形成과 社會經濟的 役割—』; 『矛·盾의 共存—明淸時代 江西社會 硏究—』; 『明末淸初社會의 照明』(共著); 『近世 東아시아의 國家와 社會』(共著) 등의 著書 외 다수.

國法과 社會慣行
— 明淸時代 社會經濟史 硏究 —

초판 제1쇄 인쇄 2007. 5. 20.
초판 제1쇄 발행 2007. 5. 25.
지은이 오금성
펴낸이 김경희
펴낸곳 ㈜지식산업사
서울시 종로구 통의동 35-18
전화 (02)734-1978(대) 팩스 (02)720-7900
인터넷한글문패 지식산업사
인터넷영문문패 www.jisik.co.kr
전자우편 jsp@jisik.co.kr
등록번호 1-363
등록날짜 1969. 5. 8.

책값은 뒤표지에 있습니다.

ISBN 978-89-423-2070-7 93910

이 책을 읽고 문의하고자 하는 이는 지식산업사 전자우편으로 연락 바랍니다.

머리말

명청시대 사회경제사 연구에 뜻을 둔 지 어언 30여 년이 흘렀습니다. 박사학위를 받은 지도 20년이 흘렀습니다. 이제 조금은 알 법도 하건만, 공부를 할수록 모르는 것이 더 많습니다. 갈수록 자신이 없어져, 도움을 주신 은사님들과 선배님들, 같이 공부하는 동학들 앞에 서면 민망하기만 합니다.

지금 여러분께 보여 드리는 글들은 그동안 방황한 저의 모습입니다. 그것들이 시나 수필과 같이 매끄럽고 감칠맛 나는 글이 못되어 죄송합니다. 난삽하기 그지없지만, 부디 저는 '바담 풍' 해도 동학들은 '바람 풍' 하기를 기대하며, 정리해 보았습니다.

그 동안 원 없이 방황하였습니다. 정신없이 쏘다녔습니다. 처음 일본에 건너가, 그 많은 자료와 연구인력, 활발한 연구 활동의 면전에서 어안이 벙벙하였습니다. 하버드와 프린스턴에 건너가서는, 마치 연구에 미친 사람들처럼 매주 두세 번 씩 열리는 세미나에 주눅이 들었습니다. 대만과 대륙에 건너가서는, 자국사를 연구하는 그 많은 학자들 앞에서, 6.25 남침 때 '인해전술을 펴는 중공군 앞에서 오금이 저려 움직일 수도 없었다'는 어른들의 말씀이 겨우 이해가 되었습니다.

제 능력으로는 서울대학교 동양사학과 학생들을 가르친다는 것이 무리였습니다. 함량 미달인 것을 뼈저리게 느꼈기 때문에, 다른 사람이 한 시간 공부할 것을 저는 3시간, 4시간 공부하였습니다. 그런데도 항상 불만인 채, 시간에 쫓겨 발표할 수밖에 없었습니다. 그 가운데서도 감사한 것은, 총명한 학생들과 함께 공부하면서, 늘 '교학상장(教學相長)'의 덕을 보아 온 것입니다.

다른 사람들이 보면, 제가 걸어 온 길은 너무도 힘든 길이었습니다. 더욱이 곁에서 늘 제 삶을 보살펴 온, 사랑하는 아내의 눈에는 그렇게 보였을 것입니다. 모두들 저를 사랑하기 때문입니다. 그러기에 저는 지금까지 참으로 행복한 삶을 누려왔습니다. 제 앞에는 아무도 없고, 아무도 같이 갈 사람이 없어 늘 혼자서 방황하는 길이었지만, 바로 그래서 저만이 들은 새의 노래도, 저만이 본 아름다운 꽃과 저만이 즐긴 향기도 많았고, 저만이 맛본 과일도 많았습니다. 그러기에 저의 학문생활은 늘 감사한 삶이었습니다.

이 책이 나오기까지 많은 분들의 도움을 받았습니다. 명청사학회의 동학들과 토론하는 과정에서 참으로 많은 것을 배웠습니다. 지식산업사 김경희 사장은 어려운 출판 여건 속에서도 흔쾌히 출판을 허락하셨고, 박효근 선생은 난삽한 원고를 이렇게 보기 좋게 정리하여 주셨습니다. 조영헌 · 이지영 · 박민수 · 강원묵, 그리고 많은 대학원생들은 이 글을 처음 정리할 때부터 자기 글같이 교정 작업에 헌신하였습니다. 모든 분에게 깊은 감사를 드립니다.

이제는 정말 푹 쉬고 싶습니다. 그러나 그동안 여러 분들에게 받은 사랑과 빚이 너무도 많아, 그 생각을 하면 마음 편히 쉴 수도 없습니다. 그래서 눈감을 때까지는 조금이라도 더 갚아보려고 노력하겠습니다. 이미 하늘나라로 가신 분들에게는 저도 하늘나라로 가서 잊지 않고 감사를 드리렵니다.

쑥스럽지만 아내에게도 감사함을 표하고 싶습니다. 처음엔 좋은 동무였고, 주님의 축복을 받은 후로는 팔방미인이 되어 집안일을 돌보고 그 고달픔을 학교에 나가 풀었고, 언제부터인가는 듬직한 보호자가 되어 있는 아내에게.

그리고 보잘 것 없지만, 이 책을 저의 하나님께 바치렵니다. 저를 지으시고 대속하여 주시고 아들삼아 주시고, 이 책을 정리할 수 있도록 지혜를 주시고, 그의 나라로 받아주실 하나님께. 그리고 주님이 부르시는 날, 바로 그날, 감사한 마음으로, 적신으로 나의 주님께 안기고 싶습니다.

2006년 10월 1일(제65회 생일에)

관악산 일우에서

吳金成

目 次

제 2 편 國家權力과 紳士

제 3 편 都市와 無賴

導 論

I

동서고금을 막론하고 사회는 언제나 변화되어 왔다. 큰 사건이 일어나지 않는 한, 눈앞의 현상은 매일 비슷하게 전개되는 것 같지만, 오랜 역사를 되돌아보면 분명 변화해 왔음을 알 수 있다. 그러한 변화 속에서 정부의 법률과 제도, 또는 정책의 이념이 현실 사회에서 그대로 반영된 적은 거의 없었다. 이념과 현실, 국법(國法)과 사회관행(社會慣行)은 언제나 괴리되어 있었다. 그것은 인간이 역사의 주체(主體)이기 때문이고, 재화(財貨)는 한정되어 있는데 인간의 욕망은 끝이 없기 때문이다.

이 책에서는 '명청시대(明淸時代) 사회경제사'에서 볼 수 있는 몇 가지 현상을 '국법과 사회관행'이라는 안목에서 조명하려 한다. '명청시대의 국법, 즉 정부의 법률・제도・정책의 이념이 현실 사회에서 어느 정도나 반영되고 실시되었던가'를 사회변화 과정 속에서 분석해 보려는 것이다. 국법이나 사회관행과 별로 관계가 없어 보이는 사회경제사 분야에서도, 이념과 현실은 대개는 평행선을 그었다. 따라서 그 원인은 무엇이고, 그것은 어떤 의미가 있는가를 살펴보고자 한다. 전체의 안목은, 정치・사회적 지배층이었던 신사(紳士)를 중심으로 하여, 그 주변에서 이들과 깊은 관계를 맺으며 존재하던 서리(胥吏)와 아역(衙役), 상인(商人)과 아행(牙行), 무뢰(無賴) 등의 존재양태를 통해서 명청시대의 사회가 서서히 변화되어 가던 모습을 분석해 보겠다. 이 책은, 따라서 이 책과 동시에 간행된 『모(矛)・순(盾)의 공존(共存) — 명청시대 강서사회(江西社會) 연구 —』의 각 편 주제와 서로 조응된다. 이 책은 중국의 모든 지역에 대한 일반론이므로, 이 책 각 장의 내용을『모・순의 공존』에 서술된 강서지방의 사례를 통해서 구체적으로 확인할 수 있을 것이다.

명청시대는 다음 두 가지 점에서 중요한 의미를 갖는다. 첫째는 전근대와 현대를 잇는 교량적(橋梁的) 기능을 한 시대였다는 점이다. 그러므로 '현대 사회를 얼마나 이해할 수 있는가' 하는 점은 바로 '명청시대의 사회를 이해하는 정도'에 따라 좌우될 것이다. 둘째, 명청시대는 한족 지배에서 만주족 지배로, 왕조가 교체된 시대라는 점이다. 중국은 옛날부터 '땅은 넓고 재화는 풍부[地大物博]'한 나라로 여겨졌는데, 그 넓고 많은 인구를 가진 나라가 동북 변방의 소수민족인 만주족에게 먹히고 말았다. 명청시대 540여 년 동안, 중국의 영토는 거의 2배로 증가하여 현대 중국의 판도가 되었고, 인구는 4~5배나 증가하였는데, 그 영토의 대부분은 청대에 증가한 것이고 인구도 반 이상이 청대에 증가하였다. 이민족인 만주족이 지배하던 시기에, 중국 역사에서 가장 큰 번영을 이룩한 것이다. 그러므로 '정치・사회・경제・문화 등 전반적인 역사 현상이 왕조교체와 어떻게 연관되어 있었던가'를 이해하는 것 역시 현대 중국 사회를 이해하는 관건이 될 것이다.

II

제 1 편 사회의 동요와 재편은 사회가 마치 산 사람 같이 항상 살아 움직이는 모습을 분석한 것이다. 인간이 사회를 만들어가므로, 사회는 인간의 활동과 함께 끊임없이 변화해 왔다.

제 1장「명말(明末)・청초(清初)의 사회변화」는 명청시대 모든 기간을 고려한 후에, 명・청 왕조교체가 사회경제에 미친 실제 영향과 그 의미를 분석한 글이다. 1950~1980년대의 중국과 일본의 중국사학계에서는, 명말청초시기(16~18세기)를 사회변화의 중요한 획기(劃期)라고 생각하였다. 명말청초의 시기에는, 정치적으로는 명청왕조가 교체되었고, 사회적으로는 미증유의 인구이동과 그로 말미암은 대대적인 민중봉기가 일어나 명(明)의 멸망을 초래하였다. 경제적으로는 정치・사회적인 변화와 같이 움직이면서도, 그러한 사회혼

란과는 언뜻 보기에 반대되는 현상, 즉 전국적으로 농업·수공업·상업이 광범하게 발전하고 그 여파로 중소 도시가 '우후죽순'처럼 발생하던 현상이 동시에 일어났던 시기였다. 문화적으로는 유럽에서 들어온 새로운 사상의 영향까지 가세하여, 실사구시(實事求是)적인 경세사상(經世思想)이 발전하였고, 조선에서 실학사상이 대두하는 데 영향을 주었다. 국제관계면에서는 조선을 가운데 놓고 중국·만주·조선·일본 사이에 왜란과 호란이 각각 두 번씩 일어났다. 그 때문에 4개국 사이의 역학관계가 변화되었으며, 중국에서는 왕조교체, 조선과 일본에서는 전쟁 등으로 사회가 크게 변화된 시기였다.

1장에서는 이 시기에 진행된 다양한 사회변화 현상 가운데 다음 세 가지 측면만을 분석하여 보았다. 첫째는 향촌질서의 재편과정을 통해서 사회구조의 변화를 살펴보았다. 둘째는 인구이동을 통하여 중국의 인구분포가 재편되는 과정과, 그 때문에 일어난 긍정적인 면과 부정적인 영향을 분석하였다. 셋째는 농업생산력의 발전을 배경으로 하여 나타난 상품생산과 수공업의 발전 가운데, 가장 전형적이라 할 수 있는 강남의 방직업을 살펴보았다. 그런데 이상의 세 가지 측면은 사실 모두 명(明) 중기에 시작되었다.

제 2 장 「농업의 발전과 명청사회」에서는, 송대(宋代)로부터 청말(清末)에 이르는 900여 년 동안 이룩된 농업의 발전을, 주로 '생산력의 변화'라는 시각에서 재정리해 보고, 그것이 이 시기에 나타난 사회변화와 어떻게 조응되는가를 분석해 보았다.

농업을 빼놓고 중국의 사회경제사 연구는 불가능하다. 농업은 중국사에서 '경제' 그 자체였다. 명청시대 540여 년 동안 중국의 인구는 실질적으로 4~5배나 증가하였으므로, 이렇게 급증하는 인구를 먹여 살리는 것은 중국 경제의 최대 현안이었다. 중국은 지금도 세계인구의 1/4 정도를 부양할 만큼, 농업의 비중은 여전히 높다.

중국의 농업은 철제 농기구의 사용이 확산되기 시작한 전국시대부터 비약적으로 발전하기 시작하였다. 그 후로 당(唐)대까지는 화북평원이 경제의 중심지였다. 당말(唐末)부터 송대까지는 보통 '농업혁명기'라 일컫기도 한다. 이 시기에 중국의 경제중심은 양자강 하류지역(이하 강남 델타로 부름)으로 이동하였다. 명청시대에는 양자강 중·상류 지역의 개발이 새롭게 진전되면서 농업중심지가 다원화되고, 경지면적이 3배 가까이 증가하였다. 또 집약농업(集約農業)이 심화되고 새로운 작물이 전래, 보급됨에 따라 생산량이 크게 증가하였다. 각지에서는 그 지역 특성에 맞게 상품작물이 보급되면서 분업화도 진행되었다. 4~5배로 급증한 인구를 부양할 수 있었던 배경은 바로 여기에 있었다.

명대 농업 발전의 최대의 특징은 양자강 중류의 호광지역이 개발된 점이었다. 바로 "호광에 풍년이 들면 천하가 풍족하다[湖廣熟, 天下足]"는 속담이 이를 대변하고 있다. 〈부론(附論)〉 1 「호광숙 천하족(湖廣熟 天下足)」은 명대에 호광지방이 개발되는 과정과 개발의 주체, 그러한 개발이 가지는 역사적 의미 등을 분석한 사례연구이다. 단, 이 글은 필자의 『중국 근세 사회경제사 연구(中國近世社會經濟史硏究) — 명대 신사층의 형성과 사회경제적 역할』, (일조각, 1986, 일본어 번역본 : 『明代社會經濟史硏究 — 紳士層の形成とその社會經濟的役割』, 汲古書院, 東京, 1990)의 내용 가운데 제Ⅱ편 「신사층의 사회경제적 역할 — 양자강 중류 농촌의 사회변화와 관련하여」를 요약한 것이다. 앞장에서 본, 「농업의 발전과 명청사회」를 이해하기 위해서는 어쩔 수 없이 이 부분이 필요하기 때문이다. 그 때문에 구태여 각주를 달지 않았다.

〈부론(附論)〉 2 「'자본주의맹아'론 (資本主義萌芽論)」은 중국의 역사학계에서 1950년대부터 지난 세기말까지 꾸준히 지속된 '자본주의 맹아'에 대한 토론을 정리한 것이다. 사회가 동요하고 재편되는 과정에서, 상품생산과 수공업이 지속적으로 발전한 구체적인 내용은, 제1편 전체 주제를 이해하는 데 도움이 될 것이다.

중국의 역사학계에서 '맹아'에 대한 토론이 끈질기게 지속된 이면에는, 중국 공산주의 정권 성립의 '역사성'을 합리화하기 위하여, 서방학자들이 주장해 온 '중국사회 정체론(停滯論)'을 부정하고, '중국 역사에도 세계사의 법칙성이 존재'하는 사실을 밝히려는 데 목적이 있었다. '맹아' 토론은, 송(宋)에서 청말(淸末)까지의 장기간의 역사발전 과정에서 중요한 시대적 전환기는 바로 왕조가 교체된 명말·청초의 시기이고, 그 중요한 지표가 곧 '자본주의의 맹아'라는 인식에서 시작되었다. 그리고 '맹아'의 대표적인 지표는 명 중기 이후의 생산력의 발전 및 은(銀)의 광범한 유통과 함께 나타난 상품경제의 발전이라고 보았다. 바꾸어 말하면, 아편전쟁 이전의 중국사 내부에도 주체적이고 자생적인 '자본주의 발전의 계기'가 있었음을 증명하려는 노력이 곧 '맹아'론이라 할 수 있다.

III

제 2 편 국가권력(**國家權力**)과 신사(**紳士**)는 명청시대의 지배층이었던 신사의 정치·사회적 존재양태를 분석한 글들을 모았다. 근대 이전의 중국 역사에서 국가의 기능은 절대적이었는데, 그 이면에는 항상 국가가 제대로 기능하도록 윤활유 역할을 한 계층이 있었다. 그들이 곧 사회의 지배층이었다. 신사는 은주(殷周)시대의 세족(世族), 전국시대의 사(士), 한대의 호족(豪族), 위·진·남북조와 수당시대의 '문벌귀족(門閥貴族)', 송원시대의 사대부(士大夫)를 이어서, 명청시대 사회를 지배한 계층이었다.

제 1 장 「명대의 국가권력과 신사」에서는, 명대에 신사가 처음 등장하게 되는 정치·사회적인 과정과, 그 후 국가 권력과의 역학관계 내지 존재양태를 분석하였다. 신사는 관직경력자〔官職經歷者; 진사(進士) 포함〕와 아직 관료가 되기 전의 학위소지자〔學位所持者; 사인(士人), 거인(擧人)·공생(貢生)·감생(監生)·생원(生員)〕를 포함하는 개념이며, 과거제·연납제(捐納制)·학교제 등을 매개로 하여 나타난 정치·사회적인 지배층을 모두 일컫는 개념이다. 명대에 신사가 출현하게 된 배경은 대체로 다음 3가지를 고려할 수 있다. 첫째는 과거제와 학교제의 결합이었고, 둘째는 신(紳)과 함께 사인(士人)이 특권층으로 승격된 점이었으며, 셋째는 신(紳)과 사(士)가 '같은 계층'이라는 '동류의식'이 발생한 것이었다.

명청시대에 국가 행정의 최하층 단위는 현(縣)이었고, 지현(知縣)이 한두 명의 부하 관료들과 함께 현을 통치하였다. 지현은 작은 황제로 불리며, 현 안에서 일어나는 모든 일을 관장하였다. 그런데 현에는 겨우 4~5명의 보조원만 인정받았고, 나머지는 모두가 서리와 아역(衙役)뿐이었다. 명 중기에도 한 현에 10만여 명쯤 되었던 인구가 청말에는 30만 명을 넘어섰다. 전국적으로 인구이동은 더욱 활발해졌고 사회는 갈수록 복잡해졌다. 관료의 회피제도(迴避制度) 때문에, 지현은 임지에서 언어도 통하지 않았고, 현지 물정에도 어두웠다. 그런데 임기를 마친 후의 근무 평가는 그 지역 신사의 여론에 많이 좌우되었기 때문에 지현은 현지의 누군가의 협조를 얻어야만 행정을 원활하게 수행하며 임기를 잘 마칠 수 있었다. 이때 유일한 방법은 현지 신사의 협조를 얻는 것이었다.

그러나 신사도 일차적으로는 사리(私利)를 추구하는 존재였다. 세금을 탈면(脫免)하는 등, 법으로 보장된 특권을 이용하여 갖가지 개인적 이익을 추구하였기 때문에, 그들이 탈면하는 부분은 모두 힘없는 서민이 부담해야 하였다. 그러나 또 한편, 신사는 송대 사대부의 이념을 계승하여, '천하가 근심하기에 앞서 근심하고, 천하가 기뻐한 뒤에 기뻐한다'는, '선우후락(先憂後樂)' 이념을 사명의식으로 갖는 존재였다. 신사는 '선우후락'의 공의식에서 발로되어, 다음과 같이 지역사회에서 광범한 공익사업에도 참여하였다. 첫째, 신사는 국가권력이 향촌을 통치하는 데 보좌역을 담당하였고, 둘째, 위와는 반대로, 국가권력에 대하여 향촌여론을 대변하였으며, 셋째, 상하 관청 사이의 서로 다른 의견, 국가권력과 향촌 사이의 이해 대립, 또는 지역 사이의 갈등이 생길 때, 양자를 조정하는 역할도 수행하였다.

제 2 장 「왕조교체와 신사의 향배」에서는, ⓐ 명대의 사회지배층이던 신사가 명조와 청조가 교체되던 동란기에는 어떻게 살면서 그 지역에 침투해 들어오는 청군에 어떻게 대처하였으며, ⓑ 청조가 정복을 완료하고 국가체제를 안정시킨 후, 청조 국가권력과 신사 사이의 역학관계는 어떠하였으며, ⓒ 청말에 청조 권력이 극도로 약화되어가는 시기에 신사는 어떻게 행동하였던가를 분석하였다.

명 · 청 왕조교체기의 중국사회는 그야말로 무정부 상태의 공동사회(空洞社會)였다. "산과 들, 그 어디나 도적 천지였다"고 할 만큼, 명의 패잔병과 무수한 유구(流寇)와 토적(土賊)이 횡행하는 세상이었다. 이들은 수시로 이합집산

(離合集散)을 반복하면서 약탈과 살육을 자행하였다. 온 세상이 그저 약탈자의 무법천지로 버려진 상태였다. 이러한 극한 상황 속에서, 신사는 우선 종족(宗族)이나 촌락(村落) 단위로 자위군을 조직하여 생명과 재산을 보존하려 하였지만, 더없이 불안한 나날이었다. 각 성에 진입한 청군도, 병사의 수와 군량이 부족하였고, 병사의 대부분은 현지에서 모집한 오합지졸(烏合之卒)이었으므로 도적들과 마찬가지로 약탈을 일삼았다. 청군과 도적들 사이에는 전투 상황이 수시로 반전되면서 도대체 적과 아군을 구분할 수 없는 혼돈상태가 계속되었다.

그 때문에 청군으로서도 일단 확보한 지역의 질서를 확립하고, 빠른 시일 안에 정복을 완성하기 위해서는 우익세력(羽翼勢力)의 확보가 절실하였다. 방법은 신사를 포섭하는 길밖에 없었다. 청조가 변발[(辮髮); 치발(薙髮)이라고도 함]마저 일시 유예하면서 「순치제즉위조(順治帝卽位詔)」와 각 성(省) 「은조(恩詔)」를 반포하여, 기득권과 사회경제적 지위를 인정하면서 신사를 포섭한 것은 그 때문이었다. 신사들의 입장에서도 '감히 청할 수는 없지만 마음속으로 간절히 바라던 바[不敢請, 固所願]'였다. 신사들이 변발을 감수하면서까지 이민족 왕조를 수용하고, 통일을 위해 적극 협조한 것은 그 때문이었다. 결과적으로 보면, 신사는 자신들의 '보신가(保身家)'를 위하여, '국가'를 '이민족[女眞族]'에게 헌상(獻上)하고 만 셈이었다.

그 뒤 신사는 명대나 다름없는 특권을 행사하려 하였기 때문에 자연히 청조 권력과 갈등을 빚었다. 순치(順治) 친정기(親政期)로부터 강희(康熙) 초기까지, 청조는 강남지방에 대한 통해안(通海案)·곡묘안(哭廟案)·강남주소안(江南奏銷案)과 동남 연해지방에 대한 천계령(遷界令) 등, 신사와 반청 해상세력을 동시에 통제하려 하였다. 이러한 여러 정책은 명초 홍무제(洪武帝) 시기부터 계속된 신사 정책을 답습한 것이었다. 그 뒤, 강희 후반기로부터 건륭(乾隆)년간까지, 청조의 회유와 탄압의 양면정책에 힘입어 잘 제어된 상태를 유지하였던 신사는, 공익사업을 담당하던 명대의 존재양태를 거의 그대로 유지하면서 오랫동안 지속된 사회 안정에 크게 기여하였다.

그러나 18세기 말부터 청조(淸朝)는 점점 몰락하기 시작하였다. 특히 가경(嘉慶) 백련교(白蓮敎)의 난(1796~1805) 시기에는 흡사 원말(元末), 혹은 명말・청초 동란기와 비슷한 상황이 전개되었다. 원말에는, 사대부와 지주들이, 자신들을 백안시하던 원조(元朝) 대신, 자신들의 지위를 존중하겠다고 약속하는 주원장(朱元璋) 집단에 가담하여 원 왕조를 몰아내고 명조를 건국하였다. 명말・청초 동란기에는, 신사는 자신들의 지위와 특권을 인정하지 않는 이자성(李自成)과 장헌충(張獻忠) 등의 반란세력보다는, 이민족이지만 자신들의 지위와 특권을 보장하겠다고 약속하는 청조를 택하였다. 이번의 백련교의 난 시기에는, 청군의 전투능력은 거의 상실된 상태였지만, 신사는 자신들의 특권적 지위를 인정해 주는 청조에 협조하여 반란세력으로부터 이민족왕조[즉, 청조]를 구하였다. 19세기 중엽의 태평천국운동(太平天國運動; 1850～1864) 기간에도, 신사는 같은 이유로 청조에 협조하여 또 한 번 이민족왕조의 수명을 연장시켰다. 신사는 19세기말까지는 청조에 협조함으로써, 자신들과 청조의 운명을 함께 하였다. 그러나 개혁과 혁명운동이 거세어지던 20세기 초부터는, 대다수의 신사 또는 신상(紳商)은 원말의 사대부나 지주 또는 17세기 중엽의 신사와 같이, 청조를 버리고 혁명운동에 합세하였다.

원말의 사대부와 지주, 또는 명말・청초 동란기의 신사처럼, 청말의 신사와 신상도 궁극적으로 자신들의 지위를 보장해 주지 못하는 국가 권력에 등을 돌리고 말았다. 그러므로 전근대 중국사회에서는, 국가권력이 사회의 지배층을 얼마나 체제(體制) 안에 포섭하느냐, 바꾸어 말하면 지배층의 향배(向背)가 국가의 안위와 사회 안정을 결정짓는 관건이었다고 할 수 있다.

제3장 「국법과 사회관행 — 명대의 '관신우면칙례(官紳優免則例)'를 중심으로」에서는, 국법과 사회관행이 계속하여 평행선을 그어 가는 현상 가운데 가장 전형적인 사례로서, 명대 '신사의 남면(濫免; 요역을 규정 이상 탈면하는 것)' 문제를 분석하였다. 신사 가운데 신(紳), 즉 관료경력자는 이미 고대로부터 특권층이었으므로 국가로부터 당연히 요역을 면제받아 왔다. 명대에 들어와서도, 홍무10년(1377)에 "내・외의 모든 현임관(現任官)에게 요역(徭役)을 전면(全免)하고, 이를 확실하게 국법으로 정한다[저위령(著爲令)]"는 조칙을 내렸다. 바로 그 2년 뒤에는 "치사관(致仕官)에게도 현임관과 동등하게 요역을 전면(全免)하고, 사회적인 지위도 현임관과 유사하게 인정해 주며, 이것을 확

실하게 국법으로 정한다"는 조칙을 내렸다. 그런데 또 그 다음 해(홍무13년)에는 "경관(京官) 가문의 요역을 면제한다[詔京官復其家]"는, 6자의 짧은 조칙을 내렸다. 우면특권(優免特權)은 오직 '현임(現任) 경관(京官)'으로만 제한시킨다는 것이었다. 이 조칙은 홍무 10년과 12년 령(令)과 같이 '저위령(著爲令)'이란 단서는 없었다. 그러나 이 조칙은 후에 정덕(正德) 『명회전(明會典)』과 만력(萬曆) 『명회전』에 등재됨으로써, 관인에 대한 우면규정으로서는 명대 최초의 '국법(國法)'이 되었다.

그런데 명조의 중앙관은 물론, 전국의 지방관과 신사들 사이에 심각한 혼선이 빚어지고 있었다. 명조의 국법은 홍무13년 령(令)과 같이 '현임경관 (現任京官) 전호우면(全戶優免)'이었다. 그러나 지역 차원에서는 관행적으로, ⓐ 홍무 10년·12년 령에 따라 '현임 내·외관' 뿐 아니라 '내외 치사관(致仕官)'의 우면도 묵인되고 있었으며, ⓑ 중앙관(中央官)조차도 우면규정에 대한 엄격한 인식은 없었다. 이렇게 혼란이 생기게 된 원인은, 홍무 10년·12년 령은 '저위령'의 단서가 있었으나, 13년 령은 '저위령'의 단서가 없었을 뿐 아니라, 그로부터 130여 년이 지난 후에 『회전(會典)』(정덕 6년, 1511)이 간행되기까지는, 아직 공식적인 법전이 없었기 때문이다. 더구나 관인호에게 인정한 우면(優免)은 '전면(全免)'이었고 그 범위 역시 모호하였다. 따라서 관인호는 당연히 자기들에게 유리한 대로, 거의 무제한으로 우면을 확대시키려 하였다. 지방관 차원에서는, 신사의 협조 없이는 지방 통치가 불가능하였으므로 모든 신사에게 편의대로 우면을 인정하였다. 신사는 이를 기화로 무제한의 남면(濫免)과 기장(寄莊; 다른 지역에 토지를 사두는 것)을 자행하였고, 비특권지주(非特權地主)는 그러한 신사에게 궤기(詭寄; 토지를 신사 명의로 바꾸는 것)를 추진하였다. 이 때문에 심각한 사회불안과 함께 농민이 유산(流散)하여 이갑제(里甲制)가 이완되어 갔다. 이러한 현상이 심각하게 인식된 것이 15세기 후반기였다. 명 조정으로서는 신사의 남면(濫免), 기장(寄莊), 비특권지주의 궤기(詭寄) 현상을 더 이상 방치할 수 없게 되었다. 그 때문에 명 중엽 이래, 중앙 조정에서는 수시로 우면을 제한하도록 명령하였지만, 지방관과 서리가 묵인하는 상태에서는 어떻게 해 볼 도리가 없었다.

놀라운 사실은, 정덕 6년에 『회전』이 간행된 후에도 신사의 남면이 더욱 심해졌다는 점이다. 더욱 놀랍게도, 남면과 궤기의 폐해가 갈수록 심각해졌지만 명조에서는 신사에 대한 우면제한을 더욱 완화시키는 쪽으로 정책을 추진하여 갔다. 더더욱 놀라운 사실은, 궤기를 받는 주체가 비단 관인호(官人戶)만이 아니라, 생원·감생·거인 등 미입사(未入仕) 사인(士人)들도 국가로부터 받은 우면특권을 빙자하여 궤기를 받았다는 점이다. 그 때문에 16세기 말부터는 신사의 남면과 비특권지주의 궤기의 폐해는 극에 다다랐다. 신사의 이러한 남면은, 청초 강희제의 강력한 신사 통제정책으로도, 옹정제의 더욱 강력한 신사 통제정책으로도, 건륭제의 지속적인 세금체납 금지정책으로도 끝내 저지할 수 없었다.

고금동서 어느 나라에서나, 국가는 세금을 규정대로 징수하려고 노력하지만 이는 늘 불가능하였다. 명대에도, 청대에도 국가는 조세와 요역을 규정대로 납부하라는 명령을 수없이 내렸지만, 신사의 조세 납부 저항과 남면은 결국 막을 수 없었다. 언제나 힘 있는 자들은 조세를 탈면하고, 힘없는 서민들만 힘겹게 세금을 납부하는 것이 일종의 사회관행인 셈이다. 국법과 사회관행 사이에는 이렇게 많은 괴리가 있어 왔고, 지금도 계속되고 있다.

부론(附論) 「일본의 명청시대 신사층 연구」에서는, 1950~1970년대에 걸쳐 일본의 중국사학계에서, '신사층 연구'를 주제로 '명청시대의 성격' 내지 '시대구분' 문제를 집중적으로 논하던 내용을 정리하였다. 이 문제는 명청시대 신사의 정치·사회·경제적인 역할을 이해하는 데에 중요한 단서를 제공하기 때문이다.

일본 역사학계에서 신사층의 역할에 주목하게 된 계기는 두 가지였다. 하나는 정치사적 측면으로서, 19세기 중·후기에 신사층이 정치적으로 독자적인 지위를 선명히 확보해가는 과정의 연원이 명말에 있다는 인식이었다. 또 하나는 사회·경제사적 측면인데, 여기에는 다시 다음 두 가지 고려가 있다. 첫째는 중국사의 시대구분론과 관련된 신사층 연구이고, 둘째는 이른바 '향신적 토지소유론(鄕紳的土地所有論)' 및 '향신지배론(鄕紳支配論)'으로 대표되는 국가론·사회구조론과 관련된 관심이다. 이 두 가지 방향은 서로 복합되어 있다.

Ⅳ

제 3 편 도시(都市)와 무뢰(無賴)에서는 명청시대에 전국적으로 수없이 발생하여 발전해 간 도시들 가운데, 가장 전형적이라 할 수 있는 강남(江南) 도시의 사례를 분석하고, 도시 거민 가운데 '밤 사회〔黑社會〕'를 지배한 무뢰의 존재양태를 분석하려 한다. 이를 통해 제 3 편을 제 1 편의 사회의 동요와 재편, 그리고 제 2 편의 신사의 존재양태와 조응하려 한다.

제 1 장 「강남(江南)의 도시사회」에서는, 강남지방에서 명 중기부터 수없이 나타나 발전해 간 중소도시〔시진(市鎭)이라고 함〕의 사회・경제・문화적인 구조와 그 역사적 의의가 지닌 한 단면을 거시적인 차원에서 분석해 본 글이다. 강남지방은 송대부터 "소주와 호주에 풍년이 들면 천하가 족하다〔蘇湖熟天下足〕"는 속담이 나올 정도로, 중국의 경제중심지로 발돋움하여 오늘날까지 그 명성을 유지하고 있다.

명 중기부터 이갑제 질서가 해체되기 시작하면서, 전국적으로 농민이 유산(流散)하고, 대대적인 인구이동이 시작되었다. 농촌에서 몰락한 농민 가운데 일부는 세력가의 전호(佃戶)나 노비(奴婢)로 전락하였고, 대부분은 고향을 떠났다. 그들의 이동방향은 보통 ① 농촌지역 → 금산구(禁山區), ② 선진경제지역〔先進經濟地域; 보통 인구가 과밀한 협향(狹鄕)〕 → 낙후지역〔관향(寬鄕)이라 부름〕, ③ 농촌지역 → 도시 및 수공업지역(手工業地域) 등으로 유형화할 수 있었다. 강남에 그 많은 중소도시가 발생한 것은 ③ 형태의 인구이동 때문이었다.

강남에서는 명 중기부터, 벼농사보다 월등하게 이익이 많은 면화・뽕나무 등 경제작물(經濟作物)을 재배하고, 이를 기초로 면포・비단 등 방직업이 발전하였으며, 그에 따라 수많은 외래 인구가 유입되면서 수많은 중소시진(中小市鎭)이 발달하였다. 그 때문에 종래 "소주와 호주에 풍년이 들면 천하가 족하다〔蘇湖熟天下足〕"던 강남지역이 급기야 양식이 모자라는 '결량(缺糧)' 지역으로 주저앉고 말았다.

강남의 도시는 외래 인구의 용광로였다. 관리・신사, 서리・아역, 작방주

(作坊主)·공장(工匠)·고용노동자, 객상(客商)·좌고(坐賈), 아행(牙行), 선부(船夫), 농민·기술자·기녀·빈민·무뢰[조직 폭력배]·걸인 등 온갖 부류의 인간 군상이 어울려 살았다. 그러나 강남의 도시사회에서도, 농촌사회와 마찬가지로 지배층은 역시 신사였고 그 가운데 생원(生員)이 가장 많았으며, 이들이 강남을 문화중심으로 이끌어갔다.

또 한편, 강남의 도시 사회는 아행(牙行, 상품 중개인)과 무뢰의 세계라 할 수 있었다. 아행은 상품경제의 발전을 조장하고 이에 의지하여 이익을 얻으면서도, 또 한편으로는 상품경제의 정상적인 발전을 파괴하는 존재였다. 무뢰는 명 중기 이래 강남지역을 필두로 전국에서 진행된 상공업의 발전과 도시의 흥기에 따라 나타나, 도시사회에 확실한 하나의 계층을 형성하고 '밤 사회'를 지배한 사회악(社會惡)이었다. 이들 아행과 무뢰, 그리고 지방 관아의 서리와 아역은 그때그때의 이익에 따라 이합집산하는 존재였다.

강남의 도시사회는 말하자면 신사와 무뢰가 지배하던 사회였다. 국법은, 신사에게 지방 통치의 일부를 위임하면서 그 결과를 감독하였고, 무뢰를 통제의 대상으로 여겼다. 그러나 사회의 현실[慣行]은 전혀 달랐다. 신사는 공공연하게 탈법을 저지르며 '낮 사회'를 지배하였고, 무뢰는 관과 신사의 눈을 피하여 '밤 사회'를 지배하였다. 무뢰는 또한 신사와 연결되어 있고, 지방관과 서리와도 연결되어 있어 그들의 묵인 아래 '밤 사회[黑社會]'를 지배하였던 것이다.

제 2 장 「흑사회(黑社會)의 주인, 무뢰」는, 바로 이상과 같은 무뢰의 존재양태를 구체적으로 분석한 글이다. 위에서 본 인구이동의 세 방향 가운데 제 3의 형태, 즉 도시로 유입된 인구의 일부가 무뢰로 변하였다. 도시는 재화의 이동이 많아서 노동인력이 많이 필요하였고, 또한 신사나 세력가 및 객상들의 자위(自衛) 등 다양한 수요가 있었으므로, 무뢰가 쉽게 은신할 수 있는 공간을 제공하였다.

무뢰는, '평소 인간으로서의 최소한의 본분도 지키지 않고, 별로 재산도 없으면서도 정상적인 생업에는 종사하지 않으며, 크고 작은 집단을 조직하여 비합법적 행동(주로 폭력과 사기)으로 사회에 기생하여 사는 자'라 할 수 있다. 무뢰들은 적으면 3~5명, 많으면 수십 명이 무리를 이루어 시장이나 부두에서 사기 · 협잡 · 도박, 부녀자 납치와 인신매매를 하는 등, 이권(利權)이 있는 곳은 어디든지 개입하였다. 이들은 표면적으로는 독립적인 활동을 하지만, 내면적으로는 자신들의 세력을 유지하기 위해 관료 · 신사 · 세력가 또는 서리나 아역과도 결탁하였다. 이들은 국가의 법률적 보호를 받지 못했지만 신사나 아행보다 수(數)도 훨씬 많았고, 무엇보다 밤 사회를 지배하는 대단히 무서운 존재였다.

무뢰는 당연히 국가권력의 통제 대상이었다. 이러한 사회적인 위상을 자각하고 있던 무뢰들 사이에는 의식상의 동질성, 또는 동류의식(同類意識)을 공유하였다. 그들은 향을 피워놓고 삽혈(歃血)하고, 문신(文身)하고 천지에 제사를 지내며 함께 맹세하는 등 종교의식을 통하여 결맹(結盟)하고, 두목을 세우고 아래 위 사이에 질서가 엄격하였다. 평소에 합동으로 무술훈련을 하고 외출할 때도 단체행동을 하였다. 그러므로 무뢰도 명청시대에 사회의 저변에 엄연히 존재한 하나의 '사회계층'이었다. 바꾸어 말하면 명청시대의 중국사회에는 농촌의 '소농민' 혹은 '도시 거민'을 사이에 두고, 사회의 한쪽 끝에는 지배층인 신사층, 다른 끝에는 이른바 '무뢰'층이 존재하였다.

중국의 영토는 너무 넓고 인구는 너무 많았으나 관료의 수는 너무도 적었다. 국가 행정의 최하층 단위인 현에는 지현 외에 겨우 4~5명의 보조원만 있었고 나머지는 모두 서리와 아역뿐이었다. 그러므로 행정이 미치지 못하는 부분을 신사가 위임받아 지배하였다. 그러나 신사는 낮 시간에만 사회를 지배할 뿐이었다. 밤에는 오히려 무뢰가 지배하였다. 국법은 무뢰를 통제하였지만, 사회관행은 이렇게 국법과 괴리되어 있었다.

제 3 장 「환관(宦官)과 무뢰」는, 명말의 만력제가 '금은광산(金銀礦山)을 개발하고 상세(商稅)를 징수한다는 명분으로' 지방에 파견한 환관인 광세사(礦稅使)들이 현지의 무뢰들을 수합하여 횡포를 자행한 내용을 정리한 글이다. 환관은 본래는 황제 곁에서 시중을 드는 노예 신분에 불과했으나, 이미 전국시대부터 권력을 훔치는 사례가 나타났다. 후한(後漢) 시대와 당대(唐代)는 '환관전횡(宦官專橫)'으로 첫째, 둘째를 다투는 시대였고, 명대(明代)는 그 세 번째 전횡기(專橫期)였다. 특히 명대 만력(萬曆)년간(1573~1619)은 '명나라가 망한

것은 만력 때'라는 속담이 나올 정도로 환관의 폐해가 막심하였다.

광세사들은 황제의 명령을 핑계로 마음대로 전권을 휘두르며 욕심껏 착취하였기 때문에, 전국에서 이에 항거하는 '반광세사(反礦稅使) 민변(民變)'이 계속되었다. 반광세사 민변은 선진·낙후 지역, 또는 상·공업이 발전한 지역, 수륙교통의 요충지역, 대외 무역항 등 지역을 가리지 않고 광세사가 파견된 지역의 도시에서 발생하였다. 도시에는 다양한 인간 군상이 한데 모여 섞여 살았으므로, 거민 사이에, 아니면 토착인과 객민, 종족 사이에 자주 대립과 분쟁이 발생하였다. 그럼에도 광세사의 횡포에 항거하는 민변이 일어날 때는 계층이나 토착인(土着人)·객민(客民)을 가리지 않고 도시에 거주하는 사람 모두가 하나로 결속하여 조직적으로 참여하였다. 그들이 하나로 뭉칠 수 있었던 힘은, ⓐ 양명학(陽明學)의 대두, ⓑ 서민문학(庶民文學)과 연극의 발달, ⓒ 서학(西學)의 전래, ⓓ 성황묘(城隍廟)나 현묘관(玄妙觀) 등을 이용한 사묘활동(寺廟活動)의 증가, ⓔ 정기시(定期市)의 획기적 증가로 말미암은 시장 공동체의 성장 등을 통하여 서민의 의식이 점차 높아지고, 도시 거민(居民)들의 사회의식이 점차 비슷해졌기 때문이다.

반광세사 민변의 진행과정에서 특히 주목되는 점은, 도시사회의 다양한 인적 구성 가운데 신사와 무뢰의 존재와 역할이었다. 신사는 반광세사 민변을 주동하거나, 직접 참여하거나, 항의(抗議) 상소를 올리거나, 음으로 양으로 민변을 돕거나, 동정을 보이는 사례가 많았다. 반대로 무뢰는 반광세사 민변에 불을 직접 점화하였다.

V

이 책에 포함된 논문은 모두가 이전에 역사학 잡지나 논문집에 발표하였던 것들이다. 어떤 글은 거의 새 논문 수준으로 수정한 것도 있지만, 어떤 글은 필자의 능력 때문에 어쩔 수 없이 약간의 수정 보완에 그친 것도 있다.

이 책의 각 편 각 장의 내용을 분석해 가는 과정에서 가끔 중복되는 부분이 있다. 그것은, 그 부분에서 그 내용이 설명되지 않으면 이해가 안 되기 때문에 차용한 고육책이다. 그 때문에 다른 장에 나오는 내용을 일일이 들추어 보는 번거로움을 최소화하는 범위에서, 본 장을 설명하는 데 필요한 만큼만 되풀이하여 기술하였다. 이 책에서 표기하는 연월일(年月日)은 모두가 음력이다.

이 책에서는 분량을 줄이기 위하여 모든 논저를 마지막에 일괄 정리하였다. 그리고 각주의 참고 문헌은 예컨대 '홍길동, 1977' 식으로 적었다. 이 경우, 이 책 말미의 참고문헌에 '홍길동'의 논저를 참조하면 해당 논문을 찾을 수 있다.

이 책에 수록된 논문의 원래의 주제와 출처를 아래에 정리하였다.

제 1 편 **社會**의 **動搖**와 **再編**

제 1 장 : 「明末·淸初의 社會變化」, 『講座中國史 Ⅳ ―帝國秩序의 完成』, 知識産業社, 1989

제 2 장 : 「中國 近世의 農業과 社會變化」, 『東洋史學硏究』 41, 1992

附論 1 : 「明代 揚子江中流 三省地域의 社會變化와 紳士」, 『大丘史學』 30, 1986

附論 2 : 「明末·淸初 商品經濟의 發展과 '資本主義萌芽'論」, 『明末·淸初社會의 照明』, 한울 아카데미, 1990

제 2 편 **國家權力**과 **紳士**

제 1 장 : 「明·淸時代의 國家權力과 紳士」, 『講座中國史 Ⅳ ―帝國秩序의 完成』, 知識産業社, 1989 (→ 「明·淸時代紳士層硏究的諸問題」, 『中國史硏究的成果與展望』, 北京社會科學院, 1991; 「再論明淸時代的紳士層硏究」, 『民國以來國史硏究的回顧與展望硏討會論文集』, 臺北, 1992)의 명대부분

제 2 장 : 「明·淸時代의 國家權力과 紳士」(이 가운데 청대 부분 발췌) 「明·淸 王朝交替와 紳士」, 『中國學報』 43, 2001(→ 「明·淸王朝之交替與紳士-紳士硏究半個世紀之回顧」, 『中國の歷史世界』, 第1回中國史學國際會議硏究報告集, 東京都立大學出版會, 東京, 2002)

제 3 장 : 「國法與社會慣行-以明代紳士'優免則例'爲中心」, 高明士 編, 『東亞傳統家禮·敎育與國法(二), 家內秩序與國法』, 臺灣大學出版中心, 2005(→ 「國法과 社會慣行—明代의 '官紳優免則例'를 中心으로—」, 『明淸史硏究』 24, 2005)

附 論 :「日本에 있어서 中國 明·淸時代 紳士層研究에 對하여」,『東亞文化』15, 1978(→「日本における中國明·淸時代紳士層研究について」,『明代史研究』7, 1979)

제 3 편 **都市와 無賴**

제 1 장 :「明·淸時代의 江南社會—都市의 發達과 關聯하여—」,『中國의 江南社會와 韓中交涉』, 集文堂, 서울, 1997(→「明淸時期的江南社會—以城市的發展爲中心—」, 沈善洪,『中國江南社會與中韓文化交流』, 杭州出版社, 1977)

제 2 장 :「明淸時代의 無賴 : 研究의 現況과 課題」,『東洋史學研究』50, 1995(→「明末淸初江南的都市發達和無賴」, 陳懷仁 編,『明史論文集』(第六屆明史國際學術討論會), 黃山書社, 合肥, 1997)

제 3 장 :「宦官과 無賴-萬曆年間의 反'礦稅使' 民變의 再照明」,『동아시아 역사 속의 중국과 한국』, 서해문집, 2005

제 1 편 社會의 動搖와 再編

제1장 明末·清初의 社會變化

序 言

세계의 역사학계에서는, 중국의 송대(宋代)부터 청대(清代) 중엽(10세기 중엽~19세기 중엽)에 이르는 약 900년 동안을 기본적으로 동질적인 사회라고 보는 경향이 있다. 그 이면에는, 유교적 지식인이며 대체로 지주인 사대부(士大夫)를 사회의 지배층으로 하는 사회구조가 송대에 확립되어 본질적으로 변하지 않은 채 청말(清末)까지 계속되었다는 인식이 깔려 있다.

그러나 또 한편, 위와 같은 기본 전제는 인정하면서도, 명말·청초의 시기(16~18세기)가 하나의 '역사적인 획기(劃期)'가 될 수 있다는 인식이 1960년대부터 대두하여,[1] 점차 공통의 인식으로 굳어져 왔다. 이러한 인식의 이면에는 ① '중국사회의 정체론(停滯論)'을 비판·극복하기 위한 방법으로, 중국사에도 세계사적 법칙성이 존재한다는 것을 밝히기 위해서 명말·청초에 광범하게 전개된 상품생산 확대의 역사적 성격을 발전적으로 평가하려는 목적이 있었으며, ② 중국 공산주의 정권 아래 추진한 토지제도 개혁을 통해 없어진 예전 토지소유제의 역사적 기점이 되는 시기를 명말·청초로 볼 수 있다는 것, 바꾸어 말하면 일조편법(一條鞭法)에서 지정은제(地丁銀制)로 이어지는 세역제도(稅役制度)의 개혁은 당말(唐末)부터 양세법(兩稅法) 체계를 최종적으로 포기한 것인데, 이는 지주제의 획기적인 변질을 반영하며, 이러한 변화의 기점은 명말·청초이고 그러한 지주제 형태가 마지막으로 사라진 계기가 중국

1) 본편 〈附論2〉 '資本主義萌芽' 論 참조.

공산주의 정권의 개혁이라는 사고방식이 깔려 있었다. 나아가 ③ 명초부터 실시된 이갑제(里甲制)는 세·역 징수기능, 향촌의 공동체적 기능, 향촌의 질서유지 기능 등을 공유한 것이었으나, 명 중기부터 점차 해체되기 시작하여 명말청초의 시기에는 향촌질서가 새로이 재편되는데, 명 중기부터 이갑제 기능을 대신한 것이 '신사층'이었다고 인식했기 때문이기도 하다. 바꾸어 말하면, 토지제도·세역제도·사회구조 등의 변화, 상품생산의 전개 등 여러 가지 측면의 변화가 동시에 진행되었고, 그때가 마침 명·청 왕조교체기와 중첩된다는 의미에서 '명말청초획기(明末淸初劃期)'론이 나온 것이다.

이 장에서는 이러한 여러 측면을 고려하면서, 특히 다음 문제를 중점적으로 분석·정리하여 보겠다. 첫째, 향촌질서의 재편을 중심으로 한 사회구조의 변화, 둘째, 인구이동과 인구분포의 재편 과정에서 나타난 경제구조의 변화, 셋째, 상품생산의 전개 가운데 특히 강남지역의 직물업의 내용과 그 사회적·역사적 성격 등을 분석할 것이다. 그리고 이와 아울러 이 시기의 사회변화에 내재된 역사적인 의미를 재음미해 볼 것이다.

Ⅰ. 鄕村秩序의 解體와 再編

1. 里甲制 秩序의 解體

명조는 홍무(洪武)14년(1381)부터, 향촌지배를 위한 기본조직으로 이갑제(里甲制)를 시행하였다. 이갑제란 종전부터 형성되어 있던 촌락의 공동체 질서를 그대로 존속시키면서 자급자족이 가능한 110호(戶)를 1리(里)로 편성하고, 인정(人丁)과 재산의 다과에 따라 호등(戶等)을 구분하는 제도였다.[2] 이 110호 가운데 상등호(上等戶) 10호를 이장호(里長戶)로 하고 나머지 100호를 갑수호(甲首戶)로 하여, 10갑(甲)에 각 10호씩 배속시켰다. 매년 이장 1명과 각 갑에서

---

2) 그러므로 1里는 자급자족이 가능한 110戶와 不定數의 貧窮戶(이를 畸零戶라 함)로 편성되었다. 韋慶遠, 1961; 鶴見尚弘, 1964; 山根幸夫, 1966; 栗林宣夫, 1971; 小山正明, 1971.

차출된 갑수 10명이 자신이 속한 리(里) 내부의 부(賦)·역(役)의 징수,[3] 치안 유지, 재판, 교화, 부역황책(賦役黃冊, 호적대장을 뜻함)의 작성 등 향촌통치의 거의 모든 기능을 수행하였다. 이장·갑수의 이러한 의무[이갑정역(里甲正役)이라고 부름]는 10년에 한 번씩 부담하게 되어 있었다. 또 각 리(里)에는 이장 외에 이노인(里老人)을 별도로 설치하여 리(里) 내부의 여론을 대변하고 질서 유지와 권농·상호부조 역할 등을 주도하도록 하였다. 화남(華南)의 일부 지역에서 양장[糧長; 작게는 한두 개에서 많게는 열 개 이상의 리(里)와 이장을 통솔하는 역할을 담당했던 사람]과 당장[塘長; 수리 관계의 책임자] 등의 직책도 두었다. 이장·이노인·양장·당장 등은 보통 대토지를 소유한 지주로서 중국 고래로 향촌의 관습법적 질서의 지배자였다. 그런데 명조(明朝) 국가 권력이 이들에게 새로이 향촌지배를 위한 여러 가지 역을 위임하면서, 이들은 향촌사회의 실질적인 지배자라는 위치를 확인하게 되었다.

명초에는 이러한 이갑제 질서를 기반으로 사회가 비교적 안정되어 있었다. 그러나 15세기 중엽부터 점차 이갑제 질서가 변질·해체되어 갔다.[4] 그러한 변화가 가장 단적으로 표면화된 현상이 곧 중국 모든 지역에 걸쳐 일어난 농촌의 계층분화, 호구(戶口)의 격감, 인구이동, 반란의 봉기 등이었다.

이갑제 질서 아래에서 공적인 지배층은 이장·이노인·양장층이었다.[5] 그러나 명조로부터 이들에게 위임된 이갑정역(里甲正役)[6]은 10년 1회의 윤번제로 운영되었기 때문에 세·역 징수에 따른 권력을 특정한 호(戶)가 독점하는 일은 없었다. 또한 재산의 제자균분상속(諸子均分相續), 각종 재해[수재(水

---

3) 매년 이것을 원활히 하기 위해서는 里民의 이탈 방지, 勸農, 水利시설의 관리, 재해 복구 등 재생산 유지방책을 강구해야 하는 부차적인 임무도 있었다. 鶴見尚弘, 1971; 小山正明, 1971.

4) 賴家度, 1956; 李洵, 1980; 張海瀛, 1981; 谷口規矩雄, 1965; 西村元照, 1971; 森正夫, 1988, 第3·4章; 酒井忠夫, 1962; 清水泰次, 1935; 横田整三, 1938; 吳金成, 1986.

5) 江南의 官田지대에서 명초에 稅糧 收取體制를 개혁할 수밖에 없었던 것도 그들의 횡포와 소농민에 대한 부담전가 때문이었다. 森正夫, 1988, 第2·3章 참조.

6) 里甲制下의 里甲正役과 雜役 및 그 후의 변화에 대해서는 梁方仲, 1936, 1957; 山根幸夫, 1966; 栗林宣夫, 1971; 小山正明, 1969, 1971; 鶴見尚弘, 1971; 川勝守, 1980; 濱島敦俊, 1982 등 참조.

災)·한재(旱災)·황재(蝗災) 등], 질병, 전란 등, 제도와는 무관한 원인도 향촌사회의 계층분화 요소로 작용하였다. 명조가 줄곧 버리지 못한 세·역의 원액주의(原額主義),[7] 원적발환주의(原籍發還主義) 원칙도 결과적으로 보면 이갑체제의 해체를 도운 셈이었다. 그런데도 명조의 재정규모는 계속 확대되었고, 국가재정과 관료를 위해 필요한 은(銀)의 수요는 계속 늘어났다. 그 때문에 명초에는 비교적 가벼웠던 세·역이 점차 증가하였고 은납화(銀納化)되어 갔다.[8] 농민들에게는 세·역의 증가는 물론 은납화 그 자체도 부담을 더하는 요인이었다. 따라서 농민의 생활은 갈수록 어려워졌다.

그런데 또 한편, 명초부터 향촌에는 관료체계를 매개로 나타난 관직경력자(官職經歷者; 현직·퇴직·휴직 관료) 2만 5천명 내외와, 이와는 별도로 과거제(科擧制)와 학교제(學校制)를 매개로 나타난 학위소지자[(學位所持者)=사인(士人) ; 거인(擧人), 감생(監生), 생원(生員)] 7만여 명을 합친 거의 10만에 달하는 특권층이 존재하였다. 이들은 형식적으로는 이갑제 질서 속에 포섭되어 있었으나, 대개는 지주였을 뿐 아니라 우면(優免, 요역면제를 의미) 등 특권을 향유하고 있었다.[9] 명초에는 이들의 수가 국민 전체의 0.15% 정도[10]에 불과하였고 사회도 비교적 안정되어 있었으므로, 이장·이노인 등을 통한 향촌의 재생산 기능도 어느 정도 유지될 수 있었다. 그러나 15세기 중엽에는 그들 특권층의 수가 35만 정도, 명말·청초에는 55만 정도(전체 인구의 0.37%)로 증가하였다. 이들은 농토를 새로이 개간하거나 매입하는 방법으로 점차 토지를 겸병하여 가면서도 그들이 국가로부터 받은 우면특권과 사회적 영향력을 이용하여 오히려 세·역을 기피하였다. 더구나 요역의 증가와 은납화가 진전되는 과정에서, 할당기준이 호등(戶等)보다도 전토(田土)나 세량(稅糧)을 중시하게 되었고, 이갑 정역의 일부마저 우면의 대상이 되었으므로,[11] 신사와 비특

---

7) 洪武24년의 賦役黃冊의 등록액수를 그대로 유지하려는 것. 따라서 戶口가 줄어들면 그 부분을 타인이 부담하게 되어 몰락이 가속화되었다. 韋慶遠, 1961.

8) 梁方仲, 1936; 清水泰次, 1950; 山根幸夫, 1966; 小山正明, 1971.

9) 吳金成, 1986, 第1章; 본서 제2편 제3장 「國法과 社會慣行-明代의 '官紳優免則例'를 中心으로-」 참조.

10) Ho Ping-ti, 1959, p.277; Perkins, Dwight H., 1969, p.216.

권 이갑호 사이 부담의 격차는 더욱 커지게 되었다. 유력한 신사와 상인은 도시에 거주하면서 부재지주(不在地主)로서 세·역을 탈면(脫免)하였다. 이 때문에 이장·이노인 등 향촌의 비특권지주와 소농민은 본래의 자기 부담 외에 신사나 부재지주의 우면·탈면 부분까지도 아울러 부담해야 하였다. 이것은 호등에 따라 요역이 할당하는 이갑제 질서 아래의 요역수취 체제와는 크게 모순되는 것이었다.

그러나 명 중기부터 점차 중앙과 지방의 통치력이 약화되어 갔을 뿐 아니라 서리(胥吏)의 부정까지 끼어들었으므로, 정부에서는 토지나 호구의 변화를 완전히 파악하지도 못하였고 또 파악하려는 노력도 부족하였다. 비특권지주나 대상인들은 과중한 부담을 회피하기 위하여 연납(捐納, 돈을 내고 관직이나 학위를 얻는 방법)을 이용하거나 종족결합(宗族結合) 등 온갖 수단을 동원하여 스스로 학위층(學位層) 이상의 신사가 되려 하였고, 그렇게 되기 힘든 경우에는 토지를 신사나 왕부(王府)에 투헌(投獻)·궤기(詭寄)하고,[12] 혹은 관리에게 뇌물을 주고 청탁하여 토지대장을 변조하기도 하였다. 이렇게 해서 탈면된 세·역 부분은 고스란히 약소 농민에게 전가되었다. 또 한편, 명 중기부터의 농업생산력의 발전, 상품생산의 전개와 서민의식(庶民意識)의 고양에 따라 전호(佃戶, 소작인)의 자립화가 진전되면서[13] 나타난, 전호의 항조운동(抗租運動)과 노변(奴變) 등 때문에 비특권지주의 소작료 수취는 더욱더 제약을 받게 되었다.

이상과 같이 관리와 서리의 부정과 가렴주구(苛斂誅求), 토지의 편중과 세·역의 과중함 및 불균등, 대상인과 고리대자본의 수탈 및 기타의 원인으로 명 중기부터는 갑수호(甲首戶, 자작농)뿐 아니고 이장·양장호(糧長戶, 지주호)마저 몰락하는 사례가 나타났다.[14] 이러한 현상은 곧 농촌의 계층분화를 뜻

11) 山根幸夫, 1966, pp.120～121; 川勝守, 1980, 第7章; 和田正廣, 1978; 濱島敦俊, 1982, 第4·5章.

12) 濱島敦俊, 1982, pp.240～241; 본서 제2편 제3장 참조.

13) 小山正明, 1957, 1958. 단, 이 논문은 명말청초를 고대 말기, 중세의 초기로 보고 있는 점에 주의해야 한다.

14) 森正夫, 1988, 第4·5章; 吳金成, 1986, 第2編. 단기적인 안목에서 보면, 소수의 신

하며 이갑제 질서가 해체되고 있다는 반증이었다. 이제는 호구편성(戶口編成) 원칙에 따른 이갑제 질서를 기초로 향촌질서를 유지하고 세·역을 수취하기가 점점 불가능해졌다. 16세기 중엽의 가정(嘉靖)년간(1521~1566)에 이르면, 이러한 현상은 더 이상 방치할 수 없는 심각한 국가 현안이 되었다.

2. 鄕村秩序의 再編

명 중기에 시작되어 심화되어 갔던, 이상과 같은 이갑제 질서의 해체현상에 대하여 명조 국가권력도 자주 다음과 같은 대응책을 강구하였다. 첫째는 '원적발환주의(原籍發還主義)'를 완화하는 대신 필요에 따라 '부적주의(附籍主義)'를 채택하였다.[15] 명초에는 110호로 된 이갑제를 유지하기 위하여, 멀리 여행하는 사람은 반드시 노인(路引, 여행허가증)을 받도록 하였고, 외부에서 온 유민(流民)이나 객민(客民)은 원적지로 돌려보내는 것을 원칙으로 하였다. 그 때문에 유민이 어느 지역으로 이주하여 정착하고 자급자족이 가능한 정도로 자립하는 경우에도 그 지역의 관청에서는 그를 토지대장에 편입시켜 세·역을 부과하지 못하였다. 또 원적지에서는 본인이 없으므로 부과할 수 없었다. 따라서

> **영도(寧都)에는 여섯 향(鄕)이 있는데 상삼향(上三鄕)[의 전호]는 모두 토착인이지만, 하삼향(下三鄕)[의 전호]는 모두 복건 사람이다. 대개 건녕과 영화 사람이 열 명중 일고여덟 명이요, 상항과 연성 사람이 두세 명이니 모두 백여 리 내에서 온 사람들이다 … (토착 지주는 갖가지 세·역 때문에) 소득이 전호의 1/5에 지나지 않지만 전호는 이중으로 면제받기 때문에 소득이 전주(田主)의 4배가 된**

사나 대지주·대상인들이 광대한 토지를 겸병하고 대부분의 중소농민이 몰락한 것같이 보인다. 그러나 장기적인 안목에서 보면, 사회가 大地主와 佃戶로 양극분화된 것은 아니고, 여전히 몰락과 재상승을 반복하였다. 중·소농민의 재상승에는 농가의 부업이 크게 작용하였다고 생각한다.

15) 『大明會典』 卷19, 「戶部」6, 逃戶·流民; 谷口規矩雄, 1965, pp.204~206; 清水泰次, 1935, pp.74~81 참조.

다. 이 때문에 복건에서 온 전호는 처음 맨 손으로 들어와 소작을 시작하여 가끔 부자가 되기도 한다.[16]

고 하듯이, 외지에서 들어온 사람들은 두 지역에서 모두 세·역을 탈면하였다. 국가에서는 그 탈면 부분을 원적지에 남아 있던 다른 이갑호에게 전가할 수밖에 없었고, 그 때문에 남아 있던 이갑호도 몰락·유산하게 되는 '도미노' 현상이 많았다.

명조는 영락(永樂)년간(1403～1424)까지는 원적주의를 유지하려 노력하였으나, 선덕(宣德)5년(1430)에는 이주해서 50무(畝) 이상의 토지를 갖게 된 객민들에게 기적(寄籍)을 허락하였다.[17] 그런데 정통제(正統帝)의 즉위조(卽位詔,1435)에서는 다시 '유민복업령(流民復業令)'을 강력히 시달(示達)[18]할 만큼 '원적주의'를 지키려 하다가, 그 1년 후에는 다시 원적복업(原籍復業)을 원치 않는 자는 부적도 허락하였다.[19] 유민(流民)·도민(逃民) 문제는 명조로서는 거의 불가항력적인 현안이었다. 그 후에도 여러 지역에서 수없이 많은 유민이 발생하였으므로 이 문제를 해결하기 위하여 점차로 '원적주의'를 완화하면서 필요한 지역에 '객민부적[客民附籍; 현주지 호적에 편입을 뜻함]'을 허가하였다. 그 결과 객민이 많이 유입된 지역은 객민을 부적시킴으로써 현(縣)이나 리(里)가 추가로 편성되는 곳도 많았다.[20] 또 반대로 호구가 감소된 지역에서는 리(里)를 줄임으로써 남아 있는 이갑호의 세역부담을 덜어 주거나,[21] 종래 금지해 오던 분가를 허가해서, 이갑호(里甲戶)의 감소를 완화하려 하였다.[22] 그러나 명조의 이러한 정책은 '원적발환주의'를 완전히 포기한 것이 아니라, 될수록 원적지로 보내야 하지만 경우에 따라서는 부적시킬 수 있다는 편의적인

16) 魏禮, 「與李邑侯書」, 『魏季子文集』 卷8.
17) 『大明會典』 卷19, 戶部6, 戶口1, 逃戶.
18) 明 『英宗實錄』 卷1, 宣德10年 正月壬午條(p.16).
19) 明 『英宗實錄』 卷24, 正統元年 11月 庚戌條(p.483)
20) 吳金成, 1986, 第2編 참조.
21) 森正夫, 1988, 第3章; 吳金成, 1986, p.191, 244.
22) 鶴見尚弘, 1971, p.84.

대증요법(對症療法)에 불과하였다. 그러므로 명말까지도 인구 유입이 많았던 호광지방에서는 각 지방관의 상주(上奏)가 있을 때만 객민을 부적시켰으므로, 관부에서 파악하여 부적될 동안, 그 곳에 들어와 성장하고 자립한 객민도 여전히 요역을 탈면할 수 있었다.[23)]

둘째는 십단법(十段法)[24)]에서 일조편법(一條鞭法)[25)]으로 이어지는 세역제도의 개혁이었다. 이러한 개혁은 요역의 부과기준을 호등(戶等)보다도 전토(田土)나 세량(稅糧)을 중시하는 방식으로 바꾸었으며 하세(夏稅)와 추량(秋糧)을 일괄징수하며 은납화하고, 신사의 우면을 제한하는 방향으로 진행되었다. 특히 16세기 후반기에 일조편법의 성립으로 세역의 수취가 간소화되고 유력호의 탈세나 관청의 부당한 착취가 어느 정도 근절될 수 있었으므로 명조 정부와 납세자에게 모두 편리한 제도였다. 그러나 은과 동전의 비율 문제, 납기(納期)가 추수 직전인 점, 이갑 정역 가운데 행정관리 부분이 아직 남아 있던 점, 신사나 세호가의 규정 이상의 남면(濫免) 등은 아직도 해결해야 할 문제로 남아 있었다. 다만 일조편법을 시행한 결과, '호수편성 원칙을 기초로 한 이갑제'의 존재 의의는 크게 약화되었다.

셋째는 향약과 보갑제(保甲制)를 통하여 향촌사회에서 치안, 교화와 상호부조 등을 유지해 보려 하였다. 향약은 북송의 여대균(呂大鈞)의 여씨향약(呂氏鄕約)을 주희(朱熹)가 재정리한 향약을 기원으로 한다. 명대에는 왕수인[王守仁; 호는 양명(陽明), 1465~1528]이 남감순무(南贛巡撫)로 재직하는 동안 1518년에 강서 남부에서 실시한 것이 계기가 되었다.[26)] 그것은 정덕(正德)년간(1506~1521)에 이 지역에서 광범하게 일어난 반란[27)]을 평정한 양명(陽明)이

23) 吳金成, 1986, pp.244~245.

24) 小山正明, 1967, 1968, 1971.

25) 山根幸夫, 1961; 小山正明, 1971.

26) 鈴木健一, 1966; 三木聰, 1979; 小畑龍雄, 1952; 松本善海, 1975; 酒井忠夫, 1962, pp.582~597; 栗林宣夫, 1971, 第4章; 宋正洙, 1985; 吳金成, 2007A, 제1편 矛盾의 社會, 제2장 陽明學의 搖籃, 江西社會 등 참조. 사실은 이보다 먼저 정통2년(1437)에 逃戶와 流民 대책으로, 이갑제와 병행하여 보갑제와 유사한 치안유지책을 시도한 바 있고, 정통12년에도 御史 柳華가 葉宗留의 난을 계기로 복건에서 보갑제의 전단계인 總小甲制를 시도하였다.

종족조직을 배경으로 향촌의 교화, 민중 사이의 권선징악, 상호부조, 재판, 질서유지 등을 도모하고 부재지주와 객상(客商, 원거리 무역상인), 고리대의 횡포 등을 방지하기 위하여 권장한 것이었다. 그 후 가정·만력년간(1522~1619)에 중국의 각 지역에서 실시된 향약은 이를 모범으로 삼았다. 한편, 보갑제는 북송의 왕안석(王安石)이 신법(新法)의 일환으로 1070년에 실시한 보갑법이 처음이지만, 명대에는 양명이 도시지역에서 실시한 '십가패법(十家牌法)'[28]을 효시로 한다. 양명은 역시 강서 남부의 반란을 진압한 후, 그 지역에 향약을 실시하는 한편, 10가구로 1갑을 조직하여 연대책임으로 도적방어와 향촌의 질서 유지에 임하도록 하였다. 이는 후에 각 촌마다 보장(保長) 1명을 두어 촌락의 자위(自衛)를 도모하는 보갑제로 발전하였다.

이러한 보갑제는 ① 자급자족이 불가능한 소작인도 편성대상이 되었고,[29] ② 향촌의 질서유지 기능(경찰기능)을 주된 목적으로 삼았다는 점에서 이갑제와는 달랐다. 보갑제는 그 후 명조의 권장에 따라 향약과 함께 치안·교화조직으로 전국에 보급되었다. 그 후로는 향약·보갑의 두 조직을 결합시켜 시행하는 사례가 많아졌는데, 명말 여곤(呂坤, 1536~1618)의 '향갑약(鄕甲約)'은 이렇게 두 조직을 하나로 만든 것이었다.[30] 또 이와 함께 사창(社倉)·의창(義倉)·의전(義田) 등 광범한 구제 기구와 사학(社學) 등을 향약·보갑과 함께 운용함으로써, 향촌질서를 유지하려 노력하였다.[31]

이상과 같은 명조의 노력으로 지역에 따라서는 향촌이 어느 정도 재편되고 향촌질서가 진정되기도 했다. 그러나 이상의 향약·보갑제는 ⓐ 이갑제와 같이 전국적으로 시행되지 못했고, ⓑ 국가 존립의 기초인 세역제도와 직접 관련이 있는 것도 아니었으며, ⓒ 원칙적으로는 자급자족이 불가능한 전호나 노비호까지 편성대상으로 삼았기 때문에 운영에 한계가 있었고, ⓓ 이름뿐이라고는 해도 아직도 이갑제와 이노인제가 존속하는 상황이기 때문에 서로 상충

---

27) 趙儷生, 1954: 吳金成, 2007A, 제1편 제2장 참조.
28) 聞鈞天, 1935; 酒井忠夫, 1962; 前田司, 1981.
29) 이갑제에서는 이들을 畸零戶라 하여, 里甲에 포함시키지 않았음.
30) Handlin, Joanna F., 1983, pp.186~212; 粟林宣夫, 1971, 第4章; 谷口規矩雄, 1983.
31) 酒井忠夫, 1960, pp.42~54.

하는 면도 있었다. 그러므로 향약·보갑제의 시행으로 명초와 같은 사회 안정을 기대하기는 어려웠다. 나아가, 이러한 조처를 추진하는 주체는 지방관이거나 아니면 지방관과 향촌민의 여론을 받아들인 신사층이었다.[32] 바꾸어 말하면, 명 중기부터 해체되어 가던 이갑제 질서, 즉 이장·이노인의 향촌질서 유지기능을 대신해서 신사가 명말의 향촌질서 유지를 담당하는 국가통치의 중요한 보좌역이 되었던 것이다.

청조(清朝)가 산해관에 입관(入關)한 직후에는 향촌질서 유지를 위해 명 말기의 방법을 모방하였다. 즉 일부 지역에서는 총갑제(總甲制)를 시행하였으나, 전국적으로는 향촌의 통치와 세역의 징수를 위해 이미 형태만 남아있던 이갑제를 이용하였다. 그러나 이갑제는 일조편법을 시행한 후부터 그 기능을 거의 상실한 상태였으므로 향촌질서 유지에 실효를 거둘 수 없었다. 강희(康熙)47년(1708)에는 10호를 패(牌), 10패를 갑(甲), 10갑을 보(保)로 하는 보갑제(保甲制)[33]가 전국적으로 실시되어 연대책임을 지고 호구관리, 치안유지, 조세징수의 보조 등을 도모하도록 하였다. 그러나 치안유지에는 여전히 실효가 적었으며, 지방관의 의지에 따라 그 효과가 좌우되는 정도였다. 따라서 지역에 따라, 시대에 따라 그 내용이 각기 달랐다. 그러므로 지방의 질서유지를 위해서는 명대와 마찬가지로 여전히 신사의 협조에 의지할 수밖에 없었다. 바꾸어 말하면, 청조가 어떤 신사정책을 썼는지에 관계없이, 각 지역사회에서는 청초(清初)부터 청조권력과 한인(漢人) 신사 사이에 명대에 나타난 것과 비슷한 결합관계가 이루어져 신사가 사회 지배층의 역할을 맡는 현상이 되풀이되었다.[34]

그런데 신사는 명말·청초의 격심한 동란기를 거치는 동안 몰락한 경우도 많았지만 그러한 정치권력의 공백기에 극심한 사회혼란을 틈타 오히려 토지를 겸병하고 사회지배력을 더욱 강화시킨 경우도 많았다. 그 결과 사회계층으로서의 신사층은 명대보다도 오히려 더욱 비대해졌다. 신사는 세역의 체납,

32) Ho Ping-ti, 1962, pp.168～221; 吳金成, 1986, p.162; 栗林宣夫, 1971, 第4章; 井上徹, 1986A·B; 본서 제2편 제1장 참조.

33) 聞鈞天, 1935, 第6章; 宋正洙, 1983A·B; 谷口規矩雄, 1975; 前田司, 1976.

34) 酒井忠夫, 1960, pp.42～43, 52～54, 69～73; 吳金成, 1986; 본서 제2편 제2장 참조.

포람(包攬, 부역납부의 청부),[35] 서리와 결탁한 부정과 횡포 등, 명대나 다름없는 지배 형태를 재현하였다.[36] 그 때문에 청초부터 국가 재정의 궁핍을 불러왔을 뿐 아니라 국가권력의 기반인 소농민층(小農民層)의 몰락을 더욱 심화시켰다. 이러한 상황은 강남 델타지역에서 특히 심하였다.

국가통치에 대한 신사의 이러한 원심력적 작용을 억제하고, 동시에 소농민층을 농토에 안정시키려는 목적에서, 청조는 다음 두 가지 방향의 조처를 취했다. 그 하나는 순치친정기(順治親政期, 순치8～18년, 1651～1661)와 강희년간(1662～1722) 초기에 나타난 과장안(科場案)·소주곡묘안(蘇州哭廟案)·강남주소안(江南奏銷案)·장씨사안(莊氏史案) 등 일련의 강남 신사 탄압정책을 통하여, 한편으로는 신사를 탄압하고 또 다른 한편으로는 포섭하는 정책을 시도한 것이었다.[37]

또 하나는 '균전균역법(均田均役法)'의 실시였다.[38] 이 균전균역법은 명말 만력년간(1573～1619) 이래 강남의 여러 지역에서 농촌사회가 변화되고 서민의식이 높아져 가는 과정에서 각종 사회불안 요소[민변(民變)·항조(抗租)·노변(奴變)·반란 등]가 나타나자, 신사의 특권적인 지위를 유지할 수 있을지 위기의식을 느꼈던 동림(東林)·복사계(復社系) 신사들의 공의식(公意識)에서 비롯된[39] 개혁운동이었다. 그러나 보수적인 대향신(大鄉紳, 상층 신사)들의 이해관계가 뒤섞여 완결을 보지 못한 채 청조에게 정복당하고 말았다. 이 법은 순치년간부터 강남지역에서 지방관과 일부 신사 주도로 다시 시도되다가 강희초에 강소·절강지방을 중심으로 시행되었다. 그리고 이에 자극을 받아, 이윽고 다른 지역에서도 그 이념이 가미된 형태의 개혁이 나타나게 되었다. 이 법의 내용은 크게 세 가지 특징을 갖는다. 우면제한·조전파역(照田派役)·자봉투궤(自封投匱)가 그것이다. 바꾸어 말하면, ① 모든 토지는 현 단위로, 현재

35) 西村元照, 1976; 山本英史, 1977.
36) Ch'u, T'ung-tsu, 1962, 第10章; 본서 제2편 제2장 참조.
37) 본서 제2편 제2장.
38) 川勝守, 1980, 第8～11章; 濱島敦俊, 1982.
39) 溝口雄三, 1978, pp.188～189; 濱島敦俊, 1982, pp.456～457.

거주자의 명의로 합산하고, 현 내의 모든 리(里)에서 우면된 전토액(田土額)을 제외한다(우면제한).[40] ② 그 나머지 전토를 리(里)의 수로 나누어 각 리의 토지의 넓이를 균등하게 하고, 또 그것을 10등분하여 각 갑의 토지 넓이도 균등화한다. 이렇게 하여 이갑 정역 가운데 마지막 실역(實役)으로 남아있던 '행정관리' 부분을 이갑 안의 토지비율에 따라 할당하였다(조전파역). ③ 이렇게 부과된 요역은 은으로 내도록 하고 그 액은 부담자 스스로 현청(縣廳)에 직접 납부하도록 하였다(자봉투궤). 이렇게 균전균역법을 실시함으로써 전체 세역이 완전히 은납화된 셈이었다. 이제는 호수를 단위로 하는 이갑이 아닌, 균등전토액(均等田土額)을 기준으로 향촌을 재편성하였으므로 요역부과 단위인 호구를 파악하기 위해 호구 조사(10년 1회)를 할 필요가 없게 되었다.

그러나 균전균역법도 그리 오래 지속되지는 못하였다. 그 이유는 토지 소유자가 수시로 바뀌어, 토지를 일정한 기준 면적으로 유지하기가 무척 어려웠기 때문이다. 이 때문에 세역 납입의 독촉과 징수가 힘들어졌다. 그래서 현재의 재산 정도에 따라 세역을 납부할 수 있도록 조세 징수제도를 개혁한 것이 지정은제(地丁銀制)[41]였고, 또 그러한 방향으로 향촌질서를 재편한 것이 곧 '순장편리법(順莊編里法)'[42]이었다.

명말의 일조편법 단계에서는, 종전의 토지세와 요역을 각각 한 가지로 통합하여 은으로 납부하게 하였다. 그런데 강희52년(1713)부터는, 과세 대상이 되는 인정(人丁)만 고정시키고, 그 이후에 증가하는 인정에게는 정은(丁銀)을 부과시키지 않는, 소위 성세자생정(盛世滋生丁)을 설정함으로써, 요역 총액을 고정시켰다. 옹정(雍正)년간부터는 이렇게 고정된 액수를 토지세에 합산하여 부과하도록 했다. 따라서 요역은 완전히 소멸했고 조세는 토지세 한 가지만 남게 되었다. 이것이 곧 지정은제이다. 이렇게 되자 토지세의 원천인 전조(田租, 소작료)의 확보는 지주뿐 아니라 청조로서도 사활이 걸린 중요한 문제가

40) 이렇게 되면 그 優免額數는 고정되므로, 그 후 官僚나 紳士의 수가 증가해도 신사에 대한 우면액은 증가하지 못하게 된다. 淸代 신사의 우면에 대해서는 崔晶姸·李範鶴, 1987, pp.194~195 참조.

41) 山根幸夫, 1961; 小山正明, 1971.

42) 川勝守, 1980, 第11章.

되었다. "부(賦)는 조(租)에서 나온다"는 전제 아래, 청조 국가권력과 민국시대의 군벌들이 지주·전호의 분쟁에 개입한 것, 혹은 지주가 전호의 항조운동(抗租運動, 소작료 감면운동)에 대해 국가의 개입을 요구하게 된 것은 그 때문이었다. 한편, '순장편리법'은 강희년간부터 일부 지역에서 실시되다가, 건륭(乾隆)년간(1736～1795)부터 화중(華中)지역 일대에 보급되었다. 그 주요 내용은 110호의 이갑제 대신 촌락을 조세 징수와 행정의 기본조직으로 하는 것이었다.

이로써 국가지배의 기초인 징세의 단위가 변화하였다. 즉, 명초 이래의 호단위 편성에서 자연촌락을 기초로 하는 새로운 체제로 바뀐 것이다. 명초의 호수(戶數) 원칙의 이갑제가 청초에는 촌락 중심의 순장편리법으로 전환된 까닭은 명말·청초의 중국 농촌사회의 변화에 대응하기 위함이었다. 바꾸어 말하면, 청조 국가권력이 표면적으로는 신사의 특권을 제한하면서도 내면적으로는 향촌에서 신사가 가지는 실질적인 지배력을 용인하고 그 힘을 이용할 수밖에 없었던, 그러한 사회구조의 변화에 대응한 것이었다. 국법과 사회관행의 전형적인 괴리현상이었다.

II. 人口의 移動과 그 影響

1. 人口移動의 實相

명초 홍무년간(1368～1398)의 사민(徙民)·개간(開墾)정책 등 적극적인 사회경제정책으로 농업생산력이 회복되었고,[43] 전국에 통일적인 이갑제의 실시로 어느 정도 안정되었던 중국사회가 15세기에 들면서 다시 불안해지기 시작하였다. 그 결과 농촌의 계층분화가 점차 심화되어 이갑제가 해체되어 가고, 명 중기부터 전국적으로 대대적인 인구이동이 시작되어, 명말에 이르자 중국의 인구가 일단 재배치되었다.

---

43) 吳晗, 1955; 吳金成, 1986, 第2章.

인구이동은 성(省) 내부 지역 사이에서도 이루어졌고 성과 성 사이에서도 이루어졌다.[44] 또 지역적인 특징으로 보면, ① 농촌지역(農村地域) → 금산구(禁山區), ② 선진경제지역〔先進經濟地域; 보통 인구가 과밀한 협향(狹鄕)〕 → 낙후지역〔落後地域; 관향(寬鄕)이라 부름〕, ③ 농촌지역(農村地域)→ 도시(都市) 및 수공업지역(手工業地域) 등, 세 가지로 유형화할 수 있다.[45] 또 인구를 내보낸 지역은 그 지역 나름대로 인구가 고향을 등지고 외지로 떠날 수밖에 없는, 내부적인 인구유출 요인이 있었고(pushing factor), 외부의 인구가 모여든 지역은 또 그 지역 나름의 내부 여건 때문에 인구유인 요소(pulling factor)를 지니고 있었다.

예컨대, 명대에 외부 인구가 가장 많이 집중된 호광〔湖廣; 호북과 호남〕지방을 보면,[46] 명초부터 '땅은 넓고 인구는 적은〔地廣人稀〕' 지역으로 평가되었고, 그러한 현상은 명말까지도 변하지 않았다. 바꾸어 말하면, 평지나 산지 또는 금산(禁山)구역을 가리지 않고 어디나 개간이 가능한 옥토가 많았고, 특히 운몽택(雲夢澤) 지역[47]은 저습지로서, 완제(垸堤) 등 수리시설을 축조할 경우 비옥한 농경지로 만들 수 있는 광활한 습지가 방치되어 있었다. 또 명조가 초기부터 적극적으로 추진한 권농・개간정책과 원적주의, 호전무세(湖田無稅)[48] 등의 요소도 호광이 외부 유민을 유인하기에 좋은 조건이 되었다. 반면, 호광으로 인구를 내보낸 섬서・하남・강서성 등 주변 지역[49]은 지리적으로 호광에 인접해 있을 뿐 아니라, 신사나 유력지주의 토지겸병, 세역의 과중과 불균

---

44) 別註가 없는 한, 明代 중국 내지의 인구이동은 譚其驤, 1932; 賴家度, 1952, 1956; 樊樹志, 1980; 傅衣凌, 1980; 梁方仲, 1935, 1980; 王崇武, 1936; 李洵, 1980; 全漢昇, 1961; 張海瀛, 1981; 曹樹基, 第5・6卷, 1997; 秦佩珩, 1984; 谷口規矩雄, 1965; 檀上寬, 1978; 大澤顯浩, 1985; 清水泰次, 1935; 橫田整三, 1938; 吳金成, 1986, 第2篇; Perdue, Peter C., 1986, 1987 등 참조.

45) 吳金成, 1986, 제Ⅱ편.

46) 譚其驤, 1932; 曹樹基, 第5卷, 1997; 吳金成, 1986, 第2篇, 第2・3章.

47) 漢水 下流域에서 洞庭湖 주변에 이르는 광대한 지역.

48) 明代 湖廣地方에서 田土의 개간과 水利시설의 수축을 독려하기 위해서, 垸堤를 수축하는 기간과 완전히 수축하여 농사를 짓는 '湖田'도 몇 년 동안은 세를 부과하지 않았다.

49) 橫田整三, 1938; 吳金成, 1986, 第2篇, 第1章.

등, 사회불안(섬서의 경우에는 국경 불안까지 겹침), 인구의 과밀 등의 인구유출 요인이 있었다. 이렇게 호광성이 가진 인구유인 요소와 주변 여러 성의 인구유출 요인이 동시에 복합적으로 작용한 결과, 명대 특히 선덕(宣德)년간에서 정덕(正德)년간에 걸쳐서(15세기 중엽~16세기 초) 많은 인구가 호광에 집중되었던 것이다.[50]

명 중기에서 말기에 걸쳐 계속된 인구이동 상황은 '북에서 남으로'라는 이전시대의 대세[51]와는 달리, 굉장히 복잡하고 다양하였다.[52] 그 가운데에서도 특징적인 면만 간추려 보면, 이 기간 동안에 인구가 가장 대규모로 집중된 지역은 ⓐ 섬서 남부·사천 동북부·하남 남서부·호북 서북부로 이루어지는 사성교계지역(四省交界地域)이었고, 그 다음이 ⓑ 강서 남부·복건 북부·광동 동북부·호남 동남부 등으로 이루어지는 사성교계지역이었다. 또 성 단위로 보면, 호광 지역에 인구가 가장 집중적으로 유입되었고, 그 다음이 사천·북직예[하북]·산동·하남 지방이었으며, 중국 서남부의 귀주·운남 지역에도 인구가 다수 유입되었다. 그 반면, 중국의 지방지에 기록된 인구통계[53]로는, 위에 지적한 지역과 기타 일부 지역을 제외하면, 명대에 중국의 대부분의 지역에서 호구가 감소하거나, 적어도 증가가 거의 없었던 것으로 나타난다. 그러나 그 가운데에서도 산서·섬서·강서 지역의 인구가 가장 많이 유출되었던 것으로 기록되어 있고, 서서히 감소되어 간 지역으로는 절강·광동·복건지역이 있다. 강소 지역은 인구가 명대 전반기에 감소하다가 후반기에는 증가하여, 명대 전체적으로 보면 인구가 크게 증가한 것으로 나타난다.[54]

---

50) 吳金成, 1993.

51) 羅香林, 1933.

52) 曹樹基, 1997; 曹樹基, 2000~2001.

53) 명청시대에 편찬된 중국 地方志에 나타난 인구통계의 성격에 대해서는 Ho, Ping-ti, 1959 참조. 단 그 통계는 지방관의 인구 파악능력의 표현이므로, 그 통계상의 戶口의 增·減은 그대로 그 지역의 사회상을 반영하는 것이다.

54) 이 부분에 대해서는 좀더 구체적이고 치밀한 연구가 필요하다. 왜냐하면, 뒤에서 살펴볼 것처럼 명청시대에 걸쳐 江南에는 대도시의 발달과 더불어 무수한 중소도시가 발달하였으므로 그만큼 많은 외래 인구가 유입되었다고 볼 수 있다. 그런데 농촌인구도 완전히 파악하지 못했던 당시 중국의 현실에서는, 도시로 유입된 수많은 流動人口(=流民·임노동자·노비·기녀와 창기·걸개 등)를 완전히 파악하

명대의 인구이동 방향은, 먼저 성과 성 사이의 경우 비교적 대규모 이동을 꼽자면 산서에서 북직예·산동·하남·호광 북부·사천 지방으로, 섬서→ 호광 북부, 하남→ 호광 북부, 강서→ 호광·귀주, 복건·광동→ 강서 남부로 이동한 것을 들 수 있다. 성내에서 이동한 것으로는 섬서의 북부에서 남부의 한중(漢中)으로, 하남의 북부→ 남부로, 호광의 북부(호북)에서 북서부 교계(交界) 지역으로, 호광의 북부(호북)→ 남부(호남)로, 강서의 북부→ 남부로, 강소성의 동남 해안과 평야지역→ 서남 산간지방으로, 절강의 동부 해안지방→ 산간지방으로 이동하였던 듯하다. 그 외에 복건·광동 지역 주민의 상당수는 동남아시아로 이주하였다.

이상과 같이 명 중기부터 중국의 모든 지역에서 대대적인 인구이동이 시작되었고, 그 결과 명말에 이르면 중국의 인구분포가 일단 재편되었다. 그런데 명말·청초의 동란기부터 청조의 중기에 걸쳐서 또 한 번의 대대적인 인구이동이 있었다.[55] 그리고 이 시기 인구이동의 세례를 가장 많이 받았던 곳은 바로 사천지방이었다.[56] 사천지역은 '장헌충(張獻忠)의 도살(屠殺)'이라고 표현될 정도로, 명말 장헌충의 난 때문에 인구가 격감되었다.[57] 1491년에도 328만 명 정도로 추산되고 그 후에도 대폭 증가되었을 것으로 추측되는 사천의 인구가 청초의 순치18년(1661)에는 96만 정도로 격감되었기 때문이다.[58] 그 때문에 청초에는 청조의 적극적인 이민정책과 함께, '호광 사람이 사천을 메웠다[湖廣塡四川]'고 할 만큼, 호광을 중심으로, 섬서·강서·안휘(安徽)·광동 출신 등이 사천으로 대거 이동하였다. 그 결과 청이 입관한 직후인 청 초기에는 전체 인구 가운데 사천이 차지하는 비율이 1% 정도에 불과했지만, 그 후 100여 년 가량 지난 건륭26년(1761)에는 278만(전체 인구의 1.4%), 1850년에

기는 거의 불가능하였기 때문이다. 본서 제2편 제1장 참조.

55) 曹樹基, 1997, 第6卷 참조.

56) 魯子健, 1984, 1987; 全漢昇, 1961; 趙文林·謝淑君, 1988, pp.376~467; 山田賢, 1986; Ho, Ping-ti, 1959, p.283; 本書, 第1編 제1장; 李俊甲, 1998; Entenmann, Robert, 1980 등 참조.

57) 孫達人, 1981; 王綱, 1981; 胡昭曦, 1980; 李俊甲, 1998.

58) 趙文林·謝淑君, 1988, p.374, 452. 그러나 李俊甲, 1998에 따르면, 이 때에는 청조가 아직 川北地域만 장악하고 있던 시기이므로, 통계 역시 천북지역만의 수치였다.

는 인구 4,416만(전체 인구 가운데 10.27%)으로 격증하였다.[59]

또한 인구증가율로 볼 때, 청대에 특징적인 인구이동 지역의 하나로 대만(臺灣)을 들 수 있다. 대만에는 복건·광동성 등 동남 연해지방인이 주로 이동하였다. 통계적으로 보면 17세기 말에 20～25만이었던 대만의 인구는 1887년에는 320만여 명 정도로 증가하였다.[60] 그러나 청대에 가장 괄목할 만한 인구이동은 만주(滿洲)로의 이동이었다. 18세기 초부터 산동·하북성의 인구가 대거 만주로 이동하였다. 그 결과 만주의 개발도 점진적으로 진척되었는데, 청일대를 통해서 보면, 중국에서 가장 빠른 성장을 보인 곳이 만주, 그 중에서도 성경(盛京, 현재의 봉천)지방이었다.[61] 오늘날과 같은 중국의 팔대경제구역[62]의 틀이 잡힌 것은, 이렇게 명청시대에 걸쳐 인구분포가 재편된 결과였다.

2. 人口移動의 影響

1) 農業生産力의 提高

앞에서 서술한 것처럼, 명 중엽에서 청 중엽에 이르는 300～400여 년 동안, 두 차례에 걸친 대대적인 인구의 이동과 재편이 있었다. 그 결과 나타난 중요한 영향 가운데 하나는 농업생산력이 크게 향상되었다는 것이다.[63] 이는 앞에서 살펴본 인구이동의 세 가지 유형 가운데 첫 번째와 두 번째 경우에 해당된다. 이 경우에 속하는 사례로서 그 내용이 비교적 잘 연구된 지역은 명대 강서 남부지역을 중심으로 한 사성교계지역,[64] 명청시대의 호광 서북부를 중

59) 全漢昇, 1961; 趙文林·謝淑君, 1988, pp.472～473. 그러나 청군이 사천에 들어온 직후 사천의 인구통계는 단지 사천 북부의 인구만 나타낸 것이다. 다음의 〈표1〉 참조.

60) 全漢昇, 1961; 曹樹基, 1997, 제6권 제8장 참조.

61) 全漢昇, 1961; 趙文林·謝淑君, 1988, pp.442～475; 李志英, 2005; Lee, Robert H. G., 1970; Lee, James and Eng, Robert Y., 1984.

62) Skinner, G. William, 1976.

63) 농업생산력의 향상은 인구의 增減, 農業技術의 발달, 耕地의 증감, 수리시설의 증감 등을 고려해야 한다. 본장에서는 그 중 人口와 耕地의 관계만을 고려하였다. 이 네 가지 요소에 대한 평가는 吳金成, 1986, 제Ⅱ편 참조.

64) 段從光, 1955; 傅衣凌, 1947, 1959; 劉敏, 1983; 張桂林, 1986; 曹樹基, 1997, 제6권;

심으로 한 사성교계지역,[65] 호광의 운몽택(雲夢澤) 지역,[66] 청대의 사천지역[67] 등이다.

경제적으로 낙후된 관향(寬鄕)지역이나 정치적 통제력이 크게 미치지 못하는 금산(禁山)구역으로 유입한 인구 가운데, 고향에서 몰락한 후에 이동하여 유입지역에 소작인이나 노복의 지위로 정착하는 경우도 있었다. 그러나 상인이나 각종 기능인, 아니면 고향에서 몰락 직전의 이갑호가 상당한 재력을 지닌 채 이동하는 경우도 많았다. 이들은 유입 초기에는 그 지역 토착의 신사나 지주로부터 전토나 가옥을 빌려 살았다. 그 후 이들은 자신의 능력이나 기능에 따라 다양한 직업에 종사하였다. 어떤 사람은 토착인과 경쟁하면서 서서히 농토를 개간하거나, 강변(江邊)이나 호변(湖邊)의 저습지에 완제(垸堤) 등 수리시설을 축조하여 농토를 확보하여 갔다. 이러한 활동은 그 지역의 농업생산력의 향상에 크게 공헌하였다. 또 때로는 제방축조 기술을 제공하거나 선진문화를 이전하고 새로운 종자를 전파하며, 도로나 교량을 보수하고 구휼사업을 벌이기도 하였다.

객민이 이주지역에서 자기 당대에 경제적인 성장을 달성하기도 했지만 몇 대가 걸리는 경우도 있었고, 여전히 빈궁호로 남는 경우도 많았다. 한편, 생활이 어느 정도 안정된 경우에는 자손에게 유업(儒業)을 권장하거나 연납을 통하여 사도(仕途; 관리가 되는 길)를 모색하였고, 심지어 서리로 자리 잡는 경우도 있었다. 따라서 객민이 이동하여 성장하는 과정에는 농업・상업・공업・유업 사이에 별다른 제한을 두지 않고 가능한 수단을 모두 동원하였다. 바꾸어 말하면, 이주지역에서 거주하는 과정에서 객민의 사회적 계층이동이 격심하게 이루어졌다.

北村敬直, 1957, 1958; 森正夫, 1978; 田尻利, 1973; 吳金成, 1986, 第Ⅱ篇 第1章.

65) 賴家度, 1956; 曹樹基, 1997, 제6권; 谷口規矩雄, 1965; 大澤顯浩, 1985; 鈴木中正, 1952, 1974; 山田賢, 1986, 1987; 吳金成, 1986, 第Ⅱ篇 第2章.

66) 譚其驤, 1932; 張國雄, 1995; 全漢昇, 1969; 森田明, 1960; 安野省三, 1962; 吳金成, 1986, 第Ⅱ篇 第2・3章; 吳金成, 1993; Perdue, Peter C., 1982, 1987; Rawski, Evelyn S., 1972.

67) 魯子健, 1984; 全漢昇, 1969; 山田賢, 1986, 1987; 李俊甲, 1998; Entenmann, Robert, 1980.

〈표1-1-1〉 明·清時代의 登錄 田地 統計

省名	A	B		C		D		
	C.1400(頃)	C.1600(頃)	B/A(%)	1661(頃)	C/B(%)	1753(頃)	D/C(%)	D/B(%)
河北	269,710	674,390	250	459,770	68	657,190	143	97
山東	542,930	1,127,340	208	741,340	66	993,060	134	88
河南	277,050	949,490	343	383,400	40	788,320	201	83
山西	390,810	457,240	117	407,870	89	545,480	134	119
陝西	260,660[1)]	503,580[1)]	193	373,290[1)]	74	508,930[1)]	136	101
江蘇	560,260	719,840	128	953,450[2)]	82	704,300	114[2)]	98
浙江	472,340	478,650	101	452,220	94	461,530	102	96
福建	135,170	136,540	101	103,460	76	136,140	132	100
廣東	237,340	334,170	141	250,840	75	334,110	133	100
安徽	249,910	437,310	175			380,330		87
江西	402,350	477,860	119	444,300	93	485,650	109	102
湖北	135,480	555,740	410			587,380		106
湖南	111,760	282,780	253			343,170		121
湖廣	247,240	838,520	339	793,350	95	930,550	117	111
光緒	107,850	103,170	96	53,940	52	89,400	166	87
四川	107,870	409,350	379	11,880[3)]	3	459,150	3,865	112
雲南		68,440		52,120	76	89,900	172	131
貴州		19,850		10,740	54	25,690	239	129
合計	4,261,490	7,735,740	182	5,491,970	71	7,589,730	138	98

1) 감숙성(甘肅省)의 전토액(田土額)이 포함되어 있음.
2) 안휘성(安徽省)의 전토액(田土額)이 포함되어 있음.
3) 이준갑, 2002, 제1편 「청 전기 사천사회의 회복」에 따르면, 이 수치는 천북지역(川北地域)만의 수치이다.

외지에서 들어온 객민이 이주지역에서 보여준 역할은 크게 두 가지 측면으로 나누어 생각할 수 있다. 그 한 가지는 긍정적인 측면이다. 〈표1-1-1〉[68)]에서 보는 바와 같이, 농경지를 개간함으로써 농업생산력을 제고시킨 것이다. 이 표에서 주의 깊게 보아야 할 문제 몇 가지를 제시하면 다음과 같다.

첫째, 명대의 200여 년 동안 중국의 경제적 중심지가 분화되어 갔다는 점이다.[69)] 명대에 농토가 증가한 것을 성별(省別)로 보면, 사천성의 실질 전토증가

68) Wang, Yeh-chien, 1973A, pp.24～25; 吳金成, 1986, p.90.
69) 본서 제2편 제2장 참조

율이 279%로 가장 높고, 그 다음으로 하남이 243%, 호광(湖廣)이 239%였다. 오늘날까지 양자강 유역에서 양식 수출지역으로 꼽히는 호광과 비교해 보면, 사천의 실질 증가율이 호광을 앞섰다. 그러나 지금의 성 단위로 보면 명대 호광성 가운데 호북성의 실질증가율이 310%로 사천을 앞섰다. 그뿐 아니라 실제로 증가된 농토 면적을 보면, 사천은 301,480경(頃) 증가한 데 비하여 호광은 591,280경이 증가하였다. 호북만 보아도 420,260경, 호남은 171,000경이 실제로 증가하였다. 더구나 성의 넓이가 호광이 398,000㎢(호북 187,500㎢, 호남 210,500㎢)인데 비하여 사천은 569,000㎢나 된다는 점을 감안하면, 명대에 호광지역의 전토 증가는 놀라울 정도였고, 특히 호북의 경우에는 더욱 그러하였다.[70)]

명대 양자강 중류 일대의 토지가 이렇게 급속하게 개간된 결과 중국의 경제적 중심지가 분화되었다. 송대에서 명초까지는 양자강 하류의 소절(蘇浙)지역이 경제적·문화적 중심지였다. 그런데 명 중기에서 명 말에 이르는 시기에, 경제적 중심지로서의 강남(江南)의 지위가 분화되어 갔다. 강남지역은 상업과 수공업의 중심지로 계속해서 발전하였지만, 송대 이래 "소주와 호주가 풍년이 들면 천하가 족하다[蘇湖熟 天下足]"고 하던 곡창지의 지위는 호광에 양도하게 되었다. 명 중기부터 "호광(호남과 호북)이 풍년이 들면 천하가 족하다[湖廣熟 天下足]"는 속언이 생긴 것은, 호광이 곡창지로 새롭게 대두했음을 웅변해 준다.[71)]

둘째, 명말·청초의 격심한 동란기에 중국의 농토가 놀라울 정도로 황폐해졌다는 점이다. 명말 1600년 무렵의 전토(田土) 넓이에 대한 청초 1661년의 비율(C/B)을 보면, 전국적으로 71%로 감소되었다. 성별(省別)로 보아 절반 수준으로 토지가 격감한 곳은 하남이 40%로, 광서가 52%로, 귀주가 54%로 각각 감소되었다. 이 기간 동안에, '장헌충의 도살'과 함께 수많은 소수민족의 봉기가 연속해서 일어났기 때문에, 인구가 격감한 것으로 알려진 사천성의 경우는

---

70) 吳金成, 1986, 第2篇 第2·3章; 吳金成, 1993. 인구증가와 농업발전의 관계는 Ho, Ping-ti, 1959, pp.137~168; Perkins, Dwight H., 1969, Chs. 2~4; Jones, Susan M. and Kuhn, Philip A., 1978, pp.103~113.

71) 吳金成, 1986, 제2편; 본편 〈附論1〉 참조.

이들 지역보다 훨씬 더 심각하였을 것이다.

셋째, 이러한 배경 때문에 청초부터 사천으로 인구가 집중되는 현상이 일어났다. 그 결과 사천의 농토 회복은 빠르게 진전되었다. 건륭(乾隆)19년(1753)의 통계로 미루어 보아, 이미 그 이전에 명말 수준으로 인구가 회복되었음을 추측할 수 있다. 이미 옹정(雍正)년간(1723~1735)부터는 사천의 미곡이 호북의 한구(漢口)를 중계지로 하여 양자강 하류지역으로 공급되었다.72) 바꾸어 말하면, 이렇듯 지금까지도 일부 지속되고 있는 미곡 유통 패턴을 만든, 중국의 최고 곡창지로서의 호광지역의 등장은, 명 중기부터 청 중기까지 300~400년 동안 계속된 사회변화와 그에 따른 인구 재배치의 결과였다.

명대 호광의 개발, 청대 사천의 개발의 결과로, 강남의 직물수공업품 및 소금과 호광·사천의 미곡이 교류되는, 중·장거리 상품교역 패턴이 이루어지게 되었다.73) 안휘성 휘주(徽州)를 본거지로 한 휘주상인의 성장, 호북성의 한구(漢口)와 호남성의 상담(湘潭)이 대도시로 발달한 것 등은 바로 이러한 경제중심지 분화의 한 결과였다. 아편전쟁 전, 청 중기 중국 내지의 상업교역액은 약 3억 9,000만 냥(兩)으로 추산되는데, 그 중 제 1위는 식량으로 약 42%(전국 식량 총생산량의 10.5%가 상품화), 제 2위는 면포로 24%(전체 생산량의 52.8%가 상품화), 제3위는 소금으로 약 15%를 점하였다.74)

넷째, 명말 1600년 무렵 전토 넓이에 대한 청 중기 1753년 전토의 비율(D/B)에서 보듯이, 전토의 회복 또는 개간이 청 중기에도 아직 명말 수준에 미치지 못하고 있었다는 점 또한 특기할 만하다.75) 또 1908년의 전토 통계를 보아도, 청말 이래 만주와 신강지역의 개발부분을 제외하면 7,517,180경(頃)으로,76) 역시 명말의 수치에 미치지 못하고 있었다. 그런데 명말 1600년 중국의

72) 全漢昇, 1969; 林頓, 1987; 魯子健, 1987; 重田德, 1956; 安部健夫, 1957; 李俊甲, 2002, 제1편; 본서 제1편 제2장 등 참조.

73) 全漢昇, 1969; 藤井宏, 1953~1954; 寺田隆信, 1972, 1982; 安部健夫, 1957; Wong, R. Bin, 1983.

74) 許滌新·吳承明, 1985, pp.16~18.

75) 다음 장의 〈표1-2-3〉에서 보듯이, 현대의 학자들은 1753년의 전토가 900만경, 1913년의 전토가 1,360만경은 되었을 것으로 추측한다.

76) Wang, Yeh-chien, 1973, p.24.

인구는 1.2억~2억(ⓐ), 18세기 중엽의 1750년의 인구는 2억~2.5억(ⓑ), 19세기 중엽에는 4.2억(ⓒ)에 달하였던 것으로 추산된다.[77] 따라서 ⓐⓑ의 기간 동안에 인구는 25~67%가 증가하였던 데 견주어 전토는 오히려 감소하였다. ⓐⓒ 사이에는 인구는 실질적으로 110~250% 증가하였으나 전토는 역시 ⓐ의 수준을 회복하지 못한 상태였다. 단, 이상의 등록 전지를 당시의 사회경제적인 여건에 맞춘 조정 전지로 환산할 경우,[78] ⓐ 670만 경→ ⓑ 900만 경→ ⓒ 1,210만경으로 추산되므로, ⓐⓑ 사이에 34%, ⓐⓒ 사이에 80.6%의 농토가 증가되었지만, 인구증가에는 훨씬 못 미치는 수치였다. 1인당 경지면적으로 보아도, ⓐ의 3.4~5.6무(畝)에서 ⓒ의 2.9무(畝)로 급격하게 저하되었다. 또 달리 계산하면, ⓐⓒ 사이에 최소 110%, 최대 250%의 인구를 더 부양해야 하였다. 청대에는 이렇게 농토에 비하여 인구가 급격하게 증가하였지만, 그렇게 증가하여 간 인구를 부양할 정도로 농업이 발전하였다. 그것은 ① 경지면적의 증가 ② 단위면적당(單位面積當) 생산량의 증가 ③ 고구마·옥수수·감자 등 새로운 작물의 보급 ④ 집약농법의 시행 등에 따른 증산 등이 있었기에 가능한 것이었다.[79]

한편, 객민(客民)의 역할 가운데 부정적인 측면 역시 존재하였다. 명청시대에 외래 인구를 많이 받아들인 지역 역시 인구를 내보낸 지역과 마찬가지 사회적 모순이 전혀 없었다고 할 수 없다. 예컨대, 인구를 많이 받아들인 호광지역의 경우, 이미 명초부터 신사·왕부(王府)·세호가의 토지겸병, 과중한 세역부담 등, 그 지역 나름의 사회적 모순은 존재하였다. 따라서 다른 인구 유인지역의 경우도 비슷한 사회적 모순이 존재하였으리라 추측된다. 바로 그러한 상황에 처해 있던 지역에 외부로부터 객민이 대거 유입하여 토착인과 생존경쟁을 벌이면서 성장해 갔다. 말하자면 외래 객민은 이주지역에서 이미 진행되고 있던 사회적 모순에 박차를 가한 셈이었다. 토착인은 과중한 세역과 고리대의 착취로 몰락의 위기에 직면해 있는데, 객민은 새로운 개간지를 확보하거나 혹

77) Perkins, Dwight H., 1969, p.216.
78) 다음 장, 〈표1-2-3〉 참조.
79) 張存武, 1988; 全漢昇, 1966; Ho, Ping-ti, 1955; 본편 다음 장 등 참조.

은 자기의 기능을 살려 성장해 가면서도 세역은 탈면하였다. 그 때문에 토착인과 객민 사이의 경쟁에서 토착인이 오히려 몰락하여 유산하는 '인구의 대류 현상'도 일어났다. 또 지역에 따라서는 격심한 객민의 유입으로 사회질서가 교란되어, 명 중기로부터 청 중기에 걸쳐서 끊임없이 반란이 일어난 곳도 있었다. 그 가운데에서도 호광 서북부의 사성교계지역, 강서 남부의 사성교계지역은 특히 유명하였다.[80)]

2) 中小都市의 發達

인구이동 현상의 세 번째 유형, 즉 농촌에서 도시·수공업지역으로 이동하는 경우를 보자. 명 중기에서 청대에 걸쳐 인구의 이동과 상품생산의 전개(後術)로 중국의 모든 지역에 걸쳐 대도시[북경(北京), 남경(南京) 등 기존의 33개 도시]는 물론 중소도시가 수없이 나타났다. 그 가운데에서도 이러한 현상이 가장 두드러지게 나타난 지역은 소절(蘇浙)지역이었다. 이 지역은 송대부터 중국의 경제·문화의 중심지였는데 명초에 홍무제(1368~1398)가 뽕나무[桑]·마(麻)·목면의 재배를 권장하고 조세의 일부를 그 생산물로 납부하게 하면서, 이 지역의 경제구조가 변하기 시작하였다.[81)]

이 지역은 송대에서 청대에 이르기까지 토지세가 무겁기로 유명한 지역이었다.[82)] 또 명 중기 이래 신사나 세호가가 대토지를 겸병함으로써 소농의 경영이 극도로 영세하였으므로, 소농민은 생존을 위해서 농업생산 외에 다른 가계보충 수단을 강구하지 않으면 안 되었다. 농민들도 종전의 '남자는 밭을 갈고 여자는 길쌈을 한다[男耕女織]'는 농가경영 방식을 탈피하여, 남자도 부업으로 직물수공업에 참여하게 되었다. 그런데 소주·호주·항주 등 이 지역의 대도시에서는 일찍부터 견직업이 발달하였으므로, 우수한 기술이 전수되고 있었다. 농촌의 소농민도 점차 이러한 선진기술을 익히게 되었다. 또 송강부

80) 谷川道雄·森正夫, 1982·1983.

81) 蘇·浙 지역의 직물업을 중심으로 한 경제구조에 대하여는 別註가 없는 한 許滌新·吳承明, 1985; 西嶋定生, 1966, 第3部; 寺田隆信, 1971; 田中正俊, 1982, 1984; 본편 〈附論2〉 참조.

82) 伍丹戈, 1982; 森正夫, 1988.

(松江府)를 중심으로 한 연해지역은 토질의 특성상 면화를 많이 재배하였는데, 이 면화를 원료로 하는 면직업에 견직업의 발달된 기술이 도입되어 고급 면포를 생산할 수 있게 되었다. 소농민의 입장에서 보면, 뽕나무, 목면의 재배나 그것을 이용한 비단이나 면포의 생산이 미곡을 생산해서 얻는 수입보다 월등히 좋았다. 그 때문에 미곡을 재배하던 토지가 뽕나무나 목면의 재배지로 전용되었다. 그런데도 이 지역에서 점차 번성해 가던 견직물·면직물업 분야에서 일자리를 구하기 위하여 외부로부터 인구가 많이 모여들었다.[83] 그 때문에 명말에 이를수록, 종래 곡창지로 유명하던 이 지역이 오히려 다른 지역에서 식량을 수입할 형편에 이르렀다.[84]

이렇게 소절지방의 농촌지역에서 발달해 간 직물업과 외래 인구의 유입으로 대도시가 발달하였고 더불어 수많은 중소도시가 생겨났다.[85] 예를 들면, 소주부 오강현 성택진(盛澤鎭)의 경우, 명초에는 50～60가구에 불과한 촌락이었으나 15세기 중엽부터 상인과 수공업자가 증가하기 시작하여 16세기 중엽에는 백여 호(戶)로 증가하였고, 17세기 전반기에는 천 가구로, 청의 강희년간(1662～1722)에 만여 가구(4향 포함)로 증가한 결과, 건륭5년(1740)에 진(鎭)으로 승격하였다. 역시 소주부 진택진(震澤鎭)의 경우, 원대의 14세기 중엽에는 수십 호의 촌락이었으나 15세기 중엽에는 3백～4백 호로 증가하였고, 16세기 중엽에는 천여 호(戶)로 증가하였다. 청의 옹정4년(1726)에 이 지역은 오강현에서 분리하여 진택현으로 독립하였는데, 그 관할 아래 있던 진택진은 거주민이 2천～3천 호나 되었다. 최근의 연구에 따르면, 명청시대에 발달한 도시 중, 시(市)는 대개 백 호에서 3백 호 정도가 보편적이었고 5백 호에서 천 호는 그리 많지 않았으며, 천 호～2천 호는 극소수였다. 진(鎭)은 대개 천 호 이상 중급 도시를 지칭하였는데, 대부분 2천～3천 호에 달했다. 그 가운데 명말·청초를 기준으로 하여, 만호 이상의 초대형 진은 소주부에 성택진(盛澤鎭) 등 6개, 송강부에 2개, 호주부에 2개, 가흥부에 3개, 항주부에 1개, 가흥과 호주부

83) 본서 제2편 제1장 참조.

84) 이때 강남의 이러한 식량 수요를 충족시켜 준 곳이 湖廣과 江西지역이었다.

85) 본서 제2편 제1장 참조.

사이에 있던 오청진(烏青鎭) 등 모두 15개였고, 거민이 수천 호에서 만 호에 이르는 중형 진도 10개였다고 한다.[86)]

이렇게 신흥 도시가 발달한 것은, 정도의 차이는 있으나, 다른 지역에서도 비슷하였다. 예를 들면, 양자강 중류의 강서성에서도 인구이동의 결과로 도시가 발달하였다. 그 중에서 요주부 부량현의 경덕진(景德鎭), 광신부 연산현의 하구진(河口鎭), 임강부 청강현의 장수진(樟樹鎭), 남창부 신건현의 오성진(吳城鎭) 등이 유명하다.

경덕진[87)]은 이미 송대부터 중국 제일의 도자기 생산지로서, 명청시대에도 그 명성은 여전하였다. 16세기 중엽에 이르면 도자기 반출을 위해 모여드는 성 내외의 상인·객민·일시 체류자가 1만여 명에 달했고, 만력년간(1573~1619) 말기에 이르면 그 수가 매일 수만 명이나 되었다고 한다. 명말에는 경덕진의 인구가 50만여 명 정도라고 알려져 있는데, 그 중 10%~20%만이 토착인이고 나머지 거민은 주변 각 부 아니면 안휘성의 휘주부에서 온 사람들이었다.

하구진[88)]은 전국적인 판로를 가진 제지업 및 중국의 서북지역과 유럽으로 수출되던 차(茶) 가공업의 중심지였다. 하구진은 16세기 초에는 아직 산구(山區)의 작은 시집(市集)에 불과하였으나, 16세기 중엽부터 급속히 발전하여, 만력년간에 이르면 2만 정도로 인구가 증가하였고, 청대의 건륭·가경년간에 이르면 거의 10만여 명에 이르렀던 것으로 추측된다.

장수진[89)]은 임강부 청강현 소속으로, 강서성을 남북으로 종단하여 양자강으로부터 광동성에 이르는 감강의 중류 동안(東岸)에 위치하며, 호남, 강서의 성 경계지역에서 발원하여 강서 중부를 동북쪽으로 흐르는 원강이 합류하는 지점에 위치한, 상업과 교통의 중심지인 동시에 전국적인 약재 시장이었다. 15세기 전반에 이미 호부(戶部)에서 주목하는 전국 33개 중요 상세(商稅) 부과

---

86) 樊樹志, 2005, pp.166~184.

87) 蕭放, 1987; 梁淼泰, 1991; 劉石吉, 1989; 佐久間重男, 1964; 吳金成, 2007A, 제Ⅲ편 제1장 「陶瓷 都市 景德鎭」 등 참조.

88) 吳金成, 2007A, 제3편 제2장 「山區 都市 河口鎭」 참조.

89) 羅輝, 1999A; 羅輝, 1999B; 劉石吉, 1989; 許檀, 1998; 吳金成, 2007A, 제Ⅰ편 제3장 「'廣東體制'의 빛과 그림자」 등 참조

도시 가운데 하나로 거명되었다. 만력년간에는 거민이 수만 가구에 이르는 강서의 3대 진(鎭) 가운데 하나로 번영을 누리기 시작하였다.

한편, 오성진(吳城鎭)[90]은 강서의 북부, 파양호의 서안(西岸), 즉 강서 서북부에서 동남쪽으로 흐르는 수하(修河)와 감강의 하류가 합류하는 삼각지점에 위치한다. 감강 연안의 각종 농부산품(農副産品), 그리고 대유령(大庾嶺)을 넘어 온 외국 수입상품과 영남 상품은 모두 감강을 따라 내려와 오성진에서 큰 배로 옮겨 실어야 하였다. 또 수하를 따라 내려온 상품도 이곳에 이르러 비로소 큰 배로 갈아 실었다. 따라서 오성진은 수로교통의 요지, 여러 가지 상품의 집산지로 번영하였으며, '광동무역체제(廣東貿易體制)' 시기(1757~1842)에는 인구가 4만여 명에 이르렀다.

한편, 호광에서도 명대의 인구이동의 영향으로 형주부의 강릉(江陵)과 사시(沙市), 한양부 한천현의 유가격(劉家隔), 한양현의 한구진(漢口鎭), 승천부의 조각시(皂角市) 등이 발전하였다.[91]

Ⅲ. 商品生産의 展開와 그 影響

1. 商品生産의 展開

제2차대전 후 세계 명청사 학계의 또 하나의 관심사는 16~17세기 명말·청초의 상품생산의 전개와 그 성격 규정 문제였다. 당시 일본학계에서는 '선진 일본'에 비하여 '후진 중국'이라 여기던, 이전까지의 생각을 반성하고 눈앞에서 전개되고 있는 중국의 정치적 변혁(중국 공산주의 정권의 성립)의 역사적 성격을 중국사의 흐름 속에서 이해하려는 의도에서 이 문제에 관심을 가지게 되었다. 또 대륙학계에서는 '중국사회 정체론(停滯論)'을 비판·극복하고, 중국사에도 세계사의 법칙성이 존재함을 증명하여 중국 공산주의 정권 성

---

90) 蕭放, 1987; 劉石吉, 1989; 梁洪生, 1995A; 梁洪生, 1995B; 梁洪生, 1999; 許檀, 1998; 吳金成, 2007A, 제1편 제3장 「'廣東體制'의 빛과 그림자」 등 참조.

91) 谷口規矩雄, 1981; 范植清, 1985; 吳金成, 1986, p.191.

립의 역사적 당위성을 드러내 보이고자 하였다. 그리고 1950년대부터 일어난 '자본주의 맹아'론의 영향으로, 이 문제에 대한 연구가 적극 추진되었다.

이 문제에 대하여 비교적 일찍, 순수하게 학문적으로 접근한 사람은 일본의 니시지마 사다오였다.[92] 그는 16·17세기의 중국 강남 농촌에서 면방직업이 성립할 수 있었던 요인으로, ① 명·청 국가권력의 농민수탈, ② 대토지소유제 아래의 영세한 농업경영, ③ 상인자본의 수탈 등을 상정하고, 명말·청초 농촌 수공업의 구조적 특질을 대개 다음과 같은 요지로 규정하였다. 즉 ⓐ 16·17세기를 획기(劃期)로 하여 영세농은 가계 보조를 위해 적극적으로 상품〔면포(棉布)〕생산에 참여하였다. ⓑ 그들의 이러한 부업적인 면포 생산은 높은 지대(地代)와 상인자본의 수탈 때문에 계속될 수는 없었고, 따라서 계급적 상승도 불가능하였다. ⓒ 도시의 전업자(專業者)인 기호(機戶)도 정부의 면포 수매를 전제로 한 비독립적인 경영이었다.

이상 그가 지적한 내용은 다음과 같은 점에서 중요한 의미가 있다. 즉, 강남 농촌의 거민들의 존재는, 종래 이갑제 아래에서는 단지 자급자족적인 농가경영의 영역을 맴도는 존재로만 이해되어 왔으나, 니시지마 사다오는 그들이 농촌 수공업을 통한 상품 생산자였음을 새롭게 밝혀준 것이다. 그러나 그는 이상의 분석을 통하여, 중국의 역사발전 과정에서 '봉건제'의 자생적인 해체는 인정하면서도, 그것이 '자본제'로의 발전에 주체적인 계기는 될 수 없었다고 하고 있다.

니시지마의 이러한 견해에 대하여 일본에서는, 그 후 많은 학자들이 면직업이나 견직업뿐 아니라 상업·염업(鹽業)·차업(茶業)·요업(窯業)·광업 등 다양한 분야를 대상으로 연구를 진행했고, 그 결과 견직업, 염업, 광업, 차업의 분야에서는 상인의 전대제(前貸制)적 생산지배 또는 매뉴팩처의 존재 가능성까지도 검증하였다.[93] 이것은 명말·청초에 상품생산의 전개가 상당한 수

92) 西嶋定生, 1944; 西嶋定生, 1966, 第3部「商品生産の展開とその構造—中國初期棉業史の研究」. 이 부분에는 4편의 논문이 수록되어 있는데, 이들은 모두 1947년~1949년에 발표된 것을 약간 수정한 것들이다.

93) 寺田隆信, 1971, p.276.

준으로 발전되어 있었음을 의미하는 것이었다. 한편, 중국의 역사학계에서도 1954년부터 '자본주의 맹아' 논쟁을 통하여 일본과 거의 같은 내용의 연구를 추구했으며, 그러한 연구 결과 현재까지 논문은 560여 편, 그리고 논문집이나 독립 저서는 30여 권 정도 축척되기에 이르렀다.[94)]

그러나 중·일 양국의 이러한 연구가 명말·청초 상품생산의 성격 이해에 따른 문제점을 그만큼 많이 해결하였다는 의미는 아니다. 16·17세기 명말·청초 이후, 여러 수공업 분야에서 상인자본의 전대제적 생산지배 형태나 매뉴팩처가 존재했다는 가능성 등을 제시하는 것만으로는 큰 의미가 없다. 앞으로는 그러한 사례가 중국사회의 어떠한 역사적 발전을 배경으로 해서 발생하였고, 어떠한 구조(사회·시장) 위에 존재하였으며, 그것은 역사적으로 어떤 의미를 가지는 것인가를 해명해야 할 것이다.

1) 棉紡織業의 展開

홍무제(1368～1398)가 뽕나무·마·면의 재배를 백성에게 강제한 이후, 면포는 서민의 의복 재료로서 보편화되어 전국에 걸쳐서 자가소비(自家消費)를 위한 농가부업으로 전개되었다. 특히 세금이 높았던 강남지방에서는 15세기부터 면포 제작이 영세농민의 가계보충을 위한 농가부업으로 적극적으로 행해졌다. 그 가운데서도 송강부의 도시와 농촌은 점차 중국 면직업의 중심지로 발전하여 갔다.[95)] 이곳은 토지와 기후가 면화재배에 적당하였으므로 송강부 농토의 1/2～2/3가 면화재배지로 전용되었으며, 수로를 통한 교통이 편리하여 화북지역의 면화까지 대량으로 반입될 수 있었기 때문에 원료를 얻기 편리하였다. 또한 고도의 견직기술을 가진 소주·호주·항주 지역이 가까이 있어 그 기술을 쉽게 수용할 수 있었다.[96)]

그런데 강남의 농민이 면직업에 참여하게 된 중요한 계기는 농가경영의 위기상황 아래에서 상품생산(생산물의 시장판매)을 목적으로 한 것이었다. 그러

---

94) 본편 〈附論2〉 참조.
95) 全漢昇, 1958; 嚴中平, 1963; 趙岡 等, 1977; 西嶋定生, 1966, 第3部.
96) 宮崎市定, 1954; 西嶋定生, 1966, 第3部; 劉石吉, 1987, pp.11～16.

나 농민은 자금이 부족하였으므로 생산한 면화[이를 자화(子花)라고 한다]는 일단 상인에게 팔고, 다음 단계의 가공을 위해 상인으로부터 그 원료를 다시 구입하는 일종의 사회적 분업화가 이루어졌다. 바꾸어 말하면, 면화의 재배, 씨 빼기[알핵(軋核)], 방적(紡績), 직포(織布) 등 각 공정이 분화되어 있었고 영세 농민이나 수공업자는 이 가운데 어느 부분만을 담당하게 되었다. 그리고 이들 각 공정 사이에는 상인자본이 개입하여 이윤을 착취하였다.[97] 그러므로 이들 영세농민이나 수공업자가 이윤을 축적하고 경제적인 성장을 성취하기에 매우 어려운 여건이었다.[98]

그런데 명 중기부터 강남 농촌의 면직업에 개입한 상인은 대개는 영세상인들로, 이들의 개별적인 중개를 통해서 각 공정이 분화되었던 것이다. 바꾸어 말하면, 그 각각의 공정을 어떤 하나의 대상인 자본이 일관해서 포괄적으로 장악한 것은 아니었다. 거대한 자본가인 객상(客商)은 오히려 생산현장 밖에서 유통기구를 통해서만 영리를 추구하였다.[99] 그러나 명말·청초부터는 그러한 단계에서 좀 더 발전하여 대상인도 점차 면포생산의 각 공정에 깊숙이 개입하기 시작하였다. 그 결과 대상인이 농민이나 수공업자에게 원료를 전대하거나, 혹은 염색업자나 단포(踹布, 면포에 윤을 내는 것)업자를 거느리거나,[100] 또는 농민에게 면포를 주고 서말(署袜, 여름 버선)을 만들게 함으로써 가치를 부가하는, 일종의 원료전대(原料前貸) 생산형태가 나타났다. 소주부에서 이들 포상(布商)으로 알려진 것만 해도 수십 가(家)였는데, 이들은 대개 휘주상인이었다.[101]

---

97) 嚴中平, 1963, 第2章; 許滌新·吳承明, 1985, pp.391~398; 田中正俊, 1982, 1984.

98) 그러나 이러한 농가부업에 의한 상품생산은 점진적으로 소농경영의 안정과 자립에 공헌하였다. 明末·清初에 이 지역에서 집중적으로 나타나는 民變·抗租 등은 그 결과였다.

99) 藤井宏, 1953; 田中正俊, 1982, 1984.

100) 18세기 초에 소주에는 이런 踹布業所가 450여 가 있었고, 包頭(=把頭) 340여 명 아래에 踹匠이 每所 수십 인이 있어 도합 2만여 인이나 있었다고 한다.

101) 田中正俊, 1982, 1984; 藤井宏, 1953, 1954.

2) 絹織物業의 展開

강남지역의 견직물업은 중국역사학계에서 '자본주의 맹아' 토론의 주제 가운데 가장 전형적인 사례로 일찍부터 지적되어 온 분야이다. 견직물업은 중국 고대로부터 발달되어 온 수공업인데, 명대에는 남경·소주·항주·호주 등 대도시에서 먼저 발달하였다. 명조는 초기부터 생사를 조세와 공납체계에 포함시켰다. 바꾸어 말하면, 북경과 남경에 내직염국[內織染局; 내직조국(內織造局)이라고도 함. 궁정 직속의 관영공장으로 환관(宦官)이 감독했음], 소주·항주 등 전국 24개 중요 도시에 외직조국[外織造局; 공부(工部) 직속의 관영공장]을 설치하였다. 이들 내·외직염국의 노동력은 장역제(匠役制)에 따라 장호[匠戶; 장적(匠籍)에 등록된 수공업자]를 동원하고 관이 감독하는, 소위 관영생산체제(官營生産體制)였다.[102]

그러나 이러한 관영공장체제는 관리의 노동착취, 불안정한 급여, 중간 착복 등이 심하였다. 그 때문에 15세기 중엽부터는 장호의 도망, 태공(怠工) 등의 사건이 자주 일어나고 동원된 장호의 기술수준도 현저하게 저하되었으므로, 장역제를 기반으로 한 직염국의 관영공장체제가 붕괴될 위기에 직면하게 되었다.[103] 이러한 현상은 도자기 공장 등 다른 관영공장에서도 비슷하게 나타났다.[104] 명조에서는 이러한 관영공장 체제의 위기를 극복하기 위해 장호의 개인적 경영을 인정해 주고, 그 대신 장역을 은(銀)으로 대납하는 것을 허락하게 되었다. 이것이 곧 반장은제(班匠銀制, 1562)인데, 이 제도의 실시로 관영공장의 생산은 점차 폐지되었다. 그 후로는 왕조가 필요로 하는 견직물은 국고(國庫)의 은으로 사들이거나 공납에 의존하였다. 장호들은, 이 제도의 실시로 개인 경영의 합법성과 안정성을 획득하게 되었고, 이후로는 독립 수공업자로서 상품생산을 추진할 수 있게 되었다. 무엇보다도 장호가 가졌던 고도의 기술이 해방되었으므로, 이들로부터 기술을 전수받아 농촌의 견직물업이 급속도로 발전할 수 있게 되었다.[105]

---

102) 彭澤益, 1963; 中山八郎, 1942; 佐伯有一, 1956A·B.
103) 이러한 도망 匠戶가 私營業形態의 도시 견직업 성립의 전제조건이 되었다.
104) 佐久間重男, 1962, 1964, 1968.

한편, 정통원년(1436)부터 관료의 봉급을 은으로 지급하게 되자 관료들이 비단의 소비자로 등장하게 되었다. 또 명 중기부터 농업을 비롯한 각종 산업 생산력이 증가하면서, 평민들 사이에도 견직물을 착용하는 풍습이 점차 유행하게 되었다. 이러한 광대한 판로를 배경으로, 남경·소주·항주·호주·가흥 등 명초에 관영 직조공장이 존재하던 대도시에서는, 반장은제의 실시로 자유로운 개인 경영이 가능해진 민간 기호(機戶)가 관용(官用)이나 관리를 상대로 하는 고급 견직물뿐 아니라 널리 평민을 위한 물품이나 혹은 외국 시장(동남아시아·유럽·일본 등)을 상대로 한 보급품도 생산하였다.[106] 명 중기부터, 대도시 주변에 사는 인구가 이들 대도시에 많이 모여들어 거대 도시로 발전하게 된 과정에는 이상과 같은 배경이 존재하였다.

강남의 도시 가운데 견직물업이 가장 번성하였던 곳은 소주이다. 명말 무렵에는 소주에 직기(織機)를 2~3대에서 수십 대 보유한 기호(機戶)가 만여 호 정도 있었다. 또 그 아래에는 각기 전문기능을 가진 직공이 있어, 기호로부터 일당으로 공임을 받았다. 만일 이렇게 특정의 기호를 주인으로 갖지 못한 기능인들은 매일 새벽에 각 기능별로 수십 명씩 모여서, 단공(緞工)은 화교(花橋)에, 사공(紗工)은 광화사교(廣化寺橋)에, 차공(車工)은 염계방(濂溪坊)에서 서성거리면서 기호가 불러주기를 기다리는 일종의 일용 노동시장이 존재하였다. 따라서 이들 일용 기능인들은 만일 기호의 작업이 감소하면 곧바로 생활에 위협을 받을 수밖에 없었다. 그뿐 아니라 이들은 행두(行頭)라고 하는 청부 중개인의 주선에 따라 기호에게 보내졌으므로, 용공은 행두에게도 예속될 수밖에 없는, 극히 불안정한 위치였다.[107] 명말·청초에 강남에 존재한 이러한 계약관계와 고용노동의 성격에 대해서는 지금까지도 세계학계에서 아직 의견의 일치를 보지 못하고 있다. 그 때문에 이에 대한 역사적 성격을 '자본주의의 맹아'로 보려는 측[108]과, 이를 부정하는 측[109]으로 맞서 있는 형편이다. 여하

105) 佐伯有一, 1956B.

106) 寺田隆信, 1971, p.296.

107) 이러한 형태의 경영을 包工制 혹은 把頭制라 한다. 宮崎市定, 1975; 佐伯有一, 1961, 1968; 田中正俊, 1982, pp.241~250.

108) 尙鉞, 1959; 洪煥椿, 1981; 横山英, 1972.

튼 이러한 형태의 노동시장은 강남의 주요 도시에서 16세기 후반부터 시작되어 19세기 중엽까지 계속 존재하였다.

이상과 같은 도시 견직물업의 발달에 영향을 받아 15세기 중엽부터는 도시 부근의 농촌지역에서도 견직물업이 발달하게 되었다. 그 결과 수많은 중・소도시가 발달하였다. 바꾸어 말하면, 15세기 중엽부터 소주부에서는 현성(縣城)에 사는 기호가 부성(府城)에 사는 기능공을 고용해서 견직업을 경영하기 시작하였고, 15세기 후반에 이르면 현민(縣民)들도 점차 그러한 기능을 습득하게 되었다. 그 결과, 앞에서 서술한 것처럼, 16세기 이후 성택진과 진택진의 경우를 보면, 진(鎭) 자체의 발달뿐 아니라 진 주위 40~50리(20~25㎞) 범위 안의 주민은 견직업으로 모자라는 가계를 보충하기 위한 농가부업을 갖게 되었다.

한편, 이와 같이 주변 농촌에서 직물업을 배경으로 중・소도시가 수없이 많이 발흥하게 되자, 소주는 이를 기반으로 하여 전국적인 직물업의 중심지로 발전하였다. 왜냐하면 방직기술 면에서 도시와 농촌 사이에 여전히 현격한 차이가 있었기 때문이다. 따라서 소주는 고급품을 생산하는 외에도 도시와 농촌 생산품의 집산 및 이의 가공・제조 등을 담당하였다. 바꾸어 말하면, 소주는 주변에 산재한 중소 수공업도시를 거느리고 농업에서 이탈한 인구를 포용하여 전국 규모의 상업과 수공업의 중심지로서의 기능을 가지는 대도시로 성장하였던 것이다.[110]

또 한편, 강남의 농민들이 견직업에 참여한 이유는 면직업에서도 살펴본 것처럼, 부업으로 가계를 보충하기 위해서였다. 농민은 보통 높은 이자로 돈을 빌려 잠종행(蠶種行)으로부터 종지(種紙)를 사서 누에를 길렀다. 뽕잎도 상인이 공급하는 경우가 많았다. 따라서 자금의 단기 회전이 필요한 농민들은, 조사(繰絲) 작업이 끝나자마자 생사를 시장에 팔아야만 했다. 그러므로 그 후 농한기에 비단을 짜기 위해서 생사상인에게서 생사를 다시 사올 수밖에 없었

109) 吳大琨, 1960; 彭澤益, 1963.
110) 蘇州府 城의 西半部인 吳縣은 상업의 중심지였고, 東半部인 長洲縣은 수공업 중심지였으며, 청대에는 장주현에서 元和縣이 분리되었다.

다. 바꾸어 말하면, 명말·청초의 견직물업에서도 뽕나무 재배·양잠(養蠶)·조사(繰絲)·연사〔撚絲; 제사(製絲)〕·견직 등의 공정이 분리되었고, 각 공정 사이에 상인자본이 개입하여 이윤을 착취하였다.[111] 농촌 견직업의 생산구조도 면직업과 마찬가지로 사회적인 분업화가 전개되었던 것이다.

그런데 명 중기 상인자본은 위와 같은 각 공정 사이에만 개입하였다. 또 각 공정이 끝난 상품에 대해서도 상인은 생산현장 밖에서 유통체계를 통한 가격차를 이용하여 이윤을 취하였다.[112] 그러나 명말·청초에 이르면 일부의 사행(絲行, 생사상인)이 농민이나 직물 노동자에게 원료를 제공하여 전대생산을 하는 예가 나타났다.[113] 그리고 17세기 후반, 18세기 초반 청대 강희년간부터는 남경·소주 등의 대도시나 절강의 신흥 중소도시에서 장방(賬房, 또는 帳房으로 표기)으로 불리는 대상인이 본격적으로 전대생산에 참여하게 되었다.[114]

2. 民變·抗租·奴變

1) 民 變

위에서 살펴본 바와 같이, 15·16세기 이래, 특히 명말·청초에 소주를 대표로 하는 대도시들은 주위에 무수한 중소도시를 거느리고 있었다. 또한 이런 대도시는 직물수공업의 중심지일 뿐 아니라 상업과 문화의 중심지로 번영을 누렸다. 그런데 이 때 명조 입장에서 보면, 장거정(張居正, 1525~1582)이 죽은 후 중앙에서는 환관의 전횡이 점차 심해지고 그에 따라 정치질서는 해이해졌을 뿐 아니라, 만력삼대정(萬曆三大征)[115]으로 국가재정이 극도로 궁핍해졌다. 또 이에 더하여 1596년과 1597년 이년에 걸쳐 궁정에 대화재가 일어나 중요

111) 佐伯有一·田中正俊, 1955; 寺田隆信, 1957.
112) 田中正俊, 1957; 田中正俊, 1982, pp.233~241.
113) 田中正俊, 1982, pp.239~241.
114) 李之勤, 1981; 橫山英, 1972; 田中正俊, 1984.
115) 萬曆20年(1592) 寧夏에서 몽고 武官 보바이(哱拜)의 반란 진압에 200여만 냥, 1592~1598년에 朝鮮의 임진왜란 원조에 700여만 냥, 1593~1600년의 播州(貴州省 遵義縣)의 土司 楊應龍의 亂 진압에 200만~300만 냥을 소비함.

한 궁전이 전소되었으므로, 그 부흥비로 930만여 냥의 막대한 금액이 소비되었다. 이렇게 왕조와 궁중의 재정이 궁핍해지자 이를 해결한다는 명목으로 나타난 것이 이른바 '광세사(礦稅使)' 파견이었다.[116] 이 때문에 전국 각지에서 상공업은 위축되고 객상의 왕래도 줄어들었으며, 따라서 국가의 세입은 오히려 격감하였다. 이러한 환관의 발호와 폐단을 계기로 하여 명말에 강소성[당시에는 남직예(南直隷)로 부름]에서는 6회 이상 봉기한 소주를 포함한 9개 도시에서, 그리고 북경·북직예(河北省)·섬서·산서·요동·절강·산동·복건·강서·호광·광동·운남성 등 전국의 중요도시나 수공업지역에서 50여 차례에 이르는 민변(民變, 민중 또는 시민의 폭동)이 발생하였다.[117]

만력29년(1601) 소주에서는 세감(稅監, 상세를 징수하기 위해 파견된 환관)으로 파견된 손융의 횡포로 '직용(織傭)의 변(變)'이 발생하였다.[118] 5월 초순에 소주에 착임한 손융은 심복의 징세리(徵稅吏)와 그 아래 무뢰 20여 명을 동원하여 소주부 6개 성문과 3개 수관(水關)에 각각 세관(稅關)을 설치하고 기타 교통의 요충지에서도 상세를 강제로 징수케 하였다. 또 성내의 기호(機戶)에 대해서도 직기(織機)의 수에 따라 무거운 세를 부과하게 하였다. 이 때문에 객상의 왕래는 두절되고 모든 물가는 폭등하였다. 소주 시내의 상업은 마비되고 기호 가운데에서도 폐업이 속출하였으므로, 수많은 직물 수공업자들은 한꺼번에 생활터전을 상실하고 말았다. 인심은 극도로 흉흉해졌다.

이에 1601년 6월 6일, 직용들이 결속하여 손융의 심복인 향신(鄕紳) 정원복의 집을 불태우면서 상세의 철폐를 요구하였다. 이에 놀란 손융은 달아났다. 장주 지현이 무뢰를 체포하여 현묘관에 모인 군중에게 끌고 가니 군중이 그를 격살하였다. 지부(知府) 주섭원이 직용을 위무(慰撫)하자(6월 8일) 폭동은 잠잠해졌으며, 6월 9일에는 세관의 폐해 제거를 약속하기에 이르렀다. 이 때 군중 속에서 용공으로 자처하는 갈성(葛成)이라는 사람이 나와 스스로 모든

116) 본서 제3편 제3장 「宦官과 無賴」 참조.

117) 巫仁恕, 1996; 傅衣凌, 1957, 1959; 劉炎, 1955; 劉志琴, 1982A·B; 田中正俊, 1961A, 1984; 寺田隆信, 1971, pp.283~286; 夫馬進, 1983; 본서 제3편 제3장 「宦官과 無賴」 참조.

118) 丁易, 1950; 夫馬進, 1983; 森正夫, 1981; 田中正俊, 1961A; 佐伯有一, 1968.

책임을 지고 관부에 자수하여 중형(重刑)을 받았으나 다행히 그 후에 석방되었다. 소주민은 그의 의리에 감동하여 그를 갈현(葛賢), 갈장군(葛將軍) 등으로 부르며 상찬하였다.

이 사건을 통해 다음 몇 가지 점에 주목할 필요가 있다. 첫째 만 명 이상의 군중이 줄곧 정연한 규율에 따라 행동하였고, 둘째 공격의 목표를 분명하게 정하여 애꿎은 사람이 피해를 당하지 않게 하였으며, 셋째 일반 소주 시민의 절대적인 지지를 받았고, 넷째 순무 조시빙(曹時聘) 이하 다수의 관료와 신사들도 그들의 행동을 직·간접으로 지원하거나 동정을 아끼지 않았고, 다섯째 현묘관(玄妙觀)과 같이 군중이 많이 모이는 장소를 봉기 준비의 장소로 택하였다는 점 등이다. 바꾸어 말하면, 명 중기 이래의 사회변화로 말미암아, 명말에 이르면 강남의 도시나 농촌을 가리지 않고 지식인과 서민 모두가 비슷한 사회인식에 도달해 있었던 것이다.

명말·청초에 소주에서 일어난 민변 가운데 또 하나의 특기할 사건은 1626년의 소위 '개독(開讀)의 변'이었다.[119] 당시 지독한 공포정치로 횡포를 자행하던 환관 위충현(魏忠賢)을 중심으로 한 환관파의 악정에 대하여 동림파(東林派)를 중심으로 격렬한 비판과 반항운동이 전개되었다.[120] '개독의 변'은 바로 그러한 동림파의 퇴직관료였던 주순창[소주 출신]을 체포하러 소주에 내려간 관리가 소주의 찰원(察院)에서 개독의식(開讀儀式)을 행하는 자리를 빌려 만여 명의 민중이 주순창 체포의 부당성을 항의한 사건이었다(1626년 3월 18일). 이 때 이들 민중의 선두에는 500여 명의 생원[121]이 순무 모일로[환관파]와 담판하기 위하여 앞장섰다. 그들 가운데 응사(應社)의 동인이던 양정추·왕절·문진형 등의 생원도 있었다.[122] 식장은 대혼란에 빠졌고 개독의식은 중단되

---

119) 林麗月, 1986; 丁易, 1950; 夫馬進, 1983; 小野和子, 1958, 1961, 1962; 岸本美緖, 1996; 田中正俊, 1961; Atwell, William S., 1975.

120) 東林派에는 전 중국의 광범한 신사들이 결집되어 있었고, 당시 강남의 상품경제의 전개로 서민층도 많이 호응하였다. 謝國楨, 1968 참조.

121) 이들이 후에 명말·청초의 復社운동의 주역이 되었다. 小野和子, 1961 참조.

122) 그러나 관리·신사층에 대한, 생원들의 이러한 항의는 그들이 결코 국가나 향신을 부정하기 때문이 아니고, 단지 개인적인 이해의 상충 때문이었다. 본서 제2편 제1장 참조.

었다. 관에서 "개독의식을 행하지 않고는 주순창을 북경으로 출발시키지 않겠다"는 약속을 한 후에야 사태는 겨우 진정되었다. 그러나 관에서는 민중이 해산하자 주순창을 몰래 북경으로 압송하였고 주모자는 체포하였다. 안패위〔상인의 아들〕 등 5인은 처형당하였다. 생원 왕절 등은 생원자격을 박탈당하고 금고 처분을 받았다.

이러한 사건들은 당시 다른 지역에서 일어난 다른 체포자의 경우를 보아도 그 양상이 비슷하였다. 돌이켜 보면, 근대 이전의 중국사회는 신사와 평민의 지위가 확연히 구분되어 있었다. 그럼에도 불구하고 소주민의 행동에 대하여 신사층이 직접 참여하거나 동정하였고, 소주민은 자기와 직접적인 안면이나 관계가 없는 신사의 체포에 대하여 목숨을 건 반항운동[123]을 전개하였다는 점에서 소주 민변은 중요한 역사적 의미를 갖는다.

이상에서 살펴 본 것처럼, 명말에 소주에서 일어난 민변은 민중과 신사 사이에 당시 사회에 대한 공통의 인식이 존재했음을 암시해 준다. 그러므로 명말에 중국 모든 지역에서 일어난 수없이 많은 민변은 결코 우연히 발생한 사건, 혹은 역대의 왕조 말기에는 언제나 있었던 유형의 민중봉기로만 볼 수는 없다. 오히려 상품생산의 발전에 발맞추어 형성된 도시민의 공통 인식에 근거한 '사회모순 해결운동'이라는 역사적 성격을 부여할 수 있을 것이다.

2) 抗 租

민변과 함께 항조(抗租, 지주에 대한 소작인의 소작투쟁)와 노변(奴變, 노비가 스스로의 신분해방을 위해 일으킨 반란)도 명말 · 청초에 일어난 특징적인 민중운동이었다. 민변이 상품생산의 전개에 따라 형성된 도시 수공업 노동자를 중심으로 한 시민의 반항운동이었던 데에 비하여, 농촌에서는 하층 영세농민〔자소작(自小作) · 전호(佃戶) · 노비〕 중심의 반항운동이 중국 여러 지역에서 자주 일어났다.

항조운동[124]은 실은 소작료 수탈의 역사와 함께 존재하여 왔다고 할 수 있

123) 당사자인 周順昌도 "이렇게 민중에게 동정 받고 있는 것이 내 스스로 이상하게 생각되었다"고 민중의 행동을 괴이하게 생각하고 있다.

다. 그리고 중국 역사에서 지주·전호 관계의 발전에 따라 서서히 변용되어 갔다. 그러한 의미에서 보면 북송 후반기에서 남송 말기에 이르는 시기가 중국사에 있어 처음으로 항조가 나타난 시기였다.125) 명대에 들어온 후, 역사적으로 중요한 의미를 가지는 항조운동으로 '등무칠의 난(1448~1449)'을 들 수 있다.126) 그러나 명말·청초 이후 중국의 모든 지역에서, 그리고 특히 강남지역에서 항상적으로 발생한 항조는 그 내용을 볼 때 전에는 볼 수 없었던 특징이 있었다. 바꾸어 말하면, 이 시기의 상품생산의 전개와 함께 스스로 상품생산자로 변신한 농민들이 주축이 되어, 가계 경영의 위기 속에서도 서서히 자립성을 키워나간 전호 중심 집단운동이란 점에서 특성을 찾을 수 있다. 그러므로 중국 항조운동의 역사적 성격을 거시적으로 평가할 때 16세기 중엽에서 19세기 1820년대까지는 기본적으로 비슷한 성격을 지닌 시기였다. 그리고 아편전쟁 이후 항조운동은 단순한 항조 차원을 벗어나 보통 대규모 민중운동의 기반을 형성하였다.127)

명말·청초를 중심으로 하여 16세기 중엽에서 19세기 초까지 일어난 항조운동에서는 보통 다음과 같은 특징이 발견된다. ① 수확의 풍·흉에 좌우되는 자연발생적이고 우발적인, 그리고 기아 때문에 비롯된 항조가 아니라 상습적인 항조였고, ② 어느 정도 전호경영의 자립화를 전제로 한 조직적인 항조였고, ③ 개별적인 항조가 아니고 집단항조, 또는 그 지역의 대부분의 전호가 참가하는 항조였으며, ④ 단순히 소요사건 정도가 아니고 본격적인 무력 충돌까지 전제로 한 항조운동이었다. 이러한 특징을 가진 항조운동이 가능했던 것은, ⓐ 전호는 토지 이외의 생산수단[경우(耕牛), 종자(種子)]과 생활수단[가옥(家屋)]을 소유하고 자신의 농업경영은 지주로부터 완전히 자립되어 있었고,

124) 別註가 없는 한, 傅衣凌, 1959; 森正夫, 1971, 1973, 1974, 1978, 1983A 및 1983A, pp.395~401의 目錄; 田中正俊, 1961B; 崔晶妍, 1986 등 참조.

125) 森正夫, 1983A, pp.231~232.

126) 이것은 中國 역사상 처음으로 佃戶가 스스로 주도권을 가지고 뚜렷한 요구와 목표 아래에서 최후까지 농민운동으로 전개한 항조운동이란 점에서 역사적인 의미가 있다. 谷口規矩雄, 1971; 田中正俊, 1961B 등 참조.

127) 森正夫, 1971; 森正夫, 1983A, pp.232~237.

ⓑ 지주는 토지를 전호에게 대여만 했을 뿐 생산에서 유리되어 있던 기생적인 존재였고, ⓒ 소작료는 정액지대가 일반적이었고, 경우에 따라서는 전호에게 유리한 정률지대의 관행이 존재했으며, ⓓ 전호는 지주의 토지 소유권과는 관계없이 매매가 가능한 경작권[영전권(永田權)]을 가지고 있었고, ⓔ 지주와 전호 사이의 생산관계는 단순한 대차(貸借)관계일 뿐, 인격적인 예속관계는 아니었다는 것 등을 특징으로 하는 지주·전호관계가 명말·청초부터 점차 정착되어 갔기 때문이다.[128] 이러한 배경에서 나타난 항조운동에서 요구하는 것은, ㉠ 부조(副租, 정액소작료 외의 부수적인 수탈) 또는 부수적인 역역(力役)의 폐지, ㉡ 전조(佃租)를 계량하는 도량형기의 시정 및 통일, ㉢ 소작료의 경감 아니면 증액 반대, ㉣ 재해에 따른 소작료 징수액의 변화, ㉤ 소작 보증금의 폐지, ㉥ 영전권(永田權)의 요구 등이었다.

이상의 내용이 명말·청초의 다양한 사회변화를 배경으로 하여 상습적으로 일어난 항조운동의 특징이다. 그러나 항조운동에 대해서는 고찰되어야 할 문제들이 아직도 많다. 첫째는 지주·자작농과 전호와의 관련 문제이다. 중·소지주는 물론이고 신사를 포함한 대지주도 항조 때문에 소작료 징수에 제한을 받았을 뿐 아니라, 왕조권력의 수탈과 상품경제의 발전으로 말미암은 상인자본의 수탈, 물가의 등귀 등에 따라 또 다시 몰락의 위기에 직면하게 되었다. 18세기 이래 중국 모든 지역에서 빈번하게 일어난 항량(抗糧, 국가에 대한 토지소유자의 토지세 지불 거부)운동[129]은 이러한 배경을 가진 것이었다. 둘째, 지역사회와 항조의 관련 문제이다. 특히 지역사회의 지배층인 신사층과의 관계 또는 사회질서와의 관련에 대해서도 좀 더 고려할 필요가 있다. 셋째, 국가권력과 전호와의 관련문제이다. 왕조 측에서 보면 전호도 양민임에 틀림없었다. 그러나 18세기 전반기부터 특히 항조가 상습적으로 일어나자, 청조는 "부[賦; 토지세, 즉 지정은(地丁銀)]는 조(租, 소작료)에서 나온다"는 지주의 주장에 새롭게 귀를 기울이게 되었다. 또한 마지막으로 항조를 시도하던 전호는 국가권력을 어떻게 인식하였던가 하는 문제에 대해서도 새로운 고찰이 필요

128) 森正夫, 1983A, pp.217~222; 田中正俊, 1961A, pp.74~78.
129) 寺田隆信, 1971, p.312; 横山英, 1955.

하다.

3) 奴變

노변은 신사나 대지주 집안에서 사역하는 노복들이 집단으로 주인 집안을 습격하고 그 매신(賣身) 계약서를 빼앗아 파기하며 노복의 신분으로부터 해방을 요구하는 운동이었다.[130] 노변은 명조가 붕괴되던 숭정(崇正)17년(1644)을 전후한 시기부터 시작하여 청조의 강희원년(1662) 무렵까지 주로 화중·화남 지역을 중심으로 일어났으며, 일부 지역에서는 강희20년대까지도 산발적으로 계속되었다.

명대의 노복은 ① 가정 내의 잡역, ② 농업 및 수공업 생산, ③ 주인 시중들기[隨從], ④ 국가 요역의 대행, ⑤ 주인 집안의 자산 관리 및 운용, 즉 주인의 상업이나 고리대 경영의 실무나 소작지와 소작인 관리 등의 일에 종사하였다.[131] 이 가운데 특히 주목되는 것은 제⑤항이다. 주인은 그 노복이 가진 문서작성, 경리, 은 감정 능력 등의 재능을 믿고 노복이 독자적으로 판단해서 운영하도록 중요한 일을 위임하였다. 그러한 점에서 제⑤항의 노복은 ①~④항의 노복과는 크게 다르다. 이러한 일을 담당하는 노복을 '기강(紀綱)의 복(僕)' 혹은 '호노(豪奴)'라 하였다. '기강의 복'은 주인의 위임을 받아 주인의 가계를 운영하는 과정에서 소작인은 물론 다른 자작농, 심지어 사인층(士人層)에게까지 횡포를 부리는 일이 많았다.[132] 명말·청초 이래 신사가 사회지배 수단의 하나로써 이들 기강의 복을 이용하는 경우가 많았다.[133] 기강의 복은 주인의 위임에 따라 상업이나 고리대 등을 경영하는 과정에서, 자금을 빼돌려 사유재산을 축적하여 부자가 되기도 하였다.

명말에 가까워지면서 이러한 노복의 수가 크게 늘었다. 그 배경에는 명 중기부터 시작된 다양한 사회변화가 존재하였다. 앞에서 서술한 것처럼, 이갑제

130) 森正夫, 1983B 및 同, pp.206~209의 문헌목록 참조.
131) 西村かずよ, 1978, 1979.
132) 宮崎市定, 1978, pp.340~344.
133) 重田德, 1971.

질서가 해체되어 가고 갑수호는 물론 이장호·양장호마저 몰락해 가는 상황 아래 이들은 다음 네 가지 길 가운데 하나를 택해야 살아남을 수 있었다. ⓐ 관청의 서리나 아역이 되는 길, ⓑ 고향을 떠나거나 지역에 따라서는 부업으로 상·공업에 종사하는 길, ⓒ 파산된 후 채무를 변상하기 위해 전토를 팔고 전호가 되거나 자기의 몸을 팔아 노복이 되는 길, ⓓ 파산 직전에 토지를 신사에게 기탁하여 명의를 변경〔궤기(詭寄)〕하고 아울러 자기 자신도 그의 노복이 되는 길 등이었다. 명말로 갈수록 특히 ⓒⓓ의 경우가 심하였다. 영향력 있는 신사나 대지주는 3,000명～4,000명의 노복을 거느리기도 하였다.

노복 중 제①②③④항에 종사하는 노복은 기본적으로 주인에 대한 신분적 예속도가 심하였다. 제⑤항의 '기강의 복'의 경우에는 그들의 수와 활동범위가 늘어날수록 그들에 대한 주인의 인격적 규제력은 급속히 이완되어 갔다. 이 때문에 '기강의 복' 중에는 정부의 고관인 주인의 권세를 믿고 채무나 소작료를 강압적으로 가혹하게 징수함으로써 그 당사자뿐 아니고 지역사회를 불안하게 하고, 그 때문에 대규모의 민변(民變, 민중항의운동)을 유발시키는 경우도 있었다.[134] 그럼에도 불구하고 신사나 세호가(勢豪家)들은 이러한 기강의 복을 지방 관청의 서리나 아역으로 들여보내서 축재에 보다 유리한 조건을 만들기도 하였다. 뿐만 아니라, 명말·청초에는 무뢰들까지 서리나 아역이 되곤 했다. 또 도시나 농촌지역 시장의 무뢰는 조직을 만들어 폭력을 팔았는데, 이들 조직은 관신가 혹은 세호가에 고용되어 경비를 담당하거나, 상품의 운반, 혼례, 장의(葬儀) 행사를 독점하고, 시장을 관리하는 등 하나의 뚜렷한 사회계층을 형성하여 갔다.[135] 그러므로 서리·아역·무뢰와 '기강의 복' 사이에는 교류가 많았고 이를 통한 동류의식이 진전되어 갔다.[136]

이상에서 보았듯이 16세기 이래 신사·세호가 등 유력호에 노복의 수가 증가하면서, 주인에게 예속도가 심한 하층 노복으로부터 경제적 독립을 더욱 진전시켜 가는 '기강의 복', 그리고 단순히 이름뿐인 노복에 이르기까지 여러

134) 佐伯有一, 1957.
135) 上田信, 1981; 安野省三, 1985; 본서 제3편 제2장 참조.
136) 西村かずよ, 1983; 酒井忠夫, 1960, 第2章.

형태의 노복이 존재하였다. 그러나 그 어느 경우이건 일반 양민은 이들 노복과는 혼인을 꺼릴 정도로 노복을 천시하였다. 기강의 복, 즉 호노(豪奴)에 대한 민중의 증오심도 노복 일반에 대한 차별의식을 증폭시키는 계기가 되었다. 노복은 신계(身契, 노비문서)가 주인의 손에 있는 한 이러한 차별대우를 피할 수가 없었다. 주인으로부터 경제적으로 독립하거나 그렇지 못하거나 간에 노복이 주인에 대한 반항·폭행을 자행하고 폭력으로 신계를 빼앗으려 한 것은 그 때문이었다.

명말·청초에 집중된 노변(奴變)의 공통점은 대개 다음과 같이 정리될 수 있다. ① 노복의 요구는 대부분이 노복신분의 해방, 즉 양민 신분이 되는 것이었다. 노복들은 주인을 포박·구타·능욕·살해하는 등, 수단 방법을 가리지 않으면서 신계를 탈취하려 하였고, 또 때로는 지방관에게 노복신분의 폐지를 승인해 주도록 요구하기도 하였다. 이 과정에서 신사층이 가장 큰 증오의 대상이 되었다. ② 노변은 어느 지역에서나 해당 현 지역, 아니면 그 이상 지역을 포괄하는 큰 범위에 걸치는 운동이었고, 참여하는 수도 100명에서 때로 만여 명에 이르는 대규모의 집단 운동이었으나, 강력한 지도자 아래에서 대단히 조직적인 행동을 보였다. ③ 이들 노변 지도자들이 제시한 주장의 공통점은 '명조가 망했으니 노비신분도 해방되어야 한다'는 것이었다. 따라서 노변은 왕조지배 자체를 부정하는 데까지는 이르지 못했다. 노변 참가자들은 주인과 노복 사이의 신분질서를 명조 국가권력이 용인해 주었다는 인식이 있었던 것이다.

명말·청초에 노변이 집중적으로 발생한 것은 왕조교체기에 국가 통치 질서의 공동화(空洞化) 현상을 틈탔다는 면을 무시할 수 없다. 그러나 그 밖에도 당시에 진행된 다양한 사회변화를 배경으로 하고 있음 역시 분명하였다. 따라서 명말·청초에 진행된 민변, 항조, 노변 등은 발생된 지역, 참가한 신분과 목표에는 차이가 있었지만, 그러한 집단행동은 모두 이 시기에 진행된 '상품생산의 전개'라는 사회변화의 결과물이었다고 할 수 있다.

小　結

명말・청초의 시기(16~18세기)는 그 넓고 많은 인구를 가진 중국에서 왕조가 교체되었을 정도로 사회변화가 진행된 시기였다. 이 논문에서는 그 시기의 복잡하고 다양했던 사회변화의 여러 측면 가운데 다음 세 가지 측면만을 분석해 보았다.

첫째, 향촌질서의 재편과정을 통해 사회구조의 변화를 살펴보았다. 향촌질서의 유지를 위해 명초에 실시한 이갑제(里甲制)는 양세법 체계와 종래의 공동체 유제를 존속시키면서 호 단위로 편성된 것이었다. 그러나 명 중기 이후 여러 면에서 사회적 모순이 진행되었고 그 결과 이갑제가 해체되어 갔다. 명・청 양조 국가권력은 여러 가지 시행착오를 거치면서 향촌질서의 유지와 안정을 시도하였다. 그리고 최후로 정착시킨 것이 지정은제(地丁銀制)와 순장편리법(順莊編里法)인데, 이것은 지역적 결합이 강한 촌락을 기초로 하여 토지를 근거로 조세를 징수하는 것이었다. 그리고 이러한 향촌질서의 개편은 신사(紳士)의 사회지배력을 이용함으로써 비로소 가능한 것이었다.

둘째, 인구이동의 실제와 그 영향을 살펴보았다. 명 중기에 이갑체제가 해체되기 시작하는 시기부터 청 중기까지 두 번에 걸쳐 대대적인 인구이동이 있었고, 그에 따라 중국의 인구분포가 재편되었다. 한 번은 명 중기에서 명말에 이르는 시기, 또 한 번은 청 초기에서 중기에 걸친 시기로, 인구이동은 그 후에도 서서히 진행되었다. 그 이동방향은 성 안팎을 막론하고 ① 농촌지역→금산구역, ② 선진경제지역→낙후지역, ③ 농촌지역→도시・수공업지역으로 이동하였다. ①과 ② 방향의 이동결과, 중국의 농업경제의 구조가 변화하였다. 제 1차 인구이동 시기에는, 그 이전까지 중국의 경제・문화의 중심지였던 강남지역의 경제구조가 분화되었다. 강남은 상업과 수공업의 중심지로 계속 발전되어 가고, 인구이동 결과 새로 개발되어 가던 호광지역이 농업중심지의 자리를 차지하였다. 제2차 인구이동 시기에는 사천지역이 집중적으로 개발되어 호광에 이어 또 하나의 곡창지로 등장하였다. 이렇게 호광, 그 가운데에서도 호남[137]과 사천지역이 미곡의 수출지역이 되고 강남지역이 상공업의 중심지가 되는 등 양자강 유역을 중심으로 한 경제구조의 정착은 명말·청초를 사이에 둔 300여 년 동안에 이루어졌다.

셋째, 명대의 농업생산력의 발전을 배경으로 하여 명말·청초에는 강남의 직물업 외에도 각 분야에서 상품생산이 전개되었는데, 이 글에서는 그 가운데 강남의 직물업만을 살펴보았다. 강남에서는 도시 직물업의 발달에 영향을 받아 농촌의 소농민도 위기에 처한 농가경영을 보충하기 위하여 직물업에 참여하였다. 그 결과 농촌의 직물업도 크게 발달하였는데 그에 따라 강남의 도시와 농촌에서 생활터전을 얻으려는 외래 인구가 집중되었다. 이것은 인구이동 방향의 제3형태인데, 그 결과 강남에서 대도시와 함께 중·소도시가 수없이 발달하였다. 소농민이나 전문 수공업자는 대상인이나 고리대의 수탈 아래에서도 서서히 자립성을 높여갔다. 이러한 변화로 말미암아 강남사회에서는 신분적 지위의 높고 낮음을 가리지 않고 정치와 사회에 대한 공통된 인식이 형성되었으니 그 상징적 표현이 곧 민변이었다.

이렇게 서민의 사회의식이 신사와 비슷하게 고양될 수 있었던 것은, 그 배경에 다음 두 가지 현상이 존재하였기 때문이다. 첫째는 서민들이 사회변화의 주역으로서 사회경제적인 지위 향상을 위해 끈질기게 노력한 결과인데 실제로 그들의 지위는 상당히 높아졌다. 그 상징적 표현이 역시 민변과 함께 항조(抗租)와 노변(奴變)이었다. 바꾸어 말하면, 명말·청초에 나타난 민변·항조·노변은 그 시기에 진행된 사회변화의 소산인 동시에, 서민의 사회적 지위 상승의 상징적 현상이었다고 할 수 있다.

둘째, 이러한 서민의 지위상승은 사상계의 변화에도 반영되었고 또 반대로 사상계 변화에 영향을 받기도 했다. 양명학의 전개와 양명학 좌파의 사민평등의식, 동림파와 복사운동으로 이어지는 강남 신사의 정치·사회운동, 경세실용학의 발달과 '공상개본(工商皆本)'론, 천주교(天主敎)의 전래로 인한 평등의식, 그리고 청 중기 고증학(考證學)에의 길을 개척한 것 등이 모두 그러한 예라 할 수 있을 것이다.[138]

---

137) 森田明, 1960; 全漢昇, 1969, pp.226~230; Perdue, Peter C., 1987.
138) 侯外廬, 1956; 溝口雄三, 1971, 1978; 山井湧, 1981; Liu, Kwang-ching, 1989.

제2장 農業의 發展과 明淸社會

序 言

농업은 중국사에서 '중국의 경제' 그 자체였다. 명청시대 540여 년 동안 중국의 인구는 4~5배나 증가하였으므로, 이들에게 식량을 공급하는 것은 중국 경제에서 가장 중요한 문제였다. 중국은 오늘날에도 지구 전체의 토지 가운데 7%를 경작해서 세계 모든 인구의 1/4 가까이를 부양하고 있을 만큼, 농업이 전체 산업에서 차지하는 비중은 전과 다름없이 대단히 크다.[1)]

중국은 남쪽의 아열대로부터 북쪽의 한대 사이의 기후대(북위 18~54°)에 속하는 광대한 지역에 위치하는데, 농업생산의 조건으로 보면 북위 34° 전후에 자리하는 진령(秦嶺)・회수(淮水) 선[2)]을 경계로 하여, 그 이북의 북부 중국(화북지방)과 이남의 화중・화남지방으로 양분할 수 있다. 북부 중국은 황토토양이 대부분이며 비가 많이 오지 않아 (연간 400~800mm의 강수량) 한지농업(旱地農業, Dry-field Farming)이 주류를 이루고, 화중・화남지역은 비가 많이 오기 때문에(연간 강수량 800~1500mm) 수도작농업(水稻作農業)이 주를 이루고 있다. 또 종합적인 경제 특성을 고려해서 중국 본토를 8개의 대구역(大區域)으로 나누기도 하는데,[3)] 이들 여러 지역은 중국사가 발전해오는 과정에서

---

1) Perkins, 1969, p.5.

2) 年間 降雨量이 800mm 정도이고 동계의 평균기온이 1°C 내외의 等溫線 지대, 宋・金 對立時의 國境線이었다.

3) Skinner, 1979, pp.214~215에서 처음 제창한 것으로, 北中國・西北中國・長江下流域・長江中流域・長江上流域・東南海岸・嶺南・雲貴地域 등으로 구분하는 것인데, 현재 대부분의 중국사학자들이 이 의견에 동조하고 있다.

차례차례 개발되어 왔다.

중국의 농업은 춘추시대 중엽에 철제 농기구의 사용과 함께 비약적으로 발전하기 시작하여 위진남북조시대에는 화북 한지농업이 완성되었다. 그러나 당(唐) 초기까지 중국의 경제중심은 여전히 화북평원이었다. 당 말기부터 송대(宋代)까지를 보통 '농업혁명기'[4]라 한다. 그것은 이 시기에 성취한 농업기술의 혁신과 강남에서 진행된 수리전(水利田) 면적의 확대로 농업생산력이 획기적으로 증가하였기 때문이다. 그 결과 중국의 경제중심이 강남지방으로 이동하였다.

명·청 시대에는 양자강 하류(이하 강남 델타로 일컬음) 지역의 개발은 다각화되고, 새로이 양자강 중·상류 지역의 개발이 진전됨에 따라 농업중심지가 다원화되었고, 동시에 경지면적이 4배 가까이 증가하였다. 또 집약농업(集約農業)이 심화되고 새로운 작물이 전래, 보급됨에 따라 생산량이 크게 증가하였다. 각지에서는 상품작물이 보급되고 도시와 상공업이 발달하여 시장기능이 확대되었다.

이상의 중국 농업발달사에 대해서는 지금까지 하나하나 다 말할 수 없을 정도의 연구가 축적되어 왔다. 그런데 이를 보는 시각 가운데 특히 명청시대 540여 년 동안의 농업발달사의 성격을 연구하는 데 있어 서양학자들과 아시아 지역의 학자 사이에 상당한 시각 차이가 있다. 서양학자들의 인식은, '중국 명청시대의 농업기술은 송대의 '농업혁명'과 같은 획기적인 발전은 거의 없고, ① 토지에 대한 인구의 압력 때문에 기술이 정체되었으므로, ② 질적인 변화 없는 양적인 성장뿐이었으며, ③ 이러한 중국의 농업을 근대농업으로 이끈 것은 서양 근대 과학혁명의 역사적 공헌이었다'는 것이다.[5] 이에 대해서

---

4) Elvin, 1973, pp.113～130.

5) Perkins, 1969; Elvin, 1973, pp.285～316; Elvin, 1982. 특히 엘빈은, 명·청시대에 중국의 인구는 급격히 증가하였으나 경지의 증가나 단위면적당 생산량의 제고는 모두 한계에 도달하였다고 본다. 바꾸어 말하면, 14세기를 전환기로 하여 그 이후의 중국에서는 기술이 정체되었다고 보고 그 원인을 인구의 증가와 시장의 밀집(토지에 대한 인구압력)에서 찾고 있다. 즉, 토지의 증가가 인구의 증가에 따르지 못할 경우, 부족한 토지를 보충하기 위하여 부업이나 계절성 노동에 종사할 수밖에 없다. 토지도 양식생산에만 전용되어 공업원료의 생산은 감소하게 된다. 노동력은 충분한데 원료가

중국과 일본학자들의 인식은, '명청시대에도 고도의 집약농업이 진전되는 등 상당한 정도의 질적인 발전이 진행되었고 사회구조 역시 변화했다'고 주장한다.[6]

결국 논의의 초점은, '명청시대 농업기술에 어느 정도의 진보와 개량이 이루어졌는가', 그리고 '그것으로 18세기 이래 진행된 폭발적인 인구증가를 어느 정도로 설명할 수 있는가'라고 하는, 명청시대 농업의 역사적 성격에 집중되어 있다. 이 글에서는, 송대로부터 청말에 이르는 시기[960~1900; 편의상 '근세(近世)'로 약칭함]의 농업발달과정을 주로 생산력 변화의 시각에서 재정리해 봄으로써, 이 시기에 나타난 사회변화를 재조명하고, 나아가 그것이 총체적인 역사발전과 어떻게 연결되었는지 확인해 보려 한다.

Ⅰ. 華北 旱地農業의 성립

중국의 농업은 신석기시대부터 시작되었으며, 그것은 '식량생산의 혁명'이라고 할 만큼 사회발전에 획기적 사건이었다. 이 시기에 이미 조·기장·벼·콩·보리 등의 곡물과 채소를 재배하고, 가축을 사육했으며 양잠과 견직의 초기 형태도 나타났다. 그러나 농기구는 아직 석기와 목기였다. 은주시대(殷周時代)는 청동기시대에 속하지만, 생활용구나 농구에 청동기를 사용한 예는 그리 많지 않았다. 또한 농사도 황하의 중·하류 지역을 중심으로 산기슭이나 물이 풍부한 지대[湧水地代], 또는 범람의 위험이 없는 강가를 경작하는 조방농업(粗放農業)이었다. 단, 이 시기 농업의 새로운 국면은 농시(農時)를 맞추기 위하여 천문역법(天文曆法)이 창시되었다는 점이다.[7]

부족한 상황에서는 노동력을 절약하려는 기술이나 발명의 노력은 저하된다. 또 시장망이 밀집되면, 농민은 가내수공업의 생산물을 수시로 시장에 판매할 수 있으므로 공장을 설립할 필요가 없게 되고, 상인도 생산적 경영이나 改進보다는 단지 시장의 운용에 관심을 가지게 된다. 그러므로 현대적 과학혁명이 없으면, 노동력과 자본의 투입과 조직의 개진만으로 더 이상의 생산성 제고는 불가능하다는 것이다. 이것이 그의 '고도균형함정론'(The High-Level Equilibrium Trap)이다. 이러한 '고도균형함정'을 완화하고 깨뜨린 것은 근대 서양의 역사적 공헌"이라는 것이다.

6) 吳承明 等, 1985, p.31에서는 '高度均衡陷穽'論 등을 '新停滯論'으로 비판하고 있다.

춘추 중기 무렵(기원전 6~5세기)부터 중국이 철기시대로 진입하는데, 그 이후로 중국의 사회는 다양한 변화를 겪게 되었다. 우선, 농업기술 면에서는 춘추 말기에서 전국시대에 걸쳐 농구가 종래의 석기나 목기(木器) 위주에서 철제농구로 바뀌면서, 농경에서 심경(深耕)과 우경(牛耕), 치수(治水)와 관개(灌漑)가 가능해져 농업생산력이 비약적으로 증가하였다.[8] 이 당시 인구의 대다수가 거주하던 화북지방에서는, 철제 농기구가 보급됨에 따라 황하유역의 춘한다풍(春旱多風)한 기후와 황토지대의 특이한 토양조건을 극복하고,[9] 광대한 황토평원으로 농경을 확대할 수 있게 되어, 이른바 화북 한지농업(旱地農業)이 시작되었다. 오곡(五穀)의 개념이 나타나고, 식량에 대한 관심 외에도 유료(油料)·당료(糖料)·염료(染料) 등의 작물도 재배하였으며, 양잠과 견직의 기술이 매우 빠르게 발전하였다. 또 일부 지방에서는 휴한제(休閑制) 대신 윤작(輪作)이 나타나고 시비(施肥)에도 관심을 가지게 되어 분(糞)을 사용하였다. 24절기의 역법이 완성되었으며, 『여씨춘추(呂氏春秋)』의 「임지(任地)」편과 같이 농학에 대한 관심도 나타났다.

둘째로 춘추시대 말기부터는 수리시설의 수축이 시작되었다. 피당(陂塘)의 효시(嚆矢)로서 초(楚)나라의 작피[芍陂; 안휘성 수춘현(壽春縣)], 수리관개(水利灌漑) 시설로서 진(秦)의 도강언[都江堰; 사천성 관현(灌縣)]과 정국거[鄭國渠; 섬서성(陝西省) 관중평원(關中平原) 북부] 등이 축조되었고 지하수의 이용도 시작되었다.[10] 한편, 사회적으로는 공동체적 토지소유의 규제를 받지 않는 새로운 경지가 출현하고 오구일호(五口一戶)의 농가에 100무(畝)를 표준으로

---

7) 梁家勉, 1989, pp.3~43. 본 장에서 別註가 없는 경우에는 본서를 참조한 것이다.

8) 崔德卿, 1991.

9) 年間 降雨量이 겨우 400~800mm에 불과한데, 이것마저 대부분 특정 시기에 제한적으로 내린다. 또 황토지대는 비가 오면 수분이 급속히 지하에 침수되고, 비가 그치면 곧 증발해버리는데 이 때 토중에 있던 鹽分을 지표로 끌어올리고 증발하기 때문에 그대로 방치하면 토양이 알칼리化(斥鹵之地)된다. 그러므로 토양의 알칼리화를 막고 토중의 수분을 유지하기 위해서는 비온 후 짧은 시간 안에 모세관을 파괴하는 것이 필수 조건이다. 철제농구의 사용으로 深耕과 牛耕이 가능하게 되어 이러한 문제가 크게 개선될 수 있었다.

10) 梁家勉, 1989; 天野元之助, 1959.

하는 소농경작(小農耕作)이 가능해졌으며, 그 결과 가족 단위의 제민층(齊民層)이 형성되었다.

또한 자연환경, 노동력의 차이, 철제 농구, 특히 우경의 유무 등에 따라 토지소유 또는 경영규모와 농업생산력에 불균형이 나타나서 씨족공동체가 점차 해체되어 갔으며, 그 결과 신분질서도 재편되어 갔다. 이상과 같이, 전국시대에 나타난 농업의 비약적인 발전이 사회변화에 커다란 영향을 주었는데, 이러한 여러 가지의 변화를 국가적인 통제력으로 결집하는 데 성공한 진(秦)은 제민층을 기반으로 한 새로운 국가형태를 창조하고 얼마 지나지 않아 천하를 통일할 수 있었다.[11]

한대(漢代) 화북평원에서는 구전법(區田法)·대전법(代田法) 등 집약농업 및 원포(園圃)농업이 시도되었고, 회수(淮水) 유역에서 방죽[陂]이 축조되기 시작하였는데, 이것이 후한 이래 화중지방에 성립한 호족사회(豪族社會)의 경제적 기초가 되었다. 강남에서는 운하의 개착이 시작되었고 산골짜기에 수전(水田)이 축조되었다. 단, 한대에 들어와서 수전면적은 어느 정도 확대되었으나, 아직은 직파(直播)·휴한농법(休閑農法)에 '화경수루(火耕水耨)'[12]로 불리는 거칠고 면밀하지 않은 농업이었으므로, 단위면적당 수확량은 화북보다 적었다.[13]

중국의 농업생산력이 또 한 번 현저하게 발전했던 시기는 위진남북조(魏晉南北朝) 시대였다.[14] 그 가운데 먼저 특기해야 할 것은, 삼국(三國)의 위(魏)에서 쟁기의 끝에 반전판(反轉板) 장치를 한 경리(耕犂)와 반전시킨 흙을 고르는 써레가 발명되었다는 사실이다. 쟁기는 아직도 '소 두 마리에 사람 둘이 작업[二牛二人]' 하는 형태가 많았지만, 이제는 본래 관개가 되지 않아 방치되었던 지역에서도 독립적인 경작을 할 수 있게 되었기 때문에 화북 한지농업이

11) 李成珪, 1984, 1991.

12) 이 방법은 '봄에 풀에 불을 질러 없애고 씨를 뿌린 후, 여름에 물을 대어 잡초를 죽이고 벼만 자라게 하는 방법'이라고 생각되는데, 학자들 사이에 그 방법에 대해서 아직도 일치된 의견이 없다. 그것은 史料에 "火耕水耨"란 용어 외에는 아무 설명도 없기 때문이다. 渡部忠世 等, 1984E 참조.

13) 西嶋定生, 1966A, 1981.

14) 이 시기의 내용은 天野元之助, 1957, 1962, 1963; 梁家勉, 1989, pp.244~315 등 참조.

비로소 완성을 보게 되었다. 이러한 화북농업의 전모는 가사협의 『제민요술(齊民要術)』에 잘 나타나 있다. 다만, 이러한 새로운 농업의 적용은 군관(軍官)·문벌귀족(門閥貴族)·호족(豪族) 등이 경영하는 대규모 농장에서 주로 시현되었다는 점이 이 시기 농업기술과 경영의 한계라 하겠다. 그렇지만 화북에서 나타난 이러한 농업의 비약적인 발전이야말로 곧 화북을 기반으로 했던 수(隋)·당(唐)이 통일할 수 있었던 경제적 배경이라고 평가된다. 이 시대의 농업에 대하여 또 한 가지 특기할 것은, 남북조시대에 들어와 강남지방에서 산지의 골짜기나 약간 높은 지역에 수전(水田)을 개발하여 벼농사가 광범하게 시행되었다는 점이다. 그것은 후한 말로부터 오호십육국(五胡十六國)시대에 걸쳐서 화북의 인구가 대거 남으로 이동하여 강남지방의 개발에 참여하였기 때문이다. 강남의 벼 농사는 아직도 '화경수루(火耕水耨)' 방법이었으나, 강남의 농업생산력은 이미 거의 화북에 필적할 정도로 증가하였다. 수(隋) 왕조가 국력을 기울여 대운하를 개착하고 강남의 미곡을 북으로 운반시킨 것은 그러한 사실을 입증하는 것이다.

당대(唐代)도 중국의 농업생산력 발전사에서 중요한 시기였다. 송대에 완성된 '농업혁명'은 실은 당말(唐末)부터 시작된 것이었다.[15] 먼저 농구 부문을 보면, 쟁기〔犂〕는 당말부터 반전장상리(反轉長床犁)로 개량되었다. 이 쟁기의 특징은 작고 가벼울 뿐 아니라, 땅을 갈 때 심도(深度)를 조절할 수 있는 기능이 있었으므로 소 한 마리가 끌 수 있어, 소농경영에 적합하였다.[16] 한편, 당말기에 간행된 『뇌사경(耒耜經)』을 보면, 쟁기질이 끝난 후 정지용구(整地用具)도 훨씬 발달하였음을 알 수 있다. 즉 쟁기로 갈아엎은 흙은 약간 기능적으로 개량된 써레로 흙덩이를 잘게 부수어 논바닥의 표면을 고르는 수도경작 방법이 완성되었다.[17] 또 당대부터는 벼의 품종이 다양해졌으며, 그 결과 당 말기에는 조도(早稻)와 만도(晩稻)의 구별이 명확해졌다.[18] 당(唐) 중기부터 양회(兩

15) 天野元之助, 1962; 李伯重, 1990.

16) 이 내용은 당말의 蘇州人 陸龜蒙의 『耒耜經』에 잘 묘사되어 있다. 이러한 犁의 형태는 기본적으로 변하지 않고 근래까지 사용되고 있다. 天野元之助, 1962, 제3편 「農具」 참조.

17) 天野元之助, 1962, 제3편 「農具」 참조.

淮)와 절동(浙東)·강서지방 등 양자강 이남의 여러 지역에서 수리전이 개척되기 시작하였고, 8·9세기에는 이들 수전에 이앙법(移秧法)이 점차 보급되었다.[19] 또 당대에는 지역에 따라 휴한농법(休閑農法)이 연작법(連作法)으로 바뀌어 갔으며, 8세기부터는 지역에 따라 쌀과 보리의 이모작(二毛作)이 시작되어 단위면적당 수확량도 비약적으로 상승하게 되었다.[20] 그 결과 강남의 벼농사가 거꾸로 화북의 식량 사정에 도움이 되었다. 당대의 강남 벼농사는 상공미(上供米) 200만 석을 낼 정도의 성과를 거두며 성장하였다. 뒤에 더 자세히 설명하겠지만, 9세기 초부터 강남의 호구가 화북을 능가하기 시작한 것은 이러한 배경에서 가능하였던 것이다. 이것이 곧 송대에 성취된 '농업혁명'의 시작이었다. 안사(安史)의 난(755~763) 후에 절도사(節度使)와 번진(藩鎭)이 황하의 중·하유역의 평야지대를 장악하고 있어 당 왕실의 세력이 현저히 쇠약해졌으나, 그래도 양세법(兩稅法)을 실시하면서 그 후 150년 동안이나 당조(唐朝)가 지속될 수 있었던 것은, 당조가 여전히 강회(江淮)지역을 장악하고 있었기 때문이었다.[21]

그러나 당 말기까지 강남의 농업개발은 주로 지곡(支谷) 선상지(扇狀地) 아니면 상부 델타를 이용하는 정도였다. 아직도 농업보다는 오히려 조운(漕運)과 교통기능을 위해서 수리사업을 벌였고, 개발의 주도권도 지방정부가 독점하였다.[22] 한편, 당말(唐末) 화북에서 좀 더 발달한 맷돌이 출현함으로써 분식이 가능하게 되자, 기장 대신 밀[소맥]을 광범하게 재배하게 되었다. 또 화북 한지(旱地)에서는 점차 조→보리→콩으로 이어지는 2년 3모작 형식의 윤작이

18) 加藤繁, 1947; 天野元之助, 1950·1952.

19) 大澤正昭, 1983 참조. 移秧(插秧)法의 원형은 『齊民要術』에 처음 보이지만, 그 평가에 대해서는 시각의 차이가 크다. 즉, 米田賢次郎은 後漢代에는 이미 선진지역에서 실시되었다고 하고(米田賢次郎, 1989, 第二部 第一章 水稻作について, pp.293~405), 天野元之助는 당대부터라 하고(天野元之助, 1950·1952), 西嶋定生은 唐 중기부터라 하고(西嶋定生, 1951), 西山武一은 강남에 전해진 것은 송대부터라고 한다(西山武一, 1969).

20) 당대에 수도작 확대의 배경에는 白米種보다 環境適應性이 강한 赤米種이 보급, 재배된 것이 큰 몫을 차지했다.

21) 袁英光·李曉路, 1985; 李伯重, 1990.

22) 斯波義信, 1988, pp.41~42.

확장되어 갔다.[23)]

Ⅱ. 江南의 水田開發과 經濟中心의 移動

1. 宋代의 '農業革命'

당말부터 송대에 걸쳐서, 특히 송대에 들어와서 중국의 농업생산력은 획기적으로 발전하였다. 중국농업사에서 송대를 '농업혁명'기로 보는 것은 이 때문이다.[24)] 송대 농업의 특징은 크게 다음 세 가지 측면으로 정리할 수 있다. 첫째는 농업기술의 획기적인 진보, 둘째는 점성도(占城稻)의 도입과 보급, 셋째는 화중・화남, 그 가운데에서도 강남 델타지방에 수도작농업(水稻作農業)이 획기적으로 발전하여, 경제 중심지로 부상하고, 농업이 도작 중심으로 확정된 점이다.

송대에 나타난 농업기술 방면의 획기적인 진보는 무엇보다도 도작(稻作)을 위한 농법과 농구 부분에서 나타났다. 이미 당말부터, 수전(水田)의 쟁기[犂]는 깊이를 조절할 수 있는 반전장상리(反轉長床犂)로 개량되었고, 쟁기로 갈아엎은 흙을 써레로 고르는 수도작 방법이 완성되었다. 송대에 들어와서는 이러한 쟁기가 보편적으로 사용되었으며 사람 하나가 소 한 마리를 끄는 방식[一人一頭牛耕]으로 대폭 개선됨으로써 대농법(大農法)・소농법(小農法)에 모두 적용되었고, 써레도 철로 만들었을 뿐만 아니라 훨씬 기능적으로 개량되었다. 또 원대에는 제초구(除草具)가 발명되었다. 농법도 휴한농법(休閑農法)에서 연

---

23) 大澤正昭・足立啓二, 1987, pp.64~65; Myers, Ramon H., 1970. 粟・麥의 재배기술은 『齊民要術』단계에서 기본적인 것은 이미 완성되었다.

24) 李伯重(이화승 역), 2006, pp.103~157; 大澤正昭, 1996, pp.236~249에서는, '송대의 강남의 농업혁명은 사실은 虛像에 불과하고, 宋代에 農業革命은 없었다'고 한다. 그러나 송대에 강남의 농업생산이 비약적으로 발전한 사실은 이들도 부정하지 않는, 엄연한 사실이었다. 그리고 기타의 송대 농업발전의 여러 지표는, ① 송대에 제고된 절대적인 수치 뿐 아니고, ② 당대와 비교할 때 인상적으로 제고된 점 등을 함께 보아야 하고, 더 나아가, 송대에 이룩된 ③ 광범한 商業革命, ④ 정치・경제・사회・문화・대외관계 등에 구현된 변화의 총체, 다른 말로 하면 '唐宋劃期' 전체 안에서 함께 고려해야 한다.

작법(連作法)으로 이행한 지역과 이앙법[25]을 실시하는 지역도 더욱 확대되었다. 또 모내기를 할 때 앙마(秧馬)를 이용하여 작업능률을 높였다.[26]

한편 관개(灌漑)나 양수용구(揚水用具)의 경우에도, 이미 당말 무렵에는 모두 사용되고 있던 발차(拔車)·답차(踏車)·우전번차(牛轉翻車) 등의 용골차(龍骨車) 계통과 통차(筒車)와 길고(桔槹)가 송대에는 더욱 보편화되었다.[27] 송대까지 발명되거나 개량된 농기구는 주로 강남 델타지방의 저습지에서 우전(圩田)의 개발이 진행되었기에 비로소 그 기능이 발휘될 수 있었다. 그런데 뒤에서 설명하겠지만, 마침 오대(五代) 이후, 특히 송대에 들어와서 강남지방에서 종전에 방치되었던 호소지역(湖沼地域)과 강하연변(江河沿邊)의 저습지에 우(圩)와 위(圍)를 축조함으로써 수리전이 비약적으로 증가하고, 이곳에서 이들 농구를 효과적으로 사용하여 농업생산력이 획기적으로 증가할 수 있게 된 것이다. 특히 우전(圩田)·위전(圍田)·호전(湖田) 등으로 불리던 수리전은 전대미문의 획기적인 수리전이라는 점에서 역사적 의미가 더욱 크다.

둘째로, 송대에는 경작과정에서 나타나는 위험을 줄이고 생산량을 증가시키기 위해서, 토양과 기후 및 독특한 경제상황에 적합하도록 벼의 품종을 다양하게 개발하거나 신품종을 도입하려는 노력도 있었다. 그 가운데 역사적으로 가장 큰 의미를 가지는 것은 점성도(占城稻)의 도입과 보급이다.[28] 즉, 1011년[진종(眞宗) 대중상부(大中祥符) 5년에 복건에서 점성(占城)[29]의 볍씨 삼만

25) 移秧은 插秧·田植이라고도 하는데 이미 당 중엽부터 강남지역에서 실시되기 시작하였다고 한다(大澤正昭, 1983). 한편, 移秧의 利點은 ① 苗圃管理의 集約性, ② 施肥·中耕·除草 등, 本田의 肥培管理의 용이성, ③ 모[株] 사이의 간격조정으로 移苗의 分蘖作用(一本→4~5本) 촉진, ④ 本田 이용기간의 단축으로 그루갈이 가능성의 제고 등을 들 수 있다. 이렇게 初耕·整地·中耕·除草·施肥 등 일련의 작업에 대해서는 陳敷의 『農書』에서 비로소 체계적으로 서술하고 있다. 특히 中耕 개념은 처음 출현하는데, 이것은 송대에 들어와서 비로소 본격적인 집약농업이 발전한 것을 의미하는 것이다.

26) 天野元之助, 1962 제2편 제1장 水稻作技術の展開

27) 天野元之助, 1962 pp.201~278; 梁家勉, 1989.

28) 이하에서 占城稻 관계는 別註가 없는 한, 加藤繁, 1947, 1952D; 天野元之助, 1962, pp.105~138, 211~220; 渡部忠世 等, 1984D; Ho, Ping-ti(何炳棣), 1956 등 참조. 특히 何炳棣는, 중국은 점성도의 도입으로 西歐보다도 數世紀나 먼저 '農業革命'을 경험하게 되었다고 한다.

곡을 가져오게 해서 강남·회남(淮南)·양절(兩浙) 등 세 곳[三個路]의 고앙전(高仰田)에 심게 하였다.[30] 점성도는 가뭄에 강하고 조숙할 뿐 아니라 염분이 많거나 척박한 토지에서도 적응력이 강하여,[31] 장마·한발·태풍 등의 재해를 피해서 일정량의 수확을 기대할 수 있었으므로, 당시 한발이 연이어 일어나고 있던 위의 세 지역의 고앙전 지방에서는 대환영을 받았다. 그 후 남송대에 이르면, 12세기 초에는 강서에서 70%, 12세기 말에 이르면 강남동서로(江南東西路) 지방에서는 수전의 80~90%를 점성도가 차지하였다고 한다. 또 점성도와 재래종을 교잡해서 개량한 결과, 송대에 나타난 도품종에는 성숙기가 60일·80일·100일·120일 등으로 서로 다른 여러 품종이 있어 조(早)·중(中)·만도(晩稻)의 구별이 분명해졌고, 중도(中稻)·만도(晩稻)에서는 우량품종이 개발되었다. 양송(兩宋) 시대에 사용되었다는 기록이 남아있는 도품종은 220여 종에 달하였다. 강남지방의 고앙전(高仰田)에서는 이러한 여러 품종을 이용하여 벼와 밀의 이모작이 가능하게 되었고,[32] 복건·광동 등의 영남지방에서는 벼의 연작(連作)도 가능하게 되었다. 동남부의 산간지방에서는 콩과 밀의 이모작도 실시되었다.[33]

이러한 경작의 집약화에 따른 지력(地力)의 감소에 대처하기 위해서, 각 지역에서는 콩깨묵, 재와 퇴비, 사람과 가축의 배설물, 석회 등을 비료로 사용하거나 진흙[泥]을 이용한 객토법(客土法)을 통해서 시비법(施肥法)을 크게 개선

29) 中部 베트남 연안에서 번영하였던 참人의 나라, 참파프라가 占婆城으로 표기되었기에 생략해서 占城으로 불렀다.

30)『宋史』卷173,「食貨志」(上),「農田」條. 한편,『宋會要輯稿』『食貨』,「農田」에는 점성도의 도입을 1012년 5월로 적었다. 宋代의 一斛은 66.4리터였다.

31) 占城稻는 이러한 장점도 있었으나, 단위면적당 수확량이 在來種보다도 낮고 장기간의 저장도 어려웠으며, 맛이 떨어지는 결점이 있었으므로, 庶民들이 주로 먹었고, 국가에서도 賦稅는 中稻나 晩稻로 받았다. 또 山地의 支谷이나 델타 동방의 微高地 등 개척전선에서 필요한 도품종으로 평가되기도 한다. 渡部忠世, 1984D 참조.

32) 稻·麥 輪作體系의 시작 시기에 대해서는, 後漢時代論으로부터 南宋時代論에 이르기까지 다양하다. 그러나 당송시대에 걸쳐 점진적으로 확대되어 가다가, 송대에 점성도의 도입으로 보편화되어 갔다고 보는 편이 타당할 것이다. 大澤正昭·足立啓二, 1987, pp. 64~66 참조.

33) 加藤繁, 1947, 1952D; 周藤吉之, 1962B, 1962C; 天野元之助, 1962, pp.105~138, 211~256.

하였다.34) 그 결과 농법의 이용과 집약화 여부에 따라 단위면적당 생산량도 크게 증가하였다.

그러나 이렇게 발달된 농기구와 농법도 중국의 모든 지역에서 동시에 이용되었던 것은 아니다. 송대에 들어와서도 여전히 휴한농법을 고수하던 지역도 적지 않았으며, 광서지방에서는 아직도 직파법(直播法)이 남아 있었다. 강남의 양절로(兩浙路)35)에서는 쟁기 후에 써레를 사용하고 제초작업도 3회나 실시하였던 반면, 다른 지역은 그보다 적게 하거나 아예 생략하는 지역도 많았다. 전반적으로 보아서, 송대의 도작기술은 양절로가 가장 앞서 있었고, 다음이 강남동서로36)였으며, 호광・복건・광동・사천지방은 이보다 뒤져 있었다. 또 이렇게 발달한 농업기술은, 양절지방에서조차 보통 관장(官莊) 아니면 관료(官僚)・사원(寺院)・호민(豪民) 등의 토지에서나 이용되는 데 그쳤다.37)

일반적으로 농업기술의 발달은 농학적(農學的)인 적응과 공학적(工學的)인 적응의 두 가지 측면을 동시에 고려해야 한다.38) 농학적 적응은, '어떠한 주어진 자연환경에 종래의 도품종(稻品種)으로는 재배가 적당하지 못할 때, 자연환경에는 손을 대지 않은 채 품종의 선택과 개량으로 자연환경에 적응해 가는 방법'을 말하고, 공학적 적응은, '품종보다는 농구를 발명, 또는 개량하고 수리나 토목을 통해서 자연환경의 측면을 바꾸고 개선하여 수확성이 있는 도품종을 재배해 나가는 방법'을 말한다.39) 10세기 중기 이후의 송대에 이르면, 점성도의 도입이나 도품종의 개량과 같은 농학적 적응이 성취되는 한편, 우전(圩田)・위전(圍田)의 수축 혹은 농구의 개량 및 발명과 같은 상당히 높은 수준

34) 陳敷, 『農書』, 「糞田之宜」・「善其根苗」篇
35) 현재의 강소성의 양자강 남부지역과 절강성의 중북부지역.
36) 양자강 남부의 강소 서북지역과 역시 양자강 남부의 안휘성 및 강서성 지역.
37) 周藤吉之, 1962B; 李伯重, 1990, p.106.
38) 石井米雄, 1975.
39) 일반적으로는 개척과정에서는 먼저 농학적 적응이 먼저 오고 다음에 공학적 적응을 시도하지만, 그것도 지형조건에 따라 크게 다르게 나타난다. 예컨대, 扇狀地와 같이 비교적 물 관리가 용이한 지역에서는 陂・塘의 축조에서 보는 바와 같이, 역사시대의 초기에서부터 공학적 적응이 나타나지만, 델타와 같은 지역에서는 近代에 이르기까지도 농학적 적응이 우월하다. 石井米雄, 1975 참조.

의 공학적 적응도 동시에 성취되었던 것이다.[40)]

한편 9세기에 창안되었던 목판인쇄술(木板印刷術)이 송대에 들어와 농서의 보급과 농업기술의 전파에 큰 도움을 주었다. 송원시대에 나타난 중요한 농서로는 진부(陳敷)의 『농서』[41)]·『농상집요(農桑輯要)』[42)], 왕정(王禎)의 『농서』[43)] 등이 있다.[44)]

마지막으로, 송대에 이렇게 농업이 발달하게 된 이면에는 남송정권의 권농정책을 빼놓을 수 없다. 남송정권은 금(金)과의 대치에서 살아남기 위하여, 적극적으로 권농정책을 폈다. 누도(樓璹)의 「경직도시(耕織圖詩)」 등이 유행한 것은 그 때문이었다.[45)]

2. 江南 델타지역의 水稻作農業의 發展

강남지방은 예로부터 '택국(澤國)'이라고 지칭되었으나, 당대까지의 기술수준으로는 경작이 대단히 불안정하였다. 그 때문에 한대에서 당 중기까지 저습지는 그대로 방치한 채 주로 남경 부근·천목산(天目山)의 지 곡(支谷)·델타 내부의 소구릉(小丘陵)·델타 동부 연해(沿海) 지역의 미고지(微高地) 등에 수전을 개설하고, 피(陂)·당(塘)·구거(溝渠) 등을 축조해서 관개하였으며, 농법도 '화경수루(火耕水耨)'로 불리는 조방(粗放)한 방법이 행해졌다. 삼국시대부터는 화북의 선진적인 도작기술(稻作技術)이 이전되었다. 당말에 이르면 앞에서 설명한 것처럼, 쟁기·보습·써레 등 벼농사에 필요한 농구가 발명되거나 개량되었으며 나아가 수차(水車)를 이용함으로써 수도작 재배지역이 더욱 확대되었다. 단, 당대까지의 강남수리는 농전수리(農田水利)가 아니고 조운(漕運)

---

40) 渡部忠世, 1984C, pp.57~58.
41) 全3卷으로, 상권은 農業 14篇, 중권은 畜牛 3篇, 하권은 養蠶 5篇으로 되어 있다. 북송 말 남송 초, 12세기의 兩浙路 북부지역의 발달된 농법을 소개한 農書이다.
42) 1273년, 元朝의 司農司가 편찬한 官撰農書
43) 1313년에 江西儒學提擧司의 요청으로 간행된 農書
44) 王毓瑚, 1957; 天野元之助, 1962, 1975 등 참조.
45) 樊樹志, 2005, p.384.

위주였고, 농전수리가 문제가 되기 시작한 것은 송대 이후의 일이었다. 송대부터는 종전에 방치되었던, 태호 주변의 저습지에 우(圩)와 위(圍)를 축조하여, 수리전이 비약적으로 증가하고 농업생산력 또한 획기적으로 늘어났다.[46)]

우전이나 위전은 호소(湖沼)나 저습지에 제방을 쌓아서 외수의 침입을 막고, 그 외부에 작은 수로를 준설하고 갑문(閘門)을 만들어 관개와 배수를 하는 수전이다.[47)] 이러한 방법은 이미 오대십국(五代十國)의 남당(南唐, 937~975) 시대에 나타나기 시작했고 오월(吳越, 893~987)도 태호지방(太湖地方)의 저습지 개발을 적극 추진했으나, 송초까지도 이 지역은 '땅은 넓고 인구는 드문' 상태였다. 우전이나 위전은 모두 처음에는 개인이나 지방관이 사적이며 소규모로 축조하기 시작하였다. 강동의 저지대에서는 북송대에 이르면 이미 우전이나 위전의 개발이 상당히 진전되었는데, 이들 소우(小圩)의 보호를 위해서, 북송 중기인 인종(仁宗) 경력(慶曆) 4년(1044)에는 '흥수리조(興水利詔)'를 내림과 동시에, 국가도 대우(大圩) 개발에 적극 참여하였다. 한편, 절서지방에서는 남송시대에 사우(私圩)가 집중적으로 개발되었다. 그 결과 각지에서 우전·하거(河渠)·제언(堤堰)·피당(陂塘)이 다수 수복되거나 신축되었다. 전반적으로 보면, 강동에는 관우(官圩)가 많았고 절서(浙西)에는 사우(私圩)와 사위(私圍)가 많았다. 북송시대에 절강·강소·안휘·강서지방에서 시행된 치수나 수리공사는 154건, 남송시대는 304건에 달하였고, 그 결과 이 지역의 수리전은 약 11만 5,000경(頃)(약 65만 4,000 ha)에 이르게 되었다. 우(圩)에는 관우(官圩)와 사우(私圩)가 있는데, 관우는 비교적 규모가 커서 1,000여 경이 되는 것도 많았고, 사우는 대개 소규모로 주위가 9~15리(8.3km) 정도, 넓이는 30여 경(170ha) 가량 되는 것도 있었으나 대개는 10경(56ha) 내외였다. 또 우 내의 토지이용률은, 뒤에서 설명할 만춘우(萬春圩)의 경우를 예외로 한다면, 대개 10% 내외였다.[48)]

---

46) 渡部忠世, 1984C. 圩나 圍에 대하여는 別註가 없는 한 본 논문 참조.

47) 圩田이나 圍田은 異同에 정설은 없는 형편이다. 圩田은 江南東路와 淮南路에, 圍田은 浙西路에 많이 분포되었다.

48) 이것은 圩의 내부에 아직 농경지로 확보하지 못한 넓은 저습지와 수면이 존재하였음을 의미하는 것이다. 바로 이 부분을 명 중기부터 적극적으로 경작지로 확보

송대에 들어와 축조된 우나 수리개발 가운데에서 가장 대표적인 것은 영풍우(永豊圩)·만춘우(萬春圩)·감호(鑑湖) 등의 사례이다.[49] 먼저 영풍우는 송대에 축조된 대표적인 관우로[50], 주위가 94리(약 52km)였고, 그 외측에 우안(圩岸, 제방)을 보호하기 위한 별도의 제방이 있었으며, 내부에 있던 84개의 사우는 대개 9리~15리 정도에 논[田] 10경~30여 경 정도였는데, 전체의 논은 1,000여 경(약 5,660 ha) 정도였다고 한다.

한편 영풍우와 함께 대표적인 관우였던 만춘우는 안휘성의 무호현(蕪湖縣)에 있었는데, 오대에 토호 진씨(秦氏)가 축조한 사우를, 인종년간(1022~1063)에 송조(宋朝)가 관속(官粟) 3만 곡과 돈 4만을 들여 14,000명을 동원해서 40일 만에 증축하여 관우로 삼은 것이었다. 처음에는 주위가 84리(약 46.5km), 내부는 바둑판과 같이 사방 1경 정도로 1,270개의 구획(따라서 약 1,270경)이 있었다. 매년의 소작료 수입은 벼 36,000 곡(약 3,416kl)이었고 그 밖에 줄·억새·뽕·삼 등의 이익도 50만여 전(錢)에 이르렀다.

감호[51] 개척의 경우, 송 초기에는 호전(湖田) 경작자가 17호였던 것이 11세기 중엽의 경력(慶曆)년간(1041~1048)에는 그 면적이 4경으로 확대되었고 희령(熙寧)년간(1068~1077)에는 80여 호에 700여 경으로, 그리고 12세기 초의 정화(政和)년간(1111~1117)부터 남송시대에는 2,300여 경(13,024 ha)으로 확대되었으나, 그 대부분을 호강(豪强)이 강점해 버렸다. 그 밖에도 남송시대에는 수리개발을 광범하게 추진하였다. 특히 1175년에는 강동지방의 피당(陂塘) 수축이 22,400곳, 회동(淮東)지방에서 1,700곳, 절서지방에서 2,100곳이었다. 그러나 이들 수리공사로 나타난 이권은 대개 세호가에서 차지해버렸다. 이 때문에 국가에서는 금령(禁令)이나 한전법(限田法)을 자주 반포하였다.[52]

당시의 통계를 보면, 남송 경정(景定)년간(1260~1264)의 강동로(江東路) 건강부(建康府) 상원현(上元縣)에서는 우전이 총 전지의 28%에 달했고, 율수현에

하게 되는데, 이것이 곧 뒤에서 설명할 '分圩'이다.

49) 이 부분에 대한 구체적인 분석은 渡部忠世, 1984C; 斯波義信, 1988 참조.

50) 江蘇省 建康府 율수현 소재

51) 浙江 紹興府의 會稽縣과 山陰縣에 걸쳐 있는 大湖

52) 斯波義信, 1988, pp. 88~89.

서는 총 전지 2,961경 가운데 2,911경이 우전이었다. 또 선주(宣州)에서는 총 전지 14,000여 경 가운데 7,580경이 우전이었고, 태평주(太平州)에서는 80~90%가 우전이었다고 한다.[53] 이렇게 변화된 결과, 강남 자체에서도 산지와 저습지의 인구비례가 역전되어 저지대에 새로운 현(縣)이 설치되고, 벼농사는 저지대에서, 뽕나무는 산지와 지곡에서 재배하는, 경작지의 새로운 배치가 이루어졌다.[54]

남송시대(1127~1279)에는 이렇게 공적·사적인 우전 개발이 더욱 진전된 결과, 배수로의 확보가 새로운 문제로 대두하였다.[55] 그 때문에 정부에서는 수시로 기존의 수로에 대한 준설을 명령하거나 새로운 우전·위전의 조성을 금지하기도 하였으나 이 때문에 우전 조성이 위축되는 일은 없었다. 남송정부는 오히려 북방의 금·원과의 군사적 대치 때문에 필요한 재정확보를 위해 더욱더 강남의 경제력에 의존하게 되었다.[56] 한편, 원조(元朝) 역시 국가재정과 식량 확보를 위해 강남지방의 경제력과 미곡생산에 크게 의존할 수밖에 없었다. 그 때문에 소주에 '도수용전사(都水庸田使)'를 두고 간하(幹河, 기간배수로)에 대한 정기적인 준설을 반복해서, 이 지역의 수전을 유지하려 하였다.[57] 14세기 중엽에 동란이 일어난 후 원 왕조가 20년이 못되어 망한 원인 가운데 하나는, 동란발발 초기에 대운하와 그 주변지역 및 소절지역을 반란군에 빼앗겼기 때문이라고 할 수 있다.[58] 원말 동란기에 이 지역에 웅거하고 있던 장사성도 간하(幹河)에 대한 대규모의 준설작업을 시도하였다.[59]

송대에는 강남지방에 밀 재배 역시 보급되었다. 밀은 본래 화북지방이 주

53) 河上光一, 1966, p. 54; 渡部忠世, 1984C.
54) 渡部忠世, 1984C; 斯波義信, 1988.
55) 이것은 당시의 사회적·기술적 조건으로 보아 수리개발의 飽和點에 달한 것을 의미하는 것이다.
56) 斯波義信, 1988.
57) 植松正, 1968, 1974 참조.
58) 吳金成, 1997C 參照. 이러한 사실은 당말에 절도사와 번진이 중원을 장악하고 있었음에도 불구하고, 당조가 여전히 강남을 장악하고 있었기 때문에, 그 후 150년 동안이나 명맥을 유지할 수 있었던 것과 비교할 수 있다.
59) 濱島敦俊, 1990.

산지이고, 현재도 화북인의 주식이지만, 당대부터 강남지방에도 점차 보급되기 시작하였다. 북송 중기부터는 강남의 수전지대에서도 밀의 재배 및 벼와 밀의 이모작도 가능해졌다.[60)]

중국의 역대 인구는,[61)] 후한시대인 2세기 중엽 (AD 156년)에 약 6,200만 정도에 달했던 듯 하고, 당대에도 5,000만여 명 정도 된 듯한데, 북송의 전성기인 1086년에는 이미 1억을 넘었고 1103년 무렵에는 1억 2,300만 정도에 달했던 것으로 추측된다. 호구통계에 따르면, 강남의 호구가 화북을 능가하기 시작한 것은 9세기 초부터의 일이다.[62)] 송초에는 화북 대 화남의 인구비율이 1:1.6이었다. 이를 좀 더 구체적으로 살펴보면, 742년→1078년 사이에 하북도(河北道)의 호수(戶數)는 141만 호에서 112만 호로 오히려 20% 이상 감소되었으나, 같은 기간에 강절지방(江浙地方)은 105만 호→221만 호로 2.1배 증가하였고, 복건지방은 9만 호→104만 호로 11.5배나 증가하였다. 또 전국적으로 보면, 같은 기간에 호수(戶數)가 약 2배 조금 못 미치게 증가한 데 비하여 장강 중 하류와 동남연해안에서는 4배 가까이 증가하였다. 이 때문에 11세기 말인 1080년(원풍3년)에는 화북 대 화남의 비례가 호수(戶數)는 32:68 (459만 정도 : 994만 정도), 인구는 28:72 (936만 정도 : 2,368만 정도)로 변화되었다.[63)]

이상과 같이 당말 이후, 특히 송대에 들어서 화중·화남의 인구가 급격히 증가한 것은, 물론 자연적인 인구의 증가를 무시할 수 없는 것이지만, 또 한편으로는 화북지방 인구의 강남이동을 고려하지 않을 수 없다. 화북인구의 강남

60) 강남에 새로이 맥작이 보급되게 된 원인은, ① 화북 인구의 강남 이동(羅香林, 1933)과 함께 화북 麵食方法의 강남 전파, ② 강남에 도시의 발달로 인한 식량 소비의 격증, ③ 饑民 구제를 위한 宋朝의 계획적인 보급(太宗 이후), ④ 민전의 小作料가 米인 것을 기화로, 佃戶가 麥을 심어 자기 몫으로 삼으려는 의도 등을 상정해 볼 수 있다(周藤吉之, 1962B 참조).

61) 加藤繁, 1952B, 1952C; Durand, John D., 1960; Ho, Ping-ti, 1970; Hartwell, Robert M., 1982 등 참조.

62) 黃盛璋, 1980; 林立平, 1983.

63) 梁方仲, 1980, pp.86~95, 141~149; 李伯重, 2003B; 加藤繁, 1952B, 1952C; 陳正祥, 1981, 제1편 中國文化中心的遷移, 「唐代人口分佈」·「北宋人口分佈」 地圖; Durand, 1960; Hartwell, 1982 등 참조. 단, 宋代의 人口增加率은 年平均 0.2~0.4% 정도였을 것으로 추측되므로, 淸代의 0.7~0.8%, 明代의 0.4~0.5%의 수준에는 미치지 못하는 것이었다.

이동은 위진남북조 시대에도 있었지만, 역사적인 대이동은 안사(安史)의 난 시기, 당말・오대 동란기, 북송 말 남송 초기 등 세 차례였으며, 그 가운데 북송 말 남송 초기의 이동이 가장 많았다. 이때에는 유망(流亡)한 농민들 뿐 아니라 관리・군대・귀족과 중상층 인민들이 남송정권의 성립에 맞추어 대거 남하하였는데, 그들의 가족이 대단히 많았다.64) 이 때 강남으로 이주해온 북방인들이 대략 500만 정도 된다고 추산하고 있다.65) 이렇게 강남으로 이주한 북방인들은 대개 강남의 지방관 아니면 각지의 관호・형세호(形勢戶)・사관(寺觀) 등에 노동력으로 흡수되었다.

또 다른 의미에서 보면, 수도작의 현저한 발달과 생산량의 현저한 증가야말로 송대 지주전호제(地主佃戶制) 보급의 경제적 기초였다고 생각한다.66) 여하튼 강남델타지방은 절반 이상은 산지이고, 동부는 저습지로서 과거에는 방치하거나 부분적으로 조방농업(粗放農業)이 시도되던 지역이었다. 그런데 당말에서 북송시대에 걸쳐서 대규모로 인구가 유입되었다. 그 결과 남송대에 이르면 인구압(人口壓)의 상승 때문에 처녀지의 개간만으로는 격증하는 인구에 대처할 수 없었으므로, 저지(低地)의 개발, 기술개량, 상업, 무역, 도시화 등이 과잉인구를 흡수했던 것이다.67)

한편, 이렇게 전에 없이 급격히 증가하여 간 인구를 부양할 수 있었던 것은 주로 강남의 수전 개발에 따른 수도생산의 비약적인 증가 때문이었다. 당대까지 농업생산의 중심지는 아직 대체로 화북평원이라고 할 수 있으며,68) 역대

64) 羅香林, 1933; 吳松弟, 1997, pp.412~413; 田强, 1998; 青山定雄, 1936 참조. 한편 吳松弟는, 북송 말 남송 초기에 兩浙路로 이동한 북방 이민은 약 50만 호이고 그 수치는 총 호수의 22.4%였는데, 양송교체의 동란기에 약 45만 호가 감소되었으므로, 북방 이민은 양절로의 인구증가에 도움을 주었다기보다 인구회복에 도움을 주었을 뿐이라고 한다. 하지만 그 수치만큼 증가한 것은 사실이고, 그들의 경제력은 토착 小民보다 월등하였을 것으로 생각한다.

65) 樊樹志, 2005, p.384.

66) 周藤吉之, 1962D, 1969.

67) 斯波義信, 1988. 斯波義信은 이 책에서, 長江 下流 핵심지역의 생산성은 南宋-明初까지에 걸쳐서 점진적으로 이루어진 것이라고 한다.

68) 李伯重, 1990의 論旨는 唐代 강남의 농업발전의 수준이 질적으로 이미 중원 농업을 추월하였다는 것이다. 또 周殿杰, 1982 및 曹爾琴, 1982에서는, 당말에 이미 중국의 경제중심이 황하유역에서 양자강 하류 지역으로 남하했다고 하고 있다. 그

왕조의 정치·경제적 중심지도 이 지역을 크게 벗어나지 못하였다. 그러나 송대에 들어와서부터는 화중·화남 지역, 그 가운데에서도 양자강 하류의 델타지역에서 수전이 개발되어 수도작(水稻作) 농업이 광범하게 전개되고 나아가서는 쌀과 밀의 이모작, 혹은 쌀의 이기작(二期作)까지도 가능하게 되면서 농업생산력이 획기적으로 증가하였던 것이다. 11세기 무렵 전 중국의 경지면적은 약 424만 경(약 2,400만 ha) 정도였는데, 이 가운데 화중·화남에 해당하는 동남구로(東南九路)의 전지가 64%를 점하였다.[69] 그 결과 강남의 수전에서 생산되는 미곡은 단지 강남인의 식량을 공급하는 데 그치지 않고 다른 지역으로 공급할 수 있을 정도로 증가하였다. 즉, 당 중기 이후 매년 강회(江淮) 지방에서 북쪽으로 보내진 조미(漕米)는 연간 100만~200만 석이나 되었고,[70] 북송의 1007년부터 남송대까지는 연간 600만 석 정도로 규정되어 있었다. 이를 좀 더 구체적으로 보면 강남 동서로(東西路)에서 매년 220만 석, 양절로에서 155만 석의 쌀이 대운하를 통해 화북으로 운반되도록 요구하고 있었다.[71]

그러므로 '경제혁명' 내지 '농업혁명'으로 평가되고 있는 송대 농업발달의 기초는 농업의 생산력과 생산량의 획기적인 발전에 있었고, 특히 양자강 하류 델타지역의 수전 개발에 기인하는 것이라 할 수 있는 것이다. 그 결과 이전 중국의 경제중심이 화북평원에서 이곳 강남지역으로 이동하게 되었다.[72] 남송시대부터 "소주와 호주에 풍년이 들면 천하가 족하다〔蘇湖熟, 天下足〕"[73]는 속담이 나올 수 있었던 배경은 바로 여기에 있었다.

강남지역에서 수리시설을 축조하고 유지하는 것은, ① 농경지의 보호와 관

러나 동란 때문에 江淮지방에 대한 당조의 財政 依支度가 전보다 더 커졌다고 보는 것이 보다 타당할 것이다 (王育民, 1987, pp.348~392 참조).

69) 宋代의 圩田·圍田은 단위면적당 생산량을 높이기 위한 집약화라기보다 오히려 농업의 安定化 내지 안전농업을 위한 제일보라고 보아야 할 것이다. 우전과 위전의 집약화는 명 중기 이후에 나타났다(後述).

70) 斯波義信, 1988, p.69.

71) 斯波義信, 1988, pp.58, 157, 239; 青山定雄, 1963, pp.351~404.

72) 張家駒, 1957; 岡崎文夫·池田靜夫, 1940; 斯波義信, 1988.

73) 范成大, 『吳郡志』 卷50, 雜志. 한편, 陸游, 『渭南文集』에는 '蘇常熟 天下足'이란 속담도 보인다.

개 효과를 통해서 좁으면 1~2무(畝)에서부터 넓으면 수십 경(頃)에 이르는 수전의 미곡생산과 직결되었고, ② 우(圩)나 위(圍) 아니면 제방 등의 수리시설의 수축 그 자체가 비옥한 수리전을 확보 내지 확대시키는 효과가 있었고, ③ 수재방지(水災防止) 또는 안정된 농사를 제공한다는 의미에서 보면, 좁게는 하나의 촌락으로부터 넓게는 여러 현에 이르는 광대한 지역의 주민생활과 직결되는 등, 대단히 중요한 의미가 있는 것이었다. 이렇게 중요한 수리시설을 수축하기 위해서는, 수많은 인력과 막대한 자금, 그리고 그에 걸맞은 토목기술이 일시에 충족되어야 하였다. 그런데 송대에 이르러서야 비로소 이러한 필요조건이 만족됨으로써 강남의 수전개발이 가능하게 되었고, 그 결과 '농업혁명'도 가능해진 것이다.

이상의 분석을 종합해 보면, 송대에는 농업기술과 농기구의 획기적 발달, 점성도의 도입으로 인한 벼 품종의 다양화와 그루갈이의 보급, 강남 델타지역에서의 각종 관·배수시설(灌·排水施設)의 확충과 수전개발로 인한 생산량의 획기적 증가 등이 동시에 성취되었다. 이렇게 경지의 확대·안전경작·단위면적당 생산량의 증가 등의 성취에 따라, 송대에 이룩된 '농업혁명'은 바로 송대의 사회발전에 있어 중요한 경제적 기초가 되었다. 즉, 농업의 발달은 백성의 생활수준을 향상시키고 나아가서는 상공업의 발달과 인구의 증가를 촉진했다. 남쪽으로 인구가 이동한 결과 각종 기술과 지식이 전파되었고 후진지역의 개간이 촉진되었으며, 또한 인구의 증가로 인해 폭발적인 수요가 창출됨으로써 장거리 객상 및 중소도시와 정기시(定期市) 등의 시장기능이 확대되었다.[74] 또 이전 시대에 비하여 교육이 보다 광범하게 보급될 수 있었고, 그 결과 송대에 배출된 진사(進士) 가운데 거의 절반 정도는 선조 가운데 임관경력(任官經歷)이 없는 신인들이었고, 특히 시간이 지날수록 강서지방을 포함한 장강 중·하류 지역과 동남지역 출신자의 비율이 높아진 것, 그리고 비로소

---

74) 송대에는 농업에 관계되는 사항 외에도, 각종 기술(絹織·漆器·陶磁器·製紙·造船과 航海 등)의 진보와 전파, 石炭의 사용으로 인한 製鐵技術의 提高, 음식의 다양화 등이 시현되었다. 일반적으로 송대를 農業革命·商業革命·交通革命·都市革命 등이 동시에 성취된 시기로 인정하고 있는 것은 이 때문이다. Elvin, 1973 참조.

이름 그대로의 서민문화(庶民文化)가 발달하게 된 것도 이러한 농업혁명과 밀접한 관계가 있었다.[75]

그러므로 양송시대, 아니 중국사회 전체로 보면, 송대(宋代)는 가히 '경제혁명'의 시대라 할 만큼 각 부분에서 비약적인 발전을 이룬 시대였다. 그러나 중국의 모든 지역이 반드시 동질적으로 발전한 것은 아니었다. 즉 서북지역은 하강기에 들어간 대신, 장강 하류 지역은 반대로 상승기에 접어든 시대였다. 바꾸어 말하면, 양송시대는, 한편으로는 농업경제의 발전이 모든 지역으로 확산되어 갔으며, 또 한편으로는 지역적 편차가 점차 두드러져 간 시대였다고 할 수 있는 것이다.

Ⅲ. 長江 中・上流域의 開發과 經濟中心의 多元化

1. 江南 델타지역 開發의 多角化

송원시대(宋元時代)에 강남 델타지역이 점하고 있던 높은 사회경제적 지위는 명대에 들어와서도 변함없이 계속되었다. 명조(明朝)는 개국 초기부터 이 지역에 세율이 높은 관전(官田)을 집중적으로 지정하는 한편, 이 지역의 간하(幹河)에 대하여 정기적으로 준설작업을 실시하는 등 적극적으로 개입하였다.[76]

강남 델타의 우전지대에서 농업생산을 유지하기 위해서는, 첫째 적당한 관수(灌水)와 배수(排水) 작업, 둘째 우안(圩岸, 제방)의 수축과 배수로의 준설 등이 필수 과제였다. 그런데 이 때 노동력을 부담하는 문제는 종래 일종의 수리관행으로 전해지고 있었다. 그러나 명 중기의 15세기 말부터는, 뒤에서 자세히 서술하겠지만, 이 지역의 토지소유구조와 사회의 계층구조가 변화되면서 새로운 관행이 정착되어 갔다.

---

75) 周藤吉之, 1950; 斯波義信, 1988, pp.19~20, 81; Kracke, 1947, 1953, 1957, 1977; Chaffee, 1985.

76) 蘇州府에서는 전체 전토의 63%, 松江府에서는 85% 가까이가 官田이었다. 森正夫, 1988, 제1장「十四世紀後半における明代江南官田の形成」; 濱島敦俊, 1982A, 제1부 제1장「明代前半の水利慣行」 참조.

먼저, 관수와 배수의 경우를 보면,[77] 관수시(灌水時)에는 농민들이 용골차(龍骨車)를 개별적으로 사용하였다. 그러나 증수시(增水時)의 집중적인 배수를 위해서는, 각 우(圩) 단위로 용골차를 한 곳으로 모아 전체의 주민이 공동으로 배수 작업을 하였다.[78] 이러한 '대붕차(大棚車)' 관행은, 명대의 전·중기까지는 이장[里長; 鄕居地主]의 영도 아래 이갑제 질서를 통하여 진행되었다. 그러나 중기부터 이 지역이 점차 상업화·도시화되어 감에 따라,[79] 향거지주(鄕居地主)는 몰락하고, 대지주나 특권신분을 가진 신사는 대개 도시로 이주[城居化]하였으므로, 점차 농업경영에서는 유리되어 갔다.[80] 이렇게 토지소유구조와 사회구조가 변화되면서, 대붕차 관행은 소농민을 중심으로 새롭게 재편되었다.[81] 이러한 관행은 명 중기부터 20세기의 50~60년대에 전력(電力)을 이용한 관수·배수 시스템이 보급되기 전까지 존속하였다.

한편, 우안(圩岸)의 수축과 배수로 준설의 경우, 간하(幹河)는 국가의 책임 아래 추진되었으나, 논 사이의 소수로(小水路)는 송대 이후로 '전두제(田頭制)'[82] 관행에 따라 자치적으로 해결되고 있었다. 그런데 15세기 말에서 16세기 전반기에 걸쳐서 토지소유구조 내지 사회구조가 변화되면서, 선진 개발 지역으로부터 '조전파역제(照田派役制)'[83]가 시작되어 점차 주변지역으로 확산되어 갔다. 국가에서는 세역의 확보를 위해 수리관행의 유지에 적극 개입하여, 조전파역 외에도 신사에 대한 우면의 제한과 '업식전력(業食佃力)'[84] 원칙을 강제하였다.[85]

명대에 들어와서, 강남 델타지역은 벼의 품종개량, 다량의 시비 및 경지의

---

77) 濱島敦俊, 1982A; 濱島敦俊, 1990.
78) 이렇게 용골차를 이용한 공동작업 慣行을 '大棚車'라 한다.
79) 劉石吉, 1987; 樊樹志, 2005; 陳學文, 1993·2000; 본서 제2편 제1장 등 참조.
80) 본서, 제3편 제1장; 본편 제1장; 濱島敦俊, 1990.
81) 이러한 면이, 뒤에서 서술할 내용처럼, 庶民意識과 庶民地位의 향상으로 이해되기도 한다. 濱島敦俊, 1990 참조.
82) 제방에 면한 농토의 길이를 기준으로 수축비의 부담을 지도록 하는 수리관행.
83) 전지의 넓이에 따라 제방 수축의 부담을 지도록 하는 수리관행.
84) 地主는 米穀을 제공하고 小作人은 제방 수축에 필요한 노동력을 제공하는 수리관행.
85) 濱島敦俊, 1982A, 1990.

안정[86] 등 농학·공학적 개선과 집약화로 이모작의 보급이 확대되었다.[87] 또 반복적인 수로 준설작업은 우안(圩岸)과 전면(田面)의 상승과 함께 시비의 효과도 있었으므로, 이곳에 뽕나무의 재배도 가능케 되었다. 그 결과 강남 저지대의 개발은 수도작뿐 아니라 뽕나무의 재배와 양잠도 가능하게 되어, 명 중기부터는 이 지역이 뽕나무 재배·양잠·제사(製絲)·견직(絹織)과 같은, 상품작물과 농촌수공업의 중심지로 발전하게 되었다. 한편, 델타 저지대의 동방에 위치한 연해의 미고지(微高地)는 명초부터 면작지(棉作地)로 전환되어,[88] 명 중기 이후로 면작과 면직물업의 중심지로 발전되어 갔다. 바꾸어 말하면, 강남 델타지역에서는, 낮은 지대의 소농민은 양잠과 제사업에, 약간 높은 지역의 소농민은 면직업에 각각 가담하였고, 이 지역의 대도시와 중소도시에서 번영한 방직업(견직·면직업)에 원료와 중간 제품을 공급함으로써, 부족한 가계를 보충할 수 있었다.[89]

명청시대 농업의 하나의 특징은, 송원시대에 자가소비를 목적으로 생산하던 의료생산(衣料生産)이 명 중기부터는 이렇게 시장판매를 위해 생산하는, 상품작물 내지 상품생산으로 변화했다는 데에 있다. 이러한 변화가 가장 대표적으로 나타난 곳이 강남 델타지역이었다. 이 지역은 송대 이래 경제와 문화의 중심지였다. 그러나 명초 이래 인구가 급증하면서, 중기부터는 상업과 직물업이 발달하고 수많은 중소도시가 발달하였다. 이렇게 인구가 급증하자 미곡이 부족하여 다른 지역으로부터 미곡을 수입해야만 했는데도, 목화나 뽕나무의

---

86) 幹河나 田間의 小水路 등의 수로에 대한 반복되는 준설작업으로 田面이 상승됨으로써, 겨울에는 旱田化가 實現되었다.

87) 李伯重, 1984, 1985A, 1985B, 1986.

88) 명 태조 洪武帝는 건국 이전부터, 예하의 농민에 대하여, 5~10畝의 경작자는 桑·麻·木棉을 半畝에 재배토록 하고, 10무 이상자는 1무를 심도록 하였으며, 이러한 정책은 건국 후에도 계속되었다. 그리고 매년 麻는 畝當 8兩, 목면은 4량의 세를 부과하고, 桑은 4년 후부터 부과하도록 하였다. 明『太祖實錄』卷17, 乙巳年(1365) 6월 乙卯條; 同書 卷 31, 洪武 元年 4월 辛丑朔條. 홍무제의 이러한 정책은 농촌의 안정을 위해서, 농촌에서의 衣料生産의 자급을 권장하기 위한 것이었는데, 이것이 그 후 곳에 따라 상품작물의 재배를 촉진하는 데 큰 영향을 주었다.

89) 西嶋定生, 1966, 第三部「商品生産の展開とその構造－中國初期棉業史の研究」; 田中正俊, 1973A, 1982, 1984.

재배가 미곡생산의 수익보다 많았으므로, 농민은 다투어 농경지를 목화나 뽕나무 재배지로 전용하였다.[90]

그 결과 강남 일부 지역에서는 쌀과 면화 사이에 경쟁이 나타났다. 델타 저지대의 동방에 위치한 연해 미고지는 명초부터 면작지로 전환되었으며 명 중기부터는 점차 면작과 면직물업의 중심지로 발전되어 갔다. 면화가 강남에 전파된 것은 13세기 말이었는데 특히 송강부 지방은 기후와 토질이 적당하였으므로, 명말에 이르면 송강부 모든 토지의 1/2～1/3이 면화 재배지였고, 가정현(嘉定縣)은 88%의 토지에서 면화가 재배되었다.[91]

강남의 일부 지역에서는 또 쌀과 뽕나무 사이의 경쟁도 나타났다. 이 지역에서는 이미 12세기부터 도작지(稻作地)가 잠상지(蠶桑地)로 전환되기 시작하였고, 명말부터는 이러한 현상이 급속히 확대되어 갔다. 노동량과 비료 등 자본의 총 투하량으로 보면, 양잠업이 미작(米作)보다 많았으나, 그 이익은 적으면 미곡생산의 2~3배에서 4~5배, 많으면 10배에 달했으므로, 소농민들이 다투어 양잠업을 농가부업으로 추진하였다. 그 결과 남경·소주·호주·항주·가흥 등 지역은 뽕나무 재배와 양잠업·견직물업의 중심지가 되었다. 바꾸어 말하면, 강남 델타지역 저지(低地)의 소농민은 양잠과 제사업에, 미고지의 소농민은 면업에 각각 가담함으로써 부족한 가계를 보충할 수 있었다.[92] 그 결과 쌀, 면화, 그리고 뽕나무가 델타지역의 삼대 중요 작물로 정형화되었는데 그 재배지역을 보면, 동방 연해와 장강 연변은 면화와 쌀 지역, 태호의 남변은 뽕나무와 쌀 지역, 태호의 북변은 미작지역이었다.[93]

---

90) 渡部忠世, 1984F; 본편 〈附論2〉 참조.

91) 徐光啓, 『農政全書』 卷35, 木棉. 특히 송강부 지방이 명 중기 이래 면직업의 중심지가 될 수 있었던 까닭은 ① 장강·대운하·작은 수로 등으로 연결된 수로교통이 발달하여 이 지역의 면화뿐 아니라 화북지방의 면화가 대량으로 반입될 수 있었고, ② 부근에 고도의 견직물 기술을 가진 지역이 있어 이 기술을 면포생산에 응용할 수 있었기 때문이었다. 嚴中平, 1955; 劉翠溶, 1978; 川勝守, 1992, 제1·2·3장; 본편 〈附論2〉 참조.

92) 劉翠溶, 1978; 李伯重, 1985B; 川勝守, 1992, 제1·2·3장; 본편 〈附論2〉. 한편, 石錦, 1990A에서는, 장강하류의 서민들이 가계유지를 위해 농가부업으로서 상품작물이나 수공업에 참여한 것으로 보지 않고, 農業과 手工業의 兼業으로 보고 있다

93) 李伯重, 1985A.

한편, 광동성의 주강 델타지역에서는 독특한 집약화가 이루어졌다. 즉 18세기부터 논을 양어장으로 만들고 그 둑에 과일과 뽕나무를 심었다. 그리고 양어장의 진흙을 둑에 뿌려 뽕나무의 거름으로 해서 뽕나무 잎을 생산해서 누에를 기르고, 누에의 배설물은 물고기의 먹이를 삼는 먹이 고리를 형성시켰다. 이렇게 하여 그 이익이 벼농사의 10배나 되었다고 한다.[94]

송→원→명대에 걸쳐서 이렇게 강남의 저지대가 비약적으로 개발되는 동안에 외부 인구가 계속하여 유입되었다. 그러나 명초 15세기 전반기까지는 이 지역에서 생산되는 식량으로 수요와 공급에 어느 정도 균형을 이룰 수 있었다. 그런데 명 중기부터 이 지역에 무수한 시진(市鎭)이 형성되어 가는 것[95]과는 반대로 개발이 가능한 지역은 점차 소멸되어 갔기 때문에, 결국 '땅은 좁고 사람은 많은[地狹人多]' 인구과잉 상태가 되고 식량도 부족하게 되었다. 바꾸어 말하면, 농학적 적응과 공학적 적응 모두가 극에 도달한 것이다. 그러자 휘주상인 등의 외래 객상이 이곳에서 생산되는 수공업 제품을 전국으로 수송하고, 대신 장강 중류역의 호광미를 반입하였다.[96] 이것이 바로 명 중기 이후 호광지방이 개발되고(뒤에 서술함), 농업의 중심지가 분화되는 것과 조응되는 현상이었다.

이렇게 명대 강남 저지대에서 농업경제의 구조가 변화되어 가는 과정에서 나타난 현상이 곧 '분우(分圩)'였다.[97] 송원시대까지의 우(圩)는 비교적 넓어서, 그 내부의 중심지에는 아직도 저습지와 수면이 남아있고, 경작은 주로 수로나 우안에 접한 주변부에서 시행되었다.[98] 그런데 명 중기부터 향거지주는 몰락하고 대지주와 신사의 성거화(城居化)가 진행되는 과정에서, 국가가 개입하여 조직된 소농민 자체의 공동체만으로는 대우(大圩) 내부의 배수와 우안의 수축이 어려워지게 되었다. 이에 분우, 즉 대우의 내부에 다시 소규모의 크리크[소수로(小水路)]를 준설하고 제방을 쌓아서 몇 개의 작은 우(圩)로 분할하

94) 謝天禎, 1985.
95) 劉石吉, 1987; 樊樹志, 2005; 陳學文, 1993・2000; 본서 제3편 제1장
96) 藤井宏, 1953A, 1953B, 1953C, 1954; 傅衣凌, 1956A; 范金民, 1989.
97) 濱島敦俊, 1982A, 1990; 渡部忠世 等, 1984B
98) 송대에는 圩 내의 토지이용률이 10% 내외였음을 고려해야 한다.

여 배수기능을 높이려는 노력이 나타났다. 이러한 분우는 15세기 전반에 먼저 개발된 지역〔先開發地〕에서 시작되어 16세기 전반기에는 델타지역의 가장 저습지에 이르기까지 모두 완료되었다. 그러나 분우는 이렇게 농업기술적인 필요 때문에 진행된 것만은 아니었다. 분우의 또 하나의 목적은, 외부 인구의 유입에 따른 인구의 급증으로 식량증산의 필요는 절실하였으나 우전을 개발할 수 있는 적지(適地)가 소멸되었기 때문에, 보다 고도의 토지이용을 목표로 우(圩) 내부에 잔존하는 저습지와 수면 아래의 토지를 경지화한 것이었다. 그러므로 분우는 기술적·사회적 필요에 모두 적응해 간 현상이었으며, 분우의 종료는 곧 강남 델타 저지 개발의 완료를 의미하는 것이었다.[99]

2. 長江 中流域의 開發

중국의 농업발달사에서, 송대의 특징은 강남 델타지역에서 공학적 개선에 의한 수전개발이었고, 명대의 특징은 양자강 중류역, 특히 호광(호남·호북성) 지역의 경지개발이었다고 할 수 있다.[100] 호광지역에서 이렇게 경지가 대대적으로 개발되어 식량생산이 증가했기 때문에, 명 중기부터 식량부족 현상이 심해진 장강 델타지역에 식량을 공급할 수 있게 되어, 겨우 식량 수급에 균형을 이루게 되었다.

명대에 호광지방에서 경지가 개발될 수 있었던 것은 외부 인구의 유입 때문이었다. 명초부터 전국적으로 실시된 이갑제(里甲制)는 부역징수(賦役徵收) 기능, 공동체적 기능, 질서유지 기능 등을 공유한 것으로서 처음에는 비교적 원활하게 운영되었다. 이렇게 어느 정도 안정되었던 중국사회가 15세기에 들면서 다시 불안해지기 시작하였다. 그 원인은 정치·사회·경제적으로 얽힌 대단히 복잡한 것이었다.[101] 그 결과 전국적으로 계층분화가 점차 심화되어,

99) 단, 이렇게 分圩를 추진함으로써 수리전을 확대하고 안전화를 도모할 수는 있었으나, 또 한편 排水路의 狹窄化로 말미암아 水災를 자초하기도 하였다.
100) 別註가 없는 한, 張國雄, 1995; 梅莉·張國雄, 1995; 吳金成, 1986, 제Ⅱ편 제2·3장; 본편 〈附論1〉 등 참조.
101) 본편 제1장

15세기 중엽부터는 이갑제가 서서히 해체되어 가고, 전국적으로 대대적인 인구이동이 시작되었다. 명대의 인구이동은 명초부터 서서히 시작되었으나, 특히 15세기 전반기부터 16세기 전반기에 이르는 100여 년 동안에 집중적으로 진행되었다. 이때의 인구이동의 방향은 ① 농촌지역→금산구역, ② 선진경제지역→낙후지역, ③ 농촌지역→도시·수공업지역 등으로 유형화할 수 있는데, 그 가운데 ①②의 경우가 호광지역에 해당된다.[102] 명대에 이렇게 인구가 이동하는 과정에서, 각기 사회경제적인 여건에 따라서 인구를 송출하는 지역과 흡수하는 지역이 있었는데, 호광지역은 강남 델타지역과 더불어 포용력을 갖춘 흡수지역이었다. 따라서 명 중기 이래 호광지방의 농업이 획기적으로 발전할 수 있었던 배경에는 외부에서 유입한 객민이 토착인과 함께 경쟁적으로 농경지를 개발한 결과였다.

호광지방에서, 명초 이래 외래 인구가 집중적으로 유입되고 또 그에 비례해서 경지가 개발된 지역은 운몽택 지역[雲夢澤 地域; 동정호 주변지역 및 양자강 중류와 한수(漢水)가 만나는, 강한지역(江漢地域)]과 형양지구[荊襄地區; 북변의 하남·섬서·사천과의 사성교계지역(四省交界地域), 운양부와 양양부] 및 상강(湘江) 중류지구였다. 이들 지역도 명초부터 이미 그 나름의 사회모순이 진행되고 있었지만, 그보다는 인구를 유인하는 요소가 더 강하였으므로, 명초부터 외부인구가 유입되기 시작하였던 것이다. 그리고 특히 이갑제 질서가 이완되기 시작하던 15세기 전반기로부터 16세기 전반기까지 100년 동안에 집중적으로 유입되었다. 이들 외부 객민의 출신지를 보면, 운몽택 지역과 상강 중류지구에는 강서인(江西人)이 가장 많았고 형양지구에는 섬서인과 강서인이 가장 많았다.[103]

호광지방에 들어온 외래 객민 가운데 고향에서 몰락한 후, 호광 농촌에 용공(傭工)이나 노복의 지위로 유입하는 경우도 많았다. 그러나 상인이나 각종

102) 吳金成, 1986, 제Ⅱ편 2·3장; 吳金成, 1993. 이러한 인구이동으로 말미암아 중국의 人口分布가 재편되어 갔고 그에 따라 사회경제적인 구조도 역시 재편되어 갔다.

103) 賴家度, 1956; 谷口規矩雄, 1965; 吳金成, 1986, 제2편 제 1·2·3장; 曹樹基, 1990A, 1991; 吳金成, 1993.

기능인, 혹은 고향에서 몰락 직전의 이갑호(里甲戶)가 상당한 재력을 지닌 채 유입된 경우도 적지 않았다. 그들은 유입 당초에는 호광에서 농토와 가옥을 임차하여 살았다. 그 후 그들은 자신의 능력에 따라 토착인과 경쟁하면서 서서히 농토를 개발하여 갔다. 좀 더 구체적으로 말하면, 운몽택 지역과 상강 중류지구에서는 산야의 황무지가 먼저 개발되고 뒤이어 강·호변의 저습지에도 점차 완제(垸堤)가 축조되면서 농토가 확대되었다. 한편 형양지역에서는 산야와 구릉지가 개간되었다. 객민은 처음에는 농업이나 상업을 경영하여 경제적으로 성장한 후에 자손들에게 유업(儒業)을 권장하는 경우도 있었고, 상업으로 성장한 후에 농토를 매입하여 겸업하는 경우도 있었다. 그러나 일반적으로 그들은 농업·상업·공업·유업 사이에 별다른 차별 없이 가능한 수단을 동원하여 토착인과 경쟁하면서 활로를 모색하였다. 객민은 그 과정에서 선진문화나 기술을 호광에 이전하고 새로운 종자를 전파하기도 하였다.

특히 호광의 중심부에 위치한 운몽택 지역은 명초에는 '땅은 넓고 사람은 드물다'고 표현될 만큼 인구가 희소하였고, 강소나 강서지방 등의 경제적 선진지역에 비하여 경제개발이 훨씬 뒤져 있었다. 그러나 명초 이래로 외부의 인구가 집중적으로 유입된 결과, 홍무24년(1391)에서 만력 장량의 결과가 확정된 1600년까지 사이에 등록전지가 152,169경에서 454,561경으로, 근 3배의 증가를 보였다. 이러한 30만여 경의 증가는 실질 전지면적 면에서는 호광에서 가장 많이 증가한 것으로, 호광 총 증가분의 51%에 해당하는 것이었고, 같은 기간 사천의 총 증가면적을 능가하는 수치였다. 또 형양지구는 명초에는 '금산구(禁山區)'였으므로, 인구도 희소하고 개발도 거의 되지 않은 원시림 상태로 방치되어 있었다. 그러나 15세기에 진행된 집중적인 인구유입과 그들의 개간 노력으로, 명말에 이르면 상당한 수준의 인구를 포용할 수 있는, 경제력을 갖는 지역으로 변화하였다. 그 결과 명초에서 명말 사이에 10,332경→114,555경으로, 10배 이상의 경지 증가를 보였다. 한편, 호광 전체로 보면, 1400년→1600년→1661년→1753년 사이에 등록전지가 각기 247,240경 (100%)→838,520경 (339%)→793,350경 (321%)→930,550경 (376%)으로 변화되어 갔다.[104]

이상과 같이, 15세기 중엽 이후 호광지방에서 경지가 획기적으로 증가할 수 있었던 것은 호광 모든 지역에 걸친 외부 인구의 유입과 그들이 토착인과 경쟁하면서 벌인 개간활동, 특히 운몽택 6개 부(府) 지역의 개발에 힘입은 바 컸다. 이것은 호광지방이 적극 개발되기 시작한 후 100여 년 만에 나타난 결과였다. 명 중기부터 식량부족 현상이 심화되어 가던 강남 델타 지역에 호광에서 생산된 식량을 공급할 수 있었던 배경은 바로 여기에 있었다.[105)]

양자강 중유역의 호광지방의 토지가 이렇게 빠르게 개간이 진행된 결과 중국의 경제적 중심지가 분화되었다. 앞에서 서술한 것처럼, 중국경제의 중심지는 당대까지는 화북평원이었고, 송대 이후로는 강남 델타지역으로 이동되었다. 델타지역은 상·공업과 농업이 같이 발달한, 실질적인 중국 유일의 경제 중심이었다. 그런데 명 중기부터 강남의 경제적 중심지로서의 위상이 변화하기 시작하였다. 강남 델타지방은 인구가 급증하고 중소도시가 수없이 많이 발달하면서 식량의 자급자족이 불가능하게 되었으므로 외부의 미곡을 수입할 수밖에 없었다. 남송 시대 이래 '소주와 호주가 풍년이 들면 천하가 족하다[蘇湖熟 天下足]'고 하던 곡창지로서의 지위를 상실하게 된 것이다. 그런데 바로 이 시기에 장강 중유역의 호광지방에서 경지가 비약적으로 개간되어, 여기서 생산되는 식량이 강남으로 수출되었다. 이제 곡창지로서의 지위는 새로 개척된 호광에 넘겨주고, 강남지방은 단지 상업과 수공업(특히 직물업)의 중심지로만 계속 발전하게 되었다. 이러한 현상이 곧, 15세기 중엽부터 "호광에 풍년이 들면 천하가 족하다[湖廣熟 天下足]"라는 속언이 생긴 이유였다. 이러한 현상은 객민 유입의 긍정적인 측면, 즉 순기능이라 할 수 있다.

그런데 송대의 "소호숙 천하족(蘇湖熟 天下足)"[106)]이란 속언에 대신하여 "호광숙 천하족(湖廣熟 天下足)"이란 속언이 성립된 시기에 대해서, 중국 학계의 대부분의 학자들은 아직도 홍치(弘治) 초년으로 상정하고 있다.[107)] 이 문제

---

104) Wang, 1973, p.25; 吳金成, 1986, 제2편 제2·3장.

105) 단, 당시 호광미곡 유출의 사회경제적 구조에 대해서는 重田德, 1956; 吳金成, 1986, 제2편 제2·3장; 吳金成, 1993 참조.

106) 范成大, 『吳郡志』 卷50, 雜志. 한편, 陸游, 『渭南文集』에는 '蘇常熟 天下足'이란 속담도 보인다.

107) 龔勝生, 1995; 梅莉, 1990; 梅莉, 1991; 張家炎, 1992; 張建民, 1987A, 1987B; 蔣建

는 일본의 카토오 시게시(加藤繁)가 1947년에 처음으로 '명말' 무렵으로 지적하였고,[108] 그 후 역시 일본의 후지이 히로시(藤井宏)도 이에 동조하였다.[109] 그런데 1965년에, 일본의 이와미 히로시(岩見宏)는 가정(嘉靖)7년(1528)의 서문(序文)이 있는 하맹춘(夏孟春)의 『여동서록(餘冬序錄)』에 보이는 내용을 근거로 하여, "호광으로부터 강남지역으로 미곡의 수출이 주목할 만한 현상으로 발전된 것은 늦어도 정덕년간(1506~1521)부터라고 판단해도 과오는 없을 것"이라고 주장한 바 있고,[110] 1976년에 일본의 야스노 쇼오잔(安野省三)도 여기에 찬동하였다.[111]

한편, 1980~90년대에는, 중국 학계에서 하맹춘의 『여동서록』의 문장이 홍치년간에 신채인(新蔡人) 조봉(曹鳳)이 호광 우포정사(右布政使)로 부임할 때 고향[112]의 정형(情形)을 소개하는 글 속에 삽입된 것임을 근거로 하여, "호광숙, 천하족"이란 속언은 늦어도 홍치(1488~1505) 초년부터는 민간에 출현하였을 것으로 추측한 바 있고, 이 주장은 중국학계의 정설로 굳혀져 가고 있다.[113]

그런데 필자는 1977년에, "비록 사료의 결핍성은 피할 수 없다 할지라도, 상인의 손으로 호광의 미곡이 성 밖으로 유출되었던 사실은, 15세기 중엽 무렵까지 소급시킬 수 있다"는 자료를 제시하고, 15세기 중엽 이후의 운몽택 지역(동정호 주변에서 강한지역에 이르는 광대한 평원)에서의 완제의 발달 과정을 통하여 그 기술적·실제적 가능성을 분석한 후에, "운몽택 지역의 도작지

平, 1982; 張國雄, 1989, 1994; 張國雄·梅莉, 1989; 樊樹志, 1990; 陳學文, 1993; 蔣建平, 1992 等 參照.

108) 加藤繁, 1947.

109) 藤井宏, 1953A, 1953B, 1953C.

110) 夏孟春의 『餘冬序錄』 卷59, 「職官」에는 "… 湖蕃轄府十四, 縣一百四, 其地視諸省爲最巨, 其郡縣賦額, 視江南·西諸郡所入差不及, 而'湖廣熟, 天下足'之謠, 天下信之, 蓋地有餘利也"라 하고 있다. 岩見宏, 1965 참조.

111) 安野省三, 1976.

112) 夏孟春은 호남의 郴州人이고 弘治6년(1493)에 진사에 합격하여 正德 초부터 河南參政, 雲南 巡撫 등을 역임하다가 가정6년에 퇴임하였다.

113) 張建民, 1987, 1995 pp.188~199; 梅莉·張國雄, 1995, pp.136~137; 張海英, 2002, p.119에서도 이 설을 묵수하고 있다. 더구나 龔勝生(1996, pp.252~255)과 方志遠(2001, pp.206~211)은, 夏孟春의 "湖廣熟, 天下足之謠, 天下信之"라는 傳言을 일종의 예언 내지 희망으로 생각하는, 어이없는 주장도 펴고 있다.

대가 중국의 곡창적 지위로 상승한 것은, 15세기 중엽 무렵부터 점차로 형성되어 간 것"이었다고 결론을 내린 바 있다.114) 그런데 바로 그 직후인 1980년에 일본의 테라다 타카노부(寺田隆信)는, 아마도 1979에 일본어로 번역된 필자의 논문을 보지 않고, 이연욱(李延昱), 『남오구화록(南吳舊話錄)』 권22, 「매정기(梅貞起)」 조(條)의 내용을 근거로 하여, '호광숙 천하족'이란 속언이 천순(天順)년간(1457~1464)에 이미 존재하고 있었음을 소개하면서, "15세기 중엽 무렵에는 호광지방이 이미 천하의 곡창이었다"고 인정해도 좋을 것이라고 주장하였는데,115) 이 문장은 1985년에 이미, 『휘상연구논문집(徽商研究論文集)』에도 번역되어 소개되었다.116) 따라서 테라다(寺田)가 소개한 사료는, 필자가 방계사료와 기술적인 수준을 고려하여 극히 조심스럽게 내린 결론에 대한, 말하자면 '화룡점정(畵龍點睛)' 격이 되었던 것이다. 그런데 2005년에야, 복단대학(復旦大學)의 번수지(樊樹志)씨가 비로소 필자의 1977년 논문의 일역본(1979) 논문과 1980년의 테라다 논문을 참조하여, '15세기 중엽'이라고 못 박은 필자의 주장을 받아들이고 있다.117)

실제로 성화년간(1464~1487)에 휘주의 미곡상이 호광에 진출하였고, 천순년간(1457~1464)에 절강의 상인은 강남의 사직품(絲織品)을 싣고 호광으로 가서 팔고 돌아오는 길에 미곡을 싣고 왔다.118) 또 이보다 앞서 정통년간

114) 吳金成, 1977(→ 이 내용은 「明末洞庭湖周邊の垸堤の發達とその歷史的意義」로 日譯되어 『史朋』 10, 1979에 수록되었고, 이 전체의 내용은 吳金成, 1986, 第2編 제2·3章에 全面 改稿하여 수록되었으며, 이 책은 다시 『明代社會經濟史硏究-紳士層の形成とその社會經濟的役割-』로 日譯되어 1990에 東京 汲古書院에서 출간됨). 그리고 최근에 吳金成, 1993을 통하여 이 문제를 재확인하였다.

115) 寺田隆信, 1980.

116) 江淮論壇編輯部, 1985, pp.270~271. 그럼에도 불구하고 張建民, 1987; 梅莉·張國雄, 1995, pp. 136~137; 張國雄, 1995, pp.188~199; 張海英, 2002, p.119에서도, 상기 『徽商硏究論文集』을 보지 못한 채, 홍치 설을 묵수하고 있고, 龔勝生, 1996, pp.252~255; 方志遠, 2001, pp.206~211에서도 역시 『徽商硏究論文集』을 보지 못한 채, 앞에서 설명한 것처럼 "湖廣熟, 天下足"은 일종의 예언 내지 희망이라고 하고 있다.

117) 樊樹志의 논지 전개를 보면, 아마도 필자, 1986년에 간행된 韓語本의 日譯本(1990)을 참조한 듯함. 樊樹志, 2005, pp.384~386 참조.

118) 藤井宏, 1953A, 1953B.

(1435~1449)에도 호남의 형주부(衡州府)와 호북의 황주부의 미곡을 반출한 기록이 있다.[119] 주침(周忱, 1381~1453)도 강남순무로 있던(1430~1451) 정통년간에, 소주와 송강 일대에 흉년이 들 때면 관탕금(官帑金)으로 호광에서 식량을 사오는 한편 상인들을 권면하여 호광미를 구해 오도록 하였다.[120]

한편, 명대에 호광지방에 유입한 객민의 역할 가운데는 부정적인 측면, 즉 역기능(逆機能)도 있었다. 15세기에 접어들면서 호광에서도, 중국의 다른 지역과 마찬가지로, 사회모순이 점차 노정되고 있었다. 바로 이때 외부의 인구가 집중적으로 유입되기 시작하였다. 이렇게 외부의 인구가 한꺼번에 유입되자 여러 가지 사회문제가 야기되었다. 토착인은 과중한 세역과 고리대로 몰락의 위기에 처해 있었던 반면, 객민은 산야의 황무지를 개간하거나 혹은 강・호변의 저습지에 완제를 축조하여 수전을 확보해 가면서도 세역은 오히려 탈면(脫免)하고 있었다. 그 때문에 토착인과 객민 사이의 갈등 또는 객민과 객민 사이의 갈등 등이 생겨나 사회가 불안해졌다. 물론, 이들 지역에 유입한 객민도 그 지역에서 정착해 가는 과정에서 다양한 사회계층으로 분화되었다. 그러나 또 한편, 토착민과 객민 사이의 경쟁과정에서 토착인이 오히려 몰락하여 외지로 유산하는, '인구의 대류현상'도 나타났다.[121] 전에 살고 있던 곳에서 석출(析出)되어 호광에 이주한 객민은 호광지방의 사회적 모순에 오히려 박차를 가한 셈이 되었다. 15세기 후반에 형양지방에서 두 번에 걸쳐 일어난 '형양(荊襄)의 난'은 바로 객민의 이러한 역기능이 가져온 결과였다.[122]

한편, 호광지방이 개발되는 과정에서 신사도 중요한 역할을 담당하였다. 신사는 사적으로는 신사 개인의 이익을 추구하는 행동도 많았는데, 바로 이러한 사리추구행동의 일환으로서 호광의 수리개발에 적극 참여하였다. 또 15세기 전반기 이후로 이갑제 질서가 이완되어 가던 사회에서, 국가권력과 지역사

119) 萬曆『衡州府志』卷11, 人物志, 衡陽縣, 義行, 周誠; 康熙『湖廣通志』卷37, 孝義, 黃州府, 明, 陳遵德; 黎淳, 「元洲拙逸傳」, 『湖南文徵』 卷37, 傳(上).

120) 張萱, 『西園聞見錄』 卷41, 救荒, 往行.

121) 이러한 현상은 비단 이 지역만의 현상은 아니었다. 吳金成, 1986, 제Ⅱ편 제1장; 吳金成, 1991A, 1996, 1998B 등 참조.

122) 賴家度, 1956; 谷口規矩雄, 1965.

회의 공통된 요구에 부응해서, ① 지역사회에서 생긴 갈등의 재판과 조정의 역할 혹은 토적(土賊)을 방어하는 등의 정치적 역할 ② 도로개설, 제방과 교량의 수축, 의전(義田)·의창(義倉) 설치, 구휼(救恤)사업 등의 경제적 역할 ③ 향약의 주관, 의학(義學)·서원의 건립, 서책의 편찬, 향론의 수렴 등의 문화적 역할을 담당하였다.[123)]

한편, 외부 객민 유입의 영향 가운데 하나로 중소도시의 발달을 꼽을 수 있다. 형주부 강릉현에 강릉(江陵)과 사시(沙市), 한양부 한천현에 유가격(劉家隔), 한양현에 한구진(漢口鎮), 승천부에 조각시(早角市) 등의 중소도시가 발달하였다.[124)] 이것은 인구이동의 제③유형, 즉 농촌→도시·수공업 지역으로의 이동에 해당된다. 15세기 이래 전국적으로 진행된 제③유형의 인구이동 결과, 명초에 알려진 33개 대도시 외에도 전국적으로 수없이 많은 중소도시가 발달하였다. 그 중에서도 이러한 현상이 가장 현저하게 나타난 지역이 강남 델타 지역이었다.[125)]

3. 長江 上流域의 開發

송대의 강남 델타지역의 개발, 명대의 양자강 중류 호광지역의 개발에 이어, 청대에는 양자강 상류인 사천지방의 개발이 진행되었다.[126)] 청대 사천지

123) 吳金成, 1986, 제2편「紳士層의 社會經濟的 役割」참조.

124) 方志遠, 2001, pp.506~522.

125) 본서 제3편 제1장 참조.

126) 사천지역은 이미 송대부터 도작지역으로서의 중요성이 알려졌고(Ch'uan, 1956), 명대에도 3배에 가까운 경지의 증가가 있었다(본편 제1장 참조). 그러므로 정확하게 말하면, 명말청초의 동란으로 일시 황폐화되었다가 청대에 회복되고, 그 위에 새로운 개발이 진전되었다고 보는 것이 타당하다(단, 사천에 대한 청초의 토지와 인구통계의 오류에 대해서는 뒤에 다시 설명함). 한편, 청 일대를 통해서 東南沿海 지역의 인구가 臺灣으로 이동하여 대만이 개발되어 갔고,(陳孔立, 1990 참조) 또 18세기부터는 중국 서남부의 雲南·貴州가 개발되었으며,(郭松義, 1984; 李中清, 1984), 18세기 말부터 滿洲로의 이동도 많았다.(郭松義, 1984; 路 遇, 1987) 또 19세기 말·20세기 초부터는 內蒙古·東Turkestan 지역으로 인구가 대량 이동되어 개발이 진행되었다. Elvin, 1982 참조. 기타 명청시대의 전반적인 인구이동과 경지개발 상황에 대해서는 Ho, Ping-ti, 1959, Ch. 7·8 참조.

역의 개발도, 명대 호광지역의 개발과 같이, 외부 인구 유입의 결과였다.

사천지방은 이미 만력년간부터 점차 혼란한 기미를 보이기 시작하였다.[127] 요황적[搖黃賊; 토폭자(土暴者)라고도 함]과 같은 토적집단과 북쪽에서 온 섬서인의 횡행, 소수민족의 약탈, 양응룡의 반란, 사숭명의 반란, 성도(成都)에서 일어난 개독(開讀)의 변(숭정13년)과 민변(숭정14년), 소위 오두[五蠹; 아두(衙蠹)·부두(府蠹)·호두(豪蠹)·관두(官蠹)·학두(學蠹)]의 횡포, 기근·전염병·호환(虎患) 등으로 사회가 대단히 혼란하였다. 이러한 소요가 있을 때마다, 과중한 부역에 시달리던 농민들이 그들 봉기세력에 합세하고, 무뢰들이 부추겨서 사건이 더욱 악화되는 일이 많았다. 이러한 사천사회에 이른바 '도촉(屠蜀)'이 발생하였다. '도촉'은 먼저 장헌충군이 저질렀다. 장헌충군은 숭정 6년·7년·10년·13년에 각각 사천에 침입하여 다수의 인명을 살육하였고, 17년(1644) 1월에 다시 침입하여 성도를 함락시킨 뒤, 방어에 참여한 신민(紳民)을 도살하였다. 그 뒤를 이어 들어온 청군의 무차별 살상, 남명군의 살상, 재황(災荒)·기근·역질 등으로 말미암은 사망, 섬서인과 사천 본지인 사이의 갈등, 소수민족의 겁약과 살육 등이 대단히 복잡하게 중첩되어 사회를 극도의 혼란으로 몰아넣었다.

이 때문에 사천인은 사방으로 유산하여 인구가 격감되고 농경지도 황폐해졌다. 그 때문에 입관 초에 청조는 사천 내의 주현을 40여 개나 병합하여 주민의 부담을 경감시켰다. 또 천북(川北)지역에서나마 질서를 어느 정도 되찾은 1653년(순치10년)부터 간황자(墾荒者)의 토지소유를 인정하고 세역을 감면하면서, 사천에 대한 적극적인 이민·개간 정책을 폈다. 이러한 청조의 정책에 자극되어, 대개 강희년간부터 주변 여러 성 사람들도 인구격감으로 생긴 공동사회(空洞社會)를 찾아 대거 사천으로 유입하였다. 그 가운데에서도 호광(명대에 인구집중이 가장 많았던 지역, 즉 호북·호남)의 인구가 가장 많이 이

---

127) 이하 사천사회 문제에 대하여 別註가 없는 한, 胡昭曦, 1980; 社會科學硏究叢刊編輯部, 1981; 顧誠, 1984; 魯子健, 1984; 王綱, 1987; 郭松義, 1988; 王笛, 1989A, 1989B; 孫曉芬, 1997; 山根幸夫, 1983B; 李俊甲, 2002, 제1편「청 전기 사천사회의 회복」등 참조.

주하였으므로, '호광 사람이 사천을 메운다'라는 속담까지 생겼는데, 호광 가운데 특히 호북인이 더욱 많았다. 그 뒤를 이어 강서・복건・광동・광서・섬서인도 많았다. 그 결과 반세기 정도가 지난 1710년대부터는 사천지역에서 토착인은 10명 가운데 한둘에 불과하고 외부에서 온 객적인(客籍人)이 오히려 10명 중 여덟아홉에 이른다는 과장 섞인 지적이 나올 정도가 되었다.[128] 그 때문에 청조는, 옹정 7년의 장량으로 사천이 동란의 피폐에서 완전히 회복되었음을 확인한 후에는, 일시적으로 객민 유입을 제한하려는 노력도 하였다. 그러나 중국의 모든 지역에서 인구압력이 심화되는 건륭년간(1735~1796)부터는 더 이상 사천 유입을 막을 수도 없었다.[129] 이제는 그저 사천의 토착인과 이주민 사이의 분쟁을 조정하는 일이 급선무였다. 입관(入關) 초에 청조가 병합했던 40여 개 주현 가운데, 14개 주현을 강희(康熙) 말부터 다시 분리한 것도 그 일환이었다.

이렇게 유입한 외래 인구가 그 후 계속하여 사천을 개발해 나갔으며, 18세기에는 다량의 사천 미곡이 소절지방으로 공급될 수 있었다. 명 중기부터 소절지방이 상공업 지역으로 발전하여 가는 과정에서 급격한 인구증가로 식량이 부족하게 되자, 마침 이 시기에 비약적으로 개간이 진행되고 있던 장강 중류 호광지방의 미곡이 공급되어 식량수급의 균형을 이룰 수 있었다. 그런데 청대에 들어서는 소절지방의 인구는 더욱더 증가해 갔을 뿐 아니라, 호광지방의 인구도 대폭 증가하여 오히려 인구송출이 불가피할 정도에 도달했으므로 명대 정도의 식량공급은 불가능하였다.[130] 바로 이러한 시기에, 이번에는 사천지역, 특히 천서평원(川西平原)의 비옥한 토지가 개간되고 수리시설이 정비되면서 미곡의 수출이 가능해졌기 때문에,[131] 강남지방의 식량수급이 겨우

128) 청대 사천의 토착인과 객민의 통계는 대개 지방지에 보이는 「씨족지」를 이용한 것이었다. 그러나 씨족 내부의 戶口數를 보면, 토착인은 훨씬 많고 객호는 대단히 적다. 그 때문에 오히려 외래 객민 대량 이주 시기였던, 청조 전반기의 신사 배출 경향으로 평가해야 한다는 주장도 있다. 李俊甲, 2002, 제1편 제2장, 「청 전기 사천사회의 회복」 참조.

129) 李俊甲, 2002, pp. 163~164.

130) 청대에는 호광지역 중, 특히 湖南 지역이 곡창으로서 주목을 받았다. 全漢昇, 1969; 蔣建平, 1992, pp.49~66, 140~147 참조.

균형을 이룰 수 있었다. 이러한 배경에서 출하된 사천의 미곡은 18세기 초부터는 호광의 미곡과 함께 호북의 한구(漢口)를 중계지로 하여 장강 하류지역에 공급되었다. 바꾸어 말하면, 송원시대의 유일 경제중심이었던 소절지역은, 명 중기부터는 호광에 곡창적 지위를 양보하였고, 청대에는 호남성 외에도, 사천이 또 하나의 곡창으로 대두하여, 경제중심이 다원화되었다. 18세기 이후로 양자강 루트를 통하여 강남으로 수송된 미곡은, 청조의 세량 외에 순수 민간 교역분이 매년 9백만~천 4백만 석이었을 것으로 추측되는데, 그 가운데 이 사천의 미곡이 백만~이백만 석에 달하였다.[132)]

이상에서 본 것과 같이, 명대에 소절지방에서 상업과 수공업 및 도시가 발달하고, 호광에서 경지가 개발되고, 청대에는 사천이 개발된 결과, 18세기 후반기부터는 양자강을 중심으로 한 상품교역 구조가 서서히 정착되어 갔다. 바꾸어 말하면, 강남지방의 소금과 수공업 제품이 호광의 미곡과 면화・사천의 미곡과 목재 등과 교류되는, 중장거리 상품교역 패턴이 성립된 것이다. 앞에서 언급한 바와 같이, 아편전쟁 이전 중국 내지(內地) 상품교역의 총액은 약 3억 9천만 냥으로 추산되는데, 그 가운데 제1위는 미곡으로 약 42%, 제2위는 면포로 약 24%, 제3위는 소금으로 약 15%를 점한 것으로 추측하고 있다.[133)] 이러한 중・장거리 교역은, 일부는 국가의 행정조직을 통해서 수행되었으나, 대부분은 휘주상인이나 산서상인 등의 객상(客商)이 담당하였다.[134)]

한편, 청초 이래 사천에 유입한, 호광 등 장강 중・하류와 섬서지역 등의 객민은 처음에는 개간이 비교적 용이한 천서지역, 특히 성도평원에 집중되었고, 뒤따라 온 이주민은 천동지역(川東地域), 이어서 천남(川南)과 천북(川北) 지역으로 확산되어 갔다. 그런데 청 중기부터 사천의 경제중심이 점차 동쪽으

---

131) 청초에 사천이 곡창으로 등장한 배경은, 이상과 같은 경지개발 외에, 인구밀도가 낮은 때문도 있었다. 蔣建平, 1992, pp.66~67 참조.

132) 全漢昇, 1969; 許滌新・吳承明, 1985, pp.273~275; 林頓, 1987; 魯子健, 1987; 重田德, 1956; 安部健夫, 1957; Chuan, 1975, p.65; 본서 제3편 제1장 참조.

133) 許滌新・吳承明, 1985, pp.273~275

134) 張海鵬・張海瀛, 1993; 藤井宏, 1953A, 1953B, 1953C, 1954; 寺田隆信, 1972; 川勝守, 1992.

로 이동하면서, 외래 인구가 천동지역에 집중되었다. 청 중기부터 중경(重慶) 등 천동지역의 인구가 급격하게 상승한 원인은 여기에 있었다.

외래 객민은 처음에는 둔전(屯田)을 개간하거나 혹은 전호·용공·노복 등으로 유입하기도 하였지만, 청조의 적극적인 인구 유인정책에 따라 어느 곳에서나 주인 없는 땅을 개간할 수 있었다. 객민은 원주지에서의 경험으로 수리시설을 수축하고 신농법이나 옥수수·고구마·사탕수수 등 신작물이나 신품종을 보급시키기도 하였다. 사천의 염업(鹽業)도 이들의 힘으로 발전되었다. 이렇게 농촌경제가 회복되고 발전함에 따라 성도·중경 등의 도시 역시 번영하였다.135)

청초 이래 외래 객민이 계속 유입된 결과, 1810년대에 이르면 객민이 사천인구의 85% 정도를 점하게 되었다. 이들은 각기 원래 거주지의 언어·문화·습속을 그대로 지키면서 각기 이질적인 사회를 만들어 갔다. 또한 이들은 각 지역의 전문 시장조직도 장악하였다. 나아가 그들끼리 협력하기 위해서 회관(會館)과 사묘(寺廟) 등을 건축하고 원주지에서 모시던 신이나 선현(先賢)을 모셔 놓고 정기적으로 집회를 가졌다. 예를 들면, 중경의 강서회관은 매년 200회씩 모였고, 다른 지역 출신의 회관들도 70회~80회나 모였다. 청말에 이르면 이들 회관은 그 지역의 조세징수·보갑·소방(消防)·단련(團練)·중요한 채무의 청리(清理)·제빈(濟貧)·적곡(積穀)·진제(賑濟)·양로원 등 다양한 사업에 관여하면서 영향력을 행사하였다. 그런데 이들 외래 객민 사이에는 수시로 분쟁이 발생하였는데, 이는 곧 지역사회의 질서유지에 영향을 미쳤다. 그 때문에 각 지역에서는 각 성마다 객장(客長)을 세우게 하고, 이들의 총회격인 '객장공의(客長公議)'에서 각종 분쟁을 조정하도록 하였다. 특히 파현(巴縣)에서는 '팔성객장공의(八省客長公議)'를 통하여 시장주도권 분쟁, 도량형이나 은의 품질 분쟁, 아행 사이의 분쟁 등을 조정하도록 해서 상업유통 질서와 치안유지에 협조하도록 했다.136)

---

135) 郭松義, 1984, 1988; 魯子健, 1984: 王笛, 1989A; 山田賢, 1986.

136) 王笛, 1989A; 李俊甲, 2002, pp. 271~319; 何智亞, 2006. 이렇게 회관 또는 '客長'을 통하여 치안과 상업유통 질서를 유지한 것은 강남에서도 있었던 현상이다(范金民,

이렇게 사천사회가 변화되는 과정에서 수많은 자경농(自耕農)이 발생하기도 하였지만, 곧 이어서 인구압력이 가중되고 토지 집중현상이 나타나는 등 다른 지역에서 볼 수 있는 사회분화가 진행되었다. 그리하여 18세기 후반부터는 일부의 사천인이 섬서 남부 혹은 운남·귀주 등지로 이동하기 시작하였으며, 19세기 전반기에 이르면 인구압력이 거의 한계점에 이르러, 사천미를 성 밖으로 유출하는 것도 미미해지고, 농촌의 인구가 도시에 유입되거나 혹은 섬서·운남·귀주로 대거 이동하였다.[137]

그런데 청대에 이렇게 증가한 사천지역의 인구와 경지가 실제로 어느 정도였는지는 확실하지 않다. 청대 사천의 인구통계는 거의 신빙성이 없다는 것이 일반론이다. 또 청대 지방관의 보고에도 사천의 은전(隱田)이 '전체의 절반'이라고도 하고, '전국에서 가장 많다'고도 하고 있다. 이제 이해에 편리하도록 청대 사천의 인구와 전지를 통계적으로 정리해 본 것이 〈표1-2-1〉이다.[138] 사천의 인구는 명 중기 1491년에 이미 328만 정도에 도달하였다.[139] 그런데 입관 초인 1661년의 보고에는 만 6천 정(丁)에 불과하였다고 하는데, 이 수치를 가지고 학자에 따라서 50여 만 명 정도 또는 96만 정도로 보고 있다.[140] 그러나 그 후 외래 인구가 유입되기 시작하였다. 18세기의 2/4분기 경부터는 인구 증가의 속도가 빨라지기 시작하였고 가장 집중적으로 유입된 시기는 18세기 후반에서부터 19세기에 걸친 시기였다. 한편, 사천의 등록전지(登錄田地)는, 명대 1400년(명초)에서 1600년(명말) 사이에 107,870경 (100%)에서 409,350경 (379%)으로 증가하였다.[141] 그러나 청대의 경우에는 그리 간단치 않다. 입관

1998, pp.259~260).

137) 郭松義, 1984, 1988: 王笛, 1989A

138) 王笛, 1989B, 表32를 기본으로 하고, 孫毓棠·張寄謙, 1979; Wang, 1973, pp.24~25 등을 참조하여 필자가 재구성해 본 것이다. 이하의 기술 가운데 別註가 없는 경우에는 本 表를 참고하였다. 한편, 청대 사천의 인구추계는 趙文林·謝淑君, 1988, pp.430~431에서는 조금 달리 보고 있다.

139) 趙文林·謝淑君, 1988, pp.374.

140) 王笛, 1989A, p.96에서는 50만으로, 趙文林·謝淑君, 1988, p.430에서는 96만으로 보고 있다. 기타 청대 사천의 인구를 언급한 연구로는 全漢昇, 1961; 趙文林·謝淑君, 1988, p.430; 魯子健, 1987; 郭松義, 1984, 1988; Ho, 1959, Ch. 7; Entenman, 1980 등이 있다.

〈표1-2-1〉 淸代 四川의 人口와 田土의 變化

年 度	人口		田地(頃)		調整人當平均調整耕地(畝)
	登錄人口	調整人口	登錄田地	調整田地	
1661(順治18)	16,096丁[a]	50 萬名	11,884[a]		
1685(康熙24)	11,509丁	98.5	17,261		
1722(康熙61)	579,390戶	289.6	205,442		
1728(雍正 7)	505,413戶	335.7	459,028	459,030	13.68
1753(乾隆18)	1,368,496丁	483.3	459,574	459,570	9.51
1783(乾隆48)	8,142,487丁	941.8	461,913	461,910	4.90
1812(嘉慶17)	2,079.9萬名	2,070.9	469,793	778,380	3.76
1850(道光30)	4,357.5	2,755.8	463,819[b]		
1873(同治12)	5,834.4	3,316.9	463,835	949,240	2.86
1893(光緖23)	8,378.0	3,992.3	470,625[c]	968,220	2.43
1910(宣統 2)		4,414.0		1028,080	2.33

ⓐ 李俊甲, 2002, p.44에 따르면, 이들 수치는 모두 川北의 保寧府·順慶府 지역, 그것도 질서가 확보된 縣城과 그 주변 지역만의 수치였다.

ⓑ 1851(咸豊元)年 통계임.

ⓒ 1893-淸末까지의, 청대 마지막 통계임.

초에는 청군이 천북지역만 장악하고 있었으므로 통계를 믿을 수 없지만, 입관 후 40여 년 지난 1685년(康熙24년)에도 17,261경에 불과하였다는 것도 통계상에 문제가 있는 듯하다. 등록전지의 수치로 보면, 옹정년간에 이르러서야 겨우 명말의 수준에 도달했고 그 후에는 크게 변하지 않은 것으로 되어 있다. 그러나 옹정7년에서 선통2년에 이르기까지의 조정수치를 보면, 경지증가율(耕地增加率)이 224%, 즉 실질증가율이 124%에 이르고 있다. 바로 이러한 증가한 생산량 가운데 일부가 강남으로 유출되었으리라고 추측할 수도 있다.

그러나 실질 토지증가율(土地增加率) 124%에 견주어 같은 기간 동안의 실질 인구증가율(人口增加率)은 무려 1,215%였고, 그 때문에 인구 일인당 평균면적이 급격히 감소되어 갔다. 만일 등록인구와 등록전지를 비교할 경우 일인당 평균전지는 더욱더 줄어들어, 19세기 후반기에 이르면 한 사람당 1무(畝) 이하

141) 본편 제1장.

로 감소될 지경에 이르게 된다. 청대 사천의 농업수준으로 보면 한 사람이 평균 4무는 보유해야 최저 생활을 유지할 수 있는 수준이었다고 하므로,[142] 19세기 전반기에 이미 인구압력이 심각한 상황에 도달하였음을 알 수 있다. 이러한 현상이 청말의 사천사회를 설명하는 배경이 될 수 있을 것이다. 바꾸어 말하면, 사천의 인구가 지속적으로 급증하여 감에 따라 일인당 평균 경지면적이 급격히 감소하여 갔고, 그에 따라 사천미의 성외 유출도 점차 감소하여 미미한 상태에 이르게 되었다.[143] 그런데 이러한 상황에서도, 사천 미곡은 청말기에 이르기까지 일부나마 강남으로 수출되고 있었다. 이런 사회구조는 중요한 의미를 갖는다. 예를 들면, 중경부의 부주(涪州)에서는 19세기 중엽까지도, 농민들이 고구마를 반년 분의 식량으로 삼고 쌀과 콩은 호북의 의창(宜昌)이나 사시(沙市) 등 지역으로 유출시켰다.[144] ⓐ 지주와 대상인의 사리 추구, ⓑ 뒤에서 설명할 옥수수·고구마·감자 등 구황식물 재배 등이 미친 영향을 음미해야 하는 이유가 여기에 있다.

Ⅳ. 農業技術의 多樣化

1. 新作物의 傳來와 그 意義

명청시대 농업발전사 상에서 빼놓을 수 없는 의미를 가지는 것은, 옥수수·고구마·감자·사탕수수·연초·땅콩 등 명말청초에 신대륙 혹은 기타 지역으로부터 전래된 신작물의 보급이었다.[145] 이러한 신작물의 보급도 인구이동과 밀접한 관계가 있었다.

옥수수는 다른 잡곡의 경작이 어려운 해발 1,000m~2,000m 정도의 고산지(高山地)와 사지(沙地) 등 건조지역에서도 내한성(耐旱性) 등의 적응력과 생산

142) 王笛, 1989B, p.82.
143) 王笛, 1989B, p.84; 魯子健, 1987 참조.
144) 蔣建平, 1992, pp.66~73, 146; 李俊甲, 2002, p.211.
145) 이에 대해서 別註가 없는 한, 郭松義, 1986; 全漢昇, 1966; 陳樹平, 1980; 曹樹基, 1990B; 何炳棣, 1985B; Ho, 1955, 1959, Chapter 7·8 등 참조.

성이 비교적 높았다. 그러나 명말청초에는 그다지 각광을 받지 못하다가 중·남부지방에서 인구압력이 가중되던 18세기 중엽(건륭 중엽)에서 19세기 전반기(가경·도광년간)에 인구이동과 함께 중국 모든 지역에 보급되었다. 옥수수가 집중적으로 생산된 곳은 섬서·사천·호북·호남·운남·귀주의 6성 지역이지만, 그 외에도 명 중기 이래 인구가 집중되어 사회혼란이 끊이지 않았던 한수(漢水) 상류의 사성교계지역(四省交界地域, 섬서·호북·섬서·사천의 교차지대) 등 각 성의 산간지방에까지 이민의 힘으로 옥수수의 재배가 가능하게 되면서 크게 보급되었다. 또 옹정·건륭년간에 개토귀류(改土歸流) 조치가 있은 후에는, 각 성 산구(山區)의 소수민족지구에도 한인 이주와 함께 보급되었다. 한편, 옥수수는 종래 농경이 불가능하던 고산지에까지 파종할 수 있어 식량증산에 기여한 점은 무시할 수 없으나, 산지를 무리하게 개간하는 데서 오는 생태계의 파괴와 산사태 등의 위험도 많았다.[146] 그 때문에 절강에서는 이미 가경(嘉慶) 초부터 유민의 간산종식(墾山種植)을 금지하였고, 다른 지역에서도 자주 금지되었다. 그러나 이 때문에 옥수수의 보급이 중지되지는 않았다. 제2차 대전 이전의 통계에 따르면, 옥수수 재배면적이 하북 13%, 섬서 9%, 산서 6%였다.[147] 전국의 경지면적 가운데 점하는 비율은, 1904년~1909년에는 11%, 1914년~1919년에는 14%, 1924년~1929년에는 16%, 1929년~1933년에는 17%로 증가하여 갔고, 1973년에는 3천만 톤을 생산하여, 세계 옥수수 생산량의 약 10%를 점하였고 미국에 이어 제2위의 옥수수 생산국이 되었다. 현재는 벼와 밀[小麥]에 이어 중국 제3위의 작물이다.[148]

한편, 고구마는 구릉지와 건조지 혹은 모래밭과 같이 척박한 한지(旱地)에서도 적응력이 뛰어나며 무성번식(無性繁殖)의 장점도 있다. 또 단위면적당 생산량이 많을 뿐 아니라 값도 쌌다. 『민소기』에,

척박한 토지나 모래가 많은 토지에서도 경작할 수 있다. … 처음 복건에 들여왔

---

146) 鄭哲雄, 2002.
147) 天野元之助, 1953, p.50.
148) 何炳棣, 1985.

> **을 때 마침 복건에 기근이 들었는데, 이것이 있어 서민의 한 해가 족하였다. 이를 경작함에 있어 오곡과 땅을 다투지도 않고 척박한 토지나 모래가 많은 토지에서도 잘 자란다. … 천주인(泉州人)은 이를 파는데 한 근에 일전(一錢)도 안 되며, 두 근이면 배가 부르다. 이에 노인이나 동유(童孺), 거리의 걸인들도 모두 먹을 수 있다. … 아래로 닭이나 개까지도 모두 이를 먹을 수 있다.**[149]

고 한 내용은 고구마가 가지는 보조식량 내지 구황식물로서의 중요성을 잘 설명해 주고 있다. 그 때문에 고구마는 명말에 전래되면서 곧 중시되었고 국가에서도 고구마의 재배를 적극 권장하였다. 그리하여 18세기 중엽부터는 감숙성과 서북 변경을 제외한, 중국의 모든 지역으로 전파되었다. 특히 장강 이남에서는 지역에 따라 서민의 5~6개월분의 식량이 되었으므로, 도곡(稻穀)과 병렬될 정도로 중시되었다. 고구마는 또 양조재료(釀造材料), 가축사료(家畜飼料) 등으로서도 각광을 받았다. 그 결과 1931~1937년 중국은 연평균 1,850만 톤의 고구마를 생산하여 세계 최다 생산국이 되었고, 1973년의 통계에도 1억 1,100만 톤을 생산하여(세계 총 생산량의 83%) 역시 세계 최다 고구마 생산국이 되었다.[150] 고구마는 오늘날 중국의 가장 중요한 보조식량이다.

작물의 특성상 옥수수는 산지에, 고구마는 구릉지에 심었으므로, 오곡(五穀)을 심을 땅을 빼앗지도 않았고 그들끼리도 심한 경쟁도 없었다. 이러한 장점 때문에 종래 방치되었던 지역에 옥수수와 고구마를 경작하여 토지 이용률을 제고하는 직접적인 증산효과가 있었고, 나아가서는 종전에 수수·기장·고량 등을 경작하던 곳에 대체작물을 경작하는 2차적인 증산효과도 있었다. 특히 고구마는 가뭄이 들어 정규 작물 수확에 실패한 후 대신 파종함으로써 재해로 인한 수확의 파동을 감소시키는, 3차적인 증산효과도 컸다.[151]

한편, 감자도 역시 토양이 척박하고 기온이 비교적 낮아서 다른 잡곡의 경

---

149) 周亮工(1612~1672), 『閩小紀』 卷3, 番薯.
150) 何炳棣, 1985.
151) Perkins, 1969, Ch. 3; 全漢昇, 1966; 何炳棣, 1985.

작이 어려운 고한산지(高寒山地)에서 재배할 수 있었다. 그러나 독특한 맛 때문에 18세기까지도 홀시를 받다가 19세기 중엽부터 서민의 식량으로 널리 재배되었다. 1973년의 통계에 따르면, 3천6백만 톤(세계 총 생산량의 11.4%)을 생산하여, 이전의 소련에 이어 세계 제2의 생산국이 되었다.[152)]

이상 보아온 바와 같이, 고구마·옥수수·감자 등 신작물의 도입과 보급으로 산지나 구릉지 또는 모래밭과 같이 종전에는 대개 방치되었던, 박토(薄土)의 이용률을 제고시켜 식량 생산량을 크게 향상시켰다. 그 결과 17세기 초의 명 말기에 쌀은 중국의 모든 식량 가운데 점하는 비율이 70%이었으나, 신작물이 전래되어 전국적으로 보급되자, 1930년대에 이르면 모든 식량의 36%로 그 비율이 저하되었다.[153)] 청대의 강희·옹정·건륭년간에 걸쳐 오랫동안 지속된 안정의 결과, 18세기 이래 인구가 폭증된 현상은 이러한 식량생산의 경제적 조건과 조응되는 것이다.

한편 새로운 작물 가운데 식량 생산과 경쟁한 상품작물도 있었다. 그 가운데 사탕수수[甘蔗]는 명대에는 복건·광동, 청대에는 사천·강서·절강·광서·대만에서도 재배하였고 외국에 수출도 하였다. 그러나 이것이 식량생산을 방해하였으므로, 복건에서는 이미 명 말부터 사탕수수의 재배를 금지하자는 제안이 나오기도 하였다.[154)] 또 연초는 명말에 복건과 광동에 전래되어 주로 미곡의 재배가 어려운 산지에서 먼저 재배되었다. 그러나 이익이 많은 상품작물로 인식되면서 농민들이 저지대의 농경지에도 재배하기 시작하였으므로, 양식생산과 경쟁하게 되어, 몇몇 지역은 결량지구(缺糧地區)로 전락하기도 하였다. 복건에서는 19세기에, 지역에 따라서는 경지의 60~70%가 연초재배지역이었다는 기록도 있다. 연초는 그 후 강소·절강·안휘·강서·호남·호북·산동지방으로 전파되었고, 현재는 기타의 지역에서도 생산된다. 그 밖에

---

152) 何炳棣, 1985.

153) Liu, 1991. Ho, 1959 및 何炳棣, 1985에서는, 중국의 食糧生産史上에는 2번에 걸친 장기적인 혁명이 있었는데, 첫 번째는 송대에 占城稻를 도입해서 江淮 以南에 보급시킴으로써 稻米 생산의 증가를 이룩한 것이고, 두 번째는 16세기부터 신작물의 도입과 중서부 山地로 전파됨으로써 이룩된 것이라고 한다.

154) Liu, 1991.

도 남방 각 지역에서는 차(茶)·모시[苧]·남(藍, 염료) 등도 중요한 상품작물이었는데, 특히 차는 근대 이후까지도 대외무역의 중요 수출품이었음은 주지의 사실이다. 이들 상품작물[155]과 쌀의 이익을 비교해보면, 쌀 〈사탕수수·잠상(蠶桑)〈연초의 순서로 이익이 높았다.[156]

이상에서 보아온 신상품작물의 보급이 중국의 농업구역을 확대시키고 경제적인 부를 축적시키는 데 지대한 영향을 주었다. 그러나 18세기까지는 지역에 따른 편차가 컸을 뿐 아니라, 모든 경작지의 10%만이 상품작물 재배 지역이었으므로, 근대 이전까지 상품작물이 경제구조의 변화에 준 영향은 제한적인 것이었다고 할 수밖에 없다.[157]

2. 集約農業의 深化

명청시대의 농업에 대해서 서양학자들은 농기구의 변화가 없었던 점을 들어 '질적인 변화 없는 양적인 성장만 있었을 뿐'이라고 주장하고 있다. 이에 대해서 중국과 일본의 학자들은 반대의견을 제시하고 있다.

그 가운데 하나가 도작기술의 발달과 집약농업의 심화이다.[158] 송대 농업에서의 농학적 적응은 대부분 도품종(稻品種)을 대상으로 했는데, 명청시대에는 전부터 전해 내려오는 농학을 더욱 발전시킴과 동시에, 『제민요술(齊民要術)』의 "계절에 순응하고 지질(地質)을 헤아린다"는 원리로부터 발전하여 '사

155) 傅衣凌, 1982B에서는, '資本主義萌芽'문제와 관련된 언급에서, '萌芽'는 '먼저 山區에서 발전한 후 평원에서 발전하고, 먼저 상품작물 분야에서 발전한 후 벼농사 분야에서 발전하였다'는 구도를 제시하였다.

156) 劉翠溶, 1978; 薛國中, 1990. 그런데 연초는 米作보다 노동력과 비료가 모두 6배나 더 소요되었다. 그러나 근대 이전의 중국 농민들은 投入資本(input)에 대한 生產高(output)의 경제성은 아직 고려하지 못하였다. 黃志繁, 2003; 吳金成, 2007A, 제1편 제3장 참조.

157) 許滌新·吳承明 등, 1985.

158) 본 내용에 대해서, 別註가 없는 한 中國農業遺產硏究室, 1984; 梁家勉, 1989; 薛國中, 1990; Rawski, 1972 등 참조. 특히 李伯重, 1990, 1984, 1985A, 1985B, 1986, 2004 등에서는 16세기 경부터 자본투입의 비중이 증가된 집약화가 진행되었음을 강조하고 있다.

람의 힘으로 하늘을 이긴다'는 기개로 자연에 대처하는 농학으로 발전하였다. 종래 중국에서는 청명·소만·망종 등 각 절기에 따라서, 쟁기질·파종(播種)·이앙(移秧)·시비(施肥)·제초(除草)·수확 등 각 단계 작업의 구체적인 방법이 전해왔는데, 이것도 명대에 들어와 정형화되었다.[159] 농업의 집약화를 위해 '친전법(親田法)'도 시도되었다.[160] 또 병충해 방지에 대한 인식이 높아진 결과 청대에는 살충제도 나타났다. 명청시대에 걸쳐서는 또, "비료 아끼기를 금과 같이 한다"고 하는 농언(農諺)이 생길 정도로, 비료에 대한 인식이 높아졌고,[161] 그 결과 비료의 발달과 시비법의 개선이 꾸준히 진전되었다. 즉, 종래에 알려진 유기질 비료 외에도 수많은 무기질 비료와 퇴비 제조법이 발달되어서, 유기질·무기질 비료가 훨씬 다양화되었다. 그 결과 명청시대에 걸쳐서 비료의 사용량이 대폭 증가하였다.

바꾸어 말하면, 명청시대 사이에 나타난 도작(稻作)의 집약화는 단위 면적당 노동량의 증가와 함께 비료 투여량의 증가로 이룩된 것이라고 할 수 있다. 예컨대, 벼 생산에 소요되는 노동량과 비료량을 합한, 전체 투하량 가운데 비료 투하량의 비율이 명→청 사이에 27%에서 50%로 증가하였다.[162] 또 지역에 따라서 지력(地力) 유지를 위해 콩과 포도가 재배되기도 하였으며, 기장은 맥류보다 지력소모가 많기에 연작은 기피하였다.[163]

또한 명청시대에는 도의 품종개량이 각 지역에서 추진되었는데, 그 방향은

---

159) Liu, 1991.

160) 이 농법은 漢代의 區種法의 정신을 계승한 집약농법이다. 예컨대 100畝의 토지가 있다면, 첫 해에 80무는 종전대로 경작하고, 20무에 대해서는 쟁기질로부터 수확에 이르기까지의 모든 과정에 걸쳐서 일반 농법의 數倍의 자본을 투하하는 것이다. 만일 풍년이 들면 이 20무에서는 보통보다 數倍의 수확할 수 있고, 흉년 시에도 80무는 수확이 없을 수 있으나 이 20무만은 수확할 수 있어 기근을 면할 수 있다. 다음 해에는 다른 20무를 이와 같이 경작하고 이렇게 5년 동안에 번갈아 가면서 경작하는 방법이다.

161) ① 생산량 증가에는 비료가 가장 중요한 요소라는 점, ② 비료의 사용이 토양을 비옥하게 만든다는 점, ③ 토질에 따라 각기 다른 비료를 사용해야 한다는 점, ④ 基肥는 토양을 개량시키는 작용을 하고, 追肥는 滋苗作用을 한다는 사실, ⑤ 施肥는 반드시 深耕과 결합해야 효과적이라는 점 등이 새로이 인식되었다.

162) 李伯重, 1984.

163) Elvin, 1982.

훨씬 조기(早期)에, 그리고 보다 단기간에 다량으로 생산할 수 있는 품종을 추구하였다. 명말청초에는 멥쌀 739종류, 찹쌀 384종류의 도품종이 각 지방지(地方志)에 보이는데, 성숙기간도 50일·60일·80일·100일·120일 등으로 다양했다. 그러므로 당시에는 이들 조(早)·중(中)·만도(晩稻)와 다른 작물을 다양하게 결합시키고 조정하여 일년 이모작 혹은 이년 삼모작을 도모하였으며, 청대에 복건과 광동 및 대만에서는 일년 재숙(再熟) 또는 삼숙(三熟)도 가능하였다.[164] 특히 강남에서는 쌀과 면화 사이의 경쟁, 쌀과 뽕나무 사이의 경쟁이 나타났고, 쌀과 면화의 윤작, 면화, 조, 두류의 조합을 통한 윤작도 행해졌다. 이렇게 이모작 내지 삼모작이 성행한 결과 '춘화(春花)'[165]란 말이 탄생했다. 이렇게 강남에서 '춘화'가 보편화한 이유는 이들 그루갈이의 소산물은 소작료의 대상이 아니었으므로 전호들이 그루갈이를 적극적으로 시도했기 때문이었다. 하지만 결과적으로 맥조(麥租, 그루갈이의 소작료)가 출현하게 되었다.[166] 명청시대에는 또 벼의 연작 내지 이모작 지역도 대폭 확대되었으며, 재숙도(再熟稻)가 절강·안휘·복건·호북·호남·광동·광서성 등 지역에서 보고되었고, 벼 이모작의 북방한계선이 안휘성의 회남지역(淮南地域)까지 북상하였다. 또 18세기에는 도작의 북방한계선이 하남과 섬서 남부 및 북경·천진 부근까지 북상하였다.[167]

명청시대에 이렇게 농업생산성이 제고된 것은, 『편민도찬(便民圖纂)』·『천공개물(天工開物)』·『농정전서(農政全書)』·『본초강목(本草綱目)』·『신기보(神器譜)』·『심씨농서(沈氏農書)』·『보농서(補農書)』 등의 저작에서 보는 바와 같이, 농학 외에도 식물학·군사학·산업기술·지리학 등에 나타난 명말청초의 경세실용학(經世實用學)의 발달에서도 그 이유를 찾을 수 있다. 또 중국 역사상 나타난 농서는 714부인데, 명대까지 출판된 것이 231부, 청대가 483부로, 전체의 67.6%가 청대에 출간된 것을 보아도[168] 이 시대 농업에 대한 높은 관

164) 閔宗殿, 2005, p.61. 또한 현재 강남델타지역의 저지에서는 稻 이모작과 麥 일모작 등 일년 삼모작도 성취하였다. 渡部忠世, 1984F 참조.
165) 麥·豆 아니면 油菜 등 그루갈이의 生産物을 일컫는 말.
166) 天野元之助, 1962, pp.342~343; 薛國中, 1990; 川勝守, 1992, 제1-3장.
167) 中國農業遺産硏究室, 1984, pp.165~169; 梁家勉, 1989; Perkins, 1969, Ch. 3.

〈표1-2-2〉 中國近世의 單位面積當 米產量(市斤/市畝)

地域＼時代	宋 代	明 代	清代
太湖周邊	450	667	550
安 徽	300		270~405
江 西		356	391~405
湖 北	200	225	335
湖 南	200	225	445~675
福 建	360		270~540
廣 東		410~538	532~540
四 川	156		243~550
平 均	269(100%)	353(131%)	405(150%)

심을 추측할 수 있다. 특히 명청시대의 농서에서 두드러진 사실은, ① 작물재배학에 관한 전서(專書)가 증가했고, ② 각 지역의 지형·토질·기후 등이 서로 다른 점에 유의하여 지역적 특성에 맞는 농서가 많이 등장했으며, ③ 농장의 경영관리에 관한 전서가 출현하였고, ④ 구황농서(救荒農書)가 증가하였고,[169] ⑤ 제황전서(除蝗專書)가 출현하였으며, ⑥ 서양의 식물학을 흡수하였다는 점 등을 들 수 있다. 그 가운데에서도 농업경영에 관한 관심이 두드러졌던 것은, 명 중기 이후 은경제 내지 상품경제의 발전[170]·서민의 지위상승[171]·도시의 발달[172]·신사와 대지주의 성거화(城居化)[173] 등의 현상과 조응하는 것으로, 이 시대 사회변화와 궤를 같이 하는 것이었다.

168) 閔宗殿, 2005, p.63에는 『中國農業百科全書, 農業歷史卷』(農業出版社, 北京, 1995, pp.474~486)를 참조하여 이와 같은 통계를 제시하고 있다. 한편, 張芳·王思明, 『中國農業古籍目錄』에는 중국역사상 총 1,747종의 農業古籍이 소개되었는데 그 가운데 1,252종이 청대에 출간되어, 71.7%를 점한다고 지적함(閔宗殿, 2005, p.63 轉引).

169) 중국은 고대로부터 "十年八九災"라고 할 만큼 자연재해가 많았는데, 명대부터는 각지의 수리 개발의 진전으로 수해를 자초하는 경우도 많았다. 濱島敦俊, 1982A; 吳金成, 1986 참조. 이 때문에 明清시대에는 국가 차원뿐 아니라 사회에서도 救荒·備荒에 많은 관심을 가졌다. 森正夫,1968, 1969A; 森正夫, 1969B 등 참조.

170) 許滌新·吳承明 等, 1985; 川勝守, 1992; 본편 제1장 참조.

171) 傅衣凌, 1957; 田中正俊, 1961B; 酒井忠夫, 1960A; 細野浩二, 1967; 小林一美, 1973; 仁井田陞, 1946; 片岡芝子, 1964; 藤井宏, 1972.

172) 劉石吉, 1987; 陳學文, 1989; 樊樹志, 2005.

173) 北村敬直, 1978; 安野省三, 1961; 濱島敦俊, 1982A; 濱島敦俊, 1989A.

〈표1-2-3〉 中國의 人口와 田土 統計(1400~1957)

年度	人口(萬名)	登錄田地(萬頃)/人當耕地(畝)	調整田地(萬頃)/(人當耕地, 畝)	豫想 生産量/(Kg/畝)
1400	6,500~ 8,000	426/5.3~6.6	370/4.6~5.7	69.5
1600	12,000~20,000	774/3.9~6.5	670/3.4~5.6	
1650	10,000~15,000	549[a)]/3.7~5.5	600/4~6	
1750	20,000~25,000	759[b)]/3.0~3.8	900/3.6~4.5	
1850	42,000		1,210/2.9	121.5
1913	43,000	848[c)]/2	1,360/3.2	
1957	64,700		1,678/2.6	138

a) 1661년 통계, b) 1753년 통계, c) 1908년 통계

명청시대에는 이상과 같이 집약농법이 송대보다 더욱 진전된 결과, 〈표1-2-2〉[174)]에서 보는 바와 같이, 화중·화남지방의 도작에서 단위면적당 생산량이 대폭 증가하였다. 전반적으로 보면, 이 기간 동안에 성취된 농업기술의 진보는 단위시간당 생산력의 증가보다는 단위면적당 생산량의 증가에 초점이 두어졌다고 할 수 있다.[175)] 14세기에서 20세기 중엽까지 총 식량생산 증가분 가운데 약 1/2은 경지면적 증가의 결과이고, 나머지 1/2은 단위면적당 생산량 증가의 결과라는 분석은 그러한 의미에서 설득력이 있다.[176)]

또 〈표1-2-3〉[177)]의 조정전지면적(調整田地面積)에서 보는 바와 같이, 명청시대 인구는 5~6배 증가하였던 데 견주어 경지면적은 4배 가까이 증가하였다.[178)] 최근의 연구에 따르면, 16세기~18세기 사이 중국의 농업생산기술은 유럽보다 발달했으며, 중국과 유럽의 곡물 수확비율(종자 파종량 : 생산량)은

174) Liu, 1991. 太湖 주변의 數値 가운데 청대의 생산량의 저하에 대한 분석에 대해서는 Liu, 1991 참조.

175) Elvin, 1982, p.16.

176) Perkins, 1969, Ch. 2.

177) Wang, 1973, p.7, Table 1.1과 p.24~25, Table 2.1을 참조하여 적의 추출한 것임. 단, 명청시대의 등록전지와 저자의 조정전지의 면적이 현격하게 차이가 나는 이유와 분석에 대해서는 본서, 제1·2장 참조.

178) 단, 이 기간 동안의 인구는 점진적인 증가가 아니고, 18세기 이래 급증하기 시작하였다. 그러나 이 시기의 증가율도 연평균 1%정도였다. Perkins, 1969, 부록 〈A〉; Liu, & Hwang, 1979 참조.

7:1이었다고 한다.[179] 그러므로 명청시대에 이룩한, ⓐ 경지면적의 증가분과 ⓑ 단위면적당 생산량의 증가분, 그리고 ⓒ 고구마·옥수수·감자 등 새로운 작물의 보급에 따라 새로 증산된 부분 등을 종합적으로 고려할 경우, 명청시대에는 '농업혁명'이라고 지칭되는 송대에 못지않게 생산성과 생산량이 증가되었다고 말할 수 있다.[180] 18세기 중엽 이래 토지에 대한 인구의 압력이 급격히 상승하면서, 〈표1-2-3〉에서 보는 바와 같이, 1650년→1850년 사이에 일인당 경지면적이 4~6무에서 2.9무로 급격히 저하되었음에도 불구하고,[181] 그렇게 급증해 간 인구를 부양할 수 있었던 것은 이상과 같은 농업의 발전 덕분이었다.

이렇게 보면, 명청시대에 이룩된 농업경제의 발달도 송대에서 볼 수 있는 것 못지않게, 이 시대의 사회변화에서 중요한 경제적 기초가 되었다고 할 수 있다. 더욱이 서민의 생활향상과 서민의 지위향상 및 그에 따른 서민의식의 고양[182]에는 농업경제 발달의 영향도 컸다고 생각한다.

小結 : 明淸時代 農業의 歷史的 性格

중국의 농업은 신석기시대부터 시작되었으나, 식량생산 면에서 큰 의미를 가지는 것은 춘추시대 중엽에 철제농구가 사용되면서부터이다. 철제농구의 사용으로 심경(深耕)과 우경(牛耕) 및 치수와 관개가 가능하게 되어 농업생산

179) 薛國中, 1990. 한편, Elvin, 1982에서는, 19세기 말의 중국의 단위면적당 생산량은 전근대의 세계 어느 곳보다도 놀랄 만큼 높았고, 경작형태 혹은 교환경작의 면에서 보면, 14세기 중엽 이후의 수준이 유럽의 제1차 농업혁명보다 빨랐을 것이라고 평가하고 있다.

180) 송대는 唐代에 비하면 가히 '革命'적인 성취가 있었다. 그러나 생산성과 생산량의 실질 增加面에서는 명청시대에 성취된 것에는 미치지 못한다. 송대의 인구는 최고점에 달한 것이 1억 2천만 남짓이었으나, 명청시대의 절정기인 19세기 중엽에 이르면 4억을 넘어섰다.

181) 또 다른 통계로는, ⓐ 1662년→1887년 사이에 7.92무→2.70무로 저하되었다는 통계(薛國中, 1990; Liu, Ts'ui-jung, 1991, p.235 참조), ⓑ 1784(乾隆 49)년에 이미 2.65畝로 하락했다는 주장(郭松義, 1984, p.104), ⓒ 1851(咸豊元)년에는 1.78畝로 하락했다는 주장(王笛, 1989B, p.81)도 있다.

182) Ho, 1962; Rawski, 1979.

력이 비약적으로 발전하게 되었다. 그 결과 인구가 증가하고 소농경영도 가능하게 되었으며, 씨족공동체가 점차 해체되면서 신분질서도 재편되고 제민층(齊民層)이 성립되었다. 진(秦)은 이러한 제민층을 기반으로 하여 중국을 통일한 최초의 제국이다.

그 이후로는 각 시대마다 특징적인 발전이 계속되었다. 한대에는 대전법(代田法)과 구전법(區田法) 등 화북 한지농업의 집약화가 시도되었다. 위진남북조시대에는 반전(反轉)이 가능한 보습을 발명하여 쟁기에 장착하였고, 써레도 발명되어 농업 발달이 한 단계 비약하는 계기가 되었고 화북 한지농업이 완성되었다. 또 강남의 산지나 지곡의 수전(水田)이 개발되어 벼생산도 증가하였다. 그러나 한대로부터 당초까지 중국의 경제중심은 여전히 황하 중・하류의 화북평원이었다. 4세기부터 화북의 인구가 장강유역과 영남지역으로 이동함에 따라 이 지역에서 수도작 농업이 발전하기 시작하였다.

당말부터 송대에 이르는 기간 동안 중국의 농업은 획기적으로 발전하였으므로, 이를 보통 '농업혁명'이라고 한다. 그것은 이 시기에 성취한 농업기술의 혁신과 수리전(水利田) 면적의 확대로, 중국의 농업생산력이 획기적으로 증가하고, 그것이 당시 중국의 사회변화에 큰 영향을 미쳤기 때문이다. 그 가운데 특기할 만한 것은 강남 델타지역이 수전개발로 경작지가 확대되어 경제 중심지로 부상했고, 중국의 농업이 도작 중심으로 확정된 점이었다. 강남지방은 풍부한 수자원과 저습지가 많았지만 종래에는 기술수준이 미비하여 거의 방치되었다. 그러나 당말부터 송대에 걸쳐 우전(圩田)・위전(圍田)으로 부르는 수리전의 개발에 따른 경작지의 확대와 토지이용기술의 획기적인 발달로 강남의 농업생산이 크게 진전되었다. 그 결과 남송시대부터는 '소주와 호주가 풍년이 들면 천하가 족하다'고 하는 속담이 생기고, 중국의 경제중심도 강남지방으로 이동하였다. 송대에 이룩된 이상과 같은 농업발달은 서민의 생활수준을 향상시켰고 나아가 인구의 증가와 함께 남쪽 지방으로 인구의 확산을 유도하기도 했다. 또한 상공업의 발달, 서민문화의 발달 등도 이어졌다. 그러므로 농업의 발달은 송대의 사회변화에서 중요한 경제적 기초가 되었다고 할 수 있다.

명청시대에는, ① 집약농업의 심화와 농학의 발달로 단위면적당 생산량이 대폭 증가되었고,[183] ② 양자강 중·상류 지역, 즉 호광·사천지역의 경지개발이 진전됨에 따라 농업중심지가 다원화됨과 동시에, 경지면적이 4배 가까이 증가하였고, ③ 신작물의 전래와 보급의 확대로 각 지역의 산구(山區)가 개발되어 식량 증산에 크게 공헌하였다. 또 ④ 강남 델타지역에서는 분우(分圩)와 상품작물의 보급으로 토지의 다각적인 개발이 진전되고, 그 결과 다양한 수공업과 무수한 중소도시가 발달하였고, ⑤ 기타 동남 연해지방이나 중국 내지(內地)에도 상품작물이 보급되고 지역 특성에 맞는 수공업이 발달하면서 수많은 도시가 발달하였으며, ⑥ 강소 남부지역의 식량—가축—물고기—과일—채소의 종합경영, 절강 북부지역의 식량—가축—물고기—뽕나무—양잠의 종합경영으로 일반 농업 수입의 3배를 올렸고, 특히 주강삼각주(珠江三角洲)에서는 뽕나무-물고기, 과일—물고기, 사탕수수—물고기의 종합경영 등으로 벼농사보다 10배 높은 수익을 올렸다.[184] 그 결과 ⑥ 19세기 말에 이르면 중국 경제의 기본적인 지역분업과 이에 조응하는 유통구조가 거의 완성되었다.[185] 그리고 ⑦ 지역사회의 지배자였던 신사나 대지주가 도시로 이주[城居化]하여 농경에서 유리되자, 소농민 스스로 수리관행을 만들 정도로 서민의식이 상승하였다.

명청시대에 이루어진 이상의 농학적·공학적 적응의 진전과 사회구조의 변화는, 언뜻 보기에 당초(唐初)와 견주어 송대의 성취와 같은 인상적인 수준에 미치지 못한다고 여겨질 수도 있다. 그러나 명청시대 5백여 년 동안에도 송대에 못지않게 농업생산력이 진전되었다. 18세기 이래 폭발적으로 증가하

183) 閔宗殿, 2005, p.62에 따르면, 청대에 雙季稻는 25~50%, 江南稻麥二熟은 20~30%의 畝產量 提高가 가능하였다. 한편 吳慧, 1985, p.194, 〈表〉에 따르면, 歷代糧食畝產量(市斤/市畝)은 宋→元→明→淸(前期)에 309(100%)→338(109.3%)→346(112%)→367(118.7%)로 증가하였다.(閔宗殿, 2005, p.62) 기타 李伯重(이화승 역), 2006, p.136 참조.

184) 閔宗殿, 2005, p.63.

185) Elvin, 1982; 川勝守, 1992 등에서는, 이러한 경제구조에 균형을 유지시킬 수 있을 정도로 국가의 行政網(省·府·州·縣·鎭·市)과 商人의 組織網(會館·公所, 客商·牙行)이 발달하였음을 중시하고 있다.

여 간 인구를 부양할 수 있었던 것은 이를 반영하는 것이다. 적어도 인구 부양 능력 면에서는, 명청시대의 성취는 송대보다 훨씬 더 인상적이었다. 송대의 인구는 정점이던 12세기 초에 1억 2,300만 정도였으므로, 당대의 5천만에 견주어 실질적으로 150% 가까운 인구를 더 부양할 수 있었다. 이는 충분히 '농업혁명'이라 부를 만하다. 그 이전에는 이러한 변화가 없었기 때문이다. 그런데 명초에 6천 5백만~8천만 정도였던 인구가, 450여 년이 지난 19세기 중엽에는 4억 2천만이나 되었으므로, 명초보다 실질적으로 최소 400% 정도, 최대 500% 정도의 인구를 더 부양할 수 있게 되었다. 또 청초를 기준으로 하여도 200여 년 사이에 최소 180%, 최대 320%의 인구를 더 부양할 수 있을 정도로 농업생산이 발전하였다. 다만 명청시대에는 5세기 반이라는 오랜 시간에 걸쳐 농업발전이 서서히 진행되었기에 두드러진 성취가 없었던 것같이 보일 뿐, 송대와 청대를 비교하면 생산성과 생산량, 양면에서 모두 현격한 변화가 있었다. 그러므로 송대와 같은 '농업혁명'은 아니라 하여도, 명청시대의 사회변화에서 가장 중요한 경제적 기초는 역시 농업생산력의 발전이었다고 할 수 있다.

중국 근세(960~1900)에는 부단한 농학적 · 공학적 적응을 위한 노력이 경주된 결과 농업경제가 크게 발전하였다. 농업의 발전은 점진적으로 백성의 생활수준을 향상시키고 나아가서는 지속적인 인구의 증가를 초래하였다. 이러한 인구의 증가는 다양한 결과를 야기하였다. 즉, 한편으로는 광범한 수요를 창출함으로써 시장기능을 확대시켰고, 다른 한편으로는 광범한 인구이동을 촉발함으로써 전국적으로 인구가 재배치되면서 각종 기술과 지식을 사방으로 전파시키고 후진 지역의 개간을 촉진시켰다. 또 서민의 지위향상 · 교육의 보급 · 서민의식과 평등의식의 고양 · 서민문화의 발달 등도 농업경제 발전의 한 영향이었다.

중국 근세 900여 년 동안 지속적으로 이룩된 광범한 농업경제의 발전은 바로 이 기간의 사회변화에서 중요한 경제적 기초가 되었다. 사회변화는 물론 지극히 복합적인 요소의 산물이며, 농업기술을 포함한 과학기술은 역사발전에 영향을 주는 다양한 요소 가운데 하나이다. 그러나 전근대 중국의 농업은 실질적으로 '중국의 경제' 그 자체였음을 상기하면, 중국 근세의 농업발달사는 바로 중국 근세사 그 자체였다고 할 수 있다. 그리고 현재 중국경제 전체 구조의 대강도 이 기간에 점진적으로 성립되었다. 서양식 근대기술이 도입된 후에도, 그로 말미암아 단위면적당 생산량이 두드러지게 증가하지는 않았다. 현재 중국 농촌에서조차 외형적으로는 대부분 여전히 송대 이래의 농기구를 사용하고 있지만 그 때보다 12배 이상의 인구를 부양하고 있다. 그러므로 중국 근세농업의 역사적 성격은 단지 농업 기술적 측면뿐 아니라 정치・사회・경제・문화의 모든 구조 속에서 종합적으로 평가해야 할 것이다.

〈附論 1〉

"湖廣熟, 天下足"

序 言

명청시대에 중국의 식량생산의 중심지는 양자강 중류역, 즉 강서(江西)와 호광(湖廣, 호남성과 호북성 일대) 지역이었다. 송대에는 양자강 하류, 강남지역과 함께 강서지역이 개발되었다. 그리고 중국 농업사에서 명대의 특징은 종래 저개발 지역이었던 호광의 경지가 개발되면서 농업생산력이 발전, 중국의 곡창지로 발돋움한 사실이었다. 호광지역의 경지가 그렇게 개발될 수 있었던 것은 15세기에 들면서 운몽택 지역(호남의 동정호 주변 3부 지역과 호북의 강한평원 3부 지역)의 수리 개발이 대대적으로 진전되었기 때문이었다. 그리고 그러한 수리 개발은 당시 대거 유입한 외래 객민들이 토착인과 경쟁적으로 수리 개발에 참여했기 때문이었다.

〈부론1〉에서 강서・호북・호남으로 구성되는 양자강 중류 삼성 지역을 분석 대상으로 잡은 이유는 다음과 같다. 첫째, 연구대상 지역의 다양화와 논리의 일반화를 위해서이고, 둘째, 양자강 중류 지역의 지리적, 역사적, 사회경제적 중요성 때문이다. 이 지역은 명 중기 이래 중국의 곡창지대로 알려져 있음에도, 이 지역에 대한 연구는 그 명성만큼 진전되지 못한 실정이다.

〈부론1〉에서는 ① 양자강 중류 삼성 지역에서 명대(1368~1644)에 농업생산력이 발전되어 간 대체적인 추세를 통계적으로 확인해 보고, ② 그렇게 될 수 있었던 가능성의 하나로서 수전농업(水田農業)과 뗄 수 없는 관계에 있는 수리개발을 통해서 농업생산력이 발전되어 가는 구체적인 과정을 추적하여 보겠으며, ③ 그 과정에서 나타난 사회변화의 실상을 인구이동 현상과 관련하여 분석하고, ④ 그 과정에서 나타난 신사층의 사회경제적인 역할과 그것이 가지는 역사적 의미를 역시 수리 문제에 한정시켜 분석해 보려 한다. 수리 개발 문제에서 볼 수 있는 신사의 존재형태와 역할은 곧 사회의 다른 부분에도 비슷하게 나타날 것이라 기대되기 때문이다.

농업생산력의 발전을 고려할 때 수리 문제를 특히 중요시하는 이유는, ⓐ 양자강 중류 지역의 수전농업에서 점하는 수리의 중요성(생산력의 발전, 파급효과 등), ⓑ 국가권력과 향촌사회의 수리에 대한 관심도 등 수리 문제가 포괄하고 있는 사회경제적 성격, ⓒ 지방지(地方志)나 개인문집 등에 기록이 많이 남아 있어 그 진전 상황을 비교적 쉽게 파악할 수 있는 점, ⓓ 수리 개발 과정에서 나타나는 여러 현상을 통하여, 농촌사회의 정치・경제・사회의 여러 역학관계를 포괄적으로 엿볼 수 있는 점 등의 장점이 있기 때문이다.

Ⅰ. 農業生産力의 發展

명조는 건국 이후 전국에 걸쳐 적극적인 권농(勸農)・개간정책(開墾政策)을 추진한 결과, 홍무년간(洪武年間, 1368～1398)의 말기에 이르면 지역에 따라서는 농업생산력이 크게 진전되었다. 〈표1-附1-1〉[1]에서 보듯이, 1400년 무렵 양자강 유역의 경지율(耕地率, 전체 면적에 대한 등록전지의 비율)[2]은 강소(江蘇) : 절강(浙江) : 강서(江西) : 호광(湖廣) : 사천(四川)이 31.8% : 26.9% : 14.2% : 3.6% : 1.1%였고, 강소를 100으로 잡으면 다섯 성의 경지율비(耕地率比)는 각각 100 : 85 : 45 : 11 : 3이 된다. 또 양자강 중류 삼성으로만 좁혀서 강서의 경지율을 100으로 잡으면 강서 : 호북 : 호남의 경지율비는 100 : 30 : 22 (호광 전체로는 25)가 된다. 1400년대에 양자강 유역에서는 강소와 절강지방의 농업생산력이 가장 앞섰고 강서는 중간 정도였으며, 15세기 중엽부터 "호광에 풍년이 들면 천하가 족하다[湖廣熟 天下足]"는 평판을 듣던 호광(호북・호남)지

---

1) 吳金成, 1986, p.90, 〈表2-1-1〉 참조.
2) 田地開墾의 가능성은 응당 山地・丘陵・平地・濕地・江・湖 등 地形의 비율도 고려해야 되겠으나 무시하였다.

〈표1-附1-1〉 明代 揚子江 流域의 田地統計

省名	總面積(㎢)	1400年			1600年		
		耕地率(%) 耕地面積(頃)	人口密度(명) 人口(千口)	人當平均田地(畝)	田地面積(頃)	耕地率(%)	1400年對比率(%)
江蘇	102,200	31.8	74.1	7.4	719,840	40.9	128.5%
		560,260	7,571				
浙江	101,800	26.9	103	4.5	478,650	27.2	101.3
		472,340	10,488				
江西	164,800	14.2	54.5	4.5	477,860	16.8	118.8
		402,350	8,983				
湖北	187,500	4.2			555,740	17.2	410.2
		135,480					
湖南	210,500	3.1			282,780	7.8	253.0
		111,760					
湖廣	398,000	3.6	11.8	5.3	838,520	12.2	339.2
		247,240	4,703				
四川	569,000	1.1	2.6	7.4	409,350	4.2	379.5
		107,870	1,467				

방은 경지율 측면에서 강소의 1/10 정도였고 똑같이 양자강 중류에 자리 잡고 있는 강서에 견주어도 1/4밖에 안 될 정도로 개발이 낙후된 지역이었다.

그러나 〈표1-附1-1〉에 따라 1600년 무렵까지의 전지증가율(田地增加率)을 보면, 강서는 겨우 18.8% 증가한 데 견주어 호북은 310.2%, 호남은 153.0%, 호광 전체로는 239.2%가 증가하였다. 또 실제 증가된 전지의 면적을 보아도 강서는 겨우 75,000여 경인 데 견주어 호북은 420,000여 경, 호남은 171,000여 경으로, 호광 전체로 보면 591,000경 정도로 강서의 6.9배나 되었다. 같은 호광지방 안에서는 경지증가율이나 실제로 증가된 면적에서 호북이 호남의 2배 이상이었다. 그리하여 명말에 이르면 호북의 경지율은 17.2%가 되어 16.8%인 강서를 앞지르게 되었고 호남은 7.8%, 호광 전체로는 12.2%가 되었다. 양자강 하류 지방에서 미곡의 부족현상이 나타나던 명 중기 이후 "호광숙 천하족(湖廣熟 天下足)"이라는 평판을 들을 만큼, 호광지방 농업생산력의 발전은 이상과 같이 전지증가 통계를 통해서도 그 대세를 확인할 수 있다.[3)]

그러나 명말에 소절지방(蘇浙地方)이 그곳에 필요한 미곡[4]을 수입해 온 곳을, 사료에서는 대개 '강우형초(江右荊楚)', 즉 강서와 호광지역이라고 기록한 것을 보면, 호광뿐 아니라 강서지방에서도 미곡을 수입한 것을 알 수 있다. 또 양자강 중류 삼성지역은 면적이 무려 56만 ㎢나 된다. 따라서 이렇게 광대한 지역에서 명대에 농업이 발전되어 가고 미곡이 유출되었던 것과 함께 진행된 사회변화의 실상을 구체적으로 이해하기 위해서는 편의상 이 삼성지역을 나누어 분석한 후에 하나의 구도로 통합해 살펴볼 필요가 있다.

양자강 중류 삼성 가운데 명초에 가장 경지율이 높았던 강서성(江西省)의 경우, 송원시대 이래의 곡창지대는 파양호 주변 8부(府) 지역이었고 산야가 많은 남부 5부(府) 지역은 다소 낙후된 지역이었다[길안부(吉安府)는 예외]. 면적으로는 북부 8부와 남부 5부가 비슷하였으나 〈표1-附1-2〉[5]에서 보는 바와 같이, 명초에는 북부와 남부의 전지면적 비율이 74 : 26이었다. 그런데 만력장량결과(萬曆丈量結果)를 토대로 하여 명대의 전지증가율을 계산해 보면, 북부는 17.2% 증가한 반면 남부는 32.2%가 증가하여 남부가 2배 가까이 높았다.[6] 특히 명초에 경지율이 최하위였던 남부의 감주부는 강서 최고인 71.8%가 증가하여, 명말에 이르면 강서 유수의 미곡 수출지역으로 변하였다. 강서지방에서 이상과 같이 농토가 증가한 것은, 북부는 산야를 개간하고 강과 호수 주변의 저습지에 우(圩)와 제(堤)를 축조하여 농토를 확보한 결과였고 남부는 산야를

---

3) 이상은 모든 요소 중 오로지 田地增加要素만 고려한 것이다. 人口要素를 고려하여야 米穀流出의 참다운 의미를 이해할 수 있다. 이에 대해서는 다음의 제3절 참조.

4) 蘇·浙지방은 明 中期 이래 商業과 織物手工業地域으로 변모하면서 인구가 급증하고 그와는 반대로 米穀生產地인 농토가 木棉과 桑의 재배지역으로 轉用되는 곳도 증가하여 미곡의 생산량은 크게 증가되지 못하였는데도 불구하고 종래와 같은 米穀流通의 패턴, 즉 華北과 福建 등 지역으로부터 江南地方에 대한 미곡의 수요는 여전하였다. 그 때문에 〈表1〉에서 보는 바와 같이, 미곡의 생산성을 가늠할 수 있는 농경지의 면적과 開墾率에 대해서는 여전히 강서와 호광보다 높았음에도 불구하고, 강남지방은 그 지역 자체의 인구를 부양하고 동시에 화북과 복건지방으로부터의 수요에 대한 中繼貿易을 충족시키기 위해서는 다른 지역으로부터 미곡을 수입할 필요가 증가하였다. 藤井宏, 1953~1954 참조.

5) 吳金成, 1986, p.92, 〈표2-1-2〉 참조.

6) 그러나 실제로 증가한 농토의 면적은 북부가 50,353頃에 남부는 33,672頃으로 북부가 남부보다 17,000頃 가까이 앞섰다.

〈표1-附1-2〉 明代 江西 登錄田地面積의 變化

府名	洪武 24년			萬曆 丈量 結果	
	田地面積(頃)	人口(口)	1人當 平均面積(畝)	田地面積(頃)	洪武對比率(%)
九江府	8,233	74,759	11.0	12,486	151.6
南康府	15,511	196,549	7.9	18.343	118.2
南昌府	50,265	1,138,182	4.4	71,218	141.7
饒州府	60,657	821,077	7.4	70,578	116.3
瑞州府	36,263	428,602	8.5	37,732	104.0
臨江府	33,547	546,111	6.1	34,038	101.4
撫州府	45,918	1,201,797	3.8	49,850	108.5
廣信府	41,609	506,908	8.2	48,111	115.6
北部小計	292,003	4,913,985	5.9	342,356	117.2
袁州府	16,551	381,745	4.3	23,436	141.6
吉安府	48,534	1,717,933	2.8	55,050	113.4
建昌府	13,685	513,166	2.7	17,516	124.3
南安府	5,866	74,858	7.8	8,797	149.9
贛州府	19,518	366,165	5.3	33,527	171.8
南部小計	104,154	3,053,817	3.4	137,826	132.3
總計	366,157	7,967,802	5.0	489,182	121.2

개간한 결과였다.

한편 북부의 파양호 주변 8부 지역 안에서도 명대에 발전의 차이가 나타났다. 8부 가운데 명초에 경작율[7]이 비교적 앞섰던 서주·임강·무주·요주·광신·남강부 지역은 명대에 농토가 거의 증가하지 않았거나 완만하게 증가하였던 반면 명초에 하위권에 속했던 구강부와 남창부는 증가율이 각각 51.6%와 41.7%였다. 특히 증가율 2위였던 남창부에서 증가된 실제 농토면적은 강서에서 가장 넓었다.

남창부는 파양호의 서변(西邊)으로부터 호북·호남과의 삼성교계지역까지 동서로 길게 가로 놓인 지역인데, 파양호 주변에 위치한 동부 4현 지역은 평지와 습지가 많고 삼성교계지역에 위치한 서부 4주현(州縣) 지역은 산야로 되어 있으며 두 지역의 면적은 비슷하였다. 〈표1-附1-3〉[8]에서 계산할 수 있는

7) 서주부의 耕地率을 100으로 잡으면 北部에서는 임강부 93, 무주부 77, 요주부 56, 광신부 46, 남강부 42, 남창부 35, 구강부 18의 비율이었고, 南部는 길안부 33, 원주부 28, 건창부 28, 남안부 12, 감주부 10의 비율이었다.

〈표1-附1-3〉 明代 南昌府의 登錄田地

州縣名	洪武14년 人口(口)	洪武24년			萬曆 丈量 結果	
		田地面積(頃)	人口(口)	1人當 平均面積(畝)	田地面積(頃)	洪武對率(%)
南昌縣	201,212	11,721	338,782	3.5	14,375	122.6
新建縣	114.591	5,610	134,325	4.2	11,689[a)]	208.3[a)]
豐城縣	157,405	10,579	249,079	4.2	14,455	136.6
進賢縣	99,383	3,259	156,145	5.3	9,488[b)]	114.2[b)]
東部四縣 小計	652,591	36,169	878,331	4.1	49,957	138.1
奉新縣	91,304	4,041	118,315	3.4	5,045[c)]	124.8[c)]
靖安縣	22,294	1,898	27,268	7.0	2,671	140.7
武寧縣		3,921	33.515	11.7	5,782	147.4
寧州	49,762	4,236	80,753	5.2	7,763	183.2
西部四州縣 小計	163,360	14,096	259,851	5.4	21,261	150.8
府總計	815,951	50,265	1,138,182	4.4	71,268	141.7

바와 같이, 명초 동부와 서부의 등록전지(登錄田地)의 비율은 72 : 28이었다. 그런데 만력장량기(萬曆丈量期)까지의 전지증가율은 동부가 38.1%였고 서부는 50.8%였다.9)

이상에서 본 바와 같이, 강서성 내부의 북부·남부, 남창부에서의 동부·서부는 그 농업적인 환경이 비슷하게 대비될 수 있는데, 명초의 경지비율에서나 명대의 농토증가율 및 실제 증가한 면적에서도 비슷한 양상을 보였다. 이것은 곧 명대 강서지방의 농업이 발전되어 간 대체적인 양상을 전해 주는 것이다. 이로써 본다면 명 일대(一代)를 통하여 강서지방에서 낙후되었던 지역이 축차적(逐次的)으로 개발된 결과, 명말에 이르면 지역마다 미곡의 산출이 어느 정도 균형을 이루게 되었던 듯하다. 강서지방이 송원시대에 이어 명대에도 여전히 양자강 하류지방에 미곡을 수출할 수 있었던 것은 이상과 같이 강서 모든 지역이 고르게 개발되어 갔기 때문이라고 할 수 있다.

호광(호북·호남)지방은 명초의 경지율이 강서의 1/4정도였다. 〈표1-附

8) 吳金成, 1986, p.97, 〈표2-1-3〉 참조.

9) 그러나 실제로 증가된 田地面積은 東部가 13,000여 경인 데 비해 西部는 7,000여 경이었다. 東部의 圩田지대인 新建 1個縣만의 증가면적이 6,000여 경에 이르렀다.

〈표1-附1-4〉 明代 湖北 登錄田地面積의 變化

府 名	洪 武 2 4 년			萬曆 丈量 結果	
	田地面積 (頃)	人口 (口)	1人當 平均面積(畝)	田地面積 (頃)	洪武對比率 (%)
黃州府	33,330	642,160	5.2	71,624	214.8
德安府	8,405	59,701	14.1	44,965	534.9
襄陽府	8,803	85,909	10.2	65,286	741.6
鄖陽府	1,529	63,624	2.4	49,269	322.3
北部小計	52,067	851,394	6.1	231,144	443.9
武昌府	32,158	405,197	7.9	53,542	166.5
漢陽府	3,381	32,418	10.4	8,966	265.1
承天府	18,984			119,276	628.3
荊州府	31,518			112,673	357.4
南部小計	86,041			294,457	342.2
總 計	138,108			525,601	380.6

〈표1-附1-5〉 明代 湖南 登錄田地面積의 變化

府州名	洪 武 2 4 년			萬曆 丈量 結果	
	田地面積 (頃)	人口 (口)	1人當 平均面積(畝)	田地面積 (頃)	洪武對比率 (%)
長沙府	32,092	507,279	6.3	89,068	277.5
岳州府	24,474	282,124	8.7	47,523	194.2
常德府	9,562	128,895	7.4	23,513	245.9
北部小計	66,128	918,298	7.2	160,104	242.1
衡州府	23,673			43,250	182.7
寶慶府	9,420	134,918	7.0	24,028	255.1
辰州府	4,106			13,594	331.1
永州府	11,082	113,590		21,990	198.4
郴 州	7,475	88,013		10,869	145.4
靖 州	1,044	79,116		6,214	595.2
南部小計	56,800			119,945	211.2
總 計	122,928			280,049	227.8

1-4〉[10]와 〈표1-附1-5〉[11]를 통하여 계산하여 보면, 부별(府別) 경지율[12]로는 호

10) 吳金成, 1986, p.170, 〈표2-2-1〉 참조.
11) 吳金成, 1986, p.225, 〈표2-3-1〉 참조.
12) 湖北 황주부의 耕地率을 100으로 잡으면 湖北의 무창부 120, 형주부 60, 승천부

광 모든 지역 가운데 호북의 무창부와 황주부가 상위권(강서와 비교하면 북부의 하위권인 남창부와 비슷함)이었고, 한수(漢水) 하류 지역에서 동정호 주변에 이르는 운몽택(雲夢澤) 6부(府) 지역, 즉 호북의 승천·형주·한양부와 호남의 악주·상덕·장사부가 중위권이었고 그 주변지역은 그보다 훨씬 낙후되었다. 그러나 금산구역인 운양부를 제외하면, 통계가 가능한 지역에서 1인당 평균 전지면적은 최하 5.2무(畝)에서 최고 14.1무(畝)로서, 강서보다 다소 여유가 있었다. 또 역시 운양부를 제외하면, 만력장량기(萬曆丈量期)까지의 전지증가율은, 호북에서는 명초 중하위 그룹이었던 양양·승천·덕안부가 높은 그룹이었고, 명초의 상위권이었던 무창부가 최하였다. 또 호남에서는 서남변지(西南邊地)의 정주(靖州)가 최고였고 침주(郴州)가 최하였다. 호광지방에서 농토가 증가한 이유는 운몽택 6부(府) 지역의 경우 산야의 개간과 강·호변의 저습지[호전(湖田)]에 완제(垸堤)를 축조하여 농토를 확보했기 때문이며, 변경 여러 부(府) 지역은 주로 산야를 개간하여 이런 결과를 얻었다.

〈표1-附1-6〉 明代 承天府 登錄田地面積의 變化

州縣名	洪武 24년			萬曆 丈量 結果	
	田地面積(頃)	人口(口)	1人當平均面積(畝)	田地面積(頃)	洪武對比率(%)
當陽縣	204			13,433	6584.8
荊門州	4,904	61,686	7.9	23,391	477.0
鍾祥縣	902			14,336	1589.4
京山縣	3,360			27,086	806.1
北部小計	9,370			78,246	835.1
潛江縣	1,778			2,056	115.6
沔陽州	3,941	47,410	8.3	20,830	528.5
景陵縣	3,896	23,619	16.5	18,144	465.7
南部小計	9,615			41,030	426.7
府總計	18,985			119,276	628.3

호광의 운몽택 지역의 6개 부 사이에도 전지의 증가에 차이가 있었다. 명초에는 6개 부의 경지율이 비슷하였으나, 명말까지 전지증가율을 보면 호북의 승

60, 한양부 50, 덕안부 40, 양양부(운양부는 明初에 여기에 포함되어 있었음) 30이었고, 湖南의 악주부 60, 장사부 50, 상덕부 50, 보경부 30정도였다.

천부가 528.3%, 형주부 257.4%, 한양부 165.1%였고, 호남의 장사부 177.5%, 상덕부 145.9%, 악주부 94.2%였다. 바꾸어 말하면 호북의 강한지역(江漢地域) 3부(府)는 평균 전지증가율이 337.1%였던 반면 호남 동정호 주변 3부(府)는 평균 142.1%에 불과하였다. 또 실제로 증가된 전지면적도 강한 3부는 187,000경 정도인 반면 동정호 주변 3개 부는 94,000경 정도로서 전자의 1/2에 불과하였다.

호광지방에서의 농업발전의 차는 부(府) 안에서도 있었다. 우선 호북의 경우 〈표1-附1-6〉[13]에서 보는 바와 같이, 승천부에서 북부(4주현, 산야지역)와

〈표1-附1-7〉 明代 德安府 登錄田地面積의 變化

州縣名	洪武 24년			萬曆 丈量 結果	
	田地面積(頃)	人口(口)	1人當 平均面積(畝)	田地面積(頃)	洪武對比率(%)
隨州	1,837	10,515	17.5	10,732	584.2
應山縣	747	6,415	11.6	7,393	989.7
北部小計	2,584	16,930	15.3	18,215	701.4
安陸縣	886	5,716	15.5	3,640	410.8
雲夢縣	570	3,909	14.6	5,142	902.1
孝感縣	3,396	26,201	13.0	10,865	319.9
應城縣	969	6,945	14.0	7,193	742.3
南部小計	5,821	42,771	13.6	26,840	461.1
府總計	8,405	59,701	14.1	44,965	535.0

남부(3주현, 한수 하류 저습지역)를 비교해 보면, 명초에는 전지의 비율이 북부 49.4%, 남부 50.6%였으나 명말까지의 전지증가율은 북부가 735.1%에 남부는 326.7%였으며 그 결과 전지의 비율이 66 : 34로 변하였다. 이러한 현상은 동북변의 덕안부에서도 나타났다. 〈표1-附1-7〉[14]에서 보듯이, 명초의 전지비율은 북부(2주현, 산야지역)와 남부(4현, 평지와 저습지역)가 31 : 69였으나, 명말까지의 증가율은 북부 601.4%에 남부는 361.1%였다. 한편 〈표1-附1-8〉[15]에서 보듯이, 명대의 같은 기간에 덕안부의 인구는 북부 357.7%에 남부 230.7%, 부 평균 266.7%가 증가하여 부 평균 전지증가율 435.0%에 크게

13) 吳金成, 1986, p.172, 〈표2-2-2〉 참조.
14) 吳金成, 1986, p.173, 〈표2-2-3〉 참조.
15) 吳金成, 1986, p.174, 〈표2-2-4〉 참조.

〈표1-附1-8〉 明代 德安府 登錄人口의 變化

州縣名	洪武24년 (1391)(口)	宣德7년(1432)		成化8년(1472)		正德7년(1512)		隆慶6년(1572)	
		人口 (口)	洪武 對比率(%)	人口 (口)	洪武 對比率 (%)	人口 (口)	洪武 對比率(%)	人口 (口)	洪武 對比率 (%)
隨 州	10,515	14,806	140.8	31,025	295.1	46,922	446.2	50,936	484.4
應山縣	6,415	8,333	129.9	18,095	282.1	26,324	410.4	26,556	414.0
北部小計	16,930	23,139	136.7	49,120	290.1	73,246	432.6	77,492	457.7
安陸縣	5,716	7,197	125.9	11,428	199.0	12,365	216.3	22,202	388.4
雲夢縣	3,909	5,484	140.3	10,576	270.6	16,061	410.9	17,003	435.0
孝感縣	26,201	32,429	123.8	45,598	174.0	65,124	248.6	65,217	248.9
應城縣	6,945	8,772	126.3	20,265	291.8	29,907	430.7	37,003	532.8
南部小計	42,771	53,882	126.0	87,867	205.4	123,457	288.6	141,125	330.7
府總計	59,701	77,021	129.0	136,987	229.5	196,703	329.5	218,917	366.7

뒤졌다. 그 결과 1인당 평균 전지면적이 명초에 14.1무에서 명말에는 20.5무로 증가하였다. 바꾸어 말하면, 호북의 경우 명대에 농토와 인구가 모두 급격히 증가하였는데 그 가운데에서도 농토의 증가가 인구의 증가를 크게 앞질렀던 것이 곧 명 중기 이후 "호광숙 천하족(湖廣熟 天下足)"의 평판을 얻게 된 중요한 배경이었다고 생각된다.

또 같은 현상은 호남의 동정호 주변 3부에서도 나타났다. 통계가 비교적 자세한 악주부의 경우 〈표1-附1-9〉[16]에서 보듯이, 동부(4현, 청대의 악주부)와 서부[4주현; 청대의 예주(澧州)] 사이에 발전의 차가 있었다. 명초의 전지비율은 동부와 서부가 65.5 : 34.5였으나, 명말까지의 전지증가율은 동부는 겨우 47.7%였으나 서부는 182.4%였으며, 그 결과 전지의 비율이 50 : 50으로 변하였다.

이상 호광지방에서 진행된 명대 전지의 증가추세를 하나의 구도(構圖)에서 평가해 보면, 호북은 전반적으로 높은 증가율을 보였다. 이를 부별(府別) 혹은 부 내부의 지역별로 보아도 명초에는 저습지의 경지율이 산야지역보다 높았으나 명 일대(一代)를 통하여 증가한 전지의 비율은 대개 저습지보다는 산야지역에서 그 비율이 높았다. 한편 호남의 경우에는 전반적으로 호북의 전지증

16) 吳金成, 1986, p.227, 〈표2-3-2〉 참조.

〈표1-附1-9〉 明代 岳州府 登錄田地面積의 變化

州 縣 名	洪 武 24년			萬曆 丈量 結果	
	田地面積 (頃)	人口 (口)	1人當 平均面積(畝)	田地面積 (頃)	洪武對比率 (%)
巴 陵 縣	4,768	84,580	5.6	8,426	176.7
臨 湘 縣	1,811	21,478	8.4	4,046	223.4
華 容 縣	4,971	43,099	11.5	4,595	92.4
平 江 縣	4,475	19,265	23.2	6,600	147.5
東部小計	16,025	168,422	9.5	23,667	147.7
澧 州	2,749	33,113	8.3	13,040	474.4
石 門 縣	2,150	27,670	7.8	3,386	157.5
慈 利 縣	1,240	37,709	2.2	4,025	248.6
安 鄉 縣	2,310	15,210	15.2	3,405	147.4
西部小計	8,449	113,702	7.4	23,856	282.4
府 總 計	24,474	282,124	8.7	47,523	194.2

가율에는 미치지 못했으나 다른 성 지역의 증가율보다는 월등히 높았다. 또 지역적으로 보아도 동정호 주변 저습지역이 변경의 산야지역보다 전지증가율이 오히려 약간 높았다. 이것은 강서나 호북에서 보이는 지역별 전지증가 양상과는 다른 면이었다.

II. 水利開發의 進展과 그 意味

강서·호북·호남으로 이루어지는 양자강 중류 삼성지역(三省地域)은 모두 양자강으로 유입되는 긴 강[한수(漢水)·상강(湘江)·원수(沅水)·감강(贛江)]과 그 하류의 광대한 저습지를 가지고 있는 점 등에서 볼 때 농업환경에 있어 비슷하다고 할 수 있다. 앞에서 설명한 바와 같이, 이들 여러 지역에서 명대에 증가되어 간 농토는 산야를 개간한 후 피(陂)·당(塘)·언(堰) 등 저수지를 축조하여 물을 대거나 아니면 강이나 호수 주변에 대제(大堤)·우(圩)·완제(垸堤) 등의 제방을 축조함으로써 종래에는 증수(增水)할 때 유수지(遊水池) 기능이나 하도록 방치되어 있던 저습지를 농경지로 확보하여 획득한 것이었다. 따라서 농업기술 측면의 중요성에 있어서나 그 파급효과 혹은 국가권력과 향촌

사회의 관심도 등으로 보아서, 이 삼성지역에서도 수리문제는 농업의 가장 중요한 관건이 되는 것이었다.

명조가 수리 문제에 적극적인 관심을 가지게 된 것은 원말의 동란기에 황폐되었던 농토가 어느 정도 복구된 홍무(1368～1398) 말기부터 시작되었다. 즉 홍무27년에는 전국에 감생(監生)을 파견하여 수리시설의 보수와 신축을 독려하였고 그 이후로도 기회가 있을 때마다 수시로 독려하였다. 또 특히 정통(正統)5년(1440)에는 전국의 예비창(豫備倉)과 수리시설의 수축을 독려하도록 6부(部)의 낭중(郎中) 등 중앙관(中央官)을 각 성으로 파견하였는데 이것을 계기로 해서, 종전에는 지방관의 근무성적을 평가할 때 농상(農桑)과 학교의 치적을 근거로 삼던 것을 바꾸어, 이때부터는 예비창과 수리의 치적을 근거로 삼게 하는 등 적극적인 권농·수리정책을 추진하였다. 이상과 같이 명초 이후 계속된 국가 차원의 권농·수리정책에 자극받아 신사·지주·중소농민 등이 경쟁적으로 수리시설을 수축하여 전국적으로 농경지의 생산성을 고양시킬 수 있었다. 그 영향으로 양자강 중류 삼성지역의 저습지에도 우·완제 등 수리시설이 대대적으로 축조됨으로써 농경지가 확대되고 경작을 안정적으로 유지할 수 있었으며 그 결과 미곡의 생산량이 증가하여 양자강 하류지방에서 미곡이 필요해졌을 때 즉시 보낼 수 있게 되었던 것이다.

우선 강서성의 경우, 앞에서 살펴본 것처럼, 중요한 곡창지는 파양호 주변 8부 지역이었다. 이 지역에서는 명초 이래 서서히 산야가 개간되어 가고 피·당 등 저수지 시설도 복구되거나 축조되어 갔다. 또 강호변의 저습지는 종래 감강(贛江) 등 여러 강과 파양호의 증수 시에 유수지 기능이나 하도록 방치된 곳이었는데 명 중기부터 그곳에 점차 우·제방 등을 축조함으로써 광대한 전지를 확보하고 이미 존재하고 있는 농토를 수한재(水旱災)로부터 보호하여 농업생산력을 증대시켜 갔다. 〈표1-附1-10〉[17]은 파양호 주변의 남창·요주·구

17) 吳金成, 1986, p.144, 〈표2-1-4〉 참조. 표에서 '1-A-1'로 표기한 것은 남창부 남창현에서 1건이라는 의미임. 로마수자는 남창부(Ⅰ)·요주부(Ⅱ)·구강부(Ⅲ)·남강부(Ⅳ)를 의미하고, 남참부의 경우 南昌縣(A)·新建縣(B)·豊城縣(C)·進縣賢(D), 요주부의 경우 鄱陽縣(A)·餘干縣(B), 구강부의 경우 湖口縣(A)·德化縣(B)·德安縣(C)·瑞昌縣(D), 남강부의 경우 星子縣(A)·安義縣(B)·建昌縣(C)로 표시하였음. 그

강・남강 등 4부에서 국가가 주도한 수리공사의 추세를 도표화해 본 것이다. 이 4부 가운데 특히 남창부 소속 동부 4현 지역(파양호 서쪽에 위치)은 산야의 개간 외에, 15세기 후반부터 감강 하류 삼각주지역(三角洲地域)과 파양호변의 저습지에 수많은 우(圩)를 신축하여 새로운 농토를 확보하였다. 강서성의 북부 8부 지역 가운데 남창부에서 실제 전지의 증가가 가장 많았던 것(〈표3〉참조)은 그 결과였다.

한편, 명대에 호북지방의 농업이 획기적으로 발전할 수 있었던 것은 산야에 방치된 황무지의 개간과 함께 강호변의 저습지〔호전(湖田)〕를 완제로 막아 농경지로 만든 결과였다. 양자강 중류에서 한수(漢水) 하류로 이어지는 강한 지역의 형주・승천・한양 3부지역에는 종래 9혈(穴) 13구(口)와 소혈구(小穴口)로 불리는 작은 지류와 호소(湖沼)가 뒤섞여 있어, 강・한의 증수시에 유수지 기능을 하도록 방치되어 있었다. 명초 이래 이러한 저습지역에 서서히 완제가 축조되기 시작하였다. 15세기 초부터 외래 객민이 대거 유입되자(Ⅲ절 참조), 15세기 중엽부터는 토착인과 객민이 경쟁적으로 완제를 축조하였고 그러한 추세는 가정(嘉靖, 1522~1566)에서 만력년간(萬曆年間, 1573~1619)에 절정에 달하였다. 저습지는 비옥한데다가 세금이 없었던 점도 사적인 완제 축조를 자극하는 중요한 요소였다. 명대에 강・한 완제지역 가운데 전지증가율(523.8%)과 실제 증가된 전지면적에서 가장 앞섰던 승천부에서 증가된 전지 10만여 경 가운데 1/3 정도는 이 완제지역의 증가분이었다.

또한, 호남의 동정호 주변에도 증수시에 유수지 기능을 하고 평소에는 방치된 저습지가 많았다. 명초 이래 이러한 저습지에 서서히 완제가 축조되어 갔다. 그러나 이 지역에서 완제가 본격적으로 축조된 것은 정통년간(正統年間, 1436~1449)에 명조가 추진한 권농・수리정책에 자극되었기 때문이다. 마침 그 무렵에는 외부의 객민이 대거 유입되던 시기였으므로, 토착인과 객민이 경쟁적으로 완제를 축조하였다. 이러한 현상은 강서・호북과 마찬가지로 가정~만력년간에 절정에 달하였다. 명대에 호남지방에서 증가된 전지 157,000

리고 비고의 수자는 년도를 明記한 공사와 중복되지 않는 공사로서, 그 황제 년간에 수축된 공사를 의미함.

〈표1-附1-10〉 明代 鄱陽湖周邊의 水利工事統計

皇帝		AD	各 府縣 水利工事 件數	備考
正統	1	1436	Ⅰ-C-1	Ⅰ-C-1
	6	1441	Ⅰ-C-數, Ⅲ-A-2, Ⅲ-B-1, Ⅲ-C-1, Ⅳ-A-1	Ⅰ-D-1
	9	1444	Ⅰ-C-1	
景泰	5	1454	Ⅳ-A-1	Ⅰ-C-1
	6	1455	Ⅳ-A-1	
天順				Ⅰ-A-1
成化	2	1466	Ⅰ-D-1, Ⅱ-B-1, Ⅲ-A-1	Ⅰ-A-1
	5	1469	Ⅰ-A-1, Ⅰ-C-數, Ⅲ-C-4	Ⅱ-A-1
	6	1480	Ⅲ-C-1	
弘治	4	1491	Ⅰ-C-1	Ⅰ-D-數
	7	1494	Ⅰ-C-2	Ⅱ-A-3
	11	1498	Ⅰ-C-1	Ⅲ-C-1
	12	1499	Ⅰ-A-69, Ⅰ-B-42, Ⅰ-C-2	
正德	1	1506	Ⅰ-C-3, Ⅲ-B-1	Ⅰ-C-1
	7	1512	Ⅰ-C-1	Ⅲ-B-1
	9	1514	Ⅲ-B-1	
	15	1520	Ⅰ-C-2, Ⅲ-D-1	
嘉靖	1	1522	Ⅰ-A-2, Ⅰ-C-1, Ⅳ-A-1	Ⅰ-A-1
	2	1523	Ⅱ-A-22	Ⅱ-B-2
	3	1524	Ⅰ-B-2, Ⅱ-A-1	Ⅲ-C-1
	4	1525	Ⅳ-B-1	Ⅳ-B-73
	5	1526	Ⅰ-C-1	
	6	1527	Ⅰ-C-數	
	7	1528	Ⅱ-B-1, Ⅳ-A-1	
	8	1529	Ⅲ-B-15	
	9	1530	Ⅲ-B-2	
	11	1532	Ⅲ-B-2	
	15	1536	Ⅰ-C-1	
	20	1541	Ⅲ-D-1	
	22	1543	Ⅳ-B-1	
	25	1546	Ⅰ-C-數	
	26	1547	Ⅲ-C-3, Ⅳ-B-1	
	27	1548	Ⅳ-C-2	
	28	1549	Ⅰ-C-2, Ⅳ-B-1	
	33	1554	Ⅰ-C-1	
	34	1555	Ⅲ-A-1	
	35	1556	Ⅰ-C-數	
	38	1559	Ⅰ-A-數	
	41	1562	Ⅰ-C-數	
	42	1563	Ⅰ-B-1, Ⅰ-C-數	
	43	1564	Ⅰ-A-1, Ⅳ-A-1	

	44	1565	Ⅲ-B-1	
隆慶	1	1567	Ⅰ-C-1	Ⅰ-A-1 Ⅲ-B-1
萬曆	2	1574	Ⅰ-C-1, Ⅱ-B-數	Ⅰ-D-6
	3	1575	Ⅲ-B-2	Ⅱ-B-數
	4	1576	Ⅲ-C-數	Ⅲ-A-數
	6	1578	Ⅲ-D-1	Ⅲ-B-數
	7	1579	Ⅲ-D-1	Ⅳ-D-1
	12	1584	Ⅲ-B-2	
	14	1586	Ⅰ-A-138, Ⅰ-B-177, Ⅰ-C-1	
	15	1587	Ⅰ-A-4, Ⅰ-D-6	
	16	1588	Ⅲ-D-1	
	17	1589	Ⅲ-B-1	
	18	1590	Ⅳ-A-2	
	21	1593	Ⅳ-A-3	
	26	1598	Ⅲ-D-1	
	27	1599	Ⅳ-A-1	
	30	1602	Ⅰ-D-1	
	32	1604	Ⅲ-A-1	
	33	1605	Ⅰ-D-數	
	34	1606	Ⅰ-A-6, Ⅰ-D-1	
	35	1607	Ⅰ-B-116, Ⅰ-C-1, Ⅲ-B-1	
	36	1608	Ⅰ-A-271, Ⅰ-D-19, Ⅲ-B-1, Ⅳ-C-1	
	38	1610	Ⅰ-C-1	
	40	1612	Ⅲ-B-1	
	41	1613	Ⅲ-B-1	
	42	1614	Ⅲ-B-數, Ⅳ-C-1	
	43	1615	Ⅰ-C-1	
	47	1619	Ⅳ-B-1	
泰昌	1	1620	Ⅰ-D-1, Ⅲ-B-1, Ⅳ-C-1	
天啓	2	1622	Ⅳ-C-1	Ⅱ-8-數
	4	1624	Ⅳ-A-數, Ⅳ-B-1, Ⅳ-C-1	
	6	1626	Ⅳ-C-3	
	7	1627	Ⅱ-B-1	
崇禎	1	1628	Ⅱ-B-1	Ⅲ-D-1
	3	1630	Ⅳ-A-1	Ⅳ-C-1
	7	1634	Ⅰ-D-2	
	9	1636	Ⅰ-C-1	
	16	1643	Ⅳ-C-1	
	17	1644	Ⅳ-C-1	

여 경의 60% 정도는 동정호 주변 3부에서 획득된 것이었고 그 가운데 1/3 정

도는 이 완제지역의 증가분이었다.

명대 호광지방(호북・호남)의 농업생산량이 획기적으로 증가하여 중국 제일의 곡창지대가 되고 '호광숙 천하족(湖廣熟 天下足)'의 평판까지 들을 수 있게 된 것은 이상과 같이 운몽택 6부 지역에서 완제를 축조하고 저습지[湖田]를 옥토로 바꾼 데 힘입은 바 컸다. 바꾸어 말하면 호광의 운몽택 저습지와 그 주변 산야지역을 명 중엽부터 본격적으로 개간했기 때문에, 이를 배경으로 하여 호광지방의 미곡생산량을 획기적으로 고양할 수 있었다. 그 결과 명말에 이르면 양자강 중류 삼성지역은 대체로 비슷한 성격의 경제지역, 미곡수출지역으로 정착되었다고 할 수 있다. 이것은 호광지방이 적극적으로 개발되기 시작해서 100여 년 가량 지나서야 나타난 현상이었다.

Ⅲ. 人口의 移動과 그 影響

양자강 중류 삼성지역에서 이상과 같이 농업생산력이 축차적으로 발전되어 가는 과정에서 점차로 사회적 모순이 확대되어 갔다. 강서의 경우, 그 가장 두드러진 원인은 신사와 세호가(勢豪家)에 의한 토지겸병과 세역(稅役)의 과중함과 불균(不均) (이 두 요소는 당시 중국 모든 지역의 공통된 문제였음), 그리고 인구과밀현상(人口過密現象)이었다. 명 중기 이후, 미곡 수출 지역이었던 강서가 동시에 인구를 방출하였던 원인은 이상의 세 요소 때문이었다. 이것은 또한 이갑제 질서가 해체되어 가는 현상이기도 하였다.

강서인의 이동패턴은 크게 성내 이동과 성외 유출로 나누어 생각할 수 있다. 성내로 이동하는 경우, 마을의 거민이 그대로 그 지역의 신사나 세호가의 소작인이나 노복으로 남는 경우를 제외하면, 인구이동 패턴은 크게 다음 세 가지로 구분된다. 첫째, 농촌과 도시에서 금산지역(禁山地域)으로의 이동으로, 그 결과 객민은 산간지역의 개발에 공헌하였다. 둘째, 먼저 개발된 지역에서 낙후지역으로 이동[주로 북부 8부지역과 길안부에서 남부로 이동]인데, 북부 출신의 객민은 이와 거의 같은 시기에 남부로 유입해 온 복건・광동출신의 객민과 함께 남부지역 개발에 공헌하였다. 셋째 농촌에서 도시와 수공업 지역으로의 이동인데, 그 결과 경덕진과 하구진은 각각 강남의 5대 수공업 지역의 하나로 꼽힐 만큼 성장하였다. 그 밖에 먼저 개발된 지역 사이에도, 낙후지역 사이에도 인구이동은 있었다.

한편 성외유출의 경우, 강서인은 중국의 거의 모든 지역으로 진출하였으나, "강서인이 호광을 메운다"는 속담이 유행할 정도로, 가장 많이 진출한 곳은 인접 지역인 호광지방이었다. 강서인은 호광에 들어가 산야를 개간하고 완제 등 수리시설을 축조함으로써 호광이 명 중기부터 중국 제일의 곡창지로 등장하는데 중요한 역할을 하였다. 강서인은 또 하남·광동·운남 등지에도 많이 진출하였다. 이들 강서인은 성 안팎의 각 지역으로 들어가 농촌의 개발에 공헌한 바도 적지 않으나, 또 한편 토착인과의 사이에 갈등과 분쟁을 일으키는 경우도 많았고, 그 때문에 오히려 토착인이 몰락하여 유산(流散)하는 '인구의 대류현상'도 나타났다.

강서인이 성 안팎으로 이동하던 시기에, 반대로 많은 수의 외래 객민(客民)과 객상(客商)이 강서에 들어왔다. 객민 가운데에는 복건인과 광동인이 많았으며 그들은 주로 남부와 내지 산간지역에 들어와 상품작물을 재배하였다. 객상은 휘주상인과 광동상인이 많았다. 성내이동 인구뿐 아니라 외래의 객민·객상도 강서에 들어와 생활하는 동안에 토지를 개간하고 상품작물을 도입하는 등 강서 각 지역의 경제를 고양시키기도 하였다. 그러나 또 한편 토착인과 객민 사이에 갈등과 분쟁이 일어나는 경우도 많았다. 그 결과 강서의 각 지역에서도, 외래 객민은 성장해 가는 반면 그 지역 토착인이 오히려 몰락하여 유산하는 인구의 대류현상이 있었다.

한편 호광지방의 농업이 명 중기 이래 획기적으로 발전할 수 있었던 배경에는 외래 객민의 개간노력도 있었음을 고려해야 한다. 명초 이래 호광지방이 가진 인구유인 요소(人口誘引要素)는 많았다. 호광지역은 명초 이래 '땅은 넓고 사람은 적다'고 평가되었고 그러한 현상은 명말에도 여전하였다. 그 밖에 명조가 초기부터 추진한 권농개간정책(勸農開墾政策)과 원적발환주의(原籍發還主義)도 호광에 들어온 객민의 정착에 오히려 유리하게 작용하였다. 호전(湖田)에 대해서는 세금이 없었던 점도 좋은 유인요소였다.

그에 견주어 섬서·하남·강서 등 호광에 많은 인구를 송출한 지역은 호광과 인접해 있을 뿐 아니라, 신사와 세호가의 토지겸병, 세역의 과중함과 불균형, 사회불안, 인구과밀 등의 인구유출 요인(人口流出要因)가 있었다. 이상, 호광이 가진 인구유인 요소와 주변 여러 성의 인구유출 요인이 복합적으로 작용한 결과, 15세기 전반기의 선덕년간(宣德年間, 1426~1435)부터 외래 객민이 호광으로 대거 유입하였으며 그 가운데 강서인이 가장 많았다.

호광에 들어온 외성인(外省人) 가운데에는 고향에서 몰락한 후 호광지방의 농촌에 용공(傭工)이나 노복(奴僕)의 지위로 유입된 경우도 있었다. 그러나 많은 경우 상인이나 각종 기능인 또는 고향에서 몰락 직전의 이갑호(里甲戶)가 상당한 재력을 지닌 채 호광에 들어왔다. 그들은 처음에는 농토나 가옥을 임차하였다. 그 후 그들은 자신의 재능에 따라 여러 직종에 종사하기도 하고, 또 어떤 사람은 토착인과 경쟁하면서 서서히 황무지를 개간하거나 혹은 강이나 호수 주위의 저습지에 완제를 축조하여 농토를 확보하여 갔다. 그렇게 하여 생활이 어느 정도 안정되면 자손에게 유업(儒業)을 권장하여 사도(仕途)를 모색하기도 하였다. 그러므로 호광이 명 중기 이후로 곡창지가 될 수 있었던 것은 토착인과 객민이 경쟁적으로 벌인 이상과 같은 개간노력의 결과였다.

한편 객민은 호광에 정착하는 과정에서 다양하게 분화되어 갔다. 일부는 여전히 전호(佃戶)의 지위를 못 벗어난 경우도 있고 일부는 경제적으로 자립하여 대지주로까지 성장하였으며, 또 일부는 더 나아가 상인으로까지 진출하였다. 이렇게 경제적으로 성장하여 간 사람들은 자손들에게 유업〔儒業; 거업(擧業)이라고도 함〕을 시켜 신사층으로 상승하는 경우도 많았다.

외래 객민이 호광의 농업생산력을 제고하는 역할을 담당했지만, 한편으로 호광에서도 이미 진행되고 있던 사회적 모순에 박차를 가하기도 했다. 15세기에 접어들면서 호광에서도, 중국의 다른 지역과 마찬가지로, 신사나 세호가에 의한 토지겸병·세역의 과중과 불균등 현상이 진행되고 있었다. 호광에 왕부(王府)의 장전(莊田)과 위소(衛所)의 둔전이 특히 많았던 것도 사회적 모순이 확대되는 요인이었다.

이렇게 사회적 모순이 진행되고 있을 때, 외래 객민이 대거 유입하였다. 토착인은 과중한 세역과 고리대로 몰락하고 있을 때 객민은 세금도 내지 않는 호전과 황무지를 선점하고 요역도 탈면(脫免)하였다. 그 때문에 토착민과 객민 사이의 경쟁에서 토착인이 오히려 몰락하고 유산하는 인구의 대류현상이 일어났던 것이다. 명조 중앙정부와 호광의 지방관부에서는 토착인의 유산으로 말미암아 이갑제가 해체되어 가는 점이나 객민의 세역 탈면을 더 이상 방관할 수 없어, 명초 이래 고집하던 원적발환주의를 경우에 따라 포기하고 대신 객민을 현지에 부적(附籍)시킴으로써 해체되어 가는 이갑제를 만회해 보려 하였다.

Ⅳ. 水利開發과 紳士

양자강 중류 삼성지역의 농촌사회가 변화되어 가는 과정에서 신사도 중요한 역할을 담당하였다. 신사는 개인적으로 지주의 속성과 닮은 점이 많았다. 그들은 정치・사회질서가 동요되어 가는 틈을 타서 온갖 수단을 다 동원하여 토지를 겸병하고 수리시설 등 여러 이익을 독점하고 세역을 남면(濫免)하고 상업과 고리대에 투자하여 사리를 추구하였다. '향신(鄕紳)의 횡(橫)'이나 '무단향곡(武斷鄕曲)' 등은 그러한 면을 표현한 것이었다. 그러나 그것은 신사가 담당하는 역할 가운데 하나에 불과했다. 신사 역할의 또 다른 면에는, 유교의 공의식(公意識) 즉, "천하가 근심하기에 앞서 근심하고, 천하가 기뻐한 후에 기뻐한다"는, '선우후락(先憂後樂)'의 사명의식에서 발로된 공적인 행동 역시 존재하였다. 이 절에서는 신사의 그러한 양면적인 역할을 수리문제를 통하여 확인해 보겠다. 양자강 중류 수전농업지역에서 수리가 가지는 사회경제적 성격 때문에, 수리문제에서 신사의 존재와 역할은 대단히 중요하였기 때문이다.

명초 이래 수리시설의 수축(修築)은 그러한 수리시설로 이익을 얻는 사람들〔몽리민(蒙利民)〕이 수축하도록 되어 있었다. 양자강 연안의 대제(大堤)와 같이 공사규모가 큰 것은 지방관의 감독 아래 이갑제 질서를 이용해서 진행시키는, 말하자면 관독민수제(官督民修制)였다. 관이 주도하는 경우에도 공사비는 관탕금(官帑金)과 몽리민(蒙利民)의 출연금(出捐金) 및 이갑제를 통한 요역으로 충당하였다.

그런데 15세기부터는 정치·사회적인 여러 여건이 변하였다. 중앙과 지방의 정치질서는 해이해져 가고 국가재정은 점차 어려워졌다. 강서의 파양호 주변이나 호광의 운몽택(雲夢澤) 지역에서 사적인 우(圩) 또는 완제(垸堤)의 축조로 말미암아 종래에는 증수 때에 유수지 기능을 하던 강이나 호수 주변의 저습지가 좁아지거나 아예 없어지게 됨에 따라, 증수될 때의 수위(水位)는 더욱 높아지고 수류(水流)는 더욱 빨라졌다. 이런 상태라면 종래의 이갑체제가 그대로 유지된다 하여도 수리유지 기능은 현저히 저하될 수밖에 없었다.

그런데 이갑체제 또한 15세기 이후 동요하기 시작하였다. 이러한 현상은 비단 양자강 중류 지역뿐 아니고 중국의 모든 지역에서 진행되고 있었다. 명조 중앙권력도, 각 지방 관부도 그것을 어찌할 수 없었다. 지역에 따라 인구가 현저하게 감소하는가 하면 어느 지역에서는 토착 호구는 감소하는데 외래 객민이 대거 유입하여 불법으로 산야와 저습지를 사점(私占)하고 사회질서를 혼란시켰다. 그 때문에 수리공사에서의 관독민수(官督民修)의 기능이 동요될 수밖에 없었다. 그런데도 증수(增水)·홍수(洪水)는 수시로 일어났다. 수재가 빈발하고 전보다 더 대형화하는데도, 수리시설을 보수하고 농경지를 복구할 힘은 관(官)과 민(民)이 모두 상실해 가고 있었다.

15세기 중엽부터는 이상의 여러 현상이 국가권력과 향촌사회에서 다 같이 심각한 문제로 인식되기 시작하였다. 바로 이러한 시기에 새로운 역할을 담당해 줄 것으로 기대를 모으게 된 계층이 바로 신사(紳士)였다. 신사는 사회의 지배층으로서 그 정도의 재력과 영향력을 가지고 있었다. 또 유교적인 이념을 체득하고 있었으므로, 계기가 주어진다면 국가와 사회에 대한 공의식을 발로할 의욕도 갖추고 있었다. 〈표1-附1-11〉[18]에서 보듯이, 중기 이후 공적이거나 공과 사가 중복되는 수리문제에서 신사가 보여준 다양한 역할은 바로 이상과 같은 배경에서 나온 것이었다. 신사는 중요한 수리공사에 대하여 그 공사의 ① 건의, ② 조언, ③ 향촌여론(鄉村輿論)의 환기, ④ 향촌여론을 관(官)에

18) 吳金成, 1986, pp.159~159, 〈표2-1-6〉 참조.

皇帝		A.D.	水利施設名	府州縣	紳士의 役割・水利施設의 機能・其他	參加・建議者	紳士意圖
天順	8	1464	1) 大豐陂	吉安, 龍泉	3,000餘石의 耕地에 灌漑 가능한 陂, 修築主導	士 단독	公・私
成化	5	1469	2) 縣城內堤	南昌, 豐城	300餘丈, 1,000緡 소요되는 縣城堤 修築 建議	紳 단독	公
弘治	7	1494	3) 縣城南堤	同上	1,400丈의 縣城堤 修築建議, 協助	紳 단독	公
嘉靖	初		4) 千金陂	撫州, 臨州	數千頃의 耕地에 灌漑 가능한 陂 修築 建議	生員 단독	公・私
	19	1540	5) 安沙壩	南昌, 豐城	縣城堤 보호 위해 西河水流를 돌릴 壩 개착 건의	生員 단독	公・私
	22	1543	6) 新堤	建昌, 新城	私財로 修築	紳 단독	私
	23	1544	7) 都圳堰	南康, 安義	30餘頃(租 300餘石) 灌漑하는 堰 修築 建議	生員 단독	公・私
	24	1544	8) 王公陂	建昌, 新城	里民의 호소에 따라 10里의 田地 灌漑하는 陂 修築 建議・監督	紳 단독	公・私
	24	1544	9) 密陂(台山堰)	南康, 安義	600餘頃 灌漑 가능한 陂, 90丈, 수축 건의・협조	紳 단독	公・私
	25	1546	10) 密陂	同上	縣民의 요청에 따라 20餘丈 파괴된 陂, 수축 건의	紳・民 합동	公・私
	26	1547	11) 千金陂	撫州, 臨川	數千頃 灌漑 가능한 陂, 수축 건의	紳 합동	公・私
	末		12) 蕭公陂	饒州, 安仁	農家 53戶・萬餘畝 灌漑 가능한 陂, 新築 협조	紳・士・民합동	公・私
萬曆	3	1575	13) 封郭洲堤	九江, 德化	民田 36,000餘畝・3衛屯田 보호하는 堤, 수축 건의 협조	紳・士 합동	公・私
	初		14) 萬公堤	南昌, 南昌	私費로 撫河邊 堤防 5里・石閘 3座 新築, 水利權 장악	紳 단독	公・私
	28	1600	15) 雲亭阜濟渠	吉安, 泰和	1,000餘金 들여 6里의 水路 개착, 10,000畝의 경지 관개	紳家	公・私
	36	1608	16) 永興圩西堤	南康, 建昌	新築	紳家・里民합동	公・私
	42	1614	17) 縣城堤	同上	經費 협조	紳 단독	公
	年間		18) 封郭州冷港口湖堤	九江, 德化	經費 협조, 歲修費 自擔	生員 단독	公・私
	年間		19) 觀音閘	饒州, 餘干	居民・廣大한 耕地보호하는 堤防, 1,000餘金들여 5年만에 수축	生員 단독	公・私
泰昌	元	1620	20) 永興圩	南康, 建昌	수축 건의	紳 단독	公・私
天啓	2	1622	21) 永興圩西堤・南堤	同上	圩人의 호소에 따라 수축 건의	紳 단독	公・私
	3	1623	22) 漁江堤	廣信, 弋陽	居民을 勸誘하여 파괴된 堤防 修復	生員 단독	公・私
	6	1626	23) 大岸圩 등 4圩	南康, 建昌	新築	紳 단독	私
	初		24) 都圳堰	南康, 安義	파괴된 堰 수축 건의	生員・吏目합동	公・私
	年間		25) 千金陂	撫州, 臨川	陂 수축에 필요한 經費 數千金 협조	紳・士・民합동	公・私
	年間		26) 菜市門堤=清江鎭堤	臨江, 清江	160餘丈 堤防 수축 협조	紳 합동	公私不明
崇禎	元	1628	27) 小市坊堤	同上	知縣의 요청에 따라 計劃立案, 經費보조, 監督수축	紳 합동	公・私
	3	1630	28) 紫陽堤	南康, 星子	舟船 정박・水災예방 위한 堤防 180丈 수축에 경비 협조	紳・士 합동	公
	6	1633	29) 龍河堰	袁州, 萬載	修復하여 水利權 장악	擧人・家族합동	私
	7	1634	30) 白沙堤, 路堤, 梓陂	南昌, 進賢	父老의 건의에 따라 修築을 건의・경비부담・공사감독	紳・士 합동	公・私
	8	1635	31) 喩方堤	瑞州, 高安	居民의 家屋・耕地 보호하는 堤防 수축을 건의・공사협조	擧人 단독	公

전달하는 일, ⑤ 노동력 혹은 공사비의 염출, ⑥ 공사의 감독, ⑦ 상하관청 사이의 이견조정 등 여러 문제에 개입하거나 영향력을 행사하였다. 또 이 글에서는 잠시 논외(論外)로 한 문제, 예컨대 향촌에서의 재판과 조정의 역을 맡고 반란을 진압하고 토적(土賊)을 방어하고 지방정치에 대한지방관의 자문역이 되는 등의 정치적 역할, 도로를 개설하고 교량을 수축하고 의전(義田)·의창(義倉)·의총(義塚) 등을 설치하고 광범한 구휼사업을 전개하는 등의 경제적 역할, 향약(鄕約)을 주관하고 사묘(祠廟)를 건립하고 의학(義學)·서원을 건립하고 서책(書冊)을 편찬하고 향론을 수렴하여 세역감면이나 폐정(弊政)의 시정을 건의하는 등 문화적인 역할 등에서도, 수리문제에서 볼 수 있는 신사의 다양한 역할은 같은 시기의 같은 양상으로 나타났다. 바꾸어 말하면 향리(鄕里)에서 신사의 역할은 실로 사회의 모든 분야에 걸쳐서 매우 다양하게 나타났다. 신사의 이러한 역할 가운데 ①~⑥은 명초 이래 이장(里長)·이노인(里老人) 역시 비슷하게 수행하였다. 그러나 신사는 약화되어 가는 이갑제 질서를 대신해서 더 강력하고 광범하게 그러한 역할을 추진할 수 있었고, 거기에 ⑦의 역할도 가능하였다.

신사의 이상과 같은 행동과 역할은 신(紳)만, 혹은 사(士)만이 개별적으로 개입하는 경우도 많았지만, 때로는 '신사공의(紳士公議)' 혹은 신사의 동류의식(同類意識)의 발로에 따라 여러 명의 신사가 광범하게 연합하는 경우도 많았다. 또 신사는 이러한 일에 공의식을 발휘하여 자발적으로 개입하는 경우도 있었지만, 때로는 지방관이나 거민(居民)의 요청에 따라 개입하는 경우도 많았다. 신사의 수리문제에 대한 개입은 말하자면 국가권력·신사·향촌거민의 입장이 모처럼 하나로 모아진 결과였다. 바꾸어 말하면, 명조 국가권력은 종래 이갑제 질서를 통하여 수행해 오던 향촌의 여러 기능이 점차 약화되어 가는 상황에서 향촌지배기능의 일부를 신사에게 위임함으로써 향촌질서의 공백부분을 보충하고 유지하려 하였다. 또 농민들도 향촌의 재생산 유지기능의 일부를 신사의 공의식에 의존함으로써, 지방관부의 행정력과 이갑제 질서가 약화되면서 생긴 공백부분을 메울 수 있는 신사의 역할을 당연한 것으로 인식하였다. 신사는 신사대로 자신의 잠재적인 영향력을 발휘함으로써, 공적으로는 관부와의 관계를 돈독히 하는 동시에 향촌사회에 대해서는 사대부로서의 자신의 존재를 확인시켜 영향력을 유지・확대하고, 사적으로는 개인의 이익도 보호할 뿐 아니라 평소 그들의 사리추구 행동도 합리화하려 하였다. 수리문제에 개입한 신사의 의도가, 기록에는 대부분 공익(公益)을 위한 것으로 되어 있으나, 그 공사의 효과를 고려해 보면 반드시 순수한 공익을 위한 것이었다기보다는 그 계기가 성격상 신사의 개인적 이익을 보호하기 위한 행동이라 추측되는 예가 많다는 점은 이를 반증한다.

이상과 같은 신사의 존재양태와 계층적 성격은, 시기에 따라, 그리고 경제발전 정도에 따라 차이가 있었고 또 사회변화에도 질적인 차이가 있었지만, 거의 같은 시기에 양자강 중류 삼성지역에서 출현하기 시작해 비슷한 양상으로 진행되었다. 또 양자강 하류지방이나 복건, 광동지방의 상황도 크게 다르지 않았다. 따라서 양자강 중류 삼성지역에서 나타난 신사의 역할은 이보다 선진지역 또는 낙후지역, 바꾸어 말하면 신사가 존재하는 중국 모든 지역에서 일반화시킬 수 있다.

신사는 사적으로는 신사 개인의 이익을 추구하는 행동도 많았으나, 공적으로 보면, 향촌에 대해서는 국가지배의 보좌역(補佐役)으로, 국가권력에 대해서는 향촌여론의 대변자로 그 역할을 담당하였고, 또 때로는 국가권력과 향촌이해의 조정자(調停者)라는 역할을 담당하는 등, 공적이고도 사적인 양면성을 모두 가진 존재였다고 할 수 있을 것이다.

小 結

양자강 중류 삼성지역은 명 중기 이후 중국의 유수한 식량공급지로 등장하였다. 그 가운데 강서지방은 명초 이래 각 지역에 꾸준히 개간이 진전된 결과였는데, 특히 파양호 주변과 강서남부의 감주부 지역이 급속히 개발되었다. 호광(호북・호남)지방은 명대에 실제 전지증가율이 239.2%나 되었으며, 15세기 중엽부터는 "호광숙 천하족(湖廣熟 天下足)"의 평판이 나올 정도로 미곡의 유출이 많은 지역이었다. 지역적으로 보면 특히 호북에서 3배 이상의 전지가 증가하였고, 호광 모든 성으로 보면 한수(漢水) 하류 지역에서 동정호 주변에 이르는 운몽택(雲夢澤) 6부 지역이 집중적으로 개발되었다.

양자강 중류가 중국의 유수한 식량공급지로 발전할 수 있었던 계기로 크게 두 가지를 들 수 있다. 하나는 중국 모든 지역에서 거대한 인구이동이 진행된 결과, 인구희소지역인 강서남부와 호광지방으로 인구의 재배치가 이루어진 것이었고, 또 하나는 '지광인희(地廣人稀)' 지역에 들어온 객민이 토착인과 경쟁적으로 산야를 개간하고 강과 호수 주변의 저습지에 우(圩)와 완제(垸堤)를 축조함으로써 농업의 안정화와 농토의 확대가 이루어진 것이었다. 강서와 호광지방에서 인구가 희소하고 개발이 낙후되었던 지역까지도 중기 이후 급속히 개발되어 간 것은 그 결과였다. 그리하여 명말에 이르면 양자강 중류역의 삼성지역은 대체로 비슷한 수준으로 전지가 개발되어, 동일경제지역(同一經濟地域)으로 자리를 굳혀 오늘에 이르게 되었다.

양자강 중류의 농촌사회가 이렇게 변화되는 과정에서 신사도 중요한 역할을 담당하였다. 신사는 사적으로는 주어진 특권을 이용하여 일일이 나열하기 힘들 정도로 개인적 이익을 추구하는 행동을 하였다. 그러나 공적인 면에서 보면 향촌에 대해서는 국가통치의 보좌역으로, 국가권력에 대해서는 향촌여론의 대변자라는 역할을 담당하였고, 또 때로는 국가권력과 지방사회의 이해의 조정자의 입장에 서기도 하면서, 사회의 변화에 직접 간접으로 영향력을 행사하였다. 그 구성원의 수가 많고 복잡했던 점, 지역적 특성의 다양성, 급격한 사회변화, 이해관계의 복잡성, 정치사회적인 역학관계 등의 원인 때문에 신사의 역할은 지극히 다양하게 표출되었다. 그러나 거시적으로 보면 신사의 사회경제적 역할은 '사리추구(私利追求)와 공의식(公意識)의 발로'라(고 하)는 양면성을 모두 가지고 있었다.

〈附論 2〉

'資本主義萌芽' 論

序　言

'자본주의 맹아론(資本主義萌芽論)'은 1950년대 중기부터 지난 세기 말까지 중국 역사학계의 명청시대사 연구에서 중요한 주제가 되어 왔다.[1] 그렇게 된 배경으로 크게 두 가지를 들 수 있다. 하나는 서양학자들의 '중국사회 정체론(停滯論)'을 비판적으로 극복하기 위함이고, 둘째로 중국 공산주의 정권 성립의 '혁명적 성격'을 합리화하고자 중국사 내부에서 세계사적 법칙성을 발견하려는 목적 때문이었다. 그 결과, 중국 공산주의 정권에서 개혁하고자 했던 여러 가지 사회현상의 기원이 명말·청초(16~18세기)라는 점과, 아편전쟁 이전 중국 전통사회 내부에서도 주체적이고 자생적인 '자본주의' 발전의 계기(자본주의적 지향성)가 존재한다는 인식 등을 가지게 되었다.

바꾸어 말하면, 명말·청초의 시기를 송(宋)에서 청(淸)에 이르는 장기간(10세기 중엽~19세기 중엽)의 역사발전 과정에서 중요한 단락 가운데 하나[명말청초획기론(明末淸初劃期論)]라고 인식하면서, 구체적인 연구 결과가 '자본주의 맹아' 토론으로 나타난 것이다. 이 시기 '자본주의 맹아'의 대표적인 지표로 명 중기 이후 생산력의 발전과, 은(銀)의 대대적인 유통에서 비롯된 상품경제의 발전을 꼽는다.

명말·청초 시기 중국사에서, 명조에서 청조로 왕조가 교체된 것 외에 가장 중요한 특징으로 상품경제의 대대적인 발전을 든다. 또 그 밖에도 지주제

---

1) 田居儉·宋元强, 1987A, 附錄의 「建國以來中國資本主義萌芽研究索引」에는 1949년~1984년까지 專著 26종, 論文 565종을 소개하고 있다. 그런데 趙曉華, 2004의 「主要參考文獻目錄」에는 專著 31種, 論文 463종을 소개하고 있다.

(地主制)의 변화, 이갑제(里甲制) 질서의 해체, 부역제도(賦役制度)의 개혁, 전국적인 민중운동, 그리고 이러한 사회·경제적 변화의 총체적인 표현이라 할 수 있는 사상의 다양화 및 경세실용학의 발달 등을 이 시대의 특징이라 지적할 수 있다. 중국의 '자본주의 맹아'론에서는 이러한 면을 모두 고려하고 있다. 하지만, 지금까지 발표된 그 많은 연구 업적에도 불구하고, 그 '토론'이 목적하는 바를 완전히 매듭지을 수 있는 합리적이고 납득할 만한 이론에 도달했는가 하는 점은 아직도 회의적이다.[2] 그것은 '맹아'론이 너무나 다양한 문제를 다루고 있기 때문이기도 하다.

이 글에서는 이러한 인식 아래, 지금까지 중국 역사학계가 연구해 온 '자본주의 맹아론'을 간단히 정리하고, 세계 학계에서 논의되고 있는 명말·청초기의 강남 직물업(織物業)의 발전 정도와 그 성격을 분석해 보려 한다. 강남의 직물업은 명청시대 수공업 가운데 대표적인 것이다. 특히 면방직업(綿紡織業)에 대해서는 학자들이 부분적으로만 '자본주의 맹아'를 인정하고 있는 반면, 견직물업(絹織物業)에 대해서는 거의 대부분의 학자들이 '맹아'의 전형적인 예라고 공통적으로 인정하고 있다. 따라서 양자의 비교를 통해 명말·청초 강남 수공업 발달의 일면을 확인할 수 있을 뿐 아니라, 이를 계기로 중국 역사학계에서 진행되고 있는 '자본주의 맹아' 토론의 현황과 문제점을 재음미하는 중요한 단서가 될 것이라 생각한다.

Ⅰ. 中國 學界의 '資本主義萌芽' 問題 討論

1. 討論의 契機와 過程

중국 역사학계에서 '자본주의 맹아' 논쟁이 본격화된 것은 1950년대 중반이었으나, 이미 1930년대부터 그러한 움직임이 시작되었다. 바꾸어 말하면, 소련의 역사에서 자본주의적 사회의 성립과 발전과정을 '맹아(또는 요소)→생산관계(우클라드)→승리한 사회의 구성'의 세 단계로 구분하는, 이른바 '러시

---

2) 王業鍵, 1983; 李伯重(이화승 역), 2006, pp.23~62; 趙曉華, 2004; 田中正俊, 1982.

아사의 시대구분' 논쟁[3]의 영향으로, 1930년대부터 중국에서도 '중국사회의 성격' 논전(論戰)이 일어났다. 이 과정에서 등척[4]·부의능[5]·여진우[6] 등이, 구체적으로 '자본주의 맹아'란 용어 대신 자본주의적 '인소(因素)'란 용어를 사용하여 서구 자본주의가 들어오기 전 특히 명 말기부터 자생적으로 자본주의를 지향하는 현상이 나타났음을 지적하였다. 중국 공산주의 정권이 들어선 후에도 상월[7]은 명청시대에 동남 연해지방 일대에서 농업 생산과 수공업 생산 방식 속에 자본주의적 인소(因素)가 있었다고 주장하였고, 후외로[8]도 17세기의 중국사회에 이미 자본주의적 '유아(幼芽)'와 '시민운동'이 존재하였으며, 당시의 계몽사상은 이러한 경제발전과 사회조건의 반영이라고 하였다.

이러한 움직임은 1954년부터 본격적인 '맹아' 토론으로 발전하였는데, 다음 두 가지가 논쟁의 직접적 계기였다. 하나는 1954년에 나타난 『홍루몽(紅樓夢)』 논쟁으로, 문학자들이 『홍루몽』의 역사적 평가를 둘러싸고 그 방면의 태두(泰斗)인 유평백 교수의 업적을 비판하면서 시작되었다. 또 하나는 "중국 봉건사회에서 상품경제의 발전은 이미 자본주의의 맹아를 내포하고 있었다. 설사 외국 자본주의의 영향이 없었다 하더라도 중국은 역시 점진적으로 자본주의 사회로 발전해 갔을 것이다"라고 한 모택동의 주장에 자극을 받은 것이다.[9]

맨 처음 『홍루몽』 논쟁은 이희범·남령[10]이 촉발했고, 이를 받아 등척[11]은 『홍루몽』을 역사학적으로 평가하면서 명청사회의 성격을 논하기 시작했다. 그 뒤를 이어 '자본주의 맹아'에 대한 수많은 연구가 발표되었는데, 50년대 중기로부터 60년대 중기에 이르는 시기는 '맹아' 토론의 극성기였다. 이 기간

---

3) 田中正俊, 1973(鈴木俊 등, 1957 原載, 閔斗基 編, 1984, pp.265～294에 번역됨), pp.208～209.
4) 鄧拓, 1959.
5) 傅衣凌, 1982.
6) 呂振羽, 1937.
7) 尚鉞, 1954.
8) 候外盧, 1956.
9) 田中正俊, 1973, pp.205～216; 田居儉·宋元强, 1987B, pp.4～6.
10) 李希凡·藍翎, 1954A, 1954C.
11) 鄧拓, 1959(『人民日報』 1955, 1, 9. 原載).

동안 200여 편의 논문과 여러 종의 전저(專著)가 나왔는데,[12] 이 가운데 『중국 자본주의 맹아문제 토론집(中國資本主義萌芽問題討論集)』(上·下)[13]과 『중국 자본주의 맹아문제 토론집』(續編)[14]에 대표적인 논문들이 실려 있다.

이 과정에서 ① 자본주의 '맹아'의 개념은 무엇이며, 언제부터 시작되었는가, ② 자본주의 '맹아'의 발전 정도와 수준은 어떠하였으며, 맹아의 발생으로 중국사회는 변화되었는가, ③ 자본주의 '맹아'가 당시의 사회적 계층구조에 어떠한 영향을 끼쳤는가 등이 핵심적 사안으로 등장했다. 그리고 이러한 논점을 해결하고자 견직업·면직업·광야업(鑛冶業, 礦冶業이라 표기하기도 함)·도자업(陶瓷業) 등 수공업 부문의 분석에 주력하였다.[15]

전체적으로 볼 때, 이 시기의 연구는 아직도 사료의 수집과 현상을 단순히 기술하는 단계에 머물렀을 뿐, 개념과 범주에 대한 지표를 명확하게 규정했다고는 보기 어렵다. 또 이를 비판하는 측도 엄격하고 구체적인 논리를 갖고 있지는 못하였다. 어떤 문제의 쟁점을 분석할 때도, 서로 다른 사료를 통해 자신의 논리만 전개할 뿐, 상대방의 자료를 분석, 비판하여 자신의 이론체계에 포섭하는 적극적 연구는 거의 없었다.

또 한 가지 근본적인 문제는 '맹아'의 발생 시기를 더욱 소급하려는 경향이다. 대개의 논자들은 정도의 차이는 있으나 명말·청초의 시기에 '맹아'의 존재를 인정하고 있다. 이러한 논리는 생산력의 발전과 기본적인 생산관계를 고려해 도출되었다. 그러나 그 시기를 소급하려는 학자들은 경영형태론적인 입장에 치우쳐 있다.

1966년부터 10여 년 동안의 문화혁명기(文化革命期)는 중국에서 학술연구

---

12) 구체적인 論·著目錄은 田居儉·宋元强, 1987A, 附錄; 趙曉華, 2004, 「主要參考文獻目錄」 참조. 中國에서 1950년대 중기에서 60년대 초기에 걸쳐 『홍루몽』 논쟁에서 출발하여 자본주의 '맹아' 토론에 이르는 논쟁에 대해서는 田中正俊, 1973, pp.212~229 참조.

13) 中國人民大學 中國歷史教研室 編, 1957. 1956年 9月 이전에 발표된 33편 수록함.

14) 南京大學歷史系 中國古代史教研室 編, 1960. 1956年 10月 이후 兩年에 발표된 20편 수록함.

15) 農業 가운데 '자본주의맹아' 연구는 얼마 되지 않았다. 이에 대해서는 뒤에 자세히 설명하겠음.

의 암흑시대였으나, 1976년부터는 학문연구가 다시 시작되었다. 통계에 따르면 1976년부터 1984년까지 '맹아'에 대하여 150여 편의 논문과 몇 종의 전문서적이 발표되었다.16) 이 가운데 『명청 자본주의 맹아 연구논문집(明淸資本主義萌芽硏究論文集)』17)과 『중국 자본주의 맹아문제 논문집(中國資本主義萌芽問題論文集)』18)이 대표적이다. 이 시기 연구의 특징은, ① 1950년대에는 마르크스주의를 근거로 『홍루몽』의 시대배경과 '맹아'를 연결하여 종합적이고 일반적인 입장에서 '맹아'를 논하였으나, 1970~1980년대에는 특정 지역〔섬서·광서·광동·소주·불산〕 또는 개별 산업(각종 수공업·상업·광업·농업 등)의 분석을 통해서 '맹아'의 존재를 확인하려는 연구가 많은 점 ② '맹아'의 개념을 구체화, 논리화하려는 노력이 많은 점 ③ 이용하는 사료가 정전류(政典類), 개인의 문집 외에도 당안(檔案)·계약문서(契約文書)·비각문(碑刻文)·사회조사 자료 등으로 다양해졌다는 점 ④ 1950년대에는 대가들의 글이 많았으나 근래에는 젊은 학자들이 대거 참여하여, 방법론이나 문제의식에서 다양하고 구체적인 접근방식을 택했고, 또 주목할 만한 연구 성과가 많이 나온 점 ⑤ 새로운 문제의식으로 '맹아'의 발전이 완만했던 원인을 밝히거나, 또는 '자본주의 방식'이 중국에서는 왜 불가능했는지 등을 분석하기 위한 새로운 추구가 시작되었다는 점 등을 지적할 수 있다.

2. '萌芽'의 槪念과 出現 時期

'자본주의 맹아'의 개념은 매우 다양하게 제시되고 있으나, 거시적으로 종합해 보면 다음과 같이 정리할 수 있다. ① '자본주의 맹아'는 실제로 자본주의 생산관계의 발생과정을 뜻하며, 오랫동안 계속된 점진적 변화과정이어야 한다. 그 과정에서 '신질(新質)'과 '구질(舊質)'이 같이 존재하는 과도성(過渡

16) 田居儉·宋元强, 1987B, p.7.
17) 南京大學歷史系 明淸史硏究室 編, 1981. 文化革命 이전에 발표된 13편과 1976~1979년에 발표된 12편, 도합 25편을 수록함.
18) 南京大學歷史系 明淸史硏究室 編, 1983. 1980~1982년 4월까지 발표된 18편 수록함.

性)·양면성이 공존한다. 이 과정에서 '신질' 요소는 끊임없이 늘어나고 '구질' 요소는 끊임없이 완만하게 쇠퇴해 간다. 또 이 과정에서 지역별, 부문별, 수공업 분야별로 성장이 서로 다른 불평등한 양상이 나타난다. ② '맹아'는 일종의 생산관계인 동시에 사회관계이다. 이러한 현상은 '봉건사회'의 만기〔晩期; 즉 후기(後期)〕에 사회경제적 발전이 일정한 '역사조건'에 이르렀을 때 나타나는 것이다. ③ '맹아'는 일종의 새롭고 선진적인 생산관계로서, 중도에서 요절(夭折)하지 않고, 계승성·연속성·발전단계성이 있어야 한다는 점 등이다.

그리고 이러한 '맹아' 출현의 전제 조건 또는 지표로서 보통 다음 세 가지를 제시한다. ⓐ 상품경제가 비교적 크게 발전하여 상품생산자가 상품생산을 통해 이윤을 얻을 수 있고, ⓑ 노동력이 상품화되어 상품생산을 위한 고용노동이 출현하여야 하고, ⓒ 사회생산력의 발전이 일정한 수준에 도달하여 소상품생산자가 분화하고, 화폐자본의 원시적인 축적이 형성되어야 한다는 것 등이다.[19)]

중국에서는 맹아의 출현 시기에 대하여 다양한 논쟁이 계속되었다. 지금까지 발표된 대부분의 논설은 명청시대에 '맹아'의 출현을 상정하고 있으나, 그 가운데에는 호기창·부축부 등의 '전국시대 출현'설, 요회림·장수팽 등의 '양한시대(兩漢時代) 출현'설, 공경위·오해약 등의 '당대(唐代) 출현'설, 범문란·속세징·가창기·한대성·곽정충 등의 '송대 출현'설, 정천정·전굉 등의 '원대 출현'설 등도 있다.[20)]

하지만 중국사회에서 자본주의 '맹아'의 존재를 인정하는 대부분의 논자는 명청시대 출현설을 지지하고 있다. 그 가운데 대표적인 학자로 상월·부의능·홍환춘·후외로·등척·오승명 등을 들 수 있다.[21)] 이들은 맹아 발생 기간의 길고 짧음이나 맹아의 효과에 대한 해석 등에서 차이를 보이지만, 공통

---

19) 魏金玉, 1982, pp.505~509; 許滌新·吳承明 編, 1985, pp.5~7; 尹進, 1987, pp.102~118 등 참조.

20) 田居儉·宋元强, 1987B, pp.9~21 참조.

21) 尚鉞, 1954; 同, 1955A; 同, 1955B; 傅衣凌, 1956; 同, 1964; 洪煥椿, 1958; 侯外廬, 1955; 同, 1956; 鄧拓, 1959; 吳承明, 1981.

적으로 '맹아'의 시작은 대개 15세기에서 16세기라 상정하고 있다. 그리고 당시 '자본주의 맹아'는 이미 상당히 발전하여 수공공장 단계, 나아가 자본의 원시축적 단계에 도달하였고 '시민계급'도 형성되었다고 주장한다. 그리고 그 지표로 강남지방의 직물수공업을 필두로 각 지역의 다양한 수공업을 예로 들고 있다.[22)]

이에 대하여, 중국사에서 '맹아'의 존재를 부정하거나, 또는 명청시대 '맹아'의 존재는 인정하더라도, 그것은 장기적인 '봉건제 국가(封建制國家)'의 존재형태 때문에 극히 완만하게 발전하였고, 아직 수공공장 단계 또는 자본의 원시적인 축적단계에도 이르지 못했다고 주장하는 학자들도 많다. 이들은 '자본주의 맹아'가 중국 사회구조를 변화시킬 정도는 아니었다고 평가하는 신중론자들이라고 볼 수 있는데,[23)] 전굉 · 전백찬 · 허대령 · 오대곤 · 여주 등이 대표적인 학자이다.[24)]

이상과 같은 '자본주의 맹아' 발전 정도에 대해 토론하면서 두 가지 논의가 부수적으로 발생하였다. 하나는 '중국사회의 성격은 명청시대에 들어 변화하였는가', 그리고 '중국의 근대사는 언제 시작되었던가' 하는 의문이 그것이다. 이 토론에서 상월[25)]은 1840년을 획기로 보는 것에 반대하면서, 중국의 '봉건사회'가 본질적으로 변한 시기는 바로 명말의 30년~50년 동안이었다고 주장한다. 중국 근대사의 기점을 명말 · 청초로 볼 수 있느냐에 대해서는 논란의 여지가 있지만, 명말 · 청초를 하나의 획기로 보았다는 점에서는 이의(異議)가 없다. 상월의 이러한 주장에 대하여는 유대년[26)] · 여주[27)] 등이 일찍이 반론을 제기한 바 있다. 또 최근 들어 호여뢰 · 공경위 · 황일평 등이 아편전쟁 전까지 중국사회의 기본구조는 근본적으로 변화되지 않았다고 반론을 제기하였다.[28)]

---

22) 이들 論文에 대한 구체적인 분석은 田中正俊, 1973; 田居儉 · 宋元强, 1987B, pp.22~26 등 참조.

23) 이에 대한 分析은 田中正俊, 1973; 田居儉 · 宋元强, 1987B, pp.29~32 참조.

24) 全宏, 1955(『中國科學院歷史研究所第三所集刊』 2集, 1955 原載); 翦伯贊, 1955; 許大齡, 1956; 吳大琨, 1955A; 黎澍, 1956.

25) 中國人民大學中國歷史教研室 編, 1957.

26) 劉大年, 1958.

27) 黎澍, 1959.

또 하나는 명청시대에 '맹아'가 발전하였다면, 그것은 사회의 계급구조에도 영향을 주었던가 하는 점이다. 이에 대하여 후외로·부의능·유염[29] 등을 필두로 한 많은 연구자들은, 자본주의 생산관계 '맹아'의 발전을 통하여 계급관계도 변했으며, 그 결과 명청시대에 이미 시민계급과 시민운동이 출현하였다고 한다. 또 그 지표로서 동림·복사운동, 민변(民變), 이자성의 '균전면량(均田免糧)'·'평매평매(平買平賣)', 명말의 반이학사조(反理學思潮)와 계몽사상(啓蒙思想) 등을 들고 있다. 이에 대하여 오대곤·유지금[30] 등 소수의 학자들은 서양사회의 발전과정과 비교해 보면서, 명청시대에는 아직 신흥의 시민계급이나 시민운동은 출현하지 않았으며, 자본주의 '맹아'와 민변은 직접 관계가 있는 것도 아니라면서, 자본주의 '맹아'문제 자체가 거론되지도 않았던 지역[요동·산서·섬서]에서도 강절지방(江浙地方) 또는 동남 연해지방과 비슷한 민변이 일어났음을 근거로 들고 있다.

3. 手工業·農業部門 硏究의 實際

명청시대에 '맹아'를 긍정하며 자본주의적 생산관계가 발전했다고 보는 대다수의 학자들은 각종 수공업의 발전에서 그 근거를 찾는다. 먼저 견직물은 명청 자본주의 '맹아'문제 토론에서 가장 먼저 전형적인 사례로 인식되어 왔다. 왕중락[31]은, 그 뒤 여러 학자들이 인용하게 된 많은 자료를 일찍이 발굴하여, 강남지방의 견직물업을 통해 자본주의 '맹아'의 존재를 증명해 보였다. 그 후 전백찬[32]이 적극적으로 동조하였는데, 관영·민영의 견직물업에서 행해지던 전문적인 분공(分工), 자유계약을 통해 성립되던 고용노동의 존재, 화폐공임(工賃), 그리고 공장 수공업 규모로 견직물업이 발전한 것 등을 논리의 근거로 삼았다. 그러나 오대곤·팽택익·서신오[33] 등 일부 학자들은 견직물업

28) 田居儉·宋元强, 1987B, pp.35～36 참조.
29) 候外盧, 1956; 傅衣凌, 1957; 劉炎, 1955.
30) 吳大琨, 1955B; 劉志琴, 1982.
31) 王仲犖, 1951.
32) 翦伯贊, 1955.

에서 '맹아'의 존재를 부정하고 있다.

명청시대의 면직업(綿織業)에서 '맹아'를 발견해 보려는 시도 역시 일찍부터 시작되었다. 그 결과 견직물업처럼 광범한 지역에 걸쳐 전형적인 예가 존재하지는 않았지만, 면직물업을 통해서도 역시 '맹아'의 존재가 인정된다고 많은 연구자들이 공통으로 인식하고 있다.[34] 다만 면직물업의 어느 부분에서 '맹아'의 존재가 체현되었나 하는 문제가 논란이 되었는데, 크게 다음 세 가지 견해로 요약된다. 첫째, 면직물업에서 '면화와 면포를 바꾸는[以棉易布]' 포매주(包買主)의 존재를 '자본주의적'이라고 평가하는 관점이다.[35] 이에 대해서는 여주·소국량 등이 비판을 가하였다.[36] 둘째, 면직업 가운데 단포(踹布, 광택내는 일)와 염색 가공업에서 '맹아'를 인정하려는 관점으로, 허대령·서신오·팽우신 등이 그들이다.[37] 셋째, 서말(暑襪, 여름 버선) 봉제가공업(縫製加工業)에서 '맹아'를 인정하려는 관점도 있다.[38]

한편 명청시대 운남의 은동광업(銀銅礦業), 광동·섬서·하북의 야철(冶鐵)·단철업(鍛鐵業), 북경 서부의 석탄광업 등의 연구를 통하여 '맹아'의 출현을 확인하려는 노력도 있었다. 왕명륜·백수이·이용잠·위경원·노소 등은 긍정론자이고 황계신·여주·오대곤·나홍성 등은 반대하거나 신중론을 폈다.[39] 또 강서 경덕진(景德鎮)의 도자업에 대해서는, 이 부문을 연구한 대다수의 논자들이 경덕진 도자업은 명청시대에 이미 공장 수공업 단계에 도달하고 자유 고용노동이 발생했다는 이유로 '맹아' 출현을 긍정하고 있다. 그러나 여주와 반군칙 등 일부 학자들은 여기에 이의를 제기하고 있다.[40] 또 소금 생산의 경우, 명청시대 해염(海鹽) 생산업 가운데 어느 정도 자본주의적 고용관계가 출현하였다는 관점이 있다. 특히 사천의 정염업(井鹽業)에서는 더 많은 자

---

33) 吳大琨, 1960; 彭澤益, 1963; 徐新吾, 1983.
34) 田居儉·宋元强, 1987B, pp.50~57 참조.
35) 錢宏, 1955; 傅衣凌, 1957.
36) 黎澍, 1956; 蕭國亮, 1984.
37) 許大齡, 1956; 徐新吾, 1981; 彭雨新, 1951.
38) 從翰香, 1962.
39) 許滌新 등, 1985, pp.159~183, 452~555.
40) 許滌新 등, 1985, pp.555~588.

본주의적 경영방식이 출현하였다고 지적한다.[41] 기타 제차(製茶)·제연(製煙)·착유(搾油)·제당(製糖)[42]·제지(製紙)·목재업(木材業)[43]·해운업(海運業)[44] 등에서도 중국학자들은 '맹아'의 존재를 찾으려 애쓰고 있다.

한편 농업분야에서 자본주의 '맹아' 논쟁은 1950년~1960년대 초반까지 극히 소수의 학자만 참여하였다. 이때 핵심 논점은 ① 명청시대 농촌경제 가운데 '맹아'가 존재하였는가 ② 있었다면 그 출현시기와 발전의 수준은 어느 정도였던가 ③ 경영지주의 성격과 고용노동자의 사회적 지위는 어떠했는가 등이었다. 1960년대 초반만 해도, 농업부문에서는 '맹아'의 존재에 대해 신중론이 오히려 우세하였다. 그러나 70년대 중반 이후 1950년~1960년대의 문제의식에서 발전하여 '농업자본주의의 맹아' 발생의 조건, 발전과정, 완만하게 발전한 원인 등도 연구 대상에 포함시키면서, '맹아'의 존재를 인정하는 학자가 점차 증가하는 추세이다.

1970년~1980년대 중국사학계에서는, 농업분야의 '자본주의 맹아' 문제를 토론하면서 다음 네 가지 주제가 도출되었다. 첫째는, 농업에서 자본주의적 생산관계의 '맹아'가 출현했는가 여부, 있었다면 그 발생시기와 역사적 조건은 어떠했고, 그 발전과정과 수준은 어떠했는지에 관한 문제였다. 다수의 연구자는 중국의 농촌에서 자본주의 생산관계의 '맹아'가 출현하기는 했지만 그 정도는 미약하다고 결론을 내렸다. 그리고 그 출현 시기에 대한 논의는 분분하다. 심한 경우에는 당대와 송대 발생설도 있고[45], 상월·이문치[46] 등과 같이 15세기 중엽의 명 중기에 발생했다는 설도 있다. 이에 대해서는 윤진[47]의 논리적인 부정론이 오히려 설득력이 있다. 한편, 청대 발생설을 주장하는 학자는 전백찬·부의능·황면당·이지근·유영성·나륜·경소 등 다수이

41) 許滌新 등, 1985, pp.589~646; 田居儉·宋元强, 1987B, pp.71~74; 張學君·冉光英, 1981.
42) 許滌新 등, 1985, pp.329~362.
43) 許滌新 등, 1985, pp.410~451.
44) 許滌新 등, pp.646~672; 郭松義, 1983; 李龍潛, 1985.
45) 田居儉·宋元强, 1987B, p.76.
46) 尚鉞, 1955A; 李文治, 1983.
47) 尹進, 1987, pp.121~127.

다.[48] 이들 학자의 논리 근거는 저마(苧麻)·남정(藍靜)·차(茶)·사탕수수·연초 등 명말 이후 청대에 걸쳐 보편화한 상품경제 작물의 보급이다. 특히 부의능은 농업분야의 '자본주의 맹아'가 먼저 산구(山區)에서 시작되어 평원으로 옮겨갔으며, 또한 경제작물 분야에서 먼저 맹아가 등장한 후 벼농사 분야로 이동하였다는 구도를 제시하고 있다. 이들 청대 발생론에 대하여 허대령·오승명·방행·윤진·장유의[49] 등은 부분적으로 맹아의 존재를 인정하는 전제 위에 신중론을 펴거나, 아니면 완전한 반대 입장을 취하고 있다. 신중론이나 부정론을 펴는 학자들은 명청시대에는 농업생산력이 낙후되었고 자연경제도 아직 해체되지 않았다고 주장한다. 또한 자유 고용노동도 출현하지 않았고 화폐지조(貨幣地租)도 아직 우세하지 못했으며, 경영지주(經營地主)의 고공경영(雇工經營)도 '봉건적인 착취'의 범주에 불과했음을 근거로 든다.[50]

둘째는, 경영지주의 존재 여부이다. 명청시대 농업분야에서 '맹아' 출현을 긍정하는 학자 가운데 경소·나윤·유영성 등 대다수는 명청시대에 경영지주의 존재를 긍정하고 있고, 소수의 학자는 이를 부정하고 있다.[51] 셋째는 고용노동의 문제이다. 이 문제에 대해서는 논란이 아주 분분하지만, 보통 세 가지 관점으로 유형화할 수 있다. ① 명청시대의 농촌의 고용노동은 아주 복잡하였고 기본적으로는 '봉건성'이 강하였으나 어느 정도는 자유노동의 성격이 나타났다는 관점 ② 명청시대의 농업 고용 노동자는 기본적으로 자유로운 신분이었고, 따라서 '자본주의 고용 노동적' 성격을 띤다는 관점, 그리고 ③ 농업 고용 노동자는 아직 인권을 보장받지 못했으며 생산 자료의 속박에서 완전히 벗어나지 못했으므로, 자본주의적 성격을 가지고 있다고 볼 수 없다는 관점 등등이다.[52] 넷째는 농업 분야에서 자본주의 '맹아'의 발전 양상이 완만했던 이유를 밝히려 하였는데, 그 원인으로 '봉건적' 토지소유제와 '봉건적'

---

48) 翦伯贊, 1955; 傅衣凌, 1954; 黃冕堂, 1981; 李之勤, 1957; 劉永成, 1982; 羅崙, 1983A; 羅崙·景甦, 1984.

49) 許大齡, 1956; 吳承明, 1981; 方行, 1983; 尹進, 1987; 章有義, 1987.

50) 江太新, 1985; 魏金玉, 1982, 紹介; 田居儉·宋元强, 1987B, pp.76~86 참조.

51) 田居儉·宋元强, 1987B, pp.87~91 참조.

52) 田居儉·宋元强, 1987B, pp.92~99 참조.

국가권력의 존재를 주로 지적하고 있다.[53)]

끝으로, 이상의 각종 수공업과 농업분야의 연구에서 공통적으로 나타난 문제는, 중국사회에서는 왜 자본주의 '맹아'의 발전이 완만하였던가 하는 점이다. 이 문제에 대해서는 실로 수많은 학자들이 저마다 한 마디씩 하고 있는데, 이를 유형화해 보면 대개 다음 세 가지로 종합, 정리할 수 있다.[54)] 첫째, 명청시대의 '봉건적' 국가권력과 그 정책에서 원인을 찾으려는 노력이다. 명청시대의 국가권력은 억상(抑商)・폐관(閉關)・중세(重稅) 등을 통하여 상공업의 발전을 방해하였고, 또 한편으로 간황(墾荒)・진휼(賑恤)・초무(招撫)・세역 감면・치수관개정책(治水灌漑政策) 등을 통하여 위기에 처한 소농경제를 자연경제 구조 속에 안주시키려 했기 때문에 자본주의 맹아가 성장할 수 없었다는 논리이다. 둘째, '봉건적' 토지제도를 기반으로 한 생산・교환・분배방식의 구조에서 원인을 찾으려는 노력이다. 소농업과 가정수공업의 결합, 지방의 작은 시장에서 볼 수 있는 도시와 향촌의 일치, 지주・상인・고리대의 삼자 결합과 같은 사회경제적 구조 아래에서 생산력의 획기적인 발전 없이 '봉건적 구조'가 스스로 해체되기는 불가능하였다는 논리이다. 셋째, 비교적 최근에 제시된 논리 가운데 하나로, 청대의 인구급증을 중요한 원인으로 지목하기도 한다. 방행・조중진・왕업건의 연구[55)]가 이에 해당한다.

Ⅱ. 事例 分析 : 江南 紡織業

명의 홍무제(洪武帝)는 일찍이 전국의 농민에 대하여 5무～10무(畝) 정도의 농토를 경작하는 사람은 뽕나무・마(麻)・목면 등을 반 무(畝) 넓이만큼 심고, 10무 이상 경작하는 사람은 1무에 이 작물들을 심도록 명하였다.[56)] 그런 후에 마는 매 무마다 8냥, 목면은 4냥 정도의 세를 부과하고 뽕나무는 4년 후부터

---

53) 田居儉・宋元强, 1987B, pp.100～101 참조.
54) 田居儉・宋元强, 1987B, pp.102～111 참조.
55) 方行, 1981; 晁中辰, 1982; 王業鍵, 1983.
56) 明『太祖實錄』卷17, 乙巳年(1365) 6月 乙卯條.

세를 부과토록 하였다.[57] 홍무제의 이러한 정책은 뽕나무 · 마 · 목면 등 의료(依料) 생산의 자급을 장려하기 위한 것인데, 이것이 그 후 상품작물의 전개에 큰 영향을 주었다.

특히 양자강 하류의 강남지방은 송대 이래 "소호숙 천하족(蘇湖熟 天下足)" 혹은 "하늘에는 천당이 있고 땅에는 소주와 항주가 있다(上有天堂 下有蘇杭)"이란 속담이 나올 정도로 경제 · 문화적인 중심지였다. 그러나 명 중기에 접어들면서 소절지방(蘇浙地方)은 점차 상업과 직물수공업이 발달하면서 인구가 급증하게 되었다.[58] 그런데도 뽕나무 · 마 · 목면의 재배수익이 미곡(米穀)의 수익보다 나았으므로, 농민은 미곡을 생산하던 토지를 뽕나무나 목면 재배지로 전용하는 사례가 증가하였고, 미곡의 생산량은 크게 늘어날 수 없었다. 이러한 상황에도 불구하고 종래와 같이 화북이나 복건 등 지역은 이 지역의 미곡을 필요로 했다. 그 때문에 명 중기부터 강남지역은 결량(缺糧) 지구로 전락하여, 식량을 다른 곳에서 수입할 필요가 증대하여 갔다.

그런데 강남지방에서 직물수공업이 발달하게 된 이유는 반드시 농민의 적극적인 개입 때문만은 아니다. 이 지역은 명초 이래 세금이 과중한 지역〔重賦地域〕[59]이었을 뿐 아니라 대토지 소유의 증가 때문에 소농경제가 영세하였으므로, 생존을 위해서는 가계보충수단이 필요하였다. 이러한 현상은 화폐경제가 농촌까지 침투하게 된 명 중기부터 더욱 두드러지게 나타났다. 농촌의 주민까지도, 명초까지의 전통적인 '남자는 농사짓고 여자는 길쌈한다〔男耕女織〕'는 농가경영방식에서 탈피하여, 남자도 부업으로서 가내의 직물수공업에 참여하게 됨으로써, 부업생산이 가계에서 차지하는 비중이 높아졌을 뿐 아니라 이 지역의 경제와 사회구조 전반에 큰 변화를 가져오게 되었다.[60] 그 결과

---

57) 明『太祖實錄』卷31, 洪武元年 4月 辛丑朔條.

58) 명청시대의 강남의 인구를 고려할 때, 지금까지는 문헌에 기록된 인구의 수자만을 고려하였을 뿐, ⓐ 그들 외에 수많은 유동인구와 ⓑ 王府·紳士·勢豪家·大商人家 등에 종속된 대량의 奴婢, 혹은 ⓒ 妓女·娼妓들의 존재, 및 ⓓ 運河 沿途의 船上人, ⓔ 乞丐 등의 존재를 간과하여 왔다. 그러나 관부에서 파악하지 못하고 방치된, 이들의 존재를 고려하면, 강남의 인구는 과부에서 파악한 수치보다 훨씬 많았을 것으로 생각한다. 본편 제1장 참조.

59) 森正夫, 1988.

송강부와 소주부의 가정・곤산・상숙현과 태창주 일대에서는 상품작물로서 면화의 재배와 면직물업이 번성하고 소주・호주・가흥・항주부 일대에는 뽕나무의 재배와 양잠업・견직물업이 성하게 되었다.61)

1. 綿紡織業

홍무제가 의료(衣料)생산을 강제한 이후, 전국에 걸쳐 서민의 의료인 면포생산이 농가부업으로 전개되었는데, 이는 주로 자가소비를 위한 것이었다. 특히 미곡의 재배만으로는 재생산유지가 불가능하던 강남의 영세농민은 가계의 보충을 위해서 적극적으로 상품으로서의 면포생산을 시도하였다. 15세기 이래로 이러한 현상은 송강부의 도시와 농촌 어디서나 나타났다. 그리하여 송강부 일대는 점차 중국 면직물업의 중심지가 되었다.62)

송강부 일대가 이렇게 면직물업의 중심지가 된 원인을 다음과 같이 정리해 볼 수 있다. ① 면화는 13세기 말에 이 지역에 전파되었는데, 토지와 기후가 적당하여 송강부 토지의 1/2 내지 2/3 정도가 면화재배에 사용되었으므로 원료구득이 용이하였다.63) ② 부근에 소주・호주・항주 등 고도의 직물업 기술을 가진 지역이 있어 그 기술을 흡수하여 양질의 면포생산에 성공할 수 있었다.64) ③ 1433년 이래로 이 지역의 세량(稅糧)을 면포로 대납할 수 있게 되었고, 특히 15세기 말 이래 각지에서 세역이 은납화(銀納化)되면서 면포생산은 완전히 상품생산으로 그 성격이 변화했다.65) ④ 양자강・대운하・작은 수로

60) 正德, 『松江府志』 卷4, 風俗; 天啓, 『海鹽縣圖經』 卷4, 第1～4, 縣風土記; 西嶋定生, 1966; 田中正俊, 1984; 同氏, 1982 등 참조.

61) 嚴中平, 1955; 趙岡・陳種毅, 1977; 范金民・金文, 1993; 徐新吾, 1992.

62) 15세기 이후 棉布가 대중의료로 보급되면서, 당시 강남지방에서 산출된 면포가 거의 전국시장에 유통되었고 그 결과 각지의 면직업의 대부분은 쇠퇴하거나 혹은 면화재배에 치중하여, 전국적인 分業으로 재편성되어 갔다. 全漢昇, 1958.

63) 徐光啓, 『農政全書』 卷35, 木棉條에 '官民軍竈墾田 幾二百萬畝 大半種棉 當不止百萬畝'라 하고 있다. 그러나 松江府라 하여도 府의 全地域에서 면화가 재배된 것이 아니고, 府의 南部와 東部의 金山・上海, 蘇州府의 嘉定・太倉・常熟・崇明縣 등 黃海연안지방에서 盛했다.

64) 西嶋定生, 1966.

로 연결된 수로교통이 발달하여 화북 면화의 대량반입이 가능하였다.

위와 같은 배경 아래 송강부 일대에서 면직업이 발달했지만, 면직업은 한편으로는 농가의 위기상황 때문에 확산되기도 하였다. 즉 면직물은 처음부터 농가의 부업임을 전제로 생산물의 시장판매, 즉 상품으로 판매하기 위한 목적으로 생산하기 시작했다. 따라서 상품경제가 발전되어 감에 따라 시장의 규모가 커져서, 명말부터는 점차 시(市)·진(鎭)으로 불리는 중소도시가 나타났는데, 그 가운데 대표적인 예는 송강부 화정현의 주경진〔朱涇鎭; 후의 금산현(金山縣)〕, 소주부 가정현의 신경진(新涇鎭)·안정진(安亭鎭), 가흥부 가선현의 풍경진(楓涇鎭)·위당진(魏塘鎭) 등이었다.[66]

14·15세기 이래로 강남지방 면직물업 분야에서 상품생산이 발전하면서, 농가에서 생산된 면화는 일단 상인에게 팔리고 농민은 그것을 다시 구입하여 다음 단계의 가공을 행하는, 이른바 사회적 분업화가 진행되었다.[67] 바꾸어 말하면, 면화의 재배, 알핵(軋核, 씨를 빼는 일), 방적, 직포 등의 각 공정이 분화되어, 영세농민이나 수공업자는 이 가운데 어느 한두 부분을 전문적으로 담당하고 각 공정 사이에는 상인자본[68]이 개입하게 되었다. 이러한 각 교역 단계에는 대개 아행(牙行, 중개인)이 개입하여 중간이득을 취하였다.[69] 그리고 상품생산의 정도가 높아질수록 농민의 상업에 대한 의존도는 더욱 강화되어 갔다. 이 때문에 영세농민은 상인자본의 수탈(갖가지 불평등한 관계)을 감수해야만 하였다. 당시 영세농민은 면포를 취급하는 아행을 '살장(殺匠)'이라 부를 정도로 증오하였다. 따라서 당시 강남의 영세농민은 국가·대지주·대상인, 3자의 수탈대상이었던 것이다. 그러므로 농민이 이러한 압력을 뛰어넘어 생산력을 높이고 이윤을 축적하여 경제적으로 성장하기란 무척 어려웠다.[70]

---

65) 小山正明, 1971.
66) 傅衣凌, 1964; 劉石吉, 1987, pp.21～30.
67) 西嶋定生, 1987; 田中正俊, 1982, pp.233～234.
68) 단, 이러한 商人資本은, 동일한 상인자본이 전체 공정을 포괄하여 행해진 것이 아니고, 독립적이지만 강력하지 못한 영세상인의 개별적인 중개에 의해 세분되었다고 보아야 할 것이다. 따라서 거대자본가인 客商은 이렇게 閉鎖的인 생산지에서의 유통기구에 外的으로 의존해서만 비로소 영리추구가 가능하였다. 藤井宏, 1954.
69) 본서 제3편 제1장 참조.

한편, 소송(蘇松)지방을 중심으로 면포가 대량으로 생산되어 전국적으로 광범하게 유통되었다.[71] 이 지역에 진출한 대상인들은 본래 유통구조에서 나타나는 매매의 가격 차이를 이용하여 이윤을 얻었는데, 여기서 점차 면포생산의 각 공정에 깊숙이 개입하여 지배와 이윤을 확대하여 갔다. 절강성 호주부 오정현 남심진(南深鎭)에서 19세기 초에 일어난 다음 사례는 주목할 만하다.

> 남심진 시장의 좌상(坐商)은 새로운 면화가 나오기를 기다리다가, 동(東)에서 온 사람으로부터 돈을 주고 그것을 사서 점포에 쌓아 둔다. 그 모양은 위에서 아래까지 마치 서리나 눈같이 희다. 면포를 가진 사람이 오면 그 폭을 조사하고 값을 쳐준다. 그 사람은 면화와 면포를 교환한 후에 돌아간다. 이어서 서(西)에서 돈을 가진 사람이 오면 면포 값을 흥정하여 가격이 맞으면 계산서를 적어 주고 면포를 주어 보내면, 상인의 손에는 돈만 남는다.[72]

위의 기록을 보면, 좌상은 앉아서 국지시장(局地市場)과 외부의 큰 시장을 매개하고, 소생산자는 새로운 원료(즉 면화)를 받는 대신 그 값의 일부로 자기가 짠 면포를 넘겨준다. 이러한 일이 반복되면 상인은 마치 포매주[包買主; 매점상인(買占商人)]로서의 화포행[花布行; 포호(布號)]의 역할을 하게 되고 소생산자에 대한 교역은 사실상 원료전대(原料前貸)로 전환되는 셈이었다.[73]

---

70) 이러한 棉業生産構造의 성격은 실은 양면성을 가지는 것이다. 즉, 일면에서는 영세농민은 자기자본과 자기노동력에 의한 농가부업의 영역을 크게 벗어나지 못함으로써, 농업구조의 본질적인 변혁에는 이르지 못하였다. 그러나 한편으로 보면, 농민은 그러한 절대위기 하에서도 부업에 의한 상품생산으로 소농경영의 안정과 자립화를 어느 정도 강화시킬 수 있었다. 또 이를 기초로 하여 灌漑 등 촌락 내의 재생산활동, 즉 공동체기능도 가능하였고 이것이 후에 抗租運動의 기반이 되었으며 궁극적으로는 小農經營의 變質의 길을 걷는 기반도 되었다. 田中正俊, 1961.

71) 許滌新, 1985, pp.11~18에 따르면 清中葉의 中國의 전국적 상품유통량은 3.9억 냥이었고 이 가운데 未糧貿易은 42%, 棉布 24%, 鹽 15%였다.

72) 施國祁, 「吉貝居暇唱自序」, 咸豊, 『南深鎭志』 卷24, 物産.

73) 田中正俊, 1984, p.412.

그런데 위의 사료는 19세기 초의 것이므로, 이 사료를 통해서 명말·청초의 사정을 직접 유추할 수는 없다. 그러나 위의 사료를 다음의 기록과 결부시켜 생각해 보면 새로운 가능성이 보인다. 즉, 강희30년대의 송강부 출신 섭몽주의 『열세편』에는,

> 명대에는 표포(標布)가 인기가 있어, 부상거고(富商巨賈)로 큰 자본을 가지고 송강에 오는 사람은 보통 은(銀) 수만 냥을 들고 왔고, 많으면 수십만 냥, 적어도 만 냥은 들고 와서 사갔다. 그 때문에 아행(牙行)은 이러한 포상(布商, 객상)을 대우하기를 마치 왕후(王侯) 모시듯 하였고, 포상(布商)과 경쟁하는 것은 마치 전쟁 때 성루(城壘)를 대하는 것같이 어려웠다. 그 때문에, 아행은 세요가(勢要家)에게 의지하지 않으면 부지할 수 없었다.[74]

고 한 기록이 있다. 거대한 자본을 가진 외래의 객상[75]은 우선 지역 내부의 폐쇄적인 유통구조의 외부에서 아행을 통하여 표포(標布)를 수집해 갔지만, 만일 여의치 않으면 아행을 거치지 않고 객상 스스로 직접 소생산자와 접촉하기도 했음을 보여주는 사례이다. 따라서 19세기에 보이는 포호(布號)의 원료 선대사례는 16~17세기의 명말·청초 시대에도 거의 그대로 존재하였다고 추측할 수 있다. 이 사료에서 다음 두 가지 현상을 알 수 있다. 즉, ① 신사 등 세요가는 아행을 통하여 간접적으로 유통구조에 가담하였고, ② 상인자본에 의한 선대제 생산구조가 성립되어 갔다는 점 등이다.

다음으로 주목되는 사례는,

> (1) 송강에는 종래 서말(暑襪, 여름 버선)을 파는 상점이 없어 여름에도 모말(氈襪, 모직물로 만든 버선)을 신는 사람이 매우 많았다. 만력년간 이래 우돈포[尤墩布; 송강의 서교(西郊)에서 생산되는 면포]로 단서말(單暑襪, 홑버선)을 만들게 되었는데, 매우 가벼워 먼 곳의 상인이 다투어 와서 이를 사갔다. 그 때문에 송

74) 葉夢珠, 『閱世編』 卷7, 食貨5.
75) 이 가운데는 徽州商人이 많았다. 藤井宏, 1954 참조.

강부 성(城)의 서쪽 교외에 서말점(暑襪店)이 많이 생겨나서 백여 가나 되었다. 부(府)의 남녀는 모두 서말 만드는 것으로 생활하였는데, 서말점으로부터 제품의 수에 따라 품삯을 받았으니, 역시 민(民)에게 편익을 주는 새로운 일이었다.[76)]

(2) 이전 명대에는 수백 가의 포호(布號)가 모두 송강부의 풍경(楓涇)·주경(朱涇) 양 진에서 영업을 즐겼는데, 염방(染坊)·단방(踹坊)이나 상인은 모두 포호(布號)에 속하여 있었다.[77)]

라고 한 기록들이다. (1)은 만력년간(1537~1620)의 송강의 사정이고, (2)는 명말 송강의 포호(布號)가 염방(染坊, 염색업자와 그 공장)이나 단방(踹坊, 면포를 윤내는 업자와 그 공장)을 지배한 사례를 전해 준다.

상인자본의 기본적인 이익추구 형태는 사들인 상품을 그 형태 그대로 판매하여 가격차에서 생기는 이윤을 얻는 것이었다. 그러나 위의 3개 사료는 포호(布號)가 원료를 선대하거나, 또는 염색업자나 단포업자를 거느리거나, 혹은 직접 염방이나 단방을 개설하고 공장(工匠)을 고용하여 면포를 가공하기도 하고, 또는 농민에게 서말을 만들게 함으로써 새로운 영리 추구 형태로 발전하는 모습을 보여준다. 바꾸어 말하면, 16세기 후반부터 송강지역에서는 포호가 도시와 농촌의 면직물업을 지배하면서 면포를 가공해 가치를 부가한 후에 판매하는, 이른바 '선대생산' 형태[78)]가 나타났던 것이다. 그런데 소주부(蘇州府)에서는 이들 포상(布商)으로 그 이름이 알려진 사람들만 하여도 수십 가나 되었는데, 이들은 대개 휘주상인(徽州商人)이었다. 그리고 이들 가운데 어떤 포상(布商)은 연간 수십만 필의 면포를 취급하는 대상인 자본가였다.[79)]

76) 范濂, 『雲間據目抄』 卷2, 記風俗.
77) 顧公燮, 『消夏閑記摘鈔』 卷中, 芙蓉塘.
78) 宮崎市定, 1975.
79) 藤井宏, 1953~1954.

2. 絹織物業

견직업은 고대에서부터 발전되어 온 중국의 대표적인 산업으로, 송원시대의 전통을 이어 명대에 크게 발전하였으며, 남경·소주·호주·항주 등이 그 중심지였다. 견직물은 우선 명조 정부에서도 많이 필요하였는데, 궁중의 복식품을 비롯하여 문무관의 관복, 외국 사신(使臣)에 대한 상사품(賞賜品), 관리의 봉급 대용 등 여러 방면으로 소비되었다. 그 때문에 명조는 관수공업(官手工業)으로 자급체제를 갖추었다.[80] 즉, 북경과 남경에 내직염국[內織染局; 궁중 직속의 관영공장으로 환관이 감독]과 소주·항주 등 전국 24곳에 외직염국[外織染局; 공부(工部) 직속의 관영공장]을 설치하여 고급 견직물을 생산하였다.

내·외직염국의 노동력은 관의 관리·감독 아래 장역제(匠役制)에 따라 장호[匠戶; 장적(匠籍)에 등록된 민간수공업자]들을 동원하여 충원하였다. 그러나 관리의 가혹한 노동착취와 열악한 대우 및 이득의 중간 착복 때문에 선덕년간(1426~1435)부터는 장호의 회피와 장역의 도망·태공(怠工)이 빈발하고 기술수준도 현저하게 저하되었다. 명조에서도 장역제 개혁의 필요를 느껴, 1485년부터 장역을 은으로 대납할 수 있게 하였고, 1562년부터는 반장은제(班匠銀制)[81]를 실시하였다. 그 후로는 왕조가 필요한 견직물은 민간의 수공업자로부터 사들이거나[매판제(買辦制)] 납공에 의존하는 형식을 취하였다.[82]

이로부터 장호(匠戶)가 가진 고도의 견직기술이 관부의 지배로부터 해방되어, 농촌의 견직업이 급속하게 발달하는 계기가 되었고, 나아가서는 독립된 장호가 생산한 견직물이 주력품으로 등장하게 되었다. 바꾸어 말하면, 생산력이 향상되고 상품생산이 발전하여, 민간 기호가 정부에서 필요한 고급 견직물을 생산할 수 있을 정도로 기술과 능력을 갖추었기 때문에, 반장은제와 매판제가 실시될 수 있었던 것이다. 원말 14세기 중엽(1350~1355년경)에 항주에

80) 中山八郎, 1942; 彭澤益, 1963.
81) 官營工場 생산체제의 위기를 극복하기 위하여, 匠戶의 私經營을 인정하는 대신 匠役의 銀 代納을 허용한 것.
82) 陳詩啓, 1956 (『中國資本主義萌芽問題討論集』(上), 1957, 再收); 佐伯有一, 1956.

서 산 경험이 있는 서일기의 「직공대(織工對, 직공과의 문답)」에 따르면, 항주성(杭州城) 안의 전당(錢塘)에서 직기(織機) 4~5대를 둔 작방주(作坊主, 수공업 경영자)가 일용노동자 10여 명을 두고 야간작업까지 하면서 시장을 대상으로 정치(精緻)한 상품을 생산하였다고 한다.[83)]

한편, 남경·소주·항주 등 관영직조국(官營織造局)이 있던 대도시에서 민간 기호(機戶)가 성장하게 된 배경으로 민간부분의 수요증대를 고려해야 한다. 즉 정통원년(1436) 이후 관료의 봉급을 은으로 지급함에 따라 관료가 비단 소비자로 대두하였다. 또 비단은 보통은 평민의 의류는 아니었으나, 명 중기부터 사치가 만연하면서 평민의 견직물 착용도 점차 유행하게 되었다. 그 때문에 이들 도시지역에서는 관용(官用)의 고급품[단(緞)·금(錦)·나(羅)·사(紗)]뿐 아니라 널리 국내외 시장[동남아시아, 유럽, 일본 등]을 위한 보급품도 생산하였다.[84)]

도시지역의 견직물업은 소주를 중심으로 태호 주변[가정·태창·곤산·상숙을 제외한 지역], 호주·가흥·항주 등이 가장 번성하였다. 이곳에서도 생사·방적·직포 등 각 단계가 분리되어 있었고, 각 공정 사이에는 상인자본이 개입하여 이윤을 착취하였으므로, 그 발전방향은 면직업과 비슷하였다.[85)]

한편, 『장주현지』[86)] 등에 따르면, 공장(工匠)은 각기 전문 기능[직공(織工)·사공(紗工)·차공(車工)·주직(紬織)]을 가지고 있었고, 기호는 이들에게 며칠간 일했는지 계산하여 공임(工賃)을 지급하였다. 아직 주인을 정하지 못한 기능인은 새벽에 나가 일자리를 구하였다. 즉 단공(緞工)은 화교(花橋), 사공(紗工)은 광화사교(廣化寺橋), 차장(車匠)은 염계방(廉溪坊), 그리고 또 다른 사람들은 현묘관(玄妙觀) 앞[87)]에 떼 지어 모여 기호(機戶)가 불러 주기를 기다

83) 藤井宏, 1952.

84) 寺田隆信, 1971, p.296.

85) 佐伯有一·田中正俊, 1955.

86) 康熙, 『長洲縣志』 卷3, 風俗; 康熙, 『蘇州府志』 卷21, 風俗; 『欽定古今圖書集成』, 織方典, 卷676, 「蘇州風俗考」.

87) 蔣以化, 『西台漫記』 卷4에, "每晨起, 小戶數百人, 嗷嗷相聚玄妙口, 聽大戶呼織, 日取分金爲饔餐計"라 함.

렸다. 이러한 일용 노동시장이 이미 16세기 후반부터 존재하였다. 이들 일용 노동자는 만 명 이상 존재하였는데, 행두(行頭, 청부 중개인)의 주선에 따라 일거리를 얻는, 전근대적인 신분제의 속박을 받고 있었다. 이러한 형태의 경영을 '포공제(包工制)' 혹은 '포두제(包頭制)'라 한다.[88] 그런데 이러한 계약관계와 임금노동의 성격, 바꾸어 말하면 생산형태와 역사적 성격 등에 대해서는 아직도 분명치 못한 점이 많다. 그 때문에 자유로운 노동시장 성립에 대하여 부정론[89]과 긍정론[90]이 팽팽히 맞서 있다.

한편, 15세기부터는 소주 부근의 농촌지역에서도 견직물업이 발달하였다. 그 계기는 첫째, 면직업에서 본 바와 같은 농가의 위기상황을 극복하기 위해서 농민들이 적극적으로 부업삼아 상품으로 팔릴 직물을 생산하기 시작했다는 점, 둘째 남경·소주·호주·항주 등의 도시에서 장역호(匠役戶)의 독립으로 도시 견직물업이 발달하면서 이에 영향을 받았다는 점 등을 들 수 있다.

소주부의 성택진과 진택진의 기록[91]에 따르면, 송원시대에는 소주부성 안의 거민만 비단을 짰으나, 明의 홍희(洪熙)·선덕년간(宣德年間, 1425~1435)에는 오강현성(吳江縣城)의 주민도 비로소 점차 기직(機織)을 시작하였다. 다만, 당시에는 현성(縣城)의 사람이 부성(府城)으로부터 직인을 고용해서 경영하였다. 그러나 성화~홍치년간(1465~1505)에는 현민 가운데에서도 비단 짜는 기술을 익힌 사람이 나타났으며 이런 경우가 보편적으로 확산되었다. 그 결과 진(鎭) 주위 40~50리(20~25㎞) 범위 내의 주민은 모두 견직물의 이익을 좇게 되었다.

이렇게 농촌 수공업이 발달한 지역에는 인구가 증가하여 중소도시로 성장하여 갔다. 오강현 성택진의 경우, 명초에는 50~60가에 지나지 않던 작은 촌락이었으나, 성화년간(1465~1487)부터는 상인 등 거민이 점차 증가하기 시작하였고, 가정40년(1561)에는 수백 가로 증가하여 면(綿)과 주(紬)를 업으로 하

88) 宮崎市定, 1951; 佐伯有一, 1961.
89) 吳大琨, 1960; 彭澤益, 1963; 徐新吾, 1983.
90) 尙鉞, 1959(→ 南京大學歷史系 明清史研究室, 1960).
91) 乾隆, 『吳江縣志』 卷38, 生業; 乾隆, 『震澤縣志』 卷25, 生業.

는 '시(市)'가 되었다. 천계년간(天啓年間, 1621~1627)에는 1,000여 가(家)나 되었고, 청의 강희년간(1622~1722)에는 거민이 만여 가로 증가하고 건륭5년(1740)에는 진(鎭)으로 승격하였다.[92] 또 진택진의 경우에도, 원의 지정년간(至正年間, 1341~1367)에는 수십 가(家)밖에 되지 않는 촌락이었으나 명의 성화년간에 이르면 300~400가로 증가하였고 가정년간(1522~1566)에는 1,000여 가로 성장하였다. 옹정(雍正)4년(1726)에는 오강현에서 분리되어 진택현으로 독립하였는데, 그 관할 아래 있는 진택진은 거민이 2,000~3,000가나 되었다.[93]

이와 같이 명 중기 이후 면직물과 견직물 등 농촌 직물업의 발달로, 강남 일대에는 시(市)·진(鎭)이라 불리는 신흥도시가 우후죽순처럼 발생하였다.[94] 이들 도시는 주변에 농촌을 거느리고, 광범한 상품생산을 배경으로, 생산물의 집적과 거래소 기능을 담당하였다.[95]

이상과 같이 주변의 농촌에서 직물수공업이 광범하게 발달하고 그에 따라 중소의 신흥도시가 수없이 발흥한 것을 바탕으로 하여, 소주는 직물업의 중심지가 될 수 있었던 것이다. 바꾸어 말하면, 소주는 농산물의 거래시장일 뿐 아니라, 상품생산이 발전하면서 농업에서 떠난 수공업인구를 포용하여 수공업 도시의 성격을 강화해 갔다.[96] 그러나 도시와 농촌지역의 방직기술에는 여전히 현격한 차이가 있었다. 따라서 소주는 고급품의 생산과 가공·제조업을 담당하는 수공업 도시가 되었고 동시에 이렇게 생산된 모든 상품의 집산지 기능을 담당하게 되면서 전국 규모를 가진 시장의 기능도 함께 수행하였다.[97]

앞에서 서술한 것처럼, 소주 부근의 농민들은 처음부터 위기상황에서 부업으로 견직업에 참가하였다. 그들은 월 20~30%의 이자[98]로 돈을 빌려 잠종행(蠶種行)으로부터 종지(種紙)를 사서 누에를 길렀다. 영세농민은 상묘(桑苗)·

92) 康熙『吳江縣志』卷1, 輿地志(上), 市鎭; 乾隆『吳江縣志』卷4, 疆土4, 市鎭村.
93) 乾隆『震澤縣志』卷1, 沿革; 同書 卷4, 鎭市村.
94) 본서 제3편 제1장 참조.
95) 傅衣凌, 1964; 寺田隆信, 1958; 田中正俊, 1982; 劉石吉, 1987.
96) 李伯重, 2000.
97) 蘇州府城 東半인 長洲縣은 수공업 중심지역, 西半인 吳縣은 상업중심 지역이었다.
98) 川勝守, 1999, pp.372에서는 10%로 빌렸다고 함.

비료 · 상전(桑田)을 일관성 있게 경영할 수 없었으므로, 뽕잎도 보통은 상인에게서 구입하였다. 누에고치가 되면 나방이 되어 나오기 전까지 짧은 시간 안에 조사작업(繰絲作業, 생사 만드는 일)을 끝내야 했는데, 이 기간은 마침 봄의 농사일과 겹쳤다. 따라서 가족 노동력을 모두 투입하여 작업을 마친 후 자금의 회전이 필요하였으므로, 생사는 바로 시장에 내다 팔아야 하였다. 농민은 자기들의 생사를 매입하는 상인을 '사귀〔(絲鬼), 면직물 거래 아행은 살장(殺匠)이라 부름〕'라고 불렀을 만큼, 상인의 횡포는 심했다. 농민은 그 후 농한기를 이용하여 부업으로 견직을 하였는데, 이때는 생사상인으로부터 다시 원료인 생사를 되사야 하였다.[99)]

농촌 견직업의 구조가 이와 같았으므로, 15세기 이래로 강남의 농촌지역에서는 재상(栽桑) · 양잠 · 조사(繰絲) · 연사(撚絲) · 견직(絹織) 등의 공정이 분리되어, 각 공정 사이에 '사귀(絲鬼)'라 불리는 상인자본이 개입해서 이윤을 착취하였다. 바꾸어 말하면, 견직업의 생산구조도 면직업의 그것과 비슷하게 '사회적 분업화'가 성립되었던 것이다.

이러한 견직물업의 생산구조 아래에서 일부 소상품생산자 가운데 그 경영을 확대하고 자본을 증식하여 성장하는 사례도 있었다. 명말의 장한〔1511～1593, 항주부 인화 출신, 이부상서〕은 그의 선조가 성화(1465～1497) 말년에 직기(織機) 한 대를 가지고 견직물을 짜기 시작하였는데, 고급품이었으므로 날로 번창하여 20여 대로 증가하였고, 이러한 가업을 4대나 계속하였는데 각 대마다 수만 냥의 부를 축적하였다고 한다.[100)] 또 16세기 후반, 소주의 반씨(潘氏) 집안의 예를 보면 일개 직공의 위치에서 점차 자립하여, 반수겸(潘守謙)의 대에 이르러 100만의 부를 축적했다고 한다.[101)] 한편 풍몽룡의 소설 『성세

---

99) 그러나 농촌의 견직물 기술은 전반적으로 도시 수준에는 못 미쳤다. 紬 등 하급 견직물은 면포에 비해 가격 · 耐久性 · 시장성에서 오히려 열세였으므로, 농민 중에는 生絲를 판 돈으로 綿絲를 구입해 면포를 생산하는 경우도 있었다. 寺田隆信, 1957 참조.

100) 張瀚, 『松窗夢語』 卷6, 異聞紀. 그러나 張氏는 그 후 大地主 · 大官僚로 轉化했으므로, 이른바 대자본가로는 大成하지 못했다.

101) 沈德符, 『萬曆野獲編』 卷28, 「守土吏押妓」.

항언』에는, 가정년간의 오강현 성택진의 시복(施復) 부부의 고사를 소개하고 있다. 즉, 부부가 주기(紬機) 한 대를 놓고 양잠을 겸업하였다. 아내는 실을 뽑고 남편을 비단을 짰다. 조금 여유가 있는 기호는 보통 대여섯 필에서 10여 필 정도를 짜면 시장에 내다 팔았지만, 시복 내외는 소호(小戶)로 본전이 적었기에 3~4필이 되면 시장에 내다 팔았다. 그런데 이들의 비단은 고급품이어서 고가로 팔렸다. 이렇게 하여 직기가 3~4대로 증가하고 10년이 못 되어 수천금을 획득하자 부근의 집을 사들여 30~40대의 직기를 놓은 대기호(大機戶)가 되었다고 한다.[102)]

한편, 명 중기의 상인자본은 아직은 생산의 장에 직접 나서지 않은 채, 각 공정 사이에만 개입하였다. 또 농민도 상인에 예속되었지만, 그 형태는 개별 농민이 개별 상인에게 직접적이고 항상적으로 예속된 것은 아니었다. 또한 각 공정이 끝난 후 완성된 상품의 유통체계도 세분화되어 상인 사이에 상호경쟁이 이루어졌다. 따라서 상인자본의 이윤추구는 유통체계 속에서 가격형태를 통해서만 수탈이 가능하였다.[103)]

그런데 명말 호원경의 『서계풍토기(棲溪風土記)』에는 항주부 인화현 당서진(唐棲鎭)에 대하여,

> **휘주·항주의 대상인은 이 당서진을 이윤의 연수(淵藪)로 보고, 전당포를 열어 쌀을 매점하는 사람, 생사를 사서 사거(絲車)를 움직이는 사람 등, 상인이 연이어 모여 든다.**[104)]

고 하고 있다. 다시 말하면, 노동수단인 사거[絲車; 연사(撚絲)하는 기계]를 상인이 스스로 구비하고 있는 듯한 인상을 풍기는데, 이것은 상인자본이 직접 작업장을 경영하는 형태로 발전했음을 엿보게 한다. 또한, 옹정11년(1733)의 진사인 심박촌[귀안인(歸安人)]의 「악부(樂府)」에는,

---

102) 馮夢龍, 『醒世恒言』 卷18, 「施潤澤灘闕遇友」.
103) 田中正俊, 1982, pp.233~241.
104) 光緖, 『唐棲志』 卷18, 記風俗.

상인은 생사를 쌓아두고 비단을 짤 줄 몰라 그것을 농가에 나누어주고 미리 그 품값을 정한다.105)

고 하고 있다. 사행(絲行)은 팔고 남은 생사를 농민에게 나누어 주고, 농민은 자기 집에서 상인자본을 위한 실질적인 임금노동자로 행동하는, 소위 선대생산 형태가 이루어짐을 볼 수 있다. 또 『진택진지』에서,

연사(撚絲)와 조직(調織)의 일을 겸해서 하는 사람이 있다. 연사 일을 할 때, 자기의 생사로 해서 그 제품을 아행에게 파는 것을 '향경(鄕經)'이라 하고, 아행으로부터 생사를 받아 아행 대신 연사 일을 하고 그 공임(工賃)을 받는 것을 '요경(料經)'이라 한다.106)

고 한 것을 보면, 19세기 전반기가 되면 상인자본에 의한 선대생산 아니면 사실상의 임금노동이 이미 항상적으로 정착되어 있었음을 엿볼 수 있다.

이상의 3가지 예에서 공통적으로 볼 수 있는 것은, 이들 상인자본의 경영주체가 견장(絹莊, 견 도매상인)이 아니고 사행(絲行)이었다는 점이다. 바꾸어 말하면, 강남의 중소 도시에서는 사행이 견장보다도 먼저 선대생산을 할 수 있는 자본을 가지게 되었음을 의미한다.107)

한편, 17세기 후반, 청초 가흥부 수수현 보원진에서 일어난, 소상인과 기호 사이의 민변(民變) 사건을 전하는 일기에는,

양모(楊某)·고모(顧某), 또 다른 고모(顧某) 등 대상인이 시장을 장악하고 가게를 열어 이익을 독차지한 때문에 원성을 산 데에 원인이 있었다. 즉, 물건 값을

105) 『雙林記增纂』 卷9, 物産.

106) 道光, 『震澤鎭志』 卷2, 風俗.

107) 이상의 3個例와 그 역사적 성격에 대한 구체적인 분석은 田中正俊, 1982, pp.239~241 참조.

> 정할 때 마음대로 올리고 내려도 소상인은 호소할 길이 없고, 작업을 배당하여 견포(絹布)를 거두어들일 때 멋대로 수탈해도 기호(機戶)는 원한만 품을 뿐 감히 말할 수 없었으므로, 그들의 깊이 쌓인 원한이 갑자기 폭발한 것이다.[108]

라 하고 있다. 즉, 농촌 견직물업 중심지의 하나였던 보원진에서는 청 초기인 17세기 후반에 대상인이 기호에게 선대제 생산형태로 작업을 안배한 사실을 확인할 수 있다.

또 남경의 장방[帳房; 機戶]의 사정을 전하는 기록에,

> 남경의 상인은 단자상인(緞子商人)이 대종(大宗)을 이룬다. … 구제(舊制)에는 일호(一戶)의 직기수(織機數)를 100대를 넘지 않도록 함으로써 겸병을 억제하였으며 제한 이상을 소유하면 처벌하였다. 강녕(江寧)의 직조(織造) 조인(1658～1711)이 등록된 직기의 수에 따른 정규 세를 감면토록 상주하면서 〔직기 초과 제한의〕 금지가 해이해졌다. 건륭·가경년간(1736～1820)에는 남경성 내의 직기 수가 삼만에 달하였고 … 기업(機業)을 경영하는 가를 장방(帳房)이라 하고, 기호가 장방으로부터 직기를 빌리는 것을 대료(代料)라 한다. 다 짠 단자(緞子)를 단주인(緞主人, 단자업을 경영하는 상인, 즉 장방의 주인)에게 보내면 그 상인은 그 우열을 검사하는데 이를 수화(讐貨)라 한다. 짜기 전에 반드시 먼저 경사(經絲)를 염색한다. 경사는 호사(湖絲, 호주와 그 부근에서 산출되는 고급 생사)를 쓴다. 경사의 염색이 끝나면 낙공(絡工, 얼레에 실을 감는 공인)에게 나누어 준다. 낙공은 가난한 여자들이 많아 하루에 서너 타래의 생사를 감아 돈을 받아 쌀로 바꾸는데 하루의 끼니를 제공한다.[109]

고 하고 있다. 남경에서도 강희년간(1662～1722)에 단자(緞子)상인에 의한 선대생산형태가 성립되어 있었음을 알 수 있다.

또 소주부 오현[吳縣; 부곽(府郭) 서부]의 예로서,

108) 盧崇興(1675～1678에 嘉興知府),『守和日記』卷6, 讞語類,「一件墾天公飭等事」.
109) 光緖,『鳳麓小志』卷3, 志事,「記機業」第七.

사·단(紗緞) 업자[견직물의 기직(機織)경영자]를 장방(帳房)이라 하는데, 모두 57개가 부성 내의 동북지역에 산재해 있다. … 그 개설 시기는 멀리 200여 년 전(=18세기 초두)까지 올라가는 예도 있다. 각 장방 중에는 스스로 직기를 설치하고 직공을 부리는 자도 있으나, 대부분은 경(經)·위(緯)의 생사를 직공에게 주어 각기 직공이 사는 곳에서 기장(機匠)을 고용하여 직조하도록 한다. 이 직공을 기호(機戶)라고 한다. 이들 기호는 거의 1,000호에 가깝고 [그 아래에서 비단을 짜는] 기술자[機匠]는 거의 3,000~4,000명에 이르는데 [이들 기호·기장도] 역시 부성 내의 동북지역의 누문(婁門)·제문(齊門) 부근에 흩어져 산다. 유정(唯亭)·여구(蠡口) 등 근교의 향진에도 때때로 이들이 살고 있다. [한편] 여자 노동자로서 연사(撚絲)하는 사람을 세간에서는 조경낭(調經娘)이라 한다. 소녀나 빈녀(貧女)는 호마다 이러한 노동을 해서 생활하는 사람이 많다.110)

고 한 기록이 있다. 이 내용은 물론 20세기 초의 상황이지만, 이와 같이 선대생산을 하는 장방(帳房)의 기원이 18세기 초기까지 소급될 수 있다는 지적에 주목해야 한다.111)

이상 3개의 예를 종합해 볼 때, 17세기 후반에서 18세기 초반, 즉 청 강희년간부터는 남경·소주 등 대도시나 강절(江浙)지역의 유수한 수공업 시진에는 견직물업 가운데에서도 장방이라 불렸던 대상인에 의한 선대제 생산 형태가 존재하였음을 추측할 수 있다.112)

3. 明末·清初 江南紡織業의 歷史的 性格

중국학계에서는 1950년대 중엽부터 1960년대 초반에 걸쳐, 전국의 연구자를 동원하여 이른바 '중국 자본주의 맹아문제 토론'을 벌인 바 있고, 문화혁명

---

110) 民國,『吳縣志』卷51, 輿地考, 物産二, 工作之屬, 織作.
111) 田中正俊, 1984, p.414; 劉雲村, 1981.
112) 橫山英, 1960·1961; 田中正俊, 1984, pp.414~421.

이 끝난 이후, 심지어 1990년대 말에 이르기까지도 맹아문제에 대한 토론이 다시 일어나곤 하였다. 그 과정에서, 명말・청초에 강남에서 발달한 면직물・견직물 등 직물업에서 보이는 생산관계를 세계사적인 안목에서 근대 자본주의적 생산관계의 '맹아'라고 평가해 왔다. 이 가운데 특히 대표적인 지표의 하나는 직물 수공업에 대한 상인자본의 접근과 간여 여부, 그리고 그 정도와 의미를 평가하는 문제였다.

그런데 이 문제를 가장 먼저, 보다 구조적인 면에서 주목한 것은 일본의 니시지마 사다오(西嶋定生)였다.[113] 니시지마는 송강 일대의 면직물을 통하여 16~17세기의 중국의 농촌수공업의 구조적 특질을 분석하면서, ① 전제주의적 국가권력의 농민수탈, ② 그러한 토지제도 아래에서 '영세과소농(零細過小農)'적 농가경영, ③ 상인자본의 활약 등을 중국 전통시대 수공업의 대전제로 삼았다. 그러면서 니시지마는 ⓐ '영세과소'농민은 가계보조수단으로 적극적으로 상품생산을 추진하였고, ⓑ 그들의 부업적인 면포생산은 각개 경영단위(알핵・방적・직포 등)로 분업화되어 있었으며 이러한 구조에 상인자본이 개입하여 가혹한 수탈을 계속하였기 때문에 농민은 이윤의 축적이나 계급적 상승의 가능성은 거의 없었다는 점을 강조하였다. ⓒ 그러나 상인자본의 지배는 유통과정에서만 발휘되었고, ⓓ 상품생산 그 자체가 자본제 생산단계로 발전하는 것을 담보하지는 못하며, 더구나 상인자본 스스로 선대생산에 간여했다는 사료는 발견되지 않는다고 하였다. 니시지마의 위와 같은 연구는 종래 자급자족적인 존재로만 이해해 오던 강남지역의 영세 농민에게도 상품생산자적 측면이 있었음을 밝혔다는 점에서 중요한 의미를 지닌다. 그러나 '자본제 생산으로 발전해가는 증거'라 할 수 있는 선대생산의 존재에 대하여 보류 또는 부재설(不在說)을 주장한 점[114]을 보면 한계가 있는 논리였다.

니시지마의 이러한 주장에 대해서 하타노 요시히로(波多野善大)・후지이 히로시(藤井宏)・키타무라 히로나오(北村敬直)・사에끼 유이치(佐伯有一)・타나까 마사도시(田中正俊)[115] 등이 반론을 제기하고 상인자본의 선대생산의 존

113) 西嶋定生, 1966.
114) 許滌新 등, 1985, pp.398~402에서도 이에 동조하였다.

재 또는 그런 경향성이 있었음을 주장하였다. 특히 타나까는 "상인자본은 고리대 자본적 성격을 띠면서도 유통과정에서의 이윤추출을 극대화하기 위하여 항상적으로 생산자의 제품을 매점하는 데까지 이른다"[116]고 지적하면서, 니시지마의 '전대생산 부재설(前貸生産不在說)' 논증의 문제점을 대개 다음과 같이 지적하고 있다.[117] 즉 '문옥제(問屋制)'[118] 생산형태는 역사상 두 가지가 존재했는데, ㉠ 하나는 '봉건적' 생산양식에서 자본주의적 생산양식으로 이행하는 과정에서 발생했고, ㉡ 또 하나는 이보다 전 단계, 즉 전근대사회의 특징이라 할 수 있는 것으로, 전근대적 상인자본이 이윤추구를 위하여 필수적으로 거치게 되는 '생산지배(生産支配)' 형태의 '문옥제 전대생산(問屋制前貸生産)'이다. ㉠의 단계는 영국·스웨덴·프랑스 등의 '전형적'인 형태에서 볼 수 있는 것이고,[119] ㉡의 단계는 후진 지역과 식민지 등에서 볼 수 있다. 세계사적으로 볼 때, 전근대사회의 농민은 신분적으로 예속성이 강했다는 의미에서는 '비독립적'이었지만, 경영면에서는 '독립적 자영농민'이었다. 중국의 16~17세기에 농촌의 수공업을 담당한 직접 생산자 농민도 경영면에서는 '독립성'을 가진 존재였다. 이렇게 '독립성'을 가진 영세 빈궁 농민이 가내수공업을 경영할 때, 전기적(前期的) 상인자본이 이윤을 추구하기 위한 방편으로, 다시 말하면 '욕구증대의 필연적인 결과로서' 생산과정에도 간섭하기에 이르렀다. 그러므로 현실적으로나 관념적으로나 모두 상인자본이 주동이 되어 '선대 생산형태'가 성립하였다는 것이 타나까의 주장이다.[120]

이러한 과정에서 명대 중국의 농민은 수공업적 기능을 습득함에 따라, 자급자족을 위한 농업경영에만 머물지 않고 수공업에 점점 더 적극적으로 종사

---

115) 波多野善大, 1949; 藤井宏, 1953·1954; 北村敬直, 1955; 佐伯有一, 1957; 田中正俊, 1961.

116) 田中正俊, 1984, p.411.

117) 田中正俊, 1984, pp.422~429.

118) 일본 에도시대의 장거리 중개상인을 지칭하는데, 명청시대의 牙行으로 보아도 무방할 것이다.

119) 중국의 '자본주의 맹아' 토론 과정에서도 이러한 상인자본의 최고 형태에 관한 논리를 무작위로 적용한 데 문제가 있었다.

120) 최근에 閔耕俊, 2003에서도 이 논리를 재확인하였다.

하게 되어, 결국 원료의 선대를 받는 수준까지 성장하였다. 그리고 농촌에서 더 이상 생활할 수 없어 살던 곳을 떠나게 된 농민들은 지방 중소도시 또는 대도시로 몰려들었는데, 이 도시들은 모두 15세기 이후 농촌수공업이 성장함에 따라 발전한 곳이었다.[121] 이와 같은 사회변화를 반영하는 사례가 1601년 소주의 직용(織傭)의 변과 그 이후 연이어 일어난 '민변(民變)'이었다.[122]

명말·청초에 강남의 직물수공업은 비약적으로 발전하였다. 그러한 현상을 보여 주는 중요한 지표의 하나가 상인자본이 직접 생산에 참여하는 것, 즉 선대생산이었다. 그런데 면직물에서는, 16~17세기의 명말·청초부터 포호(布號, 면포자본가)가 염색업자 혹은 단포업자를 거느리거나 서말(暑襪)을 만들게 하는 등 면포 가공업에서는 확실한 선대제 생산구조가 존재하였으나 면포의 직조 면에서는 그럴 가능성이 있었다는 추측만 오가고 있다. 한편 견직물업에서는 16~17세기에 사행(絲行)이 먼저 견포의 직조에서 선대생산을 시작하였고 뒤이어 장방(帳房)으로 불리는 대상인도 선대생산에 참여하였다. 그러나 상인자본의 선대생산에서 보이는 16~17세기의 중국적인 '임금노동' 형태를, 중국역사학계의 주장처럼, 자본주의 생산양식의 '맹아'로 볼 수 있느냐 하는 문제는 아직도 많은 논의가 필요하다. 다만, 그러한 '임금노동' 형태는 분명히 16~17세기 이래 중국사회의 산물로서 면면히 이어져 오다가 중국의 자본주의 성립에 접목되었다는 점은 부정할 수 없다. 그러므로 그러한 생산관계는 어떠한 사회조건 아래에서 가능했으며 발전할 수 있었는지 좀 더 광범한 시각에서 재평가할 필요가 있다.

小 結

중국역사에서 명말·청초는 여러 면에서 사회변화가 현저하게 이루어진 시대였다. 그러한 지표 가운데 하나가 상품경제의 발전과 함께 나타난 생산관

---

121) 田中正俊, 1984, pp.421~427; 본서 제3편 제1장 참조.

122) 傅衣凌, 1957; 劉炎, 1955; 田中正俊, 1961; 朴元熇, 1990; 본서 제3편 제3장 참조.

계의 변화였다. 중국의 역사학계에서는 1950년대 중엽 이래, 제반 산업에서 나타난 이러한 현상들을 세계사적인 발전 방향과 결부시켜 '자본주의의 맹아'로 규정하여 왔다.

이러한 노력은 '중국사회 정체론'을 극복하려는 의도와, 중국 공산주의 혁명의 개혁대상이 되었던 여러 사회현상의 연원이 명말청초에 있다는 시각 아래, 역사의 발전단계로서의 자본주의가 중국에서 주체적으로 발전하였다고 주장하려는 의도에서 비롯되었다. 이러한 노력의 결과 지금까지 연구된 내용을 보면, 중국의 다양한 지역과 서로 다른 여러 갈래 산업에서 상인자본의 선대생산, 매뉴팩처의 존재 가능성이 지적되었고, 또 생산관계의 변화, '시민의 출현', 사회의식의 변화 등도 지적되었다.

중국학계에서 이러한 연구 노력은, 비단 중국학계 자체뿐 아니라 전 세계 중국사학계에 대하여 명말·청초 시대에 대한 학문적 관심을 환기시켰다는 점에서 큰 의의가 있다. 그리고 '자본주의 맹아'를 경제적인 측면에서 분석하는 데에만 그치지 않고 그 근원적인 세력인 직접생산자의 존재형태와 사회의식의 발전까지도 포함시켜 연구했다는 점에서도 새로운 가능성을 제시해 주었다. 특히 최근 들어 새로운 자료들이 속속 발견되고 있으므로, '맹아' 토론은 그 자체적인 논리화의 진전과 함께 명말·청초의 사회변화를 규명하는데 큰 역할을 기대해 볼 수 있다.

그러나 현 단계의 '맹아' 토론은 아직도 여러 가지 문제점을 완전히 불식하지 못했다. 첫째, 수공업 분야에서 발견되는 몇몇 현상을 '자본주의 맹아'의 사례로 제시하고, 그것을 '맹아'로 평가해 온 종래의 연구에서 크게 벗어나지 못한 상태로 무조건 '맹아현상'의 존재시기만 앞당기려는 시도가 계속되고 있다. 이러한 문제에 대해서는 중국에서 '맹아' 토론을 시작한 초창기에 여주(黎澍)가 "①많은 논문에서 자본주의적 발전의 존재를 규정하는 데 필요한 절차가 결여되어 있고, ②비상품 생산을 상품 생산으로 혼동하고, ③농노적(農奴的) 노동을 근대적 고용노동으로 간주하고, ④농업과 결합된 농가부업 및 길드수공업을 매뉴팩처로 간주하고, ⑤ 상인자본으로부터 공업자본을 도출해 내고 있다"[123]고 비판한 바 있는데, 그 말은 반세기가 지난 지금까지도 설득력이 있다고 생각된다. 둘째, 강남지역의 사례를 제외하면, 지금까지 지적된 많은 연구는 아직도 부분적·분산적이거나 지역적인 고립성을 면치 못한 느낌이 든다. 타나까 마사도시(田中正俊)가 이미 20여 년 전에, "산발적으로 발견되는 '자본주의적 현상'을 자본주의적 생산양식의 '맹아'로 부르면서도, 그것이 구체적으로 '자본주의'로 발전할 수 있을 만큼 생산관계를 내실 있게 구비하였던가"[124]라고 반문한 것도 경청해야 할 것이다. 따라서 앞으로 이 분야의 연구는 '맹아'의 주체적인 형성 여부나 개별적 현상을 발견하는 데 그치지 않고, 구조적이고 전체적인 측면을 이해할 수 있도록 상호 횡적인 연결성을 찾기 위해 노력해야 할 것이며, 좀 더 광범한 시각에서 재평가할 필요가 있다.

123) 黎澍, 1956.
124) 田中正俊, 1982, p.254.

제2편 國家權力과 紳士

제1장 明代의 國家權力과 紳士

序 言

근대 이전 중국의 사회발전 과정에 나타난 국가의 기능은 절대적인 것이었다. 그것이 가능했던 이면에는, 각 시대마다 그것을 가능케 한 윤활유 역할을 한 계층이 있었다. 명대 중엽부터 청말에 이르는 시기에는 신사[紳士; 청말의 신상(紳商) 포함]가 바로 그러한 역할을 담당하였다. 그 때문에, 신사의 다양한 역할과 존재양태는 명청시대의 통치형태와 사회구조를 포괄적으로 파악하기 위한 중요한 지표로 인식되어 왔다.

세계학계에서 명청시대 신사층에 주목하기 시작한 것은 1940년대부터였고, 연구가 집중된 것은 1960～1970년대였다.[1] 구미학계에서는 신사층의 정치적·사회적 동향과 사회적 계층이동에 대하여 청말을 주요 대상으로 삼아 연구하여 왔다.[2] 일본학계에서는 주로 명말·청초의 정치적·사회경제적 존재양태를, 세역제도(稅役制度)의 개혁과 생산관계를 중심으로 연구하여 왔으며, 최근에는 다양한 면에 이르기까지 연구영역을 확대해 가고 있다.[3] 중국의 대만과 대륙학계에서는 1940년대에 일부 학자의 연구가 있었고, 최근에 다시

---

1) 本村正一, 1940; 宮崎市定, 1946; 佐野學, 1947, 第2部, 第3輯; 吳晗·費孝通, 1948; 根岸佶, 1948; Fei, Hsiao-t'ung, 1953; Chang, Chung-li, 1955; 閔斗基, 1965; 본편 〈附論〉; 森正夫, 1975～1976; Waltner, Ann, 1983.

2) Chang, Chung-li, 1955; Idem, 1962; Hsiao, Kung-chuan, 1960; Marsh, Robert, 1961; Ho, Ping-ti, 1962; Ch'u, T'ung-tsu, 1962; Chow, Yung-tsu, 1966; Waltner, Ann, 1983; 閔斗基, 1965.

3) 森正夫, 1975～1976; 본편 〈附論〉 참조.

시작되어 다른 어느 지역보다도 활발한 저작활동을 보이고 있다.[4] 한국학계에서는 일본의 '향신(鄕紳)' 개념이 아닌 '신사(紳士)' 개념이 제창되었고, 최근에는 상당한 부분에 걸쳐 사례 연구도 나오고 있다.[5]

그런데 지금까지의 세계학계의 신사층 연구 현황을 보면, ⓐ 그 이해의 기준을 양자강 하류 강남지방에 국한시켜 이해하는 지역적 편중성이 아직도 나타나며, ⓑ 신사의 사회적 지배를 주로 신사의 특권적 지주(地主)라는 성격에만 집중하는, 연구방향의 다양성이 결여되는 등 여러 약점에서 아직도 크게 벗어나지 못하고 있다. 그 밖에도 ① 신사의 개념[6]과 범위 ② 신사가 계층으로 형성된 계기와 과정, 그리고 그 시기 ③ 신사의 다양한 역할과 존재양태의 지역 차 ④ 송대에서 청말에 이르는 시기에 존재한 사대부(士大夫)·신사·신상(紳商)의 제도적·사상적·신분적 또는 사회적 지위와 영향력 등의 차이 ⑤ 신사의 사회 계층적 성격 등의 문제에 대해서 아직 완전한 합의점에 도달하지 못했거나 연구가 극히 부진한 상태이다.

이 장에서는 지금까지 세계학계에서 추구해 온 신사층 연구를 총 정리해 본 후에 몇 가지 남은 문제를 재음미해 보려 한다. 그리고 신사의 개념은, '관직경력자(官職經歷者, 휴직·퇴직관료·진사 포함)와 미입사 학위소지자〔未入仕學位所持者; 사인(士人), 즉 거인(擧人)·공생(貢生)·감생(監生)·생원(生員) 등 미입사 관위지망자(官位志望者)〕를 포함하는, 과거제(科擧制)·연납제(捐納制)·학교제(學校制) 등을 매개로 하여 나타난 정치·사회적인 지배층모두를 일컫는 개념으로 사용하겠다.[7]

---

4) 吳晗·費孝通, 1948; 吳晗, 1959; 雙默, 1985; 馬敏, 1995; 徐茂明, 2004; 王先明, 1997; 王日根, 1996; 林麗月, 1978; 岑大利, 1998; 章開沅·馬敏·朱英, 2000; 陳寶良, 2005; 巴根, 1996; 賀躍夫, 1994; 郝秉鍵, 1997 등이 대표적이다. 또한 張仲禮·何炳棣·瞿同祖 등 많은 학자의 연구가 번역되어 학자들의 연구열을 자극하고 있다.

5) 馬敏, 1995; 徐茂明, 2004; 王先明, 1997; 王日根, 1996; 岑大利, 1998

6) 閔斗基, 1965; 雙默, 1985; 森正夫, 1975~1976.

7) 現職官僚의 경우는, 자기 직책을 수행하는 것이 아니고, 자기 고향 또는 座主門生의 일에 대하여 발언하거나 행동할 때는 관직경력자로서의 지위와 영향력을 행사하는 것이므로 紳士로 볼 수 있다. 그러므로 현직 관료는 양면적 신분 소유자이다. 부임지에서는 관원이고, 고향에서는 신사이다. 이에 대해서는 강희년간의 黃六鴻, 『福惠全書』(康熙33年刊) 卷4, 「待紳士」에 "本地鄕紳, 有任京外者, 有告假在籍者, 有閑廢家居

Ⅰ. 紳士層의 形成

1. 學位所持者의 出現

생원(生員)은 동시[童試; 부·주·현학(府州縣學)의 입학시험]에 합격한 학생으로, 성적에 따라 국자감(國子監)에 진학할 수도 있고 향시(鄕試)에 응시할 수도 있었다. 특히 생원만이 향시에 응시할 수 있도록 함으로써, 기본적으로는 양사기관(養士機關)]인 학교가 과거체계(科擧體系) 안으로 포섭된 것은 중국사에서 명대에 처음 생긴 제도이다. 그러므로 생원은 학교체계[생원→감생→관료]와 과거체계[생원→거인→진사→관료, 또는 생원→거인→관료]의 제1단계에 위치하는 학위소지자였다. 생원은 이미 홍무년간(洪武年間; 1368~1398)부터 9품관(品官)에 준하는 특권을 국가로부터 부여받았다. 즉 황제가 특권을 부여한 것이다. 그 가운데에서도 가장 중요한 것은 요역우면특권(徭役優免特權)이었다. 이 우면권(優免權)은 생원에게 경제적 이익과 함께 사회적 지위의 상승효과도 안겨 주었다. 또 생원의 이러한 특권은 평생 보장되는 것이었다. 이 때문에 생원은 단지 학위소지자에 불과했지만, 명초(明初)부터 평민층과는 다른 특권신분에 포함되었다.[8] 그 결과, 명초부터 국가와 사회에서 이들 생원을 모두 사대부의 일원으로 인정하게 되었으며, 생원 스스로도 사대부라는 자각과 공의식(公意識)을 체득하고 있었다.[9] 명청시대 생원의 사회적 성격이 당송시대의 그것과 다르며, 또 사상적·실제적인 면에서 생원이 사대부계층에 포함될 가능성은 여기에 있었다.

감생(監生)은 명초에는 대부분 생원으로부터 선발된 학위소지자였다. 감생

者"라 한 것 같이, 당시 사람들도 인정하고 있다. 한편, 관직경력자의 범위에는 未入流官도 포함시켰는데, 그 이유에 대해서는 吳金成, 1986, pp.71~72 참조. 최근 중국학계의 紳士(중국에서는 '士紳'이라고도 함)의 개념에 대한 논의는 徐茂明, 2004; 衷海燕, 2005-2 등 참조.

8) 吳晗, 1948; 同氏, 1959; 伍丹戈, 1981; 郝秉鍵, 1997, p.24; Ho, Ping-ti, 1962, pp.17~52; 多賀秋五郞, 1966, 1970; 吳金成, 1986, pp.12~23.

9) 陳寶良, 2005; 森正夫, 1980; 夫馬進, 1980A, 1980B.

은 홍무 초부터 향시에 응시할 수 있고(국자감과 과거의 결합), 그 자격만 가지고도 입사(入仕)가 가능하였으므로, 명대의 진사와 중・하급관료의 과반수가 감생 출신이었다. 감생은 홍무년간부터 요역우면 등 생원과 유사한 특권을 국가로부터 부여받았고 또 평생토록 보장되었다. 명대의 감생[중기 이후에는 공생(貢生)・예감생(例監生) 포함]의 사회적 성격이 당송시대의 태학생(太學生)과 다르고, 또 사상적・실제적인 면에서 사대부 계층에 포함될 여지가 여기에 있었다.[10)]

거인(擧人)은, 송대에는 성시[省試; 명대의 회시(會試)]에 단 한 번 응시할 자격만을 가지는 한시적인 자격에 불과하였고, 따라서 그 자격만 가지고 관직에 임명되는 예는 많지 않았다. 그러나 명초부터는 그 자격만으로도 입사가 가능하였고 국자감에서 학업을 계속하는 것도 허가되었다(과거제와 국자감의 결합). 그러므로 이들도 역시 감생과 같은 특권을 국가로부터 부여받았고 그 지위도 역시 평생 보장되었다. 따라서 명대 이후의 거인은 전대의 거인과는 달리, 사회적 특권층으로서 사대부계층의 범주에 포함될 수 있었다.[11)]

명대에 관직경력자(이들은 이미 이전 시대부터 특권계층이었다)와 학위소지자가 국가로부터 받은 신분적 지위와 특권은, 양적인 면에서는 그 후 약간의 변화가 있었지만, 질적인 면과 역사적・실제적 의미에서는 명초(사회에서 그들이 아직은 신사라고 불리지 않았던 시기)와 명말(사회에서 그들을 신사라 불렀고, 그들의 존재형태가 문제가 되었던 시기)이 비슷하였다. 바꾸어 말하면, 과거제와 학교제가 가지는 사회적 기능은 이미 명초부터 이전 시대와는 다르게 변화되었다. 그럼에도, 명초에는 국가나 사회에서 다 같이 그들을 '신사(紳士)'로 인식하지 않았다. 따라서 명초에 이미 실질적으로 존재하고 있던 관직경력자와 학위소지자가 중기 이후에 '신사'로 불리게 되는 계기와 과정은 위에서 본 내용이 아닌, 다른 곳에서 찾아야 할 것이다.

---

10) 吳晗, 1948, 1959; 楊啓樵, 1964; 林麗月, 1978; 吳金成, 1986, pp.23~33; 多賀秋五郎, 1970; 谷光隆, 1964; 五十嵐正一, 1979; Ho, Ping-ti, 1962, pp.27~34.

11) 岑大利, 1998, p.27; 吳金成, 1986, pp.33~37; 和田正廣, 1978A, 1978B.

2. 學位所持者의 階層的 固定化

명초에 생원이 특히 사회문제를 불러일으키지도 않았고 사회적으로 표출되지도) 않았던 원인은 다음 두 가지 면에서 설명될 수 있다. 첫째, 명초에는 생원의 수가 중기 이후에 견주어 1/5～1/10 정도로 훨씬 적었으나 국자감에 진학하는 수는 오히려 많았으며,[12] 둘째 명초에는 이갑제(里甲制) 질서[13] 아래에서 사회가 비교적 안정되어 있었고 향촌(鄕村)의 재생산(再生産) 유지기능도 이장(里長), 이노인(里老人) 등을 통하여 어느 정도 효과적으로 수행되고 있었다. 그러므로 미입사(未入仕) 학위소지자의 약간의 축적은 사회적으로 그리 큰 문제로 인식되지는 않았고, 또 국가나 사회에서 그들의 사회경제적 역할을 크게 기대하지도 않았다.

그러나 15세기 중기부터는 정치・사회질서의 이완현상이 나타나고(뒤에 자세히 언급할 것임), 그것은 학위소지자의 사회적 계층이동에도 영향을 미쳤다. 명초에 3만～6만 명(전체 인구의 0.1% 미만) 정도였던 생원의 수는 15세기 중기부터 급증하기 시작하여, 16세기에 이르러서는 명초의 5～10배나 되는 31만여 명으로 증가하였고, 명말에는 50만여 명으로 격증(전체 인구의 0.33% 이상)하였다. 그 결과 생원의 공생경쟁률(貢生競爭率)은 명초에 40 : 1 정도에서 중기 이후에는 300 : 1 내지 400 : 1 로 증가하였고, 향시의 경쟁률도 같은 기간에 59 : 1에서 300 : 1 이상으로 증가하였다. 그 결과 60～70% 정도의 생원은 단대생원(斷代生員)으로 끝날 수밖에 없게 되었다. 이제 생원이 진사(進士; 관료를 의미)는 고사하고 거인이나 감생까지 상승하는 것조차 거의 불가능해졌다. 이렇게 계층상승이 거의 불가능하게 된 절대다수의 생원은 국가가 보장해 준 특권을 향유하면서, 실현 가능한 개인적 이익이나 추구하는 '보신가(保身家)'적 존재로 향촌에 정착할 수밖에 없었다.[14]

---

12) 吳金成, 1986, pp.38～44.

13) 山根幸夫, 1966; 鶴見尙弘, 1971; 栗林宣夫, 1971; 韋慶遠, 1961; 川勝守, 1980, pp.33～183.

14) 吳金成, 1986, pp.38～50.

한편 홍무년간에는 관리 선발 면에서 감생이 오히려 진사보다 우대되었을 뿐 아니라, 공인안(空印案; 홍무9년), 호유용(胡惟庸)의 옥(獄; 홍무13년), 곽환(郭桓)의 안(案; 홍무18년), 남옥(藍玉)의 옥(獄; 홍무26년) 등 수많은 정치적 사건[15] 때문에 관직에 결원이 많았으므로, 감생의 출사(出仕)도 많았다. 그러나 15세기 중기부터는 돈을 내고 감생자격을 사는, 예감생(例監生; 경태원년, 1450)이 생기면서, 감생의 수는 2배로 증가한 것과는 다르게 매년 선발되는 관료의 수는 명 건국 초보다 오히려 감소하였다. 그 결과 감생이 된 후 20여 년을 기다려야 겨우 출사되는 것이 보편화되었다. 그 때문에 중기 이후부터는 12,500~22,500명 정도의 공생·감생이 입사의 기회를 얻지 못한 채 향촌에 정착, 고정되었다.[16] 바꾸어 말하면, 사환(仕宦) 기회의 상대적 감소와 감생 수의 배증(倍增)으로 말미암아, 명 중기부터는 감생의 자격만 가지고는 제도적으로 보장되어 있는 출사가 거의 불가능해졌다. 이렇게 하여 향촌에 정착하게 된 대다수 감생의 사회활동이나 생활양식, 세계관 등은 생원층과 유사해졌다. 국가와 사회의 인식도 마찬가지여서, 현실적으로 생원과 감생의 구분은 점차 희박해져 갔다.[17]

거인도 감생층이 사환의 도(途)에서 겪은 것과 비슷한 문제를 겪었다. 거인의 회시경쟁률은 15세기 중기에 12 : 1 정도였던 것이 16세기 초에는 15 : 1로 증가하였다. 15세기 후반부터는 4천~5천 명 정도의 거인이 입사의 기회를 얻지 못하고 역시 향촌에 정착하게 되었다. 이들 미입사 거인들에 대한 국가나 사회의 인식은 감생보다는 조금 우위였으나, 그들의 생활양식이나 세계관은 감생·생원의 그것과 크게 다를 바 없었다.[18]

이상과 같이 생원·감생·거인 등 미입사 학위층의 수가 급격히 증가하고 사회에 적체되어 있던 15세기 중엽을 고비로 하여, 한 번 관인을 배출한 적이

---

15) 吳晗, 1949; 山根幸夫, 1971; 檀上寬, 1978.

16) 謝肇淛, 『五雜俎』 卷15, 「事部三」; 岑大利, 1998, p.17 등에 따르면, 명말 감생의 70%가 예감생이었다고 한다.

17) 谷光隆, 1964; 林麗月, 1978; 五十嵐正一, 1979; 和田正廣, 1978-A; 吳金成, 1986, pp.44~50; Ho, Ping-ti, 1962, pp29~34.

18) 和田正廣, 1978A·B ; 吳金成, 1986, pp.50~54.

있는 가문에서 계속해서 관인을 배출하는 경향이 점차 굳어져 갔다.[19] 바꾸어 말하면, 학위층으로 계층상승을 하는 것은 더욱더 어려워지게 되었다. 명초로부터 과거제와 학교제가 결합되어 제도적·실질적으로 존재하고 있던 광범위한 학위소지자들은 이렇게 해서 중기 이후에 점차로 수적, 양적으로 적체되면서 하나의 독자적인 사회계층으로 고정되어 갔던 것이다.[20]

3. 紳士層의 成立

명조 국가권력이 학위층에게 9품관에 준하는 특권을 부여하면서 그들을 통치체제 속으로 끌어들이려 한 것은, 그들을 통하여 유교이념(儒敎理念)과 통치질서를 유지시키고 관료 보급원을 확보하기 위함이었다. 또 학위층 역시 사적으로 '보신가'적 행동을 하기도 했으나 공적으로는 사대부다운 자아의식(自我意識)과 공의식(公意識)을 소유하고 있었으므로, 일면에서는 국가의 그러한 기대에 부응하는 행동도 전개하였다. 그러한 의미에서는 "천하가 근심하기에 앞서 근심하고, 천하가 기뻐한 후에야 기뻐한다"[21]는 송대 이후 사대부의 이념적 전통을 학위층이 계승하였다고 할 수 있다. 유교이념과 공의식을 기초로 하여 정치에 참여해서 천하(天下) 일에 대하여 천자(天子; 황제)와 분치(分治)한다는 의지와 이념을 공유했다는 의미에서 보면, 송대의 사대부와 명청시대의 학위층은 비슷하였다.

그런데 명말·청초의 동란기를 살았고 그 자신도 생원이었던 고염무(顧炎武; 1613～1682)는

> 오늘날 천하의 공문[公門; 관부(官府)를 가리킴]을 출입하면서 관부의 정치를 어지럽게 하는 것은 생원이다. 세력가에 의지하며 향리(鄕里)에서 방자한 행동을 일삼는 것도 생원이다. 서리와 인연을 맺거나 심지어 스스로 서리가 되는 것

19) Ho Ping-ti, 1962, pp.112～114 ; 和田正廣, 1984A·B.
20) 岑大利, 1998, pp.27～29
21) 范仲淹, 『范文正公集』 卷7, 記, 「岳陽樓記」.

도 생원이다. 관부에서 한번 그 뜻을 거역하면 떼 지어 일어나 관부를 공격하는 것도 생원이다. 관부의 비밀과 약점을 들추어서 세상에 알리는 것도 생원이다. … 상부에서 그들을 다스리려 해도 불가능하다.[22)]

고 하면서, 생원의 이러한 사회활동을 '백년 이래의 대환(大患)'이라 하였다. 그러면 고염무가 말한 생원의 활동은 ⓐ 실제로 어떠했으며, ⓑ 언제부터 문제되기 시작하였으며, ⓒ 역사적으로는 어떠한 의미를 갖는 것이며, ⓓ 생원의 이러한 활동과 기타 감생·거인의 활동 사이에 어떤 관계가 있었는가?

명 중기 이래, 개인적 이해관계 혹은 공통의 이해관계 때문에 생원뿐 아니라 감생·거인 등이 합세한 광범한 학위소지자들이 집단행동을 일으킨 예는 수없이 많다.[23)] 그것을 유형화해 보면 ① 반제학관운동(反提學官運動), ② 향시부정항의(鄉試不正抗議), ③ 지방관의 탐학에 대한 항의·배척운동, ④ 반환관운동(反宦官運動), ⑤ 관인층(官人層)의 횡포에 대한 항의·공격, ⑥ 세역감면운동(稅·役減免運動), ⑦ 수리시설·교량 등의 수축 등으로 정리해 볼 수 있다. 이상의 행동 가운데 ①②③④⑥은 반관적(反官的)인 성격이 있고, ⑤는 관직경력자와 학위층 사이의 갈등, ④⑥⑦은 그 지방의 민중여론을 대변하는 성격이 있다. ⑤의 사례 가운데 어떤 생원이 관직경력자 또는 그 가족이나 노복에게 위해(危害)를 당했을 경우, 생원층은 서로가 얼굴을 본적도 없고 그 사건에 직접적인 이해관계가 없더라도, 공통의 배경을 가진 생원동사(生員同士)가 위해를 당했다는 계층적 공분(公憤)에서 결합하여 집단행동[항의·공격·추방운동]을 전개하였다. 명말에 이르면 이러한 여러 유형의 집단행동이 때로는 '사인공의(士人公議)'[24)]로 지칭되기도 하였다. 바꾸어 말하면, 명 중기 이

22) 顧炎武, 『顧亭林文集』 卷1, 「生員論」(中).
23) 傅衣凌, 1957; 丁易, 1950, pp.198～232, 541～571; 劉炎, 1955; 謝國楨, 1968; 劉志琴, 1979, 1982A·B; 林麗月, 1978, pp.90～98, 1984; 宮崎市定, 1953, 1974; 酒井忠夫, 1960, pp.145～196; 田中正俊, 1961; 大久保英子, 1958; 小野和子, 1961, 1962, 1983; 城井隆志, 1982; 奥崎裕司, 1978, 序章; 夫馬進, 1980A·B; 和田正廣, 1978A; 佐藤文俊, 1985, p.89; 吳金成, 1986, pp.62～70.

후 이들 미입사 학위층은 사대부로서의 자아의식 또는 공통의 이해관계에서 비롯된 계층 보호의지 등, 그들 사이에 광범한 동류의식(同類意識)을 공유하던 집단이었다. 당시에 국가권력이나 사회에서는 이렇게 동류의식에 기초를 두고 활동하는 학위층을 '사(士)'라고 하는 하나의 '독립된 사회계층'으로 인식하고 있었다.

그러면 학위층 사이에 그렇게 강한 동류의식이 존재할 수 있었던 계기는 무엇이었는가? 학위층은 유교적 교양과 이념을 체득한 관료 예비군이었고 자타가 공인하는 사대부였다. 또 그들은 국가로부터 9품관에 준하는 특권을 보장받은 특권층이었다. 그러나 현실적으로 보면, 관인층으로 상승하기는 거의 불가능하였다. 또 국가로부터 받은 특권이나 사회 일반의 인식 및 사회적 지위에서 보면, 학위층은 관직경력자와 분명히 구분되는 계층이었다. 그렇다고 그들은 평민도 아니었다. 그들은 실제로 평민과 동류이기를 부정하거나 거부하는 행동을 많이 하였다. 그들이 가끔 평민 편에 서서 평민의 여론을 대변하거나 심지어 농민반란에 가담하는 경우도 있었으나[25], 이는 그들이 평민이기 때문이 아니라 그러한 행동을 통하여 사대부로서 자신들의 존재를 확인하려는 공의식에서 비롯된 행동일 뿐이었다. 향촌에서 학위층의 '보신가'적 행동, 혹은 학위층 사이에 존재하던 강한 동류의식 등은 바로 이런 현실에 대한 민감한 자각에서 나온 것이었다.[26] 그러므로 이상과 같은 학위층의 계층의식, 행동양식, 또는 제도적·실제적 지위 등을 고려할 때, 명대의 학위층을 중국사회의 독특한 '사회의 중간계층(Intermediate Stratum)[27]이라 규정할 수 있을 것이다.

학위층이 한편에서는 관직경력자와도, 평민층과도 구별되고 또 구별되어야 하는 독특한 '중간계층'이었음에도 불구하고, 또 다른 편에서 보면 그들 학위층은 관직경력자와 더불어 하나의 계층으로 인식되기도 하였다. 명 중기

---

24) 夫馬進, 1980A·B.

25) 田中正俊, 1961; 淺井紀, 1976; 川勝守, 1980; 濱島敦俊, 1982; 山根幸夫, 1981, 1983; 佐藤文俊, 1985; 西村元照, 1974; 谷口規矩雄, 1986.

26) 吳金成, 1986, pp.55~70.

27) 閔斗基, 1965, p.130.

이후의 사료에서 많이 보이는 '신금(紳衿)' 혹은 '신사(紳士)'라는 용어의 개념은 분명히 관직경력자층[紳]과 학위층[士]을 모두 포괄하고 있다. 경우에 따라서는 관직경력자와 학위층이 하나의 사회계층, 즉 '신사'[28]로도 인식되고 있었던 것이다.

그러면 제도적·현실적 지위가 현저히 다름에도 불구하고 '신'과 '사'가 '신사'로 연칭(連稱)될 수 있었던 계기는 무엇이었을까?[29] 첫째, 이념적인 면에서, 미입사 학위층에게도 사대부라는 자아의식과 공의식이 있었다. 그들이 비록 '보신가'적 행동을 하는 예도 많았으나, 그들이 내세우는 이상은 사리추구가 아니고 정치에 참여하여 유교적 이념과 대의(大義)를 실현하는 것이었다. 바꾸어 말하면, "천하가 근심하기에 앞서 근심하고, 천하가 기뻐한 후에 기뻐한다[先天下之憂而憂, 後天下之樂而樂]"는, 천하에 대한 사명의식을 가졌다는 의미에서, 관직경력자와 학위층은 비슷하였다.[30] 둘째, 언어적·문화적 세계의 공통점을 들 수 있다. 신·사는 다 같이 고전[古典; 경전(經典)] 지식과 언어[관화(官話)] 능력의 소유자였으므로, 겉으로 드러내지 않는 자부심을 가지고 있었다. 이로 말미암아, 그들은 같은 지역에 사는 농민보다, 타지에 살고 방언도 전혀 다른 신사와 오히려 더욱 친근감과 동류의식을 느꼈다. 셋째, 중국 전래의 좌주문생(座主門生) 관계의 전통[31] 역시 한 원인이 되었다. 과거제가 시작된 수·당시대 이래로 과거시험에서 고시관과 합격자 사이에는 거리의 원근, 방언의 여하, 면식(面識)의 유무, 수학(授學)의 유무를 막론하고 깊은 사제관계(師弟關係)를 맺었다. 그리고 그 관계는 그 후의 정치·사회적인 여러 관계와 전후좌우로 연결되고 확대되면서 서로에게 영향을 미쳤다. 넷째, 명

28) 明代의 史料 가운데 '紳士'라는 용어가 맨 처음 보이는 것은 況鍾, 『明況太守龍岡公治蘇政績全集』 卷13, 條諭 下, 「紳士約束子第示」(宣德7年〈1432〉3月)이다.

29) 신과 사가 동류의식을 갖고, '同志'로서 서로가 존중하며, 지방관들도 사인을 존중할 수밖에 없었던 이유는, 사인이 평생 사인으로 끝나는 것이 아니고 언젠가는 '紳'이 될 수 있는 가능성을 지닌 존재였기 때문이다. 吳晗, 1991. 청대의 官箴書를 보면 부임지에 가면 신사를 잘 대접하도록 종용하고 있다. 徐茂明, 2004, p.16.

30) 吳金成, 1986, pp.12~37.

31) 顧炎武, 『顧亭林文集』, 「生員論」(中); 顧炎武, 『日知錄』 卷17, 「座主門生」; 趙翼, 『陔餘叢考』 卷29, 「座主見門生例」; 商衍鎏, 1958, pp.8~9; 宮崎市定, 1974.

중기 이후 성행하게 된 서원의 강학풍조(講學風潮) 역시 중요하다.[32] 서원의 강학과정에서는 학문토론뿐 아니라 정치비판도 행해졌다. 강회(講會)에 참여하는 관직경력자와 학위층은 현실적인 신분과 빈부의 차이를 초월하여, 서로 '동지(同志)'라고 불렀으며 그 과정에서 깊은 붕우적(朋友的) 정의(情誼)와 동지의식으로 결합되었다. 다섯째, 남송시대 이래 사대부 계층이 학문·수양·취미·상호부조 등을 위해 결성한 사(社)·회(會) 등의 모임이, 명 중기 이후 다시 활발해지면서 시사(詩社)·문사(文社)·동년(同年) 등의 문학동인(文學同人) 그룹으로 발전하였던 점도 고려해야 할 것이다.[33] 여섯째, 동향의식(同鄕意識)의 발로를 들 수 있다.[34] 고향출신의 관료가 귀향하면 그 지방의 모든 관인이나 학위층과 교분(交分)을 쌓았다. 또 경사(京師)나 대도시에서도 동향[넓게는 동성(同省)]의 신사 사이에는 선후배 또는 사제관계로 광범한 협조가 이루어졌다. 일곱째, 종족결합관계에서 : 관직경력자와 학위층은 결혼을 통하여 서로 깊은 유대와 협조를 유지했다.[35] 여덟째, 공적·사적으로 이해가 합치될 때, 관직경력자와 학위층 사이에 쉽게 공통점을 찾아 협조할 수 있었다.[36] 이러한 신사의 동류의식이 발생하는 결절점(結節點)으로 관학[官學; 부주현(府州縣)의 유학(儒學)]과 서원(書院)이 가장 두드러진 장소였고, 그 가운데 사학(私學)인 서원이 관학보다 더욱 효과적이었다.

이상의 여러 요소가 서로 복합적으로 작용함으로써, 명 중기 이후 관직경력자와 학위층이 '신'·'사'뿐 아니고 '신사'로서 동류의 계층적 일체감, 즉 계층의식을 가지게 되었다고 생각한다. 명말에 중국 각 지역에서 '향신공의(鄕紳公議)', '사인공의(士人公議)'만이 아니고 '신사공의[(紳士公議), 사신공의(士紳公議)라고도 하였음]'[37]가 형성된 것은 바로 '신사층'이 지닌 이상과 같

---

32) 謝國楨, 1968; 岑大利, 1998, pp.89~103, 130~135; 溝口雄三, 1971, 1978; 小野和子, 1958; 吳金成, 2007A, 제2편 제1·2장 등 참조.

33) 謝國楨, 1968; 徐茂明, 2004, pp.155~165; 吳智和, 1998; 小野和子, 1962; 橫田輝俊, 1975.

34) 吳金成, 1986, pp.77~78. 명말 이후, 특히 청대에 들어서 전국의 도시에 건립된 會館의 기능에서도 그러한 면을 볼 수 있다.

35) 徐茂明, 2004, pp.203~208, 229~230; 于瑞桓·何成, 2002-4.

36) 吳金成, 1986, pp.151~163, 214~223, 260~265.

은 동류의식의 소산이었다고 할 수 있다.

그러나 위에서 언급한 여러 요소는 정도의 차이는 있었지만, 그 이전 시대에도 이미 존재하였다. 그러면 왜 그러한 요소들이 명 중기부터 효과를 발휘하여 신사층이라는 단일 계층을 형성케 하였을까? 그것은 다음과 같은, 이전의 다른 시대에는 없었던 몇 가지 여건이 성숙했기 때문이었다. 즉, ① 미입사 학위층도 명조로부터 우면(優免) 등 9품관에 준하는 특권과 종신자격을 보장받은 특권신분이 되었고, ② 학교제와 과거제가 결합하여, 생원만이 과거에 응시할 수 있었으며(이상의 내용을 고려하면, 명초까지 끌어올 수 있음), ③ 이갑제 질서가 점차 해체되어 가면서 농촌의 인구가 사방으로 유산(流散)하는데도 명조 국가권력의 대응책은 철저하지 못하였으므로, 이들 미입사 학위층이 관직경력자층과 함께 향촌의 질서유지에 점차 지도적 역할을 증진시켜 갔으며(後術), ④ 국가권력과 일반 평민, 양측 모두로부터 이들 두 계층이 '신사'라는 하나의 계층으로 인식되었다는 점 등이었다. 동림운동(東林運動), 반광세사(反礦稅使) 운동, 반위충현(反魏忠賢) 운동, 복사(復社) 운동[38] 등에서 보는 바와 같이, 명말에 신사가 지방에서는 물론이고 중앙정치의 광장에 등장한 사실은 그들이 하나의 사회계층이라는 자각을 가지고 계층적으로 확립되었다는 증거이다. 또 그것은 내각권(內閣權)·환관권(宦官權)의 극단적인 강화로 말미암은 통치권력의 자의적 행사를 신사층이 공의(公議) 내지 사대부적 사명감에서 제약하기 위해 시도한 운동이었다고 할 수 있다.[39] 또 한편, 명 중기 이래 지속적으로 제기되던 신사우면(紳士優免)의 제한 주장 등을 포함한 세역제도(稅·役制度)의 개혁,[40] 서원의 폐쇄, 결당금지(結黨禁止), 당사운동(黨社運動)의 탄압[41] 등 명조 권력이 취한 일련의 정책은, 당시 완전한 사회계층으로 형

---

37) 李騰芳, 『李文莊公全集』 卷8, 「滌口把截靛船公牘」; 夫馬進, 1980A.

38) 左雲鵬·劉重日, 1960; 林麗月, 1984; 同氏, 1986; 李淖然, 1985; Busch, Heinrich, 1955; Hucker, Charles O., 1957; Atwell, William S., 1975; 본서 제3편 제3장 참조.

39) 曺永祿, 1988; 小野和子, 1983; Hucker, Charles O., 1966.

40) 梁方仲, 1936; 韋慶遠, 1961; 伍丹戈, 1981A, 1982, 1983B; 清水泰次, 1950; 山根幸夫, 1966; 小山正明, 1971; 川勝守, 1980; 濱島敦俊, 1982; 和田正廣, 1978-B; 山本英史, 1977·1989; 西村元照, 1976; 岩見宏, 1986; 森正夫, 1988; 谷口規矩雄, 1989; 岩井茂樹, 2004

성되어 있던 신사층에 대한 대응책이었다고 할 수 있다.

Ⅱ. 國家權力과 紳士

1. 元末·明初 動亂期의 支配層과 朱元璋集團

중국에서는 1320년대에서 1340년대에 이르는 시기에 수없이 많은 소규모 무장봉기(武裝蜂起)가 전국에 만연하였지만, 대개는 소규모로서 산발성·고립성·유구성(流寇性)을 면치 못하였고, 투철한 지도자도 없었으며 조직력도 미약하였다. 그러나 1350년대부터는 경제적 기반을 가진 세력도 반란에 참가하기 시작하였다. 이들 무장봉기집단은 이전의 봉기보다 규모 면에서 훨씬 커지고 대개는 종교적으로 무장하고 있었다. 그 중심세력은 홍건군(紅巾軍)이었다.[42] 그러나 이들의 조직 역시 대개 빈곤층·무뢰·유민(流民) 등이 모인 오합지졸이었으므로, 훈련과 양식이 모두 부족하였다. 그 때문에 이들도 여전히 비조직적·고립 분산적·유구적(流寇的)인 성격은 극복하지 못한 상태였다. 이때 원(元)의 군사력은 이미 전투능력을 상실한 상태였으므로, 향촌사회의 지배층이라 할 수 있는 토호나 지주는 의병(義兵)·민병(民兵)을 조직하여 자위(自衛)할 수밖에 없었다. 그러나 향촌의 이러한 자위세력에 대해 원조(元朝)는 두 가지로 대응하였다. 즉, 화북의 일부 자위세력에 대해서는 통치 질서의 보조세력으로 존재를 인정해 주었으나, 대부분의 화남지방 자위세력에 대해서는 그 존재를 인정하지 않고 오히려 농민반란군 또는 반원(反元) 집단으로 여겼다.[43]

그 때문에 지주의 자위세력들은 난처한 입장에 놓여서, 한편으로는 자위를 계속하면서도, 또 한편으로 자기의 생명과 재산을 보호해 줄 수 있는 강력한

---

41) 본편 제2장; 본서 제3편 제3장 참조.
42) 楊訥, 1982; 陳梧桐, 1987; 谷口規矩雄, 1966; 山根幸夫, 1971, pp.19~24; 野口鐵郎, 1972, 1986; Mote, Frederick W., 1988-A.
43) 吳晗, 1949; 王崇武, 1954; 山根幸夫, 1971, pp.24~29.

권력을 갈구하고 있었다. 주원장(朱元璋) 집단은 바로 이러한 때에 그들 앞에 나타났다. 주원장보다 먼저 봉기한 대규모 집단들이 아직도 비밀 결사적 폐쇄성을 고집하며 농민착취를 일삼고 있을 때, 주원장 집단은 그러한 성격을 우선적으로 극복했을 뿐 아니라, 더욱 적극적으로 사대부나 지주세력을 포섭하고, 유교주의(儒教主義)를 표방하며, 국가건설을 지향하는 제도를 정비하고, 권농정책(勸農政策)을 펴서 농민의 안정을 도모하였다. 주원장도 주변의 선발군웅세력(先發群雄勢力) 사이에서 생존하고 발전하기 위해서는 되도록 지주・사대부 세력을 우익(羽翼)으로 확보할 필요가 있었다. 말하자면 지주・사대부의 자위세력과 주원장 집단의 이해가 합치되었던 것이다.[44)]

이렇게 하여 양측이 일단 결합된 후에는, 이들 사대부나 지주세력은 그들의 이상을 펼 수 있는 방향으로 주원장을 유도하였다. 유교주의 표방, 제도의 정비, 발전방향을 강남으로 잡은 것 등은 모두 그들이 조언한 결과였다. 특히 금화학파(金華學派)를 중심으로 한 강남의 사대부들이 명조(明朝; 1368~1644)의 통치조직 정비에 주도적인 역할을 담당하였다.[45)] 말하자면, 원대의 사회적 지배층은 원말 동란기의 위기상황 아래에서 원조에 등을 돌리고, 많은 군웅집단(群雄集團) 가운데 유교주의를 표방하는 주원장 집단에 가담함으로써, 이민족 치하에서 벗어나 새로운 유교주의 국가, 즉 명을 건국하는 데 큰 몫을 담당했다.[46)]

중국과 같이 광대한 지역과 방대한 인구를 지배하는 것은 군사력만으로는 불가능하고 반드시 향촌의 지배층을 우익(羽翼)으로 포섭해야만 가능하였다. 원조(元朝)는 13세기 중엽에 처음 강남을 평정할 때 강력한 군대를 보유했을 뿐 아니라 그러한 지배원리를 정확히 인식하고 있었다. 그러나 14세기 중엽 대동란기에는 원의 군사력도 거의 유명무실했고 재해・기근・유민(流民)・무장봉기가 어우러져 일어나고 있어 어느 때보다도 향촌 지배층의 포섭이 필요

---

44) 蒙思明, 1967; 吳晗, 1949; 鄭克晟, 2001; 山根幸夫, 1971, pp.30~32; 三田村泰助, 1968; 和田清, 1923; 愛宕松男, 1953; Dryer, Edward L., 1988; 吳金成, 1997.

45) 陳寒鳴, 1995.

46) 檀上寬, 1982; 檀上寬, 1983.

한 시기였는데도, 이를 망각하고 말았다.[47] 주원장은 이들 향촌 지배층을 체제 안으로 흡수하였으므로, 평민 출신으로 가장 열세에서 출발하였음에도 불구하고 기존의 강대한 군웅세력과 원조를 몰아내고 새로운 왕조를 건국할 수 있었다.[48]

2. 中期 以後의 社會變化와 紳士

명조가 건국 초기에 국가통치의 가장 선결 목표로 삼은 것은 향촌질서의 회복과 재생산 기능의 유지였는데, 그것은 기본적으로 송대 이래 대토지 소유제의 존속을 전제로 한 것이었다. 그 때문에 홍무제는 원말의 동란기와 명 건국 초기에 사대부 지주세력을 적극적으로 포섭하고 우대하였다. 즉, 학교제와 과거제를 부활하여 신진 인재를 선발하고 기성 지식인이나 지주세력은 천거제(薦擧制)를 이용하여 수용하였다.[49] 그러나 영토가 확정되고 농민도 점차 안정되자, 홍무제는 창업에 참여했던 사대부나 지주세력의 과도한 비대화(肥大化)에 차츰 불안과 위구심을 가지게 되었다. 명 황제의 독재권을 확립하기 위해서 다루기 힘든 창업공신보다 황제에게 순응하는 신진 지배층을 확보할 필요가 있었다. 홍무제가 4대(大) 의옥사건(疑獄事件)[50]을 일으켜 10만여 인을 살해하면서 강남의 지주세력을 탄압하고 강남지방에 무거운 세금을 부과하며 부호(富戶)를 강제로 이주시켜 그들의 지방 근거성을 박탈하고,[51] 또 학생운동이나 언론·출판활동을 탄압하며 학교의 교과서를 통일하고 문자옥(文字獄)을 일으킨 것 등[52]은 사회적 지배층인 지주층을 제압하여 체제 내로 유인하려는 수단이었다. 또 한편, 학교와 과거제를 연결시키고 생원·감생·거인

47) 吳金成, 1997.

48) 權重達, 1987; 吳晗, 1949; 容肇祖, 1961; 陳高華, 1963·1964; 山根幸夫, 1971, pp.32~36; Dryer, Edward L., 1988.

49) 吳晗, 1949; 權重達, 1983; 吳金成, 1973, 1982; 山根幸夫, 1971, pp.39~43.

50) 吳晗, 1949; 山根幸夫, 1971, pp.49~53; 檀上寬, 1978; Langlois Jr., John D., 1988.

51) 談家勝, 2001; 伍丹戈, 1982; 曹樹基, 1997; 山根幸夫, 1961; 清水泰次, 1952; 倉持德一郎, 1965; 森正夫, 1988, pp.45~196.

52) 吳晗, 1948, 1949; 丁易, 1950; 羅炳綿, 1971.

등 미입사 학위소지자에게까지 특권을 주어 새로 지배층이 되게 한 것은 신진 인재를 우익(羽翼)으로 끌어들이기 위함이었다.[53] 이러한 일련의 정책은 지배층에 대한 명조 권력의 탄압과 회유의 양면 정책이었다.

명초의 학교제와 과거제는 원칙적으로는 모든 사람들에게 공평하게 개방되어 있었고, 경제력보다는 유교적 지식이 있느냐 없느냐가 관건이었다. 그럼에도 불구하고 현실적으로는 경제력이 있는 지주층 자제들의 진출이 많았고, 그러한 추세는 중기 이후 점차 심화되어 갔다. 그러므로 학교와 과거제를 통합하여, 지주층 가운데 일정한 자격을 가진 사람만 체제 내로 유인하는 데 일단 성공하였다. 또 그러한 제도는 합법적인 것이었다. 따라서 학교와 과거제 등 제도적 장치를 통해서 새로 학위를 얻은 사람은 이제 전대(前代)부터 가지고 있던 사회적·경제적 영향력 외에 국가로부터 특권적인 신분을 획득하여 향촌지배력을 더욱 굳건히 하였다. 따라서 명 중기부터 이들 미입사 학위층과 종래부터 사회의 지배층으로 존재한 관직경력자를 합하여 통칭 '신사'라 부르게 된 것이다.

그런데 명초에는 소수의 지주[이들이 이장과 이노인이었음]와 다수의 자작농[이들이 갑수(甲首)였음]을 기반으로 하는 이갑제 질서를 통하여 향촌질서가 유지되었고,[54] 새로이 등장한 미입사 학위소지자나 기존의 관직경력자는 모두 이갑제 질서 안에 별다른 문제없이 융화되어 있었다. 그러나 15세기 중엽부터는 정치·사회적인 변화가 현저해졌다. 대외적으로는 북변(北邊)[55]과 동남해안(東南海岸)이 불안해졌고,[56] 대내적으로는 중앙과 지방의 정치질서가 해이해지기 시작하였다.[57] 그런 가운데서도 농업과 수공업 각 분야에서 생산이 증대되어 갔으며 지역마다 상품생산의 분업도 진전되었다.[58] 각 지역

53) 楊啓樵, 1964; 林麗月, 1978; 吳金成, 1982, 1986, pp.12~37.
54) 欒成顯, 1998; 偉慶遠, 1961; 鶴見尚弘, 1971; 粟林宣夫, 1971; 川勝守, 1980, pp.33~183.
55) Mote, Frederick W., 1974.
56) 陳文石, 1966; 鄭樑生, 1984; 佐久間重男, 1992; So, Kwan-wai, 1975
57) 曹永祿, 1988; Mote, Frederick W., 1988B; Twitchett, Deniss, 1988; Geiss, James, 1988.
58) 許滌新·吳承明, 1985; 田居儉·宋元强, 1987; 田中正俊, 1957, 1982; 佐伯有一, 1957; 寺田隆信, 1971.

의 상품은 장거리 객상(客商)의 힘으로, 전국적인 규모로 형성된 유통망을 통하여 교류되었고,[59] 그 결과 상품·은(銀) 경제가 농촌 깊숙이 침투되었다. 농민이 감당해야 하는 세역은 점차 늘어나고 은납화(銀納化)되어 갔다.[60] 그러나 농민들에게는 세역의 은납화가 도리어 부담을 가중시키는 경우도 있었다. 소수의 신사나 세력가는 농토를 매입하거나 새로 개간하는 등 다양한 방법으로 광대한 토지를 겸병하면서도, 국가가 그들에게 부여한 요역우면특권 등 가능한 모든 수단을 동원하여 세역을 탈면(脫免)하였다. 그렇게 탈면된 부분은 다른 이갑호(里甲戶)에게 전가되었다.[61] 이러한 토지편중(土地偏重)과 세역의 과중함과 불균형 현상에 더하여 각종 재해〔수재(水災), 한재(旱災), 황재(蝗災)〕, 질병(疾病), 가내대사(家內大事) 등이 빈발하였으므로, 이갑호뿐 아니라 이장, 양장호(糧長戶) 등 대지주마저 몰락하는 사례가 증가하였다.[62] 그 결과 종래 이장, 이노인을 중심으로 유지되어 오던 향촌의 질서와 재생산 유지기능은 점차 약화되어 갔다.

이상의 모든 변화가 연쇄 반응하여 농촌의 계층분화가 활발해졌다. 그 결과 산동·하남·호광·사천 등 일부지방을 제외하면, 거의 전국적으로 황책(黃冊)에 등록된 호구수(戶口數)는 감소하였고, 전국적으로 광범한 인구이동이 진행되어 인구가 재배치되었다.[63] 그 주된 방향은 농촌→금산(禁山)구역, 선

---

59) 張海鵬·張海瀛, 1993; 傅衣凌, 1956; 藤井宏, 1953; 斯波義信, 1982; 安部健夫, 1957; 重田德, 1956; 寺田隆信, 1972; Wong, R. Bin, 1983.

60) 韋慶遠, 1961; 梁方仲, 1957; 梁方仲, 1936; 山根幸夫, 1966; 清水泰次, 1950; 小山正明, 1971.

61) 伍丹戈, 1982; 吳金成, 1986, pp.94~108, 190~200, 237~245; 川勝守, 1980; 濱島敦俊, 1982; 森正夫, 1988; 重田德, 1971.

62) 吳金成, 1986, 제2편 참조. 그러나 중국 전체를 장기적인 안목에서 보면, 대부분의 중소농민이 몰락하고 소수의 신사나 대지주가 광대한 토지를 集積한 결과, 사회가 대지주와 佃戶로 兩極 분화된 것은 아니고 몰락과 재상승이 반복되었다.

63) 명대의 인구통계는 梁方仲, 1935, 1980; 王崇武, 1936; Ho, Ping-ti, 1959; 曹樹基, 2000; Cartier, Michel, 1973; Cartier, Michel and Will, Pierr-Etienne, 1971; van der Sprenkel, O.B., 1953 참조. 인구의 재편에 대하여는 譚其驤, 1932; 賴家度, 1956; 樊樹志, 1980; 李洵, 1980; 曹樹基, 1997; 從翰香, 1984; 吳金成, 1986, pp.108~135, 176~200, 230~245; 清水泰次, 1935; 橫田整三, 1938; 谷口規矩雄, 1965; 大澤顯浩, 1985 참조.

진경제지역→낙후지역, 농촌→도시·수공업지역 등으로 유형화할 수 있다.[64] 이러한 인구이동은 같은 성(省) 안에서 일어나기도 했고, 여러 성(省) 사이에서 이루어지기도 하였다. 호광·사천 등 낙후지역이 새로 개발되어 중국의 곡창지가 된 것은 그 결과였다.[65] 그러나 대규모의 외래 인구를 받아들인 지역은 전부터 서서히 진행되던 사회적 모순현상에 더하여, 새로 토착인과 객민(客民) 사이에 경쟁과 갈등이 부가되었다. 그 과정에서 객민은 정착하고 토착인이 오히려 몰락하여 유산(流散)하는, '인구의 대류현상'도 나타났다.[66] 또 지역사회 질서의 파괴로, 지역에 따라 민란(民亂)이 빈발하는 곳도 있었다.[67] 명 중기 이후 진행된 인구이동은 이렇게 순기능과 역기능의 양면적 결과를 동시에 불러왔다.

이러한 현상이 바로 '이갑제 질서의 해체' 현상이었다. 바로 이러한 시기에 미입사 학위층의 수가 급증하였으므로, 기존의 관인층[향신(鄕紳)]과 함께 그 증가한 학위층이 누리게 된 특권과 영향력은 그대로 농민에게 부담과 불안으로 전가되었다.

명 중기부터 농민의 세역부담이 가중되고 요역의 부과와 우면의 기준이 호칙(戶則)보다 농토나 세량(稅糧)을 중시하게 되자, 이갑정역(里甲正役)의 일부마저 우면대상이 되었으므로,[68] 신사와 비특권 이갑호 사이 부담의 격차는 더욱 커졌고, 그 결과 신사의 사회적 지위는 한층 돋보이게 되었다. 더구나 신사는, 국가가 인정한 우면규정을 악용하여, 그들이 가진 정치·사회적 영향력에 따라 무제한으로 남면(濫免; 규정 이상의 면제)하는 사례도 많았다.[69] 비특권 지주들은 과중한 세역 부담을 회피하기 위하여, 연납(捐納) 등[70] 가능한

---

64) 傅衣凌, 1980; 李洵, 1980; 從翰香, 1984; Mote, Frederick W., 1974.

65) 全漢昇, 1969; 吳金成, 1986, pp.164～266; 重田德, 1956; Perdue, Peter C., 1987.

66) 吳金成, 1986, pp.108～135, 176～200, 230～245.

67) 賴家度, 1956; 樊樹志, 1980; 李光壁, 1961; 李龍潛, 1957; 趙儷生, 1954; 西村元照, 1974; 谷口規矩雄, 1965; 清水泰次, 1935; 大澤顯浩, 1985.

68) 和田正廣, 1978-B; 川勝守, 1980, 第7章; 濱島敦俊, 1982, 第4·5章; 山根幸夫, 1966.

69) 본서 제2편 제3장 참조.

70) 앞에서 설명한 것처럼, 景泰元年(1450)에 처음 捐納을 허락한 것은 감생을 대상으로 하였고, 그들을 例監生이라 하였다. 그런데 명말의 소설에서는 생원은 최하로

수단을 동원하여 스스로 학위층 이상의 신사가 되려 하고, 그것이 여의치 못할 경우에는 궤기(詭寄)·투헌(投獻)하는 방법으로 자기의 토지를 신사[지역에 따라서는 왕부(王府)]에게 위탁하였다.[71] 그 결과, 신사는 본질적으로는 유교적 교양을 매개로 하여 출현한 사회계층이었지만, 동시에 특권적 대지주의 성격도 지니게 되었다. 유력한 신사 가운데 도시에 이주하여 부재지주(不在地主)로서 세역을 탈면하는 예도 많았다.[72] 가정년간(1521~1566)에 이르면 이러한 모든 현상이 심각한 사회문제로 대두하였다. 각지에서 진행되는 인구의 격감 때문에, 이제는 호수편성에 의한 이갑제와 그것을 기초로 한 향촌질서의 유지 및 세역의 징수는 거의 불가능한 지경에 이르렀다.

이러한 사회질서의 변화에 대해서 명조 국가권력은 몇 가지 새로운 정책을 시도하였다. 첫째, 호구가 격감한 현(縣)은 이전에 편성된 리(里)의 수를 조정하거나 객민을 호적에 편입시키는 방법을 썼고, 반대로 인구가 격증한 곳에서는 유입민을 수습하여 리(里)와 현(縣)을 증편하는 등, 전국적으로 이갑의 재편을 시도하였다.[73] 둘째 향약과 보갑제(保甲制)를 권장한 것도 그러한 목적에서 나온 것이었다. 그러나 전국적으로 떠돌아다니는 인구를 모두 파악하여 해체되어 가는 이갑제 질서의 기능을 바로 잡는 것은, 소수의 지방관의 힘만으로는 역부족이었다. 셋째, 명조는 새삼스럽게 신사에 대한 우면액(優免額)을 제한하고자 하였다. 그러나 중앙권력의 법규가 지방 관부(官府) 차원에서 받아들여지지 못할 정도로 지방사회에서 신사의 영향력과 지배력은 이미 성장해 있었다.[74] 명말에서 청초에 걸쳐 명·청 두 왕조가 추진하였던, 십단법(十段法)·일조편법(一條鞭法)·균전균역법(均田均役法)·순장편리법(順莊編里

130兩, 감생은 400兩, 거인은 600兩, 진사는 1萬兩이면 얻을 수 있다고 묘사하고 있는 것(陳大康, 1996, pp148~149)을 보면, 명말에는 그러한 일도 가능하였던 것으로 추측된다.

71) 濱島敦俊, 1982, pp.240~241; 佐藤文俊, 1985, pp.152~260, 1988; 본서 제Ⅱ편 제3장.

72) 日本의 明清史學界에서 1960~1970년대에 풍미한 '鄕紳的 土地所有'論은 그 때문이었다. 徐茂明, 2004, pp.27~32; 森正夫, 1975, 1975~1976, 1980; 본서 제2편 〈附論〉 참조.

73) 許懷林, 1984; 權仁容, 2002; 吳金成, 1986, p.118, pp.190~191, 244~245.

74) 夫馬進, 1980A·B; 川勝守, 1980; 濱島敦俊, 1982; 본서 제2편 제3장 참조.

法)・지정은제(地丁銀制) 등 세역제를 둘러싼 일련의 개혁은,[75] 국가권력이 표면적으로는 신사의 특권을 제한하면서도 내면적으로는 결국 향촌에서 신사의 실질적인 지배력을 용인하고 그 힘을 이용하여 사회질서와 국가지배를 유지하고자 시도한 대증요법 내지 고육책(苦肉策)에 불과하였다.

Ⅲ. 紳士의 社會經濟的 役割

명조의 정치・사회질서가 약화되어 가고 이장, 이노인을 근간으로 한 이갑체제의 질서유지 기능 또한 점차 약화되어 이갑제 질서가 해체되어 가던 바로 그 시기부터, 신사는 하나의 사회계층으로 주목받기 시작하였다. 이들 신사가 향촌에서 질서유지 기능의 공백 부분을 대신 담당하기 시작하였던 것이다. 신사의 협조 없이는 향촌의 질서유지가 점차 어려워지게 되었다. 이렇게 하여 국가권력이 신사의 사회적 지배력에 의지하고 신사는 국가권력을 배경으로 그 지배력을 더욱 공고히 하는, 국가권력과 신사의 상호 의존구조가 형성되어 갔다.

명 중기 이후 향촌에서 신사의 역할은 다음 세 가지 유형[76]의 분석이 가능하다. 첫째는 질서유지 역할인데, 이것은 신사의 공의식과 위기위식에서 비롯되었다. 향약・보갑제의 운영, 유구(流寇)・토적(土賊)의 소요에 대한 향촌방어, 향촌 내 대소 분규에 대한 재판・조정, 선당(善堂)・의창(義倉)・의전(義田)・의장(義莊)의 설치, 재해・질병 발생 시 구제활동 등에서 신사는 직・간접적으로 적지 않은 역할을 담당하였다.[77] 둘째 경제적 역할을 들 수 있다. 이 부분은 신사의 공의식과 사적인 이해관계가 뒤섞여 있는 부분이나, 후자만

75) 金鐘博, 1975, 1981, 1983, 2002; 본서 제1편 제1장 참조.

76) 吳晗, 1935; 伍丹戈, 1981-A, 1983-A; 林麗月, 1978～1979, 1984, 1986; 岑大利, 1998, pp.78～89; 吳金成, 1986, 第2編, 특히 pp,151～163, 214～223, 260～265; 重田德, 1971; 森正夫, 1968, 1975～1976, 1980, 1982, 1988; 藤井宏, 1953; 小山正明, 1971; 寺田隆信, 1971; 前田勝太郎, 1966; 山根幸夫, 1978～1979, 1981, 1983; 吉尾寬, 1987; 片山誠二良, 1953; 西村元照, 1971A・B, 1974, 1976; 山本英史, 1977; Ng, Chin-Keong(吳振强), 1973; Fairbank, John K., 1978.

77) 徐茂明, 2004, pp.104～153.

을 우선 정리해 보겠다. 신사는 특권을 이용하여 대토지를 집적하거나 요역을 남면(濫免)받았다. 개인의 영향력 혹은 관(官)과 연결하여 수리용익(水利用益)을 장악하였다. 또한 도로, 교량, 선착장 등을 사점(私占)하거나 시장을 개설하고 아행(牙行)에 간여하며 고리대를 경영하고, 객상에게 자본을 공급하며 염밀매(鹽密賣)나 해상 밀무역에 참여하고, 수공업 경영에 간여하는 등 시장이나 상품유통 구조를 지배하였다. 사료에 흔히 나타나는 무단향곡(武斷鄕曲) · 협제관부〔狹制官府, 또는 파지관부(把持官府)〕 등 이른바 '향신의 횡〔鄕紳之橫〕' · '사인의 횡〔士人之橫〕'은 그러한 활동의 결과이다. 셋째, 문화적 역할 역시 중요했다. 신사는 향촌에서 개인의 영향력 외에도 향약 · 서원 등의 강학(講學), 또는 일용유서(日用類書) · 선서(善書) 등의 간행을 통하여 향촌의 교화를 담당하였고, 그들 중심의 향촌질서를 유지하려 하였다.[78] 신사는 또 향론을 주도하였다. 도시와 농촌을 불문하고 '향신공의(鄕紳公議)', '사인공의(士人公議)', '신사공의(紳士公議)' 등이 존재하였는데, 그것은 곧 신사의 향론지배를 말하는 것이다. 신사는 또 지방관의 유임 또는 방축(放逐)운동, 세역 감면운동, 각종 수리시설의 수축 또는 수리관행(水利慣行)의 개혁운동, 나루터 · 교량, 또는 도로의 수축, 각종 구제 등 광범한 문제에서 향촌의 여론을 주도하였다.

이러한 신사의 역할은 대개는 엄격하게 구분할 수 없을 만큼 서로 밀접하게 섞여 있었다. 예컨대 공공부문의 대사(大事)에 관하여 신사는 ① 건의(建議), ② 조언(助言), ③ 향촌여론의 환기, ④ 향촌여론을 관부(官府)에 전달, ⑤ 필요한 노동력 혹은 경비의 염출(捻出), ⑥ 필요한 공사의 감독, ⑦ 상 · 하 관청 사이의 이견(異見) 조정 등의 문제에 개입하거나 영향력을 행사하였다. 이 가운데 ①~⑥은 명초부터 이장이나 이노인이 수행하는 부분이었다. 그러나 명 중기부터 사회가 훨씬 다양해지고 복잡해졌지만 정치질서는 약화되어 가고 관인의 수는 고정되어 있었으며, 이갑제가 담당했던 질서유지와 재생산 유지기능 역시 약해지고 있었다. 이에 명조는 약화되어 가는 이갑체제를 보완하는 수단으로 향촌 지배기능의 일부분을 신사에게 위임하고 그 진행과정을 통

78) 梁其姿, 2001; 游子安, 1999.

제함으로써 통치 질서를 지속시킬 수밖에 없었다.[79] 농민들도 이러한 기능의 일부를 신사에게 위탁, 그들의 실질적인 영향력과 공의식에 호소함으로써 지방행정과 이갑제 질서의 공백부분을 보충하려 했다. 이것은 말하자면 국가권력과 사회가 신사에게 거는 공통의 기대였다. 종래 이갑제 질서를 통해 수행되던 ①~⑥의 역할을 신사가 대행하게 된 배경은 여기에 있었다. 그러나 신사는 그 역할을 이장이나 이노인보다 훨씬 강력하고 광범하게 추진할 수 있었을 뿐 아니라 ⑦의 역할까지도 추가할 수 있었다. 신사는 이상의 공적인 역할을 때로는 자발적으로, 때로는 지방관 또는 향촌민의 요청에 따라 수행하였다. 바꾸어 말하면, 향촌의 이해가 신사의 공의식 혹은 사적 이해와 합치되는 경우, 신사는 평민까지 포함하는 광범한 여론을 지배할 수 있었다.[80]

앞에서 살펴본 것처럼, 신사가 향촌사회에서 연출한 사회경제적 역할과 존재형태는 정도의 차이는 있었지만 경제발전 선후의 차이, 사회발전의 질적 차이를 가리지 않고, 신사가 존재하는 중국 모든 지역에서 거의 보편적으로 나타나는 현상이었다.[81] 명 중기부터 이갑제가 해체되어 가던 바로 그 시기에, 신사가 이상과 같이 이갑제 기능의 일부를 대행함으로써 국가의 지배체제를 유지하는 순기능을 담당하였다. 그러나 동시에 미입사학위층의 수가 급증하였고 그들 또한 사리추구 활동을 전개하였으므로, 학위층이 증가하면 증가할수록 그들이 향유하는 특권과 영향력만큼 농민의 부담과 불안이 가중되었고, 또 그만큼 사회분화를 조장하기도 하였다.[82] 신사의 존재는 명 중기부터 중

79) 明代의 중국은 사회가 굉장히 방대하고 다양하였으나 관료의 수는 줄곧 2만5천 명 안팎으로 한정되어 있었으므로, 그 수로는 국가의 통치를 원활하게 수행할 수 없었다. 따라서 향촌사회의 질서를 유지시키고 稅·役을 收取하는 등 지방행정의 하부구조에는 官治의 補佐役이 필요하였다. Ho, Ping-ti, 1959, p.277에 따르면, 중국의 인구는 明初의 6천5백만에서 明末 1억 5천만으로, 州縣의 수는 洪武4年(1371)에 1,205개에서 明末에 1,410개로 증가하였다. (吳金成, 1986, p.39, 〈表1-2-1〉참조) 따라서 一州縣 평균 明初 5만4천 명에서 明末에는 1억6천 명으로 증가하였다는 계산이 되므로, 1개 知州나 知縣과 그 아래의 輔佐官 1~2명으로는 주·현의 치안과 徵稅가 불가능할 수밖에 없었다.

80) 岑大利, 1998, pp.84~89

81) 佐藤武敏, 1968; 前田勝太郎, 1966; 松田吉郎, 1981; 川勝守, 1980; 濱島敦俊, 1982; 吳金成, 1986, 第2編.

82) 岑大利, 1998, pp.153~179; 陳寶良, 2005, pp.358~431.

국사회에 이렇게 순기능과 역기능을 동시에 연출하였던 것이다.

小 結 : 明代 紳士의 階層的 性格

신사는 국가의 제도적 장치를 매개로 하여 역사에 등장해서 명초부터 사회에 실질적으로 존재하고 있었으나, 사회적 계층으로 형성된 것은 15세기 중엽부터였다. 신사층을 분석해 보면, 신층(紳層; 관직경력자)은 물론 전대 이래 사회의 지배층으로서 그들 사이에는 강한 동류의식이 존재하였고, 각 향촌에서는 그들을 중심으로 '향신공의(鄕紳公議)'가 존재하고 있었다. 한편 사층(士層; 미입사 학위소지자)은 현실적으로는 신층과도, 평민과도 구별되는 '중간층'이었다. 사층은 가끔 신층과 갈등을 일으키기도 하였는데, 그것은 그들이 신층의 존재를 부정하기 때문이 아니라, 그 당시 상호간에 이해의 상충(相衝)이 있었기 때문이다. 이해관계가 있고 없음에 따라서 신층 내부에서도, 그리고 사층 내부에서도 분쟁과 갈등은 있었다. 또 반대로 계기(契機) 여하에 따라서는 신과 사가 동류의식을 가지고 공동 행동을 펴는 예도 많았다. 국가권력 측이나 평민은 이들을 '신사〔또는 신금(紳衿)〕' 또는 '사신(士紳)'이라고, 둘을 묶어 부르는 일이 많았다. 또 민을 넓은 의미로 구분할 때는 사대부〔즉 신사〕와 제민〔齊民; 편맹(編氓)〕으로 구분하였다.

명청시대에 걸쳐서 중국은 사회·경제적으로 규모가 방대하고 다양해졌다. 그러나 관료의 수는 항상 2만 5천 명 안팎으로 한정되어 있었다. 그 때문에 지방행정이나 향촌사회의 질서를 유지하기 위해서는 관치행정(官治行政)에 대한 보조수단이 필요하였다. 명·청 양조는 그러한 보조수단으로 신사를 택하였다. 한편, 평민의 입장에서도 국가권력의 지방통치에서 생기는 공백 부분을 채우기 위해 신사의 사회적 지배력에 의지할 수밖에 없었다. 명 중기부터 청말까지 중국의 사회질서는 거시적으로 보면, 국가권력 측과 평민의 공통의 기대 아래, 신사〔청말의 신상(紳商) 포함〕가 사대부적인 공의식에 따라 국가권력의 보좌 역할을 연출함으로써 유지될 수 있었다. 한편, 신사는 그러한 역할을 수행하는 과정에서, ① 위로는 관부(官府)와의 관계를 더욱 돈독히 하는 동시에, ② 향촌사회에 대해서는 사대부로서 자신의 존재를 확인시켜 지배력을 유지·확대하고, ③ 사적으로는 개인의 이익도 보호할 뿐 아니라, 평소 떳떳하지 못하고 비판의 대상이 되어 온 그들의 사리추구 행동도 어느 정도 합리화하거나 상쇄시킬 수 있었다.

바꾸어 말하면, 신사는 사적으로는 개인의 이익을 추구하는 행동도 많이 했다. 그러나 공적으로 보면, ① 향촌에 대해서는 국가통치의 보좌역으로, ② 국가권력에 대해서는 향촌여론의 대변자로서 그 역할을 담당하였다. 뿐만 아니라 ③ 국가권력과 향촌 이해의 조정자가 되기도 했다. 신사는 사회에 대하여 순기능과 역기능, 공의식의 발로와 사리추구, 즉 공·사의 양면성을 모두 가진 존재였던 것이다.

유교적 지식인이고 대체로 지주인 사대부를 지배층으로 하는 사회구조는 송대(960~1279)에 확립되어 본질적으로는 청(1644~1911) 말기까지 계속되었다고 할 수 있다. 그러나 송대의 사대부를 '평민과는 구분되는 특권적 지배층이며 천자(天子)의 신료(臣僚)라는 성격을 가진 존재'로 파악할 경우, 송대의 전형적인 사대부는 역시 관직경력자로 한정될 수밖에 없다. 그러한 전제 위에서, 그들과 명청시대 신사를 비교해 보면, 신사의 계층적 성격은 다음과 같이 요약될 수 있다. 신사는 천하에 대한 공의식 등 이념적·사상적인 면에서 송대 사대부의 그것을 계승하였다. 또 개인 또는 집단적인 행동양식이나 존재양태 면에서도 양자는 유사하였다. 그러나 ① 지방 근거성의 유무 내지 강약의 차이가 있었다. 신사는 필수적으로 각자의 생활근거지에서 사는 것을 전제로 했지만, 송대의 사대부에게 그러한 전제가 필수적인 것은 아니었다. ② 국가에서 보장한 특권을 받은 대상자의 수에서 엄청난 차이가 있었다. 송대의 관인 수는 2만 4천 명에서 2만 5천 명 정도였고, 용관(冗官) 문제가 심각했을 때에도 4만 정도였다. 이에 비해서 명청시대의 신사는 2만 5천 명에서 3만 명 정도의 관직경력자 외에 그들의 10배 또는 20여 배(청말에는 50~60배)나 되는, 각종 특권을 평생 보장받는 학위소지자층이 부가되었다. ③ 그 결과 신사층은 사대부보다 훨씬 다양하고 광범위한 사회·경제적 역할(순기능·역기능을 막론하고)을 연출하였다. 그러므로 ⓐ 제도적 실체, ⓑ 그들의 수(數)적 차이만큼 서로 다른 사회·경제적 역할을 수행한 점을 통해 볼 때, 송대의 사대부와 명청시대의 신사는 계층적 성격이 서로 다르다 하겠다.

이상으로, 지금까지 세계학계에서 축적해 온 신사층 연구의 현황을 필자의 안목에서 '국가권력과 신사의 역학관계'를 중심으로 하여 정리해 보았다. 이 부분만 보더라도 연구의 공백 부분이 많음을 실감할 수 있다. 따라서 신사층에 대한 연구는 오히려 지금부터라고 해도 지나친 말이 아니다. 다시 말하면, ① 정치적·사회경제적·문화적인 면에서 신사층이 담당한 역할에 대하여 더욱 적극적인 사례 연구가 진전되어야 하고, ② 신사 존재형태의 완전한 이해를 위해 중국의 전통적인 가족·종족제도를 함께 연구해야 할 것이며, ③ 신사가 지배하고 있던 향촌사회나 지역사회의 실상 내지 지방행정의 실상을 종합적으로 이해하기 위해서 신사층과 깊은 관계를 맺고 있는 서리와 상인, 또한 무뢰에 대한 연구가 필수적인 과제라 하겠다.

제2장 王朝交替와 紳士의 向背

序 言

전근대 중국에서는 각 시대마다 국가권력의 우익(羽翼)으로 공익사업을 담당하던 계층이 있었다. 명청시대 국가권력의 우익, 또는 지역 유력자는 시기와 지역에 따라 신분과 명칭이 다양하였으므로, 보통은 지역유력자(local elite)로 부르는 것이 학계의 일반적인 경향이다. 그러나 전국적인 현상으로서 가장 분명하고 강력한 영향력을 행사한 것은 역시 신사(紳士)였다고 할 수 있다.[1)]

세계의 중국사학계에서 명청시대의 신사층에 주목하기 시작한 지 이미 반세기가 넘었다.[2)] 그 동안 명청시대 신사의 존재양태를 다양하게 접근한 많은 연구가 발표, 축적되어 왔다. 그러나 아직도 몇 가지 재고할 필요가 있다. 첫째 신사에 대한 이해의 기준이 아직도 강남[소절지역(蘇浙地域)]에 편중된 점, 둘째 적어도 청 중기까지 신사가 사회를 지배하는 원천이 특권적 지주라는 신사의 성격만 강조하는 것 등이다. 그리고 세부적으로 보면, ① 신사의 개념과 범위[3)] ② 신사가 하나의 뚜렷한 사회계층으로 형성된 과정과 시기 ③ 신사의 다양한 역할과 존재양태의 지역 차 ④ 신사의 계층적 성격 등의 문제에

---

1) 이 글에서 사용하는 신사의 개념은 본편 앞 장의 서론 참조.

2) 雙默, 1985; 徐茂明, 2004; 巴根, 1996; 森正夫, 1975・1976; 濱島敦俊, 1989, 2001; 岸本美緒, 1990; 檀上寛, 1993; 본편 앞 장 및 〈附論〉; Waltner, Ann, 1983; Elman, Benjamin A., 2000.

3) 본장에서 '신사'로 부르는 사회계층에 대하여, 중국에서는 官紳・縉紳・紳衿・紳士・士紳・士大夫, 일본에서는 鄕紳・紳士・士大夫, 歐美에서는 gentry・scholar official・elite, 한국에서는 士大夫・紳士・鄕紳 등으로 다양하게 부르고 있으며, 심지어 같은 용어를 사용하는 학자들 간에도 그 개념은 다양하다.

대해서도 아직은 완전한 합의점에 도달하지 못했거나, 연구가 부진한 상태이다.

이 글은 신사에 대한 위와 같은 여러 문제들을 모두 고려한 후, 주로 명·청 왕조교체로 발생한 신사의 정치·사회적 위상 변화가 어떤 의미를 갖는가를 거시적·미시적인 양면에서 조명해 봄으로써 광범한 토론의 장을 제공하기 위하여 준비하였다.

Ⅰ. 征服戰 現場의 淸軍과 紳士

1. 王朝交替期의 中國社會

16세기 말부터 명조는 전에 없던 심각한 내우외환의 위기에 직면하였다. 정치적으로는 당사(黨社)의 대립으로 말미암아 국론이 분열되었고, 관리의 부정부패와 행정 부조리로 통치기능이 현저히 약화되었다. 지방에서는 신사의 영향력이 갈수록 증대되고, 이에 따라 세역포탈 등 사리 추구가 극에 달하여 이미 중앙정부의 통제 범위를 벗어나 있었다. 경제적으로는 재정적자가 누적되었으며, 이를 구실로 한 '광세(鑛稅)의 화(禍)'로 말미암아 전국에서 민변과 민란(民亂)이 발생하였다.[4] 더구나 이자성(李自成)과 장헌충(張獻忠) 등의 반란이 화북과 화중지방을 휩쓸고 전국적으로 유구(流寇)와 토적(土賊)이 횡행하였다.[5] 이 때 명조 관병은 군기(軍紀)와 전투력 양면에서 역량이 고갈된 상태였으며, 심지어 병사까지 반란군에 가담할 정도였다. 바로 이러한 때에 동북지방에서는 여진족의 누르하치(奴兒哈赤) 군이 명조를 엄습해 오고 있었다.[6] 이러한 내우외환에 대처하기 위하여, 명조는 정규의 세역 외에, 새로 삼향[三餉; 요향(遼餉), 초향(剿餉)·연향(練餉)]을 부과하였다. 이 때문에 백성은 심각한 사

---

4) 朱東潤, 1934; 謝國楨, 1968; 丁易, 1950; 清水泰次, 1950; 岩見宏, 1971; 岩井茂樹, 1989; 寺田隆信, 1971; Atwell, William S., 1988; Huang, Ray, 1974·1988; 巫仁恕, 1996; 본서 제3편 제3장 등 참조.

5) 李文治, 1948; 李光濤, 1965; 顧誠, 1984; 佐藤文俊, 1985, 특히 pp.261~308; 谷口規矩雄, 1971; Parsons, James B., 1970; Struve, Lynn A., 1984.

6) 金斗鉉, 1987; 周遠廉, 1986; 三田村泰助, 1965.

회모순과 전화(戰禍)에 더하여 전보다 2배가 넘는 세역부담에 시달리게 되었다. 명조의 이러한 조처는 크게 이반된 민심에 오히려 불을 지르는 격이었다.

바로 이러한 정황을 틈타서 이자성이 북경을 함락(1644년 3월 19일)하였으므로, 중국은 무정부 상태에 빠지고 전국이 동란에 휘말리게 되었다. 청군이 입관(入關)하여 각 지역으로 진입하던 시기에, 중국사회는 실로 "산과 들, 어디에나 도적이 없는 곳은 없다[漫山遍野, 無處非賊]",[7] 또는 "산과 바다, 그 어디나 도적 천지다"[8]라고 할 만큼, 수없이 많은 유구와 토적이 횡행하는 세상이었다. 아래에서는 전국 12개 성(省)을 화북·강남·중국남부·사천의 4대 지역으로 나누어 구체적인 상황을 분석해 보겠다.

1) 華北地域[9]

명말의 화북[하북·하남·산동·산서·섬서성 지방] 사회는 천계년간(天啓年間; 1621~1627)부터 오랫동안 거의 매년 기황(饑荒) 등 재해가 발생하였고, 그 틈을 타서 유구와 토적이 횡행하며 약탈과 살육을 자행하기 일쑤였다. 이들 유구와 토적을 진압한다는 명목으로 출병한 명군(明軍)은 군기와 군향(軍餉)의 부족으로 도적과 다름없이 약탈을 자행하였다. 숭정년간(崇禎年間; 1628~1643)에는 후금군(後金軍)이 5회(1629, 1634, 1636, 1638, 1642)에 걸쳐 대규모로 하북과 산동을 공격하여, 지나는 곳마다 도시와 농촌이 황폐해졌다. 이 기간 동안에 100만에서 200만 명이 포로로 잡혀 갔는데, 특히 산동지역은 '유적에게 살해당하거나 굶어 죽은 사람이 7~8할'이나 될 정도로 그 피해가 참담하였다.

이자성의 대순군(大順軍)이 봉기하여 북경을 점령하기까지, 화북의 신민(紳民)은 그들의 구호에 혹하여 이자성 군을 대대적으로 환영하였다. 그러나 대순(大順) 정권의 통치력이 허약하고 대순군 역시 군량과 군기가 부족하여 유

7) 『明清史料』 丁-1, 「浙江福建總督陳錦奏本」.

8) 『明清史料』 丁-1, 「浙江福建總督張存仁揭帖」.

9) 楊光華·胡德榮, 1995; 李文治, 1948; 顧誠, 1984; 袁良義, 1987; 鄭克晟·馮爾康, 1992; 趙世瑜, 1999; 韓大成, 1991, pp.460~465; 佐藤文俊, 1971; 李成珪, 1977; 鄭炳喆, 1993; Parsons, James B., 1970.

구와 다름없이 가는 곳마다 약탈과 살인을 마음대로 자행하자,[10] 신민(紳民)은 그들을 등지고 말았다. 대순정권이 단시간에 몰락하자 화북의 광대한 지역에서는 재차 유구·토적이 창궐하여, "백성으로 도적이 아닌 사람이 없고, 도적으로 백성이 아닌 사람이 없다〔無民非賊, 無賊非民〕"[11]고 할 정도로 혼란한 사회가 되고 말았다. 이러한 극한 상황에서, 신사는 종전에 누리던 특권은 고사하고 목전의 생명과 재산을 보호하는 것도 어렵게 되었다. 그 때문에 이곳의 신사와 유력자들은 생명과 재산을 보호하기 위해, 또는 지방관의 요청 때문에 향병(鄕兵)을 조직하여 무장 자위를 시도하였다. 그리고 이와 병행하여 향약과 보갑(保甲)을 시행하고 구휼활동 등을 통하여 사대부로서의 영향력을 제고시켰다. 그러나 이러한 그들의 노력은 단지 일시적인 미봉책에 지나지 않았다.

바로 이렇게 절박한 때에 청군이 입관하였다. 청조는 만주·몽고·한인 팔기(八旗) 총 17만여 명의 군사력에 오삼계(吳三桂)의 50만여 명의 병력을 앞세워, 비교적 쉽게 북경에 입성하였다(1644년 5월).[12] 청조는 명(明)의 '복수의군(復讐義軍)'임을 자처하였으며, 군대의 군기도 엄정하였다. 그러나 청조는 그 후 정복전선을 확대하면서 점차 난관에 봉착하게 되었다. 우선, 이자성·장헌충 등의 반란세력과 남명(南明) 정권이 포진해 있는 상황은 차치하더라도, 일단 점령한 지역의 질서를 유지하기에도 청군의 병력은 너무도 부족하였다.[13] 청조가 임명한 지방관이 현지에 부임을 꺼릴 정도로 사회혼란이 만연하여 '도처에 관리가 없는 곳이 많은 상태〔府州縣處處缺官〕'[14]가 계속되었다. 지현의 정령(政令)은 겨우 현성(縣城)과 그 주변지역에 그치고, 향촌에는 아직도 이자성 세력 가운데 남은 무리와 구적(寇賊)이 횡행하였다. 이에 청조는 신사가

10) 康熙『汝州志』卷7, 災祥志, 附變亂에는 "殺紳民無算, 士死者十之八"이라고까지 하고 있다.

11)『明清史料』乙-10,「兵部題行'兵科抄出山西都御史郝晉題'稿」.

12) 陳生璽, 1982; 岩見宏, 1971.

13) 謝國楨, 1957; 李成珪, 1977; Struve, Lynn A., 1984, 1988.

14)『史料叢編』, 吏曹章奏,「招撫山東河南等處右侍郎王鰲永疏報」(順治元年8月初2日丁巳). 順治 초에는 산동성의 大小 文職 400여 원 가운데 4분의 3이 결원인 때도 있었다.

기대하는 것 이상으로, 모든 것을 보장해 주겠다고 약속하였다. 당시 팔기군(八旗軍)의 위세로 보아 그러한 약속도 가능해 보였다. 이러한 배경 아래에서, 화북의 신사들은 오직 '보신(保身)'을 위해 이민족인 청조의 지배를 용납하고, 질서회복을 위해 적극 협조하였다.[15)]

그러나 청조가 1644년 10월, 경제중심지인 강남지방에 토벌군을 파견하기 위하여, 예친왕(睿親王) 도토[多鐸]를 대장군으로 임명하고 화북의 팔기군을 동원하자, 화북 사회는 또다시 '도적을 따라도 죽고 따르지 않아도 죽는다[從賊亦死, 不從賊亦死]'고 할 정도의 행정력 공백상태로 되돌아갔다. 지역에 따라서는 순치4~5년(1647~8)년 무렵까지도 이러한 상태가 계속되었다. 그 때문에 향촌의 자위는 대개 신사나 유력자 중심의 자위세력이 담당하였다. 그러자 청조는 이전의 활동이나 전과(前過)를 따질 겨를도 없이, 한인(漢人) 신사를 만나는 대로 현지에 임관시키고, 각지의 신사로 하여금 향병을 조직하여 자위하도록 권장하였다. 정복전을 계속해야 하는 청조로서는 수도 북경 주변인 화북 사회의 안정이 절대적으로 필요하였다. 입관 초에 화북지방에서 청조권력과 화북신사, 이 두 세력이 비교적 쉽게 결합하게 된 배경은 바로 여기에 있었다.

2) 江南地域[16)]

명조가 망한 소식이 강소와 절강 지방에 전해지자, 각 도시에서 노변(奴變)이 발생하고, 무뢰들이 무장하여 '충의(忠義)'를 명분으로 봉기하는 사례가 많았다. 또 북경의 종역(從逆; 대순정권의 관직을 받음) 관료에 대한 지탄과 저택 습격사건도 많았으며, '종역자(從逆者)' 규탄을 놓고 '정의파(正義派)' 신사 사이에 균열 현상도 보였다. 다만 5월 15일에 남경에 홍광정권(弘光政權)이 들어서자, 정부 내에서는 여전히 동림(東林)·비동림(非東林) 항쟁이 계속된 것

---

15) 이러한 현상은 金·元 治下에서 화북의 지배층이 보인 向背와 脈을 같이 하는 것이었다.

16) 姚廷遴, 「歷年記」·曾羽王, 「乙酉筆記」, 『淸代日記滙抄』, 上海人民出版社, 1982; 陸仰淵, 2000; 李光濤, 1948; 馮賢亮, 2001; 森正夫, 1977; 岸本美緖, 1999C; 小野和子, 1996; 李俊甲, 1991; Dennerline, Jerry, 1981; Wang, Chen-main, 1984; Wakeman Jr., Frederic, 1985, Ch.8.

을 제외한다면, 적어도 홍광정권이 존재하던 시기 동안에는 그리 큰 혼란은 없었던 듯하다. 그러나 익년 5월에 홍광정권이 청군에게 어이없이 붕괴된 후 8월에 청군이 송강(松江)에 입성하기까지, 강남은 거의 공황상태에 빠지고 말았다. 향촌에서는 종족집단 사이의 상호 보복전, 향병(鄕兵)임을 자처하는 여러 무장 세력들의 난투극 등이 반복되었고, 항조(抗租)·노변(奴變)과 무뢰의 횡행도 많았다. 이러한 무정부 상태가 계속되는 상황에서, 강남 신사의 입지도 화북지방과 다를 바 없이 어려웠다.

도토(多鐸) 지휘 아래 청군은 순치2년 5월 8일 장강을 넘어 9일에 진강(鎭江)을 함락시키고 5월 15일에 남경(南京)에 입성하여 도합 23만 8천여 명의 항복을 받았다. 그리고 바로 6월 5일에 강남에 치발령(薙髮令)을 내리고, 이어서 6월 15일에는 전국에 치발령을 발포하였다. 그러자 강남지방의 반청항쟁이 폭발하였다. 그 후로 8월까지 청군의 강남 평정기간에 양주·가정·강음·태창·금단·상숙·송강 등 여러 지역 신민의 항청운동(抗淸運動)은 특히 격렬하였으므로, 청군은 이들을 진압하는 과정에서 대도살(大屠殺)을 감행하였다. 이 삼개월여 동안 강남사회는 거의 무정부의 혼란사회로 돌변하였고, 그 후에도 "무뢰들이 사방을 노략질하고 … 가는 곳마다 도적"인 상태가 계속되었다.[17] 『을유필기(乙酉筆記)』에 따르면, 모르는 사람은 모두 간첩으로 의심해서 대낮에도 서로 죽였고, 개인적인 살인은 집단적인 보복, 살육전으로 발전하였으므로, 행인은 모두 칼을 소지하고 다녔고, 멀리 여행하다가는 참사(慘死)를 당하기 일쑤였다. 진자룡(陳子龍)·하윤이(夏允彝) 등 각지의 근왕기병군(勤王起兵軍)도 실은 창졸간에 "농민이나 시장의 무뢰"들을 모병한 오합지졸(烏合之卒)이었으므로 전투력을 발휘할 수 없었고, 오히려 백성으로부터 군량 징수를 명목으로 약탈을 일삼았으므로, 도적떼와 다를 바 없었다.[18] 이러한 상황에서 각지의 신사는 의병(義兵)·향병(鄕兵)을 조직하여 자위(自衛)할 수밖에

17) 『明淸史料』 丙-6, 「江寧巡撫毛九華揭帖」(順治2年11月).

18) Wakeman Jr., 1985, pp. 603~604, p.667에서는, 신사는 충성과 정의감에서 반청 의용군에 가담하였지만, '强盜'적 성격을 면할 수 없는 상황의 한계를 인식하고, "社會安定=農民保護=使命意識"이란 입장에서 어쩔 수 없이 청조에 호응하게 되었다고 한다.

없었는데, 그들 역시, "모두 다 규율 없는 군사이고, 명령은 먼 곳까지 미치지 못하였다. 가는 곳마다 살인하였으며, 혹은 이전의 원한을 보복하고 혹은 약탈과 방화를 일삼았다"는 상황이었으므로, 백성의 눈에는 구적(寇賊)이나 다름없었다.

한편, 청군의 강남 정복 당시 청군의 대부분은 팔기군(八旗軍)이었다. 그러나 예친왕(睿親王) 도토 휘하의 팔기군만으로 정복전쟁을 수행하기란 불가능하였다. 그 때문에 새로이 거의 25만 명의 병사를 포용하였지만, 이들은 실은 전투능력이 없는 오합지졸이었고 군량도 부족하였으므로, 역시 약탈과 살육을 자행하였다. 이에 청조는 순치2년 6월 29일에 「하남강북강남은조 (河南江北江南恩詔)」를 반포하여, 화북을 포함한 강남지역의 신사와 민심을 수람(收攬)하는 한편, 윤6월에는 홍승주(洪承疇)를 강남초무(江南招撫)로 임명하여(8월에 남경에 부임) 본격적인 강남 초무를 담당케 하였다. 홍승주는 소절지방의 정복과 초무의 대강이 순치3년 3월까지는 끝났다고 보고하였다. 그러나 청군은 대개 도시 중심으로 배치되었으므로, 향촌에서는 여전히 혼란이 계속되었다. 그러다가 순치4년 4월에 송강에 주둔하던 소송상진(蘇松常鎭) 4부 제독(提督) 오승조(吳勝兆)가 반란을 일으켰다. 이 반란에는 강남지방의 많은 신사들이 직・간접적으로 연루되었다. 홍승주는 이 반란을 평정한 후, 폭력적 파괴를 피하고 나아가서는 조속한 사회 안정을 도모하기 위해서 병제(兵制)를 정비하였다. 이 새로운 병제(兵制)는 신사의 향병을 군사 편제에 편입시킴으로써 강남 신사를 체제 안으로 포섭하여 그들과 협조하고자 한 것이었지만, 결과적으로는 자연스럽게 강남 신사의 무장해제로 이어졌다.

3) 南部(贛・閩・粵・湘)地域[19]

강서성 남부지방을 중심으로 강서・복건・광동・호남의 사성교계지역(四省交界地域)은 무이산맥과 오령(五嶺)으로 이루어지는 금산구(禁山區)로서, 역

19) 顧誠, 1997 ; 南炳文, 1992 ; 唐立宗, 2002 ; 傅衣凌, 1982 ; 謝國楨, 1957 ; 森正夫, 1973 · 1974 · 1978, 1991 ; 吳金成, 1991, 1996, 1998A ; 李俊甲, 1994 ; 元廷植, 1996, 2003 ; Struve, Lynn A., 1984.

대로 반란의 연수(淵藪)였다. 명말에 국가의 통치능력이 현저히 저하되자 이 지역에서는 다시 유구와 토적이 발호하기 시작하였다. 명이 망하고 청군이 입성하던 시기에, 중국 남부지방은 당왕(唐王)·소무제(紹武帝)·계왕(桂王) 등 남명정권(南明政權)과 이들을 위한 신사의 근왕기병군(勤王起兵軍), 이자성·장헌충의 패잔병, 구적(寇賊) 등의 무장 세력이 횡행하는 혼란사회였다. 남명군과 근왕기병군 안에는, 이를 지휘하는 향신과 좌주문생(座主門生) 관계에 있거나 혹은 복사(復社) 등 문사(文社)의 동인들이 참가한 사례도 많았다. 그러나 남명군과 근왕기병군은 대부분이 급히 모여든 오합지중(烏合之衆)이었으므로 강력한 전투능력을 기대할 수 없었고 군량도 부족하였다. 그 때문에 이들은 부족한 군량 확보를 명목으로 세역을 강제로 징수하였다. 결채자보(結寨自保)하던 신사나 대종족(大宗族)의 무장 자위세력 사이에서도 무정부 상태를 틈타서 약탈을 자행하는 경우까지 있었다. 향병·의병조차도 대개는 의병의 이름 아래 실제는 도적질을 하였다.[20] 항조(抗租)·노변(奴變)이나, 밀밀교(密密教)·무위교[無爲教; 나교(羅教)] 등의 종교성 반란, 동적(峒賊) 등 소수민족의 반란도 빈번하였다. 심지어 거인·감생·생원 등 미입사 학위소지자가 주동하는 사변(士變)도 적지 않았다. 정성공(鄭成功)을 중심으로 하는 해상세력의 영향력이 강했던 동남 연해지방에서도 사회혼란은 비슷하였다. 농민들은 농사도 어려운 형편에서 명조·남명·근왕기병군·구적·청군에게 그때그때 꼬박꼬박 납세하고 약탈당할 수밖에 없었다.

이러한 정황에서 명대 이래 지역 지도자 또는 유력자로 군림해 온 신사나 향촌거민의 입장은 참으로 절박하였다. 그들의 주변에는 온통 무장한 약탈세력뿐이었다. 그 때문에 신사나 족장 등을 중심으로 하여 종족(宗族) 단위로 무장을 하거나, 혹은 1개 촌락 또는 여러 개 촌락이 연합해서 보채(堡寨)를 구축하고 향병·의병을 조직하여 자위하기도 했다. 바꾸어 말하면 이른바 결채자보(結寨自保)를 통해서 주경야수(晝耕夜守)하면서 종족과 마을 보호하는 한편, 강력한 보호자의 출현을 기다릴 수밖에 없었다.

---

20) 李世熊, 『寇變紀』, 中國社會科學院歷史研究所清史研究室, 『清史資料』 1, 中華書局, 1980, p.46.

바로 이렇게 극도의 혼란에 빠져 있던 남부 여러 성 지역에 청군은 순치2년부터 차례차례 진입하였다. 그러나 남부지역에 진출한 청군도 지역에 따라 전세(戰勢)가 반드시 유리하지도 않았고, 일단 접수한 지역의 질서유지도 그리 쉽지 않았다. 무장 봉기세력은 사방에 널려 있고 수시로 출몰하여 게릴라전을 펴는 것과는 달리, 청군의 수는 턱없이 부족하였다. 그 때문에 청군은 남부 각 지역에서 수없이 많은 무장 세력에 대하여 무력 진압과 초무책(招撫策)을 병행하였다. 초무에 응한 이전의 명군(明軍)·남명군(南明軍) 장수들에게는 이전의 관직과 토지와 녹봉을 주었다. 그러나 항복하는 자들은 누구나 군대에 편입시켰기 때문에, 청군에 새로 편입된 병사의 대부분은 어쩔 수 없어 항복한 오합지졸로 군기와 사기가 모두 부족하였다. 또한 군량이 부족한 것은 청군도 마찬가지였다. 그 때문에 그들은 수시로 식량 확보를 명목으로 약탈을 자행하였고, 이에 불응할 경우 도살하는 등, 행태는 구적이나 다름없었다. 청조는 부족한 병력을 보충하기 위하여, 만주 장령(將領)의 부대를 파견하여 무장봉기를 진압한 후에 회경(回京)시키는 사례도 많았는데, 그 때마다 또다시 전력에 공백이 생기곤 하였다. 순치5년 정월에서 순치6년 정월까지, 강서총병 김성환(金聲桓)과 왕득인(王得仁)이 청조에 반기를 들자, 광동의 이성동(李成棟)과 호광의 하등교(何騰蛟)를 비롯하여 남부 각 지역의 남명군과 신사 기병군이 합세하는 사건이 벌어졌는데, 그때 그 여파는 멀리 청조 조정까지 진동하였다.

청군은 남부 각지를 정복하는 과정에서 강력한 저항이 있었던 지역은 물론, 그렇지 않은 지역도 무참하게 도륙하였고, 심지어 '방상(放賞)'이라 하여 마음껏 약탈을 자행하도록 허가하는 일도 있었다. 이 때문에 남명정권과 근왕기병군은 '변발을 안했으면 우리 편이고 변발을 했으면 적'으로 생각하였고, 청군은 그 반대로 생각하여 서로 죽였으며, 구적이 성내 거민을 만나면 향용(鄕勇)의 간첩이라 하여 죽였고 청군이 향민을 만나면 구적(寇賊)이라 하여 죽였으므로 무고한 백성들만 큰 피해를 보았다.

4) 四川地域[21)]

명말의 사천지방은 요황적[搖黃賊; 토폭자(土暴者)]과 북쪽 섬서인의 횡행, 소수민족의 약탈, 양응룡의 반란, 사숭명의 반란, 성도(成都)에서 일어난 개독(開讀)의 변(變; 숭정13년)과 민변(숭정14년), 이른바 오두[五蠹; 아두(衙蠹)·부두(府蠹)·호두(豪蠹)·환두(宦蠹)·학두(學蠹)]의 횡포, 기근·전염병·호환(虎患) 등으로 사회가 대단히 혼란하였다. 더구나 장헌충 군은 숭정6년·7년·10년·13년에 각각 사천에 침입하여 다수의 인명을 살육하였고, 숭정17년(1644) 1월에 다시 침입하여 성도(成都)를 함락시킨 후, 방어에 참여한 신민(紳民)을 도살하였다.

장헌충이 순치 원년에 성도에서 대서정권(大西政權)을 수립하자, 처음에는 신사들이 많이 참여하였다. 그러나 대서정권의 실질적인 행정력은 겨우 성도와 그 주변 지역에만 미쳤으므로, 나머지 지역은 여전히 구적이 횡행하는 무정부 상태로 남아 있었다. 장헌충은 순치3년에 과거시험을 실시한다는 구실로 사인 만여 명을 성도에 모아 살해하였다. 그 후로 신사는 종족 또는 향촌단위로 자위조직을 결성하여 대서정권에 대항하였다. 이들 신사의 자위군은 많을 때는 수십 명의 신사가 연합하거나 수십 개 종족이 연합하는 경우도 있었으며, 좁으면 한 곳에 결채자보(結寨自保)하지만 세력이 큰 경우에는 현성(縣城)을 사수하며 질서를 유지하였다. 이윽고 남명군의 영향력이 미치자 신사 자위세력들은 이들과 협조하였다. 그러나 남명군의 성분이 복잡하여 그들 사이에도 내분이 잦았고 군량 조달을 명분으로 사방에서 유구와 다름없이 약탈을 자행하였으므로, 신사 자위군은 남명군도 적으로 간주할 수밖에 없었다. 이제 사천의 자위세력은 유구·토적, 남명군, 명군의 패잔병 등에 둘러싸여 고립무원 상태가 되고 말았다.

청조는 순치3년 정월에 사천에 토벌군을 파견하였다. 청군은 순치3년 11월에 사천 북부의 순경부(順慶府) 남충현에서 장헌충을 죽이고 대서정권을 붕괴시켰다. 그러나 사천에 진입한 청군 역시 병력과 군량이 대단히 부족하였다.

21) 胡昭曦, 1980; 社會科學研究叢刊編輯部, 1981; 顧誠, 1984; 王綱, 1987; 孫曉芬, 1997; 山根幸夫, 1983; 李俊甲, 2002, 제1편 등 참조.

그 때문에 강희4년 무렵 청군이 사천을 완전히 장악할 때까지 거의 20년 동안, 겨우 천북지역(川北地域)에 웅거하면서 항청세력의 섬서 진출을 막는 정도로 만족하였다. 이 시기에는 천북지방은 청군이,[22] 천남지역(川南地域)은 남명군과 장헌충 잔여부대의 연합세력이 지배하였다. 따라서 이 두 지역은 어느 정도 안정될 수 있었지만, 성도(成都) 중심의 천서지역(川西地域)과 중경(重慶) 중심의 천동지역(川東地域)은 여전히 무정부 상태에서 참상과 피폐가 극에 달하였고, 이 지역의 신사의 자위세력은 그저 한시적으로 버텨 나갈 수밖에 없었다.

한편, 청조는 순치8년부터 지배력이 미치는 천북의 순경·보령 지역에 대하여 향시(鄉試)를 시행하여 정원보다 훨씬 많은 수를 거인으로 선발하였다.[23] 이러한 정책은 청군이 아직 점령하지 못한 지역의 신사들에게 적지 않은 심리적 영향을 주었을 것이다. 강희3년(1664)에 사천의 모든 지역이 청조의 판도에 편입되었지만, 아직도 여러 곳에 구적이 남아 있었으므로 질서 회복은 요원하였다. 그러는 중에 강희13년(1674)에 오삼계(吳三桂)가 봉기하여 군대를 사천에 파견하자 사천의 순무와 제독 이하 지방관들이 대거 투항하였으므로, 강희18년(1679)까지 실질적으로는 오삼계 군이 사천을 지배하였다. 청조는 오삼계 군을 진압하고자 세 번이나 사천에 병력을 급파(강희12년 12월 22일과 27일, 강희13년 정월)하였지만, 겨우 섬서와 사천 접경지대에서 오삼계 군과 힘겨운 전투를 벌이는 정도였다.

---

22) 사천의 대부분의 지방관은 순치18년 이후에 파견되었다. 그러므로 순치18년의 사천 田地統計 11,880頃(만력년간의 3%에 불과)은 겨우 川北地方만을 파악한 數値로 보아야 한다.

23) 明末清初 保寧府와 順慶府 擧人輩出狀況(李俊甲, 1998, p. 433 참조.)

年度 / 地域	萬曆年間	天啓年間	崇禎年間	順治8年	順治11年	順治14年	順治17年	康熙2年	康熙5年	康熙8年
保寧府	51(4.5%)	2(1.7%)	12(3.8%)	29(40.3%)	31(48.4%)	33 (44%)	16(38.1%)	11(21.2%)	8(19.0%)	1(2.3%)
順慶府	101(8.9%)	7(6.1%)	25(7.9%)	11(15.3%)	11(17.2%)	14(18.7%)	10(23.8%)	12(23.8%)	5(11.9%)	6(14.2)
嘉定州	22(1.9%)	7(6.1%)	28(8.9%)					3(5.8%)	3(7.1%)	10(23.8)
擧人總數	1130	114	313	72(原額40)	64(原額42)	75(原額42)	42(原額)	52(原額42)	42	42

2. 清軍과 紳士

이상으로 화북·강남·남부·사천 지역으로 나누어, 명청 왕조교체 시기 12개 성 지역의 사회상황을 살펴보았다. 명말→이자성 정권의 북경입성과 명나라의 멸망→남명→청군의 입관→청군의 각 성 진입과 완전 장악에 이르는 대 동란기에, 어느 지역에서나 가장 두드러진 활동을 보인 세력은 유구와 토적이었다. 이들은 한편으로는 서로 다투면서도, 이해관계에 따라 늘 세포분열과 이합집산을 반복하면서 약탈과 살육을 자행하였다. 그들은 때로는 관군에 항복하였다가, 이윽고 다른 세력에 항복하고, 또 금방 제 3의 세력과 합세하고, 때로는 '의병임을 자처하면서 도적질을 일삼는[假義兵名色以行盜]'[24] 등, 단지 그때그때의 이해관계에 따라 행동하였다. 생활기반을 잃은 수없이 많은 농민들이 유산(流散)하였으므로, 토착 거민과 유민·무뢰·도적은 서로 구분할 수도 없었고, 온 세상이 그저 약탈자의 무대로 버려진 상태였다.

이들 구적(寇賊)들의 활동을 유형화해 보면, ① 적으면 수백, 많으면 수만에 달하는 군중성(群衆性), ② 여러 지역에서 각 계층의 민중이 연합하거나, 아니면 몇 개 집단이 연대 봉기하여 기각지세(掎角之勢)로 병발(併發)하는 연대성, ③ 좁으면 1개 향(鄕), 넓게는 여러 현(縣), 심지어 여러 부(府) 지역을 횡행하는 광역성, ④ 짧으면 며칠, 길면 몇 개월, 심하면 몇 년에 걸쳐 현성(縣城)을 점거할 정도의 지속성, ⑤ 심한 경우 동일 지역에서 1년에 6회를, 때로는 매년 혹은 수년 만에 다시 침략하는 다발성 등의 특성을 갖는 심각한 현상이었다. 그리고 이러한 사건들이 동일지역에서 동시에 다발적으로 발생했기 때문에 더욱 심각하였다.[25]

이렇게 동란이 장기화함에 따라 향촌에서 석출(析出)된 무수한 농민들은 단지 먹고 살기 위해, 성분 여하를 가릴 여유도 없이 어딘가 무장 세력에 가담해

---

24) 李天根,『爝火錄』卷18, 浙江古籍出版社, 1986, p. 783. 同治『興國縣志』卷14, 武事에는 "鄕曲無賴假義兵以縱劫奪, 尋私怨屠及赤子, 橫行郡聚, 大江以南逮嶺表, 所在多有"라 한 기사도 보인다.

25) 吳金成, 1996.

야 하였으므로, 때로는 유구・토적 세력에 합류하거나, 혹은 도시로 유입하여 무뢰가 되기도 하였다.[26] 구(舊) 명군・남명군・신사의 근왕기병군, 혹은 각 성 지역에 진입한 청군 등 가릴 것 없이, 각종 무장 세력들의 구성이나 약탈과 살육의 행태는 유구・토적과 하등 차이가 없었다. 그 때문에 백성의 눈으로 보면, 무기를 들고 있는 사람들 모두가 도적이었다. 명・청 왕조교체기의 혼란과 참상은, 정도와 장단(長短)의 차이는 있었지만 중국 전체에서 거의 비슷하였다.

이러한 극한 상황에서, 향촌의 신사나 족장 등은 우선 종족이나 촌락 단위로 결채자보(結寨自保)함으로써 생명과 재산의 보존을 도모하였다.[27] 그러는 과정에서 신사는 재해가 일어났을 때 제한적으로나마 백성을 구휼(救恤)하고, 종족이나 향촌민 사이의 분쟁을 조정하고, 교량이나 수리시설을 수축하기도 하였으며, 지현의 요구에 따라 향병을 모집하여 구적세력에 대한 토벌에도 참여하였다. 이러한 신사의 무장 자위활동은 공적이면서 동시에 사적인 것으로, 양면성을 지니고 있었다. 그들의 활동은 사적으로는 보신가적(保身家的) 활동이었지만, 동시에 공적으로는 무정부 상태의 공동(空洞) 사회에서 거의 유명무실하던 국가권력을 대신해 향촌질서를 유지하는 기능으로 발전하기도 하였다. 신사의 무장 자위활동은 개인 차원도 있었으나, 대개는 '신사공의(紳士公議)'에 따라 신사가 연합하여 공동행동을 취하였다. 이러한 역할을 전개한 신사의 대부분은 감생이나 생원 등 사인이었지만, 그러한 활동은 대개 지현의 요구와 향촌민의 절대적인 여망에 부응한 행동, 즉 향론(鄕論)을 대변하는 행동이었다. 이러한 신사의 행동은 신사가 사대부이기 때문에 가질 수 있는 '공의식(公意識)'의 발로라고 할 수 있는데, 이것은 송대 이래 사대부의 전통이었다. 그리고 절체절명의 동란기였기에, 무장을 갖춘 신사의 공적 활동과 이에 근거한 신사의 사회지배력은 평상시보다 훨씬 강력하고 인상 깊게 보였다. 그러나 이러한 무장자위 방법은 분산・고립적인 것이었으므로 이내 한계에 부딪히게 되었다. 그들에게는 신사로서의 위망(威望)이나 특권은 고사하고, 눈앞

26) 郝秉鍵, 2001.
27) 元廷植, 2003.

의 생명과 재산을 보호하는 일만으로도 벅찬 실정이었다. 이 때문에 일반 백성뿐 아니라 신사들도 강력한 보호자의 출현이 절실하였다.[28)]

중국사회가 바로 이러한 때에 청군은 만주·몽골·한인 팔기군과 오삼계(吳三桂)의 군사력을 앞세워 비교적 쉽게 북경에 입성하였다. 그러나 그 후 중국 모든 지역으로 정복전선을 확대하는 과정에서 청군은 점차 난관에 봉착하였다. 각지에서는 이자성·장헌충 등의 반란세력, 수없이 많은 유구와 토적, 남명의 회천운동군(回天運動軍), 신사의 근왕기병군, 향방을 정하지 못한 채 각 지방에 산재하던 신사의 자위군 등이 서로 복잡하게 어우러지며 수시로 출몰하였다. 그런데 청군의 수는 정복전을 수행하기에는 대단히 부족하였을 뿐 아니라, 군량 또한 절대적으로 부족하였다. 병사의 대부분은 수시로 모집한 오합지졸이었으므로 군기와 사기가 모두 낮아, 구적이나 다름없이 수시로 약탈을 자행하였다. 청군과 유구·토적세력 사이에는 전황이 수시로 반전되면서 도대체 적과 아군을 구분할 수 없는 혼돈상태가 계속되었으므로, 단지 치발(薙髮) 여부로 서로 죽이는 약탈과 살육이 반복 자행되었다. 당시의 이러한 참상은 모두 표현할 수 없었고, '비옥한 논밭이 모두가 도적의 땅'이라는 표현에서 정도를 짐작할 뿐이다. 결국 중국은 여전히, '산과 들, 어디에나 도적 없는 곳은 없다'는 상태가 계속되고 있었다.

그 때문에 각각의 성 지역에 진입한 청군들도 일단 확보한 지역의 질서를 확립하고, 나아가서는 조속한 시일 안에 통치력의 지방 침투와 궁극적인 정복의 완성을 위해 우익 세력의 확보가 절실한 입장이었다. 그런데 현실적인 경제력과 무장력, 사회적인 영향력 등 당시의 여러 가지 현실을 고려할 때, 이러한 우익 세력은 각지에서 결채자보(結寨自保)하고 있는 신사 외에 대안이 있을 수 없었다. 그 때문에 청조는, 뒤에서 자세히 설명하겠지만, 섭정왕(攝政王) 도르곤[多爾袞]이 치발(薙髮)마저 일시 유예시키면서 「순치제즉위조」(順治帝卽位詔)를 반포하였고(1644년 10월 10일, 갑자일),[29)] 그 후에도 계속하여 각성(各省) 「은조(恩詔)」를 반포하였다.[30)] 특히 「즉위조(卽位詔)」와 「섬서은조(陝西恩詔)」

28) 馮賢亮, 2001.
29) 清『世祖實錄』卷9, 順治元年 10月 甲子條.

는 치발마저 잠시 보류한 상태에서 반포된 것이었다. 그리고 순치6년(1649)에 이르러서는, 오히려 백성들에게 자위에 필요한 기본적인 무기[삼안(三眼)·조총(鳥銃)·궁전(弓箭)·도(刀)·창(槍) 등]와 마필(馬匹)의 소유를 허가하고, 이미 관에서 몰수한 것도 반환해 주도록 하였다.[31] 이러한 조치는 모두 민심을 안정시키고 신사를 우익으로 포섭하기 위함이었다. 한편, 중국 각지의 신사들의 입장에서 보면, 결채자보(結寨自保)는 단지 한시적인 것일 뿐, 누군가 절대권력의 출현이 절실한 실정이었다. 그런데 바로 이때 청조가 제시한 내용은, '불감청고소원(不敢請, 固所願)'이라 할 만큼, 자신들이 감히 먼저 요구할 수 없을 정도로 만족할 만한 보호와 우대를 약속하는 것이었다. 그 때문에 신사들은 치발을 감수하면서 이민족 왕조를 수용하였다.[32] 그 후 신사들은 무장 지원(병력과 군량 지원)·참모 역할 등을 통하여 청군에 적극적으로 협조하였다.

정복전의 현장에서, 청군과 신사, 양자의 결합 배경은 중국 어느 곳에서나 거의 대동소이하였다. 그 결과 순치년간(1644~1661)의 중국 각 지역사회의 질서 회복과 안정이 시작된 배경에는, 중앙정부 차원의 전국적인 농민 안정책과 지방관의 노력 등을 기반으로 이들 청군에 항복한 신사의 협조로 이룩된 것이었다.[33] 결과적으로 보면, 신사는 자신들의 '보신가'를 위하여, '국가'를 '이민족[여진족]'에게 헌상하고 말았다고 할 수 있다.

30) 順治2年 4月에 「陝西恩詔」(清『世祖實錄』卷15, 順治2年4月丁卯條), 2年 6月에 「河南·江北·江南恩詔」(『世祖實錄』卷17, 順治2年6月己卯條), 4年 2月에 「浙東·福建恩詔」(『世祖實錄』卷30, 順治4年2月癸未條), 4年 7月에 「廣東恩詔」(『世祖實錄』卷33, 順治4年7月甲子條)를 각각 반포하였다. 단, 이러한 일련의 「恩詔」는, 전란이 계속되는 와중에서는 실행보다는 선언적인 의미가 더 강하였다고 할 수 있다.

31) 『世祖實錄』卷43, 順治 6年 3月 甲申條.

32) 明이 망한 후에 적지 않은 신사는 명조에 대한 의리를 위하여 自決하거나 殉國하였다. 청대의 『地方志』에는 이러한 殉國者를 다수 소개하고 있는데 거의가 하층 신사였다.

33) 元末 軍雄割據時代에 後發 走者인 朱元璋政權이 사대부·지주세력을 적극 포섭함으로써 선발 세력들을 타도하고 명을 건국할 수 있었던 사실과 견줄 수 있다. 吳金成, 1997C 참조.

II. 淸初의 中央權力과 紳士

입관 후 청조의 당면 과제는 수십만 만주인(滿洲人)의 생활기반을 확보하는 동시에, ① 한인(漢人)의 민심을 안정시키고, ② 황폐한 도시와 농촌을 부흥시키며, ③ 궁극적으로는 동란을 평정하여 중국 전토를 통일하는 것이었다. 그 때문에 섭정왕 도르곤[多爾袞]은 우선 만주족 보호정책[국수보존책(國粹保存策)]을 쓰는 한편, 한인 안정책과 신사 포섭책을 병행하였다.

입관 후 청조가 한인 안정책과 신사 포섭책을 가장 광범하게 제시한 카드는 「순치제즉위조」였다(순치원년 10월 10일).[34] 구체적인 내용을 보면, 규정된 세역 외의 일체의 가파(加派)를 금지하고, 현임관(現任官) 등 한인 신사를 적극 등용하고,[35] 원래 신사가 지녔던 특권(신분 · 우면 등)을 인정하고,[36] 재산을 보호하며, 과거와 학교제 등, 명대의 제도를 계승하겠다는 것이었다. 물론 치발(薙髮)하고 항복하라는 대전제는 있었지만, 청조로서는 극히 당연한 것이었다.

그런데 여러 곳에서 정복전의 승리가 점차 가시화하고 사회가 안정되면서, 명말의 사회현상이 재현되었다. 당파(黨派) 현상과 관리의 부정부패,[37] 신사의 극단적인 사리추구 현상 등이 다시 나타난 것이다. 신사의 규중결사(糾衆結社) · 세역포탈 등도 청조의 통치력에 원심력으로 작용하였다. 이러한 현상이 가장 두드러진 지역은 여전히 강남의 소절(蘇浙)지방이었다.[38] 이러한 부

---

34) 「卽位詔」 56개조 중 20개조가 신사 包攝策이고, 6개조는 부세 감면 등 간접적인 신사보호책이었다. 단, 이때는 청조가 아직은 화북의 일부 지방만을 장악한 상태에서 반포한 것이었으므로, 선언적인 의미에 지나지 않았다.

35) 순치년간의 한인(한군팔기 포함) 등용 사례를 보면, 部院大臣 47.4%, 大學士 75.9%, 總督 100%, 巡撫 99.1%, 科道官 97.4%, 牧民官 95.6%에 달하였다. 吳金成, 1981A 참조.

36) 신사 우면에 대한 청조의 입장은, 순치 초에는 薙髮하고 항복한 신사에 한하여 특권을 인정하는 것이었고, 그 후 數回에 걸쳐 縮小 · 制限시켰지만 끝내 폐지할 수는 없었다. 더구나 신사는 각 지방에서 명대와 같은 濫免을 받고 있었다.

37) 관리의 부정부패에 대해서는 이미 입관 직후에 엄금하는 조칙을 내린 바 있다.(淸『世祖實錄』 卷5, 順治元年5月丙子條)

38) 이 지역은 중국의 경제와 문화의 중심지로서, 명말에는 중앙권력의 침투도 어려울 만큼 '紳士公議'가 사회를 지배하고 있었다. 명 태조 홍무제는 富戶 徙民 · 重賦 ·

정적인 사회현상과 영향에 대하여, 순치4년에,

> **요사이 들으니, 현임 관원의 백숙곤제**(伯叔昆弟)**와 종인**(宗人) **및 폐신열금**(廢紳劣衿)**들이 백성에게 크게 해를 끼치고 있다고 한다. 종종 타인의 집과 농토를 빼앗고, 물건 값을 마음대로 정하고, 선량한 사람을 업신여겨 함부로 다루며, 부세**(賦稅)**를 체납하는데도 지방관들은 두려워서 불문에 부치므로, 소민**(小民)**은 한을 품은 채 대납한다. 그 때문에 귀자**(貴者)**는 날로 부해지고, 빈자는 날로 어렵게 된다. 명말의 폐습이 오늘에도 아직 남아 있는 것이다**[明季弊習, 迄今猶存]. **어떻게 하면 이러한 폐습들을 완전히 없앨 수 있겠는가?**[39]

라는 전시(殿試)의 책제(策題) 제2문(問)으로 제시될 만큼, 도르곤도 충분히 인식하고 있었다. 그러면서도 정복전의 조속한 종결과 치안의 확보를 위해 전략상 신사를 우대하고 포섭할 수밖에 없었다.[40] 바꾸어 말하면, 도르곤은 중국의 신사를 제어할 필요성을 절감하면서도,[41] 입관 초에는 그러한

四大 疑獄事件 등을 일으켜 그들을 어느 정도 제압할 수 있었다. 그러나 15세기부터는 이 지역에서 또 다시 신사나 부호에게 재부가 집중됨으로써 생산관계의 불안이 점차 심화되어 갔으며, 명말에 이르면 張居正이나 魏忠賢의 힘으로도 강남 신사의 제어는 불가능하였다.

39) 清『世祖實錄』卷 31, 順治4年3月丙辰條. 策題의 내용은 ① 眞才選拔方法, ② 引用文提示 內容, ③ 軍餉調達과 減賦의 兩善 方法 등을 물었다.

40) 명대에는 그 資格만으로는 관료가 될 수 없었던 생원도, 순치년간에는 중요한 관직에 17.3%나 임명되었다.

41) 徐茂明씨는, 順治 3년에 "將前代鄉官監生名色盡行革去, 一應地丁錢糧雜泛差役與民一體均當, 朦朧冒免者治以重罪"(清『世祖實錄』卷25, 順治3년 4월 壬寅조)라고 한, 戶部에 대한 칙유를 근거로, "청조는 순치 초부터 강남 신사를 탄압하기 시작하였다"고 한다.(徐茂明, 2004, p.85) 그러나 이는 原典의 내용을 去頭截尾·斷章取義하여 자신의 논거만 강조한 것에 지나지 않는다.

『世祖實錄』에 보이는 호부칙유 전체의 내용은 "諭戶部, ⓐ 運屬鼎新, 法當革故。ⓑ 前朝宗姓, 已比齊民, 舊日鄉紳, 豈容冒濫。ⓒ 聞直隸及各省地方在籍文武, 未經本朝錄用者, 仍以向來品級名色, 擅用新頒帽頂束帶, 交結官府, 武斷鄉曲, 冒免徭賦, 累害小民。甚至買郎粟監, 動以見朝赴監爲名, 妄言復用, 藐玩有司, 不當差役。ⓓ 且有閩·廣·蜀·滇等處地方見任僞官, 沮兵抗順, 父兄子弟, 仍倚恃紳衿, 肆行無忌, 種種不法, 蠹國殃民, 深爲可恨。ⓔ 自今諭示之後, 將前代鄉官監生名色盡行革去, 一應地丁錢糧雜泛差役與民一體均當, 朦朧冒免者治以重罪。ⓕ 該管官徇私故縱者, 定行連

능력이 없었다고 할 수 있다.[42] 한편, 절강·복건·광동지방에 「은조」를 반포하던 순치4년 무렵에는 이들 지역이 어느 정도 안정되었다고 볼 수 있지만, 동남 연해지방을 중심으로 아직도 정성공(鄭成功) 중심의 해상세력이 건재하였으므로, 청조로서는 어떻게 해볼 수 없는 우환(憂患)이었다.

그러나 한인 신사에게 비교적 호의적이던 섭정왕 도르곤이 죽고(순치7년 12월 9일), 오보이[鰲拜; 의정대신(議政大臣)] 등이 실권을 잡게 된 순치 친정기[親政期; 순치8년～18년, 1651～1661]에는, 신사에 대한 정책이 점차로 강화되었다.[43] 전국적으로 신사의 취중결사(聚衆結社; 문사운동(文社運動)]·언론출판·서원강학(書院講學)·포람전량(包攬錢糧, 세금 대납 행위)·사송(詞訟)·사맹(社盟) 등을 차례차례 금지시켰다.[44] 사인들의 이러한 행동은 이미 명 중기 이래의 국가의 대환(大患)이었다.[45] 그 때문에 명말에 장거정(張居正)

坐, 其僞官父子兄弟, 家産人口, 通著該地方官詳確察奏, 不許隱漏。ⓖ 卽傳諭行"(淸『世祖實錄』卷25, 順治3年 4月 壬寅條, 밑줄은 필자)하라고 되어 있다. 이를 분석해 보면, ① 본 칙유는, 徐茂明의 주장과 같이 강남에만 내린 것이 아니고, 戶部에 내린, 전국을 상대로 한 명령이었고, ② 閩·廣·蜀·滇 等 지역에는 아직도 청조의 통치가 완전히 미치지 못한 상태에서 내려진 것이었다.(ⓓ) 그리고, ③ 명조에서 신사의 자격을 얻었던 자들이, 전에 했던 관례대로, 신사의 특권을 누리려 하는 것은(ⓒ), 攝政王 多爾袞이 이미 반포한 「順治帝卽位詔」와 「陝西恩詔」·「河南·江北·江南恩詔」 등에서 충분히 인정한 것이었다. 명대의 신사도 중앙 정부 차원에서 누누이 濫免을 금지하였지만, 신사들은 여전히 자기에게 유리한 대로 남면하는 것이 사회 관행이었다(본편 제3장 참조). 한편, 山本英史, 2004에서도 徐茂明과 같은 잘못된 인식을 하고 있다. ④ 그런데도 섭정왕 도르곤이 새삼스럽게, 徐茂明씨가 거론한 명령을 내린 이유는 어떻게 이해할 수 있을 것인가? 이를 위해서는 먼저 "直隷及各省地方在籍文武, 未經本朝錄用者"(ⓒ) 부분을 주목해야 한다. 이미 薙髮하고 청조에 귀순한 자들은 당연히 청조에서 보장하는 우면 등 특권을 누릴 수 있지만, 아직 귀순도 하지 않은 채 누릴 특권을 누리려 하는 것은 용서할 수 없다는 것이다. 바꾸어 말하면 '신사의 특권을 누리고 싶으면 빨리 귀순하라'는 명령에 지나지 않는다. 이렇게 이해할 수 있는 것은, 순치 3년 4월에 이렇게 엄명을 내렸음에도 불구하고, 다음 해에는 「浙江·福建恩詔」(4년 2월)를 내리고, 이어서 위에서 본 바와 같은 「策題」를 출제하였을 뿐 아니라, 연이어 「廣東恩詔」(4년 7월)까지 반포하여, 애원에 가깝도록 再三 각지의 신사를 포섭하려 하고 있기 때문이다.

42) 吳金成, 1981.

43) Oxnam, Robert, B., 1970, Ch.5

44) 吳金成, 1989A.

45) 顧炎武, 「生員論」(中), 『顧亭林文集』 卷1, 「生員論三篇」 참조.

도 이러한 신사통제 방법을 사용하였다.[46] 다만, 왕조 중앙의 이념・제도와 지역 사회의 실제 사이에는 필연적으로 괴리가 발생할 수밖에 없었다.[47] 한편, 동남 연해지방을 중심으로 반청활동을 계속하던 정성공(鄭成功)의 해상세력 및 이들과 내통하던 신사・대상인 세력에 대응하기 위하여, 순치3년(1656) 6월부터 천진(天津)・산동・강남・절강・복건・광동으로 이어지는 해안지역에 해금령(海禁令)을 발동하였고, 이미 일부 지역 거민의 내지 이동을 명령하였다.[48] 이러한 해금정책은 명 홍무제 이래의 연장이라 할 수 있다.[49] 순치14년(1657)에는 과장안(科場案)을 일으켜 강남 신사에게 경각심을 일깨워 주었다.[50] 만성적인 재정적자를 만회하기 위하여 여러 가지 재정확보책도 강구하였다.[51] 그럼에도 신사의 세금 체납은 여전하여 청조의 국가 통치에 막대한 지장을 주었다(後述).

그러던 차에 청조에게 결정적으로 위구심과 경각심을 일깨워 준 사건이 일어났다. 마침 운남의 계왕(桂王)을 추격하기 위하여, 청군이 양자강 유역의 수비군을 동원한 시기였다. 이렇게 강남의 수비가 허술해진 틈을 타서, 순치16년(1659)에, 동남 연해지방의 대(大) 해상세력인 정성공 군이 내지의 반청세력

---

46) 吳金成, 1986, pp.55~62 참조.

47) 뒤에 언급하는 바와 같이, 중앙정부 차원에서는 순치년간에 數次에 걸쳐 신사들의 세금 포탈에 대한 엄금 명령을 내렸지만, 奏銷案시기까지는 지켜지지 않았고 그 후에도 그러한 관행은 여전하였다. 石錦, 1990; 西村元照, 1974, 1976; 山本英史, 1977, 1992, 2000, 2004; Yamamoto Eishi, 1999 등 참조.

48) 淸『世祖實錄』卷102, 順治13年6月癸巳條.

49) 명 홍무년간의 海禁 외에 宣德8・正統14・景泰2년에도 해금을 명령하였다. 가정년간에 적극적으로 추진된, 朱紈・胡宗憲・戚繼光의 倭寇 소탕 활동도 이의 연장선上에서 진행된 것이었다. 명조가 북경으로 운반하는 漕糧을 줄곧 대운하를 이용한 것도 왜구 등 해적들에 대한 두려움 때문이었다. 林仁川, 1987; 片山誠二郎, 1953, 1955, 1962; 佐久間重男, 1992; 曹永憲, 2006; Chang, Pin-tsun, 1983.

50) 孟森,「科場案」, 1916; 王戎笙, 1995 참조. 이 사건은 청조가 강남 사인의 과거합격자가 너무 많은 것에 놀란 것에 대한 반응으로, 흡사 홍무제의 전례를 상기시키는 것이었다. 그러나 復社 同人은 숭정 16년에 거인 458명, 진사 232명이 합격하여, 鄕試는 약 4배, 會試는 2배 이상 높았다. 그러므로 丁酉年(순치14년)의 향시만이 부정이 현저했다는 것은 재고해야 한다.

51) 이미 순치4년의 策題 第2問(前述)에서 그러한 인식을 한 이래, 계속하여 紳衿抗糧을 경고하였고, 순치15년에는 전국에 紳衿抗糧을 철저하게 금지하라는 명령을 내렸다(淸『世祖實錄』卷117, 順治15年5月戊申條). 西村元照, 1974 참조.

인 장황언 세력과 연합하여, 군선 2,300척에 17만 군병을 동원해서 진강(鎭江)을 점령하고 남경을 포위하고 장강 이남의 안휘지역을 공격하였다.52) 만일 정성공 군이 강남을 장악하게 된다면, 경제적인 대동맥과 식량 보급로인 대운하가 차단되어 전국이 반신불수에 빠질 형편이었다.53) 정성공 군의 존재는 그들의 근거지인 동남 연해를 중심으로 한 반청활동만으로 그치는 것이 아니었다. 이 때 정(鄭)·장(張)의 군대는 지나는 지역마다 신사나 거민의 대대적인 지지를 받았다. 강남과 동남 연해 일대의 신사는 이렇게 대체로 정성공 군에게 협조하거나, 적어도 잠재적인 지지 세력이었다. 강녕순안(江寧巡按) 위정원의 상소에도 "바다의 항청세력이 일어났을 때, 각지에서 죄수를 풀어주었다"고 하였듯이, 그 지역에서는 행정과 사법이 크게 동요하였다.

이 사건으로 청조는 다음 두 가지의 중요한 사실을 재발견하게 되었다. 첫째, 강남을 장악하여 이미 15년이 지났음에도 불구하고, 아직도 강남의 신사가 청조에 완전히 귀복(歸服)하지 않고 있다는 사실, 둘째 정성공 세력과 강남 신사는 별개가 아닌, 한통속이라는 사실 등이었다. 청조는 10여 년 전에 강서총병(江西總兵) 김성환 등이 청조에 반기를 들자, 광동의 이성동과 호광의 하등교를 비롯하여 남부 각 지역의 남명군과 신사·기병군이 합세하였을 때를 상기하며 치를 떨 수밖에 없었다. 그러므로 정성공 군과 강남 신사, 이 양자의 결합은 청조로서는 정말 심각한 문제[복심(腹心)의 우환(憂患)]가 아닐 수 없었다. 명말 이래의 국가적인 현안(위에서 본, 순치4년의 책제에서 "明季弊習, 迄今猶存"이라 한 것)과 '복심의 우환'이 상존하는 한, 청조 통치의 안정은 요원한 것이었다. 1659년에 이르면, 청조는 중국 내의 반청 활동을 대체로 제압하였다. 이제 명대와 같은 북변 방어의 부담에서 어느 정도 벗어난 청조에게

52) 朱清澤 等, 1987; 李鴻彬, 1988 등 참조. 한편, 정성공은 이미 순치9년부터 내지의 張煌言·張名振 등 大西軍이나 魯王의 舊臣들과 공동보조를 맞추고 있었다. 순치15년에도 290餘隻을 동원하여 절강 해안의 여러 현을 함락시키고 장강에 진입하려 하였으나, 때마침 불어온 태풍으로 퇴각하였다.

53) 이러한 정황은 14세기 중엽 張士誠과 朱元璋 등 무장집단이 이 지역을 장악함으로써 원조가 받은 타격이나, 19세기 중엽 영국 군대가 진강을 점령하여 청조가 받은 타격 등을 상기하면 명백하다.

있어,[54] 마지막 남은 과제는 ① 동남 연해를 근거지로 반청활동을 전개하는 정성공 세력 및 이들과 내응하는 신사와 대상인세력의 완전한 정복과, ② 강남 신사를 완전히 우익화 시키는 것이었다.[55] 이 두 문제는 마치 동일 차축(車軸)의 두 바퀴와도 같은 성격의 것이었다.

그에 대한 결단은 순치제가 사망하고(순치18년 1월 7일) 나이 어린 강희제가 즉위하여 오보이(鰲拜)가 보정(輔政)으로 힘을 발휘하면서 나타났다. 순치18년에는, 먼저 전국적으로 신사의 항량(抗糧, 세금 포탈)·포람(包攬, 세금 대납)을 엄격하게 금하도록 여러 차례 명령하였다.[56] 그리고 동일 차축의 제 일륜(一輪) 격인 강남지방의 신사 문제에 대해서는, 통해안(通海案)[57]·소주곡묘안(蘇州哭廟案)[58]·강남주소안(江南奏銷案)[59] 등 일련의 사건을 통하여 일거에

54) 1600년~1700년 동안 지켜온, 5,000km가 넘는 長城의 의미는 이 때 이미 상당히 퇴색되었다.

55) 이 때 중국 남부에 주둔하던 三藩에 대해서 청조는 오히려 그들이 남쪽 해안 방어군의 역할을 해 주기를 기대하였다. 中道邦彦, 1968 참조.

56) 『欽定學政全書』 卷26, 「整飭士習」. 또한 順治18년 正月에는 "錢糧係軍國急需, 經管大小各官, 須加意督催, 按期完解, 乃爲稱職, … 今後, 經管錢糧各官, 不論大小, 凡有拖欠參罰, 俱一體停其陞轉"이라는 엄명을 내렸고(清『聖祖實錄』 卷1, 順治18年正月己卯條), 同年 3月에는 "直隸各省巡撫以下, 州縣以上, 徵催錢糧, 未完分數處分例"를 정하고(清『聖祖實錄』 卷2, 順治18年3月庚戌朔條, 밑줄은 필자), 바로 同月 9일에는 "諭戶部, 近觀直隸各省錢糧, 逋欠甚多, 徵比難完, 率由紳衿藐法, 抗糧不納. 地方官聽徇情面, 不盡法徵比. 嗣後著該督撫責令道府州縣各官, 立行禁飭, 嚴加稽察, 如仍前抗糧, 從重治罪, 地方官不行察報, 該督撫嚴察, 一并題參重處"(同書, 同月 戊午條)라 하여 抗糧紳衿을 嚴懲하라는 명령을 내렸다. 바로 이것이 계기가 되어 6월 3일에는 뒤에서 설명할 江南奏銷案이 발생하였다.

57) 順治16년(1659) 4월~9월에 鄭成功·張煌言의 연합군이 南京을 포위, 공격하고, 강남 각지의 신민(紳民)이 그들에게 협조한 데 驚愕한 청조는, 그로부터 2년이 지난, 순치18년 7월 13일, 揚州·蘇州·鎭江·紹興 등 지역에서 鄭·張에 가담하거나 협조한 신사 100여명을 참형에 처하였다. 이것이 소위 通海案인데, 이에 대해서는, 謝國楨, 1982, 1988, pp. 197~206; 陳在正, 1984; 小野和子, 1996; Struve, 1984, pp. 181~189; Wakeman, Frederic, Jr., 1985, pp.1042~1049 등 참조. 한편, 佚名氏, 「研堂見聞雜錄」에는 "己亥, 海師至京口, 金壇諸搢紳有陰爲款者. 事旣定, 同袍相訐發, 遂羅織紳衿數十人. 撫臣請於朝, … 又昔年所獲大成圓果諸教, 至是獄定, 亦磔於江寧. 所謂江南十案者也, 共得數百人, 同於辛丑七月, 決於江寧市"라 하고, 또한 無名氏, 「辛丑紀聞」, 『明清史料彙編』(第2集8冊, 臺北, 1967)의 末尾에는 "是時, 金壇·鎭江·無爲告, 共九案計一百三人. 大約因己亥(順治16年)海寇之來, 故及於禍"라 하고 있다. 그리고 이때 蘇州哭廟案(순치18년 2월 初)에 연루된 생원 18명도 함께 참형에 처하였다.

해결하려 하였다.[60] 한편, 동일 차축의 제 이륜(二輪) 격인 정성공 중심 동남 연해지방 해상세력에 대해서는, 천계령(遷界令)을 반포하였다(1661년 8월).[61] 천계령의 명분은 “연해 거민의 안전을 위한다”는 것이었지만, 그 성격으로 보면 북경을 중심으로 한 권지(圈地) 조처(措處)보다도 더한 폭거였다. 청조는 과감하게도 동일 차축의 양륜을 동시에 가격하였던 것이다.[62]

Ⅲ. 淸初 紳士政策의 性格

그러면 이상과 같이 순치 친정기로부터 강희 초에 이르는 시기에 청조가 점차 강화시킨 중국 지배정책, 특히 강남지방에 대한 통해안·강남주소안과

58) 순치18년 정월에 순치제가 죽자, 소주에서도 모든 관인과 신사가 府學에 모여 哭廟禮를 거행하였다. 그런데 이때 생원 18名이 任維初(知縣)의 조세 强徵에 항의하였다. 생원의 哭廟는 명대 이래의 관행이었지만, 청조는 이를 중시하여, 7월 13일에 通海案 連累 신사 100여명과 함께 이들을 斬首하고 妻子와 家産은 관에 몰수하였다. 이 사건이 소위 哭廟案인데, 이에 대해서는, 無名氏, 「辛丑紀聞」, 『明淸史料彙編』(第2集8冊), 臺北, 1967; 周志斌, 2001; 陳國棟, 1992; 寺田隆信, 1978 등 참조.

59) 순치18년 초에 巡撫 朱國治가 중앙에 올린 奏銷(=회계 보고)에 강남 신사의 체납자 명단 總 13,517명(紳 2,171名, 士 11,346)이 보고되었다. 청조는 이들을 모두 降等시키거나 자격을 剝奪하였다. 이들 중에는 銀 一釐나 銅錢 1文의 1/10 정도를 미납했다는 기록도 있었다. 이것이 소위 奏銷案인데, 이에 대해서는, 郭松義, 1979; 孟森, 1965; 孟昭信, 1990; 付慶芬, 2004; 謝國楨, 1982C; 伍丹戈, 1981; 趙踐, 1999; 山本英史, 2004; 岸本美緖, 1999; 川勝守, 1980, pp.559~565; 吳金成, 1989C, pp.99~106; Dennerline, J., 1976; Kessler, Lawrence D., 1971; Oxnam, Robert B., 1973 등 참조.

60) 康熙 2년에는 이들 사건과 같은 맥락에서 시도된 莊氏史案(=明史案)이 발생하였다. 莊練, 1972; 湯淺幸孫, 1968; 川勝守, 1999 등 참조.

61) 淸『聖祖實錄』卷4, 順治18年8月己未條; 謝國楨, 1982B; 蘇梅芳, 1978; 朱德蘭, 1986; 蕭國健, 1986; 馬楚堅, 1993; 田中克己, 1936; 浦廉一, 1954; 田中克己, 1966; 中道邦彦, 1968 등 참조.

62) 이러한 해석은 徐珂, 『淸稗類鈔』 第3冊, 獄訟類, 「順治辛丑奏銷案」에 “亦以各省勵行此事, 國治爲尤酷耳. 國治撫吳在己亥冬, 承鄭延平兵入沿江列郡之後, 意所不慊, 輒以逆案爲名, 任情荼毒, 當時橫暴之擧, 非始於奏疏. … 夫整理賦稅, 原屬官吏職權, 特當時以明海上之師, 積怒於南方人心之未盡帖服, 假大獄以示威, 又牽連逆案以成獄也”라 하고, 同書 同條, 「康熙庚午哭廟大獄」에는 “康熙庚午哭廟大獄, 吳中名士同時就戮者, … 十八人, 家孥財産, 皆籍沒入官, 其被株連而軍流禁錮者無算. 蓋吳多講學之社, 明亡而猶盛, 各立門戶, … 獄之初起, 廷意欲羅織名士以絶淸議, 苦無辭, 乃藉哭廟事除之, 謂爲大不敬, 駢戮之, 當無異言. … 講學之社, 自是絶矣”라 한 곳에서도 확인된다.

동남연해지방에 대한 천계령으로 대표되는 두 가지의 초강경책(超强硬策)은 어떻게 이해할 것인가?

앞에서 서술한 것처럼, 도르곤 섭정시기부터 청조는 강력한 군사력을 배경으로 정복전을 전개하는 한편,[63] 순치 친정기부터는 전국 신사에 대한 통제정책을 점차 강화시켜 나갔다. 또한, 신금항량(紳衿抗糧) 문제의 심각성은 이미 순치4년 전시의 책제(策題)에 반영되었고, 순치15년 호부에 대한 칙유(敕諭)에서,

> ⓐ 각 성에서는 순치 원년과 2년에 보고한 황전(荒田)이 대단히 많았다. (그 후) 매년 청찰(清察)토록 명령을 받고도 아직 확실한 보고를 받지 못하였다. … ⓑ 강남의 무석 등 현에서 지금까지 체납한 세액은 수십만 석에 이른다. … ⓒ 향신·거인·공생 등 호강(豪强)은 세금을 포람(包攬)하고, 액수를 숨김으로써 항관(抗官)하고, 농토를 겸병하면서도 조세는 납부하지 않고 도리어 지방관을 협박한다. ⓓ 지방관으로 염명자수(廉明自守)가 불가능한 자들은 그들의 권세가 두려워 감히 독촉을 하지 못한다. … ⓔ 혹시 지방관이 세금을 받고도 백성의 체납으로 변명하거나, 향신과 그 자제·거인·공생·생원·토호가 농토를 감추고 납부하지 않거나, 호강이 두려워 감히 독촉하지 못하는 등의 폐단이 있으면 모두 밝혀 징치(懲治)하라. ⓕ **한 곳을 잘 살피면 다른 곳도 본보기가 될 수 있다[清察一處, 卽可爲他處榜樣]**.[64](강조는 인용자)

고, 신금항량(紳衿抗糧)에 대한 엄징을 명령하였으며, 더 나아가 순치18년에도 '최징전량 미완분수처분례'(徵催錢糧, 未完分數處分例)와 함께 같은 맥락의 명령을 여러 차례 내린 바 있다.[65] 이로 보면, 청조 국가권력은 신사를

---

63) 李格, 1982.

64) 清『世祖實錄』卷117, 順治15年5月戊申條(강조와 ⓐ-ⓕ는 筆者). 이 내용은, ⓐ 清察命令不服, ⓑ 滯納額 過多, ⓒ 紳士 抗糧, ⓓ 地方官 不正腐敗와 職務遺棄, ⓔ ⓑ~ⓓ의 3個 弊端 懲治 警告, ⓕ 標本 懲治 警告이다.

65) 이미 17년에도 신금항량을 금지하였고(清『世祖實錄』卷133, 順治17年3月戊午條, 同月 庚申條), 그 후에도 옹정2년(清『世宗實錄』卷16, 雍正2年2月戊午條), 6년(『欽

아직도 완전히 장악하지 못하고 있었다.

이러한 상태에서 청조가 취한 초강경 정책, 즉 통해안·소주곡묘안·강남 주소안 등은, 좁은 의미에서 보면 '이민족인 만주왕조의 한인 신사 탄압', 나아가서는 '강남 신사 탄압'으로 보인다. 복사(復社) 동인 등 강남 신사의 뿌리 깊은 반청 분위기에 대한 청조의 경종으로 볼 수도 있는 것이다. 한편, 천계령은 직접적으로는 정씨 해상세력과 복건·광동지방의 신사와 대상인을 중심으로 계속되었던, 청조통치에 원심력적인 정서를 제어하기 위한 것이었다고 볼 수 있다.

그러나 거시적으로 보면, 통해안·곡묘안·주소안 등은 단순히 '청조의 강남 신사 탄압책'이 아니고 "한 곳을 잘 살피면 다른 곳에도 본보기가 될 수 있음(清察一處, 卽可爲他處榜樣)"[66]을 과시하기 위한 것이었다. 바꾸어 말하면, 전국적인 체납 만연 현상 속에서, 특히 강남 신사의 전량(錢糧) 체납에 대해 결연한 의지를 보임으로써, 직접적으로는 강남의 반청적인 사풍(士風)과 체납 관행을 뿌리 뽑고, 나아가서는 전국의 신사에게 강력한 경고를 발하여 청조의 재정과 통치기반의 확립이라는 국가적 현안을 해결하기 위한 상징적이고 포괄적인 정책이었다고 생각한다.[67] 다만, 이민족인 청조가 막강한 군사력을 배경으로 취한 정책이었기에 특히 인상 깊었을 뿐이다. 강희 초년에 청조가 강남지방에 균전균역법(均田均役法)을 강행하자 비슷한 개혁이 점차로 전국에 확산된 것도 "한 곳을 잘 살피면 다른 곳에도 본보기가 될 수 있다"는 원칙을 지킨 결과라 할 수 있다. 제재를 받은 강남 신사 측에서 보면, 우선 막강한

定學政全書』 卷26, 「整飭士習」), 乾隆 원년(『欽定學政全書』 卷24, 「約束生監」), 4년(『欽定學政全書』 卷26, 「整飭士習」)에도 재강조하는 등, 끝까지 금지하지 못하고 말았다.

66) 이는 말하자면 '殺鷄嚇猴' 하는 것이었다.

67) 山本英史, 2000, pp.116~118에서도 本稿 發想의 초보적인 지적을 하고 있다. 한편, 濱島敦俊氏는 江南奏銷案이 均田均役의 實施와 관련이 있을 것으로 생각하고 있다.(松丸道雄 등, 1999, p.547). 또, 岸本美緖氏는 ① "주소안의 직접 배경이 된 것은, 향신을 표적으로 한 청조의 탄압 자세라기보다, 순치 후반 이래의 지방관에 대한 압력의 강화", ② "奏銷案 후 향신·생원의 자격회복은 순조롭게 되지 않았지만, 奏銷의 過誤나 너무 지나친 면에 대한 관계관의 처벌조치는 적극적으로 행해졌음"을 주목하고 있다.(岸本美緖, 1999C, p.226 참조)

청군의 존재가 마치 '계엄령' 상태와 같이 두려웠을 뿐 아니라, 이러한 제재는 개인 차원의 문제인 동시에, 잘못하면 십악죄(十惡罪)에 해당되어 명분상으로도 약하였으므로, 종래 강남에서 강력한 영향력을 발휘하던, '신사공의(紳士公議)'를 기초로 한 집단적인 대응은 불가능하였다. 이러한 상황에서는, 그저 자동차 타이어(tire)와 같은 적응만이 생명 부지의 유일한 길이었다. 여하튼 이런 이유 때문에 강남 신사의 정치・사회적인 위상은 일시적으로 위축될 수밖에 없었고, 명대와 같은 '향신(鄕紳)의 횡(橫)'도 당분간은 나타나지 않았다.[68] 한편, 천계령은 거시적으로 보면 청군의 감시망을 피해서 해로를 통해 강남과 동남연해, 두 지역의 신사와 해상세력이 연계할 가능성을 사전에 차단하기 위함이었다. 나아가서는 새롭게 이 지역에 나타난 유럽 세력 또는 왜구(倭寇)의 존재를 고려하면, 그러한 조치는 빠를수록 좋은 것이었다. 그 때문에 청조로서도 심각한 사회경제적인 손실을 각오한,[69] '견벽청야지계(堅壁淸野之計)'였다.

청조는 정성공・장황언 군의 남경 공격사건을 계기로, 의외로 막강한 그들의 군사력과 한인 신사의 뿌리 깊은 반청정서(反淸情緖)를 새삼스럽게 깨닫고 경악을 금치 못하였다. 그 때문에 통해안・곡묘안・주소안 등으로 강남 신사를 제압하고, 천계령으로 강남 일대와 동남연해에서 정성공에 영합하는 신사와 상인세력을 동시에 제압함으로써 사회의 안정을 도모하려 하였다. 특히 주소안과 천계령은 모두 청조의 장기간의 준비과정을 거쳐 추진된, 일관된 정책의 대단원의 결말이었다. 동일 차축의 양륜, 말하자면 뿌리와 줄기를 동시에 가격하여 최대의 효과를 얻은 것이다.

그러나 이러한 조처는 곧 이어 후퇴할 수밖에 없을 만큼, 청조의 일시적인 승리에 불과하였다. 바로 익년(강희원년)에는 통해안・곡묘안・주소안의 총

---

68) 岸本美緖씨는, 명에서 청으로의 변화를 신사 위신의 低下와 官僚(특히 武官) 지위의 상승이라는 계층감각의 변화라고 한다(岸本美緖, 1997B). 단, 이러한 현상은 강남과 기타 극히 일부 지역의 상황에 불과한 것이었다. 淸初・中期의 청조의 국가권력이 명말의 명조의 국가권력보다 월등히 강하였음은 인정하지만, 淸初・中期에도, 중국 모든 지역으로 보면, 여전히 紳士의 政治・社會的 位相은 막강한 것이었다. 山本英史, 2000 ; 內田直文, 2001 등 참조.

69) 岸本美緖, 1997, 第5・7章 참조. 반면, 日本의 對外貿易에는 오히려 好材로 작용함으로써, 동아시아의 국제무역 구조가 변하는 계기가 되었다.

책임자였던 순무 주국치(朱國治, ?~1673)를 사소한 명분으로 강제 퇴직시키고,[70] 또한 강남에 청렴한 관리로 소문난 한세기(韓世琦)를 파견하여,[71] 곡묘안 발생의 원인 제공자인 오현의 지현(知縣) 임유초를 참형에 처하고, 소주 지부(知府)·태창 지주(知州)·장주 지현(知縣)·화정 지현·누현 지현·상해 지현 등을 강제 퇴직시키고 관계된 서리들을 엄벌하도록 하였다.[72] 이것은 그동안 청조가 강남 신사를 탄압함으로써 극도로 악화된 강남 여론의 화살[73]을 오로지 관계 지방관의 책임으로 돌리려는 희생양(犧牲羊, scapegoat) 정책이었다고 생각된다.[74] 또 동년 5월에는 주소안에 연루된 신사는 모두 석방시키도록 하였다.[75]

그 후에도 다른 곳은 물론이고 강남 신사의 세역체납도 계속되었다.[76] 더구나 이때 청조가 취한 일련의 '탄압책'은, 그 강도와 질적인 면에서 보면, 명

---

70) 清『聖祖實錄』卷6, 康熙元年正月己亥條.

71) 韓世琦는 漢軍正紅旗人으로서, 순치 18년 11월 22일에 順天순무에서 江寧巡撫로 전임되고, 강희 元年(1662) 정월 25일에 소주에 부임하여, 8년간 재임하였다. 한세기가 부임하여, 전임 순무 주국치가 해결하지 못한 사건 330여 문제를 해결하였다. 그러나 한세기 역시 錢糧의 징수를 엄격히 하였기 때문에 江南人의 인심을 잃었을 뿐 아니라 조정 내부의 투쟁으로 인해 탄핵되었다가, 결국 강희13년(1674)에야 偏沅巡撫로 재기하였다. 付慶芬, 2004 참조.

72) 韓世琦,『撫吳疏草』卷4,「題覆溷開鄉紳疏」; 岸本美緒, 1999, pp. 226~227

73) 당시 강남인들의 시각을 보면, 葉夢珠,『閱世編』卷6,「賦稅」에는 "주국치가 자신의 과실을 신사와 아역에게 돌렸다"고 보았고, 董含,『三岡識畧』卷四「江南奏銷之禍」에도, 이 사건은 '강남 紳士의 책임이 아니라 주국치가 강남 신사에게 책임을 전가한 壓政이었다'고 이해하고 있다.

74) 韓世琦는 강남 신사의 발호와 세금체납에 대한 감시를 위해 적지 않은 노력을 기울였고, 그 후에도 于成龍이나 湯斌 같은 '清官'을 파견하여 강남 신사를 통제하려 하였다. 그러나 끝내 성공하지 못하였고, 租稅滯納은 만성화되었다.

75) 徐珂,『清稗類鈔』第3冊, 獄訟類,「順治辛丑奏銷案」. 순무 주국치의 엄격한 독촉으로, 1차로 紳戶가 1,924명, 生員이 10,548명이 완납하였고, 2차로 紳戶 131명, 衿戶 124명이 완납하였으며, 조칙이 내려진 후 완납한 자가 97명이었다. 그러나 대다수의 신사는 비록 압송되지는 않았어도, 청조의 정식 석방명령이 내려지기 전까지 서리 등에 의해 각 지방 府州縣의 감옥에 쇠사슬을 차고 투옥되는 비참함을 겪었다. 付慶芬, 2004 참조.

76)『欽定學政全書』卷24,「約束生監」; 同書, 卷26,「整飭士習」; 石錦, 1990; 岑大利, 1998, pp.50~60; 西村元照, 1974, 1976; 山本英史, 1977, 1992; Naquin & Rawski, 1987, p.219; Yamamoto Eishi, 1999 등 참조.

초 홍무제가 실시했던 정책들, 즉 재정확보와 통치권 확립을 위해서 강남 부호의 재산을 몰수하고 강제 이주시키며, 5대 의옥사건(疑獄事件) 등을 일으켜 수없이 많은 사대부와 지주를 처형한 것, 혹은 명말 환관 위충현(魏忠賢)의 동림파 인사 학살사건 등과 견주어 보면 그 강도가 오히려 약한 편이었다. 그리고 청조의 그러한 탄압은 우익으로서의 신사의 존재를 완전히 부정하는 전제 아래에서 시도된 것은 결코 아니었다.

그러므로 청초, 순치 친정기로부터 강희 초기까지 강남과 동남연해의 신사와 대상인 통제정책은 명청시대 모든 시기를 포괄하는, 장기적인 안목에서 평가해야 한다고 생각한다. 바꾸어 말하면, 청초의 신사정책과 해금정책(海禁政策)은 홍무제 이래 명대를 관통하여 청초까지 지속된 여러 정책의 연장선 위에서 평가해야 그 의미를 올바로 파악할 수 있다.

한편, 청조의 이러한 신사정책은 삼번란(三藩亂; 1673~1681)이 일어나자 바뀌지 않을 수 없었다. 청조로서는 이들을 다시 우익으로 삼거나, 최소한 이들이 삼번(三藩) 편에 가담하지 않도록 예방할 필요가 있었기 때문이다.[77] 청조 입장에서 보면, 신사는 개인으로는 약하지만 계층으로서는 무시하거나 부정할 수 없으며, 완전한 통제도 불가능한 존재였다. 인민의 절대다수가 한인이고 관료의 절대다수가 역시 한인인 상황에서는, 신사를 오히려 우익으로 포섭하는 편이 훨씬 효과적이었다. 청조가, 강남지역에 할당된 세금을 어느 정도 감면해 주고, 선언적인 의미밖에 없는데도 불구하고, 주소안으로 자격을 박탈한 신사들에게 새삼스럽게 연납(捐納)을 조건으로 자격을 회복시키며,[78] 박학굉사과(博學宏詞科)를 신설하여 강남출신 신사들을 최대한 포용하고, 명사관(明史館)을 개설하여 『명사』를 편찬한 것 등은 모두 신사 무마책이었다. 강희제가 집권 후반에 6차례에 걸쳐 남순(南巡)한 목적은, 물론 황하와 대운하를 중시한 측면도 있었지만, 또 한편으로는 강남 인민이 과연 '마음에서 귀순'

---

77) 後漢末 黨錮의 禍를 당했던 지식인들이 黃巾亂 勃發 후에 曹操의 許府에 참여한 사실, 혹은 元末 金華學派의 사대부들이 朱元璋集團에 가담한 사실 등을 상기할 필요가 있다.

78) 郭松義, 1979.

하였는지 관찰하는 한편, 강남 신사들을 무마하고 격려함으로써, 강남을 확실하게 장악하려는 목적도 있었다.[79)]

한편, 신사 측으로 보면, 화이사상(華夷思想)을 완전히 버릴 수는 없었지만, 신사의 지위와 특권은 공식적으로 황제로부터 부여받는 것이었으므로, 현실적으로 명대나 다름없는 권익을 누리는 상황에서, 자연스럽게 청조로 마음이 기울어질 수밖에 없었다. 17세기 말엽에 이르면 강남 경제는 거의 명말의 수준을 회복하였으며, 강남의 신사들은 삼번란 때에도 큰 동요를 일으키지 않고 오히려 청조의 연납(捐納)에 대거 응함으로써, 난이 끝난 후에는 청조권력과 신사 두 세력이 일정한 수준에서 서로 자제하고 협조하는, 전대의 협조체제가 재현되었다.[80)] 옹정제(雍正帝)가 아직도 뿌리 깊게 남아있던 화이사상(華夷思想)을 핑계로, 그토록 강력한 주접제(奏摺制)와 관풍정속사제(觀風整俗使制)[81)]로 새삼스럽게 신사를 통제하려 하였지만,[82)] 그 역시 일시적일 수밖에 없었고, 중앙의 정령(政令)이 지방사회에까지 미치지 못하는 경우도 많았다.[83)] 거시적으로 보면, 강희 후반에서 건륭년간까지, 신사는 청조의 회유와 탄압의 양면정책을 통해 잘 제어된 상태였다고 할 수 있다. 바꾸어 말하면, 양자의 잘 조화된 협조체제 아래에서, 신사는 공익사업을 담당하던 명대의 존재양태를 거의 그대로 유지하면서, 오랫동안 지속된 사회 안정에 크게 기여하였다.[84)]

---

79) 孟昭信, 1990; Naquin & Rawski, 1987, pp.216～220; 曺永憲, 2006, 제Ⅱ편 제1장.

80) 山本英史, 1990; 山本英史, 2000; Kessler, Lawrence D., 1971, 1976, pp.74～111.

81) 『世宗實錄』 卷49, 雍正4年10月甲子條; 山本英史, 1993.

82) 雍正帝는 강남지역을 확실하게 장악하고 징세를 원활히 하기 위해, 강소성 12개현을 각각 2개현으로 分割獨立시켰다. 옹정제는 또 신사에 대한 優免制限을 명령하였지만, 지방에서는 여전히 우면이 지속되었다. 옹정6년(1728) 12월에는 강소·안휘·강서지방에 재차 稅金 滯納者를 철저히 조사하라고 명령하였으나, 신사와 서리의 저항 때문에 거의 2년이나 걸려 겨우 완성하였고, 결과적으로 지역사회에서 신사의 영향력이 대폭 감소한 대신 서리의 횡포가 만연하게 되었다는 기록(黃卬, 『錫金識小錄』 卷1, 「備參, 上」)도 있지만, 건륭년간의 추세를 보면, 옹정제의 모든 시도는 결국 수포로 돌아가고 말았다. 『欽定學政全書』 卷22, 「童試事例」; 同書, 卷24, 「約束生監」; 同書, 卷25, 「優恤士子」; 同書, 卷26, 「整飭士習」; 同書, 卷31, 「區別流品」; 巫仁恕, 1996, p.123; 石錦, 1990; 小野和子, 1959; 西村元照, 1976; 山本英史, 1977, 1990, 1992 등 참조.

83) 명청시대를 통하여, 1720년대에 反地方官士變이 가장 많았다. 巫仁恕, 1996, pp.118, 126.

Ⅳ. 清末의 清朝權力과 紳士

그러나 18세기 말부터는 정치질서의 해이, 재정의 악화, 인구의 폭발적 증가,[85] 경지개간의 부진,[86] 신사의 격증[87] 등으로 말미암아 청조는 사양기(斜陽期)에 접어들었다. 각지에서 크고 작은 규모의 반란이 연달아 일어나는 가운데, 특히 가경(嘉慶) 백련교(白蓮教)의 난(1796~1805)으로 흡사 원말 또는 명말·청초 동란기와 유사한 상황이 전개되었다.

그런데 원말에는, 정치·사회적으로 자신들을 백안시하던 원조(元朝) 대신, 비록 반란봉기세력이지만 자신들의 지위를 존중하겠다고 약속하는 주원장(朱元璋) 집단에 대거 가담함으로써, 사대부와 지주들은 원조를 구축(驅逐)하고 명조를 건국할 수 있었다.[88] 한편, 이미 여러 번 설명한 것처럼, 명말·청초 동란기에는, 신사는 자신들의 지위와 특권을 인정하지 않는 이자성과 장헌충 등의 반란세력보다는, 비록 이민족이지만 자신들의 지위와 특권을 보장하겠다고 약속하는 청조를 택하였다. 자신들의 지위와 보신가를 위해서, 신사는 이민족인 여진족에게 나라를 헌상하였던 것이다.

반면 백련교란(白蓮教亂) 시기가 되면, 청조의 팔기군(八旗軍)과 녹영(綠營)은 전투능력을 거의 상실한 상태였다. 바로 이러한 시기에, 원말의 사대부나 17세기 중엽의 신사와는 달리, 신사는 자신들의 특권적 지위를 인정해 주는

---

84) 巫仁恕(1997)는, "명말에서 청 중기에 걸쳐, 소주의 수공업 노동자의 争議 형태가 점차로 '정상적인 申訴 手段'을 사용하여 관의 개입을 기대하는 '合法鬪争'의 경향을 띠어갔다"고 하였고, 岸本美緒(1999, p.21)도, "1700년대부터는 '鄉紳의 横'으로 지칭되는 사태는 거의 보이지 않게 되었다. '민변'의 경우 역시, 청조의 지배가 확립된 후에는, 민중이 관청에 亂入하거나 지방관의 집을 불사르는 등, 명말에 많이 보이던 행태는 보이지 않고, 그 대신 악덕 지방관의 비리를 상급 관청에 호소하는 등, 이른바 제화된 이의 신청을 하는 형식으로 바뀌어 갔다"고 하면서도, 아직은 좀 더 실증적 검토가 필요하다고 하였다. 그런데 巫仁恕, 2004, pp.16~17에서는, 그러한 주장에서 한 발 후퇴하였다.

85) Ho, Ping-ti, 1959; Perkins, Dwight H., 1969; 본서 제1편 제2장.

86) Wang, Yeh-chien, 1973, pp.24~25.

87) Chang, Chung-li, 1955.

88) 吳金成, 1997C.

청조에 협조하여 향용(鄕勇)을 조직해서, 이민족 왕조(즉, 청조)를 새로운 반란 세력으로부터 구하였다.[89] 19세기 중엽 태평천국운동(太平天國運動; 1850~1864) 기간에도, 가경(嘉慶) 백련교의 난 시기와 같은 이유로, 신사는 역시 향용을 조직하여 청조에 협조해서, 또 한 번 이민족 왕조[清朝]의 수명을 연장시켰다.[90] 신사는 19세기 후반의 구교[仇敎; 반기독교(反基督敎)] 운동에도 다수 참여하였다.[91]

장기적인 안목으로 보면, 신사는 19세기 말까지는 자신들의 특권과 지위를 인정해 주는 청조에 적극 협조함으로써, 자신들과 청조의 운명을 일체시하였다. 명 중기부터 지속적으로 자신들의 사회적 지위를 제고해 오던 상인들도, 드디어 '신(紳)·상(商)' 또는 '신상(紳商)'으로 연칭(連稱)되면서, 전통적인 신사의 정치사회적인 역할을 함께 수행하였다.[92] 이들은 각지에 보편적으로 설립된 공국(公局)을 통하여 향촌의 질서유지·조세징수·재판조정 등 청조의 향촌통치에 적극 협조하였다.[93] 그러나 개혁과 혁명운동이 거세지고 청조의 '신정(新政)'이 추진되던 20세기 초부터는, 대다수의 신사 내지 신상은 원말의 사대부나 지주 혹은 17세기 중엽의 신사와 같이, 국가권력(청조를 뜻함)으로부터 점차 멀어지다가 결국은 청조 타도에 합세하였다.[94]

이를 조금 미시적으로 보면, 청조는 신정(新政)을 추진하는 과정에서 신사·신상들로 하여금 교육회·권학소(勸學所), 상회·농회·공회·광회(鑛會) 등의 민간 사단(社團)을 조직케 하고 이를 합법화해 주었을 뿐 아니라, 신식학

89) 鈴木中正, 1952; Jones, Susan M. and Kuhn, Philip A., 1978.

90) Kuhn, Philip A., 1970.

91) 郭世佑, 1995; 戴斌武, 2004; 呂實强, 1966; 金培喆, 1989; Cohen, Paul A., 1963.

92) 吳金成, 2007C 참조.

93) 邱捷, 2005.

94) 물론 모든 신사와 신상이 그랬던 것은 아니었다. 대다수는 혁명에 동조하였지만, 지역에 따라서는 일부의 신사나 신상이 참여하지 않고 지방관과 협조하여 양측의 긴장관계를 완화시키거나 질서유지에 나서기도 하였다. 이하 新政期에 대해서는 唐力行, 1993; 唐振常, 1992; 馬敏, 1991, 1994, 1995; 馬敏·朱英, 1993; 汪林茂, 1990; 王先明, 1997; 阮忠仁, 1988; 張朋園, 1969; 朱英, 1991; 章開沅·馬敏·朱英, 2000; 賀躍夫, 1994; 賀躍夫, 1997; 金衡鍾, 2002; 閔斗基, 1973; 曾田三郎, 1997; Schoppa, R. Keith, 1982; Rankin, Mary B., 1986; Esherick, Joseph W., and Rankin, Mary B., 1990 등 참조.

당(新式學堂)의 교사는 물론 학생의 자격, 나아가서는 자의국(諮議局)과 자정원(資政院) 의원의 자격도 신사에게 유리하게 규정하였다. 그러므로 이러한 여러 사단(社團)의 설립은, 이전에는 그러한 장치를 갖지 못하였던 신사・신상 계층에게, 지역 차원에서 자신들의 의견을 결집하여 대변할 수 있는 제도화한 장치를 제공해 준 셈이었다. 명말에 황종희(黃宗義)가 제기하였고,[95] 복사(復社) 동인들이 주장한 중요 현안들이 실로 이백 수십 년이 지나서야 겨우 해결된 것이었다.

이에 따라 대다수의 신사・신상이 청조의 조처에 적극적으로 호응하였으므로, 그러한 사단이나 자치기구들의 지도자와 회원은 거의 대부분 신사・신상으로 채워졌다. 대도시의 상무총회(商務總會)의 총리・협리직(協理職)과 회동(會董)・회원(會員)의 대부분은 신사・신상이었고, 또한 정도 차이는 있지만 지방 주현(州縣)의 상무(商務) 분회(分會)・분소(分所)의 지도자와 회원도 대개는 그들이 차지하였다. 신식학당의 창건자・교사・학생 혹은 외국 유학생도 보통 신사・학신(學紳; 신식교육을 받은 사람)이었다.[96]

그러나 이렇게 청조의 조처에 호응한 신사・신상들은 이윽고 입헌운동에 가담하고, 지방 정부와 대립하는가 하면, 대미(對美) 보이콧 운동과 이권회수 운동을 전개하기도 하였다. 그들은, 청조권력의 기대와는 달리, 오히려 청조로부터 원심력적인 방향으로 나아갔던 것이다. 그뿐 아니라 곧 이어 진행된 신해혁명에 참여함으로써 청조를 멸망시키는 데 결정적인 역할을 하였다.

자신들의 운명을 청조의 운명과 일체시(一體視)하던 신사가 청조와 결별하게 된 중요한 계기는 다음 두 가지로 생각해 볼 수 있다. 우선 명분상으로 보면 과거제의 폐지(1905년)를 들 수 있다. 신사의 사회적인 지위는 기본적으로는 학교제와 과거제를 통하여 국가로부터 받는 것이었다. 그런데 과거제를 폐지하게 되면, 직접적으로는 출사로(出仕路)가 막히게 되고, 나아가서는 신사의

95) 黃宗義, 『明夷待訪錄』, 「學校」.

96) 紳士・紳商은 민국시기에 새로 조직된 州縣政府와 각 기관도 주도하였으며, 그 후에도 도시와 농촌에서 강력한 지배력을 유지하다 1920년대에는 농민운동의 타도 對象이 되었다.

사회적 정체성이 사라지게 되는 것이다. 신사가 청조와 협조할 수 있는 기본적인 명분이 사라지고 만 것이다.[97] 또 하나는 현실적인 문제였다. 멸망하기 전 10여 년 동안, 청조가 적극적으로 시도한 교육개혁·실업진흥·지방자치 등의 '신정'은, 기본적으로 신사의 적극적인 참여와 협조를 전제로 한, 말하자면 새삼스럽게 신사를 우익으로 포섭함으로써 청조의 조명(祚命)을 연장해보려는 것이었다. 그러나 신정은, 그것을 추진하는 데 필요한 재정이 확보되지 않는다면 아무리 신사나 신상이 참여한다 해도 불가능한 것이었다.[98] 그런데 실제로 이러한 재정의 확보는 당시 각 지방정부는 고사하고 청조의 중앙정부에서도 불가능한 것이었으므로, 남은 방법은 결국은 가징(加徵)과 신상의 부담뿐이었다. 이 때문에 신사·신상과 청조 관부 사이에 정치·경제적으로 이해관계가 대립될 수밖에 없었고, 신사·신상은 결국 청조에 등을 돌리고 말았던 것이다.

회고하여 보면, 대만의 정씨 세력을 정복(1683)함으로써 명·청의 왕조교체는 완성되었다. 그 후로 사회가 안정되면서 인구가 급증하고 광범한 사회유동(流動)이 일어나는 등, 사회가 전보다 훨씬 빠르게 다양화하였다. 그에 따라 청조 중앙권력의 사회 통제력은 서서히 약화했고, 그럴수록 신사의 사회지배력에 의지하지 않을 수 없었다. 태평천국 이후 청조의 사회 통제력은 거의 와해지경에 이르렀으므로, 그 후의 반세기 남짓 동안 청조는, 말하자면 신사들이 아직 방향을 정하지 못하고 우왕좌왕 하는 사이에, 그동안의 관성에 따라, 말하자면 신사의 등에 업혀 연명한 것에 지나지 않았다.

원말의 사대부와 지주, 혹은 명말·청초 동란기의 신사가 그러하였던 것처럼, 청말 신정기의 신사와 신상도 궁극적으로 자신들의 지위와 보신가를 보장해 주지 못하는 국가권력에 등을 돌리고 말았다. 그러므로 전근대 중국 사회에서는, 국가권력이 사회의 지배층을 어떻게 체제 내로 포섭하느냐, 바꾸어 말하면 지배층의 향배(向背)가 국가의 안위(安危)와 사회 안정의 관건이었다고

97) 徐茂明, 2004A pp.307~329, 2004B; 岑大利, 1998, pp.215~222; 肖宗志, 2005; 皮德濤, 2005.
98) 金衡鍾, 2002.

할 수 있다.

小 結

명청시대를 통하여 볼 때, 권위·명예·재부, 그 어느 것도 엘리트의 안정된 지위를 영구히 보장해 주지는 못하였으므로, 끊임없이 사회유동(社會流動)이 계속되었다. 이러한 현상은 명·청 왕조교체기에 전국적으로 특별히 격심하게 진행되었기에,99) 종래의 신사 중심의 사회지배 구조가 크게 재편되었다.

그런데 특기할 사안은, 이렇게 국가권력의 공백기에 활동한 다양한 집단 내지 사회계층이 청조의 지배가 안정된 후에도 여전히 그 생명력을 유지하였다는 점이다.100) 우선 인구의 증가와 사회의 다양화가 빠르게 진행되는 과정에서, 상인의 영향력이 현저하게 증대되고 상인에 대한 인식도 변하여, 신사와 상인 사이 사회적 지위의 괴리가 점차로 축소되다가, 청말에 이르면 '신상(紳商)'이란 이름으로 일체화하기에 이르렀다.101)

한편, 왕조교체기에는 인구가 마치 '헤쳐 모여'한 것처럼, 인구유동이 격심하였다.102) 그러한 소용돌이에서 향촌사회뿐 아니라 도시사회에서도 '인구의 대류현상'이 나타나고, 종래 그 도시의 지배적인 상인 그룹이 바뀌기도 하였다.103) 또한 도시 지역에 유수(游手)·무뢰 등 비농업인구가 급증하면서 도시를 중심으로 활동하던 무뢰가 확실한 하나의 계층으로 자리 잡게 되었다.104) 동란기를 거치면서 신사의 도시 이주 현상도 더욱 가속화했다.105)

---

99) 最近의 分析에 따르면, 葉夢珠가 소개한 상해의 '望族' 가운데, 명말청초 동란기에 파산된 사례가 ⅓, 청대에 들어 몰락으로부터 '家聲復振' 예가 ⅓, 상황 불명 사례가 ⅓이라고 한다. 吳仁安, 1997, p.75 참조.

100) 이러한 現象은 16세기 이래의 력사적 추세의 심화라고도 할 수 있다. Han, Seunghyun, 2005 참조.

101) 馬敏, 1955; 王先明, 1997; 岑大利, 1998, pp.179～189; 吳金成, 2007C 등 참조.

102) 曹樹基, 1997A.

103) 吳金成, 2007A, 제3편 제1, 2장 참조.

104) 沙鄭軍, 1988; 郝秉鍵, 2001; 본서, 제3편 제2장 등 참조.

105) 신사의 도시 이주(城居化) 문제는 강남에서는 보편적인 현상이었다고 할 수 있다. 그러나 구체적으로 보면, 향신의 경우에는 이론의 여지가 없지만,(郝秉鍵, 2001,

도시에 거주하던 신사들은 종족조직과 혼인관계,[106] 선회(善會)·선당(善堂)·의장(義莊) 등 사회보장기구,[107] 좌주문생(座主門生) 관계[108] 등을 적절히 이용하고, 또한 서리·노복뿐 아니라 아행과 무뢰까지도 교묘히 이용하거나 조종하였고, 나아가서는 각 도시에 무수하게 발생하던 회관·공소(公所)를 상인과 공동으로 설립하거나 그 대표를 담당함으로써, 향촌사회에서 발휘하였던 것과 비슷한 영향력을 도시사회에서도 행사할 수 있었다. 그리고 나아가서는 신사를 중심으로, 신사—무뢰—아행·상인—서리가 불가분의 관계를 맺는 다양한 사회구조가 성립되었다.[109] 대개 명 중기부터 도시의 무뢰가 횡행하게 된 배경에는 이러한 구조가 크게 작용하였다고 생각한다.

또 한편 전란기에 신사를 중심으로 이루어진, 종족 혹은 촌락 단위의 결채자보(結寨自保)를 통하여 '종족기능'의 중요성을 경험한 후로, 향촌에서는 종족결합이 크게 증가하였고 심지어 종족끼리 모여 사는 규모가 만수(萬數)를 헤아리는 촌채(村寨)도 나타났다. 그런데 대부분의 종족은 장기간의 번영이 불가능하였고, 단지 신사나 대상인이 활동하던 시기에 그들의 강력한 영향력 아래 발전하는 경우가 많았다.[110] 이러한 사회변화 과정에서 종족[111]·민중

---

p.17; 濱島敦俊, 1989A) 사인의 경우에는 반드시 그렇게 말할 수는 없다. 또한 강남 이외의, 중국 대부분의 지방에서는 향신의 성거화도 강남과 같은 추세는 아니었다. 山根幸夫, 1981; 周鑾書, 1997 참조.

106) 국가도 동남지구에 대한 행정에 어려움을 겪으면서, 종족조직 특히 이를 지배하는 신사의 역할에 갈수록 기대를 걸었다. 명청시대에 유력 종족은 대개 신사배출의 모태가 되었다. 陳支平, 1991, p.212에 따르면, 복건의 連城 新泉 望族 張氏는 청대에 800人이 科擧功名이나 名譽職銜을 받았다. Beattie, Hilary J., 1979, pp.104~105를 보면, 安徽 桐城의 望族 張씨 가문은, 張英이 성공한 후 5대 사이에 146명(82%)이 功名을 얻었다. 그러나 같은 桐城의 몇몇 종족은 과거 합격자를 거의 배출하지 못하면서도, 종족을 기반으로 수백 년 동안 계속해서 지배적인 지위를 유지하였다(p.131). 기타 Freedman, Maurice, 1989, pp.144~145 참조.

107) 范金民, 1995; 徐茂明, 2004, 第2·3章; 梁其姿, 2001; 王衛平, 1999; 王日根, 1996B; 李文治·江太新, 2000; 馮爾康, 1980; 夫馬進, 1997.

108) 顧炎武, 『顧亭林文集』, 「生員論」(中); 顧炎武, 『日知錄』 卷17, 「座主門生」; 趙翼, 『陔餘叢考』 卷29, 「座主見門生例」; 商衍鎏, 1958, pp.8~9; 宮崎市定, 1974.

109) 馬敏, 1995; 王日根, 1996A; 王先明, 1997; 岑大利, 1998, pp.171~179; 郝秉鍵, 1997, 2001; Rowe, William T., 1984, 1989.

110) 단, 賴惠敏, 1988; 潘光旦, 1991; 吳仁安, 1997; 周鑾書, 1997; 朴元熇, 1996; Beattie, Hilary J., 1979 등의 연구, 및 기타 많은 論著에서 지적하듯이, 宗族 단위로 보면

결사, 신사·군대지도자·대상인·서리·무뢰 등 다양한 집단 내지 계층이 그 영향력을 확대하여 갔다. 그러나 국가로부터 받은 공명(功名)을 통하여 국가권력의 용인을 받은 신사는 여전히 가장 중요한 중심축, 즉 결집의 핵을 이루는 존재였다.

신사층은, 명말에는 향촌지배를 위하여 국가권력과 주도권(hegemony) 경쟁을 벌일 정도로 중앙권력에 원심력적인 존재이기도 하였다. 그러나 청대에는, 신사는 다양한 면에서 국가권력과 오히려 협조하였고, 반대로 청조 국가권력은 어떤 의미로 보면, 명대 이상으로 신사의 사회지배력에 의존하였다. 그 결과 공권력과 사권(私權) 사이의 경계가 모호해지는 현상마저 나타났고,[112] 그러한 경향은 청말로 갈수록 더욱 심화되었다. 신사는 명·청 왕조 교체기에 스스로 이민족을 선택하는 변신을 통하여 정치·사회적 지위를 유지하였고, 그 후에도 교묘하게 변신하고 적응하다가 청말에는 '신상'으로 거듭남으로써, 향촌뿐 아니라 도시에서도 여전히 지배력을 유지할 수 있었다.[113]

지난 반세기 동안, 신사 문제는 명청시대 사회경제사의 중요한 연구 주제 가운데 하나였다. 그리고 이제 새로운 천년을 갓 시작한 현재에도, 신사와 신상에 대한 연구는 아직도 중요한 연구 과제이다. 앞으로의 연구에서도, 한편으로 신사의 존재양태에 대한 시기적·지역적 다양성을 구체적으로 고려해야 할 것이며, 또 한편으로 그러한 다양성을 관통해서 중국 어디서나 적용될 수 있는 공통적인 존재양태를 검출할 필요가 있다. 또한 도시와 향촌을 막론하고, 각 지역에서, 종족이나 신사(청말의 신상 포함)가 발휘하던 위상과 역할에 더욱 천착할 필요가 있다. 그리고 마지막으로, 각 지역에서 신사를 중심으로, 종족조직 혹은 서리·무뢰·상인 사이에 형성되는 복잡하고 다양한 관계망을 포괄적으로 고려하는 연구도 필요하다고 생각한다.

예외적으로 수백 년을 지속하는 사례도 있었다.

111) 종족조직의 族長도 대개는 신사가 담임하였으므로, 族權과 紳權이 결합하는 경우가 많았다.

112) 岑大利, 1998, pp.100~102; Yamamoto Eishi, 1999; 山本英史, 2000 등 참조.

113) 余子明, 2002.

제3장 國法과 社會慣行

— 明代의 '官紳優免則例'를 中心으로 —

序 言

명대 사회의 지배계층은 신사였고 그들 신사에게는 우면 특권이 주어졌다. 신사는 이러한 특권을 이용하여 남면(濫免; 규정 이상의 요역 면제)과 기장(寄莊; 외지에 토지를 소유함)을 일삼았다. 한편, 지주들은 과중한 세역 부담을 피하기 위하여 신사에게 궤기(詭寄)하는 현상이 만연하였다. 그 결과 발생하게 된 국가 세역 수취의 부족분은 고스란히 중소 농민들에게 전가되었다. 그 때문에 힘없는 농민들은 과중한 세역(稅役)에 시달리다 못해 몰락자가 속출하였고, 명 중기부터 대대적인 인구이동이 시작되고 각지에서 농민들이 봉기하였다.

명대의 신사 우면문제는 일본의 야마네 유키오(山根幸夫) 교수가 그 단서를 연 이래 적지 않은 연구가 축적되어 왔다.[1] 그런데 그러한 '특권이 구체적으로 언제부터 누구에게 주어졌느냐'에 대해서는, 학계에서 아직 의견의 일치를 보지 못한 부분이 남아 있다.[2] 이 글에서는 신사 우면에 대한 오해가 왜 생겼고, 그것은 어떠한 의미가 있는지에 대하여, 명대의 사회변화 추세를 고려하

---

1) 山根幸夫, 1951; 伍丹戈, 1981; 伍丹戈, 1983; 唐文基, 1991; 岑大利, 1998; 張顯清, 1992; 陳寶良, 2000; 酒井忠夫, 1961; 和田正廣, 1978; 川勝守, 1980, 第7章; 吳金成, 1986, 第1編 第1章 등 참조.

2) 일본의 濱島敦俊은 2004년 6월 19일에 韓國의 明清史學會 月例發表會에서 '濱島敦俊, 2001' 논문을 발표하였다. 이 論文은 명청사 연구 동학들을 啓發함이 적지 않지만, 신사 우면 문제에 대해서는 동의할 수 없는 부분이 있다.

면서 재정리해 본 것이다.

Ⅰ. 洪武年間의 優免과 그 問題

명조 건국 초에는 관인호[官人戶; 내외 현임관과 치사관(致仕官)을 배출한 집]와 미입사 학위소지자(未入仕 學位所持者)에 대한 공식적인 우면규정은 아직 없었다. 그러나 그 시기에도 관행적으로 우면되었을 것으로 생각한다. 왜냐하면, 관인호는 고래로 요역을 면제받아 왔고, 또한 홍무 7년에는 "사망한 관원의 가족에게는 3년간 요역을 면제하라"[3]는 국법(國法)이 있었기 때문이다.

홍무제가 관인호에게 공식적으로 우면을 부여한 것은 홍무10년이었다. 그 해 2월에,

> **관인을 배출한 가문과 서민 사이에는 귀천에 차등이 있다. 여러 가지 일에 대한 역을 부담하여 윗사람을 섬기는 것이 서민의 도리이다. 현인군자(賢人君子)의 지위는 이미 존귀해져 있는데 그의 본가에서 아직도 역을 부담한다면, 이는 군자와 야인(野人)의 분별이 없는 것이며, 사대부를 높이고 현인을 대우하는 도리가 아니다. 지금부터 모든 관청의 현직 관원에게 소유한 전토의 조세 외에 요역을 전액 면제해 주어라[悉免其徭役]. 확실하게 적어서 령(令)으로 하라[著爲令].**[4]

고 한 조칙(詔勅)이 그것이다. '내외의 모든 현임관'에게 '요역을 전면(全免)'하며,[5] 이를 '국법으로 정'한다는 것이다. 관인은 군자이므로 서민과는 귀천을 달리해야 한다는 인식에서였다. 그리고 그 2년 후에는,

> **지금부터 내외 관원으로 정년퇴직하여 고향으로 돌아간 사람에게는 그 집의 요**

3) 正德『大明會典』卷22, 戶部7, 戶口3, 賦役,「優免差役」; 萬曆『大明會典』卷20, 戶口2, 黃冊, 賦役條.

4)『太祖實錄』卷111, 洪武10年2月丁卯條.

5) 이때는 아직 里甲制가 제정되지 않았던 시기이므로, 아마도 14년에 제정된 里甲正役과 雜役이 모두 포함되었으리라고 생각한다.

역을 면제하여 주고, 종신토록 부과함이 없도록 하라. … 확실하게 적어서 령으로 하라[著爲令].[6)]

는 조칙을 발하였다. '치사관(致仕官)'에게도 '현임관'과 동등하게 '모든 요역을 면제'하고, 사회적인 지위도 현임관과 비슷하게 인정해 주며, 이것을 '국법으로 정'한다는 것이다.

그런데 홍무13년에는 새삼스럽게,

(1) **경관**(京官)**의 가**(家)**의 요역을 면제하도록 조칙을 내리다.**[詔京官復其家][7)]

(2) **(홍무)**13**년, 육부 · 도찰원 · 응천부와 양현**(兩縣)**의 판록사**(判祿司) **· 의례사**(儀禮司) **· 행인사**(行人司)**의 현직 관원에게는 본호**(本戶)**의 세량을 납부하는 외에, 그 밖의 모든 요역은 면제토록 명하다.**[8)]

라는, 새로운 조칙을 발하였다. 우면특권은 오직 '현임(現任) 경관(京官)'으로만 제한시킨다는 것이다. 『실록』에는 (1)과 같이, 겨우 '6자'로 지극히 간략하게 소개되고, 홍무10년령이나 12년령과 같이 '저위령(著爲令)'이란 단서도 없다. 그러나 이 조칙은 후에 (2)와 같이 정덕(正德) 『명회전(明會典)』과 만력(萬曆) 『명회전(明會典)』에 등재됨으로써, 관인에 대한 우면규정을 정한 명대 최초의 '국법'이 되었다.

홍무년간의 법령에 나타나는 이러한 미세한 변화의 의미를 일깨워 준 사람은 일본의 하마시마 아츠토시(濱島敦俊)였다. 즉, '홍무10년령과 12년령은 『실록』에만 있을 뿐 『회전』에는 등재되지 않았고, 반대로 홍무13년령은 『실록』은 물론, 기타 어떤 기록에도 보이지 않지만, 『회전』에는 등재됨으로써 확실한 국법으로 기능하게 되었다. 가정24년에 이르기까지 『회전』에 명기된 관원 우면규정

---

6) 『太祖實錄』 卷126, 洪武12年8月辛巳條.
7) 『太祖實錄』 卷132, 洪武13年7月壬辰條.
8) 正德 『大明會典』 卷22, 戶部7, 戶口3, 賦役, 「優免差役」; 萬曆 『大明會典』 卷20, 戶口2, 黃冊, 賦役, 「凡優免差役」. 한편, 『皇明制書』, 「節行事例」, 「內外官員優免戶下差役例」에도 동일한 내용이 있음.

은 이것이 최후이다'[9]라고 한 것이 그것이다. 그리고 그러한 인식의 중요한 논거로서, 왕문록(王文祿)[10]의,

(1) **모 향신·모 진사·모 거인이란 기록을 보지 못하였다. 이로 보면, 그들도 같은 제민(齊民)으로, 우면특권이 없는 것이다. 『책(冊)』을 조사해 봐도 알 수 있다. 경관(京官)에게 우면해 주는 것은 그들의 직책이 힘들기 때문이다. 그러나 본호(本戶)만 면제해 줄 뿐 궤기(詭寄)한 부분은 해당되지 않는다. 외임관(外任官)·휴가 중인 관료·정년퇴직한 관료에게는 면제주지 않았는데, 오늘날엔 모두 면제받고 있다.**[11]

(2) **경관·거인·감생·생원·이승(吏承) 등에게는 예(例)에 따라 우면해 주고, 그 밖의 관료는 모두 요역을 부담케 한다.**[12]

고 한 지적을 예시하고 있다. 왕문록의 인식에 따르면, 자기가 살고 있던 가정년간에는, 모든 신사[내·외의 현임관과 치사관]가 우면을 받고 있지만, 이것은 불법적인 면제이고, 이전에는 '현임 경관'만 우면특권을 인정받았을 뿐, '현임 외관과 치사관'의 우면은 인정되지 않았다는 것이다.

그러나 왕문록의 인식에는 모순이 발견된다. 첫째, 미입사 학위소지자 가운데 최상층인 거인의 우면에 대하여, (1)에서는 '없다'고 하고 (2)에서는 '있다'고 한다. 둘째, 내외 관인의 우면에 대하여, 왕문록은 (1)에서는 "현임 경관

---

9) 濱島敦俊, 1997, p.160; 濱島敦俊, 2001, p.34. 단, 濱島敦俊의 오해와는 달리, 『實錄』에 기재되었지만 간략할 뿐이다. 그리고 『會典』의 내용은 실은, (1) "詔京官復起家"(『太祖實錄』 卷132, 洪武13年7月壬辰條)라고 略述된 내용과 (2) "上命戶部, 移文諸郡縣, 凡功臣之家, 有田土, 輸納稅糧幷應充均工夫役之外, 如糧長里長水馬驛夫等役悉免之"(『太祖實錄』 卷134, 洪武13年12月丁巳朔條)의 두 기록을 합쳐 놓은 것이다.

10) 왕문록은 浙江 嘉興府 海鹽縣人으로 嘉靖-萬曆年間에 활동하였다. 그는 가정10년(1531) 거인으로, 만력14(1586)년에도 80여 세의 나이로 會試에 응시하기도 하였다. 또한 그는 300畝의 토지를 소유한 지주였지만, 가정 말에 「均田均役法」을 적극 제창하였다.

11) 王文祿, 『百陵學山』, 書牘, 卷2, 「上侯太府書」. 여기서의 侯太府란 侯東萊로, 嘉靖40년을 전후하여 嘉興 知府를 역임하였다.

12) 王文祿, 『百陵學山』, 策樞, 卷3, 「甦民策四首」, 「均役」. 한편, 미입사 학위층의 우면에 대해서는, 同書, 書牘2, 「上侯太府書」에도, "始錄於泮, 卽復其身"이라 함.

만이 우면특권을 받았을 뿐, 외관·휴가 중인 관과 치사관에 대한 우면규정은 없다"면서, 황책(黃冊)의 기재나 『회전』의 규정에도 없다고[視取冊而驗之可也] 강조하고 있다. 그러나 아래의 제Ⅱ장에서 보는 바와 같이, 왕문록의 인식과 상반되는 기록은 일일이 나열하기 어려울 정도로 많다.

Ⅱ. 紳士優免 規定의 變化

1. 15世紀의 優免問題

이제 비교의 편의를 위하여, 명대 신사우면에 대한 기록을 시대 순으로 소개하면 다음과 같다. 먼저 정통제(正統帝; 1436~1449년 재위)는 즉위 직후, 문직(文職) 70세 치사관원(致仕官員)에 대하여 우면을 허가하였다.[13] 이는 아마도, 홍무12년령이 '저위령(著爲令)'하라고 되어 있음에도 불구하고, 홍무13년령이 반포된 후로, 공식적으로는 치사관에 대한 우면이 인정되지 않았기 때문일 것이다. 그 때문에 그 후 수년 동안, 지역 차원에서는 우면 적용에 다음과 같이 상당한 혼선이 빚어졌다.

(1) **정통원년의 명령 : 경사(京師)의 문무관원의 집에는 이갑정역(里甲正役)을 제외하고, 그 밖의 모든 균요(均徭)와 잡역(雜役)을 면제해 준다.**[14]

(2) **정통원년의 조칙에 따라, 경사(京師)의 문무 관원에게는 이갑정역을 제외하고, 그 밖의 균요와 잡역을 모두 면제해 주고, 외관은 절반만 면제한다.**[15]

(3) **직예(直隸) 양주부 태주 판관 왕사민이 상주하기를, '홍무 이래, 내외의 현임관은 모두 원적(原籍)의 요역을 면제받았사오나, 지금은 지방관들이 평민과 다름없이 부과하여 「구제(舊制)」를 위반하고 있습니다.' 폐하께서 호부에게 토론해 보도록 명하자, 호부에서는 「구제(舊制)」 대로 시행하도록 제청하였다.**[16]

---

13) 『英宗實錄』 卷2, 宣德10年2月辛亥條.
14) 正德 『大明會典』 卷22, 戶部7, 戶口3, 賦役, 「優免差役」.
15) 萬曆 『武進縣志』, 卷3, 里徭, 「優免」.

(4) [정통3년 3월] 경사(京師)의 문무 관원의 집에는 이갑정역과 세량(稅糧)을 제외하고, 그 밖의 모든 요역을 면제해 주었다.[17)]

(1)은 정덕 『명회전』에 등재된 법령으로, 현임 문무경관(文武京官)에게만 요역을 '전면'한다는, 홍무13년령을 재확인한 것이다. 그런데 정덕 『명회전』에 등재되어 국법이 된 이 규정이 만력 『명회전』에 누락된 이유는 무엇일까? 그래서인지, 같은 정통 원년령을 전하는, (2)의 강남 『무진현지(武進縣志)』의 기록에서는, 문무경관에게 '전면'할 뿐 아니라, 외관에게도 경관의 1/2 비율로 면제한다고 되어 있다.[18)] 바로 다음 해인 정통2년에 태주판관(泰州判官) 왕사민의 상주[(3)의 내용]에서도, 홍무 이래 시행되어온 '구제(舊制)'는 '내외 현임관 우면'이라 하고 있다. 그런데 정통3년에는 (4)와 같이, '구례'에 따라 '경관'만 우면한다고 함으로써, 홍무13년령과 정통원년령을 재확인하고 있다.

이렇게 중앙의 국법과 지역 차원의 사회관행에 괴리가 있는 상태에서, 관인호는 당연히 자기들에게 유리한 대로 남면(濫免)하였고, 그 부분은 필연적으로 백성에게 전가되었다. 그 때문에 관인호의 우면을 제한하자는 주장이 계속되었다. 그 첫 주장은 정통12년(1447)에 올린 운남 학경군민부(鶴慶軍民府) 지부(知府) 임준절의 상주였다. 즉,

(1) '부(府)에 소속된 여러 주에는 토관(土官)이 많사옵고, 그 현임자의 가동(家僮)·장호(莊戶)가 수백이나 되는데 그들은 요역과 세량을 납부하지 않고 불법만 저지릅니다. 청컨대 품급(品級)에 따라 면제하는 사람의 수를 정하고, 그 밖의 사람은 모두 부역황책에 편입시켜 요역을 부담케 하신다면,' … [폐하께서] 삼사(三司)에게 논의토록 명하셨다….[19)]

16) 『英宗實錄』 卷31, 正統2年6月乙亥條.
17) 王材, 『皇明太學志』 卷2, 典制(下), 賜與, 「優復」條.
18) 단, 이곳에서 지적한 '外官半之'가 명조의 원칙에도 불구하고 지역 차원에서 독립적으로 시행한 것인지는 분명치 않다. 酒井忠夫는, 이 내용은 "후세에 부가한 것"으로 보고 신빙성을 의심하고 있다. 酒井忠夫, 1961, p.203 참조.
19) 『英宗實錄』 卷149, 正統12年正月丙子條.

(2) [**정통**] 12**년, 운남 토관에게 명하여**, 4**품 이상은** 16**정**(丁)**을 우면해 주고**, [**이하 체감**(遞減)] **잡직**(雜職)**은** 6**정을**, … 20)

(1)의 내용은, 당시 운남에서는 중앙관뿐 아니라 지방관(토관 포함)도, 거의 무제한으로 남면하고 있으므로, 우면 액수를 제한하자는 것이다. 이 상주는 후에 삼사의 토론을 거친 후, 현임 지방관의 경우 품질에 따라 우면을 제한하도록 법제화한 것이 (2)의 내용이다. 이 법령에서 주의할 점은, 첫째, 명대에 처음으로 우면액을 제한하자는 주장이 관철된 점이고, 둘째, 면역기준을 인정(人丁)만으로 제한하였다는 점이다.

위와 같은 남면(濫免)은, 당연히 '우면 특권을 받지 못한 지주'[이하에서는 비특권지주(非特權地主)로 약칭]의 궤기(詭寄; 부역황책에 토지의 명의를 다른 사람 이름으로 올리는 것)를 받지 않고는 불가능한 것이었다. 이로 보면, 명조 중앙 차원에서는 홍무13년의 '현임 중앙관 우면령'만을 법제화하였고, 정통원년과 3년에 재삼 그 원칙을 확인하였음에도 불구하고, 지역 차원에서는 실록의 홍무10년의 '현임 내·외관 우면령'이 사회관행이 되어 있었음을 알 수 있다. 정통14년(1449)에,

> **'앞으로는 치사관원**(致仕官員)**에게도 현임관원의 사례에 따라 요역을 우면해 주시기를 간절히 바랍니다.'… 예부상서 호영**(胡濙) **등에게 논의하도록 명하니, '… 전례가 없어 윤허하기 어렵습니다**[無例難允].'**라고 보고하였다.** (**폐하께서**) **그 논의대로 하셨다.**21)

고 한, 순천부 창평현 유학 증광생원(增廣生員) 마효조의 상주는, 이러한 관행이 있었기에 가능한 것이었다. 당시 '현임 내외관'의 우면은 당연하게 여겨지고 있다는 인식 아래, 현임관의 사례에 따라 치사관원의 우면도 인정해 달라고 주청한 것이다. 그러나 조정 차원에서는 '전례가 없어 윤허하

---

20) 正德『明會典』卷22, 戶部7, 戶口3, 賦役,「優免差役」.
21)『英宗實錄』卷186, 正統14年12月戊午條.

기 어렵다[無例難允]'고 하였다.

그런데 다음의 기록을 보면, 지역에 따라서는 치사관도 우면을 받고 있었던 듯하다. 마(馬) 생원의 상주가 있은 후 15~16년이 지난, 성화2년(1465)에 급사중 구홍(丘弘)이 올린 상소 가운데,

> '영락·선덕년간에는, … 지금은 균요법(均徭法)이 이미 시행되고 있사온데, … 부호(富豪)와 간사한 무리들은 회뢰(賄賂)를 통하여 무거운 요역을 피하고, … 사대부의 가는 하찮은 요역까지 모두 부담하고, 치사관도 요역을 면제받지 못합니다. … 앞으로는 민간의 요역은 「구례」대로 하시기를 바랍니다.' … 호부·예부·병부, 3부가 논의한 후 상주대로 하도록 복주(覆奏)하였다. [폐하께서] 그 논의대로 하셨다.[22]

고 한 내용이 있다. '구례'에 따르면 내·외 현임관과 치사관이 모두 우면 대상이었다는 것인데, 이를 호·예·병부가 복주(覆奏)하고 성화제(成化帝)가 재가를 내렸다. 따라서 현임관과 치사관, 바꾸어 말하면 모든 신사가 우면특권을 인정받게 되었지만, 『회전』에는 등재되지 않았다.

지역 차원에서 우면규정의 적용에 혼선을 빚은 것은, 성화4년(1468)에 이부 청선관(聽選官) 오숙무가 올린 상주에,

> 신(臣)이 조사해 보니, 홍무·영락·선덕년간에는, 관리와 생원의 가는 요역을 우면받았습니다. … 근년 이래, … 지방관들이 '구례(舊例)'를 허문(虛文)으로 여기고, 관리·생원가의 전량(田糧)과 인정(人丁)의 많고 적음을 헤아려 보지도 않고 서민과 꼭 같이 요역을 부과하고 있습니다. … 부디 해당 부(府)에 명하셔서, '구례'에 따라 관리·생원가에게는 조세를 부과하는 외에, 그 밖의 요역은 전에 해왔던 대로 우면해 주라고 명하시기 바랍니다.[23]

22) 『憲宗實錄』 卷33, 成化2年8月辛丑條, p.650.
23) 『皇明條法事類纂』 卷8, 「優免官吏生員雜泛差役例」.

라고 한 곳에도 나타난다. 선덕년간까지는 '관리가(官吏家; 아마도 내외관)'와 미입사 학위소지자가 우면을 받았는데, 근년에 균요법(均徭法)[24]이 보급되면서, 이들에게 요역을 부과하는 사례도 있다면서, '구례'대로 그들 모두에게 우면을 인정해달라는 것이다.

그런데, 15세기 후반의 성화・홍치년간의 대관료이자 저명한 경제학자 구준(丘濬; 1421~1495)의 『대학연의보(大學衍義補)』에는 당시의 사정이 더욱 잘 나타나 있다.[25] 구준은 15세기 중엽부터, 이미 심각한 사회문제였던 '겸병지환(兼併之患)'을 해결할 방법으로 '배정전법(配丁田法)'을 제창하였다. 그 가운데 신사 우면에 대한 주장은,

> **전직 관료의 가문에게 우면하는 방법은 관품(官品)의 높고 낮음에 따라 차등을 두고 우면해 주는 것입니다. … 그 당사자가 이미 사망했으면 우면 혜택을 자손에게 세습케 하되, … 〈경관 3품 이상에게는 전(田) 4경을 면제하고, … 외관은 체감시키도록 하여〉 … 한 대(代)에 한하도록 하는 것입니다. 이를 '배정전법(配丁田法)'이라 합니다.**[26]

라고 하고 있다. 당시 모든 현임 관인호에게 당연히 우면특권이 인정되는 상태에서, 모든 신사들이 암묵적으로 무제한의 우면권을 행사[남면(濫免)]하고 있으니, 내외관 모두 품질(品秩)에 따라 우면액을 제한하고(이것이 우면액 제한 주장 가운데 두 번째임), 그 대신 일단 우면된 액수는 다음 세대에까지, 일대에 한하여 세습을 인정하자는 것이었다. 이제는 경관의 우면액마저 제한하자는 주장이 나온 것이다.[27] 강남의 소주・송강・가흥지

---

24) 均徭法의 새로운 해석에 대해서는 岩井茂樹, 2004, 제6장 참조.

25) 『大學衍義補』는 丘濬이 10여년에 걸쳐 집필하여 成化23년(1487) 11월에, 즉위한 지 3개월밖에 안 되는 弘治帝에게 진정하여, 소위 '弘治中興'의 전기를 제공한 名著이다. 尹貞粉, 2002, p.52 참조.

26) 丘濬, 『大學衍義補』 卷14, 固邦本, 「制民之產」. 〈〉 內의 文章은 割註.

27) 홍치~정덕년간에는, 요역의 銀納化(銀差)가 진전되면서, 우면의 기준도 人丁・田糧 혹은 직접 田畝에 이행되는 사례도 나타났다. 이에 따라 비특권지주의 詭寄는 더욱 만연되었고, 소농민의 요역부담은 갈수록 과중하게 되었다. 경관의 우면 액

역에서는 양장(糧長)이 관호에 대한 요역 징수뿐 아니라 세량 징수마저 어렵게 되어 민호의 궤기가 한층 더 늘어났기 때문이다.[28)]

홍치7년(1494)에는, 호부 판사리〔判事吏; 납속(納粟) 이원(吏員)〕 여연달이, '경관·외관 모두가 남면하고 있으니, 경관에게는 전호우면(全戶優免)을 인정해 주더라도, 외관과 미입사 학위소지자는 우면액을 제한하자'는 상주(세 번째 우면제한 주장)를 올렸다.[29)] 또 홍치12년(1499)에는, 각 지역의 순무 등 지방관의 건의를 호부(戶部)에서 토의한 후 주청한 것에 따라, 외관(外官)뿐 아니라(이것은 외관도 우면 대상임이 전제된 것), 경관의 우면액도 제한하도록 했지만(네 번째 우면제한 주장),[30)] 『회전』에 등재되지는 못했다.

이상을 종합하면, 명초부터 15세기 말까지의 정황을 다음과 같이 정리할 수 있다. 명조의 국법(國法)은 홍무13년령과 같이 '현임 경관 전호(全戶) 우면'이었다. 그러나 지역 차원에서는 관행적으로, ⓐ 홍무10년령에 따라 현임 경관은 물론, 현직 외관(外官)의 우면도 묵인되고 있었고, 더 나아가서는, ⓑ 홍무12년령에 따라 '내외(內外) 치사관'의 우면도 묵인되고 있었으며, ⓒ 중앙관조차도 우면규정에 대한 엄격한 인식은 없었다. 이렇게 혼란이 생기게 된 원인은, 홍무 10년령과 12년령이 '저위령(著爲令)'이었으나, 13년령은 '저위령'의 단서가 없었을 뿐 아니라, 정통년간에는 아직 『회전』이 간행되지 않았기 때문이었다. ⓓ 그 때문에, 지방관 차원에서는 모든 신사에게 편의대로 우면을 인정하였다. ⓔ 신사는 이를 계기로 무제한의 남면(濫免)과 기장(寄莊)을 자행하였고, 비특권지주는 그러한 신사에게 궤기(詭寄)를 추진하였다. 이러한 일련의 불법행위 때문에 '겸병지환(兼倂之患)'이 만연하고, 극심한 사회불안과 함께 농민이 유산(流散)하면서 이갑제가 이완되어 갔다. 이렇게 신사의 남면과 지주의 궤기가 심각한 사회문제로 인식된 것은 15세기 말의 홍치년간(弘治年間)이었다. 이 시기에 구준·여언달·지방 순무 등 관료들이 신사에 대한 우면 제

수마저 제한하자는 주장은 이 때문에 나온 것이었다.

28) 丘濬, 『大學衍義補』 卷22, 「貢賦之常」

29) 『皇明制書』, 「節行事例」, 「內外官員優免戶下差役例」

30) 『孝宗實錄』 卷155, 弘治12年10月丙辰條.

한을 연이어 주장한 것은 그 때문이었으며, 홍치9년 (1496)에 소주 찰원(察院)에 '염석비(廉石碑)'를 세운 것(後術)도 같은 이유였다.

2. 16世紀의 優免問題

신사에 대한 우면액을 제한하자는 주장은 16세기에 들어서도 계속되었다. 홍치16년(1503)에 형부주사(刑部主事) 유교(劉喬)도 내외 관원가(官員家)의 우면을 제한하자는 상주를 올렸다(다섯 번째 우면제한 주장).[31] 이 상주 역시 채용되지 않았지만, 이제 경관의 우면액 제한 역시 중론이 되었다.

다음 해 홍치17년(1504)에는 호부의 주청이 황제의 재가를 얻어, 분명한 '우면 지침'을 하달하였다. 즉,

> **홍치17년, 호부에서 민정 혁폐의 일을 진언하다.** … **'구례'를 조사해 보니, '육부(六部)·도찰원 등 아문(衙門)의 현임 관원에게는 본호(本戶)의 요역 전체를 면제해 주었습니다.'**… 〔이곳에 상기 여언달의 상주문이 있음〕 …**'앞으로는 현임 경관은 '구례'에 따라 요역을 우면해 주고, 그 밖의 현임 지방관의 가(家)에게도 각각 인정 10정(丁) 분을 면제해 주고, … 모든 감생·거인·생원·서리의 가에게도 이정(二丁) 분을 면제해주라. 확실하게 '정례(定例)'로 하라**〔저위정례(着爲定例)〕.'[32]

이 명령은, 현임 중앙관에게는 '구례'(홍무13년령)에 따라 전면하고, 새로이 '현임 지방관'에게도 우면을 인정하되, 품질에 따라 차등을 두며, 이를 법제화〔着爲定例〕한다는 것인데, 실제로 『황명제서』에 등재되었다.[33] 이러한

31) 『孝宗實錄』 卷200, 弘治16年6月乙巳條에 "浙江各府徭役軍需, … 而官員之家, 率得優免, 遂致奸僞者, 多詭寄勢家, 而徵科重累小民。乞定優免之額, 京官及方面官三品以上者, 優免若干, … 其餘丁·田, 實照民間均派。… 命下其奏於所司"라 함.

32) 『皇明制書』, 「節行事例」, 「內外官員優免戶下差役例」.

33) 명 조정 차원에서 국법으로 外官의 우면을 인정한 것은, 홍무10년에 일차 명령을 내린 후 실로 127년만의 일이다.

'관신우면칙례(官紳優免則例)' 제정은, 신사의 우면 특권에 대한 분명한 규정 없이 막연한 관행으로 시행되어 오던 것을 처음으로 확실하게 국법으로 제한한 것이다. 단, 전국에서 사회관행으로 묵인되고 있던, '치사관에 대한 우면'은 아직도 공식적으로는 인정하지 않고 있었다.

그러다가 바로 다음 해, 홍치18년에는,

> 홍치18년에 토의하여 정하다. 현임 및 임기를 잘 마치고 정년한 관원은 예(例)에 따라 요역을 우면해 준다. 어떤 사건으로 파면되거나 충군(充軍)되어 귀향한 관원 등에게는 … 함부로 우면함을 금한다.[34]

고 한 것 같이, '치사관'에 대한 우면도 공식적으로 인정하였고, 『회전』에 등재되어 국법이 되었다.[35]

이러한 과정을 거쳐, 16세기 초부터는 현임 내외관과 치사관 모두에게 우면이 인정되기에 이르렀다. 이제 신사의 남면과 기장(寄莊), 비특권지주의 궤기, 그로 말미암은 소농민의 몰락과 유산(流散) 현상은 더욱 심각한 사회문제로 발전될 수밖에 없었다.

정덕16년(1521)에 남경 호과급사중 손무가 올린,

> 신(臣)은 책적(冊籍)의 폐단으로 궤기(詭寄)보다 심한 것이 없다고 생각합니다. 궤기하는 자들은 모두 간민(奸民)과 세호(勢豪)로 서리와 내통하여, … 혹은 토지를 관료 명의로 바꾸어 무거운 요역을 피합니다. … 내외의 사환가(仕宦家)는 반드시 그 관직의 높고 낮음에 따라 '우면칙례'를 정하되, 경관 3품 이상에게는 4경을 면제해주고, … 외관은 체감시키도록 하고, … 그 당사자가 이미 사망했으면 우면 혜택을 자손에게 세습케 하고, …[36]

34) 萬曆『明會典』卷20, 戶口2, 黃冊, 賦役,「凡優免差役」.

35) 弘治17年·18年令의 규정을 함께 적용하여, 內·外 현임관과 치사관 모두에게 우면을 인정한 사례는, 正德(16年)『絳州志』(山西省 平陽府) 卷2, 民物志,「民狀」」에 "免役鄉士大夫〈謂見任·致仕·聽選官·儀賓·擧人·監生·生員〉"이라 한 기록에서 볼 수 있다. (〈〉은 割註)

라는 상주문은, 이를 우려하여 우면제한을 다시 한 번 제기한 것(여섯 번째의 우면제한 주장)이다. 정덕 『명회전』(정덕 6년 편찬)의 기록에 따라,[37] 당연히 전액 우면의 대상이었던 경관(京官)의 우면액도 제한하자는 것이었고(두 번째 경관우면 제한 주장), 면역 기준을 정(丁)・량(糧)이 아니고 직접 토지를 기준으로 하자는 것인데, 『황명제서(皇明制書)』에 등재되어 국법이 되었다.

가정 초의 복건 순안어사 섭표[1487~1563, 강서성 길안부 영풍인(永豐人), 정덕12년 진사)]는,

> 현행의 '우면칙례'는, 수도의 문무 관원에게는 이갑정역을 제외한 모든 요역은 전호우면하고, 외관에게는 관품에 따라 차등 체감해 주고 있습니다. 이러한 내용은 법령집에 자세합니다. 오늘날의 사대부들은 … 우면 규정에 제한을 받지 않고 친한 사람으로부터 궤기를 받은 후에, … 전호(全戶) 우면을 꾀합니다. … 다른 현 지역에 기장(寄莊)한 사람은 관호로 등록하고 대개는 궤기를 받습니다. 세력이 높아지는 자에 대해서는 관부는 모르는 척 요역을 면제해 주고, 세력이 퇴색해가는 자들은 온갖 수단을 동원하여 전면(全免)을 꾀합니다. … 궤기를 금하는 법령이 엄하지 않아서가 아니고, 토지가 사대부 명의로 바뀌면 그 종적을 조사할 수 없기 때문입니다. 부현(府縣)에 세심하고 밝은 지방관이 많지 않아서가 아니고 사대부 명의로 바뀌면 부정을 밝혀 죄를 줄 수 없기 때문입니다.[38]

라고 하여, 당시의 정황을 명쾌하게 지적하고 있다. 당시의 '우면칙례'는 중앙관은 전호우면, 외관은 관품에 따라 체감하는, 홍치17년의 규정이 시

36) 孫懋, 『孫毅菴奏議』 卷下, 「釐夙弊以正版籍疏」(正德 15年). 이 내용은 『皇明制書』, 「節行事例」, 「內外官員優免戶下差役例」에 등재되어 法制化되었다. 한편, 이 주장은 그보다 30여 년 전인 1487年의 丘濬의 주장을 그대로 모방한 것이었다.

37) 正德 『大明會典』 卷22, 戶部7, 戶口3, 賦役, 「優免差役」에는 洪武 13年令과 正統 元年令이 登載됨.

38) 聶豹, 「應詔陳言以弭災異疏」, 『明經世文編』 卷222.

행되고 있다는 뜻이다. 바꾸어 말하면, 이미 정덕16년의 손무(孫懋)의 상주에 따라 경관의 우면도 제한시키도록 법제화되었지만, 지역 차원에서는 현임관과 치사관들이 지방관과 서리의 묵인 아래, 마음껏 궤기를 받아들이면서 '전호(全戶)우면'을 도모하고 있었던 것이다.

신사의 남면·기장(寄莊)과 비특권지주의 궤기 현상은 명 조정으로서도 이제 더 이상 방치할 수 없었다. 명 조정에서는 가정9년(1530)과 10년에 걸쳐 다시 한 번 '현임 내외관'과 '치사관'의 우면을 제한하도록 명령하였지만,[39] 지방관과 서리가 묵인하는 상태에서는 어떻게 해 볼 도리가 없었다.[40]

명조의 가장 종합적인 '우면칙례'는, 가정24년(1545)에,

> **'우면칙례**(則例)**'를 의정**(議定)**하다. 경관** 1**품은 세량**(稅糧) 30**석과 인정**(人丁) 30**정**(丁)**을 면제하고,** … (**이하 체감됨**) … **외관은 각각 절반을 체감한다. 교관**(敎官)**·감생·거인·생원은 각각 세량** 2**석과 인정** 2**정을 면제한다.** … **임기를 잘 마치고 정년한 관원은** 7/10**을 면제한다.** …[41]

고 하는 형태로 종결되었다. 이 내용은 명대 '관신우면칙례(官紳優免則例)'로서 최종적으로 확정된 기본법이었다. 경관도 품질에 따라 우면을 제한하고, 외관은 경관의 1/2로 하며, 치사관은 7/10로 하고, 거인·감생·생원 등 미입사 학위소지자의 우면액을 각각 량(糧) 2석(石) 정(丁) 2정으로 확정한 것이다.

---

39) 張潢, 『圖書編』(萬曆5年刊) 卷90, 「編審徭役」; 『萬曆會典』 卷20, 戶口2, 黃冊, 賦役; 萬曆 『武進縣志』, 卷3, 里徭, 「優免」條.

40) 賦役을 부과할 때, 지방관이 신사의 남면을 묵인하는 현상은, ⓐ "常年不肯納糧, 有司不能究理。稍欲催徵, 輒構誣詞, 告訐賴免"이라 한 況鐘(1384~1442)의 지적(況鐘, 『況太守集』 卷9, 「請禁詞訟牽連越控疏」), ⓑ "民田多歸於豪右, … 貧者不能供, 則散之四方, 以逃其稅。… 奸民 … 或以其稅寄之官宦, 謂之詭寄, … 有司拱手聽其所爲而不去, 非不欲去不能去也"라 한 王鏊의 지적(王鏊, 『震澤集』 卷36, 「吳中賦稅書與巡撫李司空」) 및 운남 土官의 濫免 사례에서 보듯이(前述), 이미 15세기 전반기부터 나타난 이래 갈수록 더욱 심화된 현상이었다.

41) 萬曆 『大明會典』 卷20, 戶口2, 黃冊, 賦役, 「凡優免差役」

그러나 신사의 남면은 그 후로도 더욱 심화되어 갔다. 더구나 가정 중기부터 강남에서는 정(丁)·량(糧)을 토지로 환산하는 것이 보편화했으므로 더욱 그러하였다.42) 정덕4(1509)년에 강서성 태화현 지현 육진계가 토지세 장부를 조사해 보니 궤기되거나 은닉된 것이 15,000석이나 되었다.43) 가정 말기의 강서 출신 수보(首輔) 엄숭(1480~1565)은 부자가 치부(致富)한 것으로 유명한데, 그가 죽은 후에 몰수한 재산이 남창·신건·신창·청강·신유·의춘·분의·평향·임천현 등 3부(府)에 걸쳐 토지 27,897무(畝)와 6개 현에 산재한 대저택 118개 소, 점포 3,911간(間), 연못 15처, 작은 연못 10곳, 전방(田房)의 매년 수입이 15,063냥이나 되었다고 한다.44) 강남 무진현의 당순지[1507~1560, 가정8년 회시의 회원(會元)]는, "대호(大戶)의 궤기는 관호(官戶)의 남면에 기인한 것이므로, 이 두 가지 폐단이 실은 하나"45)라고 하였다. 신사의 남면 현상은 이렇게 전국적이었지만, 특히 강남에서 심하였다.46) 융경원년(隆慶元年, 1567)에 소송상진(蘇松常鎭) 4부에서 적발된 투헌(投獻)·궤기전(詭寄田)이 19,954.70경, 화분전(花分田)이 33,155.6경, 도합 53,110경이나 되었다.47)

그런데 더욱 놀라운 사실은, 남면과 궤기의 폐해가 이렇게 심각한 데도, 명조에서는 신사에 대한 우면제한을 더욱 완화시키는 쪽으로 정책을 추진하였고,48) 만력년간부터는 우면의 기준도 사실상 요역에서 토지로 전환되었다.49) 그 때문에 만력년간부터는 신사의 남면과 비특권지주의 궤기의 폐해는 극에 다다랐다. 만력초년의 수보(首輔) 장거정은 전국에 장량(丈量, 토지측량)을 명령하면서, 아들 장사수[한림원 편수]에게 호광 강릉에 있는 본가의 세량의 숫

---

42) 和田正廣, 1978, p.106.
43) 許懷林, 『江西史稿』, 南昌, 江西高校出版社, 1993, p.486.
44) 徐栻, 『督撫江西奏議』, 「議處沒官田産以蘇民累疏」
45) 唐順之, 『荊川先生文集』 卷9, 「答王北厓郡守論均徭」
46) 『世宗實錄』 卷543, 嘉靖44年2月丁丑條; 『世宗實錄』 卷557, 嘉靖45年4月丁卯條; 張萱, 『西園聞見錄』 卷33, 外編, 賦役後, 催科, 「何源」
47) 『穆宗實錄』 卷13, 隆慶元年10月己丑條. 당시 松江府의 등록된 전지가 44,000餘 頃이었으니, 그보다도 20%나 많은 액수였다.
48) 萬曆 『明會典』 卷20, 戶口2, 黃冊, 賦役, 「凡優免差役」; 張顯清, 1984.
49) 萬曆 『武進縣志』, 卷3, 里徭, 「優免」

자를 조사해 보게 하였다. 그 결과, 총 640여 석 분을 우면하고 있음을 알게 되었다. 규정된 우면액은 75석 정도였고, 나머지 500여 석은 99명이 궤기한 것이었다.[50] 장거정은 스스로 "우면을 잘 감독하면 궤기는 자연히 감소될 것이고, 궤기가 감소되면 세역도 자연히 고르게 될 것"[51]이라 하면서도, 자기 자신은 궤기를 받으며 남면하였던 것이다. 당시 호부에서 전국에 남면 현황을 조사하여 보고하게 한 결과, 절강에서 보고된 것이 인정(人丁) 43,780정, 세량 63,880여 석이었다.[52] 이 수치는 아마도 빙산의 일각이었을 것이다. 만력 초 강남의 어느 세호가(勢豪家)는 농지를 7만 경을 소유하여, 납부해야 할 세금이 2만 석인데도 한 푼도 납부하지 않았다.[53] 가흥부 해염현에서는 지현 이당태(李當泰)가 만력29년에 균전균역법(均田均役法)을 위한 개혁을 시도할 때, 거인에게는 무려 37배를 인정하였다.[54] 만력20년 경, 산서 순무 여곤(呂坤, 1536~1618, 만력 2년 진사)도 산서성의 실태를 조사하면서, 농촌은 물론이고 도시에서도, 신사 남면의 폐단이 극에 달했음을 지적하였다.[55] 또한, 만력38년에 응천순무 서민식이, 남직예(南直隸)의 소주·송강·상주 3부에 균전균역법을 실시하면서 규정 이상으로 우면을 인정하였다. 그 무렵, 소주부 상숙현(常熟縣)에서 귀기(詭寄)한 농토가 15만 무나 되었고, 상주부의 무진·무석·강음·의흥 등 네 현에서 적발된 관호의 남면전(濫免田)이 242,600무, 궤기한 농토가 99,293무, 그 가운데 무석현 궤기전이 59,128무나 되었다. 서민식은 신사의 요역기피의 수단을 잘 알면서도, 이전 수보(首輔) 신시행〔그의 좌사(座師)였음〕을 필두로 한 수많은 신사들의 반발이 너무 거셌기 때문에 그렇게 할 수밖에 없었다.[56]

---

50) 『萬曆邸鈔』, 萬曆九年四月, 「湖廣巡撫陳省題」

51) 張居正, 『張太岳集』 卷28, 「答應天巡撫宋陽山」에 "優免核, 則投靠自減. 投靠減, 則賦役自均"

52) 『神宗實錄』 卷120, 萬曆10年正月戊寅條.

53) 張居正, 『張太岳集 卷26, 「答應天巡撫宋陽山論均糧足民」

54) 天啓 『海鹽縣圖經』, 「改革事宜」, 第3條; 濱島敦俊, 1982, 第2部; 和田正廣, 1978, pp.100~124; 伍丹戈, 1983, pp.50~53.

55) 呂坤, 「摘陳邊計民艱疏」, 『明經世文編』 卷416.

56) 崇禎 『松江府志』 卷12, 役議, 「萬曆庚戌撫臺徐會題均役疏」(=江蘇省博物館 編, 1959,

복건도어사(福建道御史) 왕만조의 상주에 따르면, 경우에 따라서는 규정보다 10배, 나아가서는 20~30배의 우면을 받는 신사들도 있었다.[57] 그러기에 명말 반동림파 관료 온체인의 앞잡이였던, 소송순안 노진비조차도,

> 강남은 진신(縉紳)이 많고 우면하는 자도 많아서, 요역을 부담하는 토지는 십에 겨우 5~6에 지나지 않는다. 더구나 이웃 현의 관호가 들어와 점적(占籍)하여 우면하므로, 요역을 부담할 토지는 십에 겨우 4~5로 줄어든다. 대호와 유력자들은 관노(官奴)와 내통하여 궤기를 받기 때문에 요역을 부담할 토지는 겨우 3~4에 지나지 않는다. 그 때문에 요역을 부담하는 자들 가운데 파산하지 않는 사람이 없다.[58]

고, 17세기 전반기 강남의 심각한 요역 회피 정황을 보고하였던 것이다. 강남에서는 요역을 부담하는 전토의 격감을 억제하기 위하여, 관인호(官人戶)를 이갑에서 분리시켜 관호이갑[官戶里甲; 관갑(官甲), 관도(官圖), 유갑(儒甲)]을 설치함으로써, 무한대로 증가하는 우면액을 막아보려 하였지만, 그 후로도 관인호에 대한 궤기는 더욱 증가하였다.[59]

그 원인은, 첫째, 국가에서 인정하는 우면액이 갈수록 증가했기 때문이었다. 둘째, 지역사회의 신사의 수가 갈수록 증가하였는데, 그 가운데에서도 미입사 사인의 수가 격증하였고, 그에 따라 신사의 영향력은 갈수록 강화되었으며, 그럴수록 지방관의 향촌 장악력은 위축되었기 때문이었다.[60] 명말에 강남에서, 앞에서 소개한 왕문록 등 일부 개명 신사가 주동하여 '균전균역법(均田均役法)'으로의 개혁을 적극 추진한 배경은 바로 여기에 있었다.[61]

「301, 無錫縣均田碑」) ; 濱島敦俊, 1982, pp.234~236, 355~366 ; 和田正廣, 1978, pp.120~122 ; 張顯淸, 1992, pp.101~102.

57) 『神宗實錄』 卷491, 萬曆40年正月丙午條에 "今, 南北混亂, 全無規制, 有司得率意爲之, 有免田二三千者, 有近萬者, 在膏腴連阡之家, 其欲無厭, 尚嫌制狹"이라 함.

58) 陸世儀, 『復社紀略』 卷2.

59) 濱島敦俊, 1982, 第2部~3部 참조.

60) 張顯淸, 1992; 吳金成, 1986, 第1編 第1章; 岑大利, 1998, pp.33~74.

61) 濱島敦俊, 1982; 川勝守, 1980.

Ⅲ. 紳士 優免의 歷史的 性格

명 조정이 관인호에게 공식적으로 우면을 인정한 것은 홍무10년에 내외 현임관, 홍무12년에 치사관에게 '요역전면(徭役全免)'을 인정한 것이었다. 그런데 바로 그 1년 후에, '경관 가의 요역을 면제'(詔京官復其家)'한다는 새로운 조칙을 내렸고, 이 명령은 후에 『정덕회전』에 등재됨으로써 명대 최초의 '우면칙례(優免則例)'가 되었다.

그러나 이렇게 세 차례 연이어 반포된 우면령에는 다음과 같은 문제가 있었다. 첫째, 『실록』에는 홍무10년령과 12년령이 모두 '저위령(著爲令)'이었고, 13년령은 단지 '경관 가의 요역을 면제'(詔京官復其家)'한다고만 되어 있었다. 명대 최초의 법전인 『정덕회전』은 그로부터 130년이나 지난, 정덕6년(1511)에야 간행되었다. 그러므로 현직 관료이건 치사관이건 간에, 법전이 발표되기 전의 우면규정은 당연히 자신들에게 유리한대로 『실록』의 '저위령' 규정을 선호하였을 것이다.[62] 둘째, 관인호에게 인정한 우면은 '전면(全免)'이었고 그 범위는 모호하였다. 따라서 관인호는 당연히, 거의 무제한으로 우면을 확대시키려 하였다.

이미 명초에도 지주가 세력가에게 궤기하는 풍조가 만연하였던 것은 그러한 사실을 입증하고 있다. 그 때문에 홍무제는 『어제대고(御製大誥)』의 「궤기전량(詭寄錢糧)」·「민지보획복(民知報獲福)」·「개유량장(開諭糧長)」, 『대고속편(大誥續編)』의 「쇄파포황(灑派包荒)」·「양장망주수재(糧長妄奏水災)」 등에서 이를 금지하였고, 심지어 '모든 가산의 몰수'를 명령하면서까지,[63] '궤기'를 막으려 하였지만 불가능한 일이었다. 다만, 명초의 궤기는 강남 등 일부 지역에서 부호(富豪)들이 소수의 제왕·공신·대관들에게 하는 것이었다. 더구나 후대에 견주면, 명초 14세기 후반에는 일반 농민의 요역부담이 그리 크지 않았고, 또한 이갑제 질서를 기반으로 하여 사회가 비교적 안정되었던 시기였다.

그런데 주지하듯이, 15세기에 들면서 요역이 점차로 무거워지고 불공평해

---

62) 岑大利, 1998, p.56에서도 이러한 추측을 하고 있다.
63) 正德『大明會典』卷19, 戶部4, 州縣2, 田土.

지기 시작하였다. 요역은 호칙(戶則)에 따라 부과하였지만 본질적으로 불균등하였다. 요역의 종류와 수량 및 부가적인 요역은 갈수록 증가하였기 때문에, 명조는 이를 개선하기 위하여 균요법(均徭法)을 실시하였다. 15세기 말 16세기 초 홍치~정덕년간에는, 이러한 균요(均徭)의 은납화가 진전되었다. 그에 따라, 요역 부과의 기준은 처음에는 호칙(戶則)이었다가 점차로 토지세, 나중에는 토지 그 자체를 중시하게 되었다. 이러한 과정에서, 비특권지주는 서리와 결탁하거나 관인호에게 궤기함으로써 부담을 경감시키려 하였다. 궤기의 폐단은 갈수록 만연하였다. 15세기 중엽부터 이를 금지하자는 제안이 이어졌지만, 16세기에 들어서야 법제화했고, 그것조차도 지역 차원에서는 사문(死文)에 지나지 않았다.

더욱 놀라운 것은, 궤기를 받는 주체가 비단 관인호만이 아니었다는 사실이다. 생원・감생・거인 등 미입사 사인들도 국가로부터 받은 우면 특권을 빙자하여 궤기를 받았다. 명초부터, 국법으로 규정된 우면 대상은 '현직 경관' 외에, 생원・감생・거인 등 미입사 사인들도 포함되었다. 즉,

(1) **홍무 초, … 그 집의 요역 이정(二丁)을 면제토록 하였다.**[64]

(2) **선덕3년, … 예(例)에 따라 요역을 우면해 주었다.**[65]

(3) **(정통 원년) 생원의 가에게는 홍무년간의 예에 따라, 호내(戶內) 이정(二丁) 분의 요역을 우면해 주었다.**[66]

(4) **오늘날의 입학자들은, 자기 집의 요역을 우면받으려 한다. … 생원에게 요역을 우면하지 않는 것은 '구제(舊制)'가 아니다.**[67]

(5) **만력3년, … 생원의 가에게는 홍무년간의 예에 따라 본신을 제외하고 호내의 이**

---

64) 正德『大明會典』卷76, 學校, 府州縣儒學,「選補生員」

65) 『宣宗實錄』卷40, 宣德3年3月戊戌條; 正德 『大明會典』卷76, 學校, 府州縣儒學,「選補生員」.

66) 『英宗實錄』卷17, 正統元年5月壬辰條. 이 명령은 天順6年에 재확인되고(『英宗實錄』卷 336, 天順6年正月庚戌條), 법제화되었다(正德 『大明會典』卷76, 學校, 府州縣學,「風憲官提督」條 ;萬曆 『大明會典』卷78, 學校, 儒學,「風憲官提督」條).

67) 『憲宗實錄』卷54, 成化4年5月庚申朔條.

정(二丁) 분의 요역을 우면해 주었다.[68)]

(6) 일단 생원의 자격을 얻으면 서민이 부담해야 하는 요역을 면제받고 서리의 행패를 면할 수 있고 신시의 자격으로 관장(官長)을 면회할 수 있고, 태형(笞刑)의 모욕을 받지 않는다.[69)]

(7) 영락3년에 예부(禮部)에 칙유를 내렸다. '감생에게는 그 집 이정(二丁)의 요역을 면제해 주라.' 정통10년에 다시 '전례(前例)'를 재확인하였다.[70)]

(8) (정통)10년, 감생의 가(家)에 이정(二丁)의 요역을 면제해 주도록 명령하였다.[71)]

등의 사례가 그것이다. 위위 사례 가운데 (1)~(6)은 생원에 대한 우면 규정이고, (7)·(8)은 감생에 대한 것이다. 한편, 거인에 대한 우면이 처음 등장하는 것은, 위에서 본 홍치7년의 호부 판사리(判事吏) 여언달(余彦達)의 상주이다. 그러나 홍무18년부터, 회시에 낙제한 거인은 원칙적으로 국자감에 들어가도록 되어 있었으나, 동시에 바로 고향에 귀가하여 살 수도 있었다.[72)] 그러므로, 설사 입감(入監)하지 않고 고향에 거주하는 거인이라 할지라도, 우면을 포함한 모든 대우는 거감(擧監; 입감한 거인)과 같은 수준으로 받았으리라고 생각한다. 그리고 특별히 중요한 것은, 이들 미입사 사인들은 그 자격을 평생 유지하였다는 점이다.[73)]

그러므로 미입사 사인도 관인들과 같이 남면하고 궤기를 받았다.

(1) 교활한 백성의 간사함은, … 농토가 많은 집은 혹은 향신·거인·감생에게 궤기하고 혹은 생원에게도 궤기한다.[74)]

---

68) 萬曆 『大明會典』 卷78, 學校, 儒學, 「風憲官提督」條.
69) 顧炎武, 『顧亭林文集』 卷 1, 「生員論」(上).
70) 王材, 『皇明太學志』 卷2, 典制(下), 賜與, 「優復」條.
71) 正德 『大明會典』 卷22, 戶部7, 戶口3, 賦役, 「優免差役」; 萬曆 『大明會典』 卷20, 戶口, 賦役; 同書 卷220, 國子監, 給賜條.
72) 正德 『大明會典』 卷173, 國子監, 「生員入監」; 萬曆 『大明會典』 卷220, 國子監, 生員入監條 ; 萬曆 『大明會典』 卷77, 科擧, 會試條 ; 和田正廣, 1978 참조.
73) 和田正廣, 1978 ; 吳金成, 1986, 第1編 第1章.
74) 顧炎武, 『天下郡國利病書』 第22冊, 浙江(下), 田賦書(p.79b). 유사한 내용은 강서지역

(2) **당음(唐音)이 계택 지현으로 있을 때, … 어느 사인이 농토가 4경이었는데 관에서 3경을 면제해 주고, 나머지 1경에는 요역을 물렸다. … (당음은) 요역을 부과함에 있어 재산 정도를 세밀하게 조사하여 부과하였고 조금도 오차가 없이 정당하였다. 현 내에서 그 공평함을 칭송함이 자자하였다.**[75)]

(1)은 절강 지역의 사례이다. (2)는 북직예(北直隸; 하북) 광평부 계택현의 지현 당음(唐音)이 세역을 부과할 때 정말 공평무사하다는 평판을 받았는데도, 생원에게 인정한 우면액이 토지로 3경이나 되었다는 것이다. 그 생원은 분명 남면한 것이고 틀림없이 궤기를 받았을 것이다. 일반적으로 미입사 사인이 받는 우면액은 관인호에 견주면 아주 적었다. 그러나 생원과 감생은, 명초에는 10만 미만이었지만, 명 중기에는 30만여 명을 상회할 정도로, 그 수가 많았다.[76)] 따라서 그들 전체가 받는 액수를 합하면 굉장한 수치에 이르렀다.

그러면, 지방관들은 현실적으로 국법['구례(舊例)'·'구제(舊制)']을 어기면서까지, 왜 그렇게 신사 모두에게 거의 무제한에 가까운 우면을 허락할 수밖에 없었을까? 그 이유는, 첫째, 명 중기부터 사회의 지배층으로 대두된 신사층의 막강한 영향력 때문이었다. 명말의 조남성이, "향관(鄕官; 향신) 가운데에는 수령보다 직위가 높은 사람이 많다. 그 때문에 향관은 가끔 평민을 능학(凌虐)하고 짓밟는다. 지방관이 조금이라도 금지하려 하면 공공연하게 욕하고 갖은 수단을 다하여 암암리에 해를 끼친다"[77)]고 한 지적은 많은 것을 시사해 준다. 명 중기부터 신사층은 각 지역에서 그들 사이에 동류의식으로 결합하여 향촌여론[지방공의(地方公議)·향신공의·사인공의·신사공의라 함]을 주관하며 사회적으로 막강한 영향력을 행사하였고, 그 위력은 갈수록 강화되어 갔다.[78)] 지방관 주위에는 부정부패의 온상인 서리들만 있을 뿐이었다. 지방관은

에서도 萬曆『撫州府志』卷3,「正役」에 보임.

75) 張萱,『西園聞見錄』卷33, 賦役(後).

76) 본편 제1장.

77) 趙南星,『趙忠毅公文集』卷13,「敬循職掌剖露良心疏」(吳晗,『再論紳權』, 吳晗·費孝通,『皇權與紳權』, 天津人民出版社, 1988 轉引).

일정한 임기가 끝난 후 거치게 될 관료 고핵법(考覈法, 근무 평가)을 고려하지 않을 수 없었는데, 그 근거는 대체로 신사층이 주관하는 향론에 좌우되는 경우가 많았다. 지방관은 그들을 우익으로 포섭하기 위해 신사층의 이익을 어느 정도 보장해 줄 수밖에 없었다. 그토록 공평무사하다는 평을 받았던 계택 지현도 생원에게 3경이나 우면을 인정한 것은 그 때문이었다.

둘째, 치사관은 홍무12년령에 따라, 그 사회적 지위와 위상이 현임관과 비슷하였으므로, 지현보다 높은 경우가 많았다. 더구나 치사관(致仕官; 향신 또는 향관)의 사회적 영향력은 사인들보다도 훨씬 컸고, 항상 향론의 구심점에서 지방공의를 주도하였다. 셋째, 관인호 우면에 대한 국법과 지역 차원의 사회관행 사이의 괴리 문제이다. 홍치17년(1504)에 우면칙례로 일단 결착되기 전까지, 소위 '구례'·'구제'로 표현된 우면의 내용은, 엄격하게 말하면 '현직경관'에게만 우면특권을 주는 것이었다. 그럼에도 불구하고, 전국적으로 일반 신사는 우면문제를 이렇게 인식하지 않았다. 신사뿐 아니라 명 조정에서도 분명한 인식을 갖고 있지 못했다. 또한, 요역은 그 종류가 너무도 많아서 담당자가 아니면 알 수도 없었고, 그 액수 또한 '귀에 걸면 귀고리, 코에 걸면 코걸이(耳懸鈴鼻懸鈴)'였으므로, 지현이나 서리들이 마음만 먹으면 얼마든지 그 액수를 조정할 수 있었다. 넷째, 『회전』이 간행된 정덕6년까지는, 향촌에 거주하는 신사들은 자신들에게 유리한대로 『실록』의 '저위령' 규정을 요구하였을 것이다.

그러므로 각 지역 차원에서는, 내·외의 현임관·치사관·사인 모두에게 우면 특권이 있다는 것이 사회관행으로 인식되었다. 바꾸어 말하면, 우면칙례가 이렇게 분명치 못하게 운영되고 있던 상태에서, 지방관들은 법규정 내용에 상관없이, 내·외 현임관과 치사관 및 미입사 사인 모두에게 우면특권을 부여하고 있었다. 아니, 지방관들은 현실적으로 남면·기장·궤기 현상을 막을 수가 없었다. 그러므로 명초 이래 외관과 치사관들도 실질적으로는 중앙관과 마찬가지로 우면을 인정받고 있었던 것이다.

강남에서는 그러한 현상이 이미 15세기 전반기부터 나타났고, 특별히 심각

---

78) 夫馬進, 「明末反地方官士變」, 『東方學報』 52, 1980; 吳金成, 1986, 第Ⅰ編 제3장 「紳士層의 同類意識의 形成」.

한 사회문제로 표출된 것은 성화~홍치년간, 즉 15세기 후반기부터였다. 바로 그 시기에 생존하면서 대관을 역임하였고 누구보다도 경제문제에 밝았던 구준(丘濬)이, '배정전법(配丁田法)'을 제창하면서, 신사에 대한 우면액을 제한하는 대신 일대에 한하여 우면권의 세습마저 인정해 주자고 한 것(前述)은 어쩔 수 없는 고육책이었다.

〈도판-1〉 蘇州 蘇州府學 遺址에 있는 廉石碑. 弘治9年(1496) 건립

당시의 이러한 사회 정황은, '염석(廉石)' 비문 (도판-1)이 웅변하고 있다. 현재 강소성 소주시내 소주부학(蘇州府學) 유지(遺址)의 염석비(廉石碑) 하단부에는, "홍치 9년, 병진년 여름 유월 길일, 진사 문림랑(文林郞) 직예소송등부(直隷蘇松等府) 순안감찰어사(巡按監察御使), 하남(河南) 조성(胙城)의 번지(樊祉)가 세우다"라고 각인(刻印)되어 있고, 비석 왼편에 세워놓은 설명문에는 그 내력을 자세히 적어 놓았다. 우리는 '염석'비를 세운 홍치9년(1496)의 의미, 그리고 이 비를 소주성 중심부에 위치한 찰원(察院)에 세운 의미 등을 되새길 필요가 있다. 그리고 이와 함께, 앞서 살펴본 것처럼, 홍치년간에 구준·여언달·중앙의 호부 등이 연이어 '우면제한'을 주장한 의미도 상기할 필요가 있다. 홍치년간, 즉 15세기 말은 바로 남면과 궤기가 만연하여 심각한 사회문제로 표출된 시기였고, 그러한 현상은 소주를 포함한 강남지방에서 가장 심하였기 때문이다.

바로 이러한 남면·기장·궤기가 심각한 사회문제를 야기하였다. 비특권 지주가 신사에게 궤기함으로써 면제받는 요역 부분은 당연히 힘없는 소농민에게 전가되었다.[79] 과중한 요역부담을 견디다 못한 소농민은 고향을 등지고 유산할 수밖에 없었다. 명 중기부터 전국적으로, 계층분화가 점차 심화되면서 이갑제가 이완되고 대대적인 인구이동이 시작되었다. 각 지역 『지방지』의 호구통계에 호구가 감소하는 것으로 나타나는 것은 이 때문이었다. 지역에 따라서는 토착인이 유산하는 것과는 달리 외래 객민은 오히려 정착하는 '인구의 대류현상'마저 나타났다.[80]

이렇게 유산된 농촌인구가 생존하는 방법 가운데 가장 쉬운 방법이 신사에게 투신하여 노비가 되는 것이었다. 이러한 투신은 전국적인 현상이었지만,[81] 특히 강남지방이 가장 심하였다.[82] 두 번째의 피난처는 금산구(禁山區)였는데, 이들은 그곳에서도 살기 힘들면 대거 봉기하였다.[83] 끝으로 농촌인구는 도시나 수공업지구에 유입하여 공인이나 날품팔이, 아니면 무뢰가 되었다.[84] 이러한 현상을 국가 측에서 보면 요역부담 농민층이 심각하게 감소하고 국가의 기반이 흔들리는 중대한 문제였다.

小　結

이상에서 보아 온 인식은 다음과 같다. 명초부터 15세기 말까지, 국법으로 규정된 우면은 '현임 중앙관'에 한하였다. 그런데 지역사회에서는, 지방관과 서리의 묵인 아래, 경관뿐 아니고 지방관과 치사관까지도 우면을 받았고, 이를 기화로 무제한의 남면과 궤기(詭寄)가 자행되었다. 중앙 차원의 국법과 지

---

79) 「無錫縣均田碑」(萬曆 39年), 江蘇省博物館 編, 『江蘇省明清以來碑刻資料選集』, 三聯書店, 北京, 1959에도 "盖自免役者田無限制, 避役者計出多端。于是奸民每將戶田仮捏僞卷, 詭寄官甲, 日積月累, 官戶之田益增, 當差之田愈減。至有仕宦已故, 優免如常。一切差役, 俱累小民代當"이라 함.

80) 본서 제1편 제1장.

81) 伍丹戈, 1983, p.44~45; 吳金成, 1986, 第2編; 본서 제1편 제1장; 吳金成, 2007A, 제1편 제1장 참조.

82) 周忱, 「與行在戶部諸公書」, 『明經世文編』 卷22, 「周文襄公集」, 「疏」; 崇禎 『太倉州志』 卷5, 風俗志, 流習; 顧炎武, 『日知錄』 卷13, 奴僕 등 참조.

83) 본서 제1편 제1장; 吳金成, 2007A, 제2편 제3장; 吳金成 1993, 1996, 1998A.

84) 본서 제3편 제2장.

방 차원의 사회관행 사이에는 이렇게 큰 괴리가 존재하였다. 이러한 상태에서 신사의 남면과 기장(寄莊), 비특권지주의 궤기로 말미암아 '부익부빈익빈' 현상이 만연하고 사회가 극도로 불안하게 되었다. 그 때문에 농민이 몰락하여 유산함으로써 이갑제의 근간이 흔들리는, 심각한 사회문제가 발생하였다. 감찰어사 번지(樊祉)가 소주 찰원에 염석비(廉石碑)를 세운 것은 이 때문이었다. 가정년간의 화정인(華亭人) 하량준이 정덕년간을 명대사회의 중요한 획기(劃期)로 본 것[85]은 그러한 현상을 지적한 것이었다.

16세기 초의 정덕년간에 이르면, 그동안 공식적으로 인정되지 않았던, 현임 지방관과 치사관 모두에게 우면이 인정되었다. 사회관행으로 묵인되어 오던 사항이 현실화된 것이다. 한편, 가정9년~10년에 이르면, 신사에 대한 우면을 정식으로 제한하기에 이르렀다. 그동안 5~6차례 우면제한 주장이 나왔던 것이 이제야 결말을 본 것이었다. 그리고 가정24년에 이르러, 최종적으로 명대 '관신우면칙례(官紳優免則例)'가 확정되었다.

그러나 이러한 조처에도 불구하고, 신사는 막무가내로 남면과 기장을 일삼고, 비특권지주는 신사에게 궤기를 일삼았으며, 지방관과 서리는 이를 짐짓 묵인하였으므로, 우면제한 규정은 사문(死文)에 불과하였다. 남면과 궤기의 폐해가 이렇게 심각한 데도, 명조에서는 신사에 대한 우면 제한을 갈수록 완화하였다. 신사의 수는 갈수록 증가하였는데, 그 가운데 특히 미입사 학위층의 수가 격증하였다. 요역 부과 대상의 비중은 인정(人丁)으로부터 점차 토지로 이행되었다. 이 모든 것이 신사에게 토지가 집중되고 농민이 몰락하여 유산하게 되는 요소들이었다. 그 자신이 생원이었던 고염무(顧炎武)가,

> 천하에 백성을 괴롭게 하는 자가 셋이 있으니, 향신 · 생원 · 서리가 그들이다. 이 삼자는 모두 법으로 요역을 면제 받는다. 그 때문에 모든 요역은 소민(小民)에게 부과된다.[86]

85) 何良俊, 『四友齋叢說』 卷13, 史9.
86) 顧炎武, 『顧亭林文集』 卷1, 生員論」(中).

고 한 것은, 명대의 남면·궤기·기장 현상과 그 폐해에 대한 총 결산이라 할 수 있다. 요컨대 신사와 서리가 우면을 받고 있는 것이 소위 "겸병지환(兼倂之患)"이었다.

미입사 사인이 격증하고 '신·사'가 하나의 사회계층으로 인식되기 시작한 시기,[87] 전국적으로 이갑제가 이완되면서 농촌의 인구가 유산하여 금산구나 도시로 유입하던 시기,[88] 국가의 지방 통치 능력이 점차로 약해지면서, 향촌 질서 유지를 위하여 향약·보갑법 등 새로운 방법을 모색하기 시작한 시기,[89] 호광지역이 새롭게 개발되면서 "호광숙 천하족(湖廣熟, 天下足)"이란 속담이 생긴 시기,[90] 강남을 비롯한 중국 모든 지역에서 상품생산이 발전하여 지역적인 분업이 시작되고 중소도시가 우후죽순처럼 생기던 시기,[91] 은경제(銀經濟)가 발달하여 농촌 깊숙이까지 침투하고 세역의 은납화가 시작된 시기,[92] 휘주상인·산서상인 등 각지의 상방(商幇)이 대두하던 시기,[93] 전국의 도시와 정기시에 아행제도(牙行制度)가 확립된 시기,[94] 사치가 만연하기 시작한 시기,[95] 사방에서 농민들의 봉기가 연이어 일어나던 시기,[96] 무뢰의 존재가 새롭게 각광을 받기 시작한 시기,[97] 이 모든 현상이 명 중기에 나타난 것은 결코 우연이 아니었다. 또한 명말에 강남지역을 필두로 하여 '균전균역법(均田均役法)' 개혁이 적극적으로 추진된 것도 우연이 아니었다.[98]

87) 본서 제2편 제1장.

88) 본서 제1편 제1장; 본서 제3편 제1장; 吳金成, 2007A, 제1편 제1장, 제Ⅱ편 제3장; 吳金成 1993, 1996, 1998A.

89) 宋正洙, 1997; 송정수, 2007; 본서 제1편 제1장 등 참조.

90) 본서 제1편 제2장·〈부론1〉 참조.

91) 본서 제1편 제2장·〈부론2〉·제3편 제1장 참조.

92) 山根幸夫, 1966; 小山正明, 1971; 본서 제1편 제1장 등 참조.

93) 張海鵬·張海瀛, 1993

94) 본서 제3편 제1장.

95) Brook, Timothy, 1999 참조.

96) 吳金成, 1993; 吳金成, 2007A, 제1편 제1장, 제2편 제3장 등 참조.

97) 본서 제3편 제2장.

98) '均田均役法'으로의 개혁은 명대 최후의 우면 제한 노력임과 동시에, 개명신사들이 '가진 자의 의무'를 행동으로 표현한 것이었다.

더 나아가서, 청 입관 초, 순치4년(1647)에, '명말에 신사가 남면하던 폐습이 아직도 남아 있는데, 어떻게 하면 이러한 폐습들을 완전히 없앨 수 있겠는가?'라고 한, 전시(殿試)의 책제(策題)의 제2문항의 출제,[99] 그 후로도 신사의 항량(抗糧)이 계속되자 순치15년에 '신금항량 처리규정(紳衿抗糧處理規定)'을 발하고, 급기야 순치18년에 '강남주소안'[100] 사건이 발생한 것도 명대 신사의 이상과 같은 남면 관행에서 유래한 것이었다고 생각한다.

그러나 그렇게 서슬 푸르던 '강남주소안'으로도 신사의 남면행위를 저지하지는 못하였다. 항량과 포람사송(包攬詞訟) 현상은 전국적이었지만, 강남지역이 가장 심하였다. 그래서 청의 옹정제는 즉위하자마자 신사의 특권을 적극적으로 삭감하려 하여, 각 성의 독무(督撫)에게 3년 기한으로 미납세금을 완납토록 명령하였다.[101] 강남 지역에 대한 분현(分縣) 정책도 그 일환이었다. 옹정6년(1728) 12월에는 엄격한 조사를 명령하였다. 옹정8년(1730)에는 심복 전문경과 이위가 황제의 명령을 받아 제정한 '흠반주현사의(欽頒州縣事宜)'를 반포하였다. 신사에 대한 이러한 일련의 강압정책으로 지역사회에서 신사의 영향력이 대폭 감소하고, 그 대신 일시적으로 서리의 횡포가 만연하게 되었다.[102] 그러나 옹정제 재위 13년간 끝내 전량(田糧)의 완납은 없었다. 건륭년간(乾隆年間; 1736~1795)에도 여전히 '신금항량(紳衿抗糧)'을 금하고 있다.[103] 청조의 강력한 정책에도 불구하고, 신사는 여전히 막강한 영향력을 행사하며 자기 길을 갔던 것이다. 국법과 사회관행에는 이렇게 많은 괴리가 있었다.[104]

99) 清『世祖實錄』卷31, 順治4年3月丙辰條.
100) 본편 앞 장 참조.
101) 清『世宗實錄』卷2, 康熙61年12月甲子條; 石錦, 1990.
102) 黃卬,『錫金識小錄』卷1,「備參」(上)을 인용함.
103)『欽定學政全書』卷24,「約束生監」; 同書, 卷26,「整飭士習」.
104) Ch'u, T'ung-tsu, 1962, Ch.10; 山本英史, 2004.

〈附論〉

日本의 明·淸時代 紳士層 研究

序 言

이른바 신사층(紳士層)[1]은 명청시대에 와서 나타난 사회의 지배계층이다. 이들 신사층이 담당하던 정치·사회적 역할을 이해하는 것은, ① 명청시대의 통치형태 및 사회구조를 연구할 때 중요한 접근방법이라는 점에서 그리고 ② 중국 공산주의 정권의 성립을 이해하기 위해 반드시 필요하다는 점에서 대단히 중요하다. 따라서 신사층에 대한 연구는 1950년대 이래 세계 학계의 중요한 관심사로 대두하였다.[2]

1970년대의 일본학계에서 신사층에 대한 연구가 활발하였던 것도 위와 같은 배경 때문이었다. 1974년 말, 경도대학(京都大學)의 동양사연구회에서는 『동양사연구(東洋史研究)』 제33권 3호를 '명청시대의 향신(鄕紳)'이란 특집호로 발간한 바 있고, 1975년의 역사과학협의회 제9회 대회에서는 '명청시대사 연구에 있어서의 향신론(鄕紳論)'이란 주제를 놓고 모리 마사오(森正夫)의 주제발표와 열띤 토론이 있었는데, 그 결과가 『역사평론(歷史評論)』 308·312·315호에 발표되었다. 또 1976년과 1977년의 『사학잡지(史學雜誌)』 5월호에 수록된 1975·1976년의 '회고와 전망'을 보면 명청시대 부분에 신사층을 언급

1) 일본학계에서는 시종 '鄕紳'이란 용어를 사용하고 있다. 그러나 이 글에서는, 일본 문장이나 용어를 직접 인용할 경우 외에는, 일본학자들이 사용하는 '鄕紳' 대신 '紳士'란 용어를 사용하겠다. 일본 학자들의 '향신' 개념에는 '官職經歷者'(=鄕紳)와 미입사 학위층[士人]이 모두 포함되어, 응당 '신사'로 지칭하여야 하기 때문이다.

2) 閔斗基, 1965; 重田德, 1971A; 森正夫, 1975, 1975·1976 등 참조.

하지 않은 논문은 아예 소개조차 하고 있지 않을 정도이다.[3]

신사란 관직경력자[휴직·퇴직관료·진사 포함]와 미입사 학위소지자[사인(士人), 즉 거인·공생·감생·생원 등 미입사 관위지망자]를 포함하는 계층으로, 과거제·연납제(捐納制)·학교제 등을 매개로 하여 나타난 정치·사회적인 지배층을 총칭하는 개념이다.

이러한 신사층이 명대(明代)에 들어와서 성립될 수 있었던 중요한 계기 가운데 하나는 과거제도가 가지는 사회적 기능의 변화였다. 명대부터 과거시험의 예비단계로 학교가 포괄(包括)되었다.[4] 따라서 진사뿐 아니라 거인·감생·생원 등 부(府)·주(州)·현(縣)에 있던 유학(儒學)의 학생까지 종신자격과 함께 이갑요역(里甲徭役) 가운데 잡역(雜役)을 면제받는 특권[優免]을 국가에서 부여받았다. 따라서 이들 진사(관료층에 속함)·거인·감생·생원 등은 학교와 과거제를 통해서 얻은 일종의 학위신분이면서도 그 자격은 동시에 사회적인 신분으로 작용하였다. 이들 학위소지자들은(신분은) 명 중기부터 정치사회적인 여러 가지 변화에 대응하면서 완전한 사회계층으로 성장하여 갔다.

따라서 신사층 연구의 시대범위는 자연히 과거제와 학교제가 특수하게 결합되어 존재하던 명청시대, 즉 14세기 후반에서 20세기 초에 이르는 시기로 한정된다.

Ⅰ. 紳士層 硏究의 契機

일본의 명청사학계에서 신사층의 존재와 그 정치·사회적 역할에 주목하게 된 계기로 다음 두 가지를 들 수 있다. 먼저 ① 정치사적 측면을 살펴보자. 아편전쟁 이후 중국 근대사의 극심한 사회변동 속에서 특히 두드러진 활약을

---

3) 『史學雜誌』 85-5의 明·清(谷口規矩雄 執筆) 및 『史學雜誌』 86-5의 明·清(山本英史 執筆) 부분 참조. 그러나 80년대에 들어와서는, '신사층 연구'를 주제로 '명청시대의 성격' 내지 '시대구분' 문제를 논하던 분위기가 퇴색하였고, 용어도 종전의 '향신' 대신 '신사'를 사용하는 사례가 증가하고 있다. 그 때문에 이 글의 범위는 '1950~1970년대'로 제한하였다.

4) 吳金成, 1986, 제1편 제1장; 본서 제2편 제1장 등 참조.

한 계층이 신사층이었다. 신사층은 아편전쟁기(阿片戰爭期)에서 태평천국(太平天國; 1850~1864) 시기까지 중앙정부를 대신해서 긍정적·부정적인 면에서 모두 지도적인 역할을 수행하였다. 그러므로 중국근대사에서 신사층이 담당한 역할이나, 또한 이민족(異民族)의 정복왕조인 청조 지배 아래에서 한인 관료의 두드러진 대두로 평가되는 현상은, 동시에 신사층이 정치적인 면에서 독자적인 존재와 지위를 선명히 해가는 과정으로 이해될 수 있다. 따라서 그 연원(淵源)을 추구하려는 것이 곧 '명말·청초 신사층 연구'의 한 계기가 되었다고 할 수 있다.

신사층 연구의 계기를 ② 사회경제적 측면에서 보면, ⓐ 첫째는 토지제도 중심의 접근을 들 수 있다. "중국 공산주의 정권에서 추진한 토지제도의 개혁으로 양기(揚棄)된 종전의 토지소유제(=지주제)의 역사적 기점"을 명말·청초에서 구하고, 그 시기에 대토지 소유를 기초로 하여 사회적으로 중요한 역할을 담당한 계층을 신사층으로 보려는 시도가 그것이다.[5]

둘째는 사회구조 내지 국가구조 중심의 접근이다. 명초부터 실시된 이갑제는 세역 징수 기능·공동체적 기능·향촌의 질서유지 기능 등을 공유한 것이었으나, 15세기 중엽부터 이갑제가 점차 해체되고 재편되어 가는 과정에서, 이갑제는 그 본래의 기능을 더 이상 감당할 수 없게 되었다. 따라서 명 중기부터 새로이 편성되어 가던 향촌질서 속에서 종래 이갑제가 가졌던 여러 기능을 대신 담당한 계층이 명말·청초기의 신사층이라 보려는 시도이다.

ⓒ 셋째는 세역제도사(稅役制度史) 중심의 접근이다. 명청사 연구의 공동주제는 1950년대에는 '명말·청초의 자본주의 맹아 문제'[6]에 집중되었으나, 1960년대부터는 '세역제도사(稅役制度史) 연구' 쪽으로 바뀌어 갔다. 바꾸어 말하면, 명청시대에 추진된 세역제도의 개혁, 즉 양세법(兩稅法)→ 일조편법(一條鞭法)→ 지정은제(地丁銀制)로 바뀌어 가는 과정에서 신사계층이 담당한 역할에 주목하고, 거기서 중국 사회변동의 역사적 성격을 밝혀 보려는 것이다. 따라서 토지제도[지주제]의 변화·사회구조의 변화·세역제도의 변화 등

5) 田中正俊, 1972.
6) 본서 제1편 〈附論2〉 참조.

세 가지 측면이 중복되는 부분(시기·내용)을 신사층의 연구를 통해서 찾아보려는 시도가 곧 일본의 중국사학계에서 신사층 연구를 적극적으로 추진하게 된 계기라 할 수 있다.

이러한 연구는 동시에, 중국사에만, 그리고 명말·청초에만 존재하는 특수성을 구조적으로 이해하려는 시도라는 것이 일본학계의 공통된 주장이다. 이러한 경향은,

> 지금부터의 봉건제 연구의 긴급과제는 기초적인 관계로서의 지주전호제(地主佃戶制)의 분석에만 그치지 않고, 국가체제를 그 사정(射程) 내에 수용하는 논리를 만들어 봉건지배의 전체 구조를 아우르는 국가론, 즉 봉건국가론을 목표로 하는데 있다고 생각한다.

고 한 시게타 아쯔시(重田德)의 문제의식[7]에서도 엿볼 수 있다. 그러므로 신사층을 성공적으로 이해할 수 있다면, 중국사회의 정체론이나 중국사의 『십팔사략(十八史略)』적인 왕조순환설(王朝循環說)에서 탈피할 수 있으리라는 것, 혹은 서구의 역사로부터 추출된 사회구성의 개념을 단지 기계적으로 중국사에 적용시키지 않고, 중국에서만 특수하게 나타나는 사회구성을 파악할 수 있으리라는 것이 일본학계의 기대였다.

신사에 대한 일본 학계의 시각은 변해왔다. 제2차 세계대전 종전 전후의 시각은, 신사를 국가와 연결 지어 생각해야 하는가(관료체계), 아니면 사회적인 대상으로 평가해야 하는가(민간자치단체의 대표인 신사), 그것도 아니면 관·민의 중간적 존재로 볼 것인가 하는 세 가지 해석 방향이 제기되었다.[8] 그러나 1970년대의 신사층 연구방향은 크게 보아 다음의 두 가지 측면으로 압축된다. 첫째는 중국사의 시대구분론과 관련시킨 신사층 연구이고, 둘째는 소위 '향신적 토지소유론(鄉紳的土地所有論)' 및 '향신지배론(鄉紳支配論)'으로 대표되는 국가론·사회구조론 방향의 연구이다. 그러나 이 두 가지 방향은 별

7) 重田德, 1969.
8) 重田德, 1971A 참조.

개가 아니고 서로 복합되어 있다.

Ⅱ. 日本 中國史學界의 紳士層 研究

1. 時代區分論과 관련된 紳士層 研究

일본 학계에서는 거의 공통적으로 16~18세기(명말·청초)를 하나의 변혁기로 보고 있다. 그러나 16~18세기가 시대적으로 어떤 의미가 있는지에 대해서는 이론이 분분하다. 이제 그 대표적인 이론 몇 가지를 소개하겠다.

1) 타나까 마사도시(田中正俊)의 설[9)]

타나까는 일본 중국사학계에 이른바 신사층 연구의 선풍을 몰고 온 장본인이다. 그는 10세기의 송대를 "지주적(地主的) 토지소유제"의 형성기, 즉 중국사에 있어 '봉건제'의 성립기라고 평가하는 (라고 하는) 시대구분론[10)]에 근거를 두고, 송대에서 19세기 전기까지를 소위 '봉건제 시대'로 보고 있다.(면서,) 그러한 '봉건제'의 큰 범주 안에서 '명말·청초 시기에 사회의 구조적인 변화가 일어났다'[11)]고 주장한다(보는 것이다). 이러한 시대구분 개념이 바로 타나까의 '향신적 토지소유'론 〔紳士階層論, 뒤에서 자세히 설명함〕으로 표현되고 있는 것이다.

2) 고야마 마사아끼(小山正明)의 설

고야마는 50년대 말 이래 끈질기게 추구해 온 노예·농노제·세역제도사의 연구[12)]를 통해서 얻어진 결론을 토대로 대략 다음과 같은 이론을 전개하

---

9) 田中正俊, 1972

10) 中田薰·玉井是博·加藤繁·周藤吉之·前田直典·仁井田陞으로 이어지는 계통의 시대구분론을 말함. 이들 여러 학자의 해당 논문은 생략함.

11) 紳士層이 등장(=鄉紳的土地所有가 등장)한 明末·清初의 시기가 바로 중국역사에서 봉건제의 변혁기라는 의미이다.

12) 小山正明, 1957, 1967, 1968, 1969, 1971, 1974A, 1974B, 1975, 1978 등 참조.

고 있다. 즉 송대에서 명 중기까지, 가족노동을 주체로 하는 소농경영은 지극히 불안정하였으므로 소농민은 어떠한 형태로든 지주에게 의지하지 않을 수 없었다. 그러나 지주의 입장에서 보면, 개별 지주가 직접 지배할 수 있는 노동력은 예속도가 강한 노복 정도밖에 없었으므로, 좀 더 근본적인 노동력 확충을 위해 지주들은 (또 개개의 지주가 직접 지배할 수 있는 범위는 예속도(隷屬度)가 가장 강한 노복적 노동력에 한정될 수밖에 없었다. 이 때문에 지주들은) 통일국가에 의존해야만 했다. (할 수밖에 없었고,) 따라서 국가는 농민지배를 위해 각 호(戶)를 개별적으로 파악하기 시작했다. (하는 형태를 취하게 되었다.) 명말 · 청초에 이르러서는, 소농경영이 확립 · 안정(화)되고 이것을 기반으로 해서 '봉건제 토지소유'와 농민의 '근로적(勤勞的) 토지 소유(보유의 개념임)'가 형성된다. 이러한 '봉건적 생산관계'의 성립에 대응해서 국가의 농민지배도 각 호에 대한 개별적 파악체제를 해체하는 획기적 변화가 시작되었다. (의 해체라는 획기적인 변화를 가져오는 것이다). 이상의 고야마의 주장을 요약하면, ① 명 중기까지의 기본적인 생산관계를 '노예제'와 '개별인신적(個別人身的) 지배'[13]로 규정하고, ② "명말 · 청초기에 중국사상 처음으로 봉건적 토지소유가 성립"[14]하였으며, 따라서 이 시기가 바로 중국 '봉건제의 체제적 확립기'라 파악하고(보는 것이고), ③ 그 내용을 '향신적 토지소유의 형성'을 통해 증명해 보려는 것이다.

3) 시게타 아쯔시(重田德)의 설[15]

시게타는 고야마의 '명말 · 청초 봉건제 성립'설에 대체로 동조하면서도 그 의미나 접근방법에서는 차이를 드러낸다. 그는 청대 지정은제(地丁銀制) 성립의 역사적 의미를 논하면서,

---

13) 小山氏의 이에 대한 所論은 특히 小山正明, 1967A, 1971, 1974, 1975 등 참조. 이를 따르면 명 중기까지가 古代 사회가 된다.

14) 小山 氏의 중국사회의 발전단계 규정에 대한 비판은 寺田隆信, 1961 ; 仁井田陞, 1962, 第6章 ; 安野省三, 1974 ; 濱島敦俊, 1969 등 참조.

15) 重田德, 1967.

> **요역 내지 인두세(人頭稅)로 실현되는 개별 인신적 지배의 원리는 중국 최초의 통일제국인 진(秦)·한(漢) 제국 성립 이래 확대될 때도 있고 축소될 때도 있었으나, 거의 일관해서 역대 왕조의 인민지배 이념 중에 잔존해 있었다.**

고 하여, 당말의 균전제(均田制)의 붕괴기에서 청 중엽의 지정은제 성립에 이르는 시기를 '고대에서 중세에 이르는 과도기'로 간주하고 있다. 바꾸어 말하면, 시게타는 ① 명말 일조편법 가운데 나타나는 '정은(丁銀)'까지도 고대적 개별 인신적 지배의 계보에 위치시키고 있으며 ② 지정은제가 성립되어 정은을 폐기하면서 비로소 지주·전호 관계를 체제적으로 용인하게 된 것이고, 따라서 ③ 명말·청초를 획기로 하여 중국역사상 봉건제가 체제적으로 성립되었다는 주장이다['향신지배(鄕紳支配)'의 성립].

중국사의 시대구분 문제에 대해서는 지금까지 수많은 시도가 있어 왔으나, 아직 결정적인 단계에 도달하였다고 할 수 없다. '명말·청초 변혁기' 설은 타나까 마사도시가 지적한 바와 같이, 당말·송초의 변혁기로부터 아편전쟁기에 이르기까지 기본적으로는 동일한 성격의 시기에 나타난, 하나의 구조적인 변화기로 보려는 논리이다. 이에 반대하는 측은 고야마와 시게타 두 사람이다. 이들의 이른바 '명말·청초 봉건제 성립'설은, 니시지마 사다오(西嶋定生)가 진한시대에 시작되었다고 주장한[16] '개별 인신적 지배'론, 즉 '고대적 개념'을 명 중기까지 연장시키려는 노력에 불과하다. 그들의 논리는 결국 중국 공산주의 정권의 등장을 역사적 필연으로 기정사실화하고, 공산주의 혁명에서 시작해 역사를 역으로 거슬러 올라가면서, 타나까 마사도시의 '향신적 토지소유론'과 연결하여 중국 역사를 법칙화해 보겠다는, 무리한 시도의 부산물이다.

---

16) 西嶋定生, 1961.

2. '鄕紳的 土地所有'論

일본의 동양사학계에서 신사문제에 관심을 가지기 시작한 것은 이미 1940년대부터였지만,[17] 신사문제를 정치사적인 면 뿐 아니라 사회경제사적인 면까지 고려한 시기는 1950년대 말부터였다.

1) 사에끼 유이찌(佐伯有一)

사에끼 유이찌는 이미 1957년에 '명청시대의 대토지소유'가 '관신적(官紳的; 특권적) 토지소유'로 실현되었다고 지적[18]한 바 있다. 60년대 이후 일본학계에 나타난 신사관(紳士觀)의 특색은, 신사의 특권적인 토지소유를 '대토지소유' 또는 '지주제'의 중국적 특수 단계로 취급하려는 데 있다.

2) 타나까 마사도시(田中正俊)

타나까 마사도시는 1961년에 있었던 한 발표회에서,'일본학계의 중국 고대사연구에서는 국가권력을 서민 및 그 생산관계와 직접 연결시키고 있는데도, 중세사 연구에서는 국가권력을 무시하고 지주와 전호의 직접적인 생산관계에만 집착한다'면서, '국가권력을 중국에 고유한 것으로 인식하고, 그것을 어떻게 생산관계에 연관시킬 것인가'[19] 하는 것이 문제라고 하였다. 또 다른 좌담회[20]에서는, "명말・청초, 이갑제의 해체와 함께 성립한 '기생적 봉건지배'의 담당자를 향신층"으로 규정하고, 이들 "향신들은 농촌사회의 재생산 과정에서 유리된 존재"라고 하면서, '향신'을 명말의 생산력발전・상품유통의 전개와 관련시켜 구조적으로 파악할 것을 주장하였다.[21] 또 1972년에는,

---

17) 木村正一, 1940; 根岸佶, 1947.
18) 佐伯有一, 1957B.
19) 田中正俊, 1961C; 鶴見尚弘, 1964 참조.
20) 座談會, 「中國の近代化」, 1961.
21) 中國學界에서도, 傅衣凌, 1959A에서, 명말의 寄生的 대토지소유를 '신사'가 주도한 것이라는 점을 이미 시사하고 있다.

> 중국 공산주의 정권의 토지개혁으로 양기(揚棄)된 구래의 토지소유제의 역사적 기점을 16·17세기의 명말·청초에서 구하자 … 이 시기에 "향신적 토지소유"라 할 수 있는 새로운 토지소유관계가 성립하였다.[22]

고 하였다. 또 타나까는 '향신적 토지소유'의 성립 조건으로서 '향신'지주(=대지주)가 "향촌의 공동체 규제를 장악"한다는 이론을 설정해 놓고, 그 이론에 근거해서 국가권력과 자작농의 위치를 설정하고 있다. 그는 또 '향신'의 개념을, "중국사에서 지주가 하나의 진정한 계급으로 성숙한 단계"로 규정하고 있다.

타나까의 이상과 같은 '향신적 토지소유'론은 '향신적 토지소유의 성립'→'청조 지주정권의 성립'으로 도식화한 채로, 시게타 아쯔시(重田德)·다까하시 고스께(高橋孝助, 뒤에서 자세히 설명함)로 이어지면서 발전적으로 계승되고 있다. 그러나 시게따의 위와 같은 문제 제기는, 그 자신이 공석·사석에서 기회 있을 때마다 자신의 견해를 피력하였음에도, 그 논리에 부합되는 체계적이고 실증적인 논리는 끝내 제시하지 못하였다.

3) 야스노 쇼오잔(安野省三)

야스노 쇼오잔도 1961년에, '명말·청초에 성거(城居)·부재화(不在化)의 경향을 현저하게 보이게 된 대토지 소유자와 향신이 동일한 사회적 존재'라고 인식하여, 그러한 신사층을 '향신지주(鄕紳地主)'라 불렀다.[23] 야스노의 논리는 키타무라 히로나오(北村敬直)가 일찍이 제시한 바 있는, '명초의 향거지주(鄕居地主)에서 명말·청초의 성거지주(城居地主)로'라고 하는 도식[24]을 수정한 것으로, '향거지주'에서 '향신지주(鄕紳地主)'로 변화했다고 도식화한 것이다. 이렇게 될 경우 16~17세기의 중국의 농촌사회는 '향신지주'와 전호(佃戶)의 양극으로 분화했다는 논리가 된다. 또 야스노는 신사를 '상업적 성거지주'

---

22) 田中正俊, 1972.
23) 安野省三, 1962.
24) 北村敬直, 1949.

내지 '명말・청초의 지주의 총칭'으로 이해하기도 하였지만, '신사가 가지는 확실한 개념'은 끝내 설정하지 못하였다.

4) 고야마 마사아끼(小山正明)

한편, 고야마 마사아끼는, 1961년에 시게따와 동석한 좌담회(주19 참조)에서, '신사층 연구를 통하여 중국 봉건국가의 상부구조와 하부구조를 통일적으로 파악해 보자'는 견해를 제시한 바 있다. 또 1967년에는,

> 명대 후기로부터 청초에 이르는 기간에, 토지소유의 측면이나 국가의 지배체제의 측면에서도 하나의 역사적인 획기(劃期)라고 할 수 있는 현저한 변화가 나타났다. 그리고 이러한 변혁 중에서 구래의 형세호(形勢戶) 또는 양장층(糧長層)을 대신해서 사회의 지배 신분으로 등장해 온 것이 향신이다. … 이때 기존의 토지소유를 대신해서 향신의 토지소유가 새롭게 형성되어 가고 있었다. … 청대에 '상층 향신'은 성거지주, 생원층을 중심으로 한 '하층 향신'은 촌락 지도자인 향거지주라고 하는, 명말・청초의 토지소유형태 변화에 거의 대응하는 형태를 띠면서 청대사회에 정착하였다. … 각 지역 향신의 지배를 매개로 하는 권력의 분산화가 이루어졌고, 국가권력은 이를 통해서만 발현될 수 있었다[25)]

고 하는 대담한 가설을 제시하였다. 이상의 고야마의 견해에서는, ⓐ 명말・청초 시기가 '향신에 의한 토지소유'의 성립기였다고 한 점, ⓑ '상층향신'과 '하층향신'으로 신사를 구분하고, 또 키타무라의 '향거지주에서 성거지주'로, 또는 야스노의 '향거지주에서 향신지주'로 하는 방식의 도식화 대신, 상・하 '향신'의 도시・농촌 양재성(兩在性)을 주장한 점, ⓒ '향신에 의한 권력의 분산화'가 이루어진 시대라는 점, 그리고 ⓓ 이렇게 권력이 분산된 정치현상을 '향신의 지배'[26)]로 부르고 있는 점 등을 주목할 필요가 있다. 또 1968년에는 십단법(十段法; 명대에 부역제도가 개혁되어가는 도중

---

25) 小山正明, 1967, pp.50~55
26) 小山正明, 1971에서도 '鄕紳에 의한 農民支配'로 표현하고 있다.

에 등장한 단계)[27]을 연구한 글에서, '향신에 의한 토지소유'의 확립과 명대 후반기의 이갑제의 해체현상 및 십단법 등 일련의 세역 개혁을 추진하게 된 사태가 모두 인과관계가 있다고 주장하였다. 고야마의 십단법 연구는, 자기 자신이 전년에 제시한 가설, 즉 명말·청초에 "향신에 의한 토지소유"가 성립하였다는 가설을 가정년간(1522~66)까지로 그 시기를 소급·확인한 것이고, 또 '향신에 의한 토지소유'를 '향신적 토지소유'로 부르고 있는 것이 인상적이다. 또 1971년에는,

> 청대 사회에서는 명대 이갑제 아래 중층적 신분관계에 대신하여 관료기구를 포함하고 과거체제 안에 위치하는 향신과 그 외곽에 존재하고 농민을 중핵으로 하는, 서민(庶民)이라고 하는 2개의 단순한—따라서 그 대항관계가 명백한— 신분관계가 정착하게 되었다.[28]

는 견해를 제시하였다. 이것은 청조 지배 아래의 중국사회에 '향신'과 '서민',[29] 2개의 단순한 대항적 신분관계가 정착하였다고 하는, 이른바 사회의 '양극분화'론인 것이다. 고야마는 그 후에도 여러 각도에서의 연구를 계속하면서, 명말·청초기를 '중국 봉건제의 체제적 확립기'로 보고 '향신적 토지소유의 형성' 과정을 통해 이를 보충해서 증명해 보려하고 있다.[30]

그러나 고야마의 이상의 논리가 '명청사를 옳게 이해한 논리'인지 논란의 여지가 많다. 고야마는 명말·청초까지의 중국 농촌의 기본적인 생산관계를

27) 小山正明, 1967B, 1968 참조.

28) 小山正明, 1971, pp.343~344

29) 여기서 '庶民'이라 함은 고야마(小山) 자신이 계속해서 주장해온 "小農經營의 자립·안정화"에서 보이는 '小農'을 의미하는 것이다. 그 자신이 의미하는 소농경영의 개념은 기본적으로 佃戶(부분적으로 자작농을 포함한다고 하지만)의 형태를 취하는 것이므로, 자립·안정화된 佃戶가 곧 庶民이라는 의미가 아닐까 생각된다. 그러나 小農으로서의 전호 경영의 자립성(絶對的·相對的)에 대한 평가는 그리 쉽게 규정지을 수 없는 문제이고, 또 오히려 회의적인 의견이 더 강한 편이다. 森正夫, 1975·1976의 (3) ; 濱島敦俊, 1969 ; 奥崎裕司, 1978 등 참조.

30) 小山正明, 1957, 1967, 1968, 1969, 1971, 1974A, 1974B, 1975, 1978 등 참조.

'노예제'로 규정했고(1957년), 그 이론을 합리화하기 위해서 이른바 '향신론'이라고 하는 신사층 연구를 계속해 오고 있다. 그 때문에 노예제・농노제의 개념 문제,[31] 소농경영의 자립・안정화의 설명에서의 모순 문제,[32] 촌락공동체의 성립・존재 문제[33] 등이 모두 그러한 목적의식을 무리하게 합리화하려는 것[34]이라는 비판을 받고 있다.[35]

5) '향신적 토지소유'론의 계승

'향신적 토지소유'론은 하마지마 아츠도시(濱島敦俊)가 발전적으로 계승하여 정력적인 실증작업을 계속하였다. 즉 1969년에, 국가의 농민지배에 관한 종래의 연구에서 국가가 공동체 재생산과정에 관여하는 부분이 경시되고 있음을 비판하면서 "명말에 있어서 토지소유의 구조적 변화에 대응하는 공동체적 여러 관계의 변화를 해명"하려는 의도로, 강남델타 지대의 수리(水利) 문제, 즉 수리관행(水利慣行)의 재편성 문제를 고찰하였다.[36] 그는 여기서 '명초 이래 이갑제를 기초로 유지되었던 강남델타 지역의 수리관행은 명말 이래 향신적 토지소유가 발전하면서 불가능해졌고, 수리(水利)가 황폐해질 위기에 직면하게 되었다. 공동체적 기능을 담당함으로써 재생산을 보증해주던 이갑제가 붕괴되면서 요역 노동을 통해 운영되던 수리사업도 더 이상 수행될 수 없었다. 그 때문에 수리기능은 명말 청초 시기에 강력한 국가권력이 개입하여 공동체 관계를 재편성[37]한 후에야 다시 운영될 수 있었다'고 한다. 또 1970년에는, "명말・청초의 사회구성과 그 변화의 특질을 집중적으로 표현해주는

---

31) 安野省三, 1974; 森正夫, 1975・1976 (3); 奧崎裕司, 1978 참조.
32) 이에 대한 批判은 同註 29) 참조.
33) 鶴見尚弘, 1964; 濱島敦俊, 1969, 1974A; 川勝守, 1973, 1974; 森正夫, 1975・1976 (3) ; 奧崎裕司, 1978 등 참조.
34) 安野省三, 1974의 學界動向 참조.
35) 足立啓二, 1983.
36) 濱島敦俊, 1969.
37) 그러나 小山은, 자립성을 높여간 佃戶의 강고한 地緣的 결합에 의해 공동체가 재편되었다고 하였고, 川勝守, 1974에서도 佃戶에 의해 구성된 地緣的 공동체를 확정하려는 입장을 취하고 있다.

것"으로 균전균역법[38]에 대한 분석을 시도하였다. 그는 이 연구에서, 명말 강남델타 지역에서 이갑조직이 해체되고 과중한 요역부담이 문제로 대두된 것은 "명말·청초의 강남에 있어서 토지소유의 구조의 변화", 바꾸어 말하면

> **대토지소유의 전개, 특히 우면권(優免權, 즉 신분적 특권)을 가진 향신에 의한 신분적 대토지 소유(즉 특권적 토지집적)의 전개에 그 원인이 있다.**

고 하고 있다. 그리고 이것은, 명말·청초기에 이른바 '향신적 토지소유'가 성립되었음을 주장하는 중요한 내용이다.

'향신적 토지소유'론은 그 접근방법이나 목표에는 약간의 차이가 있으나, 1970년대에 일본의 명·청시대사 연구에 지배적 지위를 차지하게 되었다. 그 가운데에서도 세역제도사·지주전호제·'봉건제'를 주제로 연구의 폭을 넓혀가고 있는 고야마 마사아끼(小山正明),[39] 수리제도·균전균역법 등의 연구에 획기적 업적을 남긴 바 있고 또 그 방향으로 연구를 계속해 온 하마지마 아츠도시(濱島敦俊),[40] 하마지마와 거의 같은 주제 즉 수리관행·세역제도·균전균역법 및 토지장량(土地丈量; 토지 측량과 등록)·이갑(里甲)· 호적제도 등 광범한 부문에 걸쳐서 정력적인 연구를 계속해 온 가와까츠 마모루(川勝守),[41] 주로 명청시대의 토지장량과 포람(包攬; 조세징수 청부) 관계의 연구를

38) 濱島敦俊, 1970.
39) 同註 12).
40) 濱島敦俊의 이 부분의 논문은, 濱島敦俊, 1969, 1970, 1974A, 1974B, 1976 등이 있고, 이를 통합한 저작이 濱島敦俊, 1982이다.
41) 川勝守의 연구로는 同註 33)의 연구 외에도, 川勝守, 1971, 1973B, 1974B, 1974C, 1975A, 1975B, 1976A, 1976B, 1977A, 1977B 등이 있고, 이를 통합한 저작이 川勝守, 1980이다. 濱島敦俊과 川勝守는 거의 같은 문제를 다루고 있는데, 그 이해에 있어서는 차이가 있다. 예를 들면, 명말·청초 강남델타 지역의 수리관행의 변질에 대해서, 濱島는 '佃戶의 자립·강화로 수리의 장악이 불가능해진 향거 지주를 구제하기 위하여 이 개입된 것이 곧 수리관행의 재편성'이라 하였는데 비해, 川勝은 '어떻게 佃戶를 수리노동력으로서 적절히 조직시킬 것인가가 문제'라고 하였다. 바꾸어 말하면, 향촌의 지주의 힘만으로는 수리공사가 불가능하였으므로 '鄕紳'과 국가의 이해와 협력이 필요하게 되었다고 주장하고 있다. 또, 명말의 畝數 기준의 이갑 편성 문제에 대해서는, 濱島는 강남에서는 없었다고 하는 데 견주어,

통해서 이른바 '향신론' 또는 '향신적 토지소유'론을 비판적으로 계승하면서도 새로운 각도에서 신사층 연구를 시도하고 있는 니시무라 겐쇼(西村元照)[42] 등 여러 연구자가 넓은 의미의 세역제도사 분야에서, 명말・청초기에 '향신적 토지소유'가 형성된 점을 실증적으로 제시해주고 있다.

그러나 '향신적 토지소유'론은 끝내 열매를 맺지 못하고 말았다. 일본의 중국사학계에서 이미 1970년대부터 일고 있는 반성론 가운데,

> '향신적 토지소유'란 … 때로는 문제 제기의 의도를 내포하면서도 아직 공통의 이해에는 도달하지 못한 채 일반에게 유통되어 버린, 하나의 용어의 성(城)을 반드시 극복하지 못하고 있다. … '향신적 토지소유'를 중국 고유의 토지소유 관계의 변화 중에 위치시켜서 그 역사적 의미를 규정해줄 수 있을 만큼 충분한 집적적(集積的)・기초적 작업은 거의 시도되고 있지 않은 것 아닌가).[43]

라는 표현을 보아도 알 수 있다.

6) 향신적 토지소유론의 문제점

이제 명말・청초의 '향신적 토지소유의 성립'론에 대한 발전적인 비판 내지 의문 제기자들의 주장하는 바를 소개하여 '향신적 토지소유'론이 가지는 문제점을 되돌아볼까 한다.

① 이와미 히로시(岩見宏)는, "당・송 변혁기에는 사회발전과 정치 체제가 동시에 변혁된 시대였다. 그러나 요즈음 우리(=일본) 학계에서 거론되고 있는 명말・청초 변혁기설은 어떤가?"라고 반문하면서,

> 그에 따르면 명말・청초 시기에 기본적인 생산자의 성격이 노예로부터 농노(구체적으로는 전호)로 변화되었다고 하고, 이것을 반영해 주는 것이 지정은의 성

川勝는 긍정하고 있다.

42) 西村元照, 1971A, 1971B, 1974, 1976.

43) 森正夫, 1975.

럽이고 지배체제 상에서 이에 합치하는 것이 향신지배의 출현이라고 한다. … 청조의 출현을 새로운 사회의 형성을 반영하는 상부 구조로 생각하는 대신 사회적 변화를 반영하는 상부 구조로서 향신지배 체제라고 하는 것을 생각하고 있는 것 같다. 그러나 그렇게 되면 집권적 관료체제 혹은 군주독재라고 불리는 것이 향촌지배체제 위에 놓이는 형태가 된다. … 집권관료 제도까지 개변(改變)되지 않은 사회적 변혁이 과연 획시대적(劃時代的)인, 사회의 근본적 변혁으로서 인정될 수 있을 것인가?[44)]

라고 의문을 제기한 바 있다.

② 고바야시 가즈미(小林一美)는, 명청시대의 사회경제적 시각을 '향신적 토지소유'론에만 국한하지 말고 농민봉기의 질적·양적 전개에 대해서도 연구해야 된다는 주장을 내놓고 있다.[45)] ③ 야스노 쇼오잔(安野省三)은, "우리가 개별적인 사례 연구의 형태로 지주를 해명하고 있지 않은 이상, 명청시대 지주제 연구는 단계 규정에 합당한 용어를 적용할 수 있는 수준에는 도달해 있지 못하였다"[46)]고 하여, '향신적 토지소유'론을 성급하게 보편화하는 데 반대하고 있다.

④ 야나기타 세츠꼬(柳田節子)는 청조 국가권력의 성격에 대해서,

청조 전제 지배를 중앙집권적 봉건국가로 규정한다 하여도, 향신적 토지소유 개념만으로는 권력 집중화의 필연성을 반드시 설명할 수 있다고 할 수는 없다. 국가의 자작농 지배를 정당하게 위치시키지 않고서는 향신적 토지소유가 가지는 봉건적 성격의 특수성과 구체적 의미도 이해할 수 없는 것 아닌가.[47)]

라고 하여, 청조 전제국가의 권력기반은 광범하게 존재한 자작농에 있었으

44) 岩見宏, 1971.
45) 小林一美, 1973.
46) 安野省三, 1974.
47) 柳田節子, 1975.

므로, 전제국가의 지배를 지주・전호관계의 상부구조(上部構造)만으로 파악하지 말고 국가와 자작농의 관계도 깊이 고려해야 한다고 강조한 바 있다.

⑤ 다까하시 고스께(高橋孝助)[48]는, 야나기타의 문제제기를 더욱 적극적으로 받아들여, 기본적으로는 명말・청초 이후의 '향신적 토지소유'론에 찬성하면서도, "청조국가는 '소토지 소유자(자작농 혹은 중소지주를 가리킴)'를 기초로 삼아 중앙집권화・전제적 지배를 가능케 하였다"고 주장하여, 국가와 소토지 소유자의 직접적인 관계에 초점을 맞추어야 한다고 역설하고 있다. ⑥ 니시무라 겐쇼(西村元照)[49]도, 원리적으로는 '향신론'에 공명하면서도,

> 향신이란 오대・송초 이후 성립해 온 사대부 계층과 질적으로 어떠한 차이가 있는가? 또 그 이론에 의해서 겨우 청조 말기까지 그 전망이 가능하다 해도 현대 중국까지를 시야에 넣을 수 있는 모티브일 수 있는가?

라고 반성하면서, 신사층 대두의 요인, 시기, 지배체제의 실태, 역사적 의의 등을 더욱더 추구할 것을 역설하고 있다.

이상의 여러 연구자의 비판과 의문 및 문제제기를 모두 소화한 후 가장 포괄적으로 일본의 신사층 연구 현황을 반성해 본 학자가 ⑦ 모리 마사오(森正夫)이다.[50] 모리 마사오 자신도,

> 향신은 경제적 규정상 지주이지만, 향신이란 개념을 단지 토지소유 측면에만 결부시켜서 생각할 것이 아니라, 정치적・문화적인 것과 관련에서 생각해 보고 싶다. 또 시장지배・상업자본과의 관계에서도 주목해 보고 싶다. 고야마 씨나 시게타 씨가 '향신론'으로 제기한 문제 중 시대구분론만은 별도로 하고, 나머지 문제는 지금부터 적극적으로 연구해 나가야 한다는 데 찬성한다.

48) 高橋孝助, 1975, 1977 등 참조.
49) 西村元照, 1975.
50) 森正夫, 1975, 1975・1976.

고 하여, 일본학계의 신사층 연구 그 자체에는 찬성하고 있다. 그러면서도 그때까지의 '향신적 토지소유'론에 대하여 가장 강조해서 의문을 제기한 것은, ⓐ '향신'이 가진 우면특권(명말·청초기에 그 형성의 결정적인 요인으로 강조되는 것)이 과연 향신 형성의 고유한 계기가 될 수 있는가? ⓑ 또 그러한 우면특권(신분적 특권)이 과연 송대의 형세호(形勢戶) 또는 관호(官戶)의 그것과 본질적으로 무엇이 다른가? ⓒ 또 관료제 자체가 반드시 16~17세기에만 등장하는 고유한 것은 아니지 않은가?[51] 등이라고 생각된다.

3. '鄕紳支配' 論

이른바 '향신지배'론은 '향신적 토지소유'론이 가지는 의미와 문제제기를 적극적이고 비판적으로 계승한 이론이다. 바꾸어 말하면, 고야마, 하마지마 등이 진행한 실증을 통한 '향신적 토지소유'론에 자극받고, 또 그러면서도 '향신적 토지소유'론에서 흔히 간과되었던 내용, 즉 지주·전호제의 심화에도 불구하고 여전히 자작농 계층이 존재하는 문제를 동시에 해결하려 한 것이 곧 시게타 아쯔시(重田德)가 제창한 '향신지배'론[52]인 것이다.

시게타(重田)는 그의 '향신지배'론에서

(1) **지주전호제는 명 중기 이후 거의 전면적으로 전개되었음에도 불구하고 … 지주에게 직접 예속되지 않은 자영적 소농민, 소위 자작농은 부단히 분해와 재생산을 계속하면서 최후까지 존속하였다. … 이 자작농의 대극(對極)에 분권화를 최후까지 거부한 왕조의 전제적 지배체제가 조응한다.** (p.175)

(2) **'향신지배'는 … 단지 전호에 대한 지배에만 그치는 것이 아니고 자작농을 중심으로 한 다른 여러 계층에 대해서도 적용되었다. 말하자면 '토지소유에 기초를 두지 않은 지배'를 완결시키는 해당 사회의 기초 단위였다고 생각한다.**

51) 이 문제는, 이른바 '鄕紳'論('향신적 토지소유'론과 후술하는 '향신지배'론)을 '명말청초 획기'론과 결부시켜 이해하려 하기 때문에 나오는 문제이다.

52) 重田德, 1971.

(p.175~176)

(3) **그것(=향신지배론)은 결국 중국 전근대사를 동일 취향의 구도(構圖)의 끊임없는 재생산이라는 이미지로부터 해방시키려는 작업의 일단이기도 하다.** (p.174)

고 하고 있다. 바꾸어 말하면, 명말·청초 이래의 신사층의 사회지배 현상을 '향신지배'로 상정하고 지주·자작농·전호와 전제국가의 권력을 포함시켜 복합적으로 파악(즉, '국가론'까지 수렴)하는 동시에, 그러한 현상은 중국 역사에서만 찾아볼 수 있는 고유한 특징으로 이해하려는 시도가 곧 '향신지배'론이다. 시게타의 '향신지배'론은 '향신지배'의 형성, '향신지배'의 체제화로 구분하여 이해하는 것이 편리하다.

1) '향신지배'의 형성

이갑제 아래에서 과중한 요역을 주로 부담해야 하고 그 때문에 몰락의 위기에 처해 있던 향촌의 중소지주층은, 자기가 소유한 토지가 요역 부과대상이 되는 것을 피하기 위해 요역 면제의 특권[優免特權]을 국가로부터 부여받고 있는 '향신'에게 투헌(投獻)·궤기(詭寄) 등의 방법으로 토지를 기탁(寄託)하였다. '향신'은 그러한 투헌·궤기를 받아들여서 비특권 중소지주층의 토지소유를 보호해 줌으로써, 중·소 지주층까지도 자기의 지배 아래에 둘 수 있었다. 이렇게 하여 '토지소유에서 일종의 중층적 관계'가 성립되었고, '향신'은 "지주 위에 존재하는 지주(특권 지주)"로 군림하게 되었다. 또 '향신'은 더 나아가서 '향신의 대토지 집적을 가능케 하였던 특권적 지위'와 '왕조가 보유하는 지배의 정당성을 매개로 해서 일반농민에 대한 지배도 합법화할 가능성'[53]을 가지고 있었다. 그러므로 '향신'은 단순한 특권적 지주로 끝나는 것이 아니고 이른바 '향신지배'를 이룩할 수가 있었다는 것이 시게타의 논리이다.

53) 그 가능성으로서는 고리대·자유 매매에 의한 土地集積·시장의 독점지배·子孫 또는 노복에 의한 폭력지배·官衙와 결탁한 지배·향촌의 재판권 행사·수리 등 재생산기능 장악·자선 및 구제사업 추진 등을 들 수 있다.

2) '향신지배'의 체제화

'향신지배'가 형성된 것은 다분히 '사적·공권적'인 것이었고, 또 국가권력과는 무관한 '아래로부터의 봉건화'였다. 또 '향신지배'는 '일군(一君)의 만민지배(萬民支配) 이념'과는 배치되는, 따라서 '왕조지배와 배반되는 지향성을 가지는 것'이었다. 그러나 화폐경제·상품생산이 발전해 간 것을 계기로 하여 지주가 향촌에 머물지 않게 되면서, 지주와 전호 사이에 공간적으로도 인격적으로도 거리감이 생겨났다. 그 후 전호는 독자적으로 성장하여 갔고, 그들이 주동하는 항조(抗租) 운동이 계속되면서 지주들은 전호를 이전과 같이 지배할 수 없게 되었다. 바꾸어 말하면, 지주는 이전과 같이 강압적인 방법으로 지대를 받기 어려워졌다. 따라서 지주들은 지대를 제대로 받을 수 있도록 국가권력에 도움을 청했다. 국가는 이를 받아들여서 '부(賦)는 조(租; 지대)로부터 나온다'는 속언처럼, 토지세〔賦〕의 확보를 위하여 소작료〔租〕의 징수를 보장해 주었고, 결국 '향신'과 국가권력 사이에 유착관계가 성립되었다. 이 단계에서 '전호의 지배를 둘러싸고 지주와 국가가 벌이던 경쟁관계는 해소되고 그 이해관계가 기본적으로 일치'되었다. 이러한 현상은, 말하자면 중국의 전통적인 '일군의 만민지배' 이념이 최종적으로 소멸되면서 국가권력이 지주의 이익만을 옹호하는 이른바 '지주정권'으로 바뀐 셈인데, 그 단적인 증거가 바로 지정은제이다. 그러므로 '향신지배'는 '토지소유에 기초를 둔 사적·개별적 지배일 뿐 아니라 토지소유에 기초를 두지 않은 광역적 지배'인 것이며, 이렇게 해서 '중국의 봉건적 지배구조가 완결되었다'고 할 수 있다. 이상이 시게타의 이른바 '향신지배'론의 대체적인 내용이다.

3) '향신지배'론에 대한 비판

시게타의 '향신지배'론에 대하여는 다음의 몇몇 학자들이 비판과 의문을 제기하고 있다.

① 고야마 마사아끼(小山正明)[54]는, '향신지배' 권력의 발원 기반이 아직 불

54) 小山正明, 1974B.

명확하다고 지적하였다. ② 후지오카 지로오(藤岡次郎)[55]는, 첫째 '향신지배'의 근원인 동시에 핵이라 할 수 있는 '우면특권'은 다른 시기의 특권, 특히 당대의 특권적 관인 신분과 본질적으로 어떻게 다른가? 둘째 관인과 '향신'은 본질적으로 어떻게 다른가? 셋째 '청조의 지주정권화'는 정치권력의 변화가 아니고 '지배체제의 재편'이라고 보아야 하지 않을까? 등의 의문을 제시하였다.

③ 모리 마사오(森正夫)[56]는, '향신지배'의 체제화의 논리, 즉 첫째 '향신'과 국가권력과의 유착과정, 둘째 '향신'의 성거(城居)·상인지주화(商人地主化) 과정, 셋째 '향신' 지주를 체제로 용인하는 것이 지정은제라면 지정은제 아래의 자작농의 위치는 어떤 것인가? 등등의 의문을 제시하고 있다. ④ 아타찌 게이지(足立啓二)[57]는, 국가가 소농민을 압박하여 자작농이 몰락하고 관료신분을 가진 사람들이 토지를 집적하는 현상은 특히 명말·청초에 처음으로 시작된 것이 아니지 않은가? 따라서 시게타가, "중국의 전근대사를 동일 취향의 구도의 끊임없는 재생산이라는 이미지로부터 해방하려는 작업의 일단(一端)"이 바로 '향신지배' 론의 내용이라고 한 주장은, 아직은 설명이 불충분하다고 비판하였다. 그와 동시에 "상품생산의 발전과 함께 전호도 자립하여 갔다"고만 파악해서는 너무 편협하므로 상업적 농업의 광범한 전개 등을 통하여 더욱 실증적인 해명을 시도해야 한다고 주장하고 있다.

⑤ 다까하시 고스께(高橋孝助)[58]는, 첫째 청조국가는, 지주만을 의지하고 지주의 이익만을 옹호하는 '지주정권화'한 것이 아니고 오히려 '소토지 소유자'를 기초로 중앙집권적 전제지배가 가능하였다. 둘째 '향신지배' 형성의 '원형적 구조'로 제시하고 있는 지역은, 지주전호제가 가장 전형적으로 발전된 지역이었던 강남 델타지역만 고려한 것이므로 불완전하다. 셋째 '향신지배'론은 지주·전호제뿐 아니라 '최후까지 존속'한 자작농까지도 향신의 지배 아래 있었다는 개념인데, 시게타의 연구 결과에는 '자작농을 반드시 전제지배의

55) 藤岡次郎, 1976.

56) 森正夫, 1975·1976 (2).

57) 『東洋史硏究』 35-2, 1976에 실린 『淸代社會經濟史硏究』(重田德 著)에 대한 足立啓二의 "비평과 소개" 및 足立啓二, 1976 참조.

58) 同註 48).

독자적인 구성요소로 파악하고 있지 않다'는 점 등을 지적하였다.

'향신지배'론은, 시게타 자신이 그 이론을 제시하면서, "개개의 논점을 실증하고 총괄하는 작업을 별도의 논문을 통해 진행하겠다"고 하였지만, 끝내 하나의 '설(說)', 내지 문제제기의 범위를 벗어나지 못한 채 요절하고 말았다.[59] 또 '향신지배'론에서는 자작농이 "부단히 분해와 재생산을 계속하면서 최후까지 존속"하였다는 사실이 중요한 비중을 차지하는데, 그러면서도 자작농이 어떻게 존속할 수 있었고, 중소지주조차도 몰락하는 상황에서 전호가 어떻게 다시 자작농으로 상승할 수 있었는가[60]에 대한 고려가 전혀 없다. 그런데도 그 후 일본학계에서는 시게타의 '향신지배'론에 대해서는 여러 가지 비판을 가하면서도, '향신지배'란 용어만은 어느 정도 수용하고 있는 듯하다.

小 結

일본 학계의 신사층 연구의 목적은, 첫째 '서구의 역사를 분석할 때에나 적합한 사회구조의 개념'을 무리하게 중국사에 적용했고, 또한 이른바 『십팔사략』적인 왕조순환론이나 정체성 이론에서 벗어나 중국역사 특유의 고유한 발전논리를 만들어내려는 것이었다. 둘째 그 결과 얻어진 중국사의 특수성을 구조적이고 종합적으로 파악하려는 데 있었다. 그러나 많은 노력에도 불구하고, 이런 시도 속에는 결정적인 문제점이 남아있는데, 즉 이 계통의 학자들은 의식적이건 무의식적이건 간에 중국 공산주의 혁명을 기점으로 역사를 거꾸로 거슬러 올라가면서, 법칙에 맞춰 해석하려는 경향이 강하다는 점이다.

이제 그동안 보아 온 내용에 대하여 필자 나름의 관견(管見)을 몇 가지 적어 보겠다. 첫째 연구태도에 있어, 일본에서 신사층을 연구하는 학자들은 외국인이 보기에는, 의식적이라 할 만큼, 구미(歐美)와 기타 학계의 연구 성과를 도외시하거나 백안시하고 있다.

둘째 접근방법에서, 1980년대 초까지도 일본에서는 신사층 문제를 지주전

59) 重田씨는 1973년 11월, 43세로 영면함.
60) 吳金成, 1978은 이 문제를 명말의 湖南地方으로 한정하여 고찰해 본 것이다.

호제, 세역제도와 관련시켜 연구하는 경향이 주류를 이루었다. 그 때문에 자연히 제도사적인 면이나 통계적인 면에서의 접근은 거의 미미한 형편이다. 그리고 1950년대 이후 면면히 이어져 오는, 시마타 겐지(島田虔次)[61]・사카이 타다오(酒井忠夫)[62]・오노 카즈꼬(小野和子)[63]・오쿠자끼 히로시(奥崎裕司)[64] 등의 연구에서 볼 수 있는 사상사 내지 문화사적 측면으로부터의 접근, 또는 콘도 히데끼(近藤秀樹)[65] 등의 연구에서 볼 수 있는 정치사・제도사적인 측면 및 후지이 히로시(藤井宏)[66] 등의 연구에서 볼 수 있는 신사층의 시장지배 측면 등과 같은 좀 더 다양한 접근이 필요한 것은 아닐까? 1977년에야, 야마네 유키오(山根幸夫) 교수가 한국의 민두기(閔斗基) 교수의 「청대 생감층(生監層)의 성격」을 번역・소개한 것,[67] 야마네 교수는 또한 신사층의 시장지배 현상에 주목한 연구를 연이어 발표한 것,[68] 와타 마사히로(和田正廣)가 명대 거인층에 대한 일련의 연구를 추진한 것[69] 등은 일본학자들의 자각을 반증하고 있다.

셋째, 신사층의 성립 문제를 생각해 봐야 한다. 일본 학계에서 신사층에 대한 연구 성과는 신사층의 존재와 역할 면이 대부분이었다. 몇몇 학자가 지적하였듯이, '향신층이 어떻게 성립하고 성장하여 하나의 계층으로 정착해 갔는가'에 대한 제도사적인 연구는 거의 시도하지 않았다. 이러한 노력이 없었기 때문에, 그동안 일본의 젊은 학자들은 본의 아닌 오해를 가끔 저지른 바 있다. 바꾸어 말하면, 몇몇 선도적인 학자(즉, 새로운 논리를 전개한 학자)가 시험적으로 제시한 논리나 용어를 별다른 개념 규정 없이 그대로 차용[70]하는 일이 많았다. 야마모토 에이시(山本英史)가 "명초까지는 우면특권이 관료의 재직기

---

61) 島田虔次, 1970.
62) 酒井忠夫, 1960.
63) 小野和子, 1958, 1959, 1961, 1962 등 一連의 연구.
64) 奥崎裕司, 1978.
65) 近藤秀樹, 1963.
66) 藤井宏, 1953・1954.
67) 山根幸夫・稻田英子 譯, 1976~1977.
68) 山根幸夫, 1977, 1978.
69) 和田正廣, 1978A.
70) 그 때문에 用語는 같아도 학자에 따라 概念이 다른 경우가 많았다.

간 중에만 한정된 특권이지만, 명말 이후의 그것은 종신·고정된, 말하자면 '신분적 특권'으로 변했다"[71]고 하는, 어처구니없는 지적도 용어를 함부로 차용하는 데서 온 오해로 보인다. 생원 신분 이상의 신사층이 국가로부터 우면 특권을 받은 것은 이미 명초부터 주어진 시작되었다.[72] 따라서, 신사층이 명초부터 신분적 특권을 부여받은 신분이었다 해도, 명 중기에 이르러서야[73] 그들이 하나의 계층으로 부각된 이유는 다른 데서 찾아야 할 것이다.

넷째, 이른바 '향신적 토지소유'론은 자칫 명청시대 농촌사회에서 양극분화 현상(야스노·고야마·시게타 등의 연구와 같이)을 강조하게 될 우려가 있다. 그러나 최후까지 국가 전제권력의 기초가 된 것은 광범하게 존재한 자작농이었으므로, 자작농의 존재를 간과해서는 안 된다고 생각한다.[74]

다섯째, 신사층에 관한 연구를 질적, 양적으로 확대하기 위해서 지역적인 특수성을 살리는, 개별 지역에 대한 사례연구를 더욱 진전시킬 필요가 있다. 신사의 역할이 어느 곳에서나 동일할 수는 없었기 때문이다. 신사의 존재는 신사층 그 자체만으로도 의미를 가지지만, 위로는 국가권력, 아래로는 중소지주·자작농·전호 등 농민, 공장(工匠)·용공(傭工) 등 공인, 상인·아행, 노비와 무뢰·기녀, 서리 등 모든 계층과 관계되어 있고 또 경제가 발전한 곳인가 지체된 곳인가에 따라서도 어느 정도의 차이는 있었다.

여섯째, 고야마나 시게타가 명말·청초까지를 고대 노예제 시대의 연장으로 보려는 것은 도대체 무슨 의미가 있을까? 거연한간(居延漢簡)이나 돈황호적(敦煌戶籍), 또는 투르판 문서의 예를 보면, 토지소유와 노비소유의 대비면에서 볼 때, 이미 한대부터 노예 노동제라고 보기 힘든 측면이 많이 등장한다.

---

71) 山本英史, 1977.

72) 吳金成, 1986, 제1편; 본편 제3장 참조.

73) 지금까지 보아온 바와 같이, 일본 학계에서는 신사층의 존재와 역할이 명말에 이르러서야 문제되기 시작하였다고 보고 있다. 그러나 본편 제1장에서 확인할 수 있듯이, 신사는 명 중기부터 하나의 사회계층으로 성립하였고 사회에서도 주목하기 시작하였다.

74) 重田德 氏가 '향신지배'론을 주장한 이유의 하나도 바로 이 문제의 해결을 위한 것이었고(重田德, 1971, p.50), 小林一美, 1973; 柳田節子, 1975; 高橋孝助, 1975, 1977 등도 이 문제를 강조한 논문이다.

더구나 진한시대 '노예제 사회'론을 처음 제기하였던 니시지마 사다오(西嶋定生) 자신이 자기의 설을 포기[75]한 것을 상기하여야 한다.

일곱째, 구미학계에서 많이 시도하고 있는 계층이동(Social Mobility) 문제도 더욱 추구할 필요가 있다. 특히 니시무라 겐쇼·모리 마사오·후지오카 지로오 등 여러 학자들[76]이 지적한 문제점, 즉 명청시대 신사층의 성격과 당대(唐代)의 귀족적 관인층·오대 이후의 사대부 층과의 차이점 등을 포함시켜서, 중국사의 전체 구도 속에서 신사층의 성격을 해명하기 위해서는 사회적 계층이동을 초점으로 하는 연구도 중요하다고 생각된다.

여덟째, 명청시대 신사문제는 사실 처음에는 신분제로 등장하여, 명 중기부터 경제문제(즉, 토지소유에 관한 문제) 등과 결부된다고 할 수 있고, 그 한 계기로 명대 요역 부과의 기준을 정(丁)에서 토지로 전환한 것을 들 수 있다.[77] 신사는 법적(=신분제)으로는 단대(斷代)이고 토지소유는 성격상 세습되어 단대에 끝나지 않았으므로, 신분제와 토지제도 사이에서 나타나는 차이와 '향신적 토지소유'론을 좀 더 논리적으로 결부시킬 필요가 있었다.

아홉째, 신사론을 '특수 중국적', '특수 명말·청초적'이란, 특수성과 결부하는 것도 중요하지만, 또 그와 달리 중국의 신사와 조선시대의 양반, 일본의 무사, 영국의 젠트리(Gentry), 프랑스의 엘리트(élite), 독일의 융커(Junker) 층과의 횡적인 비교 연구를 통해서 신사계층의 특수성과 보편성을 동시에 연구할 필요가 있다. 더 나아가서는, 신사층이 사회발전의 어떠한 단계와 조건에 대응해서 어떠한 역할을 수행하였던가, 그리고 그 생성·발전·변화·몰락 과정 등은 어떠하였던가 하는 점도 아울러 고려해야 할 것이다. 열째, 모리 마사오 등이 신사층에 대하여 '명말·청초 비특수적(非特殊的) 현상'이라고 하는 반론을 제기하고 있으나, 좀 더 설득력 있는 반론을 위해서 이른바 시변론(時變論)[78]을 고려할 필요가 있을 것이다.

---

75) 谷川道雄, 1975.
76) 西村元照, 1975; 森正夫, 1975~1976; 藤岡次郎, 1976.
77) 본서 제3편 제1장 참조.
78) 閔斗基, 1973, p.191.

제3편 都市와 無賴

제1장 江南의 都市 社會

序 言

중국의 '강남(江南)' 지방이 중국의 사회경제사에서 중요한 비중을 차지하게 된 것은 송대(960~1279) 이후, 즉 근세의 일이었다.[1] 송대부터 중국은 '농업혁명' 내지 '상업혁명'이라 할 정도로, 경제적으로 획기적인 발전이 진행되었는데, 그러한 발전이 거의 대부분 강남지방을 중심으로 이루어졌다. 바꾸어 말하면, 강남지방은 송대부터 중국의 경제중심지로 발돋움하였고, 이러한 추세는 15세기 초, 즉 명조 초기까지 지속되었다.

그러나 15세기 중엽부터 강남지방뿐 아니라 양자강 중류지방 및 동남 연해지방, 기타 내륙지방에서도 새로운 경지의 개간과 수리개발이 진행되고 상품작물이 보급되었고, 그에 따라 각 지역의 여건에 맞는 수공업이 발달하면서 무수한 도시가 발달하였다. 그 결과 중국의 경제중심지가 점차 분화되어 갔

---

1) 本稿에서 중국의 '江南'으로 포함시키는 지역은 江蘇省의 蘇州·松江·常州·太倉의 4府州와 浙江省의 嘉興·湖州·杭州의 3府 등 7개 府州 지역이다.(江南 지방의 범위에 대한 논란은 徐茂明, 2004, pp.1~13 참조) 이 지역은 동으로는 黃海, 서로는 山區 사이에 위치하는데, 모두가 太湖 주변 지역이어서 大小의 허다한 河流가 貫流할 뿐 아니라 杭州로부터 북경에 이르는 京杭 대운하의 연변에 위치한, 대단히 풍요로운 평원이요 水鄕澤國이다. 더욱이 亞熱帶 氣候帶에 속하여 溫暖多濕하면서도 사계절이 분명하고 연평균 기온이 15~16℃ 內外에, 생장기간은 매년 220~230일 정도이고, 연평균 강우량이 1,000~1,400mm 정도의 풍부한 우량으로 말미암아 토지가 비옥하여 稻穀과 桑麻棉의 재배에 적당한 지역이다. 그 때문에 이 지역은 송대 이래로 '江南魚米之鄕, 絲綢之府, 文物之邦', 혹은 "蘇湖熟 天下足"의 명예를 받아 왔다. 더욱이 이 지역의 도시들은 시내에도 河流가 종횡으로 교차할 뿐 아니라 이와 연결된 무수한 水路網이 분포되어 있어, 수리관개와 교통이 대단히 편리하다.

다. 강남지방은 여전히 경제중심지였으나 상공업과 문화의 중심지였을 뿐, 농업의 중심지는 양자강 중류의 호광(호남과 호북)·강서 지방에 양보할 수밖에 없었다.[2] 명말·청초에 이르면 이러한 양상은 한층 고정되었고, 청대에는 사천 지방이 또 하나의 곡창지대로 등장하였으며 그것이 거의 그대로 현대로 이어지고 있다. 그러므로 현대 중국의 사회경제구조의 맥락을 올바로 이해하기 위해서는 명청시대 강남의 사회경제적 변화와 그 중요성을 이해하지 않으면 안 된다.

이 글에서는 이러한 문제의식을 가지고, 명청시대 강남사회의 변화과정을 주로 도시의 발달과 관련지어 분석해 보려 한다. 중국의 도시발달사에 대해서는 그 동안 적지 않은 연구가 축적되어 왔으며, 중국 학계에서는 특히 근년에 도시사(都市史)에 많은 관심을 보이고 있다.[3] 최근 십 수 년 동안 중국에서 명청시대의 도시문제를 다룬 전제(專題) 연구로는 유석길(劉石吉)·번수지(樊樹志)·진학문(陳學文)·양묘태(梁淼泰)·한대성(韓大成)·이백중(李伯重) 등의 저서가 대표적이다.[4] 일반적으로 명청시대에 양자강 하류 삼각주지역, 즉 강남지방의 사회경제적 발전을 논할 때 그 구체적인 징표 내지 원동력은 무수한 시진(市鎭; 중소도시)의 발달이라고 할 수 있는데, 유석길·번수지·진학문·이백중 네 사람의 저서는 바로 이 부문을 집중적으로 연구한 전저(專著)이다.

이상과 같은 도시의 발달을 연구하기 위해서는, 상품경제의 발전·생산력의 제고·사회분업의 확대 등을 함께 고려해야 한다. 그러나 본장에서는 그 가운데 명청시대에 강남지역에서 수없이 발달한 중소도시, 즉 시진의 사회·경제·문화적 구조와 그 역사적 의의를 거시적인 시각으로 분석해 보려 한다.

---

2) 吳金成, 1986; 본서 제1편 제1장, 〈附論1〉 吳金成, 1993 등 참조.

3) 그 이유는 아마도 근년 중국의 경제정책과 관계가 있는 것으로 생각된다. 중국은 1984년 '中共第12屆三中全大會'에서 '城市經濟體制改革' 전략을 수립하고, 1984년 3월부터는 城鎭工業育成策을 적극적으로 추진함으로써 도시를 중시하기 시작하였다. 이에 따라 관원들의 관심과 노력도 많아졌고 그 결과 학자들의 관심과 연구의욕도 제고된 것으로 생각된다. 中國의 도시문제연구사에 대해서는 陳學文, 1993, 서론에 잘 정리되어 있다.

4) 樊樹志, 1990; 樊樹志, 2005; 劉石吉, 1987; 陳學文, 1993; 梁淼泰, 1991; 韓大成, 1991; 李伯重, 2000A.

그리고 부수적으로는 이러한 도시 발달의 배경이 되는 직물 수공업[면방직업과 면포 가공업, 견직업]의 발달과, 이로 말미암아 농촌사회에 나타난 사회경제적인 변화를 주로 농촌에서 나타난 경제구조의 변화를 중심으로 살펴보겠다.[5] 최후로는 명청시대 강남의 도시사회에 나타난 여러 가지의 변화상을 문사(文社)의 활동과 민변(民變)·사변(士變), 아행과 무뢰의 활동 및 이러한 현상들이 가지는 역사적 의미 등을 통해 분석해 보겠다.

Ⅰ. 中小都市의 發達

중국사에서 도시의 발달과정을 보면, 대개 '촌락→시집(市集; 정기시)→시진(市鎮; 매일 상설시, 중소 도시)→대도시'로의 성장과정을 밟고 있는데, 강남지역의 도시도 예외는 아니었다. 강남지방의 도시화 과정은 대략 8세기 후반부터 시작하여 남송시대에는 그 첫 단계의 전성기에 이르렀다고 할 수 있는데, 경제기능을 가진 중소 도시가 많이 생긴 것을 그 특징으로 한다. 그러나 그 후 약간의 정체기가 있다가, 명 중기에 이르러서 재차 새로운 발전기에 돌입하였고 그러한 발전 추세는 장기간 계속되었다. 그런데 명청시대 강남지방의 도시화 과정을 보면, 이미 존재하던 대도시의 발전은 기본적으로 이미 안정되어 성장세가 상당히 둔화된 반면, 시진은 수적인 증가와 함께 시진 내·외의 호구수도 증가함으로써 도시규모의 확대와 번영이라는 양면적 발전이 이루어졌으며,[6] 그에 따라 시진 안에서 '도시민'의 활동과 도시의 기능도 매우 다양해져 갔다.[7]

---

5) 織物 수공업 외에, 碾米業·釀酒業·搾油業·鐵器製造業 등 수 많은 다른 수공업이 존재하였지만, 대표성에서는 직물 수공업을 따를 수 없어 생략한다.

6) 명청시대 강남지방의 市鎮 발달에 대해서는 별다른 註가 없는 한, 樊樹志, 1990; 樊樹志, 2005; 劉石吉, 1987; 李國祁, 1981; 李伯重, 2000A; 陳學文, 1989, 1991A, 1993, 2000; 韓大成, 1991; 任道斌, 1991; 張華, 1991; 戴均良, 1992; 范金民·夏維中, 1993; 蔣兆成, 1994 등 참조. 강남지방에서는 시진의 수와 시진 내의 호구, 양면에서 모두 발달했으나, 대도시의 성장세가 둔화된 원인에 대해서는, 范金民·夏維中, 1993, pp. 287~289 참조.

7) Skinner, 1979에서는, 시진의 발전과 변화를 연구하기 위해서는 행정적인 측면 외에

〈표3-1-1〉 明清時代 江南 5府 市鎭의 變化

府縣名/ 年號	弘治	正德	嘉靖	萬曆	崇禎	明末清初	雍正	乾隆	道光	光緒
蘇州府 (太倉州包含)		45		73				100	140	
吳江縣	6	7	14			17		18		19
嘉定縣		15		20				24		37
常熟縣		13	16					38		80
松江府		44			65			107		
杭州府				54				104		145[a)]
嘉興府	31			44				40		53
湖州府	10		22					25		57

먼저 시진 수의 증가를 보기로 하자. 강남에서 가장 번영하였던 소주부 7개 주현의 경우, 명대의 정덕(正德)→만력(萬曆)→건륭(乾隆)→도광(道光) 년간에 이르기까지 시진의 수가 45개→73개→100개→140개로 증가해 갔다. 바꾸어 말하면, 정덕→명말 사이의 100여 년 동안에 62%가 증가하였고, 명말→건륭 사이 150년~160년 사이에는 37%, 그 후 56~60여 년 동안에는 다시 40%가 증가하여, 전체적으로는 300여 년 사이에 실질적으로 두 배(211%) 이상 증가한 셈이다.

소주부의 가정현의 경우에는 정덕→만력→건륭→광서 사이에 15개→20개→24개→37개로 증가하여 갔다.[8)] 송강부는 겨우 두 개 현인데도, 정덕→숭정→건륭년간에 각각 44개→65개→107개로 증가하여, 현(縣) 당 시진의 밀도에서는 오히려 소주에 앞섰다. 바꾸어 말하면, 정덕→숭정 사이의 120년~130년 동안에 48%, 숭정→건륭 사이 120년~130년 동안 65%가 각각 증가하여, 전체적으로는 250년~260년 사이에 약 두 배 반 가까이(143%) 증가하였다. 송강부의 상해현은 청초에서 동치년간까지 30개가 증가하고 동치년간에서 청말까지는 25개 증가하였다고 한다.[9)] 이를 도표로 정리해 보면 〈표3-1-1〉과 같다.[10)]

도, 다음의 몇 개 요소를 고려해야 한다고 보았다. 즉, ① 인구밀도, ② 노동의 분업(지역 내외와 지역간을 포괄하는 지역적 분업 및 업종 간의 분업), ③ 과학기술의 응용수준 (특히 교통) ④ 상업화 정도(특히 지역 내 무역수준과 시장에 대한 농촌인구의 의존 정도), ⑤ 지역 외 무역수준(각 지역 사이의 무역과 대외무역을 모두 포괄) 등이 그것이다.

8) 嘉定縣은 雍正3년에 太倉州로 편입됨과 동시에 동편을 떼어서 寶山縣을 설립하였다.

명청시대에는 이상과 같이 시진의 수만 증가한 것이 아니라, 시진 안의 호구수도 증가함으로써 도시규모도 팽창되어 갔다. 먼저 소주부(蘇州府)의 경우에는, 건륭년간의 화가 서양(徐揚)이 소주의 번화상을 그린 〈성세자생도(盛世滋生圖)〉(도판-2 참조)의 화면에, 사천・광동・귀주・운남・복건・강서・절강・강소・산동의 9개 성 출신의 상인이 개설한 점포가 보이는 등 온갖 번화한 모습이 표현되어 있다.[11] 또한 소주부의 다른 지역의 경우에도,[12] 호구가 증가함으로써 시(市)가 진(鎭)으로 승격한 예도 많았고, 진의 범위가 확대되어 간 경우도 많았다. 오강현의 성택진(盛澤鎭)은 명초에는 50호~60호의 정기시에 불과하였으나 중기의 성화년간(1465~1487)부터 상공업이 발달하고 거민이 증가하기 시작하여 가정40년(1561)에는 백여 호로 증가하였고, 천계년간(1621~1627)에는 천여 호나 될 정도로 생사(生絲)와 견직물을 중심으로 한 상업이 번영하였다. 청대의 강희년간(1662~1722)에는 거민이 만여 호[사향(四鄕) 포함]로 증가하였으며, 건륭5년(1740)에는 진으로 승격되었다.[13] 또 같은 소주부의 진택진(震澤鎭)은 원나라 지정년간(至正年間; 1341~1367)에는 수십 호의 촌락이었으나 명의 성화→정덕・가정→청초에 이르는 기간에 삼백호~사백 호→천여 호→이천 호~삼천 호로 증가하여 갔고 옹정4년(1726)에는 오강현(吳江縣)의 1/2을 할양받아 진택현(震澤縣)으로 독립하였다.[14] 평망진(平望鎭)은 명초에 거민 천백 호에서 강희・옹정년간에 거민 수천 호로, 황계시(黃

9) 程厚恩, 1990.

10) 樊樹志, 2005; 范金民, 2003; 劉石吉, 1987; 陳學文, 1993 등을 참조. 명청시대 강남의 시진 수의 증가에 대해서는, 연구자마다 상당한 오차가 있다. 이 글에서는 위의 참고 문헌으로도 알 수 없는 경우에는 그 시기의 府志・縣志에 나오는 수치를 합산하여 구하였다. 范毅軍, 2002, p.451에서는 蘇松 兩府의 시진의 증가추세를 다음과 같이 정리하고 있다.

	1550년 以前	1551~1722	1723~1861	1862~1911
蘇州府	102	128	157	264
松江府	59	113	167	369

11) 范金民, 200; 黃錫之, 2003

12) 樊樹志, 2005; 范金民・夏維中, 1993 참조.

13) 康熙『吳江縣志』卷1, 輿地志 上, 市鎭; 乾隆『吳江縣志』卷4, 疆土4, 鎭市村.

14) 乾隆『震澤縣志』卷1, 沿革; 同書 卷 4, 鎭市村.

溪市)는 명대에는 수백 호의 촌락에서 강희년간에 이천여 호로, 동리진(同里鎭)은 명초의 천여 호에서 정덕·가정 사이에 이천여 호로 각각 증가하였다. 또 여리진(黎里鎭)은 홍치년간에 거민 천백 호에서 가정년간에 이천여 호, 건륭년간에는 오천 호~육천 호로 증가하였고, 장연당진(章練塘鎭)은 명 말에 흥기하기 시작하여 건륭년간에는 수천 호로, 주장진(周庄鎭)은 청초에 흥기하기 시작하여 청 중엽에 거민 오천여 인으로, 유정진(唯亭鎭)은 명 중기 흥기하기 시작하여 청초에 거민 만여 호로, 외풍진(外風鎭)은 만력초에 흥기하기 시작하여 청초에는 거민이 천여 호로 각각 증가하였다.

한편, 송강부의 경우에도,[15] 주경진(朱涇鎭)은 원말·명초에 흥기하기 시작하여 성화·홍치년간에는 수천 호, 청초에는 만여 호로 증가하였듯이, 발달 추세는 소주부의 경우와 비슷하였으며, 태창(太倉)·상주(常州)·진강(鎭江) 등 다른 지역과도 유사하였다. 또 태호(太湖) 남부의 가흥부의 경우, 복원진(濮院鎭)은 경항운하(京抗運河) 부근에 위치하여 운하의 성쇠와 운명을 같이 하였다. 즉, 원 대덕년간(大德年間; 1297~1307)에 흥기하기 시작하여 명대에 계속 성장하였다. 가정년간 왜구가 침략하였을 때에는 병란에 휩쓸렸으나, 그 후 차차로 회복하여 만력년간에는 거민 만여 호로 성장하였다. 명청교체기에 침체되었다가 다시 회복하어, 건륭년간에는 진 전체의 9/10가 사직업(絲織業)에 종사하였다. 복원진의 견직물은 기술력이 뛰어났으므로, '복주(濮綢)'란 이름으로 중국 내지뿐 아니라 일본과 유구(琉球)에까지 팔려 나갔다.[16] 한편, 왕점진(王店鎭)은 명초에 흥기하기 시작하여 건륭년간에 만여 호로 증가하였고, 왕강경진(王江涇鎭)은 명초에 시에서 진으로 승격, 만력년간에 칠천여 호, 건륭년간에는 만여 호로 증가하였다. 호주부의 경우에도, 오청진(烏青鎭)은 당대(唐代)에 성립하여 명조 가정년간에 사천 호~오천 호, 만력년간에 만여 호로 급성장하였고, 쌍림진(雙林鎭)은 영락3년에 수백 호에서 명말·청초에 삼천 호~사천여 호, 가경·도광년간에는 만 호로 증가하였고, 능호진(菱湖鎭)은 원

15) 樊樹志, 2005; 范金民·夏維中, 1993 참조.

16) 乾隆『濮鎭紀聞』(抄本) 卷首, 總敍; 嘉慶『濮川所聞紀』卷1, 物産; 民國『濮院志』卷14, 農工商.

대까지는 정기시에 불과하였으나 명초에 성장하기 시작하여 청대에는 5,000여 호로 성장하였으며, 남심진(南尋鎮)은 정덕년간에는 거민이 희소하였으나 명말에는 '만가(萬家)'로, 도광20년에는 '수만가(數萬家)'로 증가하였다. 항주부는 성화년간에 호(戶) 9만여, 구(口) 약 30만이었던 것이 만력년간에는 "성의 주위가 40여 리(20㎞)이고 거민이 수백만"[17]으로 증가하였다. 본문의 범위 밖이지만, 남경(南京)의 경우,[18] 명초에는 겨우 2만 7천 호→ 만력년간에는 13문(門) 안팎만 하여도 10여만 호로 증가하였다.[19] 최근의 추계에 따르면, 강남의 소주·송강·상주·진강·응천부와 항주·가흥·호주 등 8개 부주의 인구는, 14세기 말 약 9백만 명에서 19세기 중엽에 약 3천 6백만 명으로 증가하였다고 한다.[20]

그러므로 이상과 같은 시진의 수적 증가 및 시진 안의 호구수 증가로 말미암은 도시규모의 확대와 번영은 강남의 모든 지역에서, 명 중기 이래 거의 동시에 대동소이하게 진행되었던 것이다.[21] 이상의 내용을 종합해 보면, 명 중엽의 성화·홍치년간(1465~1505)에 강남 시진의 발달은 새로운 전기에 돌입하였고 가정·만력년간(1522~1619)에 급속히 증가했으며, 청대에 들어가 재차 증가하였다고 할 수 있다. 그리고 강남 시진의 이러한 양면적인 발전은 곧 명청시대 강남 도시지역의 인구가 부단히 증가해 갔음을 웅변해 주는 증거이기도 하다.

한편, 시진의 특성에 대해, 어떤 사람은 강남지방의 시진을 유통형·생산형·소비형 등 세 유형으로 분류하고, 또 어떤 사람은 전문 업종의 종류에 따라 사주업(絲綢業)·면포업·양식업 또는 교통업·염업 등의 전업시진(專業市鎮)으로 분류하기도 한다.[22] 이러한 분류방식은 어떤 시진에 대해서는 시진경

---

17) 萬曆『杭州府志』卷33,「城池」.

18) 周暉,『二續金陵瑣事』(郝秉鍵, 2001 p.14).

19) 단, 대도시나 시진의 호구에 대한 이상과 같은 기록은, 엄격하게 해당 도시지역만 한정한 것인지, 아니면 그 주변 鄕脚까지 포괄하는 것인지는 분명하지 않으므로, 그 대체적인 경향을 이해하는 정도에 그칠 수밖에 없다.

20) 李伯重, 2000A, p.396.

21) 특히 陳忠平, 1990, pp.27~28, 表 1·2參照.

22) 劉翠溶, 1978; 樊樹志, 1990, 2005 參照.

제에서 나타나는 전문 업종의 특징과 지역적 특징을 개괄하고 총결하는 데 편리한 점도 있고, 시진연구의 방편을 제공해 주기도 한다. 그리고 시진이 처음 발흥할 시기에는 대체로 전문 업종을 갖는 경우도 많았다. 그러나 대부분의 시진은 어느 정도 발전하게 되면 사회·경제·문화 및 소비 등 종합적이고 다양한 기능을 갖추어 간다는 점을 잊어서는 안 된다. 이점에 대해서는 뒤에서 다시 논의하겠다.

명 중기부터 강남의 광범한 지역에서 시진들이 수없이 많이 나타나게 된 배경에는 수륙교통, 특히 수로망의 발달[23] 등 지정학적인 영향을 많이 받았을 뿐만 아니라, 각 지역의 경제 구조나 수준과도 밀접한 관련이 있었다. 그러나 강남의 시진은 결코 고립해서 존재한 것이 아니라, 서로 밀접하게 연결되고 서로 의존하면서 시진망(市鎭網)을 형성하였다.

시진의 발전은 농촌경제구조의 지속적인 변화와 발전의 결과였다. 즉, 시진은 상품경제발전의 산물인 동시에, 시진에서 발생하는 여러 현상들을 향촌에까지 침투시킴으로써 농촌에서 농업생산력이 발전하고 나아가서는 농업경제의 구조와 농촌경영의 방식의 변화·발전을 유도하는 커다란 촉진제 작용을 하였다.[24] 그 결과 명 중기 이래 강남의 농촌경제의 구조가 조정되었다. 그 가운데 가장 중요한 것은 면화와 뽕나무의 광범한 재배와 이들을 가공하는 수공업이 흥기하여 농촌경제를 광범하고 깊숙하게 화폐경제 속으로 편입시킨 것이다. 이 지역 시진의 발흥은 바로 이 점에 기초하고 있었는데, 시진의 가장 중요한 기능은 수공업과 상품유통이었다. 그 때문에 시진은 기술·문화·생활 등의 면에서 향촌에 대한 강력한 구심력을 발휘하였다. 시진이 사람들에게 더 많은 취업기회와 생계의 방편을 제공할 수 있게 되자, 신사·상인뿐 아니라 농촌에서 분해되어 석출된 유수무뢰(游手無賴) 등, 농촌의 과잉 인구가 이들 신흥 시진으로 모여들었다. 사실 강남의 시진은 향촌에서 토지와 분리된 노동력을 흡수하는 과정에서 발전한 것이었다고 해도 과언이 아니었다.

명초에는 강남지역의 농업생산은 기본적으로 식량 생산 위주로서, 송대 이

---

23) 韓大成, 1991, 제5장「交通運輸的發展」; 松浦章, 1990.
24) 이 문제에 대해서는 范金民·夏維中, 1993에서 약간 다른 의견을 제시하고 있다.

래의 "소호숙 천하족(蘇湖熟, 天下足)"으로 표현되는 경제구조가 아직도 계속되고 있었다. 그러나 명 중기(15세기 중엽~16세기 중엽)가 되면 강남농촌에서는 광범한 사회변혁이 진행되었다. 이갑제 아래의 갑수호(甲首戶)들은 농업을 포기하였고, 심지어 지주인 이장호(里長戶)조차도 파산하여 농업을 버리고 떠났다. 이러한 사회변화의 주요 원인은 대개 다음 세 가지로 설명할 수 있다. 즉, 첫째 환관이 정치에 개입하여 중앙정치를 혼란에 빠뜨렸고, 관료와 서리가 부패하였으며, 세역의 부담도 갈수록 증가하였다. 둘째, 신사 혹은 세호가(勢豪家)가 세역의 남면을 통하여 토지를 겸병하면서,[25] 한편으로는 부역부담을 기피하였다. 이 때문에 원래 세금이 과중하기로 유명했던 강남에서는 더욱 무거운 세역부담과 불균형이 만연하였고, 이러한 현상은 중소농민을 파탄으로 몰아넣었다. 셋째, 상인의 과도한 모리(牟利)와 고리대자본의 수탈도 사회의 심각한 불안요소로 작용하였다.

이상의 여러 요소가 복합적으로 작용해 나타난 것이, 곧 15세기 중엽에 시작된 이갑제의 해체현상이자 농촌사회의 분해현상이었다.[26] 그 결과 농촌에서 몰락한 농민계층 가운데 일부는 세호가의 전호나 노복으로 전락하였고, 대부분은 고향을 떠났다. 그들 인구의 이동방향은 대개 ① 농촌지역→ 금산구, ② 선진경제 지역〔인구가 과밀한 협향(狹鄕)〕→ 낙후 지역〔관향(寬鄕)〕, ③ 농촌지역→ 도시 · 수공업 지역 등으로 유형화할 수 있다.[27] 이러한 현상은 명 중기 이후 전국적으로 보편화된 것이었는데, 그 가운데에서도 강남이 더욱 심각하였다. 그러므로 강남 시진이 발달하게 된 것은 위의 제③유형의 인구이동 때문이었다.

이렇게 강남 각지의 농촌에서 유입된 인구로 급격히 성장하여 간 중소도시 가운데 시(市)는 대개 백여 호~3백여 호가 보편적이었고 5백 호~천 호는 그리 많지 않았으며, 천 호~2천 호는 극소수였다. 진(鎭)은 대개 천 호 이상 중급 도시를 지칭하였는데, 2천 호~3천 호가 대부분이었다. 그 가운데 명말 ·

25) 본서 제2편 제3장 참조.

26) 본서 제1편 제1장, 제2편 제3장 참조.

27) 吳金成, 1986, 第2編 第1·2·3章.

청초를 기준으로, 만호 이상의 초대형 진은 소주부의 성택진·유정진·나점진·천돈진·보리진·평망진, 송강부의 법화진·주경진, 호주부의 남심진·쌍림진, 가흥부의 왕강경진·복원진·신성진, 가흥과 호주부 사이에 있던 오청진, 항주부의 협석진 등이었다. 또 거민 수천 내지 일만 호의 중형 진은 진택진·여리진·장연당진·강만진·동리진)·임평진·주장진·황경진·능호진·녹직진 등이었다.[28)]

강남 시진의 인구 구성은 그 시진의 중요한 수공업이나 물자유통 등의 특징에 따라 서로 조금씩 달랐다. 번수지(樊樹志)는 사직업 시진의 3대 지주는 아행(牙行)·객상 및 기호(機戶)이며, 면직업 시진에서는 객상·아행과 각부(脚夫)가 위주이고, 양식업 시진에서는 미행(米行)·아행 및 이들을 위해 종사하는 사람들 위주로 구성된다고 보고 있다. 그들의 관계는 서로 복잡하게 얽혀 있었으며 또한 서로 의존하였다. 진학문(陳學文)은 더 나아가 면직업 시진의 상인을 화포상(花布商)·아행·원격지상인·고리대상인의 네 종류로 분류하였다. 그러나 대체로 보면, 시진의 인구는 작방주(作坊主) 및 그들과 관계있는 수공업자·상인·아행·서비스업 종사자, 상당수의 농민과 무뢰·관리·신사·지주 등으로 구성되었다.[29)]

명청시대에 강남에서는 소주·항주·호주 등 기존의 대도시의 인구와 마찬가지로, 새로 발생한 수없이 많은 시진들의 인구도 계속하여 증가하여 갔다. 이렇게 증가하여 간 강남의 인구는 단지 강남의 토착 인구만으로 채울 수는 없었다. 대도시 및 수많은 시진의 인구는 강남 현지의 자연증가분 외에, 외지에서 유입된 인구도 많았다.[30)] 그들은 대개 ① 강남 각지에서 유입한, 성내 이동 인구, ② 외성인(外省人), 특히 강서·안휘·복건·광동·호광 등 지역에서 온 고공인(雇工人)과 유민, ③ 휘주·복건·광동·산서·섬서·산동·하남·강서·호광·절강상인 등 중국 모든 지역 곳곳에서 모여든 상인과 그 가족 등이었다.[31)]

---

28) 樊樹志, 2005, pp.166～184.
29) 樊樹志, 2005; 陳學文, 1993; 陳忠平, 1988.
30) 范金民, 1998; 李伯重, 2003C

이렇게 좁은 지역에 대도시들과 수없이 많은 중소 도시(=시진)가 병존하였으므로, 강남지방은 다른 어느 지역보다도 인구압이 높았을 것으로 추측된다. 그런데 현존하는 모든 자료의 통계를 보면, 강남의 인구압은 그리 높지 않았던 것으로 나타난다. 그뿐 아니라 강남의 수많은 자료나 개인의 기록에서는 한결같이 외래 인구의 유입을 지적하고 있지만, 정작 모든 호구통계에는 반영되어 있지 않다. 그러나 강남의 인구통계 숫자가 액면 그대로 믿을 수 있을 만큼 정확하다고는 생각하지 않는다.[32] 왜냐하면, 당시의 정황으로 보아, 외래 상인이나 일용 노동자 내지 무뢰·걸개들은 그 도시에 유입된 후에도 그곳의 호적에는 편입되지 않았기 때문이다.[33]

그러면, 그 많은 시진과 증가된 인구는 어디서 왔으며, 도시에서 그들은 어떤 존재였기에, 인구통계에는 잡히지 않았을까? 또 각 도시의 인구는 실제로 얼마나 되었을까?

강남지방의 인구이동은 다른 지역과는 약간 다르게 진행되었다. 명초에는 명조의 과중한 세역부담에 못 이겨, 특히 소송(蘇松)지역을 중심으로 인구가 대거 유산하였다. 강남의 모든 지역에 대하여, "리(里)마다 도망자가 절반이 넘는다"[34]는 기록도 있다. 특히 태창주(太倉州)의 경우에는, 홍무24년(1391)의 『부역황책(賦役黃冊)』의 원액은 67리(里)에 8,986호(戶)였는데, 선덕7년(1432)에는 겨우 10리, 1,569호만 남았다고 보고되어서, 실제로 조사해보니 겨우 738호만이 남아 있었다. 겨우 40여 년 만에 82%의 호구가 유실된 셈이었다.[35] 강남은 명초에 이렇게 인구를 유산시킨 지역이었으나, 명 중기부터 사회경제가 회복되고 갈수록 발전함에 따라 점차 역전 현상이 일어나기 시작하였다.

일반적으로 명청시대에 강남의 인구는, ① 명 만력년간, ② 청 도광년간,

---

31) 樊樹志, 2005; 范金民, 1998; 張海鵬·張海瀛, 1993.
32) 傅崇蘭, 1985, pp.216~231. 그 외에도 모든 연구자의 공통된 인식이다.
33) 李伯重, 2003E, pp.229~230.
34) 『續文獻通考』 卷2, 「田賦考」(郝秉鍵, 2001 p.14).
35) 周忱, 「與行在戶部諸公書」, 『明經世文編』 卷22, 周文襄公集, 「疏」. 주침은 강남지방의 이러한 심각한 인구유산의 원인을, 大戶苞蔭·豪匠冒合·船居浮蕩·軍囚索引·屯營隱占·鄰境蔽匿·僧道招誘 등 7종으로 분석하고 있다.

③ 광서말년—선통년간 등 3번의 고봉(高峰)이 있었고, ⓐ 청초, ⓑ 함풍-도광 전쟁시기의 2회의 저점(低點)이 있었다고 한다.36) 바꾸어 말하면, 명청교체기에 잠시 위축되기도 했으나, 명 중기부터 도광년간까지 외지인이 끊임없이 유입하는 추세로 인구가 계속 증가하였다. 이러한 인구는 각 도시에서 대부분은 노동으로 살아갔는데, 대개가 외성인(外省人)이거나 강남구역 내의 상대적으로 낙후지역에서 석출된 인구였다.37) 그러므로 이들은 모두 고향의 추진력(인구유출 요인, pushing factor)보다는, 강남 도시사회의 다양한 발전이 제공하는 흡인력(인구유인 요소, pulling factor)으로 말미암아 모여든 사람들이었다.

강남의 인구문제를 고려할 때, 지금까지는 대개 문헌에 기록된 인구의 통계 숫자만을 고려하였을 뿐,38) ⓐ 그 숫자 외에 수많은 유동인구(일시적으로 머물다 간 외래 인구; 일시 체류자, sojourner)와 ⓑ 왕부・신사・세호가・대상인가 등에 종속된 대량의 노비,39) 혹은 ⓒ 기녀・창기들,40) 나아가 ⓓ 운하연도(沿途)에서 여행객이나 상품을 실어 나르며 사는 선상인(船上人), ⓔ 무수

36) 吳建華, 2005, p.45.

37) 范金民, 1998, p.335; 李伯重, 2000A 第9章「江南早期工業化中的人力資源問題」.

38) 강남의 인구를 언급한 학자들은 수없이 많은데, 曹樹基, 2000~2001이 대표적이다. 吳建華, 2005, p.140에서는, 曹樹基씨의 통계를 따라, 홍무26년(1393)→가경25년(1820)에 이르는 인구변화를 蘇州・松江・常州・太倉・應天・鎭江 등 6개 府州는 706.9만→2165.5만, 嘉興・湖州・杭州・寧波・紹興 등 5개 府州는 635.7만→1631.8만으로 보았다.

39) 호주 출신 禮部尙書 董份은 "家蓄僮僕不下千人"(韓大成, 1991, p.323 轉載)이었고, 松江 華亭 출신 大學士 徐階는 "家人多至數千"(于愼行, 『穀山筆塵』, 卷5)이었다. 또한 일반 관료와 부호들도 역시 노비를 많이 소유하였다. 소주부 가정현의 경우, "大家僮僕, 多至萬指"(萬曆『嘉定縣志』卷3, 「風俗」; 顧炎武, 『天下郡國利病書』第6冊, 嘉定縣志, 「風俗」)라 하였다. 또 고염무도 "人奴之多, 吳中爲甚〈今吳中仕宦之家, 有至一二千人者〉"(顧炎武, 『日知錄』卷13, 奴僕. 〈〉는 筆者)라 하였다. 실제로 강남에는 數十人의 노비를 둔 사람은 비일비재하였다.(韓大成, 1991, pp.324; 南炳文, 1996 참조) 명대에 이렇게 노비 소유가 많았기에, 일본의 小山正明은 명대까지를 '노예제사회'로 보려 한 것이다.(본서 제2편 〈附論〉 참조)

40) 謝肇淛, 『五雜俎』卷8, 人部4에는 "今時娼妓布滿天下, 其大都會之地, 動以千百計, 其他窮州僻邑, 在在有之"라 하였고, 同書 卷3, 地部1에는 "燕雲只有四種人多, 奄竪多於縉紳, 婦女多於男子, 娼妓多于良家, 乞丐多於商賈"라 하고 있다. 또 林希元, 『林次崖文集』卷2, 王政附言疏에는 "今同兩京九街(娼妓)至數萬計"라 하였고, 『燕京雜記』에는 "京師娼妓雖多, 較之吳門・白下, 邈然莫逮"(韓大成, p.360 轉引)라 하였다.

한 걸개[乞丐; 화자(化子 또는 花子)라고도 부름][41]의 존재(이들은 당연히 통계에 포함되지 않음)와, ⓕ 지방 관부의 인구파악 포기 등의 상황을 간과하고 있다.

ⓐ의 경우를 생각해보자. 강남은 명청시대에 중국에서 상공업이 가장 발전한 지역이었다. 대도시뿐 아니라 수없이 많이 존재한 시진도, 다른 지역과 같이 정기시가 아니라, 매일 상설 시장이 열릴 만큼 사람이 붐볐고 각종 상품은 넘쳐났다. 그 많은 상인과 그들의 수행원과 노비들은 일시적으로 머물다 갔지만, 연이어 또 다른 사람들이 머물다 가고 또 다른 사람들이 머물다 가곤 하였다. 그곳에 머무는 동안 그들도 상주인구나 다름없이 강남의 양식을 소비하였다. 그러므로 그 수를 정확하게 파악할 수는 없지만, 이렇게 잠깐 머물던 체류자들도 강남의 인구로서 고려해야 한다고 생각한다. 왜냐하면,

(1) 성화년간(1464~1487)에 나는 삼사년에 한 번씩 소주에 가보고 마치 다른 곳인 듯한 착각이 들 정도로 변한 모습을 보곤 하였다. 최근에는 더욱 번성해졌다. 골목마다 집들이 즐비한데 모두가 기와를 올린 벽돌집이다. 성벽과 해자가 정연하고 여관과 술집이 빽빽하여 빈 땅이 없다. 지붕을 덮은 수레들, 술독과 술잔을 실은 수레들이 네거리를 분주하게 오간다. 울긋불긋 꾸며놓은 수로에는 물놀이 하는 배며 기생을 실은 배들이, 마치 물고기들처럼, 녹파(綠波)와 주각(朱閣) 사이를 한가롭게 노니는데, 유객과 기생들이 악기를 연주하며 춤추고 노래하는 소리와 시장에서 물건을 사고팔며 지르는 소리가 서로 뒤엉켜 들린다.[42]

(2) 염방(染房)이 파업하니 일자리를 잃은 염공(染工)이 수천인이고, 기방(機房)이 파업하니 일자리를 잃은 직공이 수천인이나 됩니다.[43]

(3) (항주) 성중의 백만 생령은 모두 북시하(北市河)의 미(米)에 의지하고 있다. …

41) 謝肇淛, 『五雜俎』 卷3, 地部1에 "燕雲, 娼妓多于良家, 乞丐多於商賈", & 同書 卷5, 人部1에 "京師多乞丐, 五城坊司所轄, 不啻萬人"이라 함. 이는 북경을 묘사한 것이지만, 중국의 경제·문화의 중심지였던 강남에도 적용될 수 있는 표현이라 생각한다.

42) 王錡, 『寓圃雜記』(中華書局, 1997) 卷5, 「吳中近年之盛」(p.42).

43) 明 『神宗實錄』 卷361, 萬曆 29年 7月 丁未條.

창고에 저장된 쌀 60만 석은 (고작) 2개월의 양식에 (불과하다).[44)]

(4) **항주의 거민은 대단히 많은데, 대개는 여러 군에서 우연히 들어온 사람이거나 외지에서 장사를 하러 들어온 사람들로서 어림잡아 이삼백만은 될 것이다. 만일 백만으로 계산할 때 하루 양식이 만 석이 필요하므로 일 년이면 삼사백만 석이 필요하다.**[45)]

(5) **상인 · 예능인 · 짐꾼 등 여러 진(鎭)을 떠도는 자들이 수시로 운집한다. 그중에는 중도에 병사하거나 발을 헛디뎌 운하에 빠져 죽는데, 집이 멀어서 거두어 묻어 줄 친척이 없다.**[46)]

고 하는 기록들이 보이기 때문이다. (1)은 15세기 후반의 소주인 왕기(王錡; 1433~1499)가 날로 번성해 가던 소주의 시장과 수로의 풍경을 묘사한 기록이다. (2)는 그 순무 조시빙이 「소주민변소(蘇州民變疏)」에서 소주의 유동인구를 묘사한 것이다. 주지하듯이, 16세기 후반부터 소주에는 화교(花橋) · 광화사교(廣化寺橋) · 염계방(廉溪坊) · 현묘관구(玄妙觀口) 등 지역에, 매일 새벽에 일자리를 구하는 일용 노동자들이 만수(萬數)로 존재하였다.[47)] (3)과 (4)는 명말 항주의 사정을 묘사한 기록이다. 이백중(李伯重)은, "위의 기록[(3)]을 근거로 계산하면, 17세기 후반의 항주의 인구는 100만 이상이었다는 계산이 가능하지만, 당시의 정황으로 보아, 항주는 소주보다 인구가 많지 않았던 듯 하므로, 약 50만 정도"였을 것으로 추산하고 있다.[48)] 그런데 (4)에서 보듯이, 항주인 이장경도 『부지』와 같이, 한 사람이 하루에 필요한 식량을 0.01석으로 계산하면서, 항주 거민은 유동인구까지 합하여 2백만~3백만은 되리라고 한다. 두 기록 모두 정확한 수치는 아니고, 또한

---

44) 萬曆『杭州府志』卷33, 城池.

45) 李長卿,『李長卿集』卷19, 借署編, 旱計第一(韓大成, 1991, p.589 轉引).

46) 光緖『羅店鎭志』卷3, 營建志(下),「怡善堂」.

47) 蔣以化,『西台漫記』卷4; 康熙『長洲縣志』卷3, 風俗; 康熙『蘇州府志』卷21, 風俗;『欽定古今圖書集成』, 職方典, 卷676,「蘇州風俗考」; 經君健, 1962A; 許大齡, 1963; 宮崎市定, 1951; 佐伯有一, 1961A 등 참조.

48) 李伯重, 2000A, pp.415~416 참조.

정확한 수치는 알 수도 없지만, 관부의 통계가 어떤지는 별도의 논의로 돌리더라도, 이장경도 '백만'이라고 하고 있으므로, 만력년간에 항주의 인구는 대개 백만여 명 정도였다고 해도 무리는 없을 것이다. 그리고 그 많은 유동인구는, "대개는 여러 군에서 우연히 들어온 사람이거나 외지에서 장사를 하러 들어온 사람들"이라 하듯이, 부근 여러 부(府)나 각지의 상인 등, 외성(外省)에서 온 인구도 많았으리라 생각한다. (5)는 청말 나점진의 사정을 전하는 내용이다.

청 전기, 소주성 내 2만여 단장(踹匠)·염장(染匠), 송강부 성진(城鎮)의 천여 단포(踹布) 공장(工匠)들은 대개 강령·태평·영국인(人)이었다.[49] 17세기 전반, 명 말의 호주부 귀안현 쌍림진(雙林鎮)의 경우, "석공·목공·염색공·이발사는 절반 이상이 타향에서 온 사람들이고, … 그 밖에 각종 직업인들도 토착인과 외래인이 반반"[50]이라 한 내용은 시사하는 바가 많다. 견직물의 생산지이자 집산지였던 성택진의 경우, 명 말에 주사(紬絲)를 취급하는 아행이 1,100여 가나 되고, 사방에서 몰려와 주사를 사가하는 상인들이 마치 벌떼나 개미떼가 한데 어우러져 서로 밀치듯 하여, 길에 발 디딜 틈이 없을 정도였다고 한다.[51] 만력년간 가흥부 석문진(石門鎮)의 착유업(搾油業)에 대하여, "유방(油坊)이 20여 호인데, … 방(坊)에는 수십 인이 있고, … 진민(鎮民)은 적어서 외지인을 고용하여 일을 시킨다. 일꾼들은 대개 돈 한 푼 없는 무뢰이거나 죄를 짓고 도망해 온 자들이다. 20호의 고용인을 합하면 800여 인이나 된다"[52] 고 하고 있다.

이러한 유동인구 혹은 일시 체류자가 관부의 통계에 잡히지 않은 사례는 다른 지역에서도 누누이 발견된다.

(1) **사방의 상인은 휘주 상인이 가장 많고, 섬서·산서·강서가 그 다음이다. 토착**

49) 范金民, 1998, p.334.

50) 同治『双林記增纂』(抄本) 卷8, 風俗, 「工」(川勝守, 1999A, p.375 轉引).

51) 馮夢龍,『醒世恒言』卷,18, 「施潤澤灘闕遇友」(劉世德 等編, 『古本小說叢刊』, 中華書局, 1991), p.352.

52) 賀燦然, 「石門鎮彰憲亭碑記」, 康熙『石門縣志』卷7, 紀文.

상인은 1/10**에 불과하다.**[53)]

(2) **토착인은 일시 체류자**[游寓]**의** 1/20**이다.**[54)]

(3) (**임청에는**) **사방에서 모여드는 상인이 토착 상인보다 열 배는 많다.**[55)]

(4) (**경덕**)**진 상의 용공은 모두 사방의 무적**(無籍) **유도**(游徒)**로 매일 수만 인이나 되며, 한 쪽에서 조금이라도 소동이 일어나면 사방에서 호응한다고 합니다.**[56)]

(5) **융경**(隆慶)6**년 이후 호는 거의** 30**만, 인구는 거의** 90**만인데, 이는 성정**(成丁)**을 나타내는 것이다.** 〔**또한**〕 **미성정**(未成丁)**과 노병남녀**(老病男女)**가 적어도** 100**만은 될 것이고, 호마다 보고하지 않은 수도 모두 합하면 수십만은 될 것이다. 여기에 유민이호**(流民移戶)**는 빠져 있으니, 이 모두를 합하면 거의** 200**여만 구**(口)**나 될 것이다**"[57)]

라고 한 기록들이 그것이다. 명 말의 양주[(1)·(2)]에는, 외래 상인이 양주 전체 상인의 9/10, 외래인이 거민의 19/20나 되었다는 것이다. 양주의 인구는 정확히 알 수 없지만 아마도 80여만 명은 되었을 것이다. 왜냐하면, 청군(清軍) 입관 초 청군이 남하하는 과정에서, 양주에서 학살한 사람의 수는 80여만 명에 이르렀는데, 이 수에는 우물이나 강에 투신하여 죽은 사람, 문을 잠그고 불에 타 죽은 사람, 포로, 사원에 숨어 있던 사람들은 포함되지 않았기 때문이다.[58)] (3)은 가정년간 남경태상경(南京太常卿)이었던 목공휘(1479~1539)가 당시 한창 번영을 누리던, 산동의 운하 도시 임청(臨清)의 유동인구를 묘사한 기록이다. (4)는 가정년간부터 한창 번영을 누리던, 강서성 자도(瓷都) 경덕진의 유동인구와 그로 인한 사회문제를 묘사한 기록이다.[59)] (5)는 만력 초년의 강서성 남창부의 호구에 대한 기록이다. 즉,

---

53) 萬曆『揚州府志』卷1, 郡縣志(上), 總論(4a).
54) 萬曆『揚州府志』序(3b).
55) 穆孔暉,「修蓄鋭亭記」, 乾隆『臨清直隸州志』卷2,「建置·廢署」.
56) 蕭近高,「參內監疏」, 康熙『西江志』卷146, 藝文, p.2563上.
57) 萬曆『南昌府志』卷7, 戶口.
58) 王秀楚,『揚州十日記』(臺北, 廣文書局, 1977), pp.241~242.
59) 吳金成, 1999.

〈도판-2〉 徐揚의 〈盛世滋生圖〉 (별칭〈姑蘇繁華圖〉, 1762)

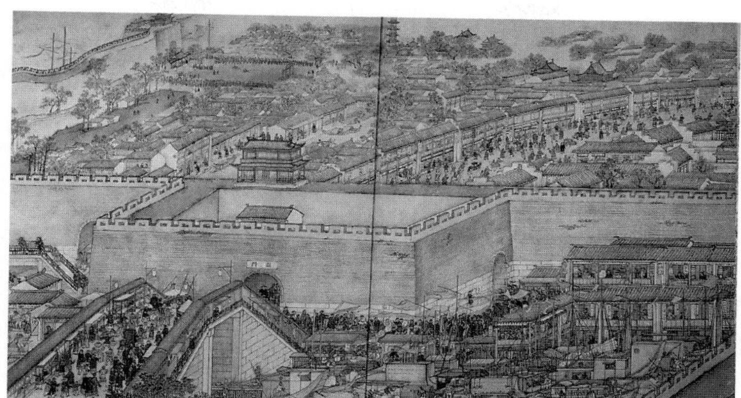

융경말~만력초(17세기 후반)의 남창부의 등록 인구는 30만 호에 90만 명 정도였는데 이것은 성인만 계산한 수이고,[60] 미성년자과 노약자 및 보고되지 않은 노비・유민의 수까지 합하면, 실제 거주 인구는 등록인구의 2배가 넘는 200여 만은 된다는 것이다.

명 중기 이래, 교통의 요지에 위치하여 상공업이 발전하던 도시에는 어디서나 이렇게 유동인구가 많았지만, 강남 각지에는 이러한 유동인구가 특히 많았다. 그런데 명청시대에 각 지방의 관아는 그 많은 유동인구를 파악할 능력도 없었고, 또한 적극적으로 파악하려는 의지도 없었다.[61] 강희 52년에 '성세자생인정(盛世滋生人丁)'을 정한 후로는 더욱 그러하였다. 그러므로 현재까지의 자료로 평가하자면, 위에서 분석한 바와 같이, 명청시대 강남지역은 자체 인구의 점진적인 증가와, 다수의 외부 인구의 유입으로 말미암아, 다른 어느

60) 明代의 人口統計가 대부분 成丁이었던 점은, Ho, Ping-ti, 1959에서 이미 指摘한 바 있다.

61) 단, 그들 유동인구로 말미암아 사회질서가 파괴될 때는 지방관부도 그들에 대한 대책을 강구해야 했다. 그러나 그것조차 현실적으로는 불가능에 가까웠다. 건륭 말기부터 강남에서, 각지 상인들이 건립한 會館의 '董事' 혹은 '客長'에게 치안을 맡긴 것은 그 때문이었다(范金民, 1998, pp.261~262 참조). 청말 사천의 巴縣에서도, 외래 상인들이 건립한 회관의 지도자들의 협의기구인 「八省客長公議」에 각종 분쟁 조정역을 위임하는 등, 협조를 구할 수밖에 없었다(李俊甲, 2002, pp.310~316; 何智亞, 2006 참조).

지역보다도 인구압이 컸을 것으로 생각된다.[62]

청대에 서양(徐揚)이 그린 〈성세자생도(盛世滋生圖)〉〔〈고소번화도(姑蘇繁華圖)〉, 1762, 도판-2 참조〕는 건륭년간에 번영의 극치에 달한 소주의 모습을 묘사한 것인데, 260여 헌(軒)의 상점과 400척에 가까운 배, 사천·광동·귀주·운남·복건·강서·절강·강소·산동의 9개 성 출신의 상인이 개설한 점포가 보이고, 아울러 화면에는 객상, 일용 노동자, 수부(水夫), 견부(牽夫) 등 수많은 유동인구도 묘사되어 있다.[63] 이 그림에 묘사된, 그 많은 식당이나 주점, 기방, 차점(茶店) 등이 번영할 수 있었던 것은 이들 외래 유동인구가 있었기 때문이다. 양조(釀造)로 소비된 분량, 조량(漕糧)으로 북송(北送)된 분량, 복건 등 동남연해로 팔려나간 식량 등을 고려하더라도, 뒤에서 설명할 바와 같이, 사방에서 강남으로 운반된 그 많은 양식은, 이러한 유동인구를 고려한 뒤에야 설명이 가능하다고 생각한다. 청대에 소주부는 1주 7현에서 1주 13개현으로, 송강부는 3현→7현, 상주부는 5현→8현으로 각각 분현(分縣)된 것도,[64] 청조가 갖가지 고려 사항 가운데 유동인구로 말미암은 치안 문제를 고심한 결과라고 생각한다.

62) 李伯重, 2003C에서는, 강남의 인구는 1400년에 900만 → 1620년경에는 2천만, 명청교체기에 잠시 감소하였다가 1680년에는 재차 2,000만을 회복하였고, 1850년경에는 3,600만으로 증가하였을 것으로 추측하고 있다. 그러므로 1680~1850 사이 인구성장률은 3‰인데, 이 수치는 1393~1630 사이의 성장률의 1/5에 해당한다는 것이다. 한편, 王士達, 1931에서는, 건륭27년(1761) → 건륭51년(1786) → 도광20年(1840)에 이르기까지 강소성의 인구가 23,161,049 → 31,142,000 → 42,730,000人으로 증가해 갔고, 같은 기간에 절강성은 15,429,690 → 22,829,000(건륭56년, 1791) → 28,909,000人으로 증가해 갔다고 한다. 그에 따라 일인 당 평균 경지도 건륭년간 → 가경년간에 강소성은 2.97 → 1.83무, 절강성은 2.98 → 1.71무로 감소되어갔다고 한다.

63) 黃錫之, 2003; 范金民, 2005.

64) 趙泉澄, 1955, pp.65~66 참조.

Ⅱ. 農村 經濟構造의 變化

1. 紡織業의 發達

명 중기부터 강남에서 이렇게 도시가 발전할 수 있었던 것은 직물업 등의 수공업과 그로 말미암아 유통업이 발달한 때문이었다.[65] 그런데 이 지역에서 명대에 특히 직물업이 발달하게 된 이유는, ① 홍무제 이래 명조에서 뽕나무·마·목면의 재배를 적극적으로 장려한 점도 있었지만,[66] ② 이 지역의 기후가 온난다습하고 토질이 목면과 뽕나무의 종식(種植)에 적합하였으며, ③ 송대 이래 고도로 발달한 사직기술(絲織技術)이 전수되어 그 기술이 전용되고 전파될 수 있었으며, ④ 이 지역은 동서남북 교통의 요지로서 원료의 구입과 제품의 판매에 이점을 확보한 때문이었다. 더구나 이 지역은, 명 중기의 『대명일통지』[67]나 명말청초 고염무의 지적,[68] 심덕잠의 언급[69], 그리고

> **소주·송강·상주·진강·항주·가흥·호주·태창주를 예로 들어보면, 토지는 일개 성(省)보다 많지 않은데도 그 부세(賦稅)는 실로 천하의 반을 부담한다. 이 때문에 칠군일주(七郡一州)의 부세는 국가의 근본이 된다.**[70]

---

65) 명 중기 이후의 강남지방의 棉織業과 絲織業等 직물수공업과 그 유통업 발달의 구체적인 과정과 역사적 의미, 및 세계학계의 연구현황과 그 문제점에 대해서는 본서, 제1편 〈附論2〉 참조.

66) 明『太祖實錄』卷 17, 乙巳年(1365) 6月 乙卯條; 同書 卷 31, 洪武元年(1368) 4月 辛丑朔條.

67) 李賢 等, 『大明一統志』의 전국 260여 府州의 稅糧額에 보이는 강남지방 額은, 전국 26,560,220石 중 蘇·松 2府가 전국의 1·2위, 소주부가 2,502,900석으로 약 1/10, 蘇·松·常·嘉·湖·杭의 6부 합계는 전국의 1/5보다 조금 더 많았다.

68) 顧炎武, 『日知錄集釋』 卷10, 「蘇松二府田賦之重」條에 "洪武中天下稅糧 29,430,000餘石, 浙江布政司 2,752,000餘石, 蘇州府 2,809,000餘, 松江府 1,209,000餘, 常州府 552,000餘"라고 했다.

69) 沈德潛, 「浮糧變通議」, 賀長齡·魏源 等編, 『清經世文編』, 卷32에 "蘇松之困, 莫甚於浮糧"이라 함.

70) 錢泳, 『履園叢話』 卷4.

고 한 지적에서 보는 바와 같이, 전통적인 중부(重賦) 지역이었다.[71] 그러므로 미곡의 재배만으로는 재생산을 유지하기가 불가능하던 강남지방의 영세 농민들은, 무거운 세 부담을 극복하고 농가경영의 위기상황을 타개하고 생존하기 위해서 다른 가계보충 수단이 절실히 필요하였다. 특히 화폐경제가 농촌 깊숙이 침투하던 명 중기부터는 더욱 그러하였다. 그런데 농업생산에는 계절성이 있어서, 농민들이 농사에 바쁜 시간은 일 년 가운데 반년 정도에 불과하고 그 나머지 시간은 모두 농한기였다. 이에 농민들은 충분한 농한기와 가내 잉여 노동력을 이용하여 가내 수공업 생산에 종사할 수 있었다.

1) 棉紡織業

명대 면방직업[72]은 신흥수공업으로 크게 번성하였고 전망도 좋았다. 그리고 마침 이 때 강남일대에는 주변 대도시에서 비교적 수준 높은 견직물기술이 발달하여 농촌지역으로 전파되었으므로, 그 기술을 흡수하여 양질의 면포를 생산할 수 있었다. 1433년부터는 강남의 세량을 면포로 대납하는 것이 허락되어, 면포 생산에 대한 관심을 더욱 부채질하였다.[73] 이러한 배경 아래에서 농민은 자연스럽게 면방직업을 자신의 주요 부업으로 정착시켰다. 송강지역의 기록을 보면, 정덕년간(1506~1521)에 이미 농가의 세역과 모든 비용을 면포의 이익으로 충당하였다.[74] 또한 명말에 서광계(徐光啓)도 송강지역은 전통적으로 굉장한 중부(重賦) 지역으로서 인민들이 오로지 베틀에 의지해서 살고 있고, 소주・상주・진강과 항주・가흥・호주 지역은 견직물에 의지해서 살고 있다고 한 것은 그러한 내용을 전해주는 것이다.[75]

---

71) 明代 강남지방의 과중한 세역 부담에 대한 구체적인 내용과 그 의미에 대해서는 森正夫, 1988 參照.

72) 본고에서는 면포의 생산과 가공업을 포괄하여 사용하고, 가공업은 踹壓(→ 踹布)과 염색 공정을 포함시켜 파악했다.

73) 西嶋定生, 1966B.

74) 正德『松江府志』卷4, 風俗에도 "俗務紡織, 不止鄉落, 雖城中亦然"이라 함.

75) 徐光啓,『農政全書』卷 35, 蠶桑廣類,「木棉」에 "壤地廣袤, 不過百里而遙, 農畝之入, 非能有加于他郡邑也. 所繇共百萬之賦, 三百年而尚存視息者, 全賴此一機一杼而已.

이제 도시 주변의 농민들은 전통적인 '남경여직(男耕女織)'의 농가경영 방식에서 탈피하여 남자도 적극적으로 가내 직물업에 참여하게 되었고, 직물업이 점차로 부업에서 주업의 지위로 발전하게 되었다.[76] 그 결과, 송강부와 소주부의 가정・태창・곤산・상숙 일대의 농촌에서는 명 중기에서 명말청초에 이르는 시기에는 대체적인 경작비율이 "벼 3할에 면화가 7할 〔稻三棉七〕"이 되었다고 한다. 가정현 일대에서는 심지어 "면화 9할에 쌀이 1할〔棉九稻一〕" 혹은 "오직 면화만 심을 뿐 벼는 심지 않는다"는 기록도 있고,[77] 송강부의 가정 서부에 위치하고, 수도(水稻) 일색이었던 금택진(金澤鎭)마저 면포업이 전개될 정도로 경작물의 비중이 바뀌어,[78] 점차로 저명한 면작구 내지 면방직구로 발전하여 갔다.[79] 어떤 학자는 이러한 현상을 '면화혁명(棉花革命)'이라고까지 평가하고 있다.[80]

농민들이 이렇게 생업을 벼농사 위주에서 면작 위주로 바꾼 이유는, 섭몽주(葉夢珠)의 『열세편(閱世編)』과 하량준(何良俊)의 『사우재총설(四友齋叢說)』의 기록,[81] 그리고 건륭년간(1736~1795)에 양강총독(兩江總督)을 역임한 고진(高晉)이 소・송의 면화와 수도재배에 대해서 지적한 내용[82] 등에 잘 설명되어 있다. 바꾸어 말하면, "면포는 보통 하루에 한 필, 부지런하면 하루에 두필을 짠다"고 말할 정도였으므로, 면작의 수익이 도작 수익의 약 2배에 달하고,

---

非獨松也, 蘇·杭·常·鎭之幣帛枲紵, 嘉·湖之絲纊, 皆恃此女紅末業, 以上供賦稅, 下給俯仰. 若求諸田畝之收, 則必不可辦"이라 하고 있다.

76) 徐新吾, 1992.

77) 康熙『嘉定縣志』卷1, 風俗.

78) 高晉,「請海疆禾棉兼種疏」, 賀長齡·魏源 等編,『淸經世文編』卷37(乾隆40年); 樊樹志, 1990, p.161; 川勝守, 1999A 第4章「明淸時代, 商品生産の展開と江南市鎭の形成」참조.

79) 全漢昇, 1958; 傅衣凌, 1964B; 劉石吉, 1987, pp.21~30. 范金民, 1998, p.71에서는, 명말 강남의 면화재배면적은 대략 160萬畝 정도였을 것으로 분석하고 있다.

80) 黃宗智, 1992, p.4.

81) 葉夢珠,『閱世編』卷7, 食貨4; 何良俊,『四友齋叢說』卷14, 史10; 樊樹志, 2005, 제4장 참조.

82) 高晉,「請海疆禾棉兼種疏」, 賀長齡·魏源 等編,『淸經世文編』卷37(乾隆40年)에서 "臣從前閱兵兩次往來於松江·太倉·通州地方 (中略) 究其種棉而不種稻之故, 竝非沙土不宜于稻, 蓋緣種棉, 費力少而獲利多, 種稻, 工本重而獲利輕. 小民惟利是圖, 積染成風"라 하고 있다.

면작구에서 부녀 1인이 15일 만에 도전(稻田) 1무(畝)의 수익을 올릴 수도 있을 정도로 이윤이 높았으므로 이것이 큰 동기로 작용하였다. 그리하여 농민들이 면직업에 적극적으로 참가하였으므로, 모든 것을 오로지 목면에 의지할 정도로 면식(棉植)지역이 종도(種稻)지역을 압도하게 되었다. 그리하여 명말에 이르면, 소주부 태창주에서는 지주는 벼농사를 원하지만 전호는 오히려 면작을 선호하였다.[83] 또 소주부 가정현에서도, "백성들은 목숨을 오직 면화에 의지하고, … 쌀은 나지 않는다"[84] 혹은 "면화로 베를 짜서 은으로 바꾸어 쌀을 사기도 하고 세금도 낸다. 다른 곳의 곡식을 사와 먹고 산다"[85]고 할 정도였다.

바꾸어 말하면, 강남의 동북단에 위치한 송강부 및 소주부 동북단의 태창주와 가정·곤산·상숙 등 여러 주현의 농민들은 면작과 면포생산을 통하여 삶을 영위하고 중부(重賦)를 극복하였던 것이다. 그 결과, 이 지역에서 농민생활의 부침은 곧 면화의 풍흉에 따라 좌우되었다. 다만, 강남에서 생산되는 면포에 필요한 면화는 그 모두가 강남에서 생산되는 것은 아니었다. 예를 들면, 명 후기에 송강지역에서 생산된 면포는 약 2,000만 필 정도였고, 이에 필요한 면화의 25.2%~37.6%는 외지에서 들여왔다.[86]

강남에서 생산된 면방직물은 전국으로 판매되었고, 시장 지배력은 명청시대에 걸쳐 계속 확대되어갔다. 다만, 주된 판로는 변화되었다. 명대에는 주로 화북과 서북지역이었지만, 청대에는 점차로 강서와 광동·광서 등 남방이 주 시장으로 바뀌었다. 이렇게 변화된 원인은, ① 청대에 들어 화북 각지에 점차 면방직업이 발전했고, ② 강남의 면방직 기술이 그리 크게 발전하지 못하여, 강남이나 기타 지역의 면방직물의 기술이 거의 비슷했기 때문이다.[87] 그러나

---

83) 崇禎『太倉州志』凡例에 "如州地未必不宜稻, 承佃人偏種棉花, 庫米價騰貴, 田主强責佃種稻"라 함.

84) 萬曆『嘉定縣志』卷 19, 文苑,「永折漕糧碑記」.

85) 萬曆『嘉定縣志』卷6,「徐行奏疏」(萬曆21年). 張鴻磐(明末, 嘉定人),「請照舊永折疏」(嘉慶『南翔鎭志』卷12, 雜志, 紀事)에서도 "以棉織布, 以布易銀, 以銀糴米, 以米充兌"라 하여, 조정이 세를 징수할 때 현물이 아니라 화폐를 요구하고 있다.

86) 何泉達, 1993.

87) 張海英, 2002, pp.130~147. 장해영은 또 한 가지 원인으로, 명대에 강남면포를 운

이 때문에 청대에 강남의 면방직업이 쇠퇴한 것은 아니었다. 작물 재배비율은 여전히 "7할이 면화, 3할은 벼〔七分棉花三分稻〕"로 면화를 재배하는 지역이 많았다.88)

명대에 강남 면포의 상품 수량은 대체로 1,500만~2,000만 필 정도였고,89) 청대에는, 비록 전국 각지에 면방직업이 발전하였음에도 불구하고, 강남에서 생산된 상품포가 약 4,000만 필에 달하여, 명대보다 100% 증가하였다. 300여 년 동안에 면포의 생산량이 배로 증가한 셈이었다.90) 따라서 청대에 강남과 기타 지역 상품포의 양은 이보다 훨씬 많았을 것이다. 청대에 이르러 면포의 생산이 이렇게 증가한 원인은, 보편적으로 농민의 의류로 면포가 사용되었고, 또한 인구가 격증했기 때문이라고 생각한다.

2) 絲織業

강남에서는 면직업보다 훨씬 앞서 더욱 활발하게 사직업(絲織業)이 발전하였다.91) 즉, 소주부에서 가정・태창・곤산・상숙을 제외한 지역과 항주・가흥・호주 지역은 중국의 대표적인 사직업 중심지로 알려진 곳이었다. 이들 여러 지역에서는 명 중기, 특히 16세기 초 정덕년간에는 이미 "누에 기르는 것으로 농사를 대신하는 사람들이 7할이다" 또는 "의지할 것은 누에의 이익뿐이다"라는 기록이 보인다.92) 바꾸어 말하면, "뽕나무와 벼가 서로 경쟁한다〔桑爭稻田〕"고 할 만큼, 농민들이 논에까지 뽕나무를 심는 사례가 만연하였다.

견직물(絹織物)은 우선 명조 정부의 수요도 많았을 뿐 아니라 민간의 수요

반한 중요 상방은 서북상인(산섬상인)이었지만, 청대에는 휘주상인이 대체하였다고 하는데, 이 부분은 동의할 수 없다. 왜냐하면, 휘주상인도 전국을 누볐기 때문이다.

88) 光緖『羅店鎭志』卷1, 風俗.

89) 이 가운데 500만~600만 필은 북변으로 들어갔다. 명대 북변 방어군이 70만~80만이나 되었으므로, 그들과 권속 및 互市무역에 필요한 것이었다. 이렇게 필요한 면포는 대개는 산동의 臨淸을 중계지로 하여 공급되었다. 張海英, 2002, p.143 참조.

90) 吳承明, 1983A; 許滌新·吳承明 主編, 1985, pp.277~279.

91) 陳學文, 1993; 范金民・金文, 1993; 佐伯有一・田中正俊, 1955; 佐伯有一, 1961A 등 참조.

92) 正德『桐鄉縣志』卷 2,「物產」.

도 갈수록 증가하였다. 명조에서는 궁중의 의류, 문무백관의 관복, 내외 입공(入貢) 사신(使臣)에 대한 상사품(賞賜品), 관리의 봉급 등으로 사용되는 비단의 수요가 엄청났다. 민간에서도 명 중・후기에 진행된 인구의 증가와 생산력의 향상, 및 시정의 무뢰까지 비단옷을 입을 정도로 도시사회의 사치풍조가 만연하였기 때문에,[93] 견직물의 수요가 폭발적으로 증가하여 갔다.

명초에는 명조 정부의 수요를 위해서 장역제(匠役制)를 기반으로 한 관수공업(官手工業)으로 자급체제를 갖추었다.[94] 그러나 15세기 후반부터 장역제가 붕괴되면서 장호[匠戶; 기호(機戶)를 뜻함]가 장역제로부터 독립하여 사직업을 경영하는 사례가 나타났다. 명말에 이르면 강남에서 이러한 기호에게 고용되는 공장(工匠)들, 즉 단공(緞工)・사공(紗工)・차공(車工)・주공(工) 등의 기능을 보유한 기술자들 만여 명이 존재하였다. 그에 따라 기호와 공장들이 가지고 있던 고도의 견직기술이 주변 농촌으로 전파되어 농촌에서도 평민용의 보급품뿐 아니라 고급품도 생산할 수 있게 되었다. 더구나 명말・청초에 이르면, 양잠과 사직업의 단위면적당 수익이 곡물 재배보다 4~5배 내지 십 수 배에 달하였다.[95] 그 때문에 중부(重賦)로 위기상황에 처해 있던 농민들이 우선 농가의 부업으로서, 자가 소비가 아닌 상품생산의 목적으로 사직업에 참여하게 되었다. 그 결과 소주・항주 등 대도시뿐 아니라, 시진 주위의 40리~50리(22~28km) 범위 안의 주민 중에는 견직물의 이득을 좇는 농민이 점차 증가하였으며, 청대에 이르면 뽕나무 재배는 강남지역 농민들의 생활기반이 되기에 이르렀다.

명 후기부터 청 중기에 이르는 300여 년 동안에 농촌의 부녀가 양잠과 방직업에 종사하는 수가 배로 증가하였고,[96] 사주(絲綢)의 생산량도 30여 배로 증가하였다.[97] 이렇게 상품으로 생산된 비단은 휘주상인・산섬상인・동정상

---

93) 본서, 본편 제2장 참조; 林麗月, 2004.

94) 中山八郎, 1942; 彭澤益, 1963A.

95) 張履祥, 『補農書』, 『楊園先生全集』 卷50 中의 『沈氏農書』・『補農書』의 有關 記載; 陳恒力, 『補農書研究』의 有關 計算과 說明; 樊樹志, 1990, 上卷 第4章 「絲綢業市鎭的分布與結構」 等 參照.

96) 李伯重, 1996A, p.9.

인(洞庭商人) 등, 명청시대에 저명하던 상인들이 운반하였다. 강남의 비단은 대운하를 통하여 전국으로 팔려 나갔다. 건륭41년, 회안관(淮安關)을 거쳐 운하를 통하여 북으로 간 주포선(綢布船)이 367척이나 되었다.[98] 건륭・가경년간에 이들이 교역한 상품량은 대략 천 수백만 필, 금액으로는 약 1,500만 냥으로, 명대의 수십 배에 달하였다. 강남의 사직품은 청대에도 여전히 전국으로 팔려 나갔다.[99] 강남 사직품 교역의 최대 시장은 당연히 소주와 항주였다. 그리고 성택진・복원진・쌍림진 등, 수많은 시진도 사직품 교역으로 번영을 누렸다. 특히 복원진은 건륭년간에 사직업에 종사하는 호(戶)가 "열 집 가운데 아홉[十室而九]"이였고, 이곳에서 생산되는 사직품은 중국 내 각지뿐 아니라, '복주(濮綢)'란 이름으로 유구(琉球)와 일본까지 팔려 나갔다.

바꾸어 말하면, 강남인들은 면방직・사직 등, 적극적인 상품생산을 통해서 전통적인 중부의 부담을 극복할 수 있었을 뿐 아니라 이를 이용하여 중국 제일의 경제・문화 중심지로 발돋움하였다.[100] 이렇게 된 데는, "소주의 신사들 가운데는 상업을 경영하는 사람이 많다"[101] 혹은 "소주 사람들은 직물을 업으로 삼는데, 신사도 방직으로 이익을 얻는 사람이 많다"[102]고 한 것 같이, 신사들마저 적극적으로 이에 가담하였기 때문이었다.

명청시대에도 강남지방이 중국의 경제적 중심지의 지위를 계속해서 유지할 수 있었던 것은, 이 지역에서 면직・견직 등 직물의 생산과 유통을 중심으로 한 상품경제가 발전하고 무수한 중소도시가 발달한 때문이었다. 그런데 명말・청초 이후의 강남 델타지역은 면방직구(棉紡織區; 동부와 북부의 연강연

---

97) 范金民, 1992A, 1992B.

98) 吳建雍, 1984, p.86.

99) 강남의 면포의 직조기술은 명청시대에는 크게 발전되지 못하였으므로, 전국적으로 기술이 평형을 이루었다.(前述) 그런데 사직 기술의 경우에는, 강남의 기술이 명청시대에 계속하여 발전하였고, 사천・산서・산동・광동 등 다른 지역보다 월등하게 앞서 나갔기 때문에, 이러한 결과가 나타난 것이다.

100) 唐甄, 「教蠶」, 賀長齡·魏源 等編, 『淸經世文編』, 卷37에 "吳絲衣天下, 聚于雙林. (中略) 吳南諸鄕, 歲有百十萬之益. 是以雖賦重困窮, 民未至于空虛, 室廬舟楫之繁庶, 勝于他所, 此蠶之厚利也"라 하고 있다.

101) 黃省曾, 『吳風祿』(郝秉鍵, 2001, 24).

102) 于愼行, 『穀山筆麈』 卷4, 「上鑒」.

해지대), 잠사구[蠶絲區; 태호(太湖) 남부일대], 도작구(稻作區; 태호 북부일대)의 3개 경제구역으로 정착되어 갔다.[103] 그러나 그 결과 원래 "소주와 호주에 풍년이 들면 천하가 족하다"고 하던 곡창지가 명 중기부터는 오히려 심각한 결량지구(缺糧地區)로 전락되어 갔다.

2. 農家 經營構造의 變化와 '缺糧'

이상과 같이 면화・뽕나무 등, 도작보다 이익이 월등하게 많은 경제작물의 광범한 재배, 이를 기초로 한 면포・견포 등 직물수공업의 신속한 발전, 다수의 외래 인구 유입, 수없이 많은 중소시진의 발전, 이와 동시에 진행된 인구압력의 증대, 그 밖의 여러 요소가 복합적으로 작용함으로써 명 중기 이래 강남 농촌사회의 경제구조에 광범한 변화가 진행되었다. 첫째는 농촌의 농민들이 분우(分圩)와 토지의 다각적인 개발 및 꾸준한 집약농업을 통하여 수도(水稻) 등 양식작물의 생산에서 집약화 정도가 제고되었다.[104] 둘째, 더욱 중요한 것은, 농업경영에서 집약화 정도가 비교적 낮은 부문(벼농사)에서 집약화의 정도가 비교적 높은 부문, 즉 잠상(蠶桑)과 면화의 종식(種植) 등으로 전이되면서 농업생산 구조를 변화시켰고, 그 결과 농업은 상품경제의 범주로 발전하였다. 다수의 사료가 명 중엽 이후 강남지역에 "장공(長工)・단공(短工)・조호(租戶)・망공(忙工)" 등의 존재를 기록하고 있는 것은,[105] 곧 농업에도 경영의 변화와 함께 고공(雇工)이 존재했음을 의미하는 것이다. 그리고 도시에서는 농촌의 그러한 변화와 상관된 가공업(직물업 등)이 광범하게 발달함으로써, 이전의 경제구조라면 수용할 수 없었던, 농촌에서 유산하여 들어온 노동력을 시진 등 중소도시가 흡수할 수 있게 되었다.[106]

이리하여 명말・청초 이래 강남지역의 농민들은 토질에 적합하게 여러 종

103) 李伯重, 1985A 參照.

104) 본서 제1편 제2장 참조

105) 弘治『吳江志』卷6, 風俗; 嘉靖『吳江縣志』卷13, 典例, 風俗.

106) 黃宗智, 1992 第一編 第3・4・5章; 李伯重, 1985B. 그러나 范金民・夏維中, 1993, pp.226~229에서는 이러한 현상이 명 중・후기까지는 아직 일어나지 않았다고 한다.

류의 부업적인 수공업을 겸영하거나, 농업과 부업을 겸영(兼營)하는 종합형 산업구조를 만들어 갔다. 소주부 소속 지역을 살펴보면, 식량작물 외에 대체적으로 ① 강가의 사지(沙地) 및 지형이 높은 상숙·소문·가정·곤산·진양 등 대부분 지역에서는 면화를 재배하거나, 방사(紡絲)·직포(織布)를 주로 했고, ② 태호 연안지역과 절강성의 가흥·호주부에 인접한 오강·진택 등 여러 지역에서는 뽕나무 재배와 양잠·소사(繅絲)·직주(織綢)를 주로 했으며, ③ 태호 가운데에 있는 동정산(洞庭山)에서는 양잠·수과(水果)·화목(花木)의 재배를 주로 했고, ④ 태호·정산호·양징호·백현강·진호 및 그 밖의 수택지역(水澤地域)에서는 어업(漁業)을 주로 했다.[107]

명말·청초에는 강남의 농업에서 토지이용·경지관리·경작제도·경작기술의 제고 등 여러 방면에서 집약농업(즉, 정경세작)의 수준이 더욱 향상되었다. 면화·뽕나무·석초(席草)·채소와 과일·화목(花木) 등 작물의 종류가 증가하고 생산규모도 확대되었다. 일부의 농민들은 상업성 농업을 경영하여 부세를 납부하고 생계를 유지할 뿐 아니라, 재부를 축적하여 경제적 지위를 상승시키는 경우도 있었다. 바꾸어 말하면, "생활의 방편을 농사에만 의지하지는 않는다. 그러므로 흉년이 들면 다소곳이 집과 묘지와 처자를 지키며 견디고 가볍게 고향을 떠나지는 않는다"[108], 또는 "재산을 불린 사람 중, 농사로 부자가 된 사람이 6/10, 상업이 4/10, 간부(奸富)가 1/10"[109]이라 하는 정황은 이미 명말·청초부터 존재한 것이었다.

이렇게 상품생산이 발전하고 농촌의 농업생산과 경영구조가 변화되면서, 종래 중국의 곡창지대였던 강남지역이 미곡 수입지, 즉 결량지구로 전락하여 갔다.[110] 이러한 변화를 촉진시킨 요소는 다양하였다. 즉, ① 면화·잠상(蠶桑)

107) 陳學文, 1989, 1991A, 1993 등 참조. 그러나 范金民·夏維中, 1993, pp.411~417에서는, 이러한 생산형식은 강희 이후의 현상이라고 한다.

108) 乾隆『唐市志』卷上,「風俗」

109) 光緒『常昭合志稿』卷6,「風俗」(范金民·夏維中, 1993, p.417 再引用).

110) 이러한 主業과 부업의 倒置 현상에 대해서는 樊樹志, 2005, pp.121~124에서도 강조함. 張海英, 2002, pp.118~130에서는, 강남지구 전체로 보면, 명대에는 큰 흉년이 아니면 대규모로 외지 식량을 수입하지 않아도 강남지구 내부의 조정으로 극복할 수 있었는데, 청대에 들어서는 갈수록 결량의 정도가 심화되었다고 한다. 명청

등 경제작물의 재배가 확대되면서 양전(良田)을 잠식하여 상대적으로 식량생산량이 감소하였다. ② 새로운 생활 터전을 찾아오는 수없이 많은 외지인의 유입으로 말미암아, 도시지역의 인구가 급증함으로써 식량의 소비량이 크게 증가하였다. ③ 절강 남부와 복건 등 동남 연해지역과 산동 등 북방지역 및 수도 북경으로 현물 징수되는 조량(漕糧) 등을 위하여 전수(轉輸)되는 식량의 수요는 여전하였다(後述). ④ 도시경제의 번영은 식량 수요를 증가시켰을 뿐 아니라 나아가서는 식량의 생산과 소비의 지역적인 불균형도 심화시켰다. 요컨대 강남지역이 심각한 결량지구로 전락한 것은 이러한 여러 요소가 복합적으로 작용한 결과였다.[111)]

그런데 마침 15세기 중기부터 양자강 중류의 호광지방이 대거 개발되기 시작하여, 15세기 중기에는 호광의 미곡이 강남지역으로 유출되기 시작하고, 드디어 종래의 "소호숙 천하족(蘇湖熟, 天下足)" 대신에 "호광숙 천하족 (湖廣熟, 天下足)"이라는 속담이 생기게 되었다.[112)] 이러한 강남지역의 식량사정은 "소주에서 생산되는 쌀은 본 지역의 필요를 충당하기에는 부족하다"[113)]는 명말의 기록을 통해서 잘 알 수 있다. 예컨대, 소주부 9개 현 지방은 원래 벼의 생산성이 대단히 높은 지역으로, 매년 2,200만 석 정도를 생산할 수 있었으나, 청초부터는 크게 변하였다. 강희제는 "호광이 풍년이 들면 천하가 족하다. 강소와 절강의 백성들은 오직 호광의 식량에 의지하고 산다"고 인식하고 있었고,[114)] 옹정년간(1723~1735)에 교세신은 소·송 두 부(府)에 대하여, "민간이 사서 먹는 식량은 … 모두 호광에서 나는 미곡이다"라고 하였으며,[115)] 가경년간(1796~1820)의 포세신도 "소주 지방에는 풍년 흉년을 물론하고 강서·호

시대 강남의 결량 정도를 비교하면, 명대는 청대에 비하여 약간 나았던 점은 인정되지만, 강남으로 수입된 식량은 단지 강남의 수요만이 아니고 화북과 복건과 광동지역 분까지 포함되어 있었음을 고려하여야 할 것이다.

111) 蔣建平, 1992, pp.85~113. 한편, 范金民, 1991, pp.83~84에 따르면, 강남에서 釀酒業에 소비되는, 年間 數百萬石의 米糧도 이 지역의 결량을 부채질하는 요소였다.

112) 吳金成, 1986 第2編; 吳金成, 1993; 본서 제1편 〈附論1〉 參照.

113) 黃希憲, 『撫吳檄草』, 卷1, 「爲祈飭遏糴之禁大沛隣封事」(崇禎 13年 5月 29日).

114) 淸『康熙皇帝實錄』卷193, 康熙 38年 6月 戊戌條.

115) 『雍正硃批諭旨』 雍正11年 4月 15日, 喬世臣奏稿.

광・안휘의 미곡이 매년 수백만 석이나 된다"고 한 것처럼, 청대에 들어서는 결량의 정도가 갈수록 심화되었다.116) 바꾸어 말하면, 소주부 예하의 각 현과 시진의 수십만에 달하는 상・공업 인구와 유동인구가 필요로 하는 식용과 기타 공업용 미곡은 양자강 중상류 지역에서 수입한 양식에 의존하였으며 그 수량도 아주 많았다. 또 송강부 소속의 각 현과 태창주(太倉州) 지역은 면화 재배와 직포(織布)가 가장 발달한 지역으로서, "면화를 심는 사람은 많고 벼를 심는 사람은 적기 때문에, 매년 식량은 모두 객상들이 들여온다"117)고 한 바와 같이, 매년 외부로부터 다량의 식량을 수입해야 했다. 태호 남부의 항주・가흥・호주 지역 역시 원래는 곡창지대였으나 뽕나무를 심고 양잠이 발달한 명 중엽부터는 강서와 호광의 식량에 의존하지 않으면 안 되는 결량지구로 변하였다. 특히 절강 서부 지역에 대해서는

> 절강 서부 일대에서 생산되는 쌀은 본지에서 필요한 식량의 절반에도 미치지 못하여 오로지 강서・호광의 객판(客販) 미선(米船)에 의지하고 있다.118)

고 할 정도로 심각한 결량지역으로 변화하였다.

한편, 장강 중류지역의 다량의 미량(米糧)이 강남지역으로 운반된 배경은 국가의 정책과 중국 전체의 수급구조(需給構造)에서 오는 원인도 있었다. 명청시대에는 매년 300만 석이 넘는 조량(漕糧)이 북으로 운반되었다.119) 또한, 강남으로 들여온 식량은 산동의 임청(臨清)을 중계지로 하여 다시 화북으로 반입되기도 하였고, 절강 남부와 복건 등 동남 연해지역은 송대 이래 식량 부족지역으로 강남에서 전수되는 식량을 수입하였는데, 이러한 양상은 명청시대에도 변하지 않았다. 『청경세문편』에서,

---

116) 許滌新·吳承明, 1985, p. 274; 張海英, 2002, pp.118~130.
117) 高晉, 「請海疆禾棉兼種疏」, 賀長齡·魏源 等編, 『清經世文編』 卷37(乾隆40年).
118) 清 『高宗實錄』卷314, 乾隆 13年 5月 乙酉條.
119) 張海英, 2002, pp.122~123.

> **복건에서 생산되는 미곡은 원래 복건의 식량으로는 부족하여, 비록 풍년이라도 강절지방(江浙地方)에서 사온다. (그런데) 강·절의 미곡도 역시 원래 강·절의 식량으로는 부족하여, 비록 풍년이라도 반드시 호광 미곡의 공급을 기다릴 수밖에 없다. 수십 년 동안 호광의 미곡은 대개 소주의 풍교(楓橋)에 모이고, 풍교의 쌀은 상해·사포(乍浦)를 경유하여 복건으로 운반된다. 그러므로 비록 흉년이 들어도 미가(米價)는 그리 오르지 않는다.**[120]

고 하고 있는 것은 바로 그 내용을 전해주는 것이다.

사실 강남의 수공업과 도시의 발전은 장강 중류지구의 미량수입을 전제로 한 것이었다고 해도 과언이 아니다.[121] 송대로부터 명초까지는 강남이 농·공·상의 모든 면에서 중국의 실질적인 경제중심지인 동시에 문화 중심지였다. "소호숙, 천하족(蘇湖熟, 天下足)" 또는 "하늘에는 천당이 있고, 땅에는 살기 좋은 소주와 항주가 있다"는 속담은 그 때문에 나온 것이었다. 그러나 명 중기부터는 사정이 변하였다. 강남은 상공업과 문화의 중심지로서만 발전하였고, 식량생산은 호광과 강서와 같은 지역이 담당하게 되었다. 15세기 중엽 명 중기 이래 "호광에 풍년이 들면 천하가 족하다[湖廣熟 天下足]"란 속언이 생긴 배경은 여기에 있었다.[122]

바꾸어 말하면, 명청시대에 곡창은 장강 중류의 호광·강서지역과 상류의 사천지역이었다. 강서는 이미 명초부터 인구과잉 지역이면서도 오히려 양식을 성 밖으로 수출하던 좀 기이한 지역이었다. 호광은 이미 15세기 중엽, 즉 강남지방이 점차 결량구로 전락되어 갈 즈음부터, 점차로 대량의 식량을 성 밖으로 수출하게 되고, 그 결과 "호광숙 천하족(湖廣熟, 天下足)"이란 명성을 얻게 되었다. 청조의 옹정년간에도 여전히 "호광은 천하 제일의 쌀 생산지

---

120) 蔡世遠, 「與浙江黃撫軍請開米禁書」, 『清經世文編』 卷44, 戶政19, 荒政4.

121) 全漢昇, 1969; 許滌新·吳承明, 1985; 李伯重, 1986A; 重田德, 1975; 安部健夫, 1971; 川勝守, 1992; Perkins, 1969; Rawski, 1972.

122) 송대의 "蘇湖熟 天下足"이란 속언에 대신해서 명대에 "湖廣熟 天下足"이란 속언이 성립된 시기에 대해서, 中國·일본 학계의 인식과 그에 대한 비판은, 본서 제1편 제2장 참조.

역"[123]이라는 평가를 받고 있었는데, 호광이라 하여도 사실은 호남성을 지칭하는 것이었다. 호남에서는 대개 청초부터 쌍계도(雙季稻)가 널리 보급되어 일년 이모작이 가능해져 양식 총량이 크게 증가하였던 것으로 생각된다.[124] 그리고 사천은 청 중기부터 새로운 곡창으로 등장하였다.[125]

그러면 강남지방의 모자라는 식량[缺糧]을 보충하기 위하여 장강 중·상류와 기타 지역에서 공급된 식량은 대개 어느 정도나 되었을까? 전한승(全漢昇)은 옹정년간 장강 삼각주로 수입된 양호미(兩湖米)가 매년 1,000만 석 정도라 하였고, 왕업건(王業鍵)·황국추(黃國樞)는 18세기 후반에 장강을 통해 운송된 쌀은 매년 1,500만~2,000만 석이었고 그 가운데 500만~600만석은 북경과 천진지역(조량 300만석 포함)으로 전운(轉運)되었고, 대운하를 통하여 남으로 운반되는 하남과 산동의 대두(大豆)와 잡곡이 대략 이와 비슷한 정도였으며, 해로(海路)를 통하여 강남으로 운반되어 온 관동·산동지역의 두류(豆類)·곡류도 1,000만 석 정도가 되었을 것으로 추정하였다. 바꾸어 말하면 매년 총 3,000만~3,500만 석이나 되었던 셈이다. 또 로스키(Rawski)는 청대 전·중기에 강남으로 수입된 식량을 700만~1,000만 석으로 보았다. 오승명(吳承明)은 청대에 매년 장강을 통해서 강남 삼각주와 절강으로 수입된 양식은 양호·사천의 미곡 1,000만 석, 강서·안휘의 미곡 500만 석, 도합 1,500만 석으로 인구 400만~500만 명의 양식이었고, 또한 동북지역에서 오는 두맥(豆麥)도 많았는데, 19세기의 30년대에는 동북지역에서 오는 소맥(小麥)과 대두가 약 1,000만 석 정도였다고 한다. 또한 곽송의(郭松義)는 사천에서 100만~150만 석, 양호(兩湖)에서 1,200만~1,500만 석, 강서에서 400만~600만 석, 안휘에서 50만~100만 석, 기타 대운하와 해운을 통하여 강남으로 운반된 것을 합하면 도합 3,050만~3,350만석으로 보면서, 이러한 수치는 당시 전국 상품량 총량의 1/3~1/5 정도나 되었다고 한다. 공승생(龔勝生)은 18세기에 양호지구

123) 『雍正硃批諭旨』, 雍正4年12月初4日, 「湖廣總督福敏奏」.

124) 安野省三, 1976.

125) 蔣建平, 1992; 本書, 제1편 제2장 참조. 한편, 『雍正硃批諭旨』 雍正5年12月初5日의 「浙江巡撫李衛奏」에는, "査各省米穀, 四川所出多, 湖廣·江西次之"라는 指摘이 있으나 과장에 불과한 것이었다.

에서 수출된 쌀은 매년 400만~1,000만석 정도로, 당시 도미(稻米) 총 생산량의 8.1~16.8%에 해당하였고, 도곡(稻穀)의 평균 상품률은 12.5% 정도였다고 한다. 한편, 범금민(范金民)의 분석에 따르면, 건륭3년 8월~4년 4월까지, 8개월 동안에 강서 북변 구강관(九江關)을 경과한 미선(米船)이 53,032척이었으므로, 미(米) 약 1,200만 석을 운반한 셈이었고, 건륭13년~14년에 구강을 경과한 미선은 각각 48,250척과 44,795척이었으므로, 각각 미 1,000만 석 이상을 운반한 셈이었다. 또한 호광・사천의 두(豆)를 매년 두 번씩 왕복하며 강절로 운반한 사례도 있었다.[126] 이를 종합해 보면, 18세기의 건륭・가경년간에 강남으로 운반된 미곡은, 장강을 통하여 운반되는 사천・호남・호북・강서・안휘의 미곡이 대략 2,000만여 석, 대운하와 해운을 통하여 운반되는 화북과 동북지역의 잡곡이 대략 1,000만여 석, 최소한 도합 3,000만여 석 정도였을 것으로 생각한다.[127]

이렇게 대량으로 필요한 강남의 미량은 휘주・산서・동정・강서・광동・복건상인 등이 운반하였다. 소주・무석・가흥・항주 등 대도시에는 대규모의 미시(米市)가 있어, 이곳으로 운반되는 미곡이 다시 강남 각지로 공급되거나, 화북・절강 남부 및 복건 등 지역으로 전판(轉販)되었다. 기타 중요한 미시로는 소주의 창문(閶門) 밖 7리에 있던 풍교시(楓橋市), 오강현의 평망진(平望鎭), 기타 동리진(同里鎭)・여리진(黎里鎭) 등 수없이 많은 시진에 상당한 규모의 미시가 형성되었다. 그 중에서도 풍교시는 미량을 실은 선박이 운집하는 지역이었으며, 명말에는 양자강 상류와 강북에서 도착하는 숙(菽)・맥(麥)・면화선이 하루에 '천백(千百)'을 헤아릴 정도였다.[128] 입청 이후에는 미량교역이 더욱 성하여, 강희년간에는 "풍교에 들어오는 미선(米船)이 매일 백여 척"[129]이라 할 정도였다.

---

126) 龔勝生, 1996, p.260, p.269; 郭松義, 1994; 范金民, 1998, pp.58~59; 全漢昇, 1969; 王業鍵・黃國樞, 1989; 許滌新・吳承明, 1985, pp.273~275; Wang, 1992 등 참조.

127) Li, Bozhong(李伯重), 1998, 第4章 2節에서는, 全漢昇・王業鍵・吳承明 등의 수치를 고려한 후, 19세기 중기 강남의 稻米輸入量을 약 1,500萬石으로 보았다.

128) 崇禎『吳縣志』, 王心一「序」.

129) 康熙『林屋民風』, 卷 7, 「民風」(范金民・夏維中, 1993, p.421 轉引).

이상을 종합해 보면, 강남의 각 시진에서는 그 지역의 가장 중요한 수공업 교역품(예컨대 면직품・사직품)을 제외한 두 번째의 교역품은 대체로 미량(米糧)이었다.[130] 그러므로 명청시대에 걸쳐, 강남지방에 상품경제와 무수한 도시가 발전할 수 있었던 것은, 양자강 중류의 식량생산 등, 전국적인 농업 부산품의 분업체계가 이루어지고, 휘주상인・산서상인 등 다양한 상인들이 이러한 상품을 유기적으로 운반하여 경제적으로 조화를 이루어 준 덕이었다. 바꾸어 말하면, 강남은 면직・견직 등 수공업품을 팔아 식량을 사먹으면서 산업을 발전시켰고, 호광과 강서지역 등 식량생산지역은 식량을 팔아서 직물상품을 사 입었다. 대국적으로 보면, 호광과 강남은 의복〔衣〕와 양식〔食〕을 서로 의지하는 공생관계를 이루며 발전한 것이다.

Ⅲ. 都市社會의 多樣化

1. 文社活動의 場

명 중기부터 강남에서 상공업이 발달하고, 수많은 중소 도시가 나타나면서, 천하의 재부와 인재가 강남으로 모이게 되어, 강남은 일대 문화중심이 되었다.[131] 명청시대에 강남은 전국에서 과거합격자를 가장 많이 배출한 곳인데, 그 배경에는 이상과 같이 경제와 문화의 발전이 원동력이었다.[132] 예컨대, 명 홍무4년(1371)부터 청 광서(光緖)30년(1904)까지, 총 201회의 전시(殿試)를 거행하여 진사 총 51,681인을 합격시켰는데, 이를 시대별로 보면 명대 합격자는 24,866명, 청대 합격자는 26,815명이었다. 이 가운데 강남인은 명청시대 총 7,877명(전국 진사 총수의 15.24%), 명대 3,864명(전국 진사 총수의 15.54%), 청대 4,013명(전국 진사 총수의 14.95%)이었다.[133] 특히 청대 소주부의 진사

130) 陳學文, 1993.
131) 夏咸淳, 1994; 宮崎市定, 1953.
132) 樊樹志, 1990, 2005; 陳學文, 1993; 范金民・夏維中, 1993; 何炳棣, 1987, pp.245～279.
133) 范金民, 1998, p.342.

는 658명(전국 진사 총수의 2.8%)이었고, 청대의 114명의 장원(狀元) 가운데 소주 출신이 24인(태창주 출신 5인을 포함하면 29인)으로 역시 전국에서 으뜸이었다.134)

강남의 신사는 상당수가 시진에 거주하였고, 그 지역을 중심으로 사회활동을 전개하였다.135) 특출한 몇 개의 시진을 보면,136) 소주부의 경우, 유정진(唯亭鎭)에서는 명대에 거인 24인, 진사 6인, 청대에 거인 39인, 진사 23인을 배출하였고, 녹직진〔甪直鎭; 또는 보리진(甫里鎭)이라고도 불렀음〕에서는 명대에 거인 59인, 진사 24인, 청대 건륭년간까지 벌써 거인 24인, 진사 6인을 배출하였으며, 남상진(南翔鎭)에서는 명대에 공생 14인, 거인 16인, 진사 10인, 청대에 공생 20인, 거인 19인, 진사 7인을 배출하였으며, 동리진에서는 명대에 거인 46인, 진사 18인, 청대 가경년간까지 거인 31인, 진사 11인을 배출하였다. 견직업으로 번영을 누렸던 호주부의 경우, 능호진(菱湖鎭)에서는 명대에 8인, 청대에 33인의 진사를 배출하였고, 쌍림진(雙林鎭)에서는 명대에 거인 27인, 진사 6인, 청대에는 거인 66인 진사 16인을 배출하였다. 뒤에서 자세히 설명하겠지만, 명 말에 최고조에 이른 강남의 문사활동(文社活動)은 바로 위와 같은 이 지역 사회분위기와 문화를 기초로 출현한 것이었다.137)

명청시대에 강남은, 위에서 본 바와 같이, 문운(文運)이 발전하여 전국의 문화중심지가 되었고, 진사와 거인이 무척 많았으므로, 감생과 생원 또한 당연히 많았을 것이다. 그런데 실제로 생원・감생〔세공생(歲貢生)과 예감생(例監生) 양자를 모두 가리킴〕이 특정 단위기간에 얼마나 있었는지 계산하는 것은 거의 불가능하다. 만력26년~29년 동안 남경국자감(南京國子監) 제주를 맡았던 곽정역(郭正域)은, "오늘날 천하 부주현학(府州縣學) 가운데 큰 것은 학생이

---

134) 范金民・夏維中, 1993, p.514.

135) 王衛平・黃鴻山, 2003에 따르면, 청대 강남의 각종 구제활동은 대부분 시진 신사를 중심으로 이루어졌다.

136) 樊樹志, 2005, pp.417~424.

137) 別途의 註가 없는 경우에는, 江南 文社에 대한 記述은 吳山嘉, 『復社姓氏傳略』, 中國書店, 1990; 樊樹志, 2005; 大久保英子, 1958; 小野和子, 1959, 1962, 1996A; 李允碩, 1997; Atwell, 1975 等 참조.

1,000명~2,000명에 이르고 작은 것도 700명~800명에 이르며, 200명~300명 이하는 하현(下縣) 궁향(窮鄕)에 속한다"[138]고 하였고, 명말·청초의 송응성(宋應星; 1587ca.~1650)도 "오늘날 부나 현으로 큰 곳은 학생이 2,000명이 넘는다"[139]고 하였다. 고염무도 전국 각 주현학의 생원을 최소한 300명으로 계산하여 총 50여만 명은 될 것이라 하였다.[140]

명 중기부터 강남의 사인(士人; 미입사 거인·공생·감생·생원)은 다른 어느 지역보다도 계층상승이 불투명하고 사회적 지위가 불안하였다.[141] 만력년간부터 이 지역에서 사인들의 집단행동이 빈발했던 것은 바로 그 때문이었다.[142] 그러나 그러한 집단행동은 관의 제재 대상이 될 뿐 아니라, 그들 자신들로 보아도 목적달성이 불투명한 일시적인 것이었으므로, 좀 더 강력하고 조직적인 힘의 결집이 필요하였다. 명말 강남을 중심으로 문사의 결집이 성행하게 된 많은 원인 중에는 이러한 필요성도 있었다.[143]

그런데 명 말의 문사 결집 이전에도 향신(鄕紳; 관직경력자)과 사인, 즉 신사(紳士)가 함께 결집한 사례를 찾아볼 수 있다.[144] 이미 원말에도 강남을 중심으로 월천음사(月泉吟社)·취계문회(聚桂文會) 등 시사(詩社)나 문사를 결성하고 시부(詩賦)·문권(文卷) 품평회를 열며 우의를 다졌다. 이러한 문인들의 모임은 인문주의와 처사(處士) 발생의 계기가 되었고 그 전통은 명대로 계승되었다. 그러나 홍무제의 강남 지주와 지식인에 대한 대탄압 때문에, 많은 사

138) 郭正域, 『合併黃離草』卷1, 奏疏, 「遵祖制復監規疏」. 朱國禎, 『湧幢小品』 卷11, 「雍政」은 곽정역의 상주를 轉載한 것임.

139) 宋應星, 『野議』, 「學政議」.

140) 顧炎武, 『顧亭林文集』 卷1, 「生員論」(上).

141) 명대에 사인이 하나의 계층으로 대두하게 된 과정과 계층상승이 대단히 어려웠던 정황 등에 대해서는 吳金成, 1986, 第1編 「紳士層의 形成」 참조.

142) 丁易, 1951; 傅衣凌, 1957C; 劉志琴, 1982B; 田中正俊, 1961B; 夫馬進, 1980A, 1980B; 谷川道雄·森正夫, 1982 · 1983 等 참조.

143) 李允碩, 1997.

144) 이하 문사운동 관계로, 별주가 없는 한, 楊維楨, 『東維子文集』(『四部叢刊』 初編·集部, 第245冊, 上海書店, 1989) 卷6 「聚桂文會序」; 王鏊, 『姑蘇志』 卷54, 文學, 「顧阿瑛傳」; 徐茂明, 2004, pp.155~160; 吳智和, 1998, pp.23~43; 鄭利華, 1997; 陳江, 2006, 제2장 제3절 「民間社團的 活躍及其社會影響」; 橫田輝俊, 1975 등 참조.

람이 처형을 당하고 남은 사람들도 향리에 묻혀 살았으므로, 명초 100여 년 동안 문사활동은 잠잠하였다. 그러다가 명 중엽 성화년간부터 강남을 중심으로 문사 결집이 나타나기 시작하였다. 16세기의 정덕 · 가정년간에는 10여 개의 문인결사가 나타났다. 이 시기 문인결사의 특징은, ⓐ 문사 동인들의 관계가, 명말과는 달리, 엄격한 종지(宗旨)에 제약받지 않았기 때문에 개인은 자유로이 여러 개의 문사에 가입할 수 있었고, ⓑ 학술연구보다는 문예를 중시하였고, 주로 술자리를 개설하고 서화품평(書畵品評)으로 우의를 다지는 것이었다.

그러다가 만력년간부터 분위기가 달라졌다. 즉, 천계년간의 어사(御史) 장눌(張訥)이 천하의 서원을 없애자는 주소(奏疏)에서,

> 그곳에 모이는 사람은 진신(縉紳)뿐만 아니라 종실(宗室) · 무변(武弁) · 거인 · 감생 · 생원 및 서리 · 성상(星相) · 산인(山人) · 상인 · 기예(技藝)와 망명(亡命) 중의 죄인에 이르기까지 모두가 참가합니다. 그곳에서는 멀리 조권(朝權)과 변진(邊鎭)의 일을 간섭하고 지방 관청을 위협하고 향리의 질서를 어지럽히는 등 안 하는 일이 없사옵고, 그곳에서 나오는 말은, 안으로는 (관리의) 탄핵을 건의하고 밖으로는 … 국가의 기밀이 되는 중대한 사항으로부터 지방의 송사 등 작은 일에 이르기까지 간여하지 않는 것이 없습니다.[145]

라고 한 것처럼, 동림서원(東林書院) 등 서원을 중심으로 한 강학운동(講學運動), 즉 동림운동(東林運動)이 그 계기가 되었다.[146] 그런데 이른바 동림운동은 강학을 통한 향평(鄕評)과 여론의 결집이 주된 활동이었으므로, 사인들의 가장 큰 욕구인 과거준비에는 소홀할 수밖에 없었다. 이에 강남을 중심으로 하여, 궁극적으로는 과거합격을 목표로 하는 사인이 주동이 되어, 사인들만 결집하여 팔고문평선(八股文評選)과 선문집(選文集) 출판 등을 통한 학문 활동을 전개한 것이 문사운동이었다.

만력 · 천계년간까지 15~16개가 존재하던 이러한 문사들은, 전과 같이 각

145) 明『熹宗實錄』卷62, 天啓 5年 8月 壬午條.
146) 小野和子, 1996.

기 독립적으로 활동하였으나, 점차 서로 결합되어 갔는데, 명말에 가장 광범하게 결집된 것이 '복사(復社)'였다. 복사의 동인은 한때 전국적으로 총 2,264명으로 집계되고 있는데,147) 그중 생원・감생이 1,563명(=69%)이나 되었다.148) 그렇지만 복사는 문학동인들이 모인, 단순히 엉성한 단체는 결코 아니었다. 입사시에는 맹사(盟詞)의 서약이 있었고, 상당히 강력한 조직체를 유지하고 동인 개개인을 정확히 파악하기 위하여, 각 부에 사장(社長)을 두어 사우(社友) 사이의 유기적 연락과 통제 등의 실무를 담당케 하였다. 지역적으로는 남직예와 절강이 1/2 이상(1,325명)이었고, 특히 소주(337인)・송강(102인)・항주(104인)・가흥(140인) 등 4부가 가장 많았다. 이 지역은 바로 명 중기부터 상공업, 특히 유통업과 직물업이 발달하고, 평균 10여 리(5㎞ 남짓)의 거리로 무수한 시진이 마치 포도송이처럼 이웃해 발달함으로써, 천하의 재부와 인재가 집중된 지역이었다. 문사의 동인들은 이렇게 교통이 편리하고 재부가 집중된 시진들의 정원에서 모이곤 하였다.149)

그러므로 명말의 복사운동의 배경에는, 강남 삼각주지역의 상공업의 발전, 그리고 이와 관련된 다수의 노동자와 유동인구의 존재 등의 사회변화가 전제되어 있다고 할 수 있다. 앞에서 서술한 바와 같이, 이미 동림운동 단계부터 신사계층뿐 아니라 중소지주・상공업자・유수무뢰 등 광범한 계층이 서원강학에 참여하였다.150) 그리고 복사 결집 단계에 이르면 더욱 광범하고 다양한 계층의 도시민이 문사운동에 참여하였다. 이렇게 문사운동에 참여한 사인들은 그곳의 향론을 좌우하였다. 그 때문에 문사운동은 동림운동보다 훨씬 다양

---

147) 北直隷 45名, 南直隷 884명, 浙江 441, 江西 333, 湖廣 227, 福建 173, 廣東 42, 河南 38, 山東 74, 山西 7, 四川 8, 廣西 1, 貴州 1명이었다.

148) 그러므로 이는 사인이 주도한 운동이라 할 수 있다. 이들의 운동은 관료조직에 편승하지 않고, 오히려 군주권에 대립해서 자력으로 정치에 참여하려 하였다. 이것은 명말에 사인의 정치의식이 급속히 고양된 것을 의미한다.

149) 예컨대, 강남 복사 수령의 한 사람인 楊彛는 天啓 5년에 應社를 결성하고, 소주부 常熟縣 唐市의 鳳基園을 應社同人의 회동장소로 사용하였다. 乾隆『唐市志』卷上, 園亭(樊樹志, 1990, p.322 轉引).

150) 명 후기의 각지 서원설립 현황에 대해서는, 吳金成, 2007A, 제2편 제2장, 〈표5〉「明中・後期 書院의 發達」 참조.

한 활동형태를 보여주었던 것이다.

강남에서 명 중기부터 발생한 수없이 많은 시진은 거미줄 같이 이어지는 수로망을 중심으로 하여,[151] 수륙교통이 발달하고 많은 정원과 문화시설, 희원(戲園)·차사(茶肆)·주루(酒樓)·기원(妓院) 등등 오락 장소까지 갖추어져 있었으므로 갖가지 정보에 대한 접근이 대단히 용이한 지역이었다. 문사의 동인들이 집합장소를 강남의 대도시나 시진으로 잡은 것은 강남의 이러한 장점을 충분히 이용한 것이었다.[152] 문사동인들은 이러한 이점을 활용하여 서로 연락망을 구축하고 협조하면서 정치·사회활동을 전개하였다. 소주 지부 주일오(周一梧) 배척운동(만력31년, 1603), 소주 서지부(署知府) 주지기 배척운동(숭정6년, 1633), 남경의 완대성 배척운동(숭정11년), 상숙현 향신 조사금이 향리에서 횡포하자 이에 분노한 생원·민중의 훼가사건(毁家事件; 숭정17년), 통해안·소주곡묘안 등 순치년간(1644~1661) 내내 강남에서 일어난 반청운동[153] 등등, 명말·청초에 강남 각지에서 발생한 소위 '사변(士變)'은 모두 복사 등 문사동인들이 주동하였거나 직·간접적으로 간여한 운동이었다.

또 한편, 문사의 동인들은 명말 강남에서 발생한 민변에도 직·간접적으로 간여하였다. 만력10년의 항주민변(1582),[154] 처음에는 직공 등의 사직업자 위주였으나, 후에는 다수의 '시인(市人)'이 가담하여 만여 명의 군중이 봉기한 소주민변[직용(織傭)의 변이라고도 함. 만력29년, 1601년 6월] 과정에서 보여준 강남 사인들의 활동,[155] 환관 위충현의 광란과 그 때문에 일어난 소주의 개독(開讀)의 변(천계6년, 1626)[156] 등은 그 대표적인 사례였다. 그뿐 아니라

---

151) 松浦章, 1990.

152) 樊樹志, 2005; 陳學文, 1993; 夏咸淳, 1994; 宮崎市定, 1954A, 1974.

153) 본서 제2편 제2장. 청조는 순치 8·9·14·16·17년에 연이어서, 명말 이래의 문사운동을 엄금하는 명령을 내렸다. 그리고 18년 7월 13일에는 通海案에 연루된 생원 100여명, 蘇州哭廟案에 연루된 생원 18명을 함께 처형하였다. 청조의 이러한 문사 탄압 때문에, 청초에는 문사운동이 잠시 침잠하였다가 청말에 이르러 다시 나타났다. 徐茂明, 2004, p.156 참조.

154) 陳學文, 1991B; 栗林宣夫, 1976; 夫馬進, 1977.

155) 傅衣凌, 1957C; 岸本美緖, 1999A; 田中正俊, 1961B; 森正夫, 1981 等 참조.

156) 范金民, 1998, p.212; 田中正俊, 1961B; Hucker, 1954; Yuan, 1979. 이 때 주순창을 구하기 위하여, 소주 '市民' 만여 명이 항의 시위를 하였고, 생원 500여명이 선두에

세감(稅監) 마당을 몰아낸 산동의 임청민변[만력27년, 1599],[157] 세감 진봉을 반대하며 호광 여러 곳에서 일어난 민변(만력27~29, 1599~1601),[158] 시박태감(市舶太監) 이봉과 차관 진보에 반항한 광동의 신회민변(新會民變, 만력28년),[159] '광세사(礦稅使)와 시박태감'의 임무를 띠고 내려간 환관 고채에 대한 복건의 반고채운동,[160] 등 전국 각지의 민변을 선도하거나 음·양으로 개입하거나 적어도 동정을 표시한 것도 생원을 중심으로 한 사인들이었는데,[161] 이들 가운데에서도 문사의 동인이 많았다고 생각한다. 문사의 동인들은 또한 입관 초 강남 각지에 진군한 청군에 대항하여 적극적으로 대항하였으며, 중국 남부에 '남명정권(南明政權)'이 섰을 때, 반청 근왕기병을 하기도 하였다.[162]

그런데 강남에서 발생한 수많은 민변은 그 봉기의 주체가 뚜렷하지 않았다. 그것은 아마도 급격히 발전해 가는 도시에 다수의 외부 인구가 유입한 데 따른, 명말 강남 시진의 복잡한 사회관계를 반영하는 것이었다고 생각한다. 이러한 민변은 명 중기 이후 '서민의 지위향상과 서민의식의 고양'[163]을 웅변해 주는 사건이기도 하였다. 이렇게 볼 때, 명말청초의 강남의 도시사회에는 전통적인 사(士)·서(庶)의 구별을 뛰어넘어 사·서가 서로 문화를 공유하여 '사회의식의 공감대'가 형성되어 있었고, 사인층은 바로 그러한 여론을 주도하고 있었다. 그러한 사실을 웅변해 주는 사건이 바로 민변이었다.[164] 이렇게

서서, 巡撫 毛一鷺와 담판하려 하였다. 또 소주에 진출해 있던 絳州 富商 張國紀 등은 돈을 모아 錦衣衛에서 파견된 緹騎들에게 회뢰하여 주순창을 구하려 하였다. 이러한 정황을 보고 주순창은 "이렇게 민중에게 동정을 받는 것이 내 스스로도 이상하게 여겨졌다"고 한다.

157) 岡野昌子, 1983.

158) 鄒時炎, 1980-3; 和田博德, 1989; 吳金成, 1994; 巫仁恕, 2004.

159) 道光『廣東通志』卷188,「前史畧」(李黙交點), 廣東人民出版社, 1981

160) 張燮,『東西洋考』卷8,「稅璫考」; 林仁川, 1982; 奈良修一, 1990; 和田正廣, 1995.

161) 본서 제3편 제3장 참조.

162) 小野和子, 1996A; 吳金成, 1996, 1998B; 吳金成, 2007A, 제2편 제3장 등 참조.

163) 명대에 서민의식이 고양된 배경은, ① 日用類書 등의 출간과 희곡·소설 등 서민문학의 발달, ② 연극 공연의 활성화, ③ 종족결합과 寺廟 제사의 보편화, ④ 전국적으로 시진과 정기시가 叢生함으로써 시장공동체가 형성되어 정보의 류통이 활발해 진 점, ⑤ "四民同道", "滿街人都是聖人" 등 陽明學의 '新四民論'의 영향, ⑥ 평등사상을 고취한 西學 전래의 영향 등을 들 수 있을 것이다.

볼 때 사인층은 명말 강남의 복잡한 도시사회에서도 뚜렷한 영향력을 행사하며 하나의 중간계층(Intermediate Stratum)으로 존재하였던 것이다.165)

한편, 복사(復社) 등 문사의 학문적 태도는 오경(五經)의 정신을 객관적·실증적으로 이해함으로써 경학부흥(經學復興)과 한학(漢學)으로의 복고를 도모하였는데, 이것이 곧 청대 고증학의 기조가 되었고, 정치제도의 변천을 연구한 것은 청대 역사연구의 기초가 되었다. 황종희의 『명이대방록(明夷待訪錄)』, 고염무의 『일지록(日知錄)』, 『정림문집(亭林文集)』 등은 복사운동의 이러한 사상과 행동의 결정이었다. 또 경세(經世)에 관심을 두어 『황명경세문편(皇明經世文編)』 및 『농서(農書)』 등의 서적과 일용유서(日用類書)를 적극적으로 간행함으로써 경세실용학의 발달을 가능케 하였다. 그러므로 명말·청초의 경세실용학의 발달도 실은 강남사회의 변화가 뒷받침된 것이라 할 수 있다. 강남지방의 도시발달과 밀접한 관계를 지닌 상공업의 발달은, 말하자면 명말·청초부터 새롭게 전개된 강남문화의 기반이 되었다고 할 수 있을 것이다.166)

2. 牙行과 無賴의 世界

1) 牙行의 存在樣態

명청시대 강남의 도시에서 적지 않은 영향력을 발휘한 중요한 구성분자는, 앞에서 본 미입사 사인 외에, 아행(중개상인, 도매상인, 소개인을 뜻함)도 있었다.167) 아행의 가장 기본적인 역할은 면직물·견직물·양식·잡화 등 모든

164) 강남이나 다른 지역의 민변 가운데, 특히 '反礦稅使' 민변에서 '士·庶'의 同調 행동이 많이 나타났다.(본서 제3편 제3장 참조) 그러나 그러한 사·서의 동조는 선택적인 것이었을 뿐, 반드시 모든 사건에 동일하게 나타난 것은 아니었다.

165) 이들 사인층은 청대에도 계속하여 대도시와 시진에 거주하며 사회의 지배층으로 활약하였다. 川勝守, 1999A, 第3章「江南デルタにおける石造紅橋建造と市鎭の形成-交通經濟史からみた都市社會史-」; 稻田清一, 1992 참조.

166) 陳建華, 1992; 夏咸淳, 1994; 廖可斌, 1994.

167) 아행은 牙人=牙郎=牙商=牙儈=駔儈=經紀=行霸=夫行=行戶 등 그 명칭이 다양하였고, 그들이 저지르는 횡포를 강조하여 '牙棍'·'奸牙' 혹은 '行霸'라 칭하기도 하였다. 명청시대의 아행에 관한 연구는 李敏鎬, 2001; 李允碩, 1995; 龔關, 2001; 單强, 1997; 童光政, 2004; 林麗月, 1988; 樊樹志, 1988; 樊樹志, 2005; 楊建廣·駱

상품의 중개업무였다. 아행은, 향촌의 정기시에는 하나의 아행이 몇 가지 상품을 같이 취급하였지만, 대도시나 강남의 거대 시진과 같이 상품량이 많은 도시에는 각 상품마다 전문 아행이 있었고, 심지어, 견직물 전업도시였던 '성택진(盛澤鎭)에는 명말에 주(紬)와 생사의 아행이 1,100여 가나 되었다'[168]는 기록과 같이, 한 상품에 여러 명의 아행이 난립하기도 하였다.

아행은 물건을 사고파는 두 사람 사이에서 상품의 질을 감정하고 가격을 정하여 교역을 성사시킨 후에 그 많고 적음에 따라 아전(牙錢; 수수료)을 받는 대신, 매년 관부에 세금[이를 아행은(牙行銀), 아행세(牙行稅), 아세(牙稅)라고 불렀음]을 납부하였다. 이러한 기본 업무를 원활하게 하기 위하여, ① 상품을 중개할 수 있는 점포를 개설하고, ② 외래 객상을 접대하고 숙박할 때 필요한 여관시설을 갖추기도 하고,[169] ③ 창고를 지어 상인의 화물을 보관하고,[170] ④ 객상의 상품구매와 판매를 상담해 주고 그들을 대신하여 물건을 사거나 팔아주며,[171] ⑤ 객상을 위하여 선부(船夫)·각부(脚夫)·도부(挑夫)·교부(轎夫)·견부(縴夫) 등을 동원해 주거나 그들의 신분을 보증해 주는 일도 하였고,[172] ⑥ 직접 화물을 운반해 주기도 하였다. 또한 ⑦ 소상인이 한 번에 많은 상품을 구입할 수 있도록 자금을 대여하거나, ⑧ 소생산자에게 원료를 제공하여 가공하는, 소위 선대생산(先貸生産)도 하였다.[173] 그리고 부수적인 역할로

梅芬, 1996; 楊其民, 1994-4; 吳奇衍, 1985; 吳少珉, 1997; 汪士信, 1986; 韋慶遠, 1989; 王廷元, 1993; 劉秀生, 1991; 劉重日·左雲鵬, 1957A; 張濤, 1997; 鄭曉文, 2005; 朱培夫, 1984; 陳麗娟·王光成, 2002; 陳忠平, 1987; 陳學文, 2000, pp.132~136; 韓大成, 1986; 韓大成, 1991, pp.177~188; 黃仁宇, 1974; 山根幸夫, 1978; 山本進, 1991, 1992, 1993, 1997, 2004; 小沼正, 1951; 新宮學, 1990; 足立啓二, 1992; 足立啓二, 2001; 天野元之助, 1952; 橫山英, 1972A, pp.149~204; 『清國行政法』(1910), 第2卷 「牙行」(pp.489~495)·第6卷 牙行稅(pp.126~127) 等 參照.

168) 馮夢龍, 『醒世恒言』 卷18, 「施潤澤灘闕遇友」

169) 이러한 기능은 訟師와 깊은 관계를 맺고 있었던 歇家(歇店)의 기능과 같은 것이다.

170) 명대의 소설 『金甁梅』 第51回에 서문경이 伙計 韓道國과 崔本을 양주로 보내 소금을 받아 팔아 강남의 직물을 사오도록 보내는 장면에서, 양주 부둣가의 아행 왕백유의 집은 방도 넓고 물건을 맡겨도 걱정이 없는 곳이라고 한다.

171) 馮夢龍, 『醒世恒言』 卷18, 「施潤澤灘闕遇友」. 특별히 객상은 단시간 내에 대량의 상품을 구매할 필요가 있었는데, 송강에서는 이러한 객상을 위하여 상점을 개설하고 상품을 사주는 아행을 「莊戶」라 하였다(韓大成, 1991, p.186).

172) 강서에서는 이들을 '夫行'이라 하였다. 橫山英, 1972, pp.178.

는, ⑨ 도량형(度量衡)도 관리하고, ⑩ 은의 순도(純度)도 감정하고, ⑪ 상세를 징수하여 관에 납부하고,[174] ⑫ 외래 객상의 동정도 정기적으로 관에 보고함으로써, 관부의 시장 관리를 도왔다.

아행은 크고 작은 모든 도시에 존재하였고, 모든 상거래에서 아행을 통하지 않고는 살 수도 없고 팔 수도 없었다. 장거리를 오가며 거금을 가지고 상업을 경영하는 객상의 입장에서 보면, 낯선 곳에서 상품을 원활하게 매매하기 위해서 아행이 반드시 필요하였다. 아행을 통해야만 대량거래, 시간단축, 매매과정에서의 안전문제 등이 가능하기 때문이었다. 그 때문에, 명대에 상인의 필독서였던 『사상류요』에는,

> 매매에는 반드시 아행이 필요하고, (화물을) 꾸리거나 (배에) 싣기 위해서는 반드시 부두(埠頭)[175]가 필요하다. 상품을 살 때에 아행을 통하지 않으면 저울과 물건을 속게 되고, 상품을 팔 때에 아행을 통하지 않으면 은(의 순도와) 가격을 속게 된다. 아행은 상품 가격의 높고 낮음, 상품의 품질, 경중(輕重)을 판별하여 위망(僞妄)을 제거하는 자이다. 배에 물건을 싣거나 내릴 때에는 부두(埠頭)가 없어서는 안 되고, 차와 마필을 고용할 때는 각두(脚頭)가 없어서는 안 된다. 배에서 부두를 통하지 않으면 소인들이 그 틈을 노려 속이고 도둑질하게 되고, 차에서 각두를 통하지 않으면 각부들이 중도에서 화물을 내버리게 된다. 이는 모두 적은 것을 아끼려다 큰 것을 잃게 되는 것이다.[176]

라고 적혀 있다. 모든 상거래에 아행을 통할 것을 권유함과 동시에, 돈을 아끼려고 아행을 통하지 않으면 오히려 소탐대실(小貪大失)할 위험이 있음

173) 道光『震澤鎭志』卷2, 風俗;『雙林記增纂』卷9, 物產; 韓大成, 1991, pp.186~187.

174) 아행은 판매자로부터 課程(=牙稅=商稅)의 명목으로 판매액의 1~3%를 징수하여 관에 납부하였다.

175) 埠頭=舟牙=船行經紀.

176) 程春宇,『士商類要』(天啓6年刊) 卷2,「買賣機關」, 第39條. 또한, 同書 卷2,「船脚總論」에도 "且以庫船一事, 必須投牙計處, 詢彼虛實. 切忌貪小私僱, 此乃爲客之第一要務也"라 하고 있고, 萬曆『揚州府志』卷20, 風物志,「俗習」에도, "凡魚鹽豆穀, 覓車船・雇騾馬之類, 非經紀關稅則不得行"이라 함.

을 깨우쳐 주고 있는 것이다.

그런데 이상과 같은 아행제도가 명초에는 아직 완비되지 못하였다. 명초에는 지주·지현 등 지방관이 상당한 재산을 가진 상인에게 아첩(牙帖; 영업허가증)을 발행하였지만, 아직 정원은 없었다. 다만 '사아(私牙; 아첩을 갖지 않은 채 중개업을 하는 아행)'는 엄금하였다. 아첩을 받은 아행은 관으로부터 받은 인신문부(印信文簿)에 객상과 선호(船戶)의 주소·성명·노인(路引)의 자호(字號; 통행증의 번호)·화물의 수목(數目)을 적어서 매월 관부에 보고하도록 되어 있었다.177) 상업세는 전국에 설치된 세과사(稅課司)·세과국(稅課局)에서 징수하였다. 그러다가 명 중기부터 상세가 은납화되면서 세과사가 점차 합병되거나 폐쇄되고, 그 대신 아행이나 포호(鋪戶)에게 상세 징수를 청부하도록 하였다. 상업유통이 아직 활발하지 못한 곳에서는 신사(주로 생원)에게 위임하기도 하였다.178) 이렇게 되면서 아행이 관부를 등에 업고 시장을 지배하는 현상이 나타나게 되었다. 여하튼 아행제도가 어느 정도 기틀을 잡은 것은 명 중기부터였다.179)

이렇게 시장에서 아행의 권한이 강해지면서 여러 가지 부작용이 나타나기 시작하였다. 그 하나는 ⓐ 신사 등 세호가가 가명〔鬼名〕이나 탁명〔托名, 다른 사람의 이름을 빌리는 것〕하여 아첩을 받거나, ⓑ 자기의 자제나 가복을 아행으로 충당하거나, ⓒ 심지어 무뢰들을 초치하여 아첩을 받게 해서, 시장을 장악하고 지배하는 것이었다. 이러한 현상은 대도시보다 향촌의 정기시에 더 많았다. 이렇게 되면, 표면적으로는 아행이 시장을 지배하는 것처럼 보이지만, 실은 무뢰나 노복이 지배하는 것이었고, 기본적으로는 신사 등 세호가(勢豪家)가 지배하게 되었다.

한편, 명말청초부터는 하나의 아첩에 여러 명이 함께 등록〔붕충(朋充)〕하거

---

177) 『大明律』卷10, 戶律7, 市廛, 「私充牙行埠頭」.

178) 『明會典』卷164, 刑部6, 戶律2, 市廛, 「私充牙行埠頭」; 山根幸夫, 1977; 李敏鎬, 2001 등 참조.

179) 따라서 명 중기에 아행제도가 확립된 것은, 단순히 아행제도의 문제만이 아니고, 상공업과 도시가 발전하고 세·역제도가 銀納化되는 등, 다양한 면에서 사회변화가 진행되던 현상과 軌를 같이 하는 것이었다.

나, 반대로 한 명의 아행이 여러 상품을 독점하는 불법이 나타났다. 특히 향촌의 정기시에서 그런 현상이 두드러졌다. 또한 아첩은 매년 갱신하였으나, 강희45년부터는 5년마다 갱신하도록 하였다.[180] 환첩(換帖)할 때에, 보통은 도곡(稻穀, 정제하기 전의 벼) 2석 정도를 납부하였으나, 지역에 따라서는 400냥 정도 되는 많은 액수를 요구하는 사례도 있었다. 아행의 이러한 부담은 곧바로 상인에게 전가되기 일쑤였다.

사아(私牙)의 횡행은 청대에도 계속되었다. 강희43년에도 사설 아행을 금지하도록 명령하였고, 급기야 옹정2년에는, "각지의 광곤(光棍)들이 아행을 사칭하면서 떼 지어 주현아문에 가서 한 장에 2전~3전씩을 주고 아첩을 받아서, 시장에 나가 화물의 대소와 품질을 가리지 않고 마음대로 약탈하는 일이 많았고, 만일 상인들이 조금이라도 따르지 않으면 상업을 못하게 쫓아버린다"는 지적이 있었다.[181] 옹정년간에는 신사가 사적으로 시장을 개설한 후, 아행을 두지 않고 세금을 징수하기도 하였다.[182] 이러한 폐단을 막기 위해서, 옹정11년(1733)에는 아첩 발급을 더욱 엄격하게 규제하였다. 즉 ① 그때까지 주현관(州縣官)이 발급해 오던 아첩을 각 포정사(布政使)가 발급하도록 바꾸었다. 주현관은 아행 희망자 가운데 재산이 많고 선량한 상인을 골라 포정사에게 추천하면, 포정사가 아첩을 발급하고, 주현관의 아첩 발급은 엄격하게 금지하였다.[183] 단, 생원·감생 등 사인이나 서리·아역(衙役)은 아행이 될 수 없도록 엄격하게 금지하였다. 아행의 아첩은 사사로이 매매할 수 없었고, 사망했을 때는 관에서 제3의 아행을 지정하도록 되어 있었다.[184] ② 또한, 〈표3-1-2〉[185]와 같이 아행의 정원을 규정하면서, 함부로 지정하지도 못하게 하고, 사

180) 光緒『大淸會典事例』(北京, 中華書局, 1991) 卷15「條例」.
181)『皇朝文獻通考』卷21,「職役」.
182) 石錦, 1990B.
183) 淸『世宗實錄』卷136, 雍正11年 10月 甲寅條; 光緒『大淸會典事例』(北京, 中華書局, 1991) 卷247,「雜賦」, 雍正十一年諭;『淸朝文獻通考』卷21, 職役; 同書 卷32, 市糴考. 포정사가 아첩을 발급하도록 한 연대에 대하여, 山根幸夫, 1995, pp.63~64에서는 道光『臨邑縣志』卷3, 食貨志,「雜稅」의 기록에 따라 옹정 4년으로 보고 있다. 그러나『縣志』의 본문 해독에 오해가 있었다.
184)『淸國行政法』卷2,「牙行」, pp.489~495.

〈표3-1-2〉 清代 牙行 定額

省 別	牙行數	省 別	牙行數	省 別	行數
北 京	889	江蘇省 江寧布政司 所屬	12,317	陝西省	3,344
奉天省	964	安徽省	13,439	甘肅省	909
直隷省	13,723	江西省	4,518	四川省	798
山東省	5,149	福建省	牙稅總額만 규정, 牙行定額規定無	廣東省	定額規定無
山西省	10,919	浙江省	9,962	廣西省	定額規定無
河南省	76,992	湖北省	9,248	雲南省	92
江蘇省 蘇州布政司 所屬	14,224	湖南省	1,101	貴州省	277

아(私牙) 행위도 엄금하도록 각성의 총독과 순무들에게 엄명하였다.[186)]

아행의 존재양태는 지역에 따라 차이가 있었다. 특히 강남지방은 포도송이와 같이 다수의 시진이 근접하여 존재하였고 상품량도 많았다. 그러므로 대개는 각 상품마다 전문 아행이 존재하였을 뿐 아니라, 한 업종에도 많은 아행이 있었다. 그 때문에 아행은, ⓐ 거대한 자본을 소지하고 강남으로 운집하는 각지의 객상들을 든든한 고객으로 확보하기 위하여, 다른 아행과 무한 경쟁을 벌이는 한편, ⓑ 관부의 가렴주구(苛斂誅求)나 다른 세력으로부터 자신들을 보호하기 위하여 필요한 수단을 강구할 필요도 있었다. 그래서 아행은 평소 서리[187)]나 막우(幕友)와 밀접한 관계를 맺고 공생관계를 유지하는 한편, 반드시 신사나 세호가 등 그 지역의 유력자와도 친분을 쌓아두었다. 청초 송강인(松江人) 섭몽주가,

> **〔명대에는〕 대상인으로 큰 자본을 가지고 〔송강에〕 오는 사람은 보통 은 수만 량은 들고 왔고, 많으면 수십만 냥, 적어도 일만 냥은 들고 왔다. 그**

---

185) 『戶部則例』 卷42, 「額設牙帖」(『淸國行政法』 卷2, 「牙行」, pp.491~492 참조). 단, 새로운 시장이 생기는 등, 여건이 변화되면 증가시켰다.

186) 그러나 이러한 규정에도 불구하고, 각 지역에서는 여전히 牙帖이 濫發되고 있었고, 심지어 강남에서는 아첩이 수백 장까지 濫發되었다. 「通行各省督撫不得濫增牙帖上諭」(中國第一歷史檔案館, 1991, p.8) 참조.

187) 『上海碑刻資料選輯』, 上海人民出版社, 1980, 城鎭的商業和手工業(56), 「松江府爲禁奸胥市獪私勒茶商陋規告示碑」.

때문에 아행은 이들 포상(布商)을 대우하기를 마치 왕후에게 봉사하듯 하였고, 포상과 경쟁하는 것은 마치 〔전쟁 때〕 성루를 대하는 것같이 〔어려웠다〕. 아행은 세요가(勢要家)에게 의지하지 않으면 부지할 수 없었다.[188]

고 한 것은, 강남지방 아행의 존재양태를 잘 전해주는 내용이다.[189] 신사 등 세요가의 보호를 받게 되면, 큰 자본도 얻을 수 있고, 관부의 가렴주구에서도 자유로울 수 있었다. 반대로 신사나 세호가도 자신들의 이익을 위해서 아행과 암암리에 모종의 관계를 맺어 둘 필요가 있었다.[190]

그러나 아행의 업무는 이렇게 대단히 복잡하였으므로, 매매 양쪽 사이에 이해가 대립되는 문제도 많이 발생하였다. 아행은 모든 상거래에 개입하는 것을 계기로, 때로는 물건의 가격을 멋대로 정하고, 수수료를 멋대로 옭아냈다. 심지어 빈약한 농민의 사소한 물품까지도 중개 명목으로 소개비를 강탈하는 등, 온갖 불법을 자행하며 개인의 이득을 취하였다.[191] 이들 아행은 자신의 노복으로 하여금 무뢰를 거느리게 하거나, 또는,

시중의 교역은 새벽에 아직 동트기 전부터 시작된다. 매년 면화가 시장에 들어올 때면 아행은 소년(少年; 무뢰를 일컬음)들을 모아 우익으로 삼고, 등을 들고 나가 〔면화를 가지고 오는 농민을〕 막아서게 한다. 향민은 어쩔 줄을 모르고 순식간에, 심지어 가지고 오던 화물을 잃는 일도 있었다. 교활한 자는 대개 부은(腐銀; 불순물 섞인 은)을 사용하여, … 우둔한 자를 속이기 일쑤이다. 농민은 〔돈을 못 받고〕 빈손으로 통곡하며 돌아가지만 고소할 곳도 없다.[192]

---

188) 葉夢珠, 『閱世編』 卷7, 食貨5.

189) 衷干, 「茶市雜咏」, 彭澤益, 『中國近代手工業史資料』(1), 1962, p.304에 따르면, 강서 동북부의 연산현 하구진을 중계지로 하여, 武夷山 茶産區를 왕래하는 산섬상인의 위세 및 이들 객상과 무이산 현지 茶行과의 관계도 강남의 경우와 유사하였던 것이다.

190) 趙士麟, 『撫浙條約』(『武林掌故叢編』 第7集所收, 趙士麟, 『武林草』 附刻, p. 22), 「飭牙行」 참조.

191) 樊樹志, 2005, pp.349~352, 352~356. 항주에는 「挑脚店」도 있었다(夢覺道人, 『三刻拍案驚奇』 제26回, 「西湖浪子」).

192) 萬曆 『嘉定縣志』 卷3, 「風俗」. 또 光緖 『月浦志』 卷9, 風俗志(樊樹志, 2005, p.349

고 하듯이, 아행이 다수의 무뢰를 부하나 우익으로 고용하여 자행하는 것이었다. 아행의 별명이 '아곤(牙棍)' 혹은 '행패(行覇)'였던 것은 그 때문이었다. 이러한 현상은 강남 각지뿐 아니라 전국적인 현상이었다.[193]

이상에서 보는 바와 같이, 아행과 객상은 서로가 서로를 필요로 하면서도, 또한 서로를 경계하는 이율배반적인 관계였다.[194] 그런데 객상과 아행의 관계는 보통은 일과성(一過性)인 경우가 많았으므로, 대개는 아행이 객상을 농락하곤 하였다.[195] 휘주상인의 아들로 명 중엽에 항주에서 생원까지 된 섭권(1522~1578)은 자기의 경험을,

> 오늘날 천하의 큰 나루터, 즉 형주(荊州)·장수 … 임청과 같은 곳은 상인과 화물이 가장 많이 모이는 곳이다. 그 곳의 아행·경기(經紀)는 객상을 속여 돈을 빼앗기 일쑤이다. 그들은 좋은 집에서 처첩을 거느리고 비단 옷을 입고 살진 말을 타며 돈을 물 쓰듯 하면서 사람의 눈을 현혹시켜 (물건을) 자기에게 맡기게 한다. 상인은 목숨을 걸고 멀리 수천 리 길을 찾아와 물건을 팔려고 하는데, 아행은 (그들에게 겨우) 술과 음식을 대접한다. 심지어 두 아행이 서로 다투어 자기 집에 들기를 강요한다. (상인이) 일단 자기 집에 물건을 들여놓으면 사기를 쳐서 빼앗는 일도 많다. (아행은 평소) 관부와 잘 결탁하고 있으므로, 상인은 고소할 곳도 없이 빈털터리가 되어 고향에 돌아갈 수도 없게 된다.[196]

고 전해준다. 그뿐 아니라, 아행은 때로는 대상인과 연합하여 소생산자나 소상인들을 착취하였다. 이렇게 아행에게 피해를 당한 소상인들은 아행에 반대하여 민변을 일으키기도 하였다.[197] 그러므로 아행은 서리·무뢰와 한

轉引); 기타 江蘇省博物館, 『江蘇省明清以來碑刻資料選集』, No.113, 「蘇州府永禁南濠牙戶截搶商民客貨碑記」; 樊樹志, 1990, pp.165~171; 趙岡, 1995, p.190 참조.

193) 韓大成, 1991, pp.442~445.

194) 黃仁宇, 1974.

195) 足立啓二, 1992, pp.34~38.

196) 葉權, 『賢博編』(不分卷, 『明史資料叢刊』, 中華書局, 1987).

197) 盧崇興(1675~1678에 嘉興知府), 『守和日記』 卷6, 讞語類, 「一件墾天公飭等事」.

편인 경우가 많았고, 그 배후에는 세호가가 있었으며, 때로는 섭권(葉權)의 지적처럼 지방관도 이들의 뒤를 봐주는 실정이었다.

그런데 아행 가운데 유수·무뢰가 불법으로 아행을 자처하는, 이른바 '사아(私牙)'도 많았다. 이들 사아는 강남의 어느 시진에나 있었고, 또한 전국적인 현상이었다. 이들은 시장을 장악하고, 정식으로 국가의 허가를 받은 아행보다도 훨씬 간악한 횡포를 자행하였다.[198] 그 가운데, 『태창주지』에서,

> 주(州)에서 소민에게 해악을 끼치는 자는 전에는 곤도(棍徒)였다. 이들은 빈손으로 사사로이 아점(牙店)을 세우는데 이를 행패(行覇)라 하였다. (향촌의) 빈민들이 면포나 식량과 같은 물건을 들고 시진에 들어오면, 그들 스스로 자유롭게 교역하지 못하게 하고 (이들이) 멋대로 가격을 정하여 마음대로 약탈하기 일쑤였는데 이를 용전(用錢)이라 하였다. 이들은 시진으로부터 수 리 밖에 무뢰들을 내보내 (농민들이 도시로 들어오는) 길목을 지키게 하는데, 이를 백뢰(白賴)라 한다. 향민이 물건을 들고 오면 팔 것인지 아닌지 물어보지도 않고 무조건 빼앗고는 '아무아무[某某] 점포에 가서 돈을 받으라'고 한다. 향민은 어쩔 수 없이 따라간다. (그런 후에는) 때로는 해질녘까지 기다렸다가 겨우 반값만 받는 경우도 있고, 때로는 (그것조차 안 주어서) 울며 돌아설 수밖에 없는 경우도 있고, 또한 배가 고파서 불평하다가 구타를 당하는 경우도 있다.[199]

고 한 내용은 그러한 현실을 잘 반영해 주고 있다.

그런데 아행의 수가 얼마나 되었던가는 알 수 없다. 앞에서 본 것처럼, 옹정11년(1733)에 아행의 정원을 규정하였지만, 이는 정액 외에 무적(無籍)의

198) 上海博物館圖書資料室, 『上海碑閣資料選輯』, 上海人民出版社, 1980, 「嘉定縣爲嚴禁牙行兌低掗派指稅除折告示碑」(崇禎 9年 10月) · 「蘇松兩府爲禁布牙假冒布號告示碑」(順治 16年 4月).

199) 崇禎 『太倉州志』 卷5, 風俗志, 「流習」. 한편, 무뢰들이 私牙로 활동하며 시장을 장악하는 현상은, ⓐ 산서성 盂縣에 대해서, "有等市民, 私開牙行, 招攬客商, 通同壟斷之徒, 共爲白日之盜. … 行市任其把持, 物價任其高下"(嘉靖 『盂縣志』 卷2, 關市)라 한 기록, ⓑ 嘉靖 『廣東通志』 卷6, 坊都, 御史戴璟, 「正風俗條約」, ⓒ 韓大成, 1991, pp.442~443 등 참조.

'사아[私牙, 간아(奸牙)라고도 함]가 너무도 많음을 경계하여 정한 것일 뿐, 현실적으로는 단지 청조 중앙의 희망 사항일 수밖에 없었다. 주·현관이 아첩을 발행하고 아행의 정원 규정도 없었던 명말에도 사아가 많았는데, 이제 정원을 정한다 하여 사아가 없어질 리 만무하였다.

실제로 각 도시에서 활동하는 아행의 수는 그 도시의 상공업 규모에 따라 결정되었을 것으로 보인다. 궁벽한 도시라 하여도 수십 명은 족히 있었을 것이다. 상품경제가 발전한 도시지역에서는 상품의 종류에 따라 각각 전문 아행이 있었다. 강남지역은 상품경제가 전국에서 가장 발전하고 대도시뿐 아니라 중소도시도 가장 많은 지역이므로, 아행 또한 가장 많았다. 만력년간에 양주(揚州) 소속의 과주진[瓜州鎭; 경항운하(京抗運河)의 강북으로 들어가는 입구]에는 "거민은 모두 아행이다"[200] 혹은 "경기(經紀; 아행)가 수만"[201]라는 기록이 보일 정도로 아행이 많았다. 소설에는 명말에 성택진(盛澤鎭)에는 주(紬)와 생사를 취급하는 아행이 1,100여 가나 되었다는 표현도 있다.[202] 남직예의 지주(池州)에는 100여 명의 아행이 있었고,[203] 명말에 가정현 누당진(樓塘鎭)에는 면포(棉布) 아행과 포호(鋪戶)가 125가였고, 건륭년간 태창주 사두진(沙頭鎭)에는 20여 가였다. 만력년간 하남성에에는 18,900명 정도가 있었으리라는 계산도 있고,[204] 복건의 복주에는 15종의 행업에 총 85명의 아행이 있었다.[205]

2) 無賴의 存在樣態

한편, 명청시대의 도시 사회의 중요한 구성분자 가운데, 위에서 설명한 사인과 아행 외에 유수무뢰(游手無賴)도 있었다.[206] 이들은 국가의 법률적 보호

---

200) 萬曆『揚州府志』卷1, 總論(韓大成, 1991, p.180 轉引).
201) 萬曆『揚州府志』卷20, 風物志, 俗習(韓大成, 1991, p.180 轉引).
202) 馮夢龍,『醒世恒言』卷18,「施潤澤灘闕遇友」.
203) 王頣,「役驅僉議」, 萬曆『池州府志』卷9, 藝文.
204) 新宮學, 1990, pp.850~851에서, 牙帖 1매에 곡2석으로 계산한 결과임.
205) 傅衣凌, 1982D, p.16.
206) 무뢰의 구체적인 존재양태는 본편 다음 장 참조.

를 받지 못하면서도, 신사나 아행보다도 수도 많고 도시 사회에서 결코 무시할 수 없는 영향력을 행사하고 있었다. 명 중기부터 강남지방뿐 아니라, 중국 각지의 교통의 요지에 신흥도시가 수없이 많이 나타났다. 대도시뿐 아니라 이들 신흥도시에는, 마침 그때 농촌으로부터 유산한 농민들 가운데 일부가 모여들어 인구가 급증하였다. 또한 신사와 지주의 성거화가 진행되었고,[207] 객상들도 운집하였다. 도시는 재화의 이동으로 많은 노동인력이 필요하였고, 또한 신사나 세호가 및 객상들의 자위 등 다양한 수요도 있었으므로, 무뢰가 쉽게 은신하여 생존할 수 있는 공간을 제공하였다.

이들 무뢰들은 삼삼오오 떼 지어 다니며 사기・협잡・도박, 광산의 사굴(私掘), 해상 밀무역, 시장지배, 선착장과 부두의 장악, 고리대, 부녀자 납치와 인신매매, 잡세 강탈 등, 이권이 있는 곳은 어디든지 개입하였다. 그리고 그러한 부류 가운데 일부는 도시에서 조직적인 집단을 만들어 독립적으로 활동하였는데 그 대표적인 것으로 타행(打行)・각부(脚夫)・백랍(白拉)・와방(窩訪)・방행(訪行)・송사(訟師)・방한(帮閑) 등이 있었다. 또한, 외부에서 들어온 기술자〔工匠〕들도 대부분이 맨손으로 들어와서 떼 지어 다녔고, 이들이 '방회(帮會)'를 결성하여 두목을 세우고 수시로 집단행동을 하여 진민(鎭民)을 괴롭혔다.[208] 이들 조직들은 표면적으로는 독립적인 활동을 하지만, 내면적으로는 자신들의 세력을 유지하기 위해서, 신사・세호가 혹은 서리・아역과도 결탁하였다.

한편, 무뢰의 일부는 지방관부의 서리나 아역에게 고용되어 그들의 조아(爪牙)가 되기도 하였고, 혹은 왕부나 세감(稅監)・비감(備監)에게 투충(投充)하여 권력의 주구(走狗)로 활약하였다. 또 일부는 신사・대지주・대상인가 등 세호가에 들어가 조아(爪牙)나 '기강지복(紀綱之僕)'으로 활동하였다. 어떤 때에는

---

207) 명 중기 이후의 신사와 勢豪家의 성거화 경향에 대해서는 본서 제2편 제1장 참조. 신사의 성거화는 전국적인 추세이기는 하였으나, 지역적으로는 강남이 가장 많았고, 기타 지역은 덜하였다.

208) 예를 들면, 명말에 崇德縣 石門鎭의 榨油業 油坊은 20家였고 工人 800餘人이었는데, 이들과 기타 유동인구는 모두 주변 여러 현 혹은 먼 곳에서 온 무뢰였다. 李伯重, 2000A, 第9章「江南早期工業化中的人力資源問題」, p.424 참조.

이들이 반대편이 되어 서로 대립하기도 하였는데, 이것이 곧 무뢰 활동의 양면성을 보여주는 현상이다. 무뢰의 이러한 양면성은 명말 각지에서 발생한 민변에서도 살펴볼 수 있다.[209]

무뢰의 성원은 매우 복잡하였다. 명 중기부터 농민층이 분해되면서 석출된 농민이 기민(饑民)·걸개(乞丐)·유수무뢰(游手無賴)가 되어 도시로 유입하여 무뢰집단이 만들어졌다. 무뢰 중에는 농촌에서 유리(流離)된 빈농출신뿐 아니라, 몰락한 신사의 자제나 몰락 지주, 몰락한 수공업자와 중소상인도 다수 포함되었고, 심지어 생원이나 서리들이 무뢰가 되는 경우도 많았다. 그러므로 도시의 무뢰는 상품경제의 발전과 도시번영에서 비롯된 부산물이라고 할 수 있다.

무뢰가 대량으로 출현하고, 그들의 집단행동이 두드러지게 나타나기 시작한 것은 모두 명 중기부터였다.[210] 16세기 중엽에 편찬된 『사우재총설』에서,

> 정덕 이전에는 백성의 1/10만 관(官)에 있고 9/10는 농사를 지었다. 대개 사민(四民)이 각기 일정한 직업이 있어 백성이 농사에 안정하고 다른 뜻이 없었기 때문이었다. … 사오십년 이래로 부세가 날로 증가하고 요역이 날로 무거워지니 민은 견딜 수 없어 마침내 모두 직업을 바꾸게 되었다. 전에는 향신의 가인(家人)은 역시 그리 많지 않았으나, 지금은 농사를 떠나 향신의 가인된 자가 이미 전보다 10배나 된다. 전에 관부에 있던 사람은 제한되어 있었으나 지금은 농사를 떠나 관부에 몸담고 사는 자가 전보다 5배는 된다. 전에는 상인이 아직 적었으나 지금은 농사를 떠나 공·상업으로 바꾼 자가 전보다 3배는 된다. <u>전에는 놀고먹는 자가 없었으나 지금은 농사를 떠나 놀고먹는 자가 또한 2/10~3/10은 된다.</u> 대개 백성을 10으로 나누면 그 중에서 6~7명은 농사를 떠났다. (밑줄은 인용자)[211]

209) 본편 제3장 참조.

210) 陳寶良, 2001, 第7章.

211) 何良俊(嘉靖년간의 歲貢生; 松江府 華亭人), 『四友齋叢說』(中華書局, 1959) 卷13, 史9, p.112.

고 한 내용은, 명 중기의 사회변화를 요령 있게 전해 주고 있다. 강남지방의 이갑제가 급격하게 해체되면서 농촌의 인구가 대거 유산되었는데, 그 일부는 향신의 노복으로, 일부는 관부의 아역 등으로, 일부는 상인이나 공인 또는 노동자로, 그리고 나머지 일부는 도시의 무뢰로 떠돌아 다니게 되었다는 것이다. 바꾸어 말하면, 명 중엽을 고비로 무뢰의 활동이 증가한 것은 이러한 사회변화의 결과라 하겠다.

또한 강남지방 도시의 무뢰는 국가의 허가도 받지 않은 채 아행을 자처하며 상인과 향민을 괴롭히기도 하였고[앞에서 설명한 사아(私牙)의 경우가 이에 해당함], 가끔 창미[搶米; 식량 약탈] 사건도 주도하였다. 강남에서는 식량이 상품화 정도가 아주 높은 물자였고, 외성에 대한 식량의 의존 정도도 아주 높았다. 이 때문에 천재나 인화(人禍)가 발생할 경우에는 미가(米價)의 앙등이 불가피하였고 결국은 창미사건(搶米事件)을 야기할 수도 있었다. 만력48년(1620) 7월에는 소주 부성에서 성 안의 무뢰가 집단적으로 쌀가게를 약탈하고 당용지(唐龍池)의 면점(麵店)을 불사르자 곡식 점포가 한 달 이상이나 파시(罷市)한 사건이 있었는데, 이때 향신·대호들은 저축해 두었던 양식을 싼 값으로 팔아서 백성이 굶지 않도록 하였다.[212] 또 숭정13년에도 상주·진강 두 부에 가뭄이 들어 쌀값이 1석에 3냥으로 등귀하자 무뢰들이 이때를 틈타 봉기하기도 하였다.[213]

이상의 내용을 종합해 본다면, 아행이 시진에서 보여준 역할은 자기 모순

212) 崇禎『吳縣志』卷 11, 「祥異」에 "七月四日, 城中游手成群搶掠米舖, 又縱火焚燒唐龍池麵店, 米麥罷市月餘. 巡撫都御使胡應台, 擒爲首三人笞斃, 擾掠始息. 鄉紳大戶亦將蓄米平糶, 接濟民飢"라 하고 있다. 신사나 세호가는 기본적으로 사리를 추구하는 존재이지만, 이러한 위기에 선행을 행함으로써, 평소 자기들에게 향한 부정적인 인상을 상쇄할 수 있었다.

213) 崇禎『太倉州志』卷 8, 「賦役」條에 "(崇禎) 十三年, 常·鎭兩郡旱, 米價石三兩. 州中木棉倍收, 櫛比叢生, 望之如荼然. 方是時, 民苦漕甚, 則何也? 內之花不能出, 外之粟不能入. 各縣勵厲禁, 地棍乘機蜂起, 金錢半委泥沙矣"라 하고 있다. 그런데 范金民·夏維中, 1993, pp. 271~272에서는 이 내용을, 경제작물이 외형적인 면에서는 벼농사보다 수익이 높지만 豊凶이 무상하였으므로, 실제 이윤 면에서는 벼농사보다 반드시 유리한 것은 아니었다고 한다. 그러나 대개는 벼농사와 경제작물에 다 같이 풍흉이 있는 것이므로 그렇게 말할 수는 없다고 생각한다.

적이고 이중적이었다. 즉 이들은 한편으로는 상품경제의 발전을 조장하고 이에 의지하여 이익을 얻으면서도, 또 한편으로는, 스스로의 손으로 상품경제의 정상적인 발전을 파괴하는 존재였다. 바꾸어 말하면 아행은 상품경제의 발전에 순기능과 역기능을 동시에 수행하는 존재였던 것이다.

한편, 무뢰는 명 중기 이래 강남지방을 필두로 전국에서 진행된 사회변화, 즉 상공업의 발전과 도시의 흥기에 따른 부산물이라 할 수 있는데, 도시사회에 확실한 하나의 계층을 형성하고 막강한 영향력을 행사하고 있었다. 이들 아행과 무뢰, 그리고 지방 관아의 서리와 아역은 그때그때의 이익에 따라 이합집산 하는 존재였던 것이다.

小 結

이상을 통하여 명 중엽부터 강남에서 발달한 도시, 그 가운데 특히 중소도시인 시진(市鎭)에 대하여 몇 가지 문제를 분석하여 보았다. 종래 중국사에 대한 연구는 농촌사회 분석이 주를 이루었다. 그러한 의미에서 1990년대 이래 도시문제에 관심을 갖게 된 것은 만시지탄이 있다.

도시의 인구 구성은 관리・신사, 서리・아역, 작방주(作坊主)・공장(工匠)・고용노동자, 객상, 좌상인, 아행, 선부(船夫), 농민, 기예인, 빈민, 유수무뢰, 걸개 등이었다. 그러나 ① 도시사회가 이렇게 복잡하다 하여도 사회의 지배층은 역시 신사였고, 그 가운데 생원이 가장 많았으며, 이들 사인들이 명 중기부터 하나의 사회계층을 형성하고 공・사 양면에서 지대한 영향력을 행사하였다.[214] ② 그러나 도시사회의 구조와 기능을 보면, 아행은 사회적인 순기능과 역기능을 모두 가지고 있는 존재였고, 또한 사회의 일각에는 무뢰가 또 하나의 사회계층으로 존재하였다. 아행과 무뢰는 이해관계에 따라 서로 연합하기도 하고 경쟁도 하면서 큰 사회문제가 되었고, 그들의 존재와 활동은 도시사회에 막대한 영향을 끼쳤다.

---

214) 宮崎市定, 1954A; 본서 제2편 제2장 참조.

그런데 도시문제 연구는 사실 이제부터라고 하여도 과언이 아니다. 도시문제에 대해서는 ⓐ 질서유지, 교통과 운수, 조세, 상하수도, 상업과 아행, 수공업, 회관과 공소, 화재와 소방 등 도시의 운영과 환경문제, ⓑ 주택·식량과 연료공급, 가족과 종족, 예속(禮俗)과 종교생활, 오락·문예, 풍기의 변화 등 도시민의 생활문제, ⓒ 위성도시의 성장과 도시 사이의 상호관계, 도시와 농촌 사이의 사회경제적 모순관계 등 새로이 분석해야 할 과제가 산적해 있다.

그런데 강남지방의 경우, 첫째 인구문제가 여전히 해결되지 않은 채로 남아 있다. 명 중기 이래, 수없이 많은 시진이 새로 생겼을 뿐 아니라, 종전부터 존재한 소주·항주 등 대도시와 시진, 및 신흥 시진들의 인구도 계속하여 증가하여 갔다. 이렇게 증가해 간 강남인구 모두가 토착민일 수는 없었다. 아마도 수많은 유동인구, 왕부·신사·세호가·대상인가의 노비, 기녀·창기들, 무수한 걸개 등은 지방관부의 통계에는 포함되지 않았을 것이다. 명청시대의 지방 관부는 이러한 사람들을 파악할 수도 없었고, 파악할 필요도 없었다. 강희52년에 '성세자생인정(盛世滋生人丁)'을 정한 후로는 더욱 그러하였다. 지금까지와 같이 문헌에 기록된 통계 숫자를 통해서는 정확한 인구를 산출할 수 없다. 건륭년간에 제작된 〈성세자생도〉에는 수없이 많은 유동인구도 묘사되어 있다. 그러므로 '그 많은 시진과 그곳에서 늘어난 인구는 어디서 왔으며', '각 도시의 인구는 실제로 얼마나 되었을까?' 하는 문제도 해결해야 한다.

둘째, 강남 도시의 형태와 기능도 독특하다. 다른 성 지역의 도시들은 수많은 정기시에 둘러싸인 채 고립·분산되어 있어, 마치 산동평야에 우뚝 솟은 '태산(泰山)'과 같은 위상을 띠고 있었다. 그에 비하여 강남에는, 그리 넓지 않은 지역에 마치 '포도송이'처럼 시진이 밀집되어 있었다. 이들 시진 사이의 평균 거리는 겨우 10여 리(5㎞ 남짓)에 불과하였다. 다른 성 지역에서는 정기시가 있을 만 한 거리에, 강남에서는 그보다 훨씬 인구가 많은 시진이 있었던 셈이다. 이러한 시진들 사이에는, 다른 성 지역과 같이 육로 외에, 마치 거미줄처럼 뚫린 운하로 연결되어 있어 시진들 사이가 반나절 내지 하루 생활권으로 가까워졌다. 그 때문에 강남지역에서는 시진들이 정기시의 기능을 흡수하여 상설 시장으로 변한 대신, 주변의 정기시들은 소멸되고 말았다. 또한 시진에 따라서는 야시(夜市)가 열리는 곳도 있는 등 시진의 형태는 무척 다양했다. 그러므로 도시의 이러한 특징에 따라 당연히 그 도시의 기능과 존재형태도 다를 수밖에 없었다.

셋째 명 중엽부터 점차 식량 작물에서 면직·견직 등 직물업 쪽으로 기울여져 갔던 강남의 농가경영이 19세기 말 20세기 초를 획기로 하여 재차 식량 작물 쪽으로 경도되어 간[215] 배경과 과정, 및 그로 말미암아 야기된 사회경제적인 여러 문제를 다시 고찰해 볼 필요도 있을 것이다.

215) 樊樹志, 1990, pp.183~187, 216~231; 章楷, 1995.

제2장 黑社會의 主人 : 無賴

序 言

지금까지 세계의 중국사학계에서는, 명청시대의 통치형태 및 사회의 모든 구조를 포괄적으로 파악하고 나아가서는 근현대사의 배경을 이해하기 위한 하나의 중요한 지표로서, 신사층의 존재형태와 그 성격에 주목하여 왔다.[1] 명 중기로부터 청말까지 중국의 지역사회를 거시적으로 보면, 사회질서를 유지하기 위하여, 신사가 사대부적인 공의식(公意識)을 가지고 국가권력의 보좌 역할을 담당하였는데, 이는 국가권력과 평민 모두가 바라는 바였다. 신사는 사적으로는 개인의 사리(私利)를 추구하는 행동도 많았다. 그러나 공적으로 보면, ① 지역사회에 대해서는 국가통치의 보좌역이 되고, ② 국가권력에 대해서는 지역 여론의 대변자가 되었으며, 때로는 ③ 국가권력과 지역 이해의 조정자가 되는 등, 다양한 역할을 담당하였다. 말하자면, 신사는 지역사회에 대하여 순기능과 역기능, 공의식(公意識)의 발로와 사리 추구, 즉 공・사의 양면성을 모두 가진 존재였다.

그러나 최근에는, 신사만 연구해서는 명청시대의 사회구조 전체를 포괄적으로 이해하는 데 한계가 있다는 인식이 점차 증가하고 있다. 명청시대 중국사회의 지배층은 분명히 신사였지만, 각각 지역사회의 실상 내지 지방행정의 실상을 종합적으로 이해하기 위해서는, 신사와 불가분의 관계를 맺고 있던 서리와 무뢰에 대한 연구가 필수적인 과제라는 인식이 강해졌기 때문이다. 신사

---

1) 吳金成, 1986; 본서 제2편 제1장 참조.

의 존재와 활동은 사회의 표면에 노출된 반면, 서리는 국가권력에 편입된 지위 때문에 그 존재와 활동은 반쯤만 드러나 있고 반쯤은 가려져 있었다.[2] 명말·청초를 살았던 고염무(顧炎武)는 "이 세상에서 백성에게 해를 끼치는 자가 셋이 있는데 바로 향신·생원·서리"라고 하여,[3] 신사와 서리의 소임과 그들이 사회에 미친 절대적 영향력을 강조한 바 있다.

한편, '무뢰'의 존재와 활동은 대부분 사회의 이면에 완전히 은폐되어 있었지만, 사회경제적으로는 대단히 중요한 역할을 담당하고 있었다. 무뢰는 밤을 지배하는, 흑사회(黑社會)의 주인이었다. 명 중기에 병부상서(兵部尚書)까지 지낸 호세녕(1469~1530)은, 백성에게 위해를 끼치는 부류로 "첫째가 호강광곤(豪强光棍), 둘째가 도적이고 그 다음이 군병(軍兵)의 소요(騷擾)"라고 하여,[4] 무뢰의 존재와 그들의 횡포를 강조하고 있다. 명 중기에 이미, 신사와 서리 외에도 무뢰가 중요한 사회계층으로 존재하고 있었던 것이다.

이 장에서는 위에서 설명한 세 계층 가운데, 특히 명말·청초 도시사회에서 무뢰의 존재양태에 대하여 고찰해 보겠다. 우선 무뢰에 관해 현재까지 연구된 내용을 소개하여, 무뢰에 관한 학계의 관심을 환기시키고자 한다. 현재까지 무뢰에 관한 연구를 보면, 명청시대 무뢰의 존재를 제시하는 일반론적인 연구가 대부분인데, 최근에 이르러 명말·청초의 무뢰, 특히 일부 도시무뢰의 구체적인 존재형태와 사회활동에 관한 논문과 저작이 적지 않게 발표되었다.[5] 명청시대에 이른바 '무뢰'로 간주되는 부류는, 사료 용어로는 무뢰, 곤도

---

2) 繆全吉, 1969; 任道斌, 1985; 趙毅, 1987; 趙世瑜, 1988A; 趙世瑜, 1988B; 趙世瑜, 1989; 倪道善, 1988; 宮崎市定, 1958(→同氏, 1976); 川勝守, 1983; 佐伯有一, 1986; 李俊甲, 1996.

3) 顧炎武, 『顧亭林文集』 卷1, 「生員論」(中篇).

4) 胡世寧, 「地方利害疏」, 萬表, 『皇明經濟文錄』 卷20, p.15b; 『皇明疏鈔』 卷62.

5) 명청시대의 '무뢰'에 대한 기왕의 연구로는 甘滿堂, 1999; 高壽仙, 2002; 郭英德·過常寶, 1996; 巫仁恕, 1991; 巫仁恕, 1996; 樊樹志, 2005; 卞利, 1996; 沙鄭軍, 1988; 申浩, 2001; 吳吉遠, 1993; 完顔紹元, 1993; 王毅, 2000; 王毅, 2002; 王春瑜, 1991; 陸德陽, 1995; 林乾, 2005; 任道斌, 1985; 腫瘍, 1999; 陳寶良, 1992; 陳寶良, 1993; 蔡惠琴, 1993; 郝秉鍵, 2001; 韓大成, 1991, pp.341~359; 許文繼, 2004; 高中利惠, 1960; 夫馬進, 1993; 山本英史, 2004; 森正夫, 1977; 森正夫, 1978; 上田信, 1981; 上田信, 1989; 安野省三, 1985; 岸和行, 1983; 中村治兵衛, 1977; 川勝守, 1978; 川勝守, 1979; 川勝守, 1981; 川勝守, 1981; 川勝守, 1982; 川勝守, 1983; 川勝守, 1999, 第6章; 和田正廣,

〔棍徒, 나호(喇虎, 喇唬), 두곤(蠹棍), 곤두(棍蠹), 악곤(惡棍), 활곤(猾棍), 힐곤(黠棍), 간곤(奸棍), 조곤(刁棍), 파곤(把棍)〕·토곤〔土棍; 시곤(市棍), 시패(市霸), 시괴(市魁), 지곤(地棍), 비곤(痞棍), 지비(地痞)〕·광곤〔光棍, 적곤(積棍, 赤棍)·유곤(流棍, 游棍)·간인〔奸人, 간민(奸民), 호활(豪猾)〕·무적불령지도(無籍不逞之徒)·걸힐자(桀黠者)·악소(惡少)·파락호(破落戶) 등으로 기록되어 있다.

이들은 '평소 인간으로서의 최소한의 본분도 지키지 않고, 별로 재산도 없으면서도 정상적인 생업에는 종사하지 않고, 대소 집단을 조직하여 비합법적 행동(주로 폭력과 사기)으로 사회에 기생하여 사는 자'라 할 수 있다.[6] 이들 무뢰는 삼삼오오 떼 지어 다니며 사기·협잡·시장지배·고리대·부녀자 납치와 인신매매·잡세 강탈, 선착장과 부두 장악·광산의 사굴(私掘)·해상 밀무역 등 이권이 있는 곳이면 어디에서나 횡행하였다. 또 일부는 지방관부의 서리나 아역으로, 아니면 왕부나 세감(稅監)·비감(備監)에게 투신하여 권력의 주구(走狗)로 활약하였고,[7] 일부는 신사·대지주·대상인가 등 세호가에 들어가 조아(爪牙, 앞잡이)나 '기강지복(紀綱之僕)'으로 활동하였다.[8] 그리고 또 일부는 도시에서 '타행(打行)'이나 '각부(脚夫)', '방행(訪行)' 등의 조직적인 '집단'을 만들어 독립적으로 활동하였다.

오늘날 중국에서는 '흑사회(黑社會)'라는 용어가 공공연하게 사용된다. 청대와 민국시대를 거치면서 변화, 발전해 간 무뢰세력, 이들과 불가분의 관계를 맺으며 발전해 간 종교적인 결사조직, 이 양자가 합쳐진 존재가 아마도 '흑사회'라는 존재의 일부를 차지하고 있을 것이다. 이 글에서는 흑사회의 전 단계라 할 수 있는 무뢰의 존재를 추구하려 한다.

1980B; 姜元默, 2003; 吳金成, 1994, pp.94～111; 李俊甲, 1996; 陳寶良(이치수 역), 2001 등 참조. 특히 蔡惠琴, 1993; 郝秉鍵, 2001; 上田信, 1981; 川勝守, 1982 등의 논문에서는 강남 무뢰의 실상을, 吳金成, 1994에서는 湖廣社會의 무뢰의 존재양태를 극명하게 분석하고 있다.

6) 顧起元, 『客座贅語』, 卷4, 「莠民」, p.106

7) 吳金成, 1994, pp.94～111 参조.

8) 佐伯有一, 1957; 西村かずよ, 1979 등 참조.

Ⅰ. 社會變化와 都市의 發達

명 중기에는 중국 전체에서 광범하게 사회변화가 진행되었다. 그 내용을 보면, 긍정적인 면과 부정적인 면, 이렇게 상반되는 두 가지 측면이 모두 존재하고 있었다.

우선 긍정적인 면에서 보면, 명 중기는 사회 경제적으로 대단히 발전한 시기였다. 첫째, 인구가 증가하였다.[9] 1400년 무렵에는 인구가 6,500만에서 8,000만 정도로 추정되는데, 그로부터 200년이 지난 1600년에는 인구가 1억 2천만에서 2억 명 정도로 증가하였다. 이렇게 늘어난 인구가 경제적으로 낙후된 지역이나 산간지역으로 들어가 토지를 개간하였다. 둘째, 새로운 경지가 개발됨으로써 농업생산력이 향상되었다.[10] 송대에서 명초에 이르기까지, 강남지방은 중국을 대표하는 곡창지역이었다. "소호숙, 천하족(蘇湖熟 天下足)"이란 속담은 그래서 나온 말이었다. 강남은 명대에 들어오면, 송대에 개발된 우전(圩田)·호전(湖田) 지역의 내부 저습지를 분우(分圩)를 통해서 다시 한 번 개발하여 강남의 농지는 크게 확대되었다. 그리고 장강 중류 유역의 호광(현재의 호남성과 호북성)지역이 개발되기 시작하여, 15세기 중엽에 이르면 "호광숙, 천하족(湖廣熟 天下足)"이라는 속담이 나올 만큼, 새로운 곡창지대로 등장하게 되었다.

셋째, 상공업이 광범하게 발전하였다.[11] 상업에서는 휘주상인·산서상인 등 각 지역의 상방(商帮)의 대두가 두드러졌다. 이들 상방은 종족조직과 합자경영으로 마련한 튼튼한 자금력을 바탕으로, 전국적인 유통망을 가지고 장거리 상업을 주도하였다. 이렇게 대규모의 상방들이 나타날 수 있었던 것은 상품경제와 수공업이 발달하였기 때문이다. 각지에서 식량과 함께 견직물, 면직

9) 본서 제1편, 제2장, 〈표1-2-3〉 中國의 人口와 田土 統計(1400~1957) 참조. 인구증가는 경제 발전에 긍정적으로도 작용할 수 있고 부정적으로도 작용할 수 있다. 대체적으로는 긍정적으로 작용하는 경우가 많지만 그 정도가 지나칠 경우에는 부정적인 면도 간과할 수 없다.

10) 본서 제1편 제2장 참조.

11) 본서 제1편 제1장, 본편 제1장 등 참조.

물, 도자기, 제지, 설탕, 차, 남전(藍靛; 식물성 물감) 등이 생산되었기 때문에 이것을 유통하는 체계가 발생했다. 유통 상품 가운데 가장 물량이 많고 수요가 컸던 것은 미곡(米穀)이었고 그 다음이 목면과 면포였다.

넷째, 이상의 영향으로 전국에서 수많은 도시가 발달하였다.[12] 인구가 증가하고 상인의 활동이 활발해지자, 유통 중심지는 도시로 발전하여 갔다. 도시 발전의 패턴은 두 가지로 분류할 수 있다. 하나는 기존의 대도시가 인구와 규모 면에서 더 비대해진 것이고, 다른 하나는 수륙교통의 요지에 새로운 도시가 나타나는 형태이다. 특히 양자강 하류의 델타지역은 호소(湖沼)가 많고 강과 운하가 착종하여 있으며, 상공업이 발달한 지역이었으므로, 교통의 요지에 시(市)・진(鎭) 등 중소 도시들이 수없이 많이 나타났다. 한편, 강남 이외의 다른 지역에서도 역시 교통이 발달한 지역에 정기시나 중소도시가 많이 생겨났는데, 수로교통과 육로교통의 교차지점에는 더욱 큰 규모의 도시가 발생하였다. 그 결과 강남지방은, 그 많은 시진(市鎭)들이 거미줄 같이 발달한 수로를 통하여 서로 밀접하게 연결되고 상호의존하면서 시진망(市鎭網)을 형성하고 있어, 마치 하나의 '포도송이'와 같은 형태를 띠었다. 한편, 강남 이외의 다른 지역에서는, 현성 이상의 중・대 도시, 또는 특별히 여건이 좋은 교통 요지에 진(鎭)으로 불리는 도시가 발전해 주변의 정기시들과 육로나 수로로 연결되기는 하였지만, 강남에 비하면 고립분산 되어 있어, 마치 '태산(泰山)'과 같은 형태를 띠었다.

다섯째 은(銀) 경제가 발달하였다.[13] 종전에는 지폐나 동전을 사용하였으나, 가치가 하락하고 위폐가 난무하였다. 더구나 인구가 점차 증가하고 상공업이 발달하고 도시의 수와 규모가 늘어나고 거래의 규모도 점점 더 커져감에 따라, 동전 대신 은으로 대체하게 된 것이다. 그리고 이렇게 은경제가 활발해지자 국가에서도 세역을 은으로 납부하도록 하였다.[14] 그 결과 은 경제가 농촌 깊숙이 침투하게 되었다.

12) 본편 제1장 참조.
13) 본서 제1편 제1장 참조.
14) 본서 제1편 제1장 참조.

그러면 이제 사회변화의 부정적인 면을 살펴보자. 먼저 이갑제(里甲制) 질서가 해체되기 시작하였다.[15] 일리(一里)는 자급자족이 가능한 110호로 이루어졌다. 그런데, 자주 찾아오는 자연재해와 흉작, 혼·상사 등 인간의 대소사, 각종 질병, 균분상속(均分相續)의 관행, 신사나 세호가의 세역 남면과 지주들의 궤기[16] 등으로 말미암아, 자급자족하던 갑수호(甲首戶)는 물론이고 지주인 이장호마저 몰락하기 일쑤였다. "소주의 부호들은 조부의 유업(遺業)으로 살고 있는데, … 1대~2대가 지나지 않아서 몰락하는 사람이 많다"[17]고 한 기록은 그 하나의 사례에 불과하다. 더구나 명대의 조세제도는 현·리 단위 '정액제(定額制)'로 부과되었다. 그 때문에 한 갑(甲)의 한두 호가 몰락하면 그 갑은 자연히 몰락하게 되고, 그 리(里)도 몰락의 위기에 빠지게 되었다. 심한 경우에는, 명초 50여 년 사이에 한 현에 소재한 리(里)의 수가 홍무14년 원액의 92%가 감소한 경우도 있었고, 원액의 1/2로 줄어든 경우는 더욱 많았다.[18]

이상을 정리하여 보면, 명 중기(15세기 중엽~16세기 중엽)에 중국의 향촌사회에서는, 이갑제의 근간이었던 자작농뿐 아니고 유력 지주층인 이장호마저 몰락하여 이농하는, 심각한 사회변화가 진행되고 있었다. 그 원인은, 첫째 환관의 정치개입 등으로 말미암은 중앙정치의 문란 때문에 전국적으로 관리와 서리의 부정부패와 가렴주구가 만연하였기 때문이고, 둘째는 신사나 세호가의 토지겸병(土地兼倂)과 세역기피 때문에 중소농민의 부담이 증가하는, 부역의 과중함과 불균등 때문이었다. 그리고 셋째는 상인과 신사·세호가의 고리대 수탈이었다. 이렇게 하여 빈부격차가 심화되면서 더 이상 견디지 못하여 몰락하게 된 농민들은 고향을 등지고 달아날 수밖에 없었다. 이러한 현상이 곧 15세기 중엽부터 서서히 시작된 이갑제 질서의 해체, 즉 농촌사회의 분해 현상이었다.[19] 이러한 향촌질서의 해체 현상은 그 자체로서 사회불안 요소일

15) 본서 제1편 제1장 참조.
16) 본서 제2편 제3장 참조.
17) 汪琬, 『堯峰文鈔』 卷16(郝秉鍵, 2001, p.16 轉引)
18) 周忱, 「與行在戶部諸公書」, 『明經世文編』 卷22, 周文襄公集, 「疏」에서는 강남지역의 인구유산의 원인을, 大戶苞蔭·豪匠冒合·船居浮蕩·軍囚索引·屯營隱占·鄰境蔽匿·僧道招誘 등 7종으로 분석하고 있다.

뿐 아니라, 부세체납(賦稅滯納)을 만성화시킴으로써 북변 방어비의 증가와 함께, 명조의 심각한 재정악화 원인이 되었다.[20]

이갑제 이완현상의 영향으로, 전국적으로 유민이 대량 발생하였다. 농민들은 경제적인 몰락에 직면하게 되면, 먼저 자녀와 처를 팔고, 그것으로도 부족하면 고향에서 신사나 세호가의 전호(佃戶)나 노복으로 전락하는 경우도 많았지만,[21] 그러나 보통은 타향으로 달아났다. 그들의 이동방향은, ① 농촌지역→금산구역(禁山區域),[22] ② 선진경제지역[인구과밀한 협향(狹鄕)]→낙후지역[관향(寬鄕)],[23] ③ 농촌지역→도시 · 수공업 지역 등, 세 가지로 유형화할 수 있다.[24] 그리고 이러한 추세는 전국에 걸친 보편적 현상이었다.

명조에서도 이러한 변화에 대하여 방관만 하고 있지는 않았다. 첫째, 이갑제를 시작하면서 강조해 왔던 '원적발환주의(原籍發還主義)'를 완화하고 필요에 따라 이주지에 '부적(附籍)'하는 것을 허락하였다. 둘째, 세역제도의 개혁을 시도하여 최종적으로는 일조편법(一條鞭法)으로 정착시켰다. 셋째, 향약 · 보갑제를 권장하고 사창(社倉) · 의창(義倉) · 의전(義田) 등 광범한 구제기구(救濟機構)를 통하여 향촌사회에서 교화와 상호부조, 치안유지 등을 도모하려 하였다. 그러나 당시의 중국 사회는 이런 정도의 조치로 안정을 회복할 수 있을 만큼 그리 단순하지 않았다.

바로 이러한 시기, 즉 명 중엽에 신사는 그 수가 격증하고 사회활동도 활발해지면서, 사회의 지배계층으로 인식되었다. 그리고 이들 신사가 국가와 사회의 필요에 부응하여 사회의 실질적인 지배층이라는 소임을 다 할 수 있었던

19) 본서 제1편 제1장.
20) 吳金成, 1995; 李敏鎬, 1995 참조.
21) 명대의 수많은 地方志의 기록에도 나오지만, 『金瓶梅』 등 소설에도 적나라하게 묘사되어 있다.
22) 그 결과 금산구역이 개발되기도 하였지만, 선유입자와 후입자간에 갈등 또는 흉년 등으로 인하여 질서가 어지러워져, 농민봉기가 만연하기도 하였다.
23) 이들은 그곳의 전호나 노복으로 유입하기도 하고, 상인으로 전신한 사람도 많았다.
24) 吳金成, 1986, 제2편 제1·2·3장 참조. 이것은 중국 내지에서의 이동이고, 국외(주로 월남이나 동남아시아)로 나가는 사람도 적지 않았으니, 이들이 오늘날의 화교의 원류이다.

배경은 바로 위와 같은 사회변화 때문이었다.[25]

이상과 같이, 명 중기부터 전국적으로 이갑제가 이완되면서, 한꺼번에 많은 수의 농촌인구가 도시로 유입하였다. 그 가운데 특히 강남에서는 직물업을 중심으로 한 수공업이 발달함에 따라 도시의 인구가 증가하였다.[26] 그에 따라 강남의 각 향촌에서도 상품작물의 재배가 활발해지고 도시의 수공업 기술이 주변 농촌지역으로 전파되어 농촌에서도 수공업이 발달하면서 도시와 농촌 사이에 교역이 활발하게 이루어졌다. 그 결과 남경・소주・호주・항주 등 기존의 대도시 외에도 중소도시인 시진이 총생하게 되었다.[27] 이러한 여러 원인 때문에, 종래 "소호숙 천하족(蘇湖熟, 天下足)"으로 지칭되던 곡창지역이 명 중기부터 식량 부족지역이 되었고, 그 부족분을 강서와 호광에서 수입해야만 했다. 그러나 명말에 중국을 여행한 바 있는 서양 선교사 마테오 리치〔Matteo Ricci; 1552~1610, 중국명 이마두(利瑪竇)〕는 강남의 풍광과 경제적 번영을 찬탄하여 "하늘에는 천당이 있고, 땅에는 살기 좋은 소주와 항주가 있다"[28]고 상찬하였다.

앞 장에서 본 바와 같이, 강남에서 가장 번영하였던 소주부에서는, 명대의 정덕→만력→청대의 건륭→도광년간에 이르기까지 시진의 수가 45개→73개→100개→140개로 증가해 갔다. 바꾸어 말하면, 정덕→명말 사이의 100여 년 사이에 62%가 증가하였고, 명말→건륭 사이 150년~160년 동안은 37%, 그 후 56여~60여 년 동안에 다시 40%가 증가하여, 전체적으로는 300여 년 사이에 2배(211%) 이상 증가한 셈이다. 또 송강부는 겨우 2개현인데도, 정덕→숭정→건륭년간에 각각 44개→65개→107개로 증가하여, 현(縣)당 시진의 밀도에서는 오히려 소주에 앞섰다. 바꾸어 말하면, 정덕→숭정 사이 120년~130년 동안 48%, 숭정→건륭간의 120년~130년 동안에 65%가 각각 증가하여, 전체

---

25) 본서 제2편 제1장 참조.

26) 명청시대의 강남지방의 인구의 증가를 地方志를 통하여 확인하는 것은 거의 불가능한 일이다. 다만, 그 대체적인 추이와 그 의미에 대해서는 앞장 제2절 참조.

27) 앞장 제2절 참조.

28) 何高濟 等 校, 1983, 제4권 제4장, p.338에 "這是中國成語說的'上有天堂, 下有蘇杭', 那兩個城市中的一個"라고 하고 있다.

적으로는 250년~260년 사이에 약 2배 반 가까이(143%) 증가하였다. 이상과 같은 시진의 수적인 증가는 비단 소·송 지방에만 한정된 것이 아니고, 강남의 다른 지역에서도 거의 대동소이하였다.29) 그리고 이 지역의 도시의 발달은 이상과 같이 수적인 증가뿐 아니라 시진 내의 호(戶) 수도 급격히 늘어났다. 특히, 소주부 오강현의 성택진(盛澤鎭)은 명초에 50호~60호에 불과하였으나 15세기 후반부터 상공업이 발달하기 시작하여, 16세기 중엽에는 수백 호로 증가하였고, 17세기 초에는 1,100여 호, 강희년간(1622~1722)에는 만여 호로 증가하였다. 역시 소주부의 진택진(震澤鎭)은 15세기 후반에는 300호~400호 정도였으나 16세기 초에는 천여 호로 증가하였고 청초에는 2,000~3,000호로 증가하였으며, 옹정년간에는 오강현에서 분리되어 진택현으로 독립하였다. 도시의 발달은 비단 강남지역뿐 아니고 중국의 다른 지역에서도 정도의 차이는 있었지만 비슷한 추세로 진행되고 있었다.

명 중기부터는 또한 사회의 풍기(風紀)도 크게 변화되었다.30) 근검절약하고 신사와 평민 사이에 엄격한 구분이 있던 명초의 풍기가 명 중기부터는 점차 사치가 나타났고, 명말에는 정도의 차이는 있었으나 전국적으로 사치가 만연하였다. 그리고

(1) **오늘날 천하의 재부는 강소와 절강에 모여 있고, 사치는 소주와 항주가 가장 심하다.**31)

(2) **명 말부터 오늘에 이르기까지, 시정(市井)의 사람은 비단 옷을 입지 않는 사람이**

---

29) 劉石吉, 1987; 樊樹志, 1990; 樊樹志, 2005; 韓大成, 1991; 陳學文, 1993 等 參照.

30) 邱仲麟, 1994; 來新夏, 1984; 孟彭興, 1994; 巫仁恕, 1999; 巫仁恕, 2002A; 巫仁恕, 2002B; 巫仁恕, 2005; 聞立鼎·王衛平, 1992; 常建華, 1994; 徐泓, 1986(→ 『第二屆國際漢學會議論文集』, 明淸與近代史組, 臺北, 中央硏究院, 1989); 徐泓, 1989; 吳琦, 1990; 吳美琪, 2000; 吳仁安, 1987; 王家範, 1988; 王新, 1990; 王圍平, 1993; 王圍平, 1994; 汪維眞·牛健强, 1990; 王興亞, 1989; 牛健强, 1997; 牛健强·汪維眞, 1992; 牛健强·汪維眞, 1991; 劉志琴, 1984; 劉志琴, 1992; 劉志琴, 1992; 劉和惠, 1990; 林麗月, 1991; 林麗月, 1994; 林麗月, 1999; 林麗月, 2002; 林麗月, 2004; 張曉虹·鄭召利, 1999; 陳茂山, 1989; 陳學文, 1990; 何淑宜, 2000; 森正夫, 1978; 森正夫, 1995; 蔡惠琴, 1993, pp.78~86; Brook, Timothy(이정·강인환 역), 2005 等 參照.

31) 陸楫, 「蒹葭堂雜著摘抄」, 『紀錄彙編』(臺北, 商務印書館, 1969) 卷24, p.213.

> **없다. 창기나 배우, 노비까지도 일상의 의복이 될 정도로 보편화되었다.**[32]

고 하는 바와 같이, 특히 상공업이 비약적으로 발달하였고 중국의 경제·문화의 중심지였던 강남에서 더욱 두드러졌다. 그리고 이와 동시에 '중농억상(重農抑商)'적인 전통에서, 유업[儒業, 과거시험 공부]을 버리고 상업에 종사하거나 혹은 중상(重商)의 풍조가 만연하였다.[33)]

이렇게 변화되어 가던 도시사회의 분위기가 바로 무뢰의 온상이었다. 명 중기부터 명말청초에 이르는 시기에 나타난 이러한 변화과정 속에서, 도시로 유입한 농촌인구의 상당부분이 정업(定業)을 갖지 못하고 방황하는 무뢰로 전환될 수밖에 없었다.[34)] 특히 다른 어느 지역보다도 변화의 속도가 빨랐던 강남에서는 더욱 그러하였다. 더구나 명 말부터는 군비(軍備)도 해이해지고 도시의 치안도 문란해져 갔다. 이러한 사회변화 속에서 이들 무뢰 가운데 일부가 점차 집단을 이루게 되었으니, 그 대표적인 집단이 타행(打行)·각부(脚夫)·백랍(白拉)·와방(窩訪)·방행(訪行)·송사(訟師)·걸개(乞丐) 등이었다.

Ⅱ. 無賴의 存在樣態

1. 打行[35)]

명청시대에 중국에는 어느 곳에나 곤도(棍徒)·광곤(光棍)·시곤(市棍)·지비(地痞) 등으로 불리는 무뢰들이 횡행하였다. 이들은 주먹에 의지하여 살아

---

32) 葉夢珠, 『閱世編』(上海古籍, 1981) 卷8, 「內裝」.

33) 余英時, 1987, 下篇 「中國商人的精神」; 陳學文, 1990; 黃瑞卿, 1990 等 參照. 黃省曾, 『吳風錄』 (百部叢書 第8輯, 百陵學山 第20種), p.5에서 "吳中縉紳士夫家, 多以貨殖爲急"라 하고, 于愼行(明), 『穀山筆麈』(臺北, 新興書局, 筆記小說大觀 40編 9冊), 卷4, 「相鑑」에서 "士大夫家, 多以紡績求利, 其俗勤嗇好殖, 以故富庶"라 하듯이 이러한 풍조도 강남지방에서 더욱 두드러졌다.

34) 川勝守, 1979.

35) 별도의 註가 없는 한, 陳寶良(이치수 역), 2001, pp.328~335; 蔡惠琴, 1993, pp.205~266; 郝秉鍵, 2001; 上田信, 1981; 川勝守, 1982; 岸本美緒, 1987 등 참조.

가는 자들로서, 대개 삼삼오오 떼를 지어 걸힐자(桀黠者)를 두목으로 삼고 그의 지휘 아래 온갖 불법을 자행하였다. 강남에서는 이들의 무리를 '타행(打行)'이라 하였다.

강남의 타행은 이미 14세기 전반기, 선덕년간에 나타났으며, 대개 만력년간의 1580년경부터 강남의 도시를 중심으로 횡행하기 시작하여 청말까지 존재하였다.[36] 이들은 많으면 100여 명이 집단을 조직해[37] 천강백용(天罡百龍)·십삼태보(十三太保) 등의 조직 이름을 붙이고, 각종 무기를 소지하며, 세력권을 분할하여 활동하였다. 이들은 분향(焚香)·삽혈(歃血)·문신(文身)·천지제사(天地祭祀) 등의 종교적 의식을 통하여 결맹(結盟)하고, 제복을 입고 같은 패물을 차고 다녔으며, 선생을 초빙하여 함께 무술을 단련하는 등의 방식으로 동류의식(同類意識)을 고취시켰다. 타행은 규모에 따라 상·중·하 세 종류로 분류할 수 있는데, 상등(上等)은 생원이나 신사의 자제가 주도한 듯하고,[38] 중등(中等)은 상당한 재산이 있는 중등 가정의 자제, 하등은 거처가 없는 무뢰로 구성되었던 듯하다.[39]

타행은 ⓐ 돈을 받고 신사나 세호가의 호위·경비를 맡거나, 개인의 원한을 풀어주기도 하고, 시비곡직(是非曲直)을 둘러싼 분쟁에 개입하는 등, 사건 브로커 역할도 담당하였으며, ⓑ 재판을 경호하거나 원고와 피고를 보호하고 사건을 날조하는 등 송사에도 개입하였고, ⓒ 서리나 아역(衙蠹)과 결연을 맺고 그들의 심복 조아(爪牙)가 되기도 하고, ⓓ 아행에게 고용되어 그 조아가 되기도 하였다.[40] 그러나 때로는 아행과 비슷하게 상거래에 개입하거나, 도시

---

36) 打行은 지역에 따라 打郎·打會·打手·青手 등으로 불리기도 하였다. 한편, 一說에는 청초부터 打行의 명칭이 打降으로 변화되고 그에 따라 그 역할도 변화되었다고 하나 아직은 확실치 않으며, 오히려 吳語(長江 三角洲 방언) 계통에서는 '行'과 '降'이 동음이라는 설이 타당할 듯하다.

37) 명청시대의 사료에는 "三五成群", "什五爲群", "十百成群", "什百爲徒", "千百爲群", "累百盈千" 등의 기록이 무수히 보인다. 蔡惠琴, 1993, pp.217~224 및 附錄 pp.68~71 등 참조.

38) 余杭의 「天罡黨」 수령 孫某는 생원출신으로, "善于刀筆"하였는데, 도당을 거느리고 無所不爲하였다.

39) 褚人獲, 『堅瓠集』 9集, 卷2, 「打行」(郝秉鍵, 2001, p.21 참조)

40) 본편 제1장 참조. 아행은 상당한 조직과 조직보호를 위한 수단이 필요하였으므로,

주변의 길목에서 통과세 명목으로 금품을 갈취하거나 상품을 강제로 사들이는 등, 상권을 놓고 아행과 경쟁하기도 하였다. ⓔ 심지어 세력권 내의 민변에 가담하여 사건을 더욱 악화시키기도 하였는데,[41] 명청시대 도시에서 발생한 민변의 주동자로 무뢰가 두 번째로 높은 비율을 차지했다.[42] 그뿐 아니라 곡가가 등귀할 때는 무뢰들이 떼를 지어 기민(饑民)들을 선동해서 식량 점포나 세호가를 습격하는 사례도 많았다.[43] 그들은 또한, ⓕ 세역 징수를 청부받기도 하였고[포람전량(包攬錢糧)], 심지어 ⓖ 고리대를 놓거나, 전당포를 경영하고, ⓗ 인명사건을 이용하여 이권을 얻는 '도뢰(圖賴)'를 행하기도 하고,[44] ⓘ 염효(鹽梟; 사염밀매자)가 되기도 하고, ⓙ 불사(佛寺)나 도관(道觀) 등 사묘(寺廟)의 보호자로 자처하고 묘회(廟會)·향회(香會)·영신새회(迎新賽會) 등을 장악하여 금전을 갈취하고, ⓚ 주점을 차려놓고 창기를 모아 술을 팔며 매춘을 강요하고, ⓛ 도박을 알선하여 이득을 얻고, 또한 스스로 도박을 하면서 위협과 사기로 금전을 갈취하였다[이들을 도곤(賭棍)이라 불렀다]. ⓜ 이들은 또한 걸개(乞丐)와도 깊은 관계를 맺고 있었고, 필요에 따라서는 자기들의 활동에 걸개를 동원하기도 하였다.(後述) 또한 ⓝ 황친(皇親)의 노복이라 속이고 도시 혹은 관진(關津)에서 큰 점포를 개설하기도 하고,[45] ⓞ 운하 연변에서는 세요가의 이름을 팔면서 조운선(漕運船)에 올라 재물을 빼앗기도 하였고,[46] ⓟ 타인을 대신하여 곤장을 맞기도 하였다.(대개 볼기 한 대에 은 2전) 또한 ⓠ 기타 절도·사기·협박·간점(奸占)·물품 강탈, 부녀자를 납치해서 간음·인신매매, 무기사조(武器私造), 혼사·상사 등 길흉지사에 개입하여 이권을 얻기

타행이 직접·간접으로 이들과 연계될 수 있었다.

41) 酒井忠夫, 1960, 제2장「明末の社會と善書」; 金誠贊, 1992; 吳金成, 1994 참조.

42) 巫仁恕, 1996.

43) 韓大成, 1991, pp.421~423.

44) 萬曆『杭州府志』卷19, 風俗(學生書局版 p.346)에 "省城內外不逞之徒, 結黨聯群, 內推一人爲首, 其黨與每旦會於首惡之家, 分投探聽地方事情. 一遇人命卽爲奇貨, 或作死者親屬, 或具地方首狀, 或爲硬證, 橫索酒食財物, 稍不厭足, 公行毆辱, 善良被其破家者, 俱可指數"라 함.

45)『明史』卷181, 李東陽傳.

46) 王在晋,『通漕類編』卷4,「官軍犯罪」.

도 하였다. 가정38년 소주에서는 타행의 무리가 전무후무한 소란을 피웠다. 이에 새로 부임한 응천순무(應天巡撫) 옹대립이 '타행 소탕령'을 내린 후 진두지휘를 위해 가족과 함께 소주에 왔을 때, 타행의 무리가 장도거부(長刀巨斧)를 들고 밤에 오현과 장주현청을 공격하여 소주감옥을 파괴한 후 죄수들을 석방해서 함께 도찰원 문을 부수고 들어갔다. 순무와 그 가족은 담을 넘어 도주했고 타행의 무리들은 마음껏 방화하였다.[47]

타행은 이렇게, 도시나 수륙교통의 요지를 중심으로, 주로 불법과 폭력을 배경으로 금전을 획득하는 일종의 청부집단으로서, 오늘날의 '조직폭력배'와 흡사한 존재였다.[48] 이러한 불법성 때문에, 국법(國法)은 타행의 존재를 용납할 수 없었다. 그 때문에 타행은 관부의 통제를 모면하면서 자신들의 세력을 유지하기 위하여, 때로는 신사・세호가 등 유력자의 문하에 투신하여 보호를 받았다. 심지어 향신의 노복이 타행의 두목이 되는 경우도 있었다. 바꾸어 말하면, 타행은 신사・세호가의 조아가 되어 그들의 호위를 담당하거나, 신사가 필요로 하는 갖가지 불법 행동의 행동대원이 되었다.[49] 타행은 또 서리・아역 등과 결탁하기도 하였다. 그 때문에 타행이 어느 정도 불법을 저질러도 지방관들은 그들의 배경이 무서워 모르는 척 묵인하는 사례도 많았다. 또 설령 이들이 붙잡힌다 해도, 그들의 배후 세력이 손을 써서 바로 구해 주었다.

타행은 이상에서 본 바와 같이, 그야말로 돈이 생기는 곳이면 어느 곳에나 가고 무슨 일에나 개입하였다. 그 때문에 타행을 '제삼백육십일행(第三百六十一行)'으로 불렀다. 전통 중국에서는 직업을 총 망라하여 '삼백육십행〔三百六十行, 수없이 많은 직업이라는 의미〕'이라 하였는데, '타행도 하나의 전문 직업'으로 비꼬아 부른 것이다. 즉, '직업은 모두 360종류가 있고 그 가운데 최상(最上)은 농업〔三百六十行, 種田爲上行〕'이라는 속담이 있었는데, 타행은 '인간이라면 절대로 해서는 안 되는 최악의 직업'이라는 의미였다.

---

47) 明『世宗實錄』卷478, 嘉靖 38年 11月 丁丑條, pp.7992~7993.
48) 宮崎市定, 1954.(→『アジア史研究』 4, 京都, 1964); 유인경, 2007 참조.
49) 청초 소주부 崑山의 大鄕紳 徐乾學 일족의 휘하에는 訟師・打降・奴僕・衙役・胥吏 등의 무리가 집단을 이루어 그의 향리에서 멋대로 부정행위를 저질렀다. 川勝守, 1981; 郝秉鍵, 1997, p.30 참조.

이러한 타행의 존재는 절강·안휘·강서·광동 등 지역에서도 발견된다. 그러나 이러한 무뢰들을 중국의 모든 지역에서 '타행'으로 부른 것은 아니다. 주로 강남에서 '타행'으로 불렀던 것은 그들의 무리가 많아 세력이 특히 강대하였고 뚜렷한 조직을 가지고 각종 이권에 개입하여, 일종의 '행업(行業)' 집단같이 보였기 때문이다. 복건의 천주(泉州)나 장주(漳州) 같은 곳에서는 무뢰들이 '표당(彪黨)'이란 폭력조직을 결성하여 횡행하였다.[50] 대부분의 지역에서는 광곤·시곤·지비(地痞) 등으로 불렀는데, 대개 2~3명, 4~5명 등, 비교적 작은 조직으로 불법을 자행하였다. 그들의 세력은 강남만 못하였지만, 각 집단마다 두목을 두는 것은 어느 곳에서나 동일하였다. 또한 저지르는 불법도 지역적 특성, 또는 시기에 따라 조금씩 달랐다.

2. 脚夫[51]

각부(脚夫)는 원래 요역의 일종으로, 고관들이 지방을 왕래할 때 동원되어 화물 운반에 종사하는 사람을 지칭하였다. 그러나 후에는, ⓐ 전국적으로 중요한 교통로의 관(關)이나 마두(碼頭)를 중심으로 하여 객상의 화물을 운반하거나, ⓑ 아행에게 고용되어 창고나 점포의 화물을 운반하는 짐꾼을 지칭하게 되었다.[52] 건륭년간의 화가 서양(徐揚)이 그린 〈성세자생도〉는 당시 번영의

---

50) 高中利惠, 1960.

51) 程春宇, 『士商類要』(天啓6年刊) 卷2, 「船脚總論」에 "至于脚夫, 無所不至, … 若論船戶·脚夫之奸惡, 律罪充徒, 理的當也。… 船·脚之奸, 甚於竊盜"라 하며, 전국 어디에나 존재함을 묘사하고 있다. 기타 謝淑君, 1988; 樊樹志, 2005, pp.352~356; 上田信, 1981; 川勝守, 1999; 橫山英, 1972; 山本進, 2000 등 참조.

52) 각부는 지역 혹은 운반하는 방식에 따라 칭호도 달랐으므로, 挑夫·籮夫·轎夫(=扛夫)·壩夫·排夫 등은 포함시키지만, 船夫나 縴夫는 포함시키지 않았다. 『上海碑刻資料選輯』(上海人民出版社, 1980), pp.76~77, 「34 上海縣爲籮夫扛夫議定脚價訂定界址告示碑」(嘉慶8年)에 따르면, 상해에서는 종래 籮夫와 扛夫가 있어, 碼頭의 각 점포의 粮食·油·酒 및 航報등의 선박의 일체의 錢貨, 民間의 婚喪, 輿轎 등의 항은 모두 籮夫가 담당하고, 각 洋行內 煙糖棉花등 재화는 모두 扛夫가 담당하였다. 그런데 건륭 35년과 38년에 이들 籮夫와 扛夫간에 심각한 분쟁이 있었으므로, 嘉慶8년에 이르러 上海 知縣이 경계를 정하고 '夫頭'를 세워 화물을 조사하도록 하였다. 또한 성과 성 사이에 설치된 관을 사이에 두고 활동하는 挑夫도 있었다. 사

극치에 달한 소주의 모습을 묘사한 것인데, 화면에는 당시 소주에 약 260개의 상점이 있고, 약 400척의 배가 보이며, 사천 등 9개 성 출신의 상인이 개설한 점포가 보이고, 아울러 수많은 각부의 존재도 묘사되어 있다.[53] 명말에 상인이 반드시 알아야 할 사항을 적어놓은 기록에,

> 배에 물건을 싣거나 내릴 때에는 부두(埠頭)가 없어서는 안 되고, 차와 마필을 고용할 때는 각두(脚頭)가 없어서는 안 된다. 배에서 부두를 통하지 않으면 소인들이 그 틈을 노려 속이고 도둑질하게 되고, 차마(車(馬)에서 각두를 통하지 않으면 각부들이 중도에서 화물을 내버리게 된다. 이는 모두 적은 돈을 아끼려다 큰돈을 잃게 되는 것이다.[54]

고 쓴 것 같이, 각부는 상업과 유통에 필수불가결한 존재였다.

각부들은 대부분 생업을 위하여 피땀을 흘리며 수고하는 양민들이었으므로, 명조는 이들 조직을 정당한 직업으로 간주하였다. 그런데 명 중기부터, 한편으로는 상공업이 점차 발전하면서 유통량이 증가함에 따라 전국적으로 대도시가 발전하고 중소도시도 총생하였다. 또 한편으로는 전국적으로 이갑제가 이완되면서 농촌에서 수없이 많은 농민이 유산되었다. 이들 유산 농민의 상당수는 각지의 도시로 유입하여, 특정한 기술 없이 몸만 있으면 할 수 있는 각부가 되었고, 그 결과 각부의 수가 급증하게 되었다.

이상과 같이, 명 중기부터 전국적으로 사회경제가 변화되어 가면서, 다음과 같이 각부의 존재양태도 바뀌게 되었다. 즉,

> (1) 어떤 현의 호강(豪强)이나 광곤(光棍)들은 국법을 두려워하지 않고 시장의 이익을 농단(壟斷)한다. … 땅의 경계를 정해놓고 각부를 세운다. 도(圖)마다

천의 巴縣에서는 ⓐ를 碼頭脚夫, ⓑ를 行戶脚夫라 하였다. 山本進, 2000 참조.

53) 黃錫之, 2003; 范金民, 2005.

54) 程春宇, 『士商類要』(天啓6年刊) 卷2, 「買賣機關」, 第39條. 또한, 萬曆 『揚州府志』 卷20, 風物志, 「俗習」에도, "凡魚鹽豆穀, 覓車船・雇騾馬之類, 非經紀關稅則不得行"이라 함.

하나의 소갑(小甲)을 세우고 백 명이 되면 삽혈(歃血)하며 신에게 기원하고 공개적으로 당을 만든다. … 각부들은 마음 내키는 대로 속이고 횡행하므로 민해(民害)가 막심하다. … 이들 각부는 원래는 피땀 흘려 수고하며 살아가는 양민이었다. … (앞으로는) 강계(疆界)를 나누거나 마음대로 각두(脚頭)를 세우고 사사로이 각조(脚租)를 걷는 것을 금한다.55)

(2) 곤도(棍徒)들이 당을 모아 법을 무시하고 교부(轎夫)·각부·반두(盤頭)·개두(丐頭)·시단(柴担) 등 여러 부류를 세운다. 더욱이 악인(樂人)·고수(鼓手)는 그들의 〔지시를〕 더욱 맹종한다. 수많은 폐해를 일으키고 날로 더해간다. … 백성들이 조금이라도 그들의 요구에 따르지 않으면 떼 지어 온갖 횡포를 다 부린다.56)

두 기록을 종합해 보면, ① 각부는 원래는 '피땀 흘려 수고하며 살아가는 양민'이었는데[(1)], ② 호강·광곤·곤도 등 무뢰들이 무리를 모아 각부·교부 등으로 삼고[(1)(2)], ③ 도(圖)마다 소갑을 두는 등 관할지역을 정해놓고, 국법을 무시하고 마음 내키는 대로 횡행하며 불법과 무력으로 모든 운반행위를 독점하였다[(1)(2)]. ④ 일정한 수가 모이면 삽혈하며 신에게 기원하고 하나의 도당을 조직한다[(1)(2)]. ⑤ 무뢰들은 각부뿐 아니라 심지어 걸개, 악인·고수까지 지배하였다. 바꾸어 말하면, 원래 '피땀 흘려 수고하며 살아가는 양민'이었던 각부들 사이에 광곤·곤도 등 무뢰들이 끼어들어, 각부를 조직화시켜 무뢰집단으로 변질시켰다는 것이다. 먹이를 찾아 헤매는 늑대들이 좋은 먹잇감을 방치할 리 없었다.

무뢰들이 끼어들어 조직화된 각부의 존재양태는 다음과 같이 변화되어 갔다.

(1) 현의 견부(肩夫)·도부(挑夫)·각부들은 강력한 유력자를 추대하여 각두(脚頭)로 삼고 나머지 각부들은 그의 통할과 지시를 받는다. 상인이 화물을 운반할 때

55) 『江蘇省明淸以來碑刻資料選集』(北京, 三聯書店, 1959), 「常熟縣呈准禁止豪强私占土地脚夫倚勢詐民文」(康熙46年).

56) 光緖 『羅店鎭志』 卷1, 疆里志(上), 風俗, 「知縣毛正坦示諭論」.

는 몇 리(里)도 안 되는 거리인데도 매단(每担)에 60문~70문(文)이나 더 받는다. [이렇게 받은 돈의] 반 이상은 각두의 주머니에 들어가고, 힘써 일한 소부(小夫)들의 소득은 몇 문에 불과하다. 만일 거민이 [자기 물건을] 스스로 운반하는 것을 보면, [각부들이] 즉시 떼 지어 떠들며 행패를 부린다.[57)]

(2) 강만진(江灣鎭)의 도부(挑夫)·각부들은 강하고 힘 있는 자를 추대하여 각두로 삼고 나머지 각부들은 그의 통할을 받는다.[58)]

(3) 소주지역의 각부들은 수십 명이 떼를 지어 세요(勢要)에게 투탁하고[投託勢要], 반두(班頭)·각두 등을 세워 사사로이 경계를 나누어 한 지역씩을 차지하고 있다. (각부들은) 상민의 화물이나 모든 혼·상사를 보면 즉시 이를 가로막으며 스스로 처리하지 못하게 하고는 비싼 값을 갈취한다. … 만일 자기들 뜻대로 되지 않으면 화물을 운하에 버리기 때문에 어떻게 해볼 도리가 없다. … 조금이라도 대들고 따지면 떼거리로 모여 행패를 부린다. 관에 고발하여도, … 지방관들은 (평소의) 정분과 체면 때문에 그들을 징치(懲治)하지 못한다.[59)]

(4) 주먹에 대한 걱정은 각부가 가장 심하다. 그들은 수없이 많다. … 사람들은 지혜롭거나 어리석음에 관계없이, 객민은 멀리서 오거나 가까이에서 오거나 관계없이, 자기가 짐을 지고는 (이곳을) 지나갈 수 없고, 그들에게 맡기면 운송비를 터무니없을 정도로 강요한다. … (이러한) 사악한 풍습이 날마다 심해지고 있다. 미객(米客)이 농락당하고, 미점(米店)이 능학(凌虐)당하고, 미아(米牙)가 이들 손에 좌지우지되고, 각부(만) 엄청난 이득을 얻는다.[60)]

---

57) 康熙 『上海縣志』 卷1, 風俗.

58) 民國 『江灣里志』 卷3, 徭役, 「李邃庵禁革脚夫始末記」.

59) 上海博物館圖書資料室, 『上海碑刻資料選輯』, 上海人民出版社, 1980, p.434, 「嘉定縣嚴禁脚夫結黨橫行告示碑」(康熙 25年). 이와 유사한 기록은 ⓐ 嘉慶 『南翔鎭志』 卷12, 雜志, 「紀事」에도, "脚夫·樂人聚夥結黨, 私劃地界, 搬運索重直, 婚喪勒厚犒, 莫甚於南翔. 種種惡習, 夫人知之, 而積弊已久, 莫可如何. 康熙二十五年, 士民石崧等目擊脚夫肆橫, 激於公憤, 環籲當道. 此輩投託勢要, 把持有司, 幾致反噬. 賴邑侯山陰聞公(在上)廉明, 力請撫軍趙公嚴飭, 立碑永禁. … 害除而崧等身家亦破産矣"라 하였고, ⓑ 民國 『江灣里志』 卷3, 徭役(樊樹志, 2005, p.354 轉引)에도 "嘉邑大害, 莫甚于脚夫, 而脚夫之橫莫甚于南翔·江灣兩鎭。若輩什百爲群, 投託勢官, 結納豪奴, 私自分疆劃界. 凡商民貨物橫索脚價。稍不如意, 則貨抛河下, 無人承挑"라 함.

60) 石崧, 「公建撫憲趙公長生書院碑記」, 嘉慶 『南翔鎭志』 卷2, 營建, 書院.

즉, 첫째는 부호나 힘있는 무뢰를 각두[(반두盤頭), 각행(脚行)]로 세워 단합된 세력을 조직하고 일거리를 확보하려 하였다.[(1)(2)(3)] 각두는, 마치 오늘날의 하역노조(荷役勞組)의 위원장처럼, 각부를 통할하는 대표자로서 그들을 지휘, 감독하였는데, 노임의 대부분을 갈취하였다. 둘째 각부들은 불법과 폭력을 휘둘러 정당한 노임보다 훨씬 많은 돈을 갈취하였다.[(1)(2)(3)(4)] 셋째, 그러는 과정에서, 앞에서 서술한 타행의 사례와 마찬가지로, 각부 세력 사이에 타협하여 세력권을 정한 후 그 범위 내의 운반 업무를 배타적으로 독점하였다.[(3)] 넷째, 각부 집단이 이렇게 횡포를 자행할 수 있었던 것은 각부들이 이미 세력가나 관리와 결탁하여 세요가를 그들의 보호막으로 삼았기 때문이다. 지방관들도 그 세요가의 체면과 영향력 때문에 각부들의 행패를 어찌할 수 없었기 때문이었다.[61][(3)] 다섯째, 가장 심각한 것은, 자연스럽게 수많은 무뢰가 혼입되어, 삽혈(歃血) 등 종교의식을 통해서 결맹하여 막강한 세력을 형성했다는 점이다.[(1)(2)(3)(4)]

이상에서 보듯이, 외래 상인이든 현지의 거민이든, 심지어 현지의 아행마저도, 물건을 운반할 때는 반드시 그 지역을 관할하는 각부를 고용해야만 하였다. 그렇지 않으면 물건을 옮기지도 못하고, 폭력사태만 발생하였다. 이들은 표면적으로는 아행 등 상인으로부터 상대적으로 독립되어 있었고, 이사 또는 상업 활동에서 나타나는 화물 운반을 담당하였으며 혼・상사의 경우에는 운반뿐 아니라 고악(鼓樂)・화교(花轎)・대관(擡棺) 등의 일을 처리하기도 하였다.[62] 그러나 자기들의 세력권 내의 이권을 독점하는 것을 기화로, 무리하게 고가의 운임을 요구하는 등 횡포를 자행하였다. 심지어 외지의 각부도 화물을 운송할 때, 자신들의 구역을 벗어나면 해당 지역의 각부에게 운송을 넘겨야만 하였다. 말하자면, 전형적인 무뢰인 '타행'과 같이, 각부 집단도 무뢰의 성격을 띠는 단체로 변모되어 간 것이다.

이상은 명말청초 강남 각부의 존재양태이다. 각부가 제일 많았던 곳은 물

61) 韓大成, 1991, pp.266~267에서도 지적함.
62) 運搬費는 件數에 따른 방법과 날 수로 계산하는 방법이 있었다.

론 경제가 가장 앞서 있어 화물의 운반량이 가장 많았던 강남지역이었다. 그러나 다른 지역에서도 각부의 존재양태는 강남과 대동소이하였다. 남북 대운하의 북방 중심에 위치한 산동의 임청에서도, 이미 명 만력년간에 3천~4천 명의 각부가 있었는데,[63] 이들은 각기 행(行)을 조직하고, 선박이 도착하는 곳이나 양행(糧行)·지점(紙店) 등이 있는 거리를 중심으로 지계(地界)를 나누어, 서로 침범하지 않았다.[64] 광동과 강서성의 경계인 대유령〔大庾嶺, 매령(梅嶺)〕을 사이에 두고 남북으로 운반되는 상품이 많았는데, 명대의 성화년간부터 강서의 남안부민(南安府民)과 광동의 남웅부민(南雄府民) 사이, 혹은 각부와 상인 사이에 각가(脚價)문제로 대립이 계속되었다. 건륭23년에 강서·광동 두 순무가 만나 각가(脚價)를 규정하고 「목방수립통구(木榜竪立通衢)」를 간각(刊刻)하게 하였다.[65] 또한 병풍관(屛風關)을 사이에 두고, 강서·절강 두 성 사이에 동서로 운반되는 상품이 많았으므로 강서 옥산(玉山)현에는 도부(挑夫; 각부)가 "매일 수백 명, 많게는 천 명에 이르기도 하였다."[66] 이곳에서도 객상·선호(船戶)·아행·각부 사이에 수시로 분쟁과 갈등이 발생했다. 그 때문에 건륭 초(옹정11년~건륭7년)에 강서 안찰사(按察使) 능도(凌燾)가 각가(脚價)에 대한 상세한 명문을 규정하였다.[67] 각부의 횡행과 그 폐해는 호남과 강서 두 성의 접경지역인 장사부(長沙府)와 원주부(袁州府) 사이에도 있었다.[68] 또한 호광에서 강남에 이르는 양자강 연안에서도, 각부가 무뢰와 서로 짜고 조운선에 올라 양식을 구걸하거나 밤에 강 중간으로 밀어내어 모두 빼앗는 일이 비일비재했다.[69]

---

63) 이는 아마도 과장이라 생각된다. 그러나 만력 27년(1599)의 임청민변 때 민변에 참여한 수가 만여 명이었는데, 文秉, 『定陵注略』 卷5, 「軍民激變」(p.24b)에서는 "脚夫·小民三四千名"이 참여하였다고 한다. 따라서 명말의 임청의 운하도시로서의 사회경제적인 위상을 생각해 보면, 다수의 각부가 있었을 것임은 분명하다.

64) 『萬曆邸鈔』 第2冊(韓大成, 1991, p.263 轉引); 乾隆 『臨淸州志』 卷11, 市廛志; 許檀, 1986 참조.

65) 江西布政司, 『西江政要』 卷2, 「過山脚夫議定脚價」.

66) 傅衣凌, 1956, p.29.

67) 凌燾, 「禁玉山行埠苛索牙用」, 『西江視臬紀事』, 『淸史資料』 第3輯, 中華書局, 1982, pp.211~212.

68) 陳弘謀, 『培遠堂偶存稿』, 文檄, 卷13, 「査禁過山夫役積弊」(乾隆7年正月).

각부의 이러한 횡포로 말미암아 외래 객상이 가장 큰 피해를 보았지만, 그 도시에 근거를 둔 아행의 피해도 컸다. 뿐만 아니라 그곳에 거주하는 신사 등 유력자들에게도 영향이 미쳤다. 그 때문에 피해 당사자들은 이러한 각부의 횡포를 금지해 주도록 순무(巡撫) 이하 각급 지방관에게 호소하였고, 그 결과 여러 차례 금령을 비석에 새겨 잘 보이는 곳에 세워 놓았다.[70)]

그러나 각부 역시 지방관과 서리에게 뇌물을 주거나, 또 다른 신사・세호 등 유력자에게 의탁하여 비호를 받았다.[71)] 또한 신사나 세호가들은 필요에 따라 각부를 고용하기도 하였고, 신사나 세력가 가운데에는 이들을 비호하는 대가로 정기적으로 금전을 상납받기도 하였다. 그러므로 각부의 횡포는 끝내 근절시킬 수도 없었고 또 근절될 문제도 아니었다.[72)] 그러므로 각부도, 그 이름과 역할과는 달리, 대부분의 지역에서 점차 무뢰집단으로 변질되어 갔다.[73)]

3. 白拉・白賴[74)]

백랍・백뢰는 객상과 농민을 대상으로, 불법적으로 아행의 행세를 하면서 중간에서 이익을 수탈하는 무리를 지칭하였는데, "시정(市井)의 무뢰, 소위 타항(打降)과 백랍은 어느 곳에나 있다"[75)]고 하듯이, 타행[打行; 타항(打降)]과 병칭되는 무뢰집단이었다. 강남 가정현의 외강진(外岡鎭)에서는, 백랍은 진지하게 생업에는 종사하지 않고, 지방 아문의 하역(下役)들을 우익으로 만들고,

---

69) 姜性, 「議定皇華亭水次疏」(萬曆36年), 康熙『岳州府志』卷27, 藝文, 下.

70) 嘉慶『南翔鎭志』卷2, 營建, 書院; 同書, 卷12, 雜誌, 紀事; 光緖『羅店鎭志』卷1, 疆里志(上), 風俗.

71) 郝秉鍵, 2001, p.23.

72) 樊樹志, 1990, pp.168~170; 姜元黙, 2003.

73) 강서나 사천 등 다른 지역에서는 각부가 아행의 지휘를 받는 경우도 있었다. 謝淑君, 1988, p108에서도, 脚夫를 無賴・打行・搶火 등과 같은 무뢰로 간주하는, 전통적인 기록은 잘못이라고 한다. 그러나 謝淑君의 이러한 인식은 많이 수정되어야 할 것이다.

74) 樊樹志, 1990, pp.166~167; 樊樹志, 2005, pp.351~352. 白拉와 白賴는 吳語(長江 三角洲 방언) 계통에서는 같은 음이다.

75) 嘉慶『南翔鎭志』卷12, 雜誌, 紀事.

시정의 무뢰들을 조아로 모은 후에, 농토나 가정 대사 등 다른 집에 어떤 일이 있을 때면 그 이익을 강요하고 만일 뜻대로 되지 않으면 떼 지어 몰려와서 훼방을 놓기 일쑤였다.76)

백랍은 또한 사아(私牙)로서도 행동하였다. 아행은 원칙적으로 지방관으로부터 아첩(牙帖)을 받아 영업을 해야 하는데,77) 이들 백랍・백뢰는 점포도 개설하지 않은 채, 아행을 자처하면서 불법적인 이득을 취하는 일이 많았다. 명말 강남의 태창주(太倉州)에 대하여,

(1) 주(州)에서 소민에게 해악을 끼치는 자는 전에는 곤도(棍徒)였다. 이들은 빈손으로 사사로이 아점(牙店)을 세우는데 이를 행패(行覇)라 하였다. (향촌의) 빈민들이 면포나 식량과 같은 물건을 들고 시진에 들어오면, 그들 스스로 자유롭게 교역하지 못하게 하고 〔이들이〕 멋대로 가격을 정하여 마음대로 약탈하기 일쑤였는데 이를 용전이라 하였다. 지금은 시진으로부터 수 리(里) 밖에 무뢰들을 내보내 〔농민들이 도시로 들어오는〕 길목을 지키게 하는데, 이를 백뢰(白賴)라 한다. 향민이 물건을 들고 오면 팔 것인지 아닌지 물어보지도 않고 무조건 빼앗고는 '아무아무〔某某〕 점포에 가서 돈을 받으라'고 한다. 향민은 어쩔 수 없이 따라간다. 〔그런 후에는〕 때로는 해질녘까지 기다렸다가 겨우 반값만 받는 경우도 있고 때로는 〔그것조차 안 주어서〕 울며 돌아설 수밖에 없는 경우도 있고, 또한 배가 고파서 불평하다가 구타를 당하는 경우도 있다.78)

(2) 백랍(白拉)은 악당(惡黨)을 모아 길가에 잠복하여 촌민이 시진에 들어오는 것을 기다렸다가 그가 가진 화물을 〔헐값을 쳐〕 빼앗듯 한다. 혹은 사사로이 아행(牙行)을 개설하고, 객상이 지나가면 백방으로 유치(誘致)하여 〔물건을 팔도록 하는데〕 그 물건이 다하기까지 계속한다.79)

76) 乾隆『續外岡志』卷2, 俗蠹(川勝守, 1999, pp.385～386 轉引)
77) 본편 제1장 참조.
78) 崇禎『太倉州志』卷5, 風俗.
79) 嘉慶『南翔鎭志』卷12, 雜志, 紀事.

고 적은 기록들은, 이들의 '사아(私牙)' 행위와 그 폐해를 잘 표현하고 있다. 백랍·백뢰의 이러한 불법 활동은 세요가와 결탁하지 않고는 불가능했는데, 결과적으로 지역 경제를 파탄으로 몰아넣는 원인이 되었다.

4. 窩訪·訪行80)

타행(打行)과 유사한 무뢰조직으로 와방(窩訪)과 방행(訪行)이 있었다. 먼저 와방은 명대의 고과제도(考課制度)와 감찰제도(監察制度)의 부산물이었다. 명대에 13도 감찰어사(監察御使)가 관평(官評)을 하거나 지방 관원을 탄핵하려 할 때는, 사전에 이노(里老)나 아역(衙役) 등으로부터 민정을 수집하였는데, 이를 '방찰(訪察)'이라 하고 그들을 '와방(窩訪)'이라 하였다. 그런데 명말에 이르면 이러한 방찰이 형식화되고, 시정의 무뢰가 점차 방찰을 가탁(假託)하여 지방관뿐 아니라 서리·아역, 신사·세호까지 모함하는 수단으로 이용하였다. 그러므로 명말에 이르면 와방은 보통 무뢰이거나, 신사·세호가의 호노(豪奴), 혹은 지방관부의 아역인 경우가 많았다. 이들은 평일에는 공문(公門)에 출입하면서 관부의 부정 등 여러 가지 정보를 수집하거나 신사·세호 및 민간의 행동을 탐색해 두었다가 관리의 고과(考課)나 징세·재판이나 사적인 보복 수단으로 이용함으로써, 그들에게 많은 피해를 주면서 자신들의 이권을 관철시켰다. 그러면서도 이들 역시 지방관·서리·아역, 혹은 신사·세호와 밀접한 관계를 유지함으로써 자신들의 세력을 유지하였다.

한편 주현관(州縣官)이 세호를 징벌하려 하여 범죄 용의자를 심문할 때는 반드시 정보 제공자를 이용하였는데, 이들을 방행(訪行)이라 하였다. 방행에는 신사의 노복 출신, 또는 그 지방의 서리·아역이 많았다. 이들은 서로 세력권을 분할하여, '방찰(訪察)'을 명목으로 불법적인 이득을 얻었다. 이들 방행은, 명말에 처음 생겼을 때는 노복이나 아역에 불과하였고 떼 지어 다니면서도 오히려 신사나 지방관의 눈치를 살폈다. 그러나 청초에 이르면, 신사나 지방

80) 蔡惠琴, 1993, pp.267~280; 和田正廣, 1980A; 和田正廣, 1980B; 川勝守, 1982.

관이 오히려 이들의 눈치를 살펴야 할 정도로,[81] 이들의 수가 증가하고 세력도 커졌다. 그러나 방행 역시 세력유지를 위해서는 일부의 신사나 서리와 결합하였다.

이상의 와방(窩訪)·방행(訪行)은, 지방관의 심복이 되기도 하고, 반대로 지방관을 위협하여 이권을 취하기도 하였다.[82] 그러므로 와방·방행은 그들의 활동이나 구성에 있어 엄격하게 구별할 수 없었기 때문에, 명대의 기록에는 와방과 방행을 혼용하였다. 또한, 타행·송사(訟師)·와방(窩訪)·방행(訪行) 등은 이해관계에 따라 서로 밀접한 관계를 맺고 있었다.[83]

5. 訟師[84]

송사[訟師; 장사(狀師), 송곤(訟棍), 송귀(訟鬼), 강곤(扛棍), 화귀(譁鬼), 도필선생(刀筆先生) 등으로도 부름]는 민간의 소송대서인(訴訟代書人),[85] 재판소송의 청부인, 분쟁 조정인, 소장(訴狀)의 대서와 소송 수속의 대행인 등을 지칭하는 것으로, 이미 송대부터 존재하였다.[86] 명대 이갑제 질서를 규정하고 있는 『교민방문(敎民榜文)』에 따르면, 명초부터 향촌질서의 유지를 위한 사소한 분쟁

---

81) 이렇게 된 원인 가운데 하나는, 순치년간의 청조의 적극적인 신사 통제정책으로 말미암아 신사의 사회적인 위상이 일시적으로 위축된 것(본서 제2편 제2장 참조)과 관련이 있다고 생각한다.

82) 『萬曆邸鈔』(臺北, 古亭書屋, 1968), pp.143～144, 萬曆10年 12月 附錄條에 "民間有等衙門積棍及市井無賴之徒, 專一結交訪察, 彼此號稱通家, 居則窩訪, 出則訪行。一有睚眦小怨, 輒裝誣過惡。編捏歌謠, 以狹制官府, 陷害平民, 以故, 不肖有司結之爲心腹。愚蚩小民, 畏之如蛇虎, 敗政蠹民, 眞甚于此"라 함.

83) 明, 佚名氏, 『虞諧志』, 「序文」에 "打志行, 觸景風生, 爲訪行爪牙也, 志訟師, 爲訪行耳目心腹也"라 함.

84) 陳寶良, 1993, pp.174～175; 蔡惠琴, 1993, pp.127～148, 164～181; 甘滿堂, 1999; 卞利, 1996; 陳江, 2006, 제7장 제3절 「危害城鄉的 流氓訟棍」; 許文繼, 2004; 夫馬進, 1993; 夫馬進, 1994; 濱島敦俊, 1982, pp.395～396; 川勝守, 1980, p.420, pp.569～570; 川勝守, 1981; 金仙憓, 2003, pp.183～192 등 참조.

85) 원고가 고소하는 문서를 '告詞'·'告狀', 피고가 반론으로 제출하는 문서를 '訴詞'·'訴狀'이라 하고, 이를 총칭하여 呈詞·呈狀·詞狀이라 한다.

86) 『名公書判清明集』(北京, 中華書局, 1987), 卷12, 「把持」; 同書, 卷13, 「譁徒」; 宮崎市定, 1954(→『宮崎市定全集』 第11卷, 岩波書店, 1992); 陳智超, 1989 등 참조.

의 조정은 '이노인(里老人)'과 '이장(里長)'이 담당하도록 하였고, 그들을 통하지 않고 곧바로 현청에 소송을 내는 것〔월소(越訴)〕은 엄격하게 금지하였다.[87] 그러나 철저한 문서주의를 원칙으로 하였던 명청시대의 소송제도 아래서는, 각 주현에서 처리해야 할 소송사건이 많을 수밖에 없었다.[88] 더구나 명 중기부터는, 한편으로는 상공업과 도시가 발전하였지만, 또 한편으로는, 앞에서 설명한 것처럼, '부익부, 빈익빈' 현상이 만연하면서 이갑제가 이완되고 농민이 유산하는 등, 상반된 현상이 나타났고, 소송 그 자체의 수가 폭증하여 갔다.[89] 이해가 첨예하게 대립되는 쌍방 간에는, 단지 이름만 남아있던 이노인의 역할은 물론이고, 당시 상당한 역할과 영향력을 행사하기 시작하던 신사도 쉽게 개입할 수 없었다.

지방 관아에 제기된 소송사건은 지방관이 서리와 아역을 동원하여 처리하였다.[90] 그러나 지방관의 수는 극히 소수였던 데 비하여, 소송사건은 너무도 많았고,[91] 재판 절차는 너무도 복잡하였다. 백성들은 식자능력이 없을 뿐 아니라, 소송절차에 대해서도 무지하였다. 그 때문에 송사(訟師)는 필수 불가결한 존재였다.[92] 현실적으로, 소송사건은 송사를 통하지 않고는 거의 불가능하였다. 원고이건 피고이건, 소장을 송사에게 부탁하지 않으면 그 사건은 해결될 수 없었다.

송사는 대개 현성(縣城)이나 그 이상의 도시에 거주하였지만, 때로는 도시와 향촌을 오가며 이중생활을 하였는데, 향촌이라 하여도 진(鎭)·시(市)·집

87) 小畑龍雄, 1952; 細野浩二, 1969; 中島樂章, 2000 등 참조.

88) 婚姻·戶籍·田宅·鬪毆·偸竊·錢糧 등에 관한 案件, 즉 州縣自理의 案件이 매년 1~2萬 件이나 되었다.

89) 중국 모든 지역의 地方志에 이구동성으로, '소송사건이 대단히 많다'고 기록되어 있는 것은 그 때문이다.

90) 川勝守, 1981, pp.117~118; 夫馬進, 1994, pp.27~29.

91) 명 중엽의 청렴한 관료로 유명한 해서(海瑞)는 그의 『海瑞集』(中華書局, 1962), 上冊, 「被論自陳不職疏」에서, 한 달에 두 번 있는 재판 때마다 매번 3,000건~4,000건의 소장이 기다리고 있는데, 자기는 그 가운데 겨우 1/20 정도밖에 처리하지 못했다고 한다.

92) 萬曆 『將樂縣志』 券1, 士風에도 「巡撫監察御使楊四知諭民息訟告示二道」에 "小民興訟, 必求訟師代書"라 함.

(集)·포(鋪) 등 중소도시나 정기시 지역에 거주하였다. 송사는 한 주현(州縣)에 보통 100여 명이나 되었는데, 북직예(北直隸) 단도현에서는 명 중기의 정통 년간(1436~1449)에 이미, '송곤(訟棍)'이라 불리던 송사들의 결맹 사례가 있었고,[93] 청말에 이르면 이들 송사가 모여 소송을 상의하는 행회(行會)·회관(會館)도 있었다.[94]

송사는 서리 출신도 있었고 일부 무뢰도 있었지만,[95] 신사 가문의 자제도 있었다.[96] 그러나 송사는 대개 문·무 생원과 감생 출신이 많았고,[97] 심지어 무거인(武擧人) 출신도 있었다.[98] 소송사건의 성격상, 송사가 되려면 상당한 식자능력이 필요하였기 때문이다. 생원이 송사가 된 사례는 이미 송대부터 보인다.[99] 명대에는 생원과 감생의 송사 간여를 엄격하게 금지하였다.[100] 그러나 명 중기부터 생원과 감생의 수가 격증함에 따라 지위상승의 가능성이 희박해지고, 또한 생원 가운데 가난한 생원도 많았으므로,[101] 이들은 과거시험 준비를 포기하고 '보신가(保身家)'적인 생활을 추구하게 되었다.[102] 그러한 방편으로, 과거시험의 길을 포기하고 상인의 길을 걷는 사인도 많았고[棄儒經商], 막우(幕友)나 가정교사 노릇을 하는 경우도 적지 않았고, 심지어 스스로

---

93) 明『英宗實錄』卷34, 正統2년 9월 壬寅條(p.664)

94) 林乾, 2005, p.3.

95) 沈德符,『萬曆野獲編』卷22,「海忠介撫江南」에, "書生之無賴者, 惰農之辨黠者, 皆棄經籍·釋耒耜, 從事刀筆間, … 至今三吳小民, 刁頑甲于海內"라 함. 清『聖祖實錄』卷113, 康熙 22年 11月 乙酉條에 "惡棍包攬詞訟, 從重治罪"라 함.

96) 徐復祚,『花當閣叢談』卷3에 "吳人之健訟也, … 訟師最多. … 多是衣冠子弟爲之"(謝國楨, 1981, p.373 轉引)라 함.

97) 徐復祚,『花當閣叢談』卷3(謝國楨, 1981, p.373 轉引); 黃六鴻,『福惠全書』卷11, 刑名部,「差拘」; 陳弘謀,『培遠堂偶存稿』, 文檄, 卷12,「懲治訟棍檄」(乾隆6年11月); 郭英德·過常寶, 1995, p.90; 蔡惠琴, 1993, pp.127~148; 郝秉鍵, 2001, p.23; 川勝守, 1981, p.125; 夫馬進, 1993, p.466 등 참조.

98)『雍正硃批諭旨』李衛(第13函 第1冊, p.4303)에 "大抵通省(浙江省)最難除之害, 莫過於訟師. (中略) 此輩非劣衿, 卽革蠹或土棍稍能識字好事之人, 種種不一, 惟武擧·武生更甚."(夫馬進, 1993, p.482)

99)『名公書判淸明集』(北京, 中華書局, 1987),「譁鬼訟師」.

100) 명대에는 이미 15세기 중엽부터 生員의 '敎唆詞訟'과 '興滅詞訟'의 금지를 규정하고 있었다. 吳金成, 1986, 第1編 第3章 참조.

101) 陳寶良, 2005, pp.424~431; 閔斗基, 1965(→同氏, 1973A) 등 참조.

102) 閔斗基, 1973; 吳金成, 1986, 第1編; 본서 제2편 제1장 등 참조

몸을 낮추어 서리가 되기도 하였다. 또 송사의 길을 걷는 자도 많았는데, 송사라 하여도, 그 능력에 따라 차이가 컸다. 송사 가운데 우수한 자는 '장원(狀元)'이라 불렸고, 최하급은 '대맥(大麥)'이라 하였는데, 장원은 이로써 많은 돈을 벌었고, 대맥도 생활은 유지할 수 있었다.[103] 청말에 가면 생원이 오히려 떳떳하게 자신이 송사라고 밝히기도 하였다.[104]

송사는 소장의 대서와 소송 수속의 대행자이므로[포람사송(包攬詞訟)], 사건 처리의 필요 때문에 서리와는 반드시 우호관계를 유지하여야 하였고, 많은 무뢰도 거느리고 있었다. 청 중기의 왕휘조가,

> **소송을 교사(敎唆)하는 것은 송사(訟師)가 가장 심하고, 민(民)을 해롭게 하는 것은 지곤(地棍; 무뢰)이 가장 심하다. 이 두 부류가 없어지지 않는다면 선정(善政)은 백성에게 미칠 수 없다. 그러나 이 두 부류를 없앤다면 큰일이 날 것이다. 그들(=송사와 지곤)은 평소에 서리와 잘 사귀면서 그들을 호부(護符)로 삼고 [횡포를 부리며], 서리는 그들을 조아로 삼아 [온갖 부정을 저지른다.]**[105]

고 한 것은 그러한 정황을 전하는 것이다. 송사는 이렇게 서리와 결탁하고 무뢰를 조종해서, 소송대서·수속대행·증언·피고인 구류 등의 소송 과정에서 파생되는 제반 업무를 조직적으로 분담하여 대신 처리해 주고 무리한 금품을 요구하였다. 심한 경우에는 송사·무뢰·서리[106]·토호·와방이 서로 깊이 결합되어 있었고, 심지어 같은 사람이 송사와 서리를 겸하는 경우도 있었다.[107] 송사는 또한 막우(幕友)와도 깊이 결탁하였다. 주현관의 비서인 막우는, 원칙적으로는 서리와 송사의 부정을 감시하도록 되어 있었

---

103) 徐復祚, 『花當閣叢談』 卷3(謝國楨, p.373 轉引)
104) 巫仁恕, 1996, p.35.
105) 汪輝祖, 『學治臆說』 卷下, 「地棍訟師當治其根本」.
106) 소송사건이 생기면 知州·知縣은 일차적으로 서리에게 처리토록 하였는데, 이를 '承行胥吏'라 하였다. 聽訟(公廷에서의 심문)은 서류 낭독이 7/10, 심문이 3/10의 비율이었으므로, 承行胥吏의 능력이 재판의 승패를 좌우되었다.
107) 李維楨, 「參知游公大政記」, 萬曆 『承天府志』 卷14, 藝文. 이는 강남의 기록은 아니지만, 강남지방도 이와 비슷했으리라고 생각한다.

으나, 실제로는 송사와 막우가 서로 빈번하게 전환되면서 서로 결합되어, 백성을 괴롭히면서 이득을 얻었다.108)

송사들은 또한, 다른 사람이 소송을 하도록 사주하거나 도와주고〔교사사송(敎唆詞訟)·흥멸사송(興滅詞訟)〕, 이득을 극대화하기 위하여 일부러 사건을 복잡하게 부풀려서 더욱더 미궁에 빠지게 함으로써 소송 쌍방 모두에게 심각한 피해를 안겨주기 일쑤였다. 그뿐 아니라 민간의 사건에 개입하거나, 죄 없는 사람을 무고하고, 사건을 날조한 후 자기가 거느리고 있는 무뢰를 그 사건의 증인으로 세우기도 하고, 반대로 분명한 죄인을 무죄가 되도록 하는 등109) 불법을 자행하였다. 송사의 이러한 불법 행동에는 반드시 무뢰가 조아(爪牙)로 활동하였다.110) 그리고 송사는 심지어 지방관에게 압력을 가하여 재판을 좌지우지하기도 하였다. 그 때문에 소송의 승패는 관에서 주관하는 것이 아니고, 마치 송사가 주관하는 것처럼 여겨질 정도였다.

송사에 관계되는 관용구로서 '교사사송(敎唆詞訟)', '흥멸사송(興滅詞訟)', '포람사송(包攬詞訟)', '전도시비(顚倒是非)', '변란흑백(變亂黑白)', '관롱도필(慣弄刀筆)', '가사월고(架詞越告)', '타점아문(打點衙門)', '관통아두(串通衙蠹)', '유함향우(誘陷鄕愚)', '기압양민(欺壓良民)', '종중취리(從中取利)', '공혁사재(恐嚇詐財)' 등이 있는 데서 알 수 있듯이, 조정에서는 이들을 극히 불법적인 존재로 생각하였다. 그 때문에 이미 『명률』에도 이러한 행동들을 엄격하게 금지하고 있고,111) 『명회전』에도 '교사(敎唆)·흥멸사송금지(興滅詞訟禁止)'를 규정하고 있으며,112) 청초에도 잠시 이러한 명률을 그대로 따랐다.113)

명청시대에 소송에 드는 비용은 적으면 수십 냥으로부터 많으면 수백 냥이나 되었다. 이러한 금액은 아무리 적어도 서민의 1년 생활비에 해당하는 거액

---

108) 夫馬進, 1993, p.468.
109) 凌濛初, 『初刻拍案驚奇』 卷11, 「惡船家計賺假尸銀, 狼僕人誤投眞命狀」
110) 山本英史, 2000, pp.95~97.
111) 高擧, 『明律集解附例』(光緖24年 重刊本, 臺北, 成文出版社) 卷22, p.1727에 "凡敎唆詞訟及爲人作詞狀增減情罪誣告人者, 與犯人同罪. 若受雇誣告人者, 與自訐告同"라 함.
112) 『萬曆會典』 卷77, 貢擧, 歲貢; 同書 卷78, 學校, 儒學, 學規·風憲官提督; 同書 卷220, 國子監, 監規·給假·依親·禁令 각조.
113) 瞿同祖, 1984.

이었다.114) 이렇게 거액이었음에도 불구하고, 소송 쌍방은 송사가 요구하는 대로 지급할 수밖에 없었다. 그 때문에 아무리 부자라 하여도, 나아가서는 신사나 세호가라 하여도, 일단 소송사건에 휘말리면 패가망신하기 일쑤였다.

그런데, 이들 송사들은 그 자신이 사인(士人, 하층신사) 출신이었을 뿐 아니라, 불법에 대한 관의 징치를 회피하기 위하여, 유력한 신사를 보호막으로 두었다. 『석금식소록』에,

> **생감(生監)으로서 현정(縣庭)에 출입하면서 관부에 강력한 영향력을 행사하여 향민을 어육(魚肉)으로 삼은 것은 순치·강희 초의 '십삼태보(十三太保)'가 있었다. … 이들은 대개 위로는 향신 중의 불초자(不肖者)를 의지하고, 아래로는 각 향의 토곤(土棍)을 조아(爪牙)로 삼는다. 향민 중에 소송사건이 생기면 곧 토곤이 안내하여 이들에게 맡기도록 주선한다.**115)

고 적은 기록이 그것이다. 옹정년간에는 생감송사(生監訟師)를 토곤(土棍)으로 표현하기도 하였다.116)

송사는 또 헐가[歇家; 헐점(歇店)]117)와도 결탁하였으며, 송사가 헐가를 경영하기도 하였으므로,118) 때로는 헐가와 송사가 같은 뜻으로 사용되기도 하였다. 헐가는, ⓐ 관(官)과 잘 아는 관계를 이용하여, 고소장을 써주거나 심부름을 대신 해 주는 등 소송에 간여하였고, ⓑ 때로는 세금을 청부하였는데,

---

114) 소송 그 자체의 비용 외에도 서리와 差役에게 주는 회뢰, 歇家의 비용, 송사의 비용, 대서의 비용도 필요하였다. 岸本美緒, 1992, p.254; 夫馬進, 1993.

115) 『錫金識小錄』(成文出版社, 中國方志叢書, 江蘇省) 卷1, 備参上, 「衙棍」, pp.66~67. 또한 蔡惠琴, 1993, p.148 参照.

116) 石錦, 1990, p.85.

117) 省城과 州縣에 모두 존재하였는데, 납세나 소송과 같은 업무로 관아에 드나든 사람들, 혹은 상인이나 여행자가 이용하던 려관 혹은 려관 경영인을 지칭하였다. 趙士麟, 『撫浙條約』(『武林掌姑叢編』 제7집), 「革積歇」, pp.14b~18b; 柯耸, 「編審釐弊疏」, 『清經世文編』 卷30, 戶政, 「賦役2」, p.754下; 川勝守, 1980, pp.689~690. 歇家는 또한 객상을 위하여 船夫·脚夫·挑夫·縴夫 등을 동원해 주거나 그들의 신분을 보증해주는 일도 하였다. 横山英, 1972, pp.202~203 참조.

118) 『西江政要』(清江西按察司衙門刊本) 卷36, 嘉慶2年, 「按察使汪嚴禁地方弊端條示」, pp.1~2.

청부한 세금을 제때에 납입하지 않거나, 아예 착복해 버리는 경우마저 있었으며, ⓒ 숙박업을 통해 상업에 간여하기도 하였다.

지방의 소송사건은 명말로 갈수록 이갑제를 통한 자치적인 해결보다는 지방관아에 먼저 고소하는 월소(越訴)가 많았다. 명 중기부터 이갑제가 이완되기 시작하면서, 이장과 이노인 가운데에서도 몰락자가 많았기 때문이다. 그런데 지방관아에 소장을 접수한 후에 관에서 사건을 파악하고 관련자를 체포하고 심문하여 판결이 날 때까지는 많은 시일이 소요되었다. 이 기간에 원고나 피고는 어쩔 수 없이 헐가(歇家)에 묵으며 일을 처리하여야 하였다.

헐가의 경영자는 서리・아역, 무뢰 혹은 호신(豪紳)의 노복이었고, 심지어 공생・감생・생원이 직접 경영하기도 하였다. 헐가는 소송에 이기든 지든 상관없이, 각종 잡비를 부풀려 숙박비를 갈취하였다. 청초에 지방관을 위한 행정지침서로 저작된 『복혜전서(福惠全書)』에는, 신사가 헐가를 경영하면서 송사와 결합된 경우를 소개하고 있다. 즉, '현청 앞에는 술집이나 여관이 즐비한데, 헐가는 대개 세력 있는 신사가 개설하였다. 모든 향인은 소송 때문에 현에 오면, 원고나 피고를 가리지 않고 모두 여기서 묵는다'고 하면서, 일체를 신사의 뜻에 따라야 하는데 숙박비가 대단히 비싸서 재판이 끝나고 정산해 보면 이미 은 수십 냥이나 된다고 한다.[119] 또한 사인이 헐가를 지배 아래 두고 이권을 얻는 경우도 있었다.[120]

이상의 내용을 종합하여 보면, 송사는 그 이름과 규정된 역할과는 달리, 일반적인 무뢰와 다름없이 불법과 협박으로 이득을 취하는 행동을 자행하였다.[121] 그러므로 타행・각부・백랍・와방・방행 등은 주로 용력(勇力)을 의지하는 무뢰였고, 송사는 "무문농묵(舞文弄墨)"하는, 문사(文士)적인 성격의 무뢰였다고 할 수 있다. 송사가 조정의 허가를 받는 존재임에도 불구하고, 보통 '송곤(訟棍)', 즉 무뢰의 한 부류로 불렸던 이유는 그 때문이었다.

---

119) 黃六鴻, 『福惠全書』 卷11, 詞訟, 刑名部, 「設便民房」.
120) 趙士麟, 『撫浙條約』 pp.14b～15a.
121) 崇禎 『外岡志』 卷1, 「俗蠹」에는, 사회에 해악을 끼치는 害蟲과 같은 존재로서 打行・訪行・訟師・竊盜・丐戶 등 여덟 부류를 들고 있다. 川勝守, 1999, p.361 참조.

6. 帮閑[122]

명청시대에 독특한 무뢰로 '방한'이 있었다. 한한(閑漢)・배당(陪堂)・시파(厮波)라고도 불렀다. 『운간잡식』에,

> **만력 임진년(20년, 1592)에 군(郡)에 남녀 방한이 있었다. 남자는 적연천・주기천・주량재와 같은 무리였고, 여자는 오(吳) 매파와 같은 무리였다. 그들 모두가 다른 사람의 명절(名節)을 파괴하고 다른 사람의 가산을 탕진시켰으니, 정말 좀 벌레와 같은 존재였다.**[123]

는 기록이 있다. 명말의 사대기서(四大奇書) 가운데 하나인 『금병매』의 제11회에 소개되는 서문경의 10형제의 무리 가운데, 화자허와 운리수를 제외한 7명은 정도의 차이는 있지만 대개는 방한이라 할 수 있다.[124] 그들은 처음에 옥황묘(玉皇廟)에 모여서, '저희들이 태어난 것은 비록 다르지만 죽는 것은 같은 날에 죽기를 바랍니다. 결맹할 때의 다짐이 영원히 견고하고 평안과 행복을 같이 하며 어려울 때 서로 도와주기를 바라나이다'라고 옥황상제에게 기원하였다. 이들의 서열은 연령순이 아니었다. 서문경이 수중에 돈푼이나 있는데다 성품이 호탕하였으므로, 그를 적당히 유인하여 돈도 얻어 쓰고 술도 같이 마시기 위하여 장형으로 받들었고, 둘째는 이들 가운

---

122) 程自信, 2001, pp.82~94; 陳寶良(이치수 역), 2001, pp.351~362; 韓大成, 1991, p.358. 妓女를 帮閑에 포함시키기도 하지만, 본 장에서는 고려하지 않았다.

123) 李紹文,『雲間雜識』卷1(謝國楨, 1981, p.381 轉引).

124) 應伯爵은 포목점을 하던 應 員外의 둘째 아들이었는데, 가산을 탕진하고 몰락한 후로는 부잣집 자제의 뒤를 따라다니거나, 기생집에서 빌붙어 살기에 應 花子(거지)라고 불렀다. 그러나 제기차기・쌍륙・장기 등 온갖 잡기에 능하였다. 謝希大는 본래는 淸河衛 千戶 사응습의 자손으로, 일찍이 부모를 여의고 고아가 되었다. 그러면서도 놀기만 좋아해, 이 역시 앞날이 막막한 자로서, 공도 잘 차고 도박을 즐기고 비파를 잘 탔다. 吳典恩은 본래 현의 陰陽生이었으나 어떤 일로 革退된 후로는 현청 앞에서 관리들을 상대로 돈놀이를 하다가 서문경과 왕래를 텄다. 雲理守는 雲 參將의 동생이었다. 『금병매』는 하나의 사회소설이지만, 당시의 正史類나 地方志 혹은 個人文集이나 檔案類에는 보이지 않는, 16세기의 중국사회의 적나라한 면모를 전하고 있다. 吳金成, 2007B 참조.

데 권모술수가 가장 출중한 응 백작이었다.

또, 『금병매』 제15회에 소개된,

> (1) **이쪽 집에서는 비위를 맞추고, 저쪽 집에서는 앞잡이 노릇, 변변히 쓸 만한 데는 없지만 허풍이 밑천이라, … 기생집을 헤집고 다니며 술자리에서 한량들에게 잡담이나 늘어놓고…**
>
> (2) **집에서도 빈둥빈둥, 가는 곳마다 공짜로 빌붙네, 일은 전혀 하지 않고 … 날마다 길거리가 활동무대, 가난한 사람에게는 다가가지도 않고 부자를 보면 기를 쓰고 뒤따르네, … 아침 일찍부터 밤늦게까지 … 돌아다녀도 큰돈은 벌지 못하고, 마누라는 항상 다른 사람 차지…**

라고 하는, 「조천자(朝天子)」라는 사(詞) 두 수가 이들 방한의 존재양태를 잘 전한다.125)

방한은 상식도 상당히 많고, 언변도 좋고, 붙임성도 좋고, 아부도 잘하였고, 무엇보다도 대단히 간교하였다. 그들은 대개 한두 가지 재주를 체득하고, 신사나 세호가 혹은 대상인・대지주에게 접근하여 온갖 아첨으로 비위를 맞추어 그들을 즐겁게 해 줌으로써, 항상 자기들과 함께 있기를 좋아하게 하고, 그들로부터 돈을 옭아내는 자들이었다. 『초각박안경기』에도, 강릉(江陵) 대상인의 아들인 곽칠랑이, 부친이 죽은 후에는 기생집에서 돈을 물 쓰듯 하고 인색하지도 않는 것이 알려지자, 방한들이 그를 꾀어내어 다른 기생집에서 빈둥거리게 하고, 또 도박을 좋아하는 왕손(王孫)과 귀척(貴戚)들을 데리고 와서 도박을 시키면서, 사기를 쳐서 돈을 갈취하였다는 내용이 묘사되어 있다.126)

방한은 때로는 관청의 일도 청부맡고, 다른 사람 대신 소송을 걸기도 하고, 거간꾼이 되기도 하였다. 『금병매』에 서문경의 10형제 패의 제2인자로 묘사된 응(應) 백작(伯爵)은 전형적인 방한이라 할 수 있다. 『금병매』 33회~35회에, '한도국의 동생 한이가 형수와 놀아나다가 광곤(光棍)인 차담・관세관・학현

---

125) 이하에서 번역은 강태권 역, 『완역 금병매』(全 10책, 솔 출판사, 2002) 참조.
126) 凌濛初, 『初刻拍案驚奇』 卷22, 「錢多處白丁横帶, 運退時刺史當艄」.

등의 고발로 그들과 함께 관아에 잡혀가게 되었을 때, 응 백작은 그들이 모아준 40냥 가운데 15냥만을 써서 서문경으로 하여금 사건을 해결하도록 하였다'는 내용이 있다. 방한은 또한, 대개 기원(妓院)에 붙어살면서 손님이 오면 안내하고 비위를 맞추어 즐겁게 해주기도 하였다.[127)]

방한은 가끔 상업에 중개인(=아행) 역할도 곧잘 하였다. 『금병매』 33회에서는, '호주의 객상 하관아가 청하현에서 비단실을 팔다가 집에 급히 돌아가야 할 일이 생겨서, 은 500냥 값의 물건을 팔려고 한다'는 소식을 응 백작이 서문경에게 전해 주었다. 서문경은 '450냥이면 사겠다'고 하면서 응 백작더러 처리하라고 하였다. 응 백작은 서문경으로부터 450냥을 받았지만, 하관아에게는 420냥만 주고 30냥을 가로챘다.

이상을 정리해 보면, 타행(打行)·백랍(白拉)·와방(窩訪)·방행(訪行) 등은 주로 힘을 의지하는 무뢰였고, 각부(脚夫)와 송사(訟師)는 표면적으로는 관부의 허가를 받은 존재였지만, 그들의 행실과 역할을 보면, 각부는 용력(勇力)을 의지하는 무뢰였고, 송사는 문사(文士)적인 성격의 무뢰였다. 이에 비해서, 방한은 오로지 신사나 세호가에게 아첨으로 살아가는 무뢰였다.

7. 乞丐[128)]

동서고금을 막론하고, 금전과 음식을 구걸하는 걸개[乞丐, 화자(化子), 규화자(叫化子), 화자(花子)]가 없는 곳은 없었다. 송대 장택단(張擇端)의 〈청명상하도(清明上下圖)〉와 청 건륭년간에 제작된 서양(徐揚)의 〈고소번화도(姑蘇繁華圖)〉에도 걸개가 묘사되어 있다. 명대에 이르면, 중엽부터 이갑제가 이완되고 인구의 유동이 활발해지면서 걸개가 폭증하였을 것이다.

걸개는 구걸하는 방법에 따라 잔질(殘疾)·노력(勞力)·매물(賣物)·협기(挾

---

127) 『金瓶梅』 제12회.

128) 『古今圖書集成』「乞丐部」; 徐珂, 『清稗類鈔』 卷11, 「乞丐類」; 曲彦斌, 1990; 鄧小東, 2004; 鄧小東·楊駿, 2004; 倪根金·陳志國, 2006; 王光照, 1994; 陸德陽, 1995, pp.148~154; 李紅英, 2000; 岑大利·高永建, 1996; 池子華, 2004; 韓大成, 1991, pp.366~374; 胡巨川, 1992 등 참조.

技)·궤탁(詭托)·강색지개(强索之丐) 등으로 나눈다. 이 가운데 궤탁·강색지개는 무뢰와 대동소이하다. 또 ⓐ 어쩔 수 없어 임시적으로 구걸하는 자〔原生乞丐〕, ⓑ 장기간 구걸하며 살아서 아예 직업이 되어버린 자, ⓒ 구걸을 명목으로 온갖 불법과 범죄를 저지르는 자 등으로 나누기도 한다. ⓐ의 '원생걸개(原生乞丐)'는 보통 단시일 내에 정상적인 삶으로 복귀하지만, ⓑ의 부류로 전락하는 경우도 많았다. ⓑⓒ의 부류는 '직업걸개(職業乞丐)'로 부르기도 하는데, 이들은 외모는 걸개이지만 실은 무뢰들과 어울리며 무뢰의 행태를 보이는 자들이다.

걸개의 수가 얼마나 되는지는 도무지 알 수 없다. 명말의 사조제는, "북경에는 창기(娼妓)는 양가 여자보다 많고, 걸개는 상인보다 많다"[129] 혹은 "경사(京師)에는 걸개가 많아서 아마도 만 명은 넘을 것"[130]이라고 하였다. 이는 수도인 북경을 묘사한 것이지만, 중국의 경제·문화의 중심지였던 강남에도 적용될 수 있는 표현이고, 나아가서는 중국의 대도시뿐 아니고 중소 도시 어느 곳에도 걸개가 많았으리라 생각한다. 명대에 남경의 통제문(通濟門) 안에는 걸개들이 모여 사는 '화자동(花子洞)'이 있었다.

국가에서는 이들을 수용하기 위하여 '양제원(養濟院)'을 설치하였지만,[131] 넘쳐나는 걸개 가운데 극소수만 수용되었고, 나머지는 그저 유리방황(流離彷徨)할 수밖에 없었다. 이들은 어려운 생활 끝에 질병이나 추위로 고생하다가 길거리에서 객사하는 경우도 많았다. 그 때문에 신사와 상인들은 의창(義倉)·광제당(廣濟堂)·의총(義塚) 등을 세워 그들을 도우려 하였다.

걸개의 구성은 대단히 복잡하였다. 그 중에는 순수하게 생활고, 재해와 기근, 전란 등으로 일시적으로 걸개로 전락하는 경우도 많았다.[132] 이들은 기본

---

129) 謝肇淛, 『五雜俎』 卷3, 地部1.

130) 謝肇淛, 『五雜俎』 卷5, 人部1.

131) 明 天順元年(1457)에 처음 설치하였다. 각 현마다 養濟院 한 곳을 설치하고 매일 두 끼를 주도록 하였다. 양제원에서는 수용된 걸개를 관리하기 위하여, 각각 100명 정도를 관리하는 '會頭'를 세웠는데, 이들이 또한 걸개 위에 군림하면서, 걸개를 거느리고 관에 대항하거나 위협하는 경우도 많았다. 『宛署雜記』 卷11, 「養濟院」 참조.

132) 明 태조 洪武帝 朱元璋도 한 때는 걸개였음은 주지의 사실이다. 그리고 걸개 가운데 의지가 굳은 사람은 科擧에 응시하거나 혹은 상인이나 군대로 나가 社會移動을

적으로는 인격을 갖춘 양민이었지만, 구걸생활이 길어지면서 불법을 저지르는 사례도 많았다. 그 때문에 절강성 8개 부(府)에서는 개적(丐籍)과 개호(丐戶)를 편성하고 민호와는 엄격하게 구분하였다.[133]

그러나 명청시대의 걸개는, "반 이상은 모두 장부(壯夫)"라 하듯이, 대부분은 신체가 멀쩡한 자들이 걸개 노릇을 하였고, 또한 광곤·곤도 등 악곤(惡棍)이거나, 혹은 도비(盜匪), 유맹(流氓), 범죄하고 숨어 다니는 자 등이 자연스럽게 걸개의 무리에 혼재하였으므로, 그 폐단을 일일이 나열할 수 없었다. 걸개와 무뢰는 쉽게 서로 합세하여 불법을 저질렀다. 무뢰는 걸개를 조아(爪牙)로 부리고, 걸개는 무뢰집단을 위하여 목숨을 바쳐 충성하였다.[134] 양제원에 수용되지 못한 걸개들은 끼리끼리 연합하여 개방(丐幇)을 조직하고, 단두(團頭)·개두(丐頭)라 부르는 두목을 세우고 구걸활동을 하였다. 이들 단두나 개두는 대개 유곤(流棍)이나 광곤(光棍) 등 무뢰가 평소의 두드러진 활동을 근거로 추대되었다. 이들은 자기 밑의 걸개를 인솔하거나 앞세워서, 민간에 경조사가 있을 때나 혹은 단오·중추 등 절일(節日)에 무뢰 이상으로 횡행하며 상인과 양민들의 재물을 마음대로 약탈하여,[135] '일두전(日頭錢)'이란 명목으로 그 대부분을 차지하였고, 걸개들에게 고리대도 하였다. 그 때문에 걸개의 두목을 개곤(丐棍)이라 불렀으며, 개두·단두는 신사나 부호보다 더 잘 사는 경우도 많았다. 바꾸어 말하면 그들 대부분은 무뢰와 같은 성격의 무리로서, 무뢰와 유사하게 횡행하거나 무뢰와 함께 온갖 악한 일을 저질렀다.

한편 걸개 가운데 "예개(藝丐)"라 하여, 구기(口技) 혹은 취랍탄창(吹拉彈唱)의 '문(文)'예, 곤봉권각(棍棒拳脚)의 '무(武)'예, 혹은 갖가지 동물을 사용하는 걸개도 있었다. 그러나 이들은 예술을 위한 것이 아니고 하나같이 저속 천박한 수준으로 돈을 옭아내기 위한 수단이었다. 청 건륭년간에 서양이 그린 〈성

실현하는 경우도 있었다. 王光照, 1994, p.92.

133) 葉權, 『賢博編』, 『元明史資料筆記叢刊』, 中華書局, 1987; 韓大成, 1991, pp.371~374.

134) 陸德陽, 1995, pp.148~154.

135) 馮夢龍, 『全像古今小說』 卷27, 「金玉奴棒打薄情郎」(=『今古奇觀』 第32回)에도 걸개들이 재물을 약탈하는 내용이 잘 묘사되어 있다.

세자생도(盛世滋生圖)〉에는 창문(閶門)의 월성(月城) 아래에서 긴 대나무를 들고 높이 매단 줄을 타는 여성이 묘사되어 있다.

명말청초 소주지역의 걸개의 행태에 대하여,

> (1) 개두(丐頭)는 앙제원·각지의 사묘(寺廟) 혹은 도시와 농촌 어디에나 없는 곳이 없다. 이들은 오로지 사람들의 길흉사(吉凶事)가 있는지를 엿보다가, 무리를 이끌고 가서 술과 음식, 호상은전(犒賞銀錢)을 옭아낸다. 조금이라도 바라던 대로 되지 않으면 곧바로 화가 따른다.[136]
>
> (2) 개두는 걸개들을 이끌고 다니며 소란을 피우면서 술과 음식을 강요한다. 조금이라도 요구하는 것을 거절하면 곧 문을 가로막고 횡포를 부린다.[137]
>
> (3) 걸개로 말하면, 말은 가련하다고 하지만 (실은) 그 폐해가 이루 말할 수 없을 정도이다. … 근래의 걸개는 대개가 신체가 멀쩡한 장부이다. … 민간에 길흉경조사가 있을 때면 반드시 먼저 개두(丐頭)를 초청하여 주식(酒食)을 대접하고 은전을 쥐어 주어야 한다. 만일 그렇지 않으면 걸개 무리들이 떼 지어 문에 몰려와 소리지르며 온갖 난동을 부린다. 이 때문에 부요한 곳의 개두는 대개는 큰 재산을 소유하고 유유자적하며 사는 모습이 오히려 사농공상(士農工商)보다 더하다.[138]

라고 한 기록들은 그 일단을 전해주는 것이다.

청 중기의 강서에서도, 사회변화 과정에서 유동인구가 증가하면서,

> 강서 각지의 도시와 향촌에는 어디에나 일종의 악걸(惡乞)이 있어 이른 바 '연자행(練子行)'이라 하는데 구걸로 살아간다. 그들은 결코 병약한 자들이 아니고 모두가 힘 있고 건장한 무뢰들로서, 삼삼오오 무리를 지어 도처에서 아무 집이나 들어가 돈과 쌀을 강탈하고 조금이라도 여의치 못하면 행패를 부리기 일쑤이다. 다방(茶坊)과 주시(酒市)에서도 마음대로 행동한다. 명절이나 혼·상사 등

136) 康熙 『崑山縣志』 卷6, 風俗.
137) 康熙 『上海縣志』 卷1, 風俗.(韓大成, 1991, pp.369~370 轉引)
138) 靳輔, 「生財裕餉第一疏」(康熙年間), 『清經世文編』 卷26, 戶政1.

의 애경사가 있으면 욕심껏 토색하므로 난감하기 이를 데 없다. 심하면 낮에는 구걸 행각을 벌이고 밤이면 몰래 도적질을 하는 등 못된 짓을 거리낌 없이 한다. 도시에는 그래도 좀 적은 편이지만 농촌에서는 더욱 심하다.[139]

고 한 내용은 위의 강남의 경우와 비슷하다.

개두(丐頭)가 지휘하는 각 방(幇)은, 타행이나 각부와 같이, 일정한 활동 구역을 나누어 서로 침범하지 않았다. 또한 각 방은 대개 각 무뢰 집단 혹은 토비(土匪) 등과 일정한 관계를 맺고 있었고, 가끔은 신사와도 연결되어 있었다. 심지어 지방 관부와도 밀접한 관계를 유지하였으므로,[140] 관부에서도 그들의 불법행위를 묵인하는 경우가 많았다. 외래 걸개는 반드시 당지 개방(丐幇)의 규칙에 따라야 하였다. 또 어떤 사정으로 걸개로 전락하게 되면 생존을 위해서 어쩔 수 없이 개방에 의지하게 되었다. 그 때문에 걸개집단은 도적이나 범죄자 등 도망다니는 망명자의 소굴이었다. 그러므로 걸개의 수는 갈수록 증가하였고, 사회가 불안할수록 증가하였으며, 개방의 세력도 갈수록 강화되었다. 이러한 개방이 근대 이후의 방회(幇會)의 한 지류로 발전하였다고 생각한다.

Ⅲ. 無賴의 階層的 性格

무뢰는 고래로 어느 시대, 어느 곳에서나 존재하였다. 그리고 명청시대에도 예외는 아니어서, 농촌과 도시 등 모든 곳에 무뢰가 광범위하게 존재하였다. 그러나 특히 명 중기부터는 중국 모든 지역에서 무뢰가 대량으로 출현하고, 집단행동이 두드러지게 나타나기 시작하여, 명말청초에는 하나의 고봉을 이루었다. 지역적으로는 북경과 같은 대도시, 강남의 대도시와 수없이 많은

139) 陳弘謀, 『培遠堂偶存稿』, 「文檄」 卷15, 「嚴禁惡乞檄」(乾隆8年4月). 이 내용은 청대 강서성의 사례이지만, 중국 어디서나 비슷하였으리라 생각한다.

140) 『金瓶梅』 제96회에는 걸개집단이 도시의 야경에 동원된 것이 묘사되어 있다. 또한, 청대에는 걸개를 효과적으로 관리하기 위하여 걸개를 지역 保甲組織에 편입시키고, 丐頭로 하여금 관리하게 하였다. 이 경우 개두는 丐幇의 두목인 동시에 保甲長도 되는 셈이었다. 岑大利·高永建, 1996, p.165 참조.

중소도시(시진)에 특히 많았다. 16세기 중엽에 편찬된 『사우재총설』[141]에도, 농민이 유산하여 대거 도시로 유입하였는데, 대개 신사의 노복이 되거나, 상공업에 종사하거나, 무뢰가 되었고, 또한 관부의 서리·아역이 된 자가 전보다 5배나 증가하였다고 하고 있다. 명 중기를 고비로 무뢰의 수와 활동이 급격하게 증가했다는 것을 알 수 있다.

앞에서 서술한 것처럼, 명 중기부터, ① 전국에 걸쳐 이갑제가 이완되어 가고 농촌사회가 분화되어 감에 따라 농촌 인구가 유리하여 인구이동이 급격히 증가하였는데, ② 그러한 인구이동의 결과 경제적으로 낙후되었던 지역의 농경지가 개발됨으로써 중국의 경제중심지가 분화되었고, ③ 전국적으로 도시와 상공업, 및 상품경제가 발달하여 가는 과정에서도, 특히 강남지역의 성장이 가장 두드러졌고, ④ 이 시기부터 모든 지역에서 중국에서 무뢰의 존재가 심각한 사회문제로 대두하여 갔고, ⑤ 또한 이 시기부터 신사층이 등장해 사회를 지배하기 시작하였다.[142] 그러므로 전국에서 이렇게 동시다발적으로 일어난 여러 현상은 결코 우연한 것이 아니었다. 말하자면 명 중기부터 시작된 사회변화의 다양한 현상이었다.

명 중기부터 도시가 무뢰활동의 터전이 된 것은 이러한 사회변화의 결과였다. 도시는 교통의 요지로서 상공업이 발달한 지역이었지만, 그 때문에 급증하는 인구로 말미암아 사회질서는 대단히 유동적인 곳이었다. 이러한 지역에는 예외 없이 기민(饑民)·걸개·유수무뢰(游手無賴)가 모였다. 명 중기의 수보(首補)로 대부호였기에 그에 대한 원성도 많이 받았던 서계(1503~1583)가 집에 머무를 때면, 그의 저택 주위에는 항상 허름한 옷을 입고 찢어진 모자를 눌러 쓴 기민·걸개·유수무뢰가 떼를 지어 모여 고함을 질러댔다고 한다.[143] 이러한 무뢰의 중요한 활동공간은 대개 시장이었다. 더욱이 신사와 지주의 도시 이주가 진행되면서,[144] 이들의 자위를 위해 필요한 인력의 수요도

141) 何良俊(嘉靖년간의 歲貢生; 松江府 華亭人), 『四友齋叢說』(中華書局, 1959) 卷13, 史9, p.112.

142) 본서 제1편 제1장; 제2편 제1장 등 참조.

143) 范濂, 『雲間據目抄』 卷2, 「記風俗」.

144) 明 中期 以後의 城居化 傾向에 대해서는 본서 제2편 제1장 등 참조.

많았다. 그러므로 도시는 무뢰가 쉽게 은신하여 생존할 수 있는 공간을 제공하였다.[145] 도시 무뢰는 말하자면 ⓐ 상품생산의 증가와 상공업의 발달, ⓑ 도시의 증가와 번영 과정에서 나타난 자연스러운 부산물이라 할 수 있다.

무뢰의 구성은 매우 복잡하였다. 명 중기부터 농촌사회가 분해되면서 석출된 농민 가운데 도시로 유입된 일부 사람들이 무뢰로 변하였다. 또한, 무뢰 중에는, 신사·세호가의 자제,[146] 신사나 세호가의 노복,[147] 몰락한 수공업자와 중소상인과 그 자제[148], 도시에서 실업한 빈민·운하의 하공(河工)·하부(河夫)도 다수 포함되었다. 나아가서는 병사들이나 서리·아역이 무뢰가 되는 경우도 많았고, 심지어 생원·감생 등 미입사 사인이 무뢰와 교통하거나, 스스로 무뢰가 되는 경우도 많았다.[149] 청대에는 팔기자제(八旗子弟)들 가운데

---

145) 譚希思,『明大政纂要』卷15에 永樂15년(1417)에 절강성 嘉興府의 倪弘三이, "糾無賴千餘劫鄕村, 蘇·松·常·鎭皆被害"라 하고 있다.

146) 訟師는 대부분 이들이었다. 顧公燮,『丹午筆記』,「體仁惡報」(陳寶良(이치수 역), 2001, p.393)에는, 숭정년간의 대학사 溫體仁의 아들은 별명이 '八蠻'이었다. 평소에 온갖 횡포와 간음을 일삼았기 때문에, 백성들의 분노가 쌓이다 못해, 밧줄로 발을 묶어 끌고 다녀서 "皮肉無一存者" 하였다고 한다. 謝肇淛,『五雜俎』卷15, 事部3에는, "蓋我朝內臣, 目不識字者多, 盡憑左右拔置一二駔棍, 挾之于股掌上以魚肉小民。如徽之程守訓, 揚之王朝寅, 閩之林世卿, 皆以衣冠子弟投爲鷹犬, 逢迎其欲, 而播其惡於衆。所欲不遂, 立破其家, 中戶以上, 無一得免。故天下不怨內使之掊克, 而恨此輩深入骨髓也。卒之內臣未去, 而此輩已先敗矣"라 하였다. 청초의 黃六鴻,『福惠全書』卷11, 刑名部,「禁打架」에도 잘 묘사되어 있다.『金瓶梅』에 나오는, 서문경의 사위 진경제, 王 招宣家의 王三官(武生員출신, 51회)도 시종 무뢰생활을 하였다. 또 제91회에는, 본현 지현의 아들 이아내는 국자감의 감생으로, 30여세가 되어서도 풍류를 좋아하고 詩書의 습득에 게으르고 鷹犬走馬, 打毬蹴鞠을 즐기고, 이삼십명의 好漢을 데리고 술집에 자주 드나들기에 李浪子로 불린다. 馮夢龍,『醒世恒言』,「灌園叟晚逢仙女」에도 宦家의 자제 張委가 그 자신도 무뢰였을 뿐만 아니라, "如狼似虎"와 같은 노복과 악질적인 無賴를 거느리고 다니며 온갖 횡포를 부리는 내용이 묘사되어 있다.

147)『儒林外史』(제3회)의 范進이 광동 향시에 합격하자, 같은 마을에 사는 張 鄕紳(거인출신으로 知縣 역임)은 3進3間의 집과 50兩을 주었고, 또한 田產을 주겠다는 사람, 店房을 주겠다는 사람도 있었고, 破落戶(=무뢰) 두 사람은 노복이 되겠다고 자청하였다.

148)『金瓶梅』에 주인공 서문경, '帮閑'으로 묘사된 應伯爵·사희대 등이 그 전형이었다.

149)『宮中檔雍正朝奏摺』(臺北, 故宮博物院, 1967~1968),「雍正七年十二月彭維新奏稱江蘇士風云」에 "鄕宦與無賴生監·地棍, 稔知官府作弊, 暗攻其短, 而借以挾制, 公然抗欠"이라 한 기록은 청 중기의 사정이지만, 이러한 현상은 명대에도 있을 법한 현상이다. 앞에서 서술한 바와 같이, 타행의 上等은 生員이나 紳士의 자제가 주도하

무뢰로 전락하는 자도 많았다.[150] 더욱 심한 경우는 무뢰·각부·걸개·도적·강도가 분명하게 구분할 수 없을 정도로 혼연일체로 존재하는 경우도 많았다. 즉, 앞에서 서술한 것처럼, '도시와 향촌 어디에나 악걸(惡乞)이 있는데, 그들은 결코 병약한 자들이 아니고 모두가 힘 있고 건장한 무뢰들로서, 삼삼오오 무리를 지어 아무 집이나 들어가 돈과 쌀을 강탈하고, 절일이나 애경사가 있을 때도 욕심껏 토색한다'는 내용,[151] 또는,

> **걸식하는 화자(花子)가 백십여 인이 있고 또 시곤(市棍)도 있어 각부(脚夫)와 서로 내통하여 화자로 꾸미고 배에 올라 미곡을 구걸하거나 물품을 강탈합니다. 혹은 한 사람이 죽어가는 시늉을 하여 구걸하기도 하고, 혹은 작은 배 오칠 척으로 야반에 양선(糧船)을 밀어내어 강 가운데서 (세량을) 모두 (자기 배로) 옮겨 버리므로 어디에 고소할 수도 없습니다.**[152]

라고 한 기록이 그것이다.

그런데 무뢰는 명 중기 이후 복잡한 역학관계망 속에서 사회이동도 시현(示現)하였다. 첫째는 무뢰들이 대거 군대에 입대하였다. 명 중기부터 농민의 심각한 유산으로 말미암아 국민개병제(國民皆兵制)에 근거한 위소제(衛所制)가 이완되면서, 명조는 군사력을 모병제에 의존하게 되었다. 그런데 일반적으로 신사와 부실(富室)은 모병에 응하기를 꺼렸으므로, 명조는 어쩔 수 없이 모병에 응하는 무뢰들을 모집하여 군사의 수를 채울 수밖에 없었다.[153] 그 결과

였다. 『金甁梅』에 나오는, 서문경의 10형제 패의 謝希大·吳典恩, 청하현 知縣의 아들 李衙內(90회), 청 중기의 소설 『儒林外史』에 나오는 嚴貢生·權勿用·匡超人·牛浦郎 등, 徐珂, 『清稗類鈔』, 獄訟類, 「順治丁酉順天科場案」에 소개된 杭州 貢生 張綉虎; 同書, 棍騙類, 「朱福保率乞兒吃光麵」에 소개된 擧人 朱福保도 그들이었다. 顧起元, 『客座贅語』에 實名으로 묘사된 嘉靖年間 남경 감생 鄧玉堂은 "畜虎棍數十人"이라 하고 있다. 기타 郭英德, 1995, pp.41～42, 66; 完顔紹元, 1993, p.200 등 참조.

150) 郭英德, 1995, pp.17～18, 36～37.

151) 陳弘謀, 『培遠堂偶存稿』, 「文檄」 卷15, 「嚴禁惡乞檄」(乾隆8年4月).

152) 姜性, 「議定皇華亭水次疏」(萬曆36年), 康熙 『岳州府志』 卷27, 藝文, 下.

153) 郝秉鍵, 2001, p.18.

경영(京營)에서 각 지방의 민병과 궁병(弓兵)에 이르기까지, 병사의 상당부분이 무뢰들로 채워졌다. 모병은 가정년간(1521~1566) 이후, 동남부 해안지역에 왜구가 창궐하자(제2차 왜구) 더욱 보편적으로 시행되었다. 특히 소주에서는 왜구가 창궐하자 의병이란 명목으로 무용(武勇)들을 모집하였는데, 시정의 무뢰들은 이때를 기다렸다는 듯이 이에 응한 후에는, 오히려 공공연하게 떼지어 모여 삽혈(歃血)하고 무기를 소지한 후 도시와 농촌을 돌아다니며 협박과 공갈을 일삼았다.[154] 그러기에,

> (1) **오늘날의 병사는, 전날의 병사가 농민들에게서 나온 것과는 달리, 모두 하는 일 없이 떠돌아다니며 무위도식하는 무리들이 응모한 것이다.**[155]
>
> (2) **당시(16세기 중엽)에 태평세월이 오래 지속되면서, 백성들은 군사훈련을 익히지 않아 온갖 무뢰배들을 모아 귀족자제로 하여금 그들을 거느리고 적에게 대항하게 하였는데 이것이 널리 퍼져서 오늘에 이르게 되었다.**[156]

고 하는 지적이 나온 것이다. 무뢰들은 이렇게 일단 군에 입대하게 되면, 그들의 완력과 용력을 발휘할 수 있었으므로, 명말 휘주의 무뢰 전응과 같이 오히려 쉽게 장교 이상으로 승진할 수 있었다.[157] 또 명말의 조주(曹州)의 무뢰 유택청은 군에 입대한 후에 여러 차례 공을 세워 총병관→ 좌도독(左都督)→ 태자태사(太子太師)로 승진하였고 동평백(東平伯)에 피봉되었으나, 후에 청에 투항하였다.[158] 이들 무뢰출신 병사들은 관군의 이름으로

---

154) 明『世宗實錄』卷478, 嘉靖38年 11月 丁丑條(p.7992)에 "蘇州自海寇興, 招集武勇。諸市井惡少, 或奮腕稱雄杰, 群聚數十人, 號爲打行, 紮火囤, 誆詐剽劫, 武斷坊廂間"이라 하였고, 夏燮, 『明通鑑』 卷62에도 "蘇州自倭寇興, 招集武勇以爲義兵, 市中惡少起應之, 後遂群聚剽劫, 有打行扎火諸囤名, 武斷城·鄉間"이라 하였으며, 凌雲翼(嘉靖45年 進士),「請設水利臺臣疏」, 『吳中水利全書』 卷14에도, "今所募兵夫率多市井無賴, 如以解散不便, 卽用以充開河夫役, 亦無不可"라 하고 있다.

155) 袁于令, 『隋史遺文』 第39回(陳寶良(이치수 역), 2001, p.444 轉引)

156) 葉權, 『賢博編』(『元明史資料筆記叢刊』, 中華書局, 1987).

157) 顧公燮, 『丹午筆記』,「田雄挾宏光出降」.

158) 抱陽生, 『甲申朝事小紀二編』 卷9,「劉澤清佚事」(陳寶良(이치수 역), 2001, p.445 轉引); 王士禎(清), 『香祖筆記』(臺北, 新興書局, 1958), 卷8.

공공연하게 온갖 노략질을 다하였다.

둘째 무뢰가 관부(官府)에 들어가는 사례도 많았다. 무뢰는 평소에 서리·아역과 서로 밀접한 관계를 맺고 있었다. 서리의 중요한 수입원 가운데 하나가 무뢰들이 제공하는 뇌물이었다. 우성룡(于成龍)은 양강(兩江)지역의 무뢰들이 '아두(衙蠹)'와 관통하여 각종 악행을 저지르고 있다고 하였다.159) 그런데 무뢰가 직접 서리나 조예(皂隸)가 되는 사례도 많았다.160) 명 중엽의 전예형(田藝蘅; 가정~만력초, 항주인)은 서리의 십폐(十弊) 가운데 하나로 '곤도충리(棍徒充吏)'를 들고 있다.161) 또한 민장(民壯)이 아역으로 전화되어 가면서 무뢰도 아역이 되는 사례 역시 많았다.162) 명말청초의 후방역(侯方域)은 서리들은, "간활자(姦猾者)·무뢰·범죄인·진신호강(縉紳豪强)의 노복·도반지노(逃叛之奴)" 등이라고 하였다.163) 명말청초의 황종희(黃宗羲)도 "천하의 서리는 이미 무뢰의 소굴이 되었다"164)고 기록하고 있다. 『금병매』에도 무뢰 장승이 서문경의 추천으로 아역이 된 예가 보인다. 바꾸어 말하면 서리나 나역은 대개는 무뢰출신이었다. 그리고 서리들은 "관료가 10을 취하면 서리는 100을 취한다"165)고 할 만큼, 대개 무뢰나 다름없이 횡포를 자행하며 백성을 괴롭혔으므로 '아두(衙蠹)'라 불렸다.166)

또한 명 중기부터 무뢰들은 연납(捐納) 등을 통하여 관함(官銜)을 사거나, 실

159) 于成龍, 『于清端政書』(『文淵閣四庫全書』, 臺灣 商務印書館) 卷7, 「興利除弊條約」, p.739上.

160) 弘治 『江陰縣志』 卷7, 風俗志.

161) 田藝蘅, 『留青日札』(上海古籍出版社, 1992) 卷37, 「非民風」, p.706.

162) 趙炳然, 「海防兵粮疏」, 『明經世文編』(中華書局, 1962) 卷252, p.2654b에 "各該官司, 或以之跟用役使, 或以迎送勾攝, 至遇編徭, 聽憑棍徒包當, 曾無選鍊實用, 徒爲衙門市棍之藪矣"라 함. 또한 和田正廣, 1980, pp.72~78; 佐伯富, 1969, pp.645~660 참조.

163) 侯方域, 『壯悔堂文集』(遺稿), 策, 「額吏胥」; 侯方域, 「額吏胥」, 賀長齡·魏源 等編, 『清經世文編』 卷24 등에 "姦猾者爲之, 無賴者爲之, 犯罪之人爲之, 縉紳豪强之僕·逃叛之奴爲之"라 함.

164) 黃宗羲, 『明夷待訪錄』, 「胥吏」.

165) 徐珂, 『清稗類鈔』, 「胥役類」, 「周宗之暴横一時」.

166) 山本英史, 2000, pp.90~95. 그러나 서리 전체가 무뢰는 아니었으므로, 이 글에서는 제외하였다. 뒤에서 설명하겠지만, 생원·감생 가운데에도 무뢰가 상당수 있어 '衿棍'이라 불렸고, 이들이 미구에 관리로 입사하는 경우도 있었지만, 생감층을 무뢰라고는 할 수 없는 것과 같은 논리이다.

제로 관리가 되는 사례도 있었다. 즉,

> (1) **내관[환관]의 가인(家人), 의남(義男)이나 외친(外親)은 모두 호적이 없는 무리(즉, 무뢰)인데, 말 타고 비단이나 가죽 옷을 입고 호기를 부리며 쏘다니면서 마음대로 못된 짓을 저지른다. 심지어 연납으로 관함(官銜)까지 얻으니 귀천을 가릴 수 없다.**[167)]
>
> (2) **근년에는 보관(補官)의 가격이 대단히 싸져서, 양천(良賤)을 물론하고 은 40냥만 내면 관대(冠帶)를 얻어 의관(義官)이 된다. … 그러므로 조예·노복·걸개·무뢰들도 모두 쉽게 빚을 얻어 납부한다. … 성화17년에서 홍치원년에 이르기까지(7년간에), 장주(長洲) 한 현에서만 의관을 얻은 자가 300인이나 된다.**[168)]

고 하는 지적은 그 일부에 지나지 않는다. (1)은 1452년, 남경 금의위(錦衣衛)의 진무사(鎭撫司) 군장여정(軍匠餘丁) 화민(華敏)의 상주이고, (2)는 같은 15세기 후반의 왕기(王錡; 1433～1499)의 지적이다. 또한 "시정의 무뢰들은 아침에 십금(十金)을 얻으면 저녁때 관부에서 법을 농단(壟斷)할 수 있다"[169)]는 기록도 있다. 심지어, 무뢰 가운데 재치 있는 자는 환관이 되었고, 특히 명말 광세사(礦稅使)로 악명 높았던 호광의 진봉, 요동의 고회와 같이 만력년간의 광세사로 파견되기도 하였으며, 명말에 악명 높았던 위충현도 무뢰출신이었다. 광세사 파동이 일어난 기간 동안에 산동의 광세사 진증의 앞잡이로 악명 높았던 정수훈, 섬서의 광세사의 앞잡이 악강과 여사도 연납으로 관직을 산 무뢰였다.[170)] 하기야 명 태조 주원장(朱元璋)도 원래는 무뢰출신이었다.

셋째 무뢰는 또한 연납을 통해서 감생이 된 사례도 적지 않았다. 경태원년(景泰元年; 1450)부터 예감생(例監生; 돈이나 곡물을 내고 감생 자격을 얻은 감생) 제도를 실시한 후로, 연납을 통한 감생의 수가 매년 800여 명이나 되었

---

167) 明『英宗實錄』卷220, 景泰3年 9月辛卯條, pp.4746～4747.
168) 王錡,『寓圃雜記』卷5,「義官之濫」.
169) 駱問禮,「定經制以裕財用疏」,『皇明疏鈔』卷40.
170) 본서 제3편 제3장.

다.[171] 명말에 활동했던 오신(吳甡)은,

> 국자감(國子監)은 지위와 위엄이 높은 곳인데도 가짜 학생과 시정의 무뢰들이 그 가운데 가득하다. 사신(詞臣) 강봉원(姜逢元)이 탄핵한 자들이다. 파곤(把棍)은 분수에 맞지 않는 의건(衣巾)을 갖추고, 법을 어기며 거리낌 없이 방자하게 행동한다. 대신(臺臣) 방대임(方大任)이 규탄한 자들이다.[172]

라고 전하고 있다. 명 중기부터 국자감에 학곤(學棍; 무뢰화된 감생)이 존재한 것은 그 때문이었다. 만력년간의 감생 모적길·심덕겸, 천계년간(1621~1627)에 북경 국자감생 장상안·조유청 등은 당시 유명한 무뢰로서, 시정의 무뢰들을 조아로 부리면서 온갖 악행을 저질렀다.[173] 감생은 생원 가운데 선발된 신분이었고, 그 자격만으로 관리에 추천될 수도 있었던 신분이었다. 그러나 예감생의 수가 점차 증가하고, 이들이 대부분 고향에 거주하면서 '보신가'적인 생활을 하게 되자, 역시 보신가적인 생활을 하던 생원과 다를 바 없는, 지위로 전락하고 말았다.[174] 이미 홍치년간에 국자감 감생에 대하여,

> 감생이나 생원으로, … 사장(師長)을 위협하거나 감규(監規)·학규(學規)를 지키지 않는 자는 서리에 충당한다. 기생을 끼고 도박하거나, 관부에 출입하며 사송(詞訟)을 교사하거나, 다른 사람을 대신하여 관리에게 뇌물을 주고 선처를 부탁하거나[說事過錢], 세금을 청부하는 자는 [자격을 박탈하여] 민(民)으로 한다.[175]

는 금령이 나왔는데, 이러한 금령은 생원에 대한 금령과 동일하였다.

넷째 무뢰가 생원이 되기는 더욱 쉬웠다. 만력 말에는 제학관(提學官)[176]이

171) 吳金成, 1986, pp.46~49.
172) 吳甡, 『柴庵疏集』 卷3, 「視學大典逮賜擧行疏」.(陳寶良, 1993, p.426 轉引).
173) 黃儒炳, 『續南雍志』 卷9, 「事紀新續」(陳寶良(이치수 역), 2001, pp.426~427 轉引).
174) 吳金成, 1986, pp.62~63.
175) 『明會典』 卷220, 國子監, 「禁令」.
176) 吳金成, 1973.

회뢰를 받고 생원에 합격시키는 사례가 있었다.177) 명말청초의 고염무(顧炎武)는, "과거 시험공부를 하면서 불서(佛書)를 초록하고, 강학한다는 명목으로 남녀가 한 자리에 모이고, 시험을 치른다고 하면서도 생원 자격을 파는 행위는 모두 한 시대의 대변(大變)"178)이라고 하였다. 명 중기부터 가난한 생원들은 보통 '보신가'적 생활을 하던 터에, 무뢰들이 일단 생원자격을 얻고 이들과 합세하게 되면, 생원의 무단 횡행은 더욱 보편화되었을 것이다. 생원들의 횡행을 명대의 기록에서는 '학패(學霸)'라고 표현하였다. 『이각박안경기』에는 학패 늠생 장인을 소개하고 있다.179) 명말에 사인들이 향신을 모방하여 향촌에서 횡포를 부리는 일은 비일비재했다.180) 또한 생원도 세역 우면권이 있는 것을 기화로 남면(濫免)하는 사례도 많았다.181) 명말의 『일용유서(日用類書)』 혹은 일반적인 재판 소송 문서에는 '학패(學霸)'라는 용어가 많이 보인다. 『만서연해』에는 학패・학해(學害)・왜유(歪儒)・학두(學蠹)・음유(淫儒)・호유(虎儒)・세유(勢儒), 『절옥명주』에는 학패・학해・왜유・학두 등의 용어가 그것이다.182)

그러기에 고염무는,

> **오늘날 천하의 관부에 출입하면서 정치를 어지럽히는 자는 생원이다. 세력가에게 의지하여 향리에서 횡포를 부리는 자도 생원이다. 서리와 결탁하거나 심지어 스스로 서리가 되는 자도 생원이다. 관부에서 그들의 뜻을 거스르면 떼 지어 일**

177) 顧炎武, 『日知錄』 卷18, 「鍾惺」. 이는 복건의 사례이지만, 아마도 전국적인 사례로 보아도 무방할 것이다.

178) 顧炎武, 『日知錄』 藝文(王毅, 2000, p.116 轉引).

179) 陳寶良(이치수 역), 2001, p.428.

180) 顧公燮, 『消夏閑記摘抄』(上), 「明季紳衿之橫」.

181) 본서 제2편 제3장, 〈附論3〉. 또한 顧公燮, 『消夏閑記摘抄』 中, 「明季生員」(酒井忠夫, 1960, p.191 轉引)에 "諸生 … 又攬富戶錢糧, 立於自名下隱呑。故生員有坐一百走三百之語"라고 함.

182) 『萬書淵海』(萬曆38年刊) 卷17, 狀式門, 「訴狀硃語」, 生員類; 『折獄明珠』 卷2, 六條粹語, 生員類(酒井忠夫, 1960, p.192 轉引); 『法家秘授智囊書』 卷下, 附, 六科硃語, 「生儒」에도 學霸・學蠹가 보인다.(酒井忠夫, 1960, p.192; 山本英史, 2000, pp.97~101 참조)

어나 항의하는 자도 생원이요, 관부의 비밀을 손에 넣고 이것으로 관부와 흥정하는 자도 생원이다. 앞 사람이 선창하면 뒤따르는 자가 화답하고, 앞사람이 뛰면 뒷사람이 따라간다. 윗사람들이 그들을 다스리려 하나 불가능하고, [그들의 행동을] 근절하려 해도 불가능하다. 조금이라도 제재를 가하면 그들은 곧 '살사(殺士)'라 하고 '갱유(坑儒)'라고 떠든다. 이것이 백년 이래 큰 우환[百年 以來 大患]이다.[183]

라고까지 하였다.

다섯째, 무뢰는 향촌의 이장(里長)이나 양장(糧長)이 되기도 했다. 강남에서는 이미 15세기 전반에 무뢰들이 이장이나 양장이 되어 세량을 징수할 때 도량형기를 속이고 다양한 명목을 붙여 규정 이상으로 거둬들여 농민을 착취하였다.[184] 16세기 후반의 하량준도 무뢰들이 은 20냥~30냥으로 양장이 되어 온갖 행패를 부린다고 하였다.[185] 청 옹정년간에 강서에서는 곤도가 이장이나 이서(里書)가 되어 징세를 청부받았다.[186] 청대에는 무뢰가 보갑(保甲)의 보정(保正)·보장(保長)이 되어 사리를 도모하는 경우도 많았다.[187] 소주에서는 양장 세 명 가운데 하나는 광곤이라고 하였다.[188]

여섯째, 무뢰는 또한 광산을 개발할 때 광부가 되거나, 염효(鹽梟, 사염 밀매자)가 되고, 사아(私牙; 아첩 없이 중개업을 하는 아행)가 되어 객상을 괴롭히고 유통체제를 문란하게 하는 일도 비일비재 하였다.[189] 신사가 드물었던 지방에서는 무뢰가 지역 유력자로서 행세하며 세량이나 사송(詞訟)을 포람(包攬, 청부)하는 사례도 많았다.[190]

---

183) 顧炎武, 『顧亭林文集』 卷1, 「生員論」(中).
184) 明 『宣宗實錄』 卷2, 洪熙元年 閏7月 丁巳條(pp.165~166); 弘治 『江陰縣志』 卷7, 風俗志.
185) 何良俊, 『四友齋叢說』 卷13, 史9, p.111.
186) 石錦, 1990, p.31.
187) 『淸朝文獻通考』 卷24, 職役4, 乾隆 22年條; 陸德陽, 1995, p.166; 郝秉鍵, 1997, p.30.
188) 伍袁萃, 『林居漫錄』 卷2 (陳寶良(이치수 역), 2001, p.431 轉引).
189) 卞利, 1996; 陳寶良(이치수 역), 2001, pp.437~439.
190) 巫仁恕, 1996, p.124.

그런데 각 도시마다 무뢰의 수가 얼마나 되었는지는 도저히 알 수 없다.[191] 명말의 사조제는 '도적들은 대개가 평민'이라고 한다.[192] 명말의 대학자 유종주는 북경 시내의 무뢰가 적어도 수만 인은 되었을 것으로 추측하고 있다.[193] 명말에 절강 가흥부 석문진(石門鎭)의 경우, 자유업(榨油業) 종사자는 유방(油坊) 20가, 착유공인(搾油工人) 800여 인이었다 하므로, 방(坊)마다 평균 40인 정도였다. 이들과 기타 유동인구는 주변 여러 현 또는 먼 곳에서 온 '적신무뢰(赤身無賴)'들로서 '수백 수천'으로 많았는데, 이들이 '방회(幇會)'를 결성한 후 거괴(渠魁)를 두고 수시로 집단행동을 하여 진민을 괴롭혔다.[194] 또한 청대인 서가(徐珂)는 상해의 무뢰를 약 8,000여 명으로 추산하였다.[195] 그러므로 여러 가지 정황을 미루어 생각해 보면, 무뢰는 적어도 전체 신사 수[196]보다 4~5배는 되었을 것으로 생각한다.

무뢰가 결성된 목적은 불법과 폭력적인 수단으로 이득을 얻는 것이었다. 그러기에 고기원(1565~1628)도 『객좌췌어』에서,

> 열 걸음을 가기 전에 반드시 악초(惡草)가 있고, 백 가구 중에 반드시 유민(莠民)이 있다. 이들은 그 심지(心志)가 흉악하고 힘이 센데도 열심히 일하여 자기 집을 보살피려 하지 않는다. … 그 활달한 성격과 교활한 지모(智謀)를 발휘하여 당을 모아 사람을 해치고, 법을 범하면서 시정(市井)에 횡행하고 관사(官司)를 업신여긴다. … 혼례나 장례를 만나면 잘 다루어 낚시로 잡아 올리듯 금전을 갈취하고, 소송사건이 나면 대신 뇌물을 써서 해결해 주고 이익을 얻는다. 심지

191) 도시에 寓居하던 무뢰는 유동성이 심하여 파악하기도 힘들었지만, 지방 관부에서도 구태여 파악하려고 하지도 않았다.

192) 謝肇淛, 『五雜俎』 卷8, 人部4.

193) 劉宗周, 『劉子全書』 卷15, 「再申人心國勢之論以贊廟謨疏」.

194) 李伯重, 2000, p.424.

195) 陳寶良(이치수 역), 2001, p.661.

196) 신사(관료 포함)의 총수는, 명초 6萬餘→ 15세기 前半 11萬餘→ 16세기 前半 38萬餘→ 17세기 前半 57萬→ 19세기 前半 115萬餘→ 19세기 後半 150萬餘 정도였다고 생각한다. 明淸時代 紳士의 數에 대해서는 王躍生, 1989; Chang, Chung-li, 1955 (→ 金漢植 等譯, 1993), 제2장; 吳金成, 1986, 제1편 제2장; 吳金成, 1981 등 참조.

> 어 관부의 교활한 서리들을 이들을 원군(援軍)으로 삼고, 여항(閭巷)의 자객이나 간인들을 도와 우익으로 삼는다. 토호나 시쾌(市儈; 아행)의 명령은 기꺼이 순종하고, … 원수를 갚을 때는 객을 이용하므로 자신을 드러내지 않고, 설국(設局)하여 재산을 갈취하는 것도 마치 손을 쓰지 않는 것같이 한다. 하고자 하는 것은 반드시 이루고 간여하지 않는 것이 없다. 도당(徒黨)의 수는 십백인(十百人)이나 되고 성명은 수천백 리 밖에까지 들린다. …[197]

고 묘사하고 있다. 무뢰는 정말 '십백성군(十百成群)'하여 돈이 생기는 일이면 무슨 일에나 개입하였고 어디에나 갔다.

이러한 무뢰였기에, 그들의 활동과 존재양태도 대단히 복잡하였다. 강남의 가흥부 가선현 지역에서는, 타행은 방행의 조아, 송사는 타행을 우익으로 부리면서도, 때로는 방행의 이목(耳目)·심복(心腹) 역할을 하였다. 상숙현의 무뢰집단인 방행은 송사·타행·청객(淸客) 등을 부하로 수용하였고, 태창주의 무뢰조직인 '강회(罡會)'에 입회자 가운데는 송사·타행·아역이 있었다.[198] 만력년간에 호광에서는, 걸개·시곤·각부가 서로 협력하여 구걸행각, 물품강탈, 양선의 세량 절도 등을 자행하였다.[199] 무뢰 개인은 때로는 여러 무뢰집단에 동시에 가입하기도 하였고, 평소에 서로 경쟁하면서도, 이해관계에 따라서는 서로 교유하며 협조하기도 하였던 듯하다. 그러므로 지금까지 보아온, 타행·백랍·와방·방행·송사·각부·방한 등 수많은 무뢰집단의 활동은, 실제로는 엄격하게 구분하기 어려울 정도로 중첩되어 있는 존재하였다고 할 수 있다. 그리고 기타 사삼오오로 존재하던, 수없이 많은 소규모의 무뢰집단도 어떤 형태로든지 이들 대집단과 연계를 맺거나 혹은 독립적으로 존재하면서, 불법적으로 이득을 얻었다.

무뢰집단의 존재양태와 활동은 국가권력의 강약, 혹은 평시와 동란기에 따라 변화하였다. 명말청초의 동란기에는 국가권력이 약화되었거나 무정부적인

---

197) 顧起元, 『客座贅語』 卷4, 「莠民」.

198) 郝秉鍵, 2001, p.22.

199) 姜性, 「議定皇華亭水次疏」(萬曆 36年), 康熙 『岳州府志』 卷27, 藝文(下).

공동상태였으므로,[200] 무뢰가 마음대로 활약할 수 있었다. 무뢰의 활동이 명 중기부터 점차 두드러지기 시작하여 명말·청초에 일단 최고조에 올랐던 것은 이 때문이었다. 심지어 강남 가정현의 남상진(南翔鎭)에서는 만력~숭정년간에 타행을 필두로 한 무뢰의 횡행으로 진(鎭)의 경제가 일시적으로 위축될 정도였다.[201] 그러나 청조가 입관하여 삼번세력(三藩勢力)과 대만의 정씨세력을 제압하여 중국을 재통일한 후에는 정치질서가 점차 안정되어 갔고, 중기부터는 청조권력의 규제가 강화되었다. 이때부터는 신사층의 역할도 청조권력과 상호 협조관계로 변했고,[202] 그에 따라 무뢰의 활동도 폭력적인 활동은 점차 위축되면서 사회의 하부로 깊이 침잠할 수밖에 없었다. 그렇다고 이들이 완전히 사라진 것은 아니었다. 그 세력과 조직은 여전히 유지되다가, 기회가 주어지면 곧 사회의 표면으로 등장하곤 하였다.[203] 그들은 비밀결사 조직에 숨었다가 비밀결사에 참여하기도 하였고, 교안(教案)에 가담하기도 하였으며, 파시(罷市)·파공(罷工) 등 도시 민변에 가담하는 등, 청말에 나타난 무뢰의 활동은 바로 그러한 것이었다.[204] 바꾸어 말하면, 무뢰는 국가권력의 강약과 사회 안정 여부에 따라 적극적으로 활동하기도 하고 혹은 사회 이면으로 침잠하기도 하는 존재였다.

小 結

무뢰는 종류가 다양하였지만, 명 중기부터 진행된 사회경제의 변화 속에서, 도시를 중심으로 조직을 결성하여, 주로 불법적인 방법(대개 협박과 폭력)으로 이득을 얻으며 생활한다는 의미에서 공통점을 가진 존재였다. 그 때문에

---

200) 李文治, 1948; 謝國楨, 1988; 顧誠, 1984; 南炳文, 1992; Parsons, James B., 1970; Struve, Lynn A., 1984; 吳金成, 1991; 吳金成, 1996; 吳金成, 1998; 吳金成, 2007A, 제2편 제3장; 李成珪, 1977; 李俊甲, 2002, pp.19~61; 鄭炳喆, 1993 등 참조.

201) 姜元默, 2003.

202) 본서 제2편 제2장 참조.

203) 陳寶良(이치수 역), 2001, 제8장; 蔡惠琴, 1993; 巫仁恕, 1996; 曹新宇 等, 2002; 周育民·邵雍, 1993; 秦寶琦, 1993; 淺井紀, 1990 등 참조.

204) 巫仁恕, 1996.

이들은 당연히 국가권력의 통제 대상이었고, 사회로부터, 심지어 그들과 비합법적인 연계를 맺고 있는 신사나 세력가조차도 의식적으로 멸시하는 대상이었다. 이러한 사회적인 위상을 자각하고 있던 무뢰들 사이에는 의식상의 동질성 내지 동류의식을 공유하였다. 그들은 향을 피워놓고 삽혈(歃血)하고, 문신(文身)하고 천지에 제사를 지내며 함께 맹세하는 등 종교의식을 통하여 결맹〔對神歃血爲盟〕,[205]할 뿐 아니라 두목을 세우고 위계적 지위를 정하여 조직을 결성하였는데, 위아래 사이에 질서가 엄격하였다. 이들은 평소에 선생을 초빙하여 합동으로 무술훈련을 하고, 외출할 때도 단체행동을 하였다. 그들은 이러한 행동을 통하여 그들만의 동류의식을 고취하였다. 그러므로 이들 무뢰도 명청시대 사회의 저변에 엄연히 존재한 하나의 '사회계층'이었다. 바꾸어 말하면 명청시대 중국사회에는 농촌의 '소농민' 아니면 도시 거주민인 '시민'을 사이에 두고, 사회의 한쪽 대극에는 지배층인 신사층, 다른 대극에는 이른바 '무뢰'층이 존재하였다. 사회의 지배자는 공식적으로는 국가권력이었다. 그러나 중국의 영토는 너무 넓고 인구는 너무 많았으므로, 국가권력의 지방 통치에는 빈자리가 너무 많았다. 이 빈 자리를 공식적으로는 신사가 위임받아 지배하였다. 그러나 신사의 사회지배는 낮 시간에만 통하였다. 밤에는 오히려 무뢰가 사회를 지배하였다. 관료들도, 신사들도 무뢰를 손발로 부리고 있었다. 국법은 무뢰를 통제하였지만, 사회관행은 이렇게 국법과 괴리되어 있었다.[206]

무뢰는 표면적으로는 어느 집단이나 독립된 존재였다. 그런데 내면적으로 보면, 어떤 부류는 경사(京師)의 동창(東廠)·서창(西廠)·금의위(錦衣衛)[207], 각

205) 焚香歃血은 중국의 전통적인, 非血緣적인 異姓 結義 방식이었다. 이러한 삽혈을 통하여, ⓐ 자신의 誠心과 衷情을 보여주며, ⓑ 서로가 피를 나눈, 뗄 수 없는 관계가 되었음을 표현하는 한편, ⓒ 이 結盟을 어길 경우, 죽음으로 갚아야 함을 약속하는 굳은 의미가 있었다. 無名氏,『檮杌閑評』第6回;『二刻拍案驚奇』卷10,「趙五虎合計挑家釁, 莫大郎立地散神奸」.

206) 무뢰들은 아마도 이렇게 항의하였을 지도 모른다. '신사, 당신들은 공공연하게 불법을 저지르면서 크게 먹고,(본서 제2편 제3장 참조) 우리는 숨어서, 불법이라 비난받으며, 조금밖에 못 먹는다. 그러나 국법을 어기는 것은 일반 아닌가?'라고.

207) 陳寶良(이치수 역), 2001, pp.401~415; 郭英德, 1995, p.44. 錦衣衛 校尉는 20~30兩만 내면 얻을 수 있어, 대부분이 무뢰출신이었다고 한다.

지에 산재한 왕부[208], 지방아문(地方衙門), 신사·지주·세호 등에게 투탁하여 그들의 주구(走狗)나 조아(爪牙)로 활약하면서 백성 위에 군림하였다. 지방관들은 그들의 불법 행위를 대개는 파악하고 있었지만, 그들의 배후가 두려워 모르는 체 하는 경우가 많았다. 한편, 또 다른 부류는 그들끼리 독립된 세력을 유지하면서, 대개는 무력을 동원하는 등 불법적으로 이득을 취하였으므로, 관부나 세호가의 대극에서 징치(懲治)의 대상으로 존재하였다. 무뢰는 이렇게 양면적인 존재였다.

무뢰의 이러한 양면성은 명말이래 청대에 걸쳐 중국 여러 지역에서 일어난 민변에서도 볼 수 있다.[209] 만력44년에 송강에서, 생원들과 만여 명의 민중이 궐기하여 동기창가(董其昌家)를 공격한 사건이 있었는데, 그 공격의 선두에 선 것은 무뢰들이었다. 동기창가의 노복들은 이에 대항하여 타행을 고용하여 군중의 공격을 방어하였다.[210] 만력 중기에, 이른바 '광세(鑛稅)의 화(禍)'로 지칭되는 환관의 횡포가 전국적으로 기승을 부릴 때, 전국에서 반광세사(反礦稅使) 민변이 봉기하였다. 이러한 반광세사 민변은 광세사와 그 조아[참수(參隨), 본지의 무뢰·곤도 등으로 구성된 위관(委官)]들의 횡포에 대한 도시민의 힘이 결집된 궐기였다. 광세사들에게 투탁한 무뢰들은 광세사의 이름으로 온갖 약탈과 만행을 자행하였다. 사건이 더욱 악화된 대부분의 원인은 이들 조아의 만행 때문이었다. 그런데 이에 대항하여 궐기한 민변의 가담자는 백공기예(百工技藝)의 용공인(傭工人)이나 도시의 거민, 즉 양민들이었다. 그리고 이들의 항거를 더욱 복잡하게 악화시킨 것은 현지의 무뢰·곤도들이 합세하여 부추겼기 때문이었다.[211]

---

208) 무뢰가 각지 王府의 爪牙로 활약하였으며, 황친들이 각지에 개설한 상점이나 전당포의 조아도 대개는 무뢰출신이었다. 『明史』 卷181, 「李東陽傳」에는 "游手之徒, 托名皇親僕從, 每于關津都會, 大張市肆, 網羅商稅"라 하여, 무뢰들이 황친의 이름을 가탁하여 교통의 요지나 도시에 상점을 개설하였다고 한다. 郭英德, 1995, p.28, 35~36; 韓大成, 1991, pp.554~560; 吳金成, 1994; 본서 제3편 제3장 참조.

209) 朱國楨, 『皇明大事記』 卷30, 「甘州兵變」·「大同兵變」·「遼東兵變」·「南京兵變」; 巫仁恕, 1996.

210) 이때 雇傭된 打行은 班頭 吳龍이 이끄는 무뢰 100여 명이었다. 宮崎市定, 1954; 金誠贊, 1992 참조.

무뢰의 존재는 강남에서 가장 많이 발견된다. 그러므로 지금까지의 무뢰층에 대한 연구는 주로 강남지역의 무뢰의 존재를 확인하는 수준에서 크게 벗어나지 못한 느낌이 들고, 기타 하남・호광・안휘・광동・강서・사천・복건의 사례가 약간 소개된 정도이다. 그러므로 앞으로는, 첫째 각각의 지역사회 속에서 무뢰의 구체적인 존재양태와 역할을 좀 더 다양하게 분석할 필요가 있다. 이러한 연구가 축적된 연후에야 전국에 걸친 무뢰층의 구체적인 존재양태가 종합될 수 있을 것이다. 둘째는 사료 발굴의 문제이다. 무뢰의 존재양태는 대단히 복잡하지만, 그들의 활동은 지하에 은폐되어 있을 뿐 아니라, 그들에 대한 기록은 거의 대부분이 통치자나 지배층이 남긴 것이고 그것조차도 극히 드문 실정이다. 그러므로 앞으로는 소송안권(訴訟案卷)・계약문서・향진지(鄕鎭志)・향규민약(鄕規民約)・지방희극・생감층(生監層)의 필기나 일기・당안(檔案)・명청시대의 소설 등까지 적극적으로 이용해서 자료를 개발해야 할 것이다. 셋째 무뢰의 조직과 활동이 동향조직 혹은 종족 내부에서는 어떠하였는지에 대해서도 좀 더 밝혀져야 할 것이다.[212] 넷째 청 중기 이후의 문제로, 무뢰의 종교성 또는 무뢰와 비밀결사[혹은 방회(幇會)]와의 관계도 더욱 깊이 고려하여야 할 것이다.

끝으로 명청시대에 하나의 계층으로 자리를 굳힌 무뢰의 역사적 위상을 정립해야 할 것이다. 무뢰는 고대부터 존재하였고 시대에 따라 명칭・조직・사회관계・사회적 역할 등이 변화되었다. 그러나 그러한 변화 속에서도 고대의 임협습속(任俠習俗)의 유제는 거의 그대로 유지되었다. 현재까지의 인상으로는, 고대로 올라갈수록 농촌에서 활동하는 사례가 많고, 후대로 내려올수록 도시에서 활동하고 조직화되고 상업과 결부되는 사례가 많았던 듯하다. 사실 이상의 각종 무뢰의 존재는 명 중기 이래, 특히 명말청초의 도시 발달의 산물이었다.

---

211) 巫仁恕, 1996; 酒井忠夫, 1960, 第2章「明末の社會と善書」; 田中正俊, 1961; 森正夫, 1977; 吳金成, 1994; 본서 제3편 제3장 참조.

212) 특히 청대에 동남 연해 지역에서 많았던 종족 사이의 械鬪 때에 종족들이 내부에 무뢰를 전문적인 싸움꾼으로 양성(=鬪棍)하거나, 무뢰를 동원하는 경우도 있었다.

그러므로 명청시대의 지역사회를 종합적으로 이해하기 위해서는, 신사를 중심으로 서리・무뢰・상인을 하나의 구도 속에서 파악하여,[213] 그들 사이에 형성되는 복잡하고 다양한 관계망을 포괄적으로 고려하는 연구도 필요하다고 생각한다.

213) 서리를 고려할 경우에는 반드시 衙役도 함께 고려하여야 한다. Ch'u, T'ung-tsu, 1962(→ 范忠信・晏鋒 譯, 2003); 蔡惠琴, 1993 등 참조.

제3장 宦官과 無賴

序 言

중국에서는 환관(宦官)을 내감(內監)·사인(寺人)·엄인(奄人·閹人)·정신(淨身)·중관(中官)·초당(貂璫)·태감(太監)·내수(內豎)·탁인(椓人)·화자(火者) 등으로 불렀다. 이들은 본래는 노예의 신분으로서 천자(天子)의 곁에서 시중을 드는 임무를 담당했으나, 이미 전국시대부터 권력을 훔치는 사례가 나타났다. 후한대(後漢代)와 당대(唐代)는 '환관의 전횡'으로 1,2위를 다투는 시대로, 그 때문에 나라가 멸망하였다고 하여도 과언이 아니다. 명대(明代)는 그 제3의 전횡기(專橫期)였는데, 그 가운데에서도 만력년간(1573~1619)은 "명나라가 망한 것은 숭정(崇禎) 때가 아니고, 이미 만력(萬曆) 때"라는 속담이 나올 정도로 환관의 폐해가 막심하였다.[1)]

만력년간에 환관의 전횡이 이렇게 극심하였던 것은, 만력제가 '부족한 궁중의 비용을 조달하기 위하여 금은 광산을 개발하고 상세(商稅)를 징수한다'는 명분으로, 만력24년(1596)부터 전국에 환관을 파견한 때문인데, 이렇게 파견된 환관들을 '광세사(礦稅使)'라 불렀다. 광세사들은 황제의 명령을 기화로 마음대로 전권을 휘두르며 욕심껏 착취하였다. 그 해독은 일반 백성뿐 아니라 지방관에게까지 두루 미쳤다. 그 때문에 전국에서 반 '광세사'(反'礦稅使') 민변(民變)이 계속되었다.

---

1) 趙翼, 『廿二史箚記』 卷 35, 「萬曆中礦稅之害」에 "明之亡, 不亡於崇禎, 而亡於萬曆".

지금까지 반광세사 민변에 대해서는, 상당수의 사례연구[2]와 이들 연구를 소개하는 논문들이 몇 편 있었다.[3] 이 장은 만력년간의 반광세사 민변 전체를 조망하고, 그 중에서 사건의 내용이 비교적 잘 알려진 몇 가지 사례를 분석하여 봄으로써, 그 역사적 의의를 재조명해 보려 한다.

Ⅰ. 萬曆帝의 '礦稅使' 派遣

16세기의 중국사회는 관료의 부패, 신사・세호가의 토지겸병, 세역의 과중과 불균형 때문에 사회가 대단히 불안하였다. 더구나 북로남왜(北虜南倭)로 말미암은 막대한 지출로 국가의 재정도 악화되어 갔다. 내각 수보(首輔) 장거정(張居正)은 이러한 현상을 바로 잡기 위하여 관기(官紀)를 숙정(肅正)하고 재정을 정리하고 변방을 강화하는 등 실질적으로 상당한 개혁의 성과를 올렸다. 이는 그가 10년 동안 펼친 독재의 결과였다.[4]

그러나 장거정이 갑자기 죽자, 만력제는 방종한 생활을 하면서 오랫동안 정치를 돌보지 않았고, 오히려 환관을 중용하였으므로 정치질서는 더욱더 문란해 갔다. 특히 심각한 것은 매년 100만 냥의 적자를 낼 정도로 국가 재정이 다시 악화되었다는 점이다. 명조는 이를 만회하기 위하여 증세를 반복하였기 때문에 사회는 더욱 불안해 갔다.

이러한 심각한 예산 부족에 더 큰 타격을 가한 것은 다음과 같은 세 가지 문제였다.[5] 첫째는 '만력삼대정(萬曆三大征)'이라 불리는 세 번의 전쟁 때문이었다. 그 가운데 하나는 북변 영하(寧夏)의 보바이〔哱拜〕의 반란(만력20년, 1592)을 진압한 것이었다.[6] 또 하나는, 조선의 '종주국(宗主國)'으로 자처한 명

2) 巫仁恕, 2004; 傅衣凌, 1954B; 鄒時炎, 1980; 佐久間重男, 1964; 森正夫, 1981; 岡野昌子, 1983; 奈良修一, 1990; 日野康一郎, 2005; 和田博德, 1989; 吳金成, 1994, 1999.

3) 巫仁恕, 1996; 傅衣凌, 1957; 汪槐齡, 1959; 王天有, 1984; 劉志琴, 1982B; 林麗月, 1987; 田中正俊, 1961; 朴元熇, 1990; Yuan, Tsing, 1979.

4) 韋慶遠, 『張居正和明代中後期政局』, 廣東高等教育出版社, 1999; 吳金成, 1995B.

5) 『明史』 卷305, 「陳增傳」.

6) 보바이는 몽골 출신으로 寧夏鎭 副總兵職에 있다가 Ordos의 몽골勢力과 결탁하여 반란을 일으켰다. 李如松이 遼東의 精銳部隊를 指揮하여 8개월 만에 鎭壓하였다.

조가 조선을 지켜주고 아울러 자국의 변경(邊境)을 안정시킨다는 명분으로, 일본의 침략(1592~1598)을 받은 조선을 원조한 것이다. 마지막으로 중국의 서남부 귀주성에서 발생한 양응용의 반란(1597~1600)을 진압한 것이다.7) 이상 세 번의 전쟁에 소요된 비용은 도합 약 1,200만 냥, 당시 명조 연평균 세금 징수액의 3배나 될 정도로 막대하였다.8)

둘째는 궁전의 건축과 능묘(陵墓)의 축조 때문이었다. 만력24년(1596)에 두 채, 다음 해에 세 채의 궁전이 불타버렸다. 이를 재건하기 위하여 호광·사천·귀주 등지에서 운반해 온 목재 등을 포함한 건축비가 총 930만 냥이나 소요되었다. 이는 명조의 2년 동안의 예산을 훨씬 상회하는 액수이다. 한편, 만력제는 자신이 죽은 후에 들어 갈 능묘 축조를 명령하였다. 이를 축조하는 데에 6년(1584~1589)에 걸쳐 약 800만 냥을 소비하였다.9)

셋째는 왕자 책봉과 이들의 혼빙비(婚聘費) 때문이었다. 만력제는 황장자(皇長子)와 여러 왕의 책봉 및 관혼비용으로 934만 냥, 포복(袍服) 비용에 270만 냥 등 도합 1,200만 냥 정도를 소비하였다.10)

당시 명조의 매년 세수액은, 정과(正課)·염과(鹽課)·관과(關課)·잡과(雜課)를 모두 합해서 약 400만 냥 정도였고,11) 궁중 예산은 그 가운데 매년 100만 냥에 불과하였다. 그러므로 정상적인 세수(稅收) 체계로는 이러한 지출을 도저히 감당할 수 없었다. 그 때문에 신종(神宗)이 사용한 비상수단이 바로 만

7) 양응룡은 귀주성 播州(=현재의 遵義縣)의 추장이었는데, 명조 관료의 횡포에 분개하여 苗族을 糾合해서 起兵하였다.

8) 뒤에서 설명하겠지만, 당시 명조의 매년 총 세수액은 약 400萬兩 정도였다. 그런데 당시 戶科都給事中 王德完은, 보바이의 란에 약 180餘萬 兩, 조선 왜란에 약 780餘萬 兩, 楊應龍의 란에 약 200餘萬 兩 정도가 소요되어, 대략 1,200萬兩이나 들었다고 보고 있다. 『明史』 卷235, 「王德完傳」 참조.

9) 그 규모는, 地下 20m에 前中後 3室, 全長 88m, 高 7m로 가히 지하 궁전과 같다. 그 규모의 방대함과 부장품의 정교함과 호화로움 등에서 볼 때, 명대 건축·예술의 정수라 할 수 있다. 통계에 따르면, 6년간에 화북 인민을 매년 100만 명씩 총 650만 인이 동원되었고, 총 800만 량이 소요되었다고 한다.

10) 明『神宗實錄』334, 萬曆27年閏4月丙申條.

11) 馮琦, 「爲災旱異常備陳民間疾苦懇乞聖明亟圖拯救以收人心荅天戒疏」(諫止礦稅), 『皇明經世文編』 卷 440; 文秉, 『定陵注略』 卷4, 「內庫進奉」, 「戶部尚書趙世卿疏」(萬曆31年).

력 24년부터 환관을 각 지방에 파견하여 세금을 징수하는, 소위 '광감세사(礦監稅使)' 파견이었다.[12]

신종은 궁중의 비용이 엄청나게 증가하자, 금은광산의 개발과 상세 징수를 명분으로 전국 20여 지역에 환관을 파견하여, 호부의 징세 계통과는 별도로 특별세를 징수하게 하였다. 그런데 신종은 환관을 광세사(礦稅使)로 임명하면서 그들에게 전권을 위임하였으므로, 이들이 현지에 나가 무소불위의 권력을 휘두르며 횡포와 수탈을 자행하였다. 그 때문에 전국 각지에서, 도시를 중심으로 반광세사(反礦稅使) 봉기가 잇따라 일어났다.[13]

Ⅱ. '反礦稅使' 民變의 繼起

광세사는 만력24년에 처음 파견된 이래, 만력30년과 33년에 일시적으로 중지를 명령한 적은 있으나, 만력48년(태창원년, 1620)에 신종이 사망할 때까지 광세사 제도는 실질적으로 변함없이 계속되었다.[14] 『명사기사본말(明史紀事本末)』에는 반광세사 민변 50여 건이 기록되어 있다.[15] 그러나 뒤에 언급하는 바와 같이, 호광에서만 20여 건, 요동에서도 10여 건이 발생한 것을 보면, 전국적으로는 아마도 100여 건은 되었으리라 생각한다. 이제 그 가운데 내용이 비교적 잘 알려진 몇 가지 사례만 분석하여 보겠다.

---

12) 『明史』 卷305, 「陳增傳」에 "計臣束手, 礦稅由此大興矣。其遣官自二十四年始"라 함.

13) 당시의 사료에서는 이를 '民變'이라 하므로, 이하에서는 단지 '民變'으로 칭하겠다.

14) 李遜之, 『三朝野記』 卷1에, "丙申, 神皇崩, 次日丁酉以代行賓天告于奉仙殿, 頒遺詔, 罷天下礦稅, 諭云, '先年礦稅爲三殿三宮未建, 權宜採用, 今盡行停止。各處管稅內官, 張燁·馬堂·胡賓·潘相·左秉云等俱撤回。其加派錢糧, 以本年七月前已徵者起解, 餘悉蠲免'"(王春瑜·杜婉言, 1986, pp.132에서 轉引).

15) 谷應泰, 『明史紀事本末』 卷65, 「礦稅之弊」. 巫仁恕, 1996, pp.239~261, 〈明清城市民變年表〉에서는 광세사 활동 기간에 전국에서 발생한 반광세사 민변을 47건으로 파악하고 있다. 그러나 무인서의 통계에는 중복되는 것도 있고(日野康一郎, 2005 참조), 빠뜨린 것도 많다.

1. 山東의 反礦稅使 民變

산동지역에는 환관 진증(陳增)이 만력24년에 산동의 광산개발을 위해 파견되었다.[16] 진증은 다음 해인 만력25년 9월에 복산(福山) 지현 위국현이 광산개발을 방해한다고 무주(誣奏)하여 직위를 박탈케 하였다. 산동 참정 만상춘도 1년분의 봉록을 박탈당하였다. 진증은 광산개발 명목으로 매일 1,000여 명을 동원하여 무리하게 사역시켰기 때문에 많은 사람이 죽었다. 또 부민(富民)을 '도광(盜礦)'으로 무고하여 3일 만에 500명을 체포하기도 하였다.

이러한 진증의 압력에 직면한 산동의 지방관들은 대개는 굴복하였지만, 익도 지현 오종요〔흡현인(歙縣人), 만력23년 진사〕만은 자기의 체통을 지켰다. 만력26년(1598) 9월, 오종요[17]는 진증의 불법을 지적하면서, "폐하의 소득이 열 중 하나라면 진증의 주머니에는 열 중 아홉이 들어갑니다"[18]라고 상주하였고, 급사중 포견첩과 학경 등도 진증의 불법을 탄핵하였다. 산동순무 윤응원(尹應元)도 진증의 20가지 대죄를 들어 탄핵하였다. 그러나 만력제는 오히려 이들을 모두 제재하였다. 진증의 심복 참수〔參隨; 수행원, 장수(長隨)라고도 했음〕 정수훈은 오히려 오종요가 "휘주상인과 결탁하여 재산을 모은다"고 규탄하였다. 오종요는 옥에 갇혔다가 석방되었지만 결국은 삭탈관직되고 말았다.

만력27년(1599)에 진증은 서주(徐州)에서 징세하면서, 심복 조아(爪牙)들을 시켜 공개적으로 약탈하고 지방관원들에게 모욕을 주었다. 그 가운데에서도 휘주의 무뢰 출신인 참수 정수훈이 가장 악랄하였다. 정수훈[19]은 연납으로

---

16) 별주가 없는 경우에는 『明史』 卷305, 「陳增傳」; 谷應泰, 『明史紀事本末』 卷65, 「礦稅之弊」 참조.

17) 明『神宗實錄』 卷326, 萬曆26年9月癸巳條; 同書, 卷330, 萬曆27年正月戊戌條; 『明史』 卷237, 「吳宗堯傳」; 沈德符, 『萬曆野獲編』 卷6, 「陳增之死」; 藤井宏, 1953~1954(3).

18) 谷應泰, 『明史紀事本末』 卷65, 「礦稅之弊」.

19) 明『神宗實錄』 卷 347, 萬曆28年5月癸卯朔條; 沈德符, 『萬曆野獲編』 卷6, 「陳增之死」; 董其昌, 『神廟留中奏疏滙要』 刑部, 卷4 등 참조. 이상의 모든 사료를 종합해 보면, 程守訓은 원래 歙縣人으로, 淮安·揚州 일대에서 殺猪·賣酒로 연명하던 市井無賴로 奸棍이었는데, 북경으로 달아나 陳增의 爪牙로 수용되어 만력 24년에 진증이 산동으로 파견될 때부터 參隨로 수행하였다. 진증은 그를 '姪壻'라고 부를 정도로 신임하였다. 한편, 謝肇淛, 『五雜俎』 卷 15, 事部3에 "蓋我朝內臣, 目不識字者多, 盡

무영전(武英殿) 중서사인(中書舍人)의 직함을 받았으며, 산동에 내려갈 때에는 '흠차총리 산동직예 광세사무 겸사공향(欽差總理山東直隷礦稅事務兼査工餉)'이라는 직함을 가졌다. 그는 공공연하게, "나는 천자의 문생(門生)으로 밀지(密旨)를 갖고 있기 때문에 누구도 나를 조사하거나 탄핵할 수 없다"[20]고 하며, 안하무인격으로 행동하였다.

이렇게 만력제가 진증에게 산동의 '점세(店稅)' 징수를 겸임시키자, 임청세감(臨淸稅監) 마당과 분쟁이 일어났다. 이에 만력제는 진증에게는 동창(東昌)의 징세를, 마당은 임청의 징세를 맡도록 중재하였다. 진증은 더욱 교만해져서 수많은 대상인과 부호들을 "금물(禁物)을 감추고 있다"고 무주하여 파산시키고, 심지어 살인도 서슴지 않았다.

한편 만력27년 윤4월에는 임청에서 민변이 일어났다.[21] 환관 마당(馬堂)은 천진(天津) 세감으로 파견되었지만, 임청까지 관할하도록 명령받았다. 세감 마당도 도망 다니는 자들이나 무뢰 수백 명을 수용하여 조아(爪牙)로 삼은 후, 수상궁전 같은 배를 타고 운하를 오르내리며 약탈하였다. 임청의 각 성문에도 조아를 배치하고 징세를 명목으로 약탈을 자행하였으며 항거하는 자는 가차없이 체포하여 투옥시켰다. 마당의 조아들은 부자뿐 아니고, 부판(負販; 운송인)·부녀자의 영세화물까지 수탈하였다. 그 때문에 "중인가(中人家)도 반 이상이 파산"하고 상인의 왕래는 거의 두절되고, 상가도 파시(罷市)하기에 이르렀다. 마당의 이러한 약탈적인 징세로 말미암아 운하 도시로 번영을 누리던 임청은 각종 상점의 60% 이상이 폐점하여 일시적으로 쇠퇴의 길을 걷게 되었

憑左右拔置一二駔棍, 挟之于股掌上以魚肉小民。如徽之程守訓, 揚之王朝寅, 閩之林世卿, 皆以衣冠子弟投爲鷹犬, 逢迎其欲, 而播其惡於衆."라 한 것, 그리고 沈德符, 『萬曆野獲編』 卷16, 「旗竿」에 "余往年游新安, 過程守訓之門, 其人以市棍從兩淮稅監陳增作參隨, 納中書, 門左右兩大牌坊"이라 한 기록을 종합해 보면, 程守訓은 원래는 신사 가문의 자제로서 徽州商人이었을 것으로 생각한다.

20) "號于人曰, 「我天子門生, 奉有密旨, 部院不得考察, 不得糾劾」"(『神宗實錄』 卷347, 萬曆28年5月癸卯朔).

21) 『神宗實錄』 卷334, 萬曆27年閏4月庚辰條; 錢一本, 『萬曆邸鈔』; 文秉, 『定陵注略』 卷5, 「軍民激變」; 朱國楨, 『湧幢小品』 卷9, 「王葛仗義」; 朱國楨, 『皇明大事記』(『皇明史概』 所收) 卷44, 「礦稅」; 『明史』 卷305, 「陳奉傳」; 岡野昌子, 1983.

다.[22] 이러한 사정을 보고 의분을 느낀 부판(負販) 왕조좌[청원(淸遠) 출신]는, 마당에게 항의하기 위하여 그의 아문(衙門)으로 달려갔는데, 왕조좌를 따른 이들이 만여 명(일설에는 각부와 소민 3,000명~4,000 명)이나 되었다. 소상인·운하와 시장의 노동자·조선에서 귀국한 병사와 무뢰 등이 추종 무리에 합세하였다.

이들은 마당의 아문을 포위하고 고함을 지르며 항의하였다. 마당은 조아 참수들을 시켜 활을 쏘고 나무 몽둥이를 휘둘러 해산시키려다가 군중 몇 명을 살해하였다. 이에 군중이 격분하여 아문에 불을 지르고 참수 37명을 격살하였다. 마당은 변장하고 그 곳을 피하여 겨우 목숨을 건질 수 있었다. 7월에 이르러 관에서 수모자를 색출하자, 왕조좌가 자진 출두하여, "제가 죽는 것은 당연합니다. 제가 주모자이니 무고한 자에게까지 죄가 미치지 않도록 해 주십시오"[23]라고 하며 혼자 책임을 떠맡고 기시(棄市)되었다. 그의 사후, 신사와 상인들이 그를 위하여 사당을 세워 제사지내고,[24] 그가 자식이 없는 것을 알고 유족도 보살펴 주었다. 민변 발생 후, 마당은 전보다 더욱 악랄하게 착취를 계속하였다.[25]

---

22) 趙世卿, 「關稅虧減疏」, 『皇明經世文編』 卷411에 "河西務稱稅使徵斂, 以致商少. 如先年布店一百六十餘家, 今只剩三十餘家矣. 在臨淸關, 則稱往年夥商三十八人, 皆爲沿途稅使盤驗抽罰, 貲本盡折, 獨存兩人矣. 又稱, 臨淸向來段店三十二座, 今閉門二十一家, 布店七十三座, 今閉門四十五家, 襍貨店六十五座, 今閉門四十一家, 遼左布商絶無一至矣. 在淮安關, 則河南一帶貨物多爲儀眞·徐州差人挽捉, 商畏縮不來矣"라 함. 『神宗實錄』 卷376, 萬曆 30年9月丙子條도 대동소이함.

23) 文秉, 『定陵注略』 卷5, 「軍民激變」에 "死吾分耳, 吾寔爲首, 奈何株及無辜"라 함. 朱國楨, 『湧幢小品』 卷9, 「王葛仗義」도 참조.

24) 현재 임청의 鈔關(後關街 소재) 유지 한쪽 구석에는 道光30년(1850, 庚戌)에 세운 「王烈士之神道碑」의 잔편이 방치되어 있다(필자는 2007년 1월 24일, 동학 4명과 함께 임청을 방문하여 이 비를 발견하였다). 비문에는, 임청 민변의 내용을 약술한 후, '그의 사당이 무너진 지 30여년이 되어, 지나는 사민(士民)이 너무도 안타까워하던 차에 사방의 호의군자(好義君子)가 합심하여 세웠다'고 되어 있다. 이 비석을 1850년에 새로 세울 정도로 임청지방에서 왕조좌에 대한 애정이 대단하였음을 알 수 있다. 마치, 뒤에 언급하는 바와 같이, 소주지방에 남아 있던 소주 민변의 영웅 갈현(葛賢)에 대한 애정을 상기하게 한다.

25) 利瑪竇·金尼閣, 1990, p.388. 마침 이 시기(1600년 7월 초부터 약 6개월)에 운하를 따라 북경으로 가던, 예수회 선교사 마테오 리치도 마당에게 극심한 곤경을 당하였다(同書, pp. pp.388~399).

임청[26]은 경항대운하(京杭大運河)가 통과하는 수륙교통의 요충지이고 각종 상품유통의 중계·집산지 기능을 하는, 인구 약 10만 정도의 상업중심지였다. 임청은 운하를 통과하는 국가의 조운선(漕運船)과 상선이 반드시 정박하는 곳이었으므로, 상세(商稅; 상품에 대한 과세)와 초관(鈔關; 선박에 대한 과세)의 징수액이 항주보다 5배~6배나 많았다. 그 때문에 휘주상인을 중심으로 한 외래 상인이 많이 모여들었다.[27] 이렇게 발전한 도시였으므로, 외지의 유민과 무뢰도 많이 모였다. 임청은 이렇게 복잡한 사회였는데도, 환관 마당의 수탈에 대해서는, 토착민이건 객민이건 거민(居民) 모두가 하나가 되어 항거하였던 것이다.

2. 湖廣의 반광세사 민변[28]

호광에는 시정 무뢰 출신의 환관 진봉이 '형주점세(荊州店稅)' 징수, '흥국주광동단사(興國州礦洞丹砂) 채굴, 전창(錢廠)의 고주(鼓鑄) 관리 등의 임무로 파견되었다(만력27년 2월). 호광에 도착한 진봉은 무창에 '중사아문(中使衙門)'을 차려놓고 각 지역을 순시하였는데, 작은 시진에도 무뢰 출신인 세관(稅官)을 5~6인씩 파견하여, 황제의 칙지를 명분으로 착취를 자행하였다. 진봉은 그 지역의 지비(地痞)·곤도(棍徒) 등 무뢰들의 회뢰(賄賂)를 받고 그들을 참수로 수용하여, 주기(奏記)·모의·출입 등의 일을 맡겼다. 무뢰들은 진봉의 권력을 믿고 상인과 백성의 재화를 마음대로 착취하였고, 심지어 평소 자기들과 사이가 좋지 못하였던 신사들마저 체포하거나 살상하였고 부녀자를 폭행하였다. 또한 그들은 금·은광 채굴을 명목으로 세호가들의 분묘·가옥 등을 발굴하겠다고 위협하여 재산을 갈취하였다. 조상의 묘가 파헤쳐지는 것을 두려워한 세호가들은 부득이 모든 재산을 기울여 그들에게 뇌물을 쓸 수밖에 없었다.[29] 무뢰들은 소상인이나 농민들의 물물교환을 위한 물품들마저 갈취하

---

26) 吳緝華, 1960, 1961; 楊正泰, 1982; 許檀, 1986, 1998.
27) 藤井宏, 1953~1954 (2)·(3); 葉顯恩, 1980.
28) 鄒時炎, 1980; 和田博德, 1989; 巫仁恕, 2004: 吳金成, 1994.

였다. 특히 형주에서는 밀고를 조장하였으므로, 이를 참다못한 사시(沙市)의 거민들이 궐기하였다.

진봉은 지방관들을 위협하여 회뢰를 강요하면서, 조금이라도 자신이 기대한 정도의 회뢰를 바치지 않으면 무주(誣奏)하였다. 진봉과 그 조아들의 이러한 겁탈행위를 상주하거나 못하게 막으면 모두가 무주의 대상이 되었다. 진봉은 순안어사 조해, 형주 추관 화옥・양양지부(襄陽知府) 이상경, 황주지부 조문환, 경력(經歷) 차임중・형문지주(荊門知州) 고칙손) 등 수십 명의 지방관을 업무집행 방해와 민변을 사주한 죄로 무주하여 좌천・강등・파면시켰다.

그 때문에 만력29년에 진봉이 떠날 때까지, 호북에서는 무창의 4회를 비롯하여 한구(漢口), 형주・사시・양양・황주・승천[현재의 종상(鐘祥)]・덕안・형문・광화 등 부주현과 청산진(青山鎮)・선요진(仙姚鎮) 등 여러 진 지역에서, 호남에서는 보경・상담 등 각지에서 민변이 발생하여, 호광 모든 지역에서 도합 20여 회의 반(反)진봉 봉기가 일어났다.[30] 곳곳에서 분개한 '사민(士民)'이 합세하여 진봉의 공서(公署)를 포위하고 항의하였다. 암암리에 진봉을 옹호한 순무 지가대도 공격의 표적이 되었다. 이러한 봉기에 참여한 인원은 적으면 천여 명, 많으면 만여 명에 달하였다. 다수의 지방관이 진봉과 그 조아의 만행을 탄핵하였지만, 만력제는 오직 진봉의 상주에 따라서 지방관들을 좌천・강등・파면시켰다.

특히 호북의 승천부에서는 만력28년 5월에서 6월에 걸쳐서 3회 연속으로 민변이 일어났다. 초변(初變)과 재변(再變)은 진봉이 채용한 무뢰들이 이전에 개인적으로 원한을 품었던 지방관과 생원을 공격하였기 때문에 생원들과 백성들이 항의하는 민변이었다. 이들의 사전 집합장소는 악왕묘(岳王廟), 보은사(報恩寺) 등 군중이 잘 모이는 사묘(寺廟)였다. 삼변(三變)은 생원들이 모여 있던 유학의 명륜당(明倫堂)을 승천 수비(守備) 휘하 무변(武弁)들이 공격함으로써 생원들이 항의한 사건이었다. 그러는 가운데 생원 40여 명이 부상을 당하

---

29) 袁中道, 『珂雪齋集』, 卷17, 「趙大司馬傳略」.

30) 巫仁恕, 1996, pp.239~261, 〈明清城市民變年表〉에서는, 호광민변이 호북에서만 9회 발생한 것으로 파악하고 있으나 이는 잘못이다.

였고 1명은 살해되었다. 승천 수비태감(守備太監) 두무(杜茂; 진봉과 연합하여 만행을 저지름)의 무주로 말미암아 생원 심희맹 등 14명과 서민 유정거(劉正擧) 등 5명, 도합 19명이 체포되어 북경 형부(刑部)로 이송되어 8년 동안이나 옥살이를 하였다. 호광에서 일어난 일련의 민변이 중앙에 알려지자, 대학사 심일관, 급사중(給事中) 요문울, 강서 세감 이도 등이 진봉을 탄핵하는 상주를 올렸다. 이에 따라 4월에 진봉은 소환되고 그 임무는 수비태감 두무(杜茂)가 대신하도록 하였다.

이상을 정리해 보면, 호광의 반광세사 민변은 광세사 진봉, 그에게 아첨한 순무 지가대와 승천부 수비태감 두무, 및 이들에게 수용된 조아들의 횡포와 만행에 대한 호광인의 항의였다. 그리고 민변에 참여한 사람은 호광 각지의 지방관 외에 생원·시민·상인 등 호광의 거의 모든 계층이었고, 특히 사인(士人)의 참여가 많았다.

호광지방은 15세기 이래로, 강서인을 필두로 한 외부 인구가 대거 유입하여 수리를 개발하고 농토를 개간한 결과, 중국의 곡창지로 발전하였다. 무창·한양·한구·사시 등의 도시와 수없이 많은 정기시가 발생하고 상업도 발전하였다. 그 과정에서, 객민은 세역을 탈면하면서 경제적으로 성장해 가는 반면, 토착인은 무거운 세역과 고리대로 몰락의 위기에 처하기도 하였다. 이 때문에 토착인·객민·군대 사이의 경쟁에서 토착인과 군대가 오히려 몰락하여 유산하는, 소위 '인구의 대류현상'도 나타났다. 호광은 이렇게 경제적 발전과 사회적 유동성이 공존하는 불안한 사회였는데도, 환관 진봉과 그 조아들의 수탈에 대해서는, 토착인이나 객민을 가리지 않고 호광인 전체가 하나가 되어 분기(奮起)하였던 것이다.

3. 蘇州의 반광세사 민변

강남지방에는 광세사 손융이 만력29년(1601) 5월 초순에 파견되었다.[31] 손

31) 손융의 정식 직함은 '蘇杭等處提督織造·兼理稅務·司禮監太監'이었다. 손융은 만력 4년(1576)에 직조태감으로 항주에 부임하였지만, 오랫동안 소주에 주재하여 소

융이 소주에 파견되자, 무뢰 황건절은 손융에게 투신하여 참수(參隨)가 된 후, 현지의 무뢰인 탕신·서성 등 20여 인을 모집하여 앞잡이를 삼았다. 이들은 손융에게, 민간의 직기(織機) 한 대마다 매월 3전의 세(당시 쌀 8말에 해당하는 무거운 세금)를 받도록 건의하였다. 손융은 소주의 6개 성문과 3개 수관(水關)에 조아(爪牙)를 배치하고, 기타 교통의 요지에도 조아를 파견하여 상인에게 과다한 상세를 부과하였다. 그 때문에 갑자기 물자유통이 두절되고 물가가 폭등하였다.[32)]

소주 등 강남의 직물업 지역에서는 기호[機戶, 작방주(作坊主)]가 출자하고 직공(織工)이 출력해서 서로 의존하여 살아왔다. 소주에서는 인력시장이 있어 매일 새벽에 기호들에게 고용되어 일급을 받는 일용직 노동자들이 만여 명에 달하였다. 그런데 손융과 그 조아들의 이러한 착취가 거세어지자, 기호와 염방(染房)이 모두 문을 닫아버리니 직공·단장(踹匠)·염공(染工) 등은 일자리를 잃게 되었고, 아행도 큰 타격을 입게 되었다.

그 때문에 같은 해 6월에 소주에서 반(反)손융 민변이 일어났다.[33)] 마침 그 해에 수재로 물가가 급등하여 날품팔이하는 거민이 대단히 어려웠는데, 손융의 착취는 거기에 기름을 부은 격이 되었다. 6월 초부터 기호의 '파직(罷織)'과 상인의 '파시(罷市)'가 시작되자, 일자리를 잃은 군중이 거리로 뛰쳐나와 서성대는 등, 어수선한 분위기였다. 6월 3일에는 왕질(王秩)이란 노인의 영도로 소주성 내에 있는 현묘관(玄妙觀)에서, 60인을 지도자로 추대[이를 '단행(團行)'이라 하였음]하고, "단 1전이라도 약탈하는 자는 죽이겠습니다"하고 신에게 서약하였다. 6월 6일에는 만여 명의 군중이 6대로 나뉘어, 각대에는 파초(芭草)로 만든 부채를 든 지휘자가 선두에 서고, 대원들은 곤봉을 들고 행동에 나섰다.[34)] 봉기는 며칠 동안 계속되었다. 그들은 손융의 집무실에 몰려가 상

주의 사정을 잘 알고 있었다. 그가 蘇州·松江·常州·鎭江 4個 府의 세무감독을 겸하게 된 것은 만력 27년(1599)이었다.

32) 朱國楨, 『皇明大事記』(『皇明史概』 所收) 卷44, 「礦稅」, p.31b; 宋懋澄, 「葛道人傳」, 『明文海』, 卷403, pp.4203~4205.

33) 傅衣凌, 1957; 田中正俊, 1961; 森正夫, 1981. 이 민변은 직물업 노동자들이 주동한 봉기였으므로, '織傭의 變'이라고도 하였다.

세 철폐를 요구하자, 손융은 항주로 피신하였다. 군중들은 먼저 참수 황건절을 돌로 쳐 죽였다. 사태를 우려한 장주(長洲) 지현 등운소(鄧雲霄)가 서성(徐成) 등 무뢰 2인을 체포하여 투옥하면서 해산을 명하였지만, 군중의 소요는 멈추지 않았다. 7일에는 무뢰 12인의 집을 부수거나 불태우고 기물을 파손하고 가족을 살상하였다. 등운소는 체포한 무뢰들에게 칼을 씌운 채로 현묘관에 끌고 갔더니 군중은 그들을 격살하였다. 8일에는 손융과 내통하여 사리를 채우던 향신 정원복(丁元復)의 집도 불태웠다. 이후 지부 주섭원(朱燮元)이 군중을 설득하여 겨우 해산시켰다.

사건이 끝나고 관아에서 주모자를 찾자, 곤산현인(崑山縣人) 갈성이 자수하여 모든 책임을 지겠다고 나섰다. 그는 직공이 아니었던 듯하고 민변 당시 현장에도 없었던 인물임에도 불구하고, 모든 책임을 혼자 뒤집어썼던 것이다. 그는 거의 죽을 만큼 태장을 맞고 투옥되었으나, 많은 동정을 받아 극형은 면하였고, 12년 후에 석방되었으며, 그 후에 소주에서 일어난 '개독(開讀)의 변'(천계6년, 1626)[35]에서 처형된 5인의 묘지기로 일생을 마쳤고, 갈현(葛賢)·갈장군(葛將軍)으로 추앙을 받게 되었다.

당시의 모든 전말을 황제에게 보고한 응천순무 조시빙의 「소주민변소(蘇州民變疏)」에는,

> **소주지방은 인구가 (전국에서) 가장 조밀하고 항산(恒産)은 대단히 적습니다. 집집마다 베를 짜는데 기호가 출자하고 직공이 출력해서 서로 의존하여 살아온 지 오래입니다. … 기호가 모두 문을 닫고 파직하니 직공은 모두 굶어죽을 수밖에 없다고 생각하여, 한 번 부르짖음에 모두가 향응해서 황건절을 돌로 쳐 죽이고, 탕신 등의 집을 불태우고 향신 정원복의 집도 그리하였습니다. 〔그러나 이들은〕 단도(短刀) 하나도 갖지 않았고 물건 하나 빼앗지 않았으며, 이웃에게 예**

---

34) 소주민변은 6월 3日說(崇禎『吳縣志』卷11; 宋懋澄,「葛道人傳」,『明文海』卷403)과 6月 6日說(文秉,『定陵注略』卷5,「蘇州民變」; 陳繼儒,「吳葛將軍墓碑」,『江蘇省明清以來碑刻資料選集』, p.415;『神宗實錄』卷360, 萬曆29年6月壬申條)의 두 가지가 있다.
35) 田中正俊, 1961; Hucker, Charles O., 1954; Yuan, Tsing, 1979.

고하여 불타는 것을 방지하였으며 훔치는 자들은 돌로 쳐 죽였고, 회뢰(賄賂)로 과세를 탈면한 자의 재화는 〔불 속에〕 던져버렸습니다. 지방관이 나가서 타이르자 땅에 엎드려 사죄하기를, '저놈들은 지금까지 백성을 지독하게 괴롭혔사오니, 이것만 해결된다면 다른 원이 없겠습니다'라고 하였고, 탕신 등에게 칼을 씌운 것을 보고 금방 해산하였습니다. … 신(臣)이 목도한 바로는, 염방이 파업하니 일자리를 잃은 염공이 수천 명이고, 기방이 파업하니 일자리를 잃은 직공이 수천 명이나 되는데, 이들은 모두 스스로 일하여 먹고 사는 양민입니다만, 하루아침에 사망의 땅으로 내몰리게 되었음을 못내 안타깝게 생각합니다. 사부(四府; 응천순무가 관할하는 소주·송강·상주·진강부)의 기존 세금이 수백만이나 되는데, 어찌 (하찮은) 육만의 세금을 속히 없애, 국가 재정의 중요한 지역〔財賦之重地〕를 안정시키려 하지 않으십니까?[36]

라고 써 있다.

이 사건에서는 다음 몇 가지 점에 주목할 필요가 있다. 첫째 직물노동자 만여 명이 행동하는 데도 줄곧 정연한 규율에 따라 조직적으로 행동하였다. 그들은 단도 하나 갖지 않았고, 어떠한 물건도 약탈하지 않았다. 둘째, 공격의 목표를 분명하게 정하였다. 그들이 목표로 하였던 징세리(徵稅吏)와 그 조아의 가옥만 방화·격살하였다. 오히려 사전에 불태울 집의 이웃에게 예고하여 무고하게 불타는 것을 방지하였다. 이로 보면, 당시 소주인들은 노동을 통하여 연대의식을 가지고 있었음을 알 수 있다. 셋째 일반 소주 거민의 절대적인 지지를 받았다는 점, 넷째 순무 조시빙 이하 다수의 관료와 신사들도 그들의 행동에 직·간접으로 지원하거나 동정을 아끼지 않았고, 자수한 갈성을 변호하였던 것이다. 다섯째 현묘관과 같이 군중이 많이 모이는 장소를 봉기 준비의 장소로 택하였다는 점 등이 주목된다. 바꾸어 말하면, 강남에서의 명 중기 이후의 상품생산의 발달로 말미암아, 명말에 이르면 강남의 도시나 농촌을 가리지 않고 지식인과 서민 모두가 비슷한 사회인식에 도달해 있었던 것이다.

강남사회는 명 중기 이래 활발하게 변화되어 가던, 대단히 복잡한 사회였

---

36) 『神宗實錄』 卷361, 萬曆29年7月丁未條.

다.[37] 관료·신사·상인·각종 노동자·유수무뢰 등 수많은 외지인이 운집한 곳이었다. 그들의 이해관계도 대단히 복잡하였다. 그러나 환관 손융과 그 조아들의 수탈에 대해서는, 토착인이든 객민이든 가리지 않고 거민 모두가 하나가 되어 조직적으로 분기(奮起)하였던 것이다.

4. 江西 景德鎭의 반광세사 민변[38]

강서 동북부에 위치한, 도자기 생산의 중심지였던, 경덕진(景德鎭)에서도 여러 차례의 민변이 있었다. 이를 정리해 보면, ① 진내 거민 사이의 이해관계의 대립으로 말미암은 계투(械鬪) 성격의 분쟁 3회, ② 반광세사 민변 2회, 이렇게 두 가지로 유형화할 수 있다.

반광세사 민변의 배경을 이해하기 위해서, 먼저 계투 성격의 분쟁을 보겠다. 가정19년(1540)에는, 그 해 5월 하순에 강서 동북부에 발생한 대홍수로 인하여 경덕진 일대가 침수되어 수많은 가옥이 유실되고 다수의 익사자가 발생하였다. 더구나 경덕진 내의 양식이 고갈되어 미가(米價)가 앙등하자, 아사의 위기에 몰린 악평현 출신 용공들이 집단적으로 약탈을 자행하였다. 이에 부량현 출신 요호(窯戶)들도 이들에게 대항하였다. 양측이 각각 천여 명씩을 동원하여 서로 격살하는 난투극이 벌어졌다. 이 민변에서는 토착민〔고주(雇主)〕·객민〔공인(工人)〕 사이의 대립뿐 아니라 노(勞)·사(使) 대립의 일면을 함께 볼 수 있다. 이때 가거(家居)하던 신사 왕백이 순무도어사 왕위에게 서신을 보내, 주동자만 처단하는 선에서 악평인(樂平人)의 선처를 부탁하였다.

만력30년(1602)에는, 또 다시 홍수가 나서 경덕진 시내의 수많은 가옥이 파손되고 사상자도 많았다. 특히 창강변(昌江邊)의 요호(窯戶)가 많이 무너져서 용공(傭工)이 의탁할 곳이 없게 되었다. 이 기회를 이용하여 무뢰들이 시내에

37) 본편 제1장 참조.

38) 佐久間重男, 1964; 吳金成, 2007A, 제3편 제1장. 강서성에서 발생한 민변은 南康府 湖口에서 2회, 건창 1회, 廣信府 上饒 2회(日野康一郎, 2005 참조), 饒州府 경덕진 2회였다.

서 소란을 피웠다. 이 때 부량(浮梁) 지현 주기원이 곡물가격을 통제하여 인심을 안정시켰다. 만력32년에는, 대개 요호로서 경덕진의 도자업에 강력한 영향력을 행사하던, 남강부 도창현인(都昌縣人)들의 횡포에 대항하여, 요주부 소속 7개 현 출신 도공(陶工)이 합심하여 대항하는 분쟁이 있었다.

이러한 경덕진 사회에, 광세사의 수탈이 시작되자 반광세사 민변이 2회나 일어났다. 경덕진에는 궁중에서 필요한 자기를 확보한다는 명목으로 환관 반상(潘相)을 파견하였다. 반상은 경덕진에 도착하자, 자기에게 아부하는 무뢰을 조아로 수용하고, 생산하는 도자기의 양식이나 생산 기간을 위반하는 사람은 가혹하게 처리하는 등, 진민을 혹사시키고 가렴주구를 일삼았다. 이러한 반상의 수탈에 견디다 못한 도공 동빈(童賓)이, 만력27년(1599)에 불속으로 뛰어들어 자살하는 사건이 있었다.

만력29년(1601)에는 대대적인 반광세사 민변이 일어났다. 반상의 수탈을 견디다 못한 경덕진의 원민(冤民) 만여 명이 세감(稅監) 반상을 죽이려고 어기창(御器廠)을 습격해서 방화하는 대사건으로 비화되었다.[39] 진민은 요주부 통판 진기가가 와서 효유(曉諭)함에 따라 곧 해산하였지만, 세감 반상은 이들을 선동하였다는 명목으로 오히려 진기가를 무주하였다. 그런데 아무리 해도 주범을 찾을 수 없었으므로, 토호로 지칭되던 양신삼을 폭동의 주모자로 함께 체포하여 금의위의 옥으로 보내서 옥사케 하였다.

이상을 정리해 보면, 수많은 외래인이 잡거하던 16세기 말의 경덕진에서는, 진민 사이, 아니면 토착인과 객민, 종족 사이에 수시로 대립과 분쟁이 일어났다. 그러나 환관의 수탈에 대해서는, 토착인과 객민을 가리지 않고 진내의 거민 전체가 하나가 되어 조직적으로 결속하여 분기하였고, 여기에 유수무뢰가 횡행하는 복잡한 사회였다.

---

39) 반상은 上供 자기의 수뿐 아니라 그 수송을 위한 선박의 건조까지 강서 관내에 요구하였는데, 이러한 부단한 압박은 마침내 鎭民을 격발시켜 민변을 발생시킨 것이다.

5. 廣東의 반광세사 民變

광동에는 만력27년(1599) 2월에 환관 이봉이 주지시박세무내신(珠池市舶稅務內臣)으로 파견되었다. 그리고 1년 남짓 지난 다음 해 4월에 신회현에서, 이봉의 수탈에 항거하여 민변이 일어났다.40) 이봉은 큰 배에 해도(海盜)를 모아 태우고 다니면서 해상(海商)들을 겁살(劫殺)하였고, 부자들이 세금을 포탈하였다고 지목하고 심복 조아인 세관(稅官) 진보(陳保) 등을 보내어 수탈하였으므로, 백성들의 원한이 극에 달하였다.41) 그런데도 신회(新會) 지현 유응괴(鈕應魁)는 이봉에게 아부하기 위하여 40여 가구에게 세금을 강요하였다. 마침 퇴직하여 고향에 내려와 살던 통판 오응홍이, '민심이 흉흉하여 잘못하면 민변이 일어날 수도 있다'고 생각되어, 거인 양두휘・노양괴・종성조 등과 함께 지현을 만류하였다. 그러나 지현은 오히려 그들에게 세금을 더욱 독촉하였다. 이에 사민(士民) 수천 명이 현정(縣庭)과 중사아문(中使衙門)으로 몰려가 통곡하며 항의하였다. 이러한 소동이 2일이나 계속되었다. 지현은 세곤(稅棍) 임권 등으로 하여금 무장한 병사들을 동원하여 강제로 해산시키려 하였는데 이 과정에서 51명의 사상자가 발생하였다. 지현은 사태의 심각성을 간파하고 통판 오응홍과 거인 양두휘에게 협조를 구하였으나, 그들은 이미 '군중의 노기가 너무 커서 어쩔 수 없다'고 하면서 협조하지 않았다. 이에 지현은 환관 이봉에게 무참(誣譖)하였다. 이전에 노양괴의 부친이 염무(鹽務)에 관련된 일로 현관(縣官)에게 소송을 걸었던 사건이 미결 상태로 계류 중이었으므로, 지현은 이에 대한 앙심까지 함께 표출하였다. 그러자 이봉은 오응홍 등이 세금징수를 방해한다는 죄목으로 황제에게 무주하는 한편 즉시 제기(緹騎)를 보내 응홍 등을 체포하여 옥에 가두었다.

이 사건에 대하여 공과급사중 왕덕완이 「위오응홍・노양괴등송원소(爲吳應鴻・勞養魁等訟冤疏)」를 올렸으나 만력제는 받아들이지 않았다. 왕덕완은

40) 別註가 없는 한, 『神宗實錄』 卷346, 萬曆28年4月乙酉條와 乙未條; 道光『廣東通志』 卷188, 「前事略」; 谷應泰, 『明史紀事本末』 卷65, 「礦稅之弊」 등 참조.

41) 『明史』 卷305, 「梁永傳(附)」

이 상소에서,

> **화는 환관 때문에 일어났고, 격변은 지현 때문에 일어났습니다. … 재앙은 세관 진보(陳保)가 일으켰고 악곤(惡棍) 임권이 화를 키웠습니다. 생원 칠인이 주동하였고, 난민(難民) 유칠성 등이 소란을 피웠습니다.**

라고 하면서, 치사(致仕) 통판 오응홍과 거인 4명은 민변 당시 현장에 있지도 않았고, 뒤에 세감 이봉이 조사한 기록에도 주범으로 현민 이운역 등 12명과 생원들의 이름만 있었다고 한다.[42)]여하튼 이봉의 무주에 따른 신종의 명령으로 체포된 오응홍은 무고하게 옥사하고 말았다. 바꾸어 말하면, 신회 지현 유응괴가 광세사 이봉에게 아부하려고, 통판 오응홍・거인 노양괴・종성조・양두휘가 민변의 영도인이라 무고하였지만, 실제 주동자는 생원 7명과 무뢰 유칠성과 현민 이운역 등이었던 것이다.

6. 福建의 반광세사 민변[43)]

복건에는, 만력27년(1599) 2월에 환관 고채가 '광세사(礦稅使)와 시박태감(市舶太監)'의 임무를 띠고 파견되어, 동 42년 5월까지 무려 15년 3개월이나 재임하였다. 고채가 부임하자, 과거에 관직에서 쫓겨난 관리・범법자・무뢰・지비(地痞) 등은 때를 놓치지 않고 천방백계(千方百計)로 줄을 놓아 고채에게 투신한 후 마음대로 수탈하였다. 그 가운데 위천작과 임종문 등의 무뢰가 특히 악랄하였다. 고채는 복건에서 출입할 때에 노복 300여 명으로 호위케 하고, 노복・무녀(舞女) 100여 명으로 시종케 하였다.

고채는 곳곳에 세관을 설치하고 원주관(原奏官; 북경에서부터 대동한 참수)과 현지에서 수용한 무뢰들을 보내, 육지와 해상의 모든 화물에 징세하게 하였다.[44)] 고채는 배가 항구에 입항하면 세금을 완납할 때까지는 아무도 상륙

---

42) 道光『廣東通志』卷188,「前事略」.

43) 張燮,『東西洋考』卷8,「稅璫考」; 林仁川, 1982; 奈良修一, 1990; 和田正廣, 1995.

하지 못하게 하고, 만일 이를 어기고 상륙하면 체포하고 화물도 몰수하였다. 특히 장주부 해징현 월항[月港; 현재 용해현(龍海縣) 월천항(月泉港)][45]의 해상(海商; 대개가 밀무역업자)에게 혹독하게 징수하였다.[46] 지방관들은 이러한 수탈을 되도록 못 본 체하고 있었으나, 음으로 양으로 대립하는 지방관도 적지 않았다. 고채는 또한 선박을 건조하여 직접 해외 무역도 시도하였다. 고채는 복건에서 수십만 냥을 갈취하였지만, 황제에게는 그 1/100도 납부하지 않았다.

고채의 이러한 수탈 때문에 먼저 만력30년(1602)에 해징현 월항의 해상이 민변을 일으켰다. 해징 상인들은 '고채를 죽이겠다'면서, 고채의 아문으로 몰려가서 포위하고 참수들을 잡아 묶어 바다에 던져 버렸다. 고채는 밤에 몰래 달아난 후에는 다시는 해징에 나타나지 않았다. 그 해에 같은 장주부의 남정현・장포현 등 지역에서도, 해상과 일반 상인이 고채의 조아들을 몰아내는 등 반(反)고채 민변이 일으켰다.

만력32년(1604)에는, 몇몇 해상의 사주를 받아 고채가 네덜란드 상인과 직접 무역하려 하였지만, 복건순무 서학취・좌포정사 범래・남로참장(南路參將) 시덕정・도사(都司) 심유용 등의 반대로 무산되었다.[47] 이 사건은, 표면적으로는 현지의 관료와 광세사 고채의 대립같이 보이지만, 실제로는 고채가 직접 외국 무역을 시도하려는 것에 대한 복건 해상들의 교묘한 반발이었다. 복건 해상(대개는 밀무역자)은 관료・신사와 잘 결합되어 있었기 때문이다.[48] 이 사건은 실은 해외무역을 놓고 고채와 해상세력(海商勢力)이 벌인 주도권 경쟁이었다.

---

44) 張燮, 『東西洋考』 卷8, 「稅璫考」

45) 당시 月港은 "天子之南庫"라는 별명을 듣고 있었다.(周起元, 「序」, 張燮, 『東西洋考』) 萬曆22년의 통계에 따르면, 月港의 상세는 29,000餘兩으로, 복건 전체의 1/2에 해당하였다.

46) 戴裔煊, 1982; 伊藤公夫, 1980; 佐久間重男, 1992, 第2編; 片山誠二郎, 1953, 1955, 1962.

47) 고채는 해상들에게 고리대를 하여 치부하기도 하였다(『神宗實錄』 卷440, 萬曆35年 11月 戊午條).

48) 謝肇淛, 『五雜俎』 卷15, 事部3; 片山誠二郎, 1953; Ng, Chin-keong, 1973 등 참조.

한편, 만력35년(1607)에는 복주에서 생원 왕우(王宇)의 주도 아래 생원들과 염상들이 합세하여 반(反)고채 투쟁을 벌였다. 몇 년 동안에 걸친 고채의 가혹한 징세 때문에 복건의 염상들이 파산하거나 자살하는 사례가 나타났다. 그런데도 고채는 그 염세(鹽稅)를 사재로 빼돌렸는데, 이 사실을 복건순무 서학취가 상주하여 탄핵하였지만 신종은 불문에 부치고, 오히려 서학취만 해직하였다. 따라서 이 사건은 표면적으로는 생원과 고채의 대립으로 보이지만, 실제로는 고채와 그에게 아부하는 간상(奸商)의 횡포에 대하여 신사와 염상(鹽商)이 항거한 것이었다고 생각한다.[49)]

만력42년(1614)에 광동 광세사 이봉이 병사하자, 신종은 복건 광세사 고채로 광동 광세사까지 겸임하게 하였다. 광동인이 이 소식을 듣자, 군중들이 피를 나누어 마시며 고채의 배를 찾아 격침시켜버리겠다고 맹세하였다. 고채는 자기가 건조한 선박 2척으로 광동으로 가려 하였으나, 복건 도독(都督) 시덕정・복건순무 원일기의 제지로 가지 못하였다.[50)]

고채는 복주에서, 개인적으로 대형 상선을 건조하여 왜(倭)와 무역하면서 무역품이나 식량을 사고는 상인들에게 값을 한 푼도 치르지 않았는데 그 금액이 수십만 냥이나 되었다.[51)] 이에 만력42년(1614) 4월 11일, 복주의 상인들은 모두 파시한 채, 위로는 신사로부터 염상・역부(驛夫)・포행(鋪行)・장호(匠戶)・소상인에 이르기까지,[52)] 거의 모든 시민이 체납된 대금 반환을 요구하면서, 고채의 아문에 몰려들었다. 이에 고채는 심복 조아를 움직여 운집한 군중을 강제로 해산시키려 하였는데, 그 과정에서 조아들은 군중 20여 명을 죽이고 30여 채의 가옥에 불을 질렀다. 이 때 방화까지 하면서 사건을 더욱 악화시킨 것은 일반 거민이나 포행이 아니고 유수(游手)・시곤(市棍)들이었

49) 복건의 신사들은 대개 고채와의 관계를 해치지 않으려 노력하였다. 그러나 고채는 징세 성적을 올리기 위하여 염상들에게 가혹한 세금을 부과하였다. 이 때문에 대부분이 염상가문 출신인 신사들의 반감을 샀고, 그것이 생원들 주도로 반(反)고채 민변으로 나타난 것이었다고 생각한다.

50) 周順昌, 『燼余集』 卷1; 張燮, 『東西洋考』 卷8, 「稅璫考」.

51) 明 『神宗實錄』 卷520, 萬曆42年5月壬戌條 ;文秉, 『定陵注略』 卷5, 「軍民激變」.

52) 張燮, 『東西洋考』 卷8, 「稅璫考」.

다.[53] 이에 격분한 수천 명의 군중이 다음 날 아침 고채의 아문으로 몰려갔다. 이를 본 고채는 무장한 부하 200인을 인솔하고 말을 타고 순무 원일기의 아문으로 돌진하여 들어가 원일기와 그 아들을 인질로 잡고, 이윽고 도착한 다른 지방관들도 위협하여 민중을 해산시키게 하였다. 상인의 민변이 지방관과 고채의 대립으로 비화되었던 것이다. 이 때, 대학사 섭향고·방종철, 급사중 요영제·곽상빈, 호광도어사(湖廣都御史) 주기원 등이 연이어 고채를 탄핵하는 상소를 올렸으나, 만력제는 묵묵부답이었다.

표면적으로 보면, 30년의 해징·남정·장포현 등의 민변은 해상(海商) 주도, 35년의 복주 민변은 생원 주도, 42년의 복주 민변은 염상·포행 등 상인 주도의 민변이었다. 그러나 그 이면에는 한쪽 대극에 고채와 무뢰 출신인 조아들이 있고, 다른 대극에는 대부분 상인가문 출신으로 상인(특히 해상)들의 보호자였던 신사, 일부의 지방관, 이들과 깊이 관계를 맺고 있던 해상·염상·상인들이 있었다. 그리고 민변을 더욱 과격하게 악화시킨 것은 무뢰였다.

7. 遼東의 반광세사 민변[54]

요동(遼東)은 당시에도 거민이 많지 않았고 상인도 내지와 같이 많지 않은, 경제적으로 많이 낙후된 지역이었다.[55] 이러한 요동에도, 만력27년 3월에 환관 고회가 '채광징세(採礦徵稅)'의 임무로[56] 파견되어 10여 년 동안 횡포를 부렸다. 고회는 본래 시정무뢰로, 젊어서는 숭문문(崇文門) 일대의 세금 징수를 청부맡았다가, 자궁(自宮)하고 입궁하였다. 고회의 수탈로 간간이 방문하던 외래 상인마저 거의 단절되고, 요동 각지의 도시에서는 파시하는 사태가 일어났다.

---

53) 周順昌, 『周忠介公燼餘集』 卷1, 「申詳稅監變異緣由」, 「附後」.

54) 별주가 없으면 『明史』 卷305, 「高淮傳」; 孫文良, 1982; 王春瑜·杜婉言, 1989, pp.196~204 등 참조.

55) 何爾健, 『按遼御璫疏稿』(萬曆30年3月11日)에, "(遼東) 邇年頻遭虎患, 土廣人稀, 烟火不屬, 生理鮮少. … 間有一二商賈經由此地, 虜人潛伏, 不時劫掠, … 金商賈斷絶, 城邑罷市, 閭里蕭條, 人迹稀少, 中使所盡知也."라는 기록이 있음.

56) 高淮의 정식 직함은 「大明國欽差鎮守遼東等處協同山海關事督征福陽店稅兼管礦務馬市太府」였다.

고회는 요동에 부임하자, 항복한 만주족 200여 명, 다수의 무뢰와 망명자 200인~300인을 수용하고, 순시할 때는 서기(書記)·문부(門府)·성상(星相)·의사·희자(戱子)·가기(歌妓)·잡색인(雜色人) 등 400인~500인을 거느리고 다니면서, 지방관을 능욕 핍박하고, 신사를 노예와 같이 대하고, 객상과 토착 상인의 재물을 수단방법 가리지 않고 겁략하여 수십만 냥을 착복하였다. 마시(馬市)가 열릴 때면 양마(良馬)를 빼앗아 비싼 값에 되팔곤 하였다. 각지에서 상인이 파시하고, 염창(鹽廠)이 파공(罷工)하고, 군·민이 도망하고, 농·공·상업이 파괴되어 사회질서가 극도로 혼란에 빠졌다. 과거에는 조세를 매년 2,500 냥이나 징수하던 곳이, 경제가 위축되어 겨우 350냥밖에 징수하지 못한 곳도 있었다. 심지어 두 차례의 일본침략에서 갓 벗어난 조선에 조아들을 보내서 관주(冠珠)·초마(貂馬) 등 값진 물품을 강요하기도 하였다.

그 때문에 만력27년에 이미 고회에 대한 탄핵 상소가 올라왔다. 그리고 만력27년 6월에 요서(遼西)의 상·민이 궐기하였고, 같은 해 9월에는 금주(錦州)·복주(復州)의 백성이 궐기하였다. 만력28년 6월에는 위관(委官) 요국태(廖國泰)가 백성을 학대하는 것에 항의하여 군중이 궐기하였다. 고회는 생원과 민중이 광세은(礦稅銀)을 빼앗고 조예(皂隷)를 타살하였다고 무주하여 생원 수십 인을 체포하였기 때문이다. 만력29년에는 요동 총병 마림(馬林)이 자신의 말을 듣지 않는다고 탄핵하여 파면시키자 급사중 후선춘이 상소를 올려 변호하였지만, 만력제는 오히려 마림은 충군(充軍)시키고 후선춘은 잡직(雜職)으로 강등시켰다. 또한, 지휘 장여립을 타살하고 산해관 동지(同知) 나대기(羅大器)를 무핵(誣劾)하고 군대의 월량(月糧)을 착복하였다. 만력30년 4월에는 요좌(遼左)에서, 만력31년 7월에는 요동에서 민변이 있었다. 만력36년(1608) 4월에 전둔위(前屯衛) 군변(軍變), 6월에 금주(참가자가 1,000여 명에 달했음)·송산·산해관 등 지역에서 민변이 일어났다. 2~3개월 사이에 군변(軍變) 1차, 민변 5차나 발생하였다. 고회가 요동에 파견된 10년 동안 모두 10여 차례의 민변이 발생하였던 것이다.

8. 陝西와 雲南의 반광세사 민변

섬서에는 환관 양영(梁永)이 만력27년 2월, '수명마화물(收名馬貨物)'의 임무를 받고 파견되었다.[57] 양영은 섬서에 부임하자, 죄를 짓고 도망다니던 이악・이조강 등 천여 인을 조아로 수하에 두고, 각지를 순행하며 가능한 악행은 다 저질렀다. 양영의 토색을 두려워하여 지방관들이 모두 도망하였다. 그는 역대의 능침(陵寢)을 발굴하였고, 몰래 병기를 주조하고 군사 천여 명・전마(戰馬) 오백여 필을 소유하고, 현승(縣丞) 정사안・지휘(指揮) 유응빙・생원 이홍원 등을 살해하였다. 평민 왕치방 등 수많은 무고한 백성들을 채찍으로 쳐서 살해하였고, 장준 등 양민 자제 수십 명을 유괴하여 강제로 엄할(閹割)하였다. 타인의 재물을 마음대로 약탈하고, 양가의 부녀자를 능욕하고, 창기도 자기 소유로 하였다.

양영은 일자무식의 건달이었으므로, 이러한 악행은 대개 악강[樂綱; 금오천호(金吾千戶)로 심복]・여사[呂四; 양영의 조카, 신곤(神棍)], 두 무뢰가 배후에서 조종하였다. 그들이 '묶으시오[綁縛]'라고 하면 양영도 '묶어라'라고 하고, 그들이 '매달아 놓고 때리시오[吊打]'라고 하면, 양영도 '매달고 쳐라'라고 명령하고, 그들이 '목숨을 건지는 돈으로 수백수천 냥을 내지 않으면 그만두지 마시오'라고 하면, 양영도 '불휴(不休)'라고 명령하였다고 전해진다. 현관은 두려워서 감히 문책할 수 없었다. 그 때문에 언관들의 양영에 대한 탄핵 상소가 수십 소(疏)에 이르렀다.

백성의 원한이 뼈에 사무쳤다. 만력34년 2월에는, 진인(秦人) 수만 명이 모여, 양영과 악강・여사 등을 죽여 '그 살을 먹은 후에 수도로 가서 황제를 뵙고 죽기를 청하겠다'[58]고 하면서 양영에게 달려가 항의하였다. 만력35년에도 함양(咸陽) 거민 만여 명이 양영(梁永)의 아문을 포위하고 항의하였다. 양영은

---

57) 明『神宗實錄』卷418, 萬曆34年2月辛酉條;同書 卷436, 萬曆35年7月壬辰條 ; 徐懋衡,「惡璫荼毒乞正國法疏」,『明經世文編』卷471;『明史』卷305,「梁永傳」;谷應泰,『明史紀事本末』卷65,「礦稅之弊」.

58)『神宗實錄』卷419, 萬曆34年3月己巳朔條.

그 해 7월에 철수하였다.

한편, 운남에 파견된, 또 다른 광세사 양영(楊榮)은[59] 운남·심전·조주 등 지부 4명을 무주하여 하옥시키고, 양민 수천 인을 살해하고 육위관(六衛官)을 체포하면서 약탈을 자행하였다. 이에 백성들이 양영의 아문을 불태우고 위관(委官) 장안민을 죽였다. 만력34년(1606)에는 지휘(指揮) 하세훈·한광대 등이 원민(寃民) 만여 인을 이끌고 양영의 집을 불사르고 그를 잡아 죽여 불에 던지고 그 조아 200여 인을 살해하였다.

Ⅲ. 礦稅使 派遣의 影響

광세사들은 신종으로부터 무소불위의 전권을 부여받고 임지로 부임할 때, 중앙에서 노복과 참수 10여 명을 데리고 갔다. 그리고 임지에 부임하면, 이들 참수들이 다시 10명에서 100명의 현지인을 심복 조아로 채용하였다. 그러므로 광세사 휘하에는 최소 100명에서 최대 1,000명의 무리들이 있었던 셈이다. 광세사들은 현지에 부임하면 곧 '중사아문(中使衙門)'을 설치하였다. 중사아문은 대개 사방(司房)·직당관리(直堂官吏)·서수(書手) 문주(門廚)·조예(皂隸)·갱부(更夫)·쾌수(快手)·순란(巡攔) 등의 직책을 두었다.[60]

이들 광세사들이 중앙에서 데리고 간 참수나 현지에서 채용한 무리들은 거의 대부분이 시정의 무뢰(유수·곤도)였다. 현지의 무뢰들은 광세사가 도착하자, 기다렸다는 듯이 그들에게 투신하여 응견(鷹犬)·조아가 되었다. 그뿐 아니라, 광세사들은 가는 곳마다 그 지역의 지비(地痞)·무뢰들의 회뢰를 받거

59) 『明史』 卷305, 「楊榮傳」; 谷應泰, 『明史紀事本末』 卷65, 「礦稅之弊」 참조.

60) 沈一貫, 『敬事草』 卷4에 "大約中使一員, 其管家司房豈下十人, 在外直堂官吏·書手須二三十人, 門廚·皂隸·更夫等役復當二三十人, 快手·巡攔之類二三十人, 略計其數已百人矣. 至于分遣官員豈下十人, 此十人者各須百人之役則千人矣"(劉志琴, 1982, p.488에서 轉引)라 하였다. 또한 谷應泰, 『明史紀事本末』 卷65, 「礦稅之弊」에는 "輔臣沈一貫言, 中使衙門皆創設, 並無舊署可因. 大抵中使一員, 其從可百人, 分遣官不下十人, 此十人各須百人, 則千人矣. 此千人每家十口爲率, 則萬人矣. 萬人日給千金, 歲須四十餘萬. 及得纔數萬, 徒斂怨耳. 今分遣二十處, 歲糜八百萬, 聖恩偶未之及也, 乞盡撤之. 不報"라 하였다. 한편, 朱之棣, 『所見偶記』(王春瑜·杜婉言, pp.128～129에서 轉引)에는 밑줄 부분이 "萬人日給, 千人歲須四十餘萬"으로 기록되어 있다.

나 투신을 받아들여 주기(奏記)·모의(謀議)·출입 등의 일을 맡겼다.61) 그러므로 중사아문은 말하자면 무뢰의 소굴이었다. 이들 무뢰들은 평소 향촌의 일상생활에 적응하지 못하여 무뢰로 활동하면서 서민들을 괴롭히거나, 죄를 범하고 도망 다니는 자이거나, 지방관에게 문책을 받은 자이거나, 군대에서 도망한 자인 경우가 많았다.62) 이들은 방자하게 말을 타고 출입하면서 평소에 품었던 원한을 마음껏 풀었다.63)

---

61) 『明史』 卷81, 「食貨五」, 「商稅」에는 "(萬曆時) 中官遍天下, … 或徵市舶, 或徵店稅, 或專領稅務, 或兼領開採. 奸民納賄於中官, 輒給指揮千戶箚, 用爲爪牙"라 하고 있다.

62) 董其昌, 『神廟留中奏疏滙要』, 刑部, 卷4, 「刑科給事中陳維春題爲京畿之內群奸滋蔓等疏」에 "旬日以來, **異言異服之人**未嘗乏也, **其所謂(爲)詐騙·逞刁·越訴諸不法事, 未可枚擧.** … **此輩小人率皆市井無賴, 草莽不良之夫, 或有作奸犯科, 漏網逃脫者, 或有問擬軍徒, 離伍潛竄者, 或有行不齒于鄕里, 身不安于儔伍, 而萍梗浪踪者.** … 邇來璫使剝削, 所在騷然, 互爭瀆擾, 僞本假官, 無所不爲, 未收錙銖之利于上, 已從丘山之怨于下矣. **此輩羈旅而入, 乘傳而出, 朝行乞貸,** 暮擁豐資. 故**各省直棍徒, 聞風鱗集, 以數百輩.**"라 하였다. 또 袁中道, 『珂雪齋集』, 卷17, 「趙大司馬傳略」에 "其使楚者爲陳奉, 市井博徒, 最無行者也. … **久之爪牙漸多**, 亦無敢禦者. 遂建牙開府於武昌, 而歷巡郡縣. … **吳越大猾, 及市井惡少年**, 皆行金錢竄役籍中, **或主奏記, 或主謀議, 或主出入**. 私置名字甚多."(巫仁恕, 2004, p.5에서 轉引)라 하였다. 그리고 『神宗實錄』 卷440, 萬曆35年11月乙未條에도 "初**陳奉**之入楚, **諸亡命依之**, 所在爲虐。而**參隨薛長兒·李二生**皆郢人, 故讐報郢人獨憯"이라 하였고, 同治 『蘇州府志』, 卷80, 人物, 「王禹聲」에도 "稅監**陳奉**貪橫肆虐, 奸民**薛長兒·李二生**皆承天人, 爲奉爪牙"라 하였으며, 朱國楨, 『皇明大事記』 卷44, 「楚事」(p.2b)에도 "然聽人**穿鼻投賄附麗者**雲集, **江湖大盜**率皆收用, 惟所欲爲, 不復顧(忌)"(傅維鱗, 『明書』 159, 列傳 18, 宦官傳, 陳奉에는 '忌'字 있음)라 하고 있고, 『神廟留中奏疏滙要』, 刑部 卷4(劉志琴, 1982, p.489 轉引)에도 "**各省直棍徒聞風鱗集**"이라 하고 있다. 기타 謝肇淛, 『五雜俎』 卷15, 事部 3; 張燮, 『東西洋考』 卷8, 「稅璫考」 등 참조(이상 사료의 강조는 인용자).

63) 王禹聲, 『郢事紀略』, 「初變揭院道」에 "又拿生員鄧卿·周汝梅·周汝楫去訖, 皆本縣巨惡奸民李二生·薛長兒唆之. 二生向被縣官重刑問罪, 以此報復"라 하고, 同書, 「直陳激變始末揭」에도 에 "盖李二生·薛長兒皆石碑鎭人, 素與毛廷栢·侯天民等有舊怨, 李二生以奸盜事發爲鄒(光弼)知縣盡法重治, 改名李元, 投入稅監, 至是, 執牌守提, 以明得意, 窘欲百端, 傳聞切齒"라 하고, 『明史』 卷220, 「溫純傳」에도, "礦稅使四出, … 四方無賴奸人蜂起言利. … (溫)純又抗言, '稅使竊弄陛下威福以十計, 參隨憑藉稅使聲勢以百計, 地方奸民竄身爲參隨爪牙以萬計'"라 하고, 鳳陽巡撫 李三才는 만력28년의 상주에서, "千里之區, 中使四布, 加以無賴亡命, 附翼虎狼"(谷應泰, 『明史紀事本末』 卷65, 「礦稅之弊」)이라 함.

그런데,

(1) **내관의 가인(家人)·의남(義男)이나 외친(外親)은 모두 무적의 도(즉, 무뢰)인데, 말 타고 비단이나 가죽 옷을 입고 호기를 부리며 쏘다니면서 마음대로 못된 짓을 저지른다. 심지어 연납으로 관함(官銜)까지 얻으니 귀천을 가릴 수 없다.**[64]

(2) **홍치년간에 내관 길경(吉慶)이 금치로(金齒路)에 출수하였다. (이때) 경사(京師)의 악소(惡少)를 선발하여 데려가서 민재(民財)를 조금도 남기지 않고 끌어 모았다. 마치 노략질하는 것 같았다.**[65]

고 하는 바와 같이, 내관들은 이미 명 중기부터 시장의 무뢰들을 모집하여 심복 조아로 삼는 것이 보편화되어 있었다.

광세사들은 그들 조아를 앞세워 마음껏 수탈과 만행을 자행하였다. 첫째, 금은광 채굴을 명목으로 분묘·가옥·양전 등을 발굴하겠다고 위협하여 부호들의 재산을 갈취하였다. 둘째, 상업세 징수를 명분으로 상공인의 재물과 재산을 강탈하였다. 양자강을 왕래하는 상선은 심하면 하루에 5~6차례의 세를 물었다.[66] 의진(儀眞)에서 경구(京口)는 양자강을 사이에 두고 서로 마주보고 있음에도 불구하고, 왕복하면서 두 차례나 세금을 납부해야 하였다.[67] 소주와 사천을 오가는 장거리 객상의 경우, 30여 관(關)을 거치면서 같은 화물에 30여 차례나 세금을 털린 경우도 있었다.[68] 무뢰들은 심지어 소상인이나 농민들의 물물교환을 위한 물품들마저 갈취하였다. 셋째 그들은 또한 각지에서 부녀자를 폭행하고, 심지어 양민의 손발을 자르거나 살해하기도 하였다. 넷째, 광세사들은 이들 무뢰출신의 조아를 앞세워 마음대로 지방관부에 출입하면서 지방관을 위협하여 회뢰를 받아냈고, 여의치 못하면 광세(礦稅)의 수행을 저지한다는 죄목으로 탄핵하였다. 이 때문에 지방 정치가 극도의 혼란에

64) 『英宗實錄』 卷220, 景泰3年9月辛卯條.
65) 沈德符, 『萬曆野獲編補遺』 卷1, 「鎭滇二內臣」.
66) 『神宗實錄』 卷359, 萬曆29年5月甲寅條.
67) 『神宗實錄』 卷330, 萬曆27년正月戊戌條.
68) 王都諫, 「四川異常困苦乞賜特恩以救倒懸疏」, 『皇明經世文編』 卷 444.

빠지게 되었다. 다섯째, 남해안에서는 금지된 대외 통상도 서슴지 않았다.[69)]

그들의 수탈과 만행은 이렇게 끝없이 자행되었지만,[70)] 실제로 궁중에 상납한 금액은 그리 많지 않았다.[71)] 왜냐하면, 광세사들은 자기들이 착취한 수탈물 가운데 극히 일부만을 궁중에 보내고, 나머지는 광세사·참수·무뢰들이 각기 마음껏 사복(私腹)을 채웠기 때문이다.

> (1) **궁중에 납부하는 것이 열 중 하나라면, 군소(群小)들이 먹는 것은 열 중 아홉입니다.**[72)]
>
> (2) **황상께서 파견하신 중사(中使)가 하나라면, 그들에게 투신한 자는 백이나 되옵고, 중사가 민으로부터 탈취한 것이 열이라면, 군소가 빼돌린 것은 천이나 되옵고, 황상에게 바친 것이 백이라면 여러 사람이 약탈한 것은 만이나 됩니다.**[73)]
>
> (3) **내탕(內帑)에 납부하는 것이 하나라면, 광세사가 가로채는 것이 둘이요, 참수들이 나누어 먹는 것이 셋이요, 토곤(土棍)에게 돌아가는 것이 넷입니다.**[74)]

라고 하는 기록들은 겨우 그 일부의 정황을 전해줄 뿐이다. 실제로 만력25

---

69) 『神宗實錄』 卷370, 萬曆30年3月癸亥條에도, "諸璫不務宣布德意, 惟務廣置腹心, 衆樹爪牙, 委官·參隨多亡命無賴, 掘人塚·壞人廬·淫人室·湯人産·劫人財, … 甚至, 船海通夷, 威逼殺令"라고 기록되어 있다(강조는 인용자).

70) 葉永盛, 『玉城奏疏』, pp.7~9(王春瑜·杜婉言, 1986, pp.422~423에서 轉引)에 "中使狼戾, 棍黨橫行, 西北·江浙之間, 不勝其擾。… 細及米鹽鷄豕, 粗及柴炭蔬果之類, 一買一賣, 無物不稅, 無處不稅, 無人不稅。… **中官借此輩**(按指: 無賴·武弁之流)**爲爪牙, 此輩又借各土棍爲羽翼。凡十室之村, 三家之屋, 有土著卽有土棍, 有土棍卽有借土商名色以呑噬鄕曲者。… 上取一, 下取二, 官取一, 群棍又取二, 利則歸下, 怨則歸上。**… 人窮則亂, 恐斬竿揭木之變, 不旋踵起也"라 하였다(강조는 인용자).

71) 文秉, 『定陵注略』 卷4, 「內庫進奉」에 광세사들이 납입한 액수가 상세하게 기록되어 있다.

72) 文秉, 『定陵注略』 卷4, 「內庫進奉」, 「漕運總督李三才天變人離疏」(萬曆31年). 『明史』 卷305, 陳增傳에도 "大璫小監縱橫繹騷, 吸髓飮血, 以供進奉。大率入公帑者不及什一"라 하였고, 谷應泰, 『明史紀事本末』 卷65, 「礦稅之弊」(萬曆26年 9月, 益都知縣吳宗堯奏)에도 "陛下所得十一, 而增私橐十九"라 하였다.

73) 文秉, 『定陵注略』 卷4, 「內庫進奉」, 「戶部尙書趙世卿疏」(萬曆31年).

74) 馮琦, 「爲災旱異常備陳民間疾苦懇乞聖明亟圖拯救以收人心荅天戒疏」(諫止礦稅), 『皇明經世文編』 卷440. 단, 『神宗實錄』 卷360, 萬曆29年5月丁未條의 기록은, 내용은 풍기의 상소와 같은데 吏部尙書 李載 등이 올린 上奏로 되어 있다.

년에서 33년까지 8~9년 동안, 전국에 파견된 광세사들이 바친 광세은이 대략 300만 냥 정도였다고 하므로, 가장 구체적으로 지적한 (3)의 풍기(馮琦)의 상주에 따라 계산해 보면, 궁중으로 입금된 300만 냥 이외에도, 광세사가 600만 냥, 참수가 900만 냥, 무뢰가 1,200만 냥을 각각 착복한 셈이다. 즉 9년 동안에 대략 3,000만 냥이 징수된 것으로, 연평균 333만 냥이나 되었다. 당시 명조의 세수액은 400만 냥 정도였으므로, 농민들은 매년 83% 이상의 세금을 더 착취당한 셈이었다. 그러므로 광세사 파견 본래의 목표만큼 광세를 징수하지도 못하면서, 오히려 호부가 징수하는 국가의 조세가 대폭 감소하였을 뿐이었다.[75]

이러한 광세사의 폐단에 대하여, 이미 광세사를 파견한 첫 해인 만력24년 9월에 '청정개광소(請停開礦疏)'가 나온 이후로, 위로는 대학사 조지고·심일관, 좌도어사 온순을 비롯하여 상서·시랑·급사중·어사, 지방의 순무·포정사·부주현관(府州縣官), 나아가서는 각 지역의 신사에 이르기까지, 동림파(東林派)와 비동림파(非東林派)를 불문하고,[76] 탄핵 상소를 올려 광세사의 철수를 건의한 것이 100여 소(疏)가 넘었지만, 신종은 시종 묵묵부답이었다. 그러나 광세사들이 올린 상주문은, 대개가 무고하는 상주였음에도 불구하고, 신종에게 직통되어 "아침에 상소를 올리면 오후에 답변이 내려왔는데, 상주의 내용보다 더 무거운 처벌이었다."[77]

광세사를 파견한 것이 문제가 되는 것은, 첫째 세금 징수는 공식적으로 호부 계통을 통해야 하는데, 재정관이 아닌 환관을 파견하였다는 점, 둘째 환관을 파견하여 징수하는 세금은 원래 그 지역에 부과된 세금 외에 부가적으로 징수하는 것인데도 불구하고, 그 지역의 사정을 전혀 고려하지 않고 이루어졌으므로 사실상 약탈이었다는 점이다.

광세사의 파견으로 전국적으로 부호들마저 파산하고,[78] 해당 도시의 상·

75) 실제로 각지 鈔關의 稅收는 萬曆27年 이후 半滅하였다(巫仁恕, 1996, p.142 참조).
76) 林麗月, 1987.
77) 『明史』 卷305, 「高淮傳」. 그러므로 광세사는 皇帝의 경제 특사 내지 정치 탐정 역할을 한 셈이었다.
78) 馮琦, 「爲災異疊見時事可虞懇乞聖明謹天戒憫人窮以保萬世治安疏」(諫止礦稅), 『皇明

공업이 일시적으로 후퇴하는 등, 지역경제는 큰 타격을 입었다. 바꾸어 말하면, 만력제의 광세사의 파견으로, 지방의 정치·사회·경제는 큰 혼란에 빠지고 백성들의 원한을 사는 결과만 야기하였다. 이러한 광세사의 만행에 대하여, 파견 초기에는 주로 지방관들이 반발했지만, 이윽고 상인·공장(工匠)·도시 거민 등 서민뿐 아니라 거의 모든 관료와 신사가 이에 반발하여, 반광세사 민변을 일으켰던 것이다.

명조는 광세사를 파견하기 전에도 알게 모르게 가파(加派)와 증세를 계속하여 왔으므로, 식자층인 신사조차도 세목(稅目)을 확실히 알 수 없을 정도였고, 관료나 서리들은 이를 기화로 마음대로 과세하였다. 또한 신사나 세호가는 오히려 관료·서리와 내통하여 규정 이상으로 세·역을 면제받고 있었으므로, 그 부분이 고스란히 서민의 부담으로 전가될 수밖에 없었다.[79] 만력24년부터 시작된 광세사의 파견으로 인한 그들의 수탈은 이렇게 어려운 서민에게는, 흡사 불난 집에 기름을 붓는 형국이었다. 그 때문에 어떤 논자는 "명나라가 망한 것은 숭정 때가 아니고 이미 만력 때〔明之亡, 不亡於崇禎而亡於萬曆〕"라고 하였던 것이다.

小 結

광세사와 그 조아들이 무소불위로 날뛸 수 있었던 것은 광세사들이 황제로부터 부여받은 특권 때문이었다. 그러므로 그들의 수탈과 만행은 근본적으로 만력 황제에게서 비롯된 것이었다. 그러나 백성들은 이를 깨닫지 못하고, 바로 눈앞에서 일어나는 현상만을 보고, 모두가 광세사와 그 조아의 탓으로 생각하였다. 민변의 대상이 광세사와 그 조아, 환관에게 아부한 일부 지방관과 향신에게 집중되었던 것은 그 때문이었다.

그런데 명말에 전국 각지에서 이렇게 광범위하게 반광세사 민변이 분출하

經世文編』卷440, "近來天下賦稅之額, 比二十年以前十增其四, 天下殷實之戶, 比二十年以前, 十減其五."

79) 본서 제2편 제3장 참조.

게 된 배경은 무엇일까? 명 중기부터 대도시는 점진적으로 발전하였고, 새로이 진(鎭)·시(市) 등 중소 도시가 기하급수적으로 발생하였다. 이러한 도시들은 그 지역의 행정 중심지가 발전한 경우도 많았지만, 수륙교통과 상·공업의 발달을 배경으로 지역 경제의 중심으로 성장한 도시가 더 많았다. 번영한 도시일수록 교통의 요지에 위치하였으며, 항도(航道)의 크고 작음과 편의성 여하가 그 도시의 규모와 번영을 좌우하였다. 그리고 이렇게 도시가 발전한 배경에는 명 중기부터 계속된 상반된 두 가지 사회경제적 현상이 있었다. 경제적으로 경제작물 생산의 증가와 지역적 확산·상업과 수공업의 발달이라는 긍정적인 측면과 함께, 사회적으로 이갑제의 이완과 더불어 농촌에서 몰락한 농민들이 유산하는 상황에서, 그들 가운데 다수가 도시로 유입되는 인구이동이 진행되는 등, 부정적인 면 역시 동시에 일어나고 있었다.

이러한 사회변화는 전국적인 현상이었다. 그 때문에 반광세사 민변은 선진·낙후 지역, 혹은 상·공업이 발전한 지역, 수륙교통의 요충지역, 대외 무역항 등 지역을 가리지 않고, 중국의 모든 지역에서 발생하였다. 이러한 도시에는 관료·신사·서리·아역, 각종 수공업자, 객상·아행·좌상인·운반노동자(각부), 기타 기능인과 각종 서비스업 종사자 및 유수·무뢰와 걸개 등이 잡거(雜居)하였다. 그 때문에 도시사회에서는, 거민 사이, 아니면 토착인과 객민, 종족 사이에 자주 대립과 분쟁이 발생하였다.

그럼에도 불구하고 광세사의 횡포에 항거하는 민변이 일어나면 계층이나 토착민·객민을 가리지 않고 도시의 거민 전체가 하나로 결속하여 조직적으로 궐기에 참여하였다. 반광세사 민변의 가담자는 대단히 복잡하고 다양하였다. 가담자의 대부분은 "백공(百工)·기술자·용공인(傭工人) 등으로, 보통 가난하여 하루 일당을 받지 못하면 하루 먹기가 어려운"[80] 양민들이었다. 그런데도 그들이 하나로 결속할 수 있었던 힘은, ⓐ 양명학(陽明學)의 대두, ⓑ 서민문학과 연극의 발달, ⓒ 서학(西學)의 전래, ⓓ 성황묘(城隍廟)·현묘관(玄妙觀) 등을 이용한 사묘(寺廟) 활동의 증가, ⓔ 정기시의 획기적 증가로 인한 시

80) 『清朝文獻通考』 卷23, 「職役考3」.

장 공동체의 성장 등으로 말미암아, 서민의 의식이 점차 높아지고, 도시 거민들의 사회의식이 점차 비슷해졌기 때문이다.

이렇게 높아진 사회의식 때문에, 민변 진행 과정에서는 사전에 목표를 명확하게 설정한 후에 자기들의 주장을 행동으로 옮기는 등, 상당히 질서정연하였다. 그러므로 명말에 전국 각 도시에서 총생한 반광세사 민변은 다양한 도시민의 단순한 흥분 때문에, 우발적으로 발생한 봉기는 결코 아니었다. 반광세사 민변은 광세사와 그 조아들의 불법적이고 악랄한 수탈과 횡포에 대한, 다양한 도시민의 힘이 결집된 궐기였다. 변화되어 가던 명말의 도시사회에는 이미 그러한 요소와 힘이 내재되어 있었다.

반광세사 민변의 진행과정에서 특히 주목되는 점은, 도시사회의 다양한 인적 구성 가운데 특히 '신사와 무뢰의 존재와 역할'이었다. 신사는 광세사와 그 조아들의 일차적인 공격 대상이었다.[81] 그 때문에 신사는 반광세사 민변을 주동하거나, 실제 참여하거나, 항의 상소를 올리거나, 음으로 양으로 민변을 돕거나, 민변 참가자들을 동정하는 사례가 많았다.[82] 이러한 신사의 입장은 지역의 여론을 대변하여 자신들의 지위와 존재를 사수하기 위한 궐기였다고 할 수 있다.

한편, 반광세사 민변의 불을 점화한 것은 무뢰였다. 어려움을 참으며 근근이 살아가던 도시민들을 '민변'으로 봉기하도록 충격을 가한 것은 환관(광세사)과 그 조아였다. 그런데 환관은 대개 무뢰출신이었고,[83] 그 조아 또한 모두가 무뢰였기 때문이다. 그뿐 아니라, 그 '민변'이라는 불이 이글이글 타도록

---

81) 董其昌,『神廟留中奏疏滙要』卷4,「吏部」,「吏部等衙門尚書李戴等題爲中使釀釁多端等事疏」에 "廣東擧人勞養魁等逮矣, 遼東武擧生員鄧學擧等逮矣, 雲南生員張聚奎等逮矣, 湖廣生員沈希孟等十餘人又逮矣. 以中使差役之横, 至于擄人之財, 奸人之婦, 撈人之乳, 暴人之骨. … 以一二內臣而至逮士子二三十人, 以此二三十人之逮, 而盡失海內士子之心, 臣等竊爲陛下惜此名也."라 한 것은 그 일단에 불과하다.

82) 巫仁恕, 1996, p.193; 劉志琴, 1982, pp.478~482; 林麗月, 1987. 무인서는 명청시대 발생한 민변 중, 士人 主動이 가장 많았다고 한다.

83) 명대의 환관은 대개 일자무식의 무뢰들이 自宮하고 연줄을 놓아 입궁한 자들이었다. 본 장에서 언급한 호광의 陳奉, 요동의 고회도 그러하였다. 또한 楊漣,「劾魏忠賢二十四大罪疏」(天啓4年),『明臣奏議』卷37, 또는 朱長祚,『玉鏡新譚』卷1,「原始」에 따르면, 명말에 악명 높았던 大宦官 魏忠賢도 무뢰출신이었다.

부추긴 것도 무뢰였다. 처음 시작할 때는 상당한 질서를 유지하던 민변이, 중간에 폭력이 개입되면서 본래의 취지에서 변질되어 복잡하게 악화되고, 무고한 서민에게까지 피해가 파급되도록 부추긴 것은, 민변에 합세한 무뢰의 선동 때문이었다.[84]

명 중기부터 급격하게 사회변화가 진행되면서, 신사는 사회의 지배계층으로 고정되었고, 무뢰도 중국사회에 뚜렷한 족적을 남긴 사회계층이 되었다.[85] 그러므로, 명말에 중국 각지에서 발생한 반광세사 민변은 당시 각각 그 지역에서 진행되던 사회변화의 중요한 단면의 하나였다고 할 수 있다.

---

84) 무뢰들은 반광세사 민변 외에 다른 민변 시에도 합세하여 복잡하게 만들었다. 巫仁恕, 1996; 金誠贊, 1992.

85) 본편 앞장 참조.

結 語

이상의 내용은, 지난 30여 년 동안 공부해 온, 명청시대 사회경제사에 대한 2007년 2월까지의 필자의 인식이다. 외국 학자들의 등 너머로 기웃거리며 혼자 외롭게 방황한 필자의 모습이기도 하다. 처음 시작할 때의 의욕과는 달리 '용두사미'가 되고 만 느낌이다. 이제 조금은 알 법도 하건만, 갈수록 모르는 것이 더 많이 생겨, 동학들에게 민망하기만 하다.

명청시대 540여 년 동안 중국은 몇 번의 중요한 사회변화를 겪었다. 이 책에서는, 일차적으로 ⓐ 역사의 주체인 인간이 주도적으로 또는 수동적으로, 그러한 사회변화와 맺어온 관계를 이해하려 노력하였다. 그리고 부수적으로는, ⓑ 정치·사회적 지배층이었던 신사가 도시와 농촌에서 어떻게 존재하였으며, ⓒ 신사를 중심으로 그 주변에서 이들과 깊은 관계를 맺으며 존재하던 서리·상인과 아행·무뢰 등의 존재양태를 이해하려 하였다.

종래 중국과 일본의 학계에서는, 명말·청초의 시기(16세기~18세기)가 송대로부터 청말에 이르는 900여 년 동안의 중요한 사회변혁기라고 생각하였다. 그러나 이 책의 내용 곳곳에서 감지할 수 있듯이, 17세기 중엽에 명·청 왕조가 교체된 것만 제외한다면, '명말·청초에 있었다'는 '의미 있는 사회변화'는 이미 15세기 중엽부터 시작되었다. 바꾸어 말하면, '당송변혁기'를 지나, 이른바 중국 근세로 이해되는, 송~청대 900여 년간의 사회를 살펴볼 때, 명 중기(15세기 중엽~16세기 중엽) 100여 년 동안이 오히려 더 의미 있는 사회변화의 시기라고 할 수 있다. 바로 이 시기에, 중국의 모든 지역에서 광범하게 사회변화가 진행되었는데, 그 내용은 긍정적인 면과 부정적인 면, 상반되는 두 가지 현상이 동시에 진행되었다.

먼저 긍정적인 면에서 보면, ① 인구증가와 인구이동으로 전국적으로 인구가 재편되었고, ② 농업생산력이 발전하고 양자강 중류역이 새롭게 개발되면서, "호광숙, 천하족(湖廣熟, 天下足)"이란 속담이 생기고 경제 중심이 다원화되어 갔고, ③ 각 지역에서 그 지역 특성에 맞는 상품작물이 생산되면서, 전국적으로 지역적인 분업이 시작되었고, ④ 전국적인 상공업의 발전으로 대도시는 물론, 수없이 많은 중소도시와 정기시가 생겨났고, ⑤ 은경제가 발달하여 농촌 깊숙이까지 침투하고 세・역의 은납(銀納)이 시작되었고, ⑥ 수도가 남경에서 북경으로 이전된 결과 대운하를 통한 남북의 물자교류가 활발해졌고, ⑦ 휘주상인・산서상인 등 각 지역을 기반으로 한 상인집단이 대두하고 아행제도가 확립되었고, ⑧ 동남연해가 대외 무역의 중심지로 대두하였고, ⑨ 도서[書冊]의 상업적 출판이 성행하였다. 또한, ⑩ 미입사(未入仕) 사인이 격증하고 '신・사'가 하나의 사회계층('紳士')으로 인식되기 시작하였고, ⑪ 서민의 사회적 지위가 향상되기 시작하고, 이와 함께 ⑫ 상인에 대한 인식과 상인의 사회적 위상도 높아지기 시작하였고, ⑬ 심학(心學)이 대두하고 이들이 사민평등관(四民平等觀)을 제창하면서 서민의 사회의식이 고양되기 시작하였다.

한편, 부정적인 면에서 보면, ⓐ 신사와 세력가들이 남면(濫免) 등을 통하여 토지를 겸병한 때문에 '부익부, 빈익빈' 현상이 만연하면서 이갑제가 이완되고 인구가 유산하여 금산구(禁山區)・저개발지역・도시 등으로 유입되었고, ⓑ 사방에서 농민 봉기가 만연하였고, ⓒ 국가의 지방 통치 능력이 점차 약화되어가자, 향촌질서 유지를 위해 향약・보갑법 등 새로운 방법을 모색하기 시작하였고, ⓓ 무뢰가 사회계층으로 대두되어 '흑사회(黑社會)'의 지배자로 떠올랐으며, ⓔ 도시와 상공업 발전의 영향으로 사치가 만연하였으며, ⓕ 관료・신사・서민에 대한 복식규정이 이완되면서, 복식에 사서(士庶)의 구별이 없어지기 시작하였다. 이러한 긍정적・부정적인, 상반된 사회변화의 관성이 그 후 200년~300년 동안 지속되었다.

명청시대사를 일별해 보면, 정치・사회・경제・문화・대외관계 등 모든 분야에서 국법과 사회관행은 평행선을 그으며 변화되어 갔다. 『명회전(明會典)』・『청회전(淸會典)』 등으로 대표되는 수많은 법전(法典)의 기록과 전국에 수없이 널려 있는 비석에, 국법 준수를 거듭 강조하는 규정으로 가득 차 있는 것은 그 때문이다. 가장 심각한 것은 정치 분야였지만, 사회관행이 별로 관계가 없어 보이는 사회경제사 분야에서도 이념과 실제는 보통 평행선을 그었다. 그러한 실례는 일일이 나열할 수 없을 정도로 많다.

우선 지배층인 신사를 중심으로 한 여러 측면을 보자. 명·청 왕조는 줄곧 신사가 향촌이나 도시에서 발호하는 것을 통제하려고 무한히 노력하였지만 끝내 실패하고 말았다. 명·청 두 왕조는, 실제로는 그들이 있었기에 나라를 연명할 수 있었고, 19세기 후반부터는 아예 신사·신상의 등에 업혀 연명할 수 있었다.

명초에 과거제와 학교제가 결합되었는데, 이것은 중국 역사에서 처음 실시된 것이었다. 학교와 과거는 원칙적으로 만민에게 문호가 개방되어 있었다. 그러나 현실적으로는 지주나 세호가의 자제들이 많이 진출했고 그러한 추세는 갈수록 심화되었다. 학교와 과거제 등을 통하여 학위를 얻은 지주의 자제들은 이제, 전부터 가졌던 경제적 영향력과 함께 합법적인 특권 신분으로 상승했기 때문에, 향촌에서 그들이 지닌 영향력과 지배력은 더욱 굳건해졌다. 국가에서는 학교의 학생인 생원과 감생에게 종신토록 우면 특권을 부여하였다. 이들 사인들과 기존의 향신들은, 명조에서 지속적으로 금지하였음에도 불구하고, 마음껏 남면하였다. 비특권지주는 신사에게 궤기를 일삼았으며, 지방관과 서리는 이를 짐짓 묵인하였으므로, 우면제한 규정은 사문(死文)에 불과하였다. 명 중기부터는 사인의 수가 급증하였고, 이들이 받는 우면 분만큼 농민 부담이 늘어나게 되었으므로, 사인의 우면특권은 사회불안 요소로 작용하였다. 청 초에는 순치제 「즉위조(卽位詔)」와 각성 「은조(恩詔)」에서, 그리고 수시로 '삼향(三餉)의 부과'를 금지하였지만, 그것은 중앙 정부의 공염불에 불과하였다. 강희 즉위 초의 강남주소안(江南奏疏案)으로도, 옹정제(雍正帝)의 강력한 통제정책으로도, 건륭제의 지속적인 노력으로도, 신사의 남면과 '신금항량(紳衿抗糧)'은 끝내 금지시키지 못하였다. 국법과 사회관행에는 이렇게 많은 괴리가 있었다.

명말에 50만여 명, 청말에는 90만을 훨씬 초과한 생원은 종신자격을 가졌다. 그러나 생원에 대한 학규(學規)를 엄격하게 적용하면 자격을 평생 유지하기란 거의 불가능하였다. 예나 지금이나 소송에 잘못 관계되면 패가망신한다. 명청시대에 생원 · 감생은 소송을 취급하는 송사(訟師)를 못하게 엄격하게 금지하였지만, 송사의 대부분은 바로 그들이었다. 국법은 관료와 신사의 상업경영을 금하였지만, 실제로는 상인에게 자금을 대주거나, 상인과 아행의 뒤를 봐주거나, 혹은 시장을 개설하여 그 시장을 지배하고 고리대를 경영하는 경우도 많았고, 더러는 아예 공개적으로 상업을 경영하는 경우도 있었다. 명청 왕조도 이념적으로는 억상(抑商) · 천상(賤商)을 주장하면서도, 한편으로는 여러 가지 상인 보호정책을 실시하였고, 청말에는 서양세력에 대항하는 방법으로, 종래의 '경전(耕戰)' · '병전(兵戰)' 대신에 '상전(商戰)'을 강조하기에 이르렀다. 관념상의 상업과 현실적인 상업의 괴리가 여기에 있었다.

명초(홍무14년)에 전국적으로 실시한 이갑제(里甲制)는 중국 역사에서 최초로 실시된 전국 일원적인 지방행정제도였다. 이 이갑제를 실시함으로써, 원말명초 수십 년 동안 지속된 대동란의 폐허에서 벗어나 사회가 어느 정도 안정을 찾게 되었다. 이 이갑제는 자급자족이 가능한 110호(戶)를 강제로 1리로 묶는 것이었지만, 실제로는 기존의 촌락 몇 개를 묶고, 전통적인 '치적질서(齒的秩序; 노인들의 촌락지배)'를 이용한 것에 불과하였다. 또 '원적발환제(原籍發還制; 타지로 이동한 사람은 고향으로 돌려보내는 것)'를 통하여 농민의 이동의 자유를 제한함으로써 농업사회를 유지하려 하였지만, 명 중기부터 이갑제가 이완되고 전국적으로 대대적인 인구이동이 시작되었다. 그리고 '로인(路引)'제도로 여행을 제한하였지만, 명 중기부터 각지의 '상방(商幇)'이 생길만큼 상인의 활동이 활발하였고, 도시에는 무뢰가 사회계층으로 등장하여, 국법으로는 통제 대상이었던 무뢰가 밤 사회[黑社會]의 주인 행세를 하였다.

주현 아문의 법규와 행정의 실제도 그렇다. 지현은 현에서 소황제(小皇帝)라 불리면서, 현 내의 모든 사무를 관장하였고, 현 내의 백성을 '생민 · 적자(生民 · 赤子)'로 생각하여 도덕적 책임도 졌다. 그러나 "청렴한 지현 3년에 은화가 3만 냥[三年清知縣, 雪花三萬銀]" 혹은 "청렴한 지부 3년에 은화가 10만 냥[三年清知府, 十萬雪花銀]"이란 속담이 있을 정도로, 지방관들은 백성을 착취하였다. 주현의 서리와 아역의 근무 기간은 각각 5년과 3년이었고 정원 규정도 있었지만, 실제로는 전혀 지켜지지 않았다. 웬만한 현에는 서리가 1,000명 이상, 아역도 1,000명 이상이나 되었다. 그들은 봉급도 없었으나, 그 자리를 웃돈을 주고 사들였으며, 힘 있는 자들은 세습하였다. 주현관의 명을 받들어 무뢰들을 통제하여야 할 서리나 아역들이 오히려 그들과 야합하여, '공생관계'를 유지하며 무뢰들을 보호하였다.

사회와 문화적으로 보아도, 명초에 『사서대전』·『오경대전』·『성리대전』 등을 편찬하며 유학을 장려하였지만, 서민뿐 아니라 신사마저도 미신과 삼교합일(三教合一) 사상에 매몰되어 있었다. 서민들은 비단옷을 못 입고, 노비도 두지 못하게 되어 있었으나, 현실은 그 반대로 전개되어 국법은 공문(空文)이 되고 말았다. 대외관계 분야를 보아도 그렇다. 영파쟁공[寧波爭貢; 1523, 조공무역을 위해 들어온 일본의 두 세력이 영파에서 다투다가 패배한 대내(大內)파가 부근 향촌을 약탈한 일] 사건이 발생하자, 명조는 두 번째로 해금(海禁)을 단행하였다. 그런데 이 때문에 오히려 중국 동남연해에는 신사층이 주도하는 밀무역이 재개되었고, 이른바 '후기 왜구'가 동남 연해를 횡행하면서 사회혼란을 가중시켰다.

명청시대에 국법(國法)과 사회관행(社會慣行) 사이에는 이렇게 많은 괴리가 있었다. 그리고 그러한 현상은 민국(民國)시기를 거쳐, 중국 공산주의 정권 아래에서도 여전히 계속되고 있다. 국법과 사회관행은 언제 어디서나, 이렇게 영원히 평행선을 그어 갈 것이다.

吳金成著作集　2

國法與社會慣行

－明清時代社會經濟史研究－

吳金成

目　次

第2篇 國家權力和紳士

第3篇 都市和無賴

中文概要

I

曆史之輪，滾滾向前,古今中外,莫不如此。只要沒有大事件爆發，眼前的現象似乎每日都在類似地反複。但是，如果回首足夠長的曆史便會發現明顯的變遷。然而，在這種變化之中，政府的法律・制度乃至政府的理念幾乎不曾在現實社會中得到如實地反映。理念與現實，國法與社會慣行永遠相互背離。這是因爲人是曆史的主題，因爲財富有限，而人之欲望卻永無止境。

本書擬從‘國法與社會慣行’的角度，闡釋‘明清時代社會經濟史’中的幾種現象。即，在社會變化這一大背景中，分析‘明清時代的國法,即政府的法律・制度・政策的理念在社會中得到怎樣程度的貫徹’。似乎在同國法和社會慣行無任何關系的社會經濟史領域，理念和現實大多呈平行走向。了解個中原因及其意義便是本書的目的所在。本書的整體思路是通過對作爲政治和社會統治階層的‘紳士’以及存在於其周邊同其建立各種關系的胥吏・衙役・商人・牙行及無賴等的生存狀況，分析緩慢發生變化的情形。本書同另一本同時出版的『矛・盾的共存—明清時代江西社會研究』一書各篇章的主題相互對應。本書是對中國全境的一般論書籍，所以本書各篇章的內容在通過『矛・盾的共存』的江西案例得以具體的確認。

明清時期是在如下兩點具有重要意義的時期。首先，是連接前近代和近現代的具有橋梁作用的時期。所以，了解現代社會的程度，取決於對明清社會的了解程度。其次，明清時期是由漢族轉變爲滿族統治的王朝更替時期。中國曆來以‘地大物博’而著稱於世，擁有又廣袤又龐大人口的國家被代活動於東北邊陲的滿族所征服。歷經明清540餘年，中國的領土幾近倍增，爲現代中國的版圖奠定了基礎，人口亦增加四～五倍。清朝時期不但開拓了領土，而且人口亦增加了一多半。即，在異族滿族統治時期，中國曆史上迎來了曆史上最繁榮的時期。所以了解‘政治・社會・經濟・文化等諸多曆史現象同王朝更替的關聯’，亦會成爲理解現代社會的關鍵。

II

第一篇,‘社會的動搖和重構’, 將社會看作一個活動的有機體進行了分析。社會是由人構成的, 所以社會隨同人們的活動一道不斷變化至今。

第一章,「明末清初的社會變化」在通盤考慮了明清整個時期的基礎上, 對明清王朝的更替對社會經濟所起的實際影響及其意義進行了分析分。 20世紀50年代至80年代, 中國和日本的中國史學界認爲明末清初的時期(16-18世紀)是社會變化的劃時代時期。政治上, 明末清初是明清王朝更替的時期; 社會上, 明朝因爲史無前例的人口遷移和由此引起的民衆蜂起而滅亡; 經濟上, 一方面同政治和社會變化並行, 一方面又發生了同混亂社會不匹配的相反的現象, 即在全國範圍內農業・手工業・商業廣泛發展, 受其影響中小城市大量形成; 文化上, 又受歐洲新思想的影響, 促進了實事求是的經世思想的發展, 甚至爲朝鮮實學思想的產生作出了影響; 國際關系上, 以圍繞朝鮮在中國・滿洲・朝鮮和日本之間分別發生了兩次倭亂和胡亂。因此, 四國之間的力學關系發生變化, 導致了中國的王朝更替和朝鮮・日本的社會大變化。

本章僅分析了在該時期發生的諸多社會變化現象中的如下三個方面。一, 通過鄉村社會秩序的重構過程, 考察了社會結構的變化; 二, 通過人口流動, 分析了中國人口分布重構的過程, 以及由此引起的積極因素和消極因素的影響; 三, 考察了依靠農業生產力發展而出現的商品生產和手工業的發展中, 最爲典型的江南紡織業。但是, 以上三個方面開始出現的時期均爲明朝中葉時期。

第二章,「農業的發展和明清社會」, 主要從‘生產力變化’的角度重新整理了自宋朝至清末的900餘年間形成的農業發展, 並且分析了其在該時期出現的社會變化如何對應。

中國的社會經濟史研究離不開農業。在中國史中, 農業便是‘經濟’本身。明清540餘年間, 中國人口實際增長四～五倍, 爲如此激增的人口供給糧食是中國經濟最大的懸案。今天的中國仍在供養約占世界人口四分之一的人口, 農業所占比重依舊很大。

中國的農業自鐵製農具的使用得以擴散的戰國時期開始飛速發展。 此後至唐朝爲止, 華北平原是全國的經濟中心。 從唐朝末年至宋朝爲止,通常稱作‘農業革命’時期。該時期中國的經濟中心移至長江下遊地區。明清時期, 隨著長江中・上遊地區開發的加速, 農業中心呈現出多元化局面,耕地面積增加了近三倍。而且, 隨著集約農業的深化和新作物的傳入・普及生產量大大增加。隨著各地普及符合本地特色的商品化作物，還進行了分工。能夠供養激增四～五倍人口的背景原因亦在其中。

明朝農業發展的最大特征便是長江中流湖廣地區的開發。'湖廣熟,天下足'的熟話即是其例證。〈附論1〉，'湖廣熟，天下足'是分析了明代湖廣地區得到開發的過程，開發主體以及開發所具有的意義等的案例研究。只是該部分是概括了拙著『中國近世社會經濟史研究-明代紳士階層的形成和社會經濟作用-』(一潮閣,首爾,1986年→日譯本:明代社會經濟史研究-紳士層の形成とその社會經濟的役割』，汲古書院，東京，1990)中第2篇「紳士階層的社會經濟作用-關於長江中遊農村的社會變化-」的內容。因爲，要了解前面所述的「農業的發展和明清社會」就必須需要這一部分，所以並沒有令加腳注。

〈附論2〉，「資本主義萌芽」論，整理了中國史學界從上世紀50年代至上世紀末持續展開的對'萌芽'的討論。因爲，在社會動搖和重構過程中,商品生產和手工業持續發展的內容對理解本篇的主題有所幫助。

中國史學界之所以對'萌芽'進行了堅忍不拔的持續，　是爲了否定西方學者主張的'中國社會停滯論'，闡明'中國史亦存在世界史的規律性'，從而對中華人民共和國成立的'曆史性'加以合理化。'萌芽'討論始於這樣一個認識，即，自宋至清末的歷史發展過程中，重要的曆史轉換時期是王朝更替的明末清初時期，其重要的標識便是'資本主義的萌芽'。其'萌芽'的典型標識是，明朝中葉伴隨生產力的發展和銀子的廣泛流通一道出現的商品經濟的發展。換言之，證明鴉片戰爭之前的中國曆史之中，亦包孕有自生的'資本主義的發展契機'的努力便是'萌芽'論。

Ⅲ

第2篇，'國家權力和紳士'，分析了明清時期作爲統治階層的紳士們在政治和社會上的生存狀況。在近代之前的中國曆史上，國家的機能是絕對的。而之所以使其成爲可能，是因爲其中始終存在爲使其成爲可能而起到潤滑油作用的階層。他們便是社會的統治階層。紳士是繼殷周時期的世族，戰國時期的士，漢代的豪族，魏晉南北朝隋唐時期的門閥貴族，宋元時期的士大夫，成爲明清時期統治社會的階層。

第一章，「明朝的國家權力和紳士」，分析了明朝時期紳士剛剛登上曆史舞台的政治過程和社會過程, 以及日後同國家權力的力學關系和生存狀況。紳士包括具有官員經曆者(包括進士)以及尚未進入官僚階層的擁有學位者(士人: 擧人・貢生・監生・生員等), 是對通過科擧制・捐納制・學校制等出現的政治和社會統治階層的總稱。 明朝出現紳士的背景大體有如下三點。一, 科擧制和學校制的結合; 二, 紳和士升級爲特權階層; 三, 紳和士之間產生了'同類意識'。

明淸時期, 國家行政的基層單位是縣, 知縣同一兩名下屬官僚一同統治所轄之縣。被稱作'小皇帝'的知縣掌管著縣內的所有事務。但是, 每個縣只有4~5名輔助人員收到朝廷的認可, 其它均爲胥吏和衙役。至明朝中葉縣裏人口尙爲十餘萬, 但, 至淸朝末年已經超過30萬人。人口流動更加活躍, 社會亦更加複雜。因爲官員回避制度, 知縣不曉任職之地的語言, 也不諳當地風土。因爲當其任職期滿後, 當地紳士們的輿論對其業績的評價作用頗大, 所以知縣必須獲得當地一些人的協助才能圓滿履行行政職責, 順利完成任期。其方法唯有獲得紳士的協助。

但是, 紳士首先也是尋求'私利'的存在。因爲他們利用受法律保障的特權謀求逃稅等私利, 所以他們的逃稅部分便被轉嫁到毫無權勢的庶民頭上。然而,另一方面, 紳士又繼承宋朝士大夫的理念, 是具有'先天下之憂而憂, 後天下之樂而樂'之使命意識的存在。紳士出於'先憂後樂'的公意識, 廣泛參與如下的地區社會公益活動。一, 紳士爲國家權力統治鄕村起到輔佐作用; 二, 反過來,針對國家權力代表鄕村輿論; 三, 當上下級官僚機構之間產生不同意見, 國家權力同鄕村之間產生利害沖突, 或者地域之間發生矛盾時, 還會發揮兩者間的調停者作用。

第二章,「王朝的更替和紳士的向背」, 分析了作爲明朝社會統治階層的紳士們, ① 在明淸更替的動亂時期是如何生活的, 是如何應對進入該地區淸軍的, ② 當淸朝實現征服, 並穩定國家體制之後, 同淸朝國家權力的力學關系如何, ③ 在淸末朝廷權力極度衰落的時期是怎樣行動的。

明淸更替時期的中國社會是處於無政府狀態的空洞社會。 就如"漫山遍野,無處非賊", 或"遍海滿山, 在在皆賊"等描述一般, 當時社會是到處橫行著明朝戰敗的散兵遊勇・流寇和匪盜的世界。他們分分合合恣意進行掠奪和殺戮。整個社會陷入了掠奪者的無序狀態。在這種非常狀態下, 紳士首先組織了以宗族或村落爲單位的自衛軍, 以保護生命和財產安全, 然而卻是極度不安的日子。進入各省的淸軍亦極度缺乏士兵和軍糧, 因爲士兵大多爲在當地招募的烏合之卒, 所以同以掠奪爲業的土匪並無區別。而清軍和土匪之間的戰況又隨時反複, 所以無法分辨彼此的混亂局面一直持續著。

爲此, 清軍亦爲了確立鞏固的地域秩序, 早日實現天下一統的局面, 急需確保羽翼勢力, 其方法唯有籠絡紳士之路。清朝不惜寬限薙髮, 頒布「順治帝即位詔」和各省「恩詔」, 認可既得權利和社會經濟地位而籠絡紳士的原因即在於此。對於紳士而言, 亦是‘不敢請固所願’。紳士們甚至剃發易服, 而接受異族王朝, 並積極協助清王朝的統一事業的原因亦在於此。終究而言, 紳士階層爲‘保身家’, 將‘國家’獻給了‘異族(滿族)’。

此後, 紳士們欲行使同明代毫無差異的特權, 這自然引起了同清朝權力的矛盾。從順治親政至康熙初年, 清朝試圖通過對江南地區的‘通海案’·‘哭廟案’·‘江南奏銷案’和對東南沿海地區的‘遷界令’等, 控制紳士和反清勢力。諸如此類的諸多政策照搬了自明初洪武以來的紳士政策。此後, 從康熙後半期至乾隆年間, 紳士在清朝的懷柔和鎮壓雙重政策下得到了很好的控制, 幾乎完全維持了明朝時期承擔公益事業的生存狀態, 爲社會的長期穩定作出了極大貢獻。

但是從十八世紀末開始清朝國力開始傾斜。尤其嘉慶年間的白蓮教亂(1796~1805)宛如元末或明末清初動蕩時期的情況發展。 元末,士大夫和地主們拋棄歧視自己的元朝, 加入了承諾尊重自身地位的朱元璋集團, 助其驅逐元朝, 建立明朝。在明末清初的動蕩時期, 面對不承認自身地位和特權的李自成和張獻忠等蜂起勢力, 紳士階層選擇了承諾保障自身地位和特權的清朝。白蓮教亂時期, 盡管清朝的戰鬪力幾乎完全喪失, 但是紳士們依舊協助承認自身的特權和地位的清朝, 從叛亂勢力中拯救了異族王朝(清朝)。 在十九世紀中葉的太平天國運動(1850~1864)期間, 紳士以同樣的理由協助清朝再次延長了異族王朝的壽命。直至十九世紀末, 紳士們協助清朝, 將自身和清朝的命運視爲一體。但是, 自改革和革命運動高漲的二十世紀初開始, 大多數的紳士乃至紳商就如元末的士大夫和地主, 或十七世紀中葉的紳士一樣, 拋棄清朝加入了革命運動的行列。

就如元末的士大夫和地主, 或明末清初動蕩時期的紳士一樣, 清末的紳士和紳商最終亦舍棄了無法保障其地位的國家權力。所以, 在晚近的中國社會, 國家權力是如何將社會的統治階層拉入自身統治體制之內, 換言之, 統治階層的向背是關系國家安危和社會穩定的關鍵。

在第三章, 「國法和社會慣行-以明代的'官紳優免則例'爲中心」, 分析了在國法和社會慣行平行前進的現象中最爲典型的案例—明代'紳士的濫免(免除規定之外的徭役)'。紳士中的'紳', 即曾任官職者自古便屬特權階層, 自然自朝廷享受免除徭役的特權。至明朝, 洪武10年(1377)下詔, "自今, 百司見任官員之家, 有田土者, 輸租稅外, 悉免其徭役, 著爲令"。兩年後又下詔, "自今, 內外官員致仕還鄕者, 復其家, 終身無所與。… 著爲令"。然而, 至洪武13年又下"詔京官復其家"的六字短詔, 將優免特權僅限於"現任京官"。該詔卻不像洪武10年和12年之令那樣, 有所謂"著爲令"的憑據。但是, 該詔日後被收入正德『明會典』和萬曆『明會典』, 成爲明朝最早針對官員享受特權作出規定的'國法'。

但是, 明朝的中央官員自不必言, 各地的地方官員和紳士之間產生了嚴重的混亂。明朝國法據洪武13年令規定'現任京官全戶優免'。但是, ⓐ 在地方卻依舊根據洪武10年和12年令, 不但對'見任內外官', 而且對'內外致仕官'亦默認其優免權, ⓑ 甚至就連中央官員亦對優免規定的缺乏嚴格認識。之所以產生這種混亂, 是因爲洪武10年和12年令爲'著爲令', 但13年令非但沒有'著爲令'的憑據, 而且至130餘年之後的『會典』(正德6年, 1511)刊行之前, 尙無正式法典。而且對優免官員的'全免', 其範圍非常模糊。從而, 官員自然盡可能地試圖向對己有利的方向無限擴大優免權。而從地方官員來看, 因爲如果沒有紳士的協助, 就無法實現對地方的統治, 所以作爲權宜之計承認所有紳士的優免。於是, 紳士借機恣行濫免和寄莊, 非特權地主則向這些紳士進行詭寄。從而導致了嚴重的社會不穩定和農民的流散, 使得裏甲制度松弛。認識到該現象的嚴重性是在十五世紀後半葉。明朝政府已無法繼續放縱紳士的濫免・寄莊和非特權地主的詭寄現象。爲此, 自明朝中葉開始, 盡管朝廷時常下令限制優免, 但是面對地方官僚和胥吏的默許狀態卻無可奈何。

正德6年, 『會典』刊行之後, 紳士的濫免卻日漸嚴重。令人不解的是盡管濫免和詭寄的弊病日漸嚴重, 然而朝廷對紳士的優免限制卻走向了趨緩的政策。更奇怪的是受詭寄的主體非但有官員, 而且還有生員・監生・舉人等未入仕的士人, 他們亦憑借國家給予的優免特權享受著非特權地主的詭寄。從而, 自十六世紀末以來, 紳士的濫免和非特權地主的詭寄導致的弊病達到了極點。紳士的這種濫免, 就連清朝康熙帝・雍正帝和乾隆帝強力的紳士控制政策亦未能阻止。

古今中外, 任何國家都試圖按規定收取稅金, 卻終不能實現。明清兩代亦無數次地下令繳納租稅和徭役, 卻均未能最終整治紳士的抗糧和濫免。有史以來, 有權勢者偷逃稅, 而弱勢的黎民辛苦地納稅成了一種社會慣行。國家法令和社會慣行之間存在很多這種乖離, 而且當下也在繼續。

在〈附論〉,「日本的明清時代紳士層研究」中, 整理了二十世紀五十年代至七十年代日本中國史學界以‘紳士階層研究’爲主題展開的‘明清時代的性質’以及‘時代劃分’等內容。日本學界關注紳士階層之作用的契機有兩種。一, 從政治史方面來看, 十九世紀中後期認爲紳士階層從政治上開始鮮明地顯示出獨立地位的過程源於明朝末年。二, 從社會經濟史方面來看, 首先是同中國史的時代劃分論相關聯進行的紳士階層研究, 其次是以所謂‘鄉紳的土地所有’論和‘鄉紳支配’論爲代表的國家論和社會結構的追求。這兩種方向是相互複合的。

Ⅳ

在第3篇 ‘都市和無賴’, 分析了在明淸時期產生和發展的無數城鎭中, 最爲典型的江南城鎭的案例, 分析了城鎭居民中控制‘黑社會’的無賴的生存狀況, 以對應第1篇社會的動蕩和重構及第2篇紳士的生存狀況。

第一章,「江南的都市社會」, 宏觀分析了自明朝中葉以來江南地區產生發展的無數中小城鎭的社會・經濟・文化結構及其曆史意義。江南地區自宋朝以來素有“蘇湖熟, 天下足”的稱號, 自成爲中國的經濟中心地以來一直延續到今天。

自明朝中葉裏甲制度開始解體以來, 全國的農民開始流散, 出現了大規模的人口大移動。農村沒落農民的一部分淪落爲權勢家族的佃戶或奴僕, 大部分則背井離鄉。他們的流動方向大體可分爲 ① 農村地區→禁山區, ② 先進經濟(人口過密＝狹鄕)地區→落後(＝寬鄕)地區, ③ 農村地區→城鎭・手工業地區等類型。江南地區之所以形成衆多的中小城市, 是因爲形態③的人口移動。

江南自明朝中葉以來, 便開始進行收益高過稻作生產的棉花和桑蠶等經濟作物的生產, 在此基礎上發展了棉布・絲綢等紡織業, 隨之引來了大量外來人口, 形成發展了眾多中小城鎭。從而素有“蘇湖熟, 天下足”的江南地區開始成爲了缺糧地區。

江南的城鎮是外來人口的大熔爐。官吏・紳士, 胥吏・衙役, 作坊主・工匠・雇傭工人, 客商・坐賈・牙行, 船夫, 農民・工匠・妓女・貧民・無賴・乞丐等人間均融於一體生活。然而, 江南的城鎮社會亦同農村社會一樣, 統治階層依舊是紳士, 其中生員所占比重最多, 他們將江南引向了文化中心。

與此同時, 江南的城鎮社會又是牙行和無賴的世界。牙行是一方面通過助長商品經濟的發展而從中獲利, 一方面又破壞商品經濟正常發展的存在。無賴是從明朝中葉以來, 伴隨以江南地區爲代表的全國工商業的發展和城市的興起而出現, 形成了城鎮社會中明顯的一個階層, 是控制'黑社會'的社會的惡勢力。這些牙行・無賴和地方官衙的胥吏・衙役根據當時的情形而反複進行聚合離散。

江南的城鎮社會可以說是有紳士和無賴統治的社會。 國法委任紳士以部分統治權並監督其結果, 而無賴則毫無疑問是國法控制的對象。但是, 社會現實(=慣行)卻截然不同。紳士公然超脫律法控制白晝世界, 而無賴則避開官吏和紳士的目光控制日落世界。而且無賴還勾結紳士乃至地方官和胥吏, 在他們的默認下控制著'黑社會'。

第二章, 「黑社會的主人:無賴」具體分析了上述無賴的生存狀況。上述三個人口流動方向中的形態 ③, 即流入城鎮的部分人口成了後來的無賴。城市因爲商品的流動而需要大量的勞動力, 而且還因爲紳士・大戶及客商的自衛等多種需求, 所以爲無賴提供了方便藏身的空間。

無賴是, '平素不遵守爲人最根本的本分之人, 是盡管並無財產, 卻不從事正常的生產勞作, 而靠組織大小不等的團體組織以非法行爲和欺詐寄生於社會的人'。無賴少則三五成群, 多則十百群聚, 在市場・碼頭等地從事欺騙・訛詐・賭博・搶劫和販賣人口等活動, 凡有利益之處, 便不處不在。表面上, 無賴是在獨立活動, 但實質上卻爲了維持自身勢力, 還勾結官僚・紳士・大戶或胥吏・衙役。盡管他們得不到國家律法的保護, 人數卻大大超過了紳士和牙行的的數量, 是掌握'黑社會'的可怕的存在。

無賴自然是國家權力控制的對象。認識到這種社會地位的無賴之間, 意識上具有同構性和同類意識。 他們通過擺香・歃血・文身・祭祀天地等盟誓的宗教儀式進行結盟, 擁立頭目, 上下之間有嚴格的秩序。平日他們共同習武, 外出時亦進行集體行動。所以, 無賴是在明清時期儼然存在的一個'社會階層'。換言之, 在明清時期的中國社會, 隔著農村的'小農民'或'城鎮居民', 社會這一端是統治階層紳士集團, 另一端是所謂的‘無賴’集團。

中國領土廣袤, 人口眾多, 但官僚人數卻爲數甚少。作爲國家行政之基層單位的縣除去知縣只外僅有四～五名輔佐人員, 其它均爲胥吏和衙役。所以行政所不及之處, 便委任紳士統治。但是, 紳士的統治僅限於白天時間。夜間反由無賴統治。盡管國法控制無賴, 而社會慣行卻如此乖離了國法。

第三章, 「宦官和無賴」, 整理了明末萬曆帝以‘開發金銀礦山, 征收商稅爲名’, 派往地方的宦官(=礦稅使)籠絡當地無賴橫征暴斂的內容。宦官本爲伺候皇帝左右的奴伏, 但早在戰國時期, 就已出現盜取國家權力的案例。東漢和唐朝是‘宦官專橫’的第一和第二個朝代, 明代是第三個宦官專橫的朝代。其中明萬曆年間(1573～1619)宦官的弊病最爲嚴重, 從“明之亡, 不亡於崇禎, 而亡於萬曆”的熟話中, 便可見一斑。

因爲礦監和稅監依仗皇帝之命, 濫用權力, 恣意壓榨, 所以在全國各地相繼發生了反‘礦稅使’的民變。反礦稅使民變不論先進地區·工商業發展地區·水陸交通要地, 還是對外貿易港口與否, 但凡有礦監和稅監派遣的城鎮便均有發生。因爲城鎮有各行各業的人們雜居, 所以居民之間·土著和外來者之間·宗族之間隨時發生對抗和沖突。盡管如此, 反抗礦稅使民變的興起卻不分階層·土著抑或外來者, 所有城鎮居民團結一致有組織地參與反抗運動。能夠使他們團結一致的力量是, ⓐ 陽明學的抬頭, ⓑ 庶民文學和話劇的發展, ⓒ 西方科學思想的傳入, ⓓ 利用了城隍廟·玄妙觀等的寺廟活動的增加, ⓔ 由於定期集市的多大增加, 壯大了市場共同體, 因此庶民的意識日漸提高, 城市居民的社會意識日益接近。

在反礦稅使民變進行過程中, 城鎮社會諸多形態的人口構成中, 紳士和無賴的存在和作用尤爲引人注目。紳士或鼓動反礦稅使民變, 或直接參與, 或上疏抗議, 或直接或間接地幫助運動, 或對反礦稅使民變表示同情的案例非常多。無賴則直接帶動了反礦稅使民變。

V

一直以來, 中國和日本的中國史學界認爲, 明末清初(16～18世紀)是宋朝至清朝900年時間中最爲重要的社會變革期。但, 就如在本書內容中可隨處認識到一樣, 如果沒有十七世紀中葉的明淸王朝更替, 那麼所謂‘明末淸初’, ‘有意義的社會變化’大槪從十五世紀中葉就已經開始。換言之, 經曆‘唐宋變革期’之後, 考察相當於中國近世紀的宋朝至淸朝長達900餘年的社會發展, 可以說, 明朝中葉(15世紀中葉~16世紀中葉)的100多年反而是更有意義的社會變革時期。正是在該時期, 中國全境發生著社會變化, 其變化內容在積極一面和消極一面共同上演著。

首先來考察積極一面的話, ① 因爲人口增加和人口移動全國人口被重構, ② 因爲農業生產力的發展和長江中遊地區的開墾, 出現了‘湖廣熟,天下足’的熟話, 經濟中心呈現了多元化局面, ③ 中國全境開始生產符合各地特性的商品作物, 在全國各地開始出現地域性的分工, ④ 由於全國性工商業的發展, 大城市自不必言, 大量出現中小城市和定期集市, ⑤ 銀兩經濟發達, 甚至深入滲透至農村, 田賦和徭役開始以銀兩繳納, ⑥ 從南京遷都北京的結果, 通過京杭運河的南北物資交流活力日見, ⑦ 以徽商和晉商爲首的各地‘商幫’開始出現, 並確立牙行制度, ⑧ 東南沿海成爲對外貿易中心地, ⑨ 書籍的商業出版盛行, ⑩ 未入仕士人激增, ‘紳・士’開始被認爲是社會階層之一(‘紳士’), ⑪ 庶民的社會地位開始得以提高, 與此同時, ⑫ 對商人的認識和商人的社會形象亦開始得以提高, ⑬ 心學抬頭, 心學提倡四民平等觀, 從而庶民的社會意識開始高漲。

另外, 考察消極一面的話, ⓐ 由於紳士和有權勢者通過濫免等兼並土地的結果, ‘富益富, 貧益貧’的現象蔓延, 裏甲制度崩離, 人口流散, 流入禁山區・落後地域和城鎭等, ⓑ 到處發生農民蜂起, ⓒ 國家的地方統治力日漸衰弱, 爲了維持鄕村秩序開始摸索鄕約・保甲法等新的方法, ⓓ 無賴形成新的社會階層, 開始統治‘黑社會’, ⓔ 受城市和工商業發展的影響, 各部門開始蔓延奢侈之風, ⓕ 隨著對官僚・紳士・庶民服飾規定的松弛, 士庶的區分開始消失。這種積極和消極因素相伴的社會變化慣行在隨後的二三百年間一直持續發展。

考察明淸時代史, 該時期在政治・社會・經濟・文化・對外關系等所有領域, 國法和社會慣行大抵都處於平行發展變化。 以『明會典』・『淸會典』等爲首的諸多法典的記錄和分布全國各地的碑石上, 充滿了反複強調遵守國法的規定便是因爲此。最嚴重的是政治領域, 但在似乎同社會慣行無甚關系的社會經濟史領域中, 理念和現實大體上也是平行發展。類似的實例不勝枚擧。

首先, 考察以統治階層紳士爲中心的方面。明清時期, 國家權力一直致力於控制紳士在鄉村和城市的發號施令, 但是, 都以失敗而告終。實際上, 明清兩個王朝均因爲有了他們, 國運才得以延續, 而十九世紀後半葉開始朝廷的命運則完全依賴於紳士和紳商。

自明初始, 科擧制度和學校制度相互結合。這在中國曆史上是首次實施。 原則上, 學校和科擧是對萬民開放的。但實際是地主或有權勢者的子弟的機會遠多於平民, 而且其趨勢日益嚴重。從此之後, 通過學校和科擧等制度獲得功名的地主子弟依靠原有的經濟影響力上升爲合法的特權身分, 進而更加鞏固了其在鄉村社會的統治力。國家爲學校的學生, 即生員和監生賦予了終生優免的特權。這些士人和原有的鄉紳, 不顧明朝持續的令行禁止, 而濫用優免權。非特權地主經常向紳士詭寄, 而地方官和胥吏則因爲對此視而不見, 所以對優免的限制就如一紙空文。自明朝中葉開始, 士人數量激增, 而其增加人數的優免部分則被轉嫁到農民身上, 成爲社會不穩定的因素。清朝入關之初, 順治帝的「即位詔」和各省的「恩詔」下令禁止‘課稅三餉’, 此後亦屢次令行禁止, 但是其不過是中央王朝的一廂情願而已。康熙即位之初的江南奏疏案, 雍正帝的強行命令, 以及乾隆帝的努力均終未能阻止紳士的濫免和‘紳衿抗糧’。國法和社會慣行中存在著諸多乖戾。

明末的50餘萬和清末的90餘萬生員均爲終身資格。但是, 如果對生員嚴格適用學規, 那麼終生維持資格幾乎成爲不可能。不論古今, 如果參與訴訟不當, 便會身敗名裂。所以明清時期嚴格禁止生員和監生參與有關訴訟的訟師身份的活動, 但大部分的訟師卻由他們擔當。國法嚴禁官僚和紳士的商業活動, 但實際他們或爲商人提供資金, 或爲商人和牙行廣開後門, 或開設並控制市場, 經營高利貸的事情屢見不鮮, 更有甚者公開經營商業。明清王朝盡管從理念上仍然主張抑商和賤商, 但同時也施行諸多保護商人的政策, 至清朝末年, 作爲抵抗西洋勢力的手段, 甚至開始主張以‘商戰’替代原來的‘耕戰’和‘兵戰’。觀念上的商業和現實中商業的乖戾便在於此。

明朝初年(洪武14年)實施的裏甲制, 是中國曆史上最早實施的全國統一的一元的地方行政制度。通過實施這種裏甲制度, 中國社會終於從元末明初持續了數十年的大動蕩中擺脫出來, 在一定程度上尋到了穩定。 盡管這種裏甲制度是將能夠自給自足的110戶強制組成一裏, 但實際不過是利用傳統的‘齒的秩序’將幾個村落捆綁爲一體而已。而且還利用‘原籍發還制’, 試圖限制農民流動的自由, 以求得維持農業社會的效果。

但自明朝中葉裏甲制度松弛, 開始出現全國性的人口大移動。此外, 朝廷試圖還以‘路引’制度來限制旅行, 但從明朝中葉開始, 各地出現了‘商幇’, 商人的活動非常活躍。城市還出現了新的社會階層無頼, 國法控制的無頼是‘黑社會’的主宰者。

州縣衙門的法規和實際行政亦是如此。知縣在縣內被稱作‘小皇帝’, 掌管著縣內所有事務。知縣應該視轄縣內的百姓爲‘生民’和‘赤子’, 並承擔道德責任。但是, 就如熟話所說的那樣, “三年清知縣, 雪花三萬銀”, “三年清知府, 十萬雪花銀”, 地方官員無不壓榨百姓。州縣的胥吏和衙役的供職年限分別爲五年和三年, 而且有固定編制規定, 但實際上全然沒有遵守。大多數縣的胥吏達千人, 衙役亦超千人以上。盡管這些職位並無俸祿, 但他們卻反而以重金謀得其職, 有權勢者甚至世襲其位。本應遵從州縣長官的命令, 控制無頼的胥吏和衙役反而同其勾結並保護他們。

從社會和文化來看, 明朝初葉編撰了『四書大全』·『五經大全』·『性理大全』等鼓勵儒學, 然而非但庶民如此, 就連紳士亦沉迷於迷信和三教合一思想。國法規定庶民禁止穿著絲綢, 使喚奴婢, 但現實確向反方向發展, 國法形同虛設。對外關系領域亦是如此。發生寧波爭貢(1523年, 爲了朝貢貿易而進入明朝的日本兩大勢力在寧波爭鬥的結果, 失敗的大內派掠奪附近鄉村的事件)事件之後, 明朝再次實行海禁。但是, 在中國東南沿海卻因此再度出現了由紳士階層主導的走私貿易, 使得‘後期倭寇’橫行東南沿海加重了社會混亂程度。

明淸時期, 國法和社會慣行之間存在著如此諸多的乖戾。而且這種現象在經曆民國之後的中共政權之下依然在繼續。國法和社會慣行無論在何時何地均將永遠這樣平行發展下去。

引用文獻目錄

〈 **凡 例** 〉

1. 國文・中文・日文・歐文 順으로 배열하였다.
2. 歐文은 alphabet 순으로, 그 나머지는 모두 한글 발음에 따라 한글 字母順으로 배열하였다.
3. 同一 著者의 論著는 年代順으로 배열하였다.
4. 著者・撰者가 分明치 못하거나, 다른 저자가 인용한 것을 轉引한 것은 書名만 표기하였다.

<資 料>

1. 政典類・文集・其他

『江蘇省明清以來碑刻資料選集』(江蘇省博物館編, 北京, 三聯書店, 1957)

『康熙朝漢文硃批奏摺彙編』, 檔案出版社, 1984

計六奇, 『明季北略』(北京, 中華書局, 1984)

計六奇, 『明季南略』(北京, 中華書局, 1984)

高擧, 『明律集解附例』(光緖24年 重刊本, 臺北, 成文出版社)

顧公燮, 『消夏閑記摘鈔』(『歷代小說筆記選』 第2冊, 臺灣商務印書館, 1980)

故宮博物院, 『文獻叢編』(第5集, 1930)

顧起元, 『客座贅語』(北京, 中華書局, 1987)

顧炎武, 『顧亭林文集』(北京, 中華書局, 1983 再版本)

顧炎武, 『日知錄集釋』(臺灣 世界書局, 1990)

顧炎武, 『天下郡國利病書』(『四部叢刊』 三編 手稿本, 臺灣, 商務印書館, 1976)

谷應泰,『明史紀事本末』(臺灣, 三民書局, 1956)
郭正域,『合倂黃離草』(萬曆年間 刊本)
邱濬,『大學衍義補』(文淵閣四庫全 臺灣, 商務印書館 影印本)
『國朝耆獻類徵初編』(李桓, 光緖 10-16年刊 本)
『軍機處檔』(臺北故宮博物院藏)
『宮中檔雍正朝奏摺』, 臺北, 故宮博物院, 1967-1968
『紀錄彙編』(萬曆刊本, 臺灣, 商務印書館, 1938/1969, 影印本)
『南明史綱・史料』, 上海人民出版社, 1994
盧象昇,『盧象昇疏牘』(浙江古籍出版社, 1984)
盧崇輿,『守和日記』
魯子健,『淸代四川財政史料』(上), 成都, 1984
凌濛初,『初刻拍案驚奇』(浙江古籍出版社, 1997)
談遷,『國榷』(北京 古籍出版社, 1958)
唐順之,『荊川先生文集』(明刊本, 奎章閣 所藏)
『檮杌閑評』(無名氏)
戴兆佳,『天台治略』(光緖 刊本, 臺北 成文出版社 影印本)
『大淸律例』(天津古籍出版社, 1995)
『大淸會典』(光緖 刊本, 臺灣 商務印書館, 1968)
董其昌,『神廟留中奏疏滙要』(萬曆年間 刊本, 서울大學校 中央圖書館 藏)
杜德風,『太平軍在江西史料』, 江西人民出版社, 南昌, 1988
杜登春,『社事始末』(『藝海珠塵』本)
羅振玉,『史料叢編』(旅順, 1934年 刊本)
『萬曆邸鈔』(大明抄書本, 1968年 臺灣 古亭書屋 影印本)
『萬書淵海』(萬曆38年 刊本)
滿鐵,『北支農村槪況調査報告』(北支經濟調査所, 大連, 1940)
『明季稗史彙編』(光緖 刊本, 上海圖書集成局 活字本)
『名公書判淸明集』, 北京, 中華書局, 1987
『明律集解』(光緖 34년 重刊本)

『明文海』, 北京, 中華書局, 1987
『明史資料叢刊』, 中華書局, 1987
『明史』(北京, 中華書局, 校勘標點本)
『明實錄』(中央研究院 歷史語言研究所 校引本)
『明清檔案』(中央研究院歷史語言研究所現存清代內閣大庫原藏明淸檔案, 臺北, 聯經出版事業公司, 1986)
『明淸史料彙編』(臺北, 文海出版社, 1969)
『明淸史料』(中央研究院歷史語言研究所 編刊本)
『明淸進士題名碑錄索引』 上海古籍出版社, 1980
『明會要』(臺灣, 世界書局, 1963)
『明會典』(『正德會典』, 正德 6年 刊本; 『萬曆會典』, 萬曆 15年刊, 臺北, 東南書報社, 影印本)
夢覺道人, 『三刻拍案驚奇』
文秉, 『定陵註略』(靜嘉堂文庫藏 鈔本)
朴趾源, 『熱河日記』(1932年 刊本; 景仁文化社 影印本)
范濂, 『雲間據目抄』(『筆記小說大觀』 第22編 第5冊, 臺北, 新興書局, 1978)
范成大, 『吳郡志』(宋元地方志叢書 本)
范仲淹, 『范文正公集』(康熙44年 刊本)
『法家秘授智囊書』
『濮鎭紀聞』(乾隆 刊本, 抄本)
『濮川所聞紀』
傅維鱗, 『明書』(國學基本叢書本)
謝國楨, 『明代社會經濟史料選編』, 福建人民出版社, 1980-1981
謝國楨, 『淸初農民起義資料輯錄』, 上海, 新知識出版社, 1956
『史料叢刊初編』(羅振玉, 東方學會, 1924年 刊本)
『思文大紀』(『虎口餘生記』, 中國歷史研究資料叢書, 上海, 1982 所收)
謝肇淛, 『五雜組』(和刻本漢籍隨筆集 第1集, 汲古書院, 1974)
上海博物館圖書資料室, 『上海碑刻資料選輯』, 上海人民出版社, 1980

徐珂, 『清稗類鈔』(中華書局, 1984)

『西江政要』(清, 江西按察司衙門 刊本)

徐光啓, 『農政全書』(中華書局 活字本)

徐栻, 『督撫江西奏議』(萬曆年間 刊本)

徐鼒, 『小腆紀年附考』(臺灣銀行, 1966 鉛印本)

葉夢珠, 『閱世編』(上海, 古籍出版社, 1981 刊本)

笑笑生 『金瓶梅』(白維國・卜鍵 校註, 『金瓶梅詞話校註』, 長沙, 岳麓書社, 1995)

邵廷寀, 『東南紀事』(上海書店, 中國歷史研究資料叢書, 1982)

蘇州歷史博物館・江蘇師範學院歷史系・南京大學明清史研究室合編, 『明清蘇州工商業碑刻集』, 江蘇人民出版社, 南京, 1981

孫懋, 『孫毅菴奏議』

孫甸, 『皇明疏鈔』(萬曆 序刊本)

孫承澤, 『山書』(浙江古籍出版社, 1989)

『宋史』(北京, 中華書局, 校勘標點本)

宋應星, 『野議』, 上海人民出版社, 1976

『宋會要輯稿』(中華書局, 1957)

沈國元, 『兩朝從臣錄』(崇禎 刊本)

沈德符, 『萬曆野獲編補遺』(北京, 中華書局, 1980 再版本)

沈德符, 『萬曆野獲編』(北京, 中華書局, 1980 再版本)

沈一貫, 『敬事草』

楊士聰, 『甲申核眞略』(杭州, 浙江古籍出版社, 1985)

嚴懋功, 『清代徵獻類編』 (臺北, 世界書局 1966)

呂坤, 『實政錄』(萬曆 26年 刊本)

『烈皇小識』 臺灣, 廣文書局, 1964

葉永盛, 『玉城奏疏』

吳敬梓, 『儒林外史』(世界書局 印行본; 國譯本, 명문당, 1990)

吳山嘉, 『復社姓氏傳略』(北京, 中國書店, 1990)

吳世濟, 『太和縣禦寇始末』(浙江古籍出版社, 1983)

吳甡, 『柴庵疏集』
『雍正朝起居注冊』(中華書局, 1993 影印本)
『雍正朝漢文硃批奏摺彙編』(江蘇古籍出版社, 1989~1991)
『宛署雜記』
王慶運, 『石渠餘紀』(北京古籍出版社, 1985)
王國平・唐力行, 『明淸以來蘇州社會史碑刻集』, 蘇州大學出版社, 1998.
王圻, 『續文獻通考』(萬曆 31年 刊本)
王錡, 『寓圃雜記』(中華書局, 1984)
王文祿, 『百陵學山』
王士性, 『廣志繹』(北京 中華書局, 1981)
王士禎, 『香祖筆記』(臺北, 新興書局, 1958)
王士禛, 『池北偶談』(北京, 中華書局, 1982)
王先謙, 『東華錄, 附東華續錄』(光緖 17~24年 活版影印本)
王世懋, 『饒南九三府圖說』(萬曆年間 刊本)
汪少泉, 『皇明奏疏類鈔』(萬曆年間 刊本)
王鏊, 『震澤集』(四庫全書 本)
王禹聲, 『郢事紀略』(『震澤別集』 所收, 日本, 東洋文庫藏)
汪應蛟, 『撫畿奏疏』(明 刊本)
王材, 『皇明太學志』(서울大學校 奎章閣 所藏本)
王在晋, 『通漕類編』(臺北, 學生書局, 1970 印行本)
汪輝祖, 『學治臆說』(臺灣 商務印書館, 『叢書集成簡編』本)
姚廷遴, 『歷年記』(『淸代日記彙鈔』 所收, 上海, 人民出版社, 1982)
于成龍, 『于淸端政書』(『文淵閣四庫全書』, 臺灣 商務印書館)
于愼行, 『穀山筆麈』(中華書局, 1984)
『虞諧志』(明, 佚名氏)
袁于令, 『隋史遺文』
袁中道, 『珂雪齋集』(上海古籍, 1989)
魏禮 , 『魏季子文集』(淸板本, 『魏氏全集』本)

魏源,『聖武記』(北京 中華書局, 1984)

劉宗周,『劉子全書』(道光4年 刊本)

劉獻廷,『廣陽雜記』(北京 中華書局, 1985)

陸世儀,『復社紀略』(臺北, 明文出版社, 1991)

陸游,『渭南文集』

李玉,『清忠譜』, 人民文學出版, 北京, 1990

李騰芳,『李文莊公全集』(光緒 2年 重刊本)

利瑪竇・金尼閣,『利瑪竇中國札記』, 何高濟・王遵仲・李申 譯, 何兆武 校, 中華書局, 1983)

李世熊,『寇變紀』(中國社會科學院歷史研究所清史研究室,『清史資料』1, 中華書局, 1980)

李遜之,『三朝野記』(上海書店,『中國歷史研究資料叢書』本)

李永茂,『邢襄題稿・樞垣初刻』(上海 中華書局, 1958)

李玉,『清忠譜』(人民文學出版, 北京, 1990)

李天根,『爝火錄』(浙江古籍出版社, 1986)

李清,『南渡錄』(浙江古籍出版社, 1988)

李賢,『大明一統志』(日本, 汲古書院 影印本)

李華,『明清以來北京工商會館碑刻選編』, 北京, 文物出版社 1980

佚名氏,『民抄董宦事實』

『林屋民風』

林希元,『林次崖文集』(嘉靖16年序 刊本)

張居正,『張太岳集』(萬曆 40年序刊本)

蔣良騏,『東華錄』(乾隆30年, 木版本, 中華書局, 1980)

張燮,『東西洋考』, 臺灣商務印書館, 1968

張英『恒產瑣言』(昭代叢書, 道光 刊本)

張履祥,『楊園先生全集』(『四庫全書』本)

蔣以化,『西台漫記』

張瀚,『松窗夢語』(武林先哲遺書本)

張海鵬・王廷元,『明清徽商資料選編』, 黃山書社, 1985

張潢,『圖書編』(萬曆 5年 刊本)

張萱『西園聞見錄』(民國 29년, 北京哈佛燕京學社 活字本)
錢泳,『履園叢話』(中華書局,『清代史料筆記』, 1997 本)
田藝蘅,『留青日札』(上海古籍出版社, 1992)
全祖望,『結埼亭集』(臺灣, 新興書局, 1960 印行本)
『鄭成功滿文檔案史料選譯』, 福建人民出版社, 1987
丁耀亢,『出劫紀略』(『明史資料叢刊』 第2輯, 江蘇人民出版社, 1982)
『禎朝奏疏』(崇禎 16년 序刊本)
鄭天挺,『明末農民起義史料』, 北京, 中華書局, 1952
程春宇,『士商類要』(天啓6年 刊本)
趙士麟,『撫浙條約』(『武林掌姑叢編』 第7集)
『朝鮮王朝實錄中的中國史料』(中華書局, 1980)
趙翼,『廿二史劄記』(臺灣, 世界書局 印行本)
趙翼,『陔餘叢考』(臺灣, 世界書局 影印本)
朱國楨,『湧潼小品』(臺灣 新興書局 影印本)
朱國禎,『皇明大事記』(揚州, 江蘇廣陵古籍刻印社,『皇明史概』, 1992 所收)
朱國楨,『皇明史概』(揚州, 江蘇廣陵出版社, 1992)
周亮工,『閩小紀』(上海古籍出版社, 1985)
周順昌,『周忠介公燼餘集』(『叢書集成』 初編, 第1265冊)
朱長祚,『玉鏡新譚』, 中華書局, 1989
朱楨,『皇明史概』(揚州, 江蘇廣陵出版社, 1992)
周暉,『二續金陵瑣事』
中國農村經濟研究所・北京大學農學院,『山東省惠民縣農村調査報告』, 北京, 1939
『中國農村慣行調査』, 中國農村慣行調査刊行會, 岩波書店, 1952~1958
中國第一歷史檔案館,『清代檔案史料叢編』, 北京, 中華書局, 1984
中國第一歷史檔案館,「乾隆初粤閩湘贛搶米遏糴史料」,『歷史檔案』 1996-4
曾羽王,『乙酉筆記』(『清代日記彙鈔』, 上海, 人民出版社, 1982)
『支那省別全志』(日本, 東亞同文會, 1917~1920)
陳龍正,『幾亭全書』(康熙 序 刊本)

陳敷,『農書』(叢書集成 初編 本)
陳子龍,『明經世文編』 臺北, 臺聯國風出版社, 1967
陳宏謨,『培遠堂偶存稿』
『清經世文續編』(光緒 23年 思補樓版)
『清國行政法』(臺灣總督府, 1910)
『清代農民戰爭史資料選編』, 中國人民大學出版社, 1984
『清代檔案史料叢編』(中華書局, 1978-1984)
『清代碑傳全集』(上海古籍出版社, 1987 影印本)
『清代日記滙抄』(上海人民出版社, 1982)
『清史稿』(中華書局 1976/1986)
『清史列傳』(臺灣 中華書局, 1983, 影印本)
『清史資料』, 北京, 中華書局, 1981
『清實錄』(臺灣, 華文書局, 影印本)
『清朝文獻通考』(臺灣, 新興書局, 1965)
『清會典』(光緒 刊本, 中華書局, 1991)
焦竑,『國朝獻徵錄』(臺灣, 學生書局, 1965年 影印本)
『痛史』
彭澤益,『中國近代手工業史資料』, 中華書局, 1962
馮夢龍,『醒世恒言』, 人民文學出版社, 1956
馮夢龍,『全像古今小說』(人民文學出版社, 1958)
何良俊,『四友齋叢說』 (北京 中華書局, 1983)
夏孟春『餘冬序錄』(嘉靖7年序 刊本)
『河北省農村實態調査資料』, 滿鐵天津事務所調査課, 天津, 1937
夏燮,『明通鑑』(同治12年 刊本)
何爾健,『按遼御璫疏稿』
賀長齡·魏源,『清經世文編』(北京 中華書局, 1992, 影印本)
韓世琦,『撫吳疏草』
海瑞,『海瑞集』(中華書局, 1962)

『海鹽縣圖經』(天啓 4年 刊本)
『湖南文徵』(日本, 東洋文庫 所藏)
洪承疇, 『洪經略奏對筆記』(光緖 刊本)
洪承疇, 『洪承疇章奏文冊彙編』, 上海, 商務印書館, 1937
洪煥春, 『明清蘇州農村經濟資料』, 江蘇古籍出版社, 1988
『華北經濟統計集成』, 華北綜合調查硏究所, 1944
『華北典型村調査』, 中央人民政府農業部, 1950
『皇明經濟文錄』(明, 萬表 編)
『皇明世法錄』(『中國史學叢書』 初編本)
『皇明制書』(古典硏究會, 東京, 1966)
『皇明條法事類纂』(日本, 汲古書院, 1966, 東京大學藏 影印本)
黃六鴻, 『福惠全書』(日本, 汲古書院 1973, 和刻 影印本)
黃省曾, 『吳風錄』
黃儒炳, 『續南雍志』
況鍾, 『明況太守龍岡公治蘇政績全集』(道光6年 刊本)
黃宗羲, 『明夷待訪錄』(黃宗羲全集 本, 浙江古籍出版社, 1985)
『皇清奏議』 (臺灣 文海出版社 1967 影印本)
黃鴻壽, 『清史紀事本末』(臺北, 三民書局, 1959/1973)
黃希憲, 『撫吳檄草』
『欽定古今圖書集成』 (雍正 4年序, 武英殿聚珍字本)
『欽定大清會典事例』 (光緖 刊本, 中華書局, 1991)
『欽定學政全書』(文海出版社, 『近代中國史料叢刊』本)

2. 地方志

『嘉定縣志』(萬曆 33年・康熙 12年 刊本)
『江陰縣志』(嘉靖26年 刊本)
『絳州志』(正德 16年 刊本)

『崑山縣志』(康熙22年 刊本)
『廣東通志』(嘉靖40年・道光2年 刊本)
『南翔鎭志』(嘉慶 11年 刊本)
『南潯鎭志』(咸豊9年 刊本)
『南昌府志』(萬曆 16年 刊本)
『唐棲志』(光緖16年 刊本)
『唐市志』(乾隆57年 刊本)
『桐鄕縣志』(正德9年 刊本)
『羅店鎭志』(光緖 15年 刊本)
『臨淸直隷州志』(乾隆 50年 刊本)
『武進縣志』(萬曆33年 刊本)
『濮院志』(民國16年 刊本)
『常昭合志稿』(光緖24年 刊本)
『上海縣志』(康熙22年 刊本)
『錫金識小錄』(乾隆17年 刊本)
『蘇州府志』(康熙30年・同治年 刊本)
『續外岡志』(乾隆年間撰, 1961年 鉛印本)
『松江府志』(正德 7・崇禎 3年 刊本)
『承天府志』(萬曆 30年 刊本)
『雙林記增纂』(同治9年 刊本)
『岳州府志』(康熙 24年 刊本)
『揚州府志』(萬曆 33年 刊本, 『北京圖書館古籍珍本叢刊』25, 書目文獻出版社)
『吳江志』(弘治 元年 刊本)
『吳江縣志』(康熙23年・乾隆12年 刊本)
『吳縣志』(崇禎 15・民國 22年 鉛印本)
『盂縣志』(嘉靖30年 刊本)
『月浦志』(光緖14年撰 稿本)
『長洲縣志』(康熙23年 刊本)

『池州府志』(萬曆40年 刊本)
『震澤縣志』(乾隆11年・道光24年 刊本)
『太倉州志』(崇禎15年 刊本)
『杭州府志』(萬曆 7年 刊本)
『衡州府志』(萬曆 21年 刊本)
『湖廣通志』(康熙 23年 刊本)
『興國縣志』(同治 11年 刊本)

<研究書>

1. 國 文

金衡鍾,「清末 新政期의 研究—江蘇省의 新政과 紳士層—」, 서울大學校出版部, 2002
閔斗基,『中國近代史研究—紳士層의 思想과 行動—』, 一潮閣, 1973(=1973A)
서울大學校 東亞文化研究所,『中國 歷代 都市構造와 社會變化』, 서울大學校出版部, 2003
宋正洙,『中國近世鄕村社會史研究』, 혜안, 1997
吳金成,『中國近世社會經濟史研究—明代紳士層의 形成과 社會經濟的 役割—』, 一潮閣, 1986 (→日本語譯本: 『明代社會經濟史研究—紳士層の形成とその社會經濟的役割—』, 汲古書院, 東京, 1990)
吳金成,『矛・盾의 共存—明淸時代 江西社會 研究—』, 지식산업사, 2007(=2007-A)
李成珪,『中國古代帝國成立史研究』, 一潮閣, 1984
李俊甲,『中國四川社會研究, 1644-1911—開發과 地域秩序—』, 서울大學校出版部, 2002
鄭哲雄,『역사와 환경—중국 명청시대의 경우—』, 책세상, 2002
曺永祿,『中國近世政治史研究—明代 科道官의 言官的 機能—』, 知識産業社, 1988
曺永憲,『大運河와 徽州商人—明末淸初 淮・揚地域을 중심으로—』, 서울대학교 박사논문, 2006.
陳寶良(이치수 역), 『중국유맹사』, 아카넷, 2001(←『中國流氓史』, 中國社會科學, 1993).
何炳棣 著, 曺永祿 外譯,『中國科擧制度의 社會史的 研究』, 東國大學校 出版部, 1987

(←Ho, Ping-ti, The Ladder of Success in Imperial China: Aspects of Social Mobility, 1368-1911, New York, 1962)

2. 中 文

江淮論壇編輯部,『徽商研究論文集』, 安徽人民出版社, 1985
經君健,『清代社會的賤民等級』, 浙江人民出版社, 1993
顧 誠,『南明史』, 中國青年出版社, 1997
顧 誠,『明末農民戰爭史』, 北京, 1984
曲彦斌,『中國乞丐史』, 上海文藝出版社, 1990
龔勝生,『清代兩湖農業地理』, 華中師範大學出版社, 1996
郭英德·過常寶,『中國古代的惡霸』, 北京, 商務印書館, 1996
關夢覺,『中國原始資本積累初步探索』, 上海, 1958
羅崙 · 景甦,『清代山東經營地主經濟研究』, 濟南, 1984
羅香林,『客家研究導論』, 廣州, 1933
欒成縣,『明代黃冊研究』, 中國社會科學出版社, 1998
南京大學歷史系 明清史研究室,『中國資本主義萌芽問題討論集』(續編), 北京, 1960
南京大學歷史系 明清史研究室,『明清資本主義萌芽研究論文集』, 上海人民出版社, 1981
南炳文,『南明史』, 南開大學, 1992
路 遇,『清代和民國山東移民東北史略』, 上海, 1987
賴家度,『明代鄖陽農民起義』, 武漢, 1956
段本洛,『中國資本主義的産生和早期資産階級』, 蘇州, 1996
譚其驤,『中國歷史地圖集』第 7冊, 明代, 上海, 1982
譚其驤,『中國歷史地圖集』 第8冊, 淸時期, 上海, 1982
唐力行,『商人與中國近世社會』, 浙江人民出版社, 1993
唐立宗,『在'盜區'與'政區'之間—明代閩粵贛湘交界的秩序變動與地方行政演化—』, 國立臺灣大學文學院, 2002
唐文基,『明代賦役制度史』, 北京, 中國社會科學出版社, 1991

戴均良,『中國城市發展史』, 黑龍江人民, 1992
戴裔煊,『明代乾隆間的倭寇海盜與中國資本主義的萌芽』, 北京, 1982
鄧拓,『論中國歷史的幾个問題』, 北京, 1979
로즈만,『中國的現代化』, 江蘇人民出版社, 1998
馬敏・朱英,『傳統與近代的二重變奏—晚淸蘇州商會的個案研究—』, 巴蜀書店, 1993
馬敏,『過渡形態 : 中國早期資産階級構成之謎』, 中國社會科學出版社, 1994
馬敏,『官商之間—社會劇變中的近代紳商—』, 天津人民出版社, 1995
馬敏,『商人精神的檀變-近代中國商人觀念硏究』, 華中師範大學, 2001(=2001A)
馬小泉,『國家與社會: 淸末地方自治與憲政改革』, 河南大學, 2001
梅莉・張國雄,『兩湖平原開發探源』, 江西教育出版社, 南昌, 1995
蒙思明,『元代社會階級制度』, 北京, 1938
巫仁恕,『奢侈的女人-明淸時期江南婦女的消費文化-』, 三民書局, 2005
繆全吉,『明代胥吏』, 臺北, 1969
聞鈞天,『中國保甲制度』, 1935
潘光旦,『明淸兩代嘉興的望族』, 上海書店, 1991
方志遠,『明淸湘鄂贛地區的人口流動與城鄕商品經濟』, 人民出版社, 2001
樊樹志,『明淸江南市鎭探微』, 復旦大學, 上海, 1990
樊樹志,『江南市鎭: 傳統的變革』, 上海, 復旦大學出版社, 2005
范金民・金文,『江南絲綢史硏究』, 農業出版社, 1993
范金民・夏維中,『蘇州地區社會經濟史』, 南京大學出版社, 1993
范金民,『明淸江南商業的發展』, 南京大學出版社, 1998
福爾索姆(劉悅斌 等 譯),『朋友・客人・同事-晚淸的幕府制度』, 中國社會科學, 2002
傅崇蘭,『中國運河城市發展史』, 四川人民出版社, 1985
傅衣凌,『明淸江南市民經濟試探』, 上海, 1957
傅衣凌,『明淸時代商人及商業資本』, 北京, 1956(=1956A)
傅衣凌,『明淸農村社會經濟』, 北京, 1961(=1961A)
傅衣凌,『明淸社會經濟史論文集』, 北京, 1982(=1982A)
傅筑夫,『中國經濟史論叢』(上・下), 北京, 1980

傅筑夫,『中國封建社會經濟史』第一卷, 北京, 1981

傅筑夫,『中國古代經濟史概論』, 北京, 1982(=1982A)

傅筑夫,『中國封建社會經濟史』第二卷, 北京, 1982(=1982B)

謝國楨,『明淸之際黨社運動考』, 臺北, 1968

謝國楨,『南明史略』, 上海人民出版社, 1988

社會科學研究叢刊編輯部,『張獻忠在四川』, 成都, 1981

桑兵,『晩淸學堂學生與社會變遷』, 學林出版, 1995

尙小明,『學人游幕與淸代學術』, 社會科學文獻, 1999

尙鉞,『中國歷史綱要』, 北京, 1954

尙鉞,『中國資本主義關係發生及演變的初步硏究』, 北京, 1956

尙鉞,『尙鉞史學論文選集』, 北京, 1984

徐茂明,『江南士紳與江南社會(1368-1911), 商務印書館, 北京, 2004

徐新吾,『鴉片戰爭前中國綿紡織手工業的商品生產與資本主義萌芽問題』, 南京, 1981

徐新吾,『江南土布史』, 上海社會科學院出版社, 1992

盛郎西,『中國書院制度』, 中華書局, 1934

蕭國健,『淸初遷海前後香港之社會變遷』, 臺灣商務, 1986

蕭一山,『淸代通事』, 臺北, 1963

孫曉芬,『淸代前期的移民塡四川』, 四川大學出版社, 1997

沈善洪,『中國江南社會與中韓文化交流』, 杭州出版社, 1977

梁家勉,『中國農業科學技術史稿』, 北京, 農業出版社, 1989

梁啓超,『中國近三百年學術史』, 中華書局, 1936

梁其姿,『施善與敎化-明淸的慈善組織』, 河北敎育出版社, 石家莊, 2001

梁淼泰,『明淸景德鎭城市經濟硏究』, 江西人民, 1991

梁方仲,『明代糧長制度』, 上海, 1957

梁方仲,『中國歷代戶口・田地・田賦統計』, 上海人民, 1980

楊子慧,『中國歷代人口統計資料硏究』, 改革出版社, 1996

嚴中平,『中國棉紡織史稿』, 北京, 科學出版社, 1955

呂實强,『中國官紳反敎的原因』, 臺北, 1966

余英時,『中國近世宗教倫理與商人精神』, 臺北, 1987
呂振羽,『中國政治思想史』, 上海, 1937
呂振羽,『簡明中國通史』, 北京, 1959
葉顯恩,『明清徽州農村社會與佃僕制』, 合肥, 1983(=1983A)
葉顯恩,『清代區域社會經濟研究』(上), 北京, 中華書局, 1992
吳建華,『明清江南人口社會史研究』, 群言出版社, 北京, 2005
伍丹戈,『明代土地制度和賦役制度的發展』, 福建人民出版社, 1982
吳松弟,『中國移民史』(4), 福建人民出版社, 1997
吳承明,『中國資本主義與國內市場』, 北京, 1985
吳仁安,『明清時期上海地區的著姓望族』, 上海人民, 1997
吳晗,『朱元璋傳』, 北京, 1949
吳晗・費孝通,『皇權與紳權』, 天津人民, 1988
吳海若,『中國資本主義生産的萌芽』, 武漢, 1957
吳慧,『中國歷代糧食畝産研究』, 農業出版社, 1985
溫銳 等,『百年巨變與振興之夢―20世紀江西經濟研究』, 江西人民, 2000
完顔紹元,『流民的變遷―中國古代流民史話―』, 上海古籍出版社, 1993
王綱,『張獻忠大西軍史』, 湖南人民, 1987
王光照,『中國古代乞丐風俗』, 陝西人民出版社, 西安, 1994
王明佗,『反洋教書文揭帖選』,「江西合成士民公檄」, 齊魯書社, 1984
王先明,『近代紳士―一个封建階層的歷史命運―』, 天津人民出版社, 1997
王衛平,『明清時期江南城市史研究 : 以蘇州爲中心』, 北京, 人民出版社, 1999
王育民,『中國歷史地理概論』上, 北京, 1987
王毓瑚,『中國農學書錄』, 中華書局, 1957
王日根,『鄉土之鏈―明清會館與社會變遷』, 天津人民出版社, 1996(=1996A)
王春瑜・杜婉言,『明代宦官與經濟史料初探』, 中國社會科學出版社, 1986
王春瑜・杜婉言,『明朝宦官』, 紫禁城出版, 1989
廖可斌,『明代文學復古運動研究』, 上海古籍, 1994
牛健强,『明代後期社會變遷研究』, 臺北, 文津出版社, 1997

劉重日,『瀕陽集』, 合肥, 黃山書社, 2003
熊志勇,『從邊緣走向中心—晚清社會變遷中的軍人集團』, 天津人民, 1998
袁良義,『明末農民戰爭』, 中華書局, 1987
韋慶遠,『明代黃冊制度』, 北京, 1961
韋慶遠,『張居正和明代中後期政局』, 廣東高等教育出版社, 1999
魏特(Väth),『湯若望傳』(二), 楊丙辰 譯, 臺北, 1960
劉石吉,『明清時代江南市鎭硏究』, 中國社會科學, 1987
留雲居士,『明季稗史初編』, 上海書店, 1988
劉永成,『清代前期農業資本主義萌芽初探』, 福州, 1982
游子安,『勸化金箴—清代善書硏究—』, 天津人民出版社, 1999
陸德陽,『流氓史』, 上海文藝出版社, 1995
李國祁 等,『中國地方誌硏究 — 清代基層地方官人事嬗遞現象之量化分析 —』, 臺北, 1975
李光濤,『明季流寇始末』, 臺北, 1965
李文治,『晩明民變』, 上海, 1948
李文治・江太新,『中國宗法宗族制和族田義莊』, 北京, 社會科學文獻出版社, 2000
李文治・魏金玉・經君健,『明淸時代的農業資本主義萌芽問題』, 北京, 1983
李伯重,『唐代江南農業的發展』, 農業出版, 北京, 1990
李伯重,『江南的早期工業化(1550-1850)』, 社會科學文獻, 2000(=2000A)
李伯重,『多視角看江南經濟史, 1250-1850』, 三聯書店, 北京, 2003(=2003A)
李振華,『張蒼水傳』, 臺北, 1967
林麗月,『明代的國子監生』, 臺北, 1978
林仁川,『明末清初私人海上貿易』, 華東師範大學出版社, 1987
岑大利・高永建,『中國古代的乞丐』, 商務印書館, 1996
岑大利,『鄕紳』, 北京圖書館出版社, 1998
張家駒,『兩宋經濟重心的南移』, 湖北人民, 1957
章開沅・馬敏 等,『中國近代史上的官紳商學』, 湖北人民, 2000
蔣建平,『清代前期米穀貿易硏究』, 北京, 1992
張國雄,『明淸時期的兩湖移民』, 陝西人民敎育出版社, 西安, 1995

張力・劉鑒唐,『中國教案史』, 成都, 1987
張朋園,『立憲派與辛亥革命』, 臺北, 1969
張玉法 編,『中國現代化的區域研究—山東』, 中央研究院近代史研究所專刊, 1982
張傳璽 主編,『中國歷代契約會編考釋』, 北京大學出版社, 1995
蔣兆成,『明淸杭嘉湖社會經濟史硏究』, 杭州大學出版社, 1994
章中如,『淸代考成制度資料』, 上海, 1934
張海鵬・張海瀛,『中國十大商帮』, 黃山書社, 合肥, 1993
張海英,『明淸江南商品流通與市場體系』, 華東師範大學, 2002
田居儉・宋元强,『中國資本主義萌芽』(上・下), 成都, 1987
全宏,『鴉片戰争以前中國若干手工業部門中的資本主義萌芽』, 上海, 1955(『中國科學院歷史硏究所三所集刊』2集, 1955 原載)
丁易,『明代特務政治』, 北京, 1951
程自信,『金瓶梅人物新論』, 合肥, 黃山書社, 2001
曹樹基,『中國移民史』(5・6), 福建人民, 1997(=1997A)
曹樹基,『中國人口史』(第4-5卷), 復旦大學出版社, 2000-2001
趙岡,『中國棉業史』, 臺北, 1977
趙文林・謝淑君,『中國人口史』, 北京, 1988
曹新宇,『中國秘密社會』(第3卷), 福建人民出版社, 2002
趙園,『明淸之際士大夫硏究』, 北京大學出, 1999
趙子富,『明代學校與科擧制度硏究』, 北京燕山出版社, 1995
趙泉澄,『淸代地理沿革表』, 北京, 中華書局, 1955
趙曉華,『中國資本主義萌芽的學術硏究與論争』, 南昌, 百花洲文藝出版社, 2004
左東嶺,『王學與中晩明士人心態』, 人民文學, 2000
朱東潤,『張居正大傳』, 湖北人民, 1981
周鑾書,『千古一村—流坑歷史文化的考察—』, 江西人民出版社, 1997
周德鈞,『乞丐的歷史』, 中國文史出版社, 2005
周明初,『晩明士人心態及文學個案』, 東方出版社, 北京, 1997
朱英,『辛亥革命時期新式商人社團硏究』, 中國人民大學出版社, 1991

周遠廉,『清朝興起史』, 長春, 1986

周育民・邵雍,『中國幇會史』, 上海人民出版社, 1993

周天游,『地域社會與傳統中國』, 西北大學, 1995

中國農業遺産研究室,『中國農學史(初稿)』(下), 科學出版, 1984

中國人民大學中國歷史教研室 編,『明清社會經濟形態的研究』, 上海, 1957

中國人民大學中國歷史教研室 編,『中國資本主義萌芽問題討論集』(上・下), 北京, 1957

陳江,『明代中後期的江南社會與社會生活』, 上海社會科學出版社, 2006

陳建華,『中國江浙地區十四至十七世紀社會意識與文學』, 學林出版, 上海, 1992

陳孔立,『清代臺灣移民社會研究』, 廈門大學, 1990

陳錦江(王笛 等譯),『清末現代企業與官商關係』, 中國社會科學, 1997

陳大康,『明代商賈與世風』, 上海文藝出版社, 1996

陳文石,『明洪武嘉靖間的海禁政策』, 臺北, 1966

秦寶琦,『中國地下社會』, 北京, 學苑出版社, 1993

陳寶良,『明代儒學生員與地方社會』, 中國社會科學出版社, 2005

陳正祥,『中國文化地理』, 香港, 1981

陳志讓,『軍紳政權』, 上海三聯, 1980

陳支平,『近500年福建的家族社會與文化』, 上海三聯, 1991

秦佩珩,『明代經濟史述論叢初稿』, 鄭州, 1959

陳學文,『中國封建晩期的商品經濟』, 湖南人民, 1989

陳學文,『明淸社會經濟史研究』, 稻禾出版社, 臺北, 1991(=1991A)

陳學文,『明清時期杭嘉湖市鎭史研究』, 群言出版社, 北京, 1993

陳學文,『明淸時期太湖流域的商品經濟與市場網絡』, 浙江人民出版社, 2000

馮爾康,『清人社會生活』, 天津人民, 1990

何炳棣,『中國會館史論』, 臺北, 1966

何淑宜,『明代士紳與通俗文化—以喪葬禮俗爲例的考察—』, 國立臺灣師範大學歷史研究所專刊30, 2000(=2000A)

賀躍夫,『晩淸士紳與近代社會的變遷—兼與日本士族比較—』, 廣東人民出版社, 1994

何智亞,『重慶湖廣會館—歷史與修復研究—』, 重慶出版社, 2006

夏咸淳,『晩明士風與文學』, 中國社會科學院, 北京, 1994
郝康迪(Hauf, Kandice),『江右集團—中國16世紀的文化與社會』, Yale 大學 博士論文, 1987
韓大成,『明代城市研究』, 中國人民大學出版社, 1991
許檀,『明清時期山東商品經濟的發展』, 中國社會科學出版社, 1998
許大齡,『清代捐納制度』, 1947
許懷林,『江西史稿』, 南昌, 江西高校出版社, 1993
湖南歷史學會,『知識分子與中國歷史的發展』, 湖南人民, 1985
胡昭曦,『張獻忠屠蜀考辨—兼析湖廣塡四川』, 四川人民出版社, 1980
胡如雷,『中國封建社會形態研究』, 北京, 1979
黃宗智,『長江三角洲小農家庭與鄕村發展』, 中華書局, 北京, 1992
候外盧,『中國早期啓蒙思想史—17世紀至18世紀四十年代』, 北京, 1956

3. 日 文

加藤繁,『支那經濟史考證』, 東京, 1952(=1952A)
岡崎文夫・池田靜夫,『江南文化開發史』, 東京, 1940
谷口規矩雄,『朱元璋』, 東京, 1966
宮崎市定,『科擧』, 大阪, 1946
根岸佶,『中國社會における指導層—耆老紳士の研究—』, 東京, 1947
大谷敏夫,『淸代政治思想史硏究』, 汲古書院, 1991
大久保英子,『明淸時代書院の硏究』, 東京, 1976
大澤正昭,『唐宋變革期農業社會史硏究』, 東京, 汲古書院, 1996
渡部忠世 等,『中國江南の稻作文化—その學際的硏究』, 東京, 1984(=1984A)
島田虔次,『中國における近代思惟の挫折』, 東京, 1970
藤井宏,『中國における'耕作權の確立'期をめぐる諸問題』, 東京, 1972
鈴木中正,『淸朝中期史研究』, 東京, 1952
鈴本中正,『中國史における革命と宗教』, 東京, 1974
米田賢次郎,『中國古代農業技術史硏究』, 京都, 1989

北村敬直,『清代社會經濟史研究』, 京都, 1978
濱島敦俊,『明代江南農村社會の研究』, 東京大學出版會, 1982(=1982A)
寺田隆信,『山西商人の研究』, 京都, 1972
斯波義信,『宋代江南經濟史の研究』, 東京, 1988
山根幸夫,『明代徭役制度の展開』, 東京, 1966
山根幸夫,『中國史研究入門』(上·下), 東京, 1983(=1983A)
山根幸夫,『明代社會の研究─紳士層の問題を中心として』, 東京女大東洋史研究室, 1986
山井湧,『明清思想史の研究』, 東京, 1981
森田明,『清代水利史研究』, 東京, 1974
三田村泰助,『清朝前史の研究』, 京都, 1965
森正夫,『江南デルタ市鎮研究』, 名古屋大學, 1992
森正夫,『明代江南土地制度の研究』, 京都, 1988
西嶋定生,『中國古代帝國の形成と構造─二十等爵制の研究─』, 東京大學出版社, 1961
西嶋定生,『中國經濟史研究』, 東京, 1966(=1966A)
西嶋定生,『中國古代の社會と經濟』, 東京, 1981
石田文次郎,『支那農村慣行調査報告書─土地公租公課の研究─』, 東亞研究所, 1944
小野和子,『明季黨社考─東林黨と復社─』, 京都, 1996(=1996A)
松本善海,『中國村落制度の史的研究』, 東京, 1977
神田信夫,『平西王吳三桂の研究』, 東京, 1952
岸本美緒,『清代中國の物價と經濟變動』, 研文出版, 1997(=1997A)
岸本美緒,『明清交替と江南社會─17世紀中國の秩序問題』,東京大學出版會, 1999(=1999A)
安部健夫,『清代史の研究』, 東京, 1971
岩見宏,『明代徭役制度の研究』, 京都, 1986
岩井茂樹,『中國近世社會の秩序形成』, 京都大學人文科學研究所, 2004(=2004A)
奥崎裕司,『中國鄉紳地主の研究』, 東京, 1978
五十嵐正一,『中國近世教育史の研究』, 東京, 1979
楢木野宣,『清代重要職官の研究─滿漢併用の全貌─』, 東京, 1975
栗林宣夫,『里甲制の研究』, 東京, 1971

仁井田陞,『中國法制史硏究』, 1962

鄭樑生,『明・日關係史の硏究』, 東京, 雄山閣, 1984

井上進,『顧炎武』, 東京, 白帝社, 1994

佐久間重男,『日明關係史の硏究』, 東京, 吉川弘文館, 1992

佐藤文俊,『明末農民反亂の硏究』, 東京, 1985

佐伯富,『淸代鹽政の硏究』, 東京, 1956

佐野學,『淸朝社會史』, 東京, 1947

周藤吉之,『宋代官僚制と大土地所有』, 東京, 1950

周藤吉之,『宋代經濟史硏究』, 東京, 1962

酒井忠夫,『中國善書の硏究』, 東京, 1960(=1960A)

重田德,『淸代社會經濟史硏究』, 東京, 1975

曾田三郞,『中國近代化過程の指導者たち』, 東方書店, 東京, 1997

川勝守, 『中國封建國家の支配構造—明淸賦役制度史の硏究—』, 東京大學出版會, 1980(=1980A)

川勝守,『明淸江南農業經濟史硏究』, 東京, 1992

川勝守,『明淸江南市鎭社會史硏究』, 東京, 汲古書院, 1999(=1999A)

天野元之助,『中國古農書考』, 東京, 1975

天野元之助,『中國農業史硏究』, 東京, 御茶の水書房, 1962

淺井紀,『明淸時代民間宗教結社の硏究』, 東京, 硏文出版, 1990

靑山定雄,『唐宋時代の交通と地誌・地圖の硏究』, 東京, 1963

淸水盛光,『支那社會の硏究』, 東京, 1941

淸水盛光,『中國鄕村社會論』, 東京, 1951

淸水泰次,『中國近世社會經濟史』, 東京, 1950

河上光一,『宋代の經濟生活』, 東京, 1966

和田淸,『支那地方自治發達史』, 東京, 1939

橫山英,『中國近代化の經濟構造』, 東京, 1972(=1972A)

橫田輝俊,『明代文人結社の硏究』, 廣島大學文學部紀要 特輯號 3, 1975

4. 歐 文

Adam Y.C. Lui(呂元驄), *Chinese Censors and the Aliens Emperor, 1644-1660*(清初科道之權力及地位), H.K. 1978

Beattie, Hilary J., *Land and Lineage in China: A Study of T'ung-Cheng County, Anhwei, in the Ming and Ch'ing Dynasties*, Cambridge University Press, 1979.

Brook, Timothy, *The Confusions of Pleasure: Commerce and Culture in Ming China*, University of California Press, 1998(이정・강인환 역, 『쾌락의 혼돈—중국 명대의 상업과 문화—』, 이산, 2005)

Ch'u, T'ung-tsu(瞿同祖), *Local Government in China under the Ch'ing*, Harvard University Press, 1962(范忠信・晏鋒 譯, 『清代地方政府』, 法律出版社, 2003)

Ch'u T'ung-tsu(瞿同祖), *Law and Society in Traditional China*, 『傳統中國之法律與社會』, Taipei, 1973

Chaffee, John W., *The Thorny Gates of Learning in Sung China*, Cambridge, The University of Cambridge Press, 1985(양종국 역, 『배움의 가시밭길, 송대 중국인의 과거생활』, 신서원, 2001)

Chang, Chung-li(張仲禮), *The Chinese Gentry; Studies on their Role in Nineteenth Century Chinese Society*, Seattle, 1955(金漢植 等譯, 『中國의 紳士』, 신서원, 1993)

Chang, Chung-li(張仲禮), *The Income of the Chinese Gentry*, University of Washington Press, Seattle, 1962(費成康・王寅通 譯, 『中國紳士的收入』, 上海社會科學院, 2001)

Chow, Yung-teh, *Social Mobility in China*, New York, 1966

Chuan, Han-sheng and Kraus, Richard A., *Mid-Ch'ing Rice Markets and Trade: An Essay in Price History*, Harvard University Press, 1975

Cohen, Paul A., *China and Christianity: the Missionary Movement and the Growth of Chinese Antiforeignism, 1860-1870*, Harvard University Press, 1963

Dennerline, J., *The Chia-ting Loyalists: Confucian Leadership and Social Change in Seventeenth-Century China*, Yale University Press, 1981

Elman, Benjamin A., *A Cultural History of Civil Examinations in Late Imperial China*, Univerity of California Press, 2000

Elvin, Mark, *The Pattern of Chinese Past*, Stanford University Press, 1973 (李春植 等 譯, 『中國歷史의 發展形態』, 신서원, 1989)

Esherick, Joseph W., and Rankin, Mary B., *Chinese Local Elites and Pattern of Dominance*, University. of California Press, 1990

Fairbank, John K., *Late Ch'ing, 1800～1911*, Part1, *The Cambridge History of China* V.10, Cambridge University Press, 1978(＝1978A)

Fei, Hisao-t'ung(費孝通), *China's Gentry*, Chicago, 1953

Feuerwerker, Albert, *Rebellion in Nineteenth-Century China*, The University of Michigan Press, 1975

Freedman, Maurice, *Lineage Organization in Southeastern China*, University of London, 1958 (김광웅 역, 『東南部中國의 종족조직』, 大光文化社, 1989)

Handle, Joanna F., *Action in Late Ming Thought, The Reorientation of Lü K'un and Other Scholar-Officials*, University of California Press, 1983

Ho, Ping-ti(何炳棣), *Studies on the Population of China, 1368-1953*, Harvard University Press, 1959(정철웅 역, 『중국의 인구』, 책세상, 1994)

Ho, Ping-ti(何柄棣), *The Ladder of Success in Imperial China; Aspects of Social Mobility, 1368-1911*, New York, 1962(曺永祿 外 譯, 『中國科擧制度의 社會史的 硏究』, 東國大學校 出版部, 1987)

Hsiao, Kung-chuan(蕭公權), *Rural China: Imperial Control in the Nineteenth Century*(『十九世紀之中國鄉村』), Seattle, 1960

Huang, Ray(黃仁宇), *Taxation and Government Finance in Seventeeth-Century Ming China*, Cambridge University Press, 1974

Hucker, Charles O., *The Censorial System of Ming China*, Stanford University Press, 1966

James B. Parsons, *The Peasant Rebellions of the Late Ming Dynasty*, Atrizona, 1970

Kenneth Pomerantz, *The Great Divergence: Europe, China and the Making of Modern World Economy*, Princeton University Press, 2000

Kessler, Lawrence D., *K'ang-hsi and the Consolidation of Ch'ing Rule 1661-1684*, The

University of Chicago Press, 1976

Kracke, Jr. Edward, *Civil Service in Sung China: 960-1067*, Harvard University Press, 1953

Kuhn, Philip A., *Rebellion and Its Enemies in Late Imperial China, Militarization and Social Structure, 1796-1864*, Harvard University Press, 1970/1980(謝亮生 等譯,『中華帝國晩期的叛亂及其敵人—1796-1864年的軍事化與社會結構—』, 中國社會科學, 1990)

Lee, Robert H. G., *The Manchurian Frontier in Ch'ing History*, Harvard University Press, 1970

Li, Bozhong(李伯重), *Agricultural Development in Jiangnan, 1620-850*, St. Martin's Pr., Inc., N.Y., 1998

Lo, Winston, *An Introduction to the Civil Service of Sung China*, University of Hawai Press, 1987

Mammitzsch, Ulrich, *Wei Chung-hsien(1568-1628): Reapraisal of the Eunuch and Factional Strife at the Late Ming Court*, Ann Arbor, U. Microfilm, 1968

Marsh, Robert, *The Mandarins; The Circulation of E'lite in China, 1600~1900*, New York, 1961

Meskil, John, *Academies in Ming China: A Historical Essay*, The University of Arizona Press, 1982

Mote, Frederick W. and Twitchett, Denis, *The Ming Dynasty 1368~1644*, Part 1, *The Cambridge History of China* v.7, Cambridge University Press, 1988(=1988A)

Myers, Ramon H., *The Chinese Peasant Economy*, Cambridge, Mass, 1970

Naquin, Susan and Rawski, Evelyn S., *Chinese Society in the Eighteenth Century*, Yale University. Press, 1987

Naquin, Susan, *Millenarian Rebellion in China, The Eight Trigram Uprising of 1813*, Yale University Press, 1976

Oxnam, Robert, B., *Ruling from the Horseback : Manchu Politics in the Oboi Regency 1661-1669*, The Univ. of Chicago Press, 1970

Parsons, James B., *The Peasant Rebellions of the Late Ming Dynasty*, The University of Arizona Press, 1970

Perdue, Peter C., *Exhausting the Earth State and Peasant in Hunan, 1500~1850*, Harvard University Press, 1987

Perkins, Dwight H., *Agricultural Development in China, 1368-1968*, Chicago, 1969(『中國

農業的發展〈1368-1968〉』, 上海譯文, 1984)

Wong, R.. Bin, *China Transformed: Historical Change and the Limits of European Experience*, Cornell University Press, 2000

Rankin, Mary B., *Elite Activism and Political Transition in China: Zhejiang Province, 1865-1911*, Stanford University Press, 1986

Rawski, E. Sakakida, *Agricultural Change and the Peasant Economy of South China*, Harvard University Press, 1972

Rawski, Evelyn S., *Education and Popular Literacy in Ch'ing China*, The University of Michigan Press, Ann Arbor, 1979.

Rowe, William T., *Hankow, Commerce and Society in a Chinese City, 1796-1889*, Stanford University Press, 1984

Schoppa, R. Keith, *Chinese Elites and Political Change: Zhejiang province in the Early Twentieth Century*, Cambridge, Mass, Harvard University Press, 1982

So, Kwan-wai, *Japanese Piracy in Ming China during the 16th Century*, Michigan State University Press, 1975

Struve, Lynn A., *The Southern Ming 1644-1662*, Yale University Press, 1984(李榮慶 等譯『南明史, 1644-1662』, 上海古籍, 1992)

Wakeman, Frederic and Carolyn, Grant ed., *Conflict and Control in Late Imperial China*, University of California Press, 1975

Wakeman Jr., Frederic, *The Great Enterprise, The Manchu Reconstruction of Imperial Order in Seventeenth-Century China*, University of California Press, 1985(陳蘇鎭等譯,『洪業—清朝開國史』, 江蘇人民, 1992)

Wang, Yeh-chien(王業鍵), *Land Taxation in Imperial China, 1750-1911*, Harvard University Press, 1973

Watt, J.R., *The District Magistrate in Kate Imperial China*, New York, 1972

<研究論文>

1. 國 文

姜元默, 「'金羅店銀南翔'論에 대한 再考察」, 『서울大 東洋史學科論集』27, 2003
權仁容, 「淸初徽州의 里 編制와 增圖」, 『中國史研究』18, 2002
權重達, 「明代의 敎育制度—특히 明王朝의 君主獨裁的 性格과 관련하여—」,『大同文化研究』17, 1983
權重達, 「朱元璋政權參與 儒學者의 思想的 背景」, 『人文學研究』(中央大)14, 1987
金斗鉉, 「遼東支配期 누르하치의 對漢人政策」, 『東洋史學研究』25, 1987
全明姬, 「順治初期의 反淸運動研究—薙髮令과 漢族의 抵抗運動을 중심으로—」, 『淑大史論』10, 1979
金培喆, 「敎案과 義和團」, 서울大學校 東洋史研究室編, 『講座中國史 Ⅳ—帝國秩序의 完成—』, 知識産業社, 1989.
金仙憓, 「明代 徽州의 訴訟과 鄕村組織에 관한 研究」, 高麗大學校 大學院 博士論文, 2003
金誠贊, 「明末 松江府鄕紳 董其昌事件의 再檢討」, 『서울大東洋史學科論集』16, 1992
金鍾博, 「明代 田賦의 銀納化過程에 관한 一考察」, 『史叢』19, 1975
金鍾博, 「明代 一條鞭法의 成立過程」, 『史學志』15, 1981
金鍾博, 「明代 嘉靖期의 土地丈量와 一條鞭法의 出現」, 『金俊燁敎授華甲紀念中國學論叢』, 서울, 1983
金鍾博, 「明末淸初期 里甲制의 廢止와 保甲制의 施行」, 『中國史研究』19, 2002
閔耕俊, 「淸代 江南의 綿紡織 生産構造—紡·織分業과 관련하여—」, 『中國史研究』 23, 2003
閔斗基, 「淸代 '生監層'의 性格—特히 그 階層的 個別性을 中心으로—」, 『亞細亞研究』20, 1965(→同氏, 『中國近代史研究—紳士層의 思想과 行動—』, 一潮閣, 서울, 1973)
閔斗基, 「淸代幕友制와 行政秩序의 特性—乾隆朝를 前後한 時期—」, 『中國近代史

研究』, 서울, 1973(=1973B)

閔斗基, 「清末 諮議局의 開設과 그 性格」, 『中國近代史研究』, 서울, 1973(=1973B)

朴元熇, 「明代 徽州 宗族組織 擴大의 한 契機—歙縣의 柳山 方氏를 中心으로—」, 『東洋史學研究』 55, 1996

朴赫淳, 「陳名夏彈劾事件에 대한 一考察—順治親政體制의 性格과 關聯하여—」, 『서울大東洋史學科論集』12, 1988

徐仁範, 「明 中期 捐納制에 대하여—연납액의 지역차 및 그 비중 등을 중심으로—」, 『東洋史學研究』72, 2000

徐仁範, 「明 中期의 捐納制와 軍餉調達」, 『歷史學報』164, 1999

宋正洙, 「明末・清初의 鄉村統治制度의 變遷」, 『學林』5, 1983(=1983A)

宋正洙, 「清初鄉村統治의 理想—黃六鴻의 保甲制를 中心으로—」, 『慶尙大論文集』 22, 1983(=1983B)

宋正洙, 「明清時代 鄉約의 成立과 그 推移」, 『慶尙史學』1, 1985

宋正洙, 「명청시대 향촌지배」, 『명청시대 사회경제사 입문』, 2007

吳金成, 「張居正의 教育政策」, 『歷史教育』14, 1971

吳金成, 「明代 提學官制의 一研究」, 『東洋史學研究』6, 1973

吳金成, 「睿親王攝政期의 清朝의 紳士政策」, 『韓沽劤博士停年記念史學論叢』, 서울, 1981(=1981A)

吳金成, 「中國의 科擧制와 그 政治・社會的 機能—宋・明・清時代의 社會의 階層移動을 중심으로—」, 歷史學會, 『科擧』, 一潮閣, 1981(=1981B)

吳金成, 「順治親政期의 清朝權力과 江南紳士」, 『歷史學報』122, 1989

吳金成, 「明 中期의 人口移動과 그 影響—湖廣地方의 人口流入을 中心으로—」, 『歷史學報』137, 1993

吳金成, 「明末 湖廣의 社會變化와 承天府民變」, 『東洋史學研究』47, 1994

吳金成, 「張居正의 改革政治와 그 性格」, 『黃元九教授停年記念論叢, 東아시아의 人間像』, 서울, 1995

吳金成, 「入關初 清朝權力의 浸透와 地域社會 : 廣東 東・北部地方을 中心으로」, 『東洋史學研究』54, 1996(日譯: 「入關初清朝權力の

浸透と地域社會—廣東東・北部地方を中心に—」(上・下), 『明代史研究』 26, 27, 1998, 1999)

吳金成, 「元末 動亂期의 鄕村支配層과 武裝蜂起集團」, 翰林科學院, 『歷史의 再照明』(2), 小花, 서울, 1997

吳金成, 「王朝交替期의 地域社會 支配層의 存在形態 : 明末淸初의 福建社會를 中心으로」, 『近世 東아시아의 國家와 社會』, 知識産業社, 서울, 1998

吳金成, 「『金甁梅』를 통해 본 16세기의 中國社會」, 『明淸史硏究』27, 2007(=2007B)

吳金成, 「紳士」, 『명청시대 사회경제사 입문』, 이산, 2007(=2007C)

王天有, 「萬曆・天啓時期의 市民鬪爭과 東林黨議」, 朴元熇 『中國의 歷史와 文化』, 高大, 1992

元廷植, 『淸代福建社會硏究』, 서울大學校 文學博士論文, 1996

元廷植, 「前近代中國宗族社會의 變化와 戰亂 : 16～17世紀 福建地域을 中心으로」, 『中國史硏究』27, 2003

유인경, 「조폭, 의리는 멀고 돈은 가깝다」, 『뉴스메이커』 1/2, 2007

李敏鎬, 「張居正(1525-1582) 財政政策 性格—財政의 中央執權化와 江南地主層 牽制—」, 『東洋史學硏究』50, 1995

李敏鎬, 「明代 市廛商人에 대한 商稅徵收方法의 推移—稅課司・稅課局 閉止・合倂 問題와 關聯하여—」, 『中國史硏究』15, 2001

李伯重, 「工業發展과 都市變化—明 中葉에서 淸 中葉의 蘇州—」, 서울大學校 東亞文化硏究所, 『中國 歷代 都市構造와 社會變化』, 서울大學校出版部, 2003(=2003E)

李伯重(이화승 역), 『중국 경제사 연구의 새로운 모색』(← 李伯重, 『理論, 方法, 發展趨勢 : 中國 經濟史硏究新探』, 北京, 淸華大學出版社, 2002), 책세상, 2006

李成珪, 「淸初 地方統治의 確立過程과 鄕紳—順治年間의 山東地方을 中心으로—」, 『서울大東洋史學科論集』1, 1977

李允碩, 「明淸時代 江南에서의 商品流通과 牙行」, 『서울大東洋史學科論集』19, 1995

李允碩, 「明末의 江南'士人'과 文社活動—그 社會文化的背景을 中心으로—」, 『東洋史學硏究』57, 1997

李俊甲, 「順治初 洪承疇의 江南招撫活動과 그 意義」, 서울大學校大學院碩士論文, 1991

李俊甲, 「順治年間 淸朝의 湖廣剿撫와 兵餉補給」, 『東洋史學硏究』48, 1994

李俊甲,「清代 中・後期 四川의 紳士層과 胥吏・無賴—地方秩序와 관련하여—」, 『서울大東洋史學科論集』 20, 1996)
李俊甲,「明末淸初 四川의 動亂과 그 影響 —'屠蜀'像의 再檢討와 關聯하여」,『近世 東아시아의 國家와 社會』, 서울大學校 東洋史學硏究室 編, 지식산업사, 1998
이지영,「淸 前期 東北地域의 流入人口와 城鎭發達」,『서울대 東洋史學科論集』29, 2005
鄭炳喆,「明末·淸初 華北에서의 自衛活動과 紳士－山東·北直隸를 중심으로－」, 『東洋史學硏究』43, 1993
鄭炳喆,「明末淸初의 華北社會 硏究」 서울大學校 大學院 文學博士學位論文, 1996
崔德卿,「中國古代鐵製農具와 農業生産力의 發達 」, 建國大學博士論文, 1991
崔晶姸,「明末～淸中期의 蘇・浙地域의 抗租運動」,『서울大東洋史學科論集』10, 1986
崔晶姸・李範鶴,「明末淸初稅役制度改革과 紳士의 存在形態」,『歷史學報』114, 1987
崔熙在,「周漢教案과 張之洞의 對應」,『歷史敎育』43, 1988
河世鳳,「淸代白蓮敎亂期의 鄕勇의 構成」,『慶大史論』2, 1986

2. 中 文

柯建中,「試論明代商業資本與資本主義萌芽的關係」,『四川大學學報』1957-3
柯建中,「明淸農業經濟關係的變化與資本主義因素的萌芽」,『社會科學硏究』1981-6
柯建中,「略論明淸時期封建地主階級的變化」,『社會科學硏究』1984-3
柯建中,「略論明淸時期小農自然經濟向商品經濟的變化」,『四川大學學報』1983-4
柯昌基,「宋代雇傭關係的初步探索」,『歷史硏究』1957-2
柯昌基,「再論宋代的雇傭勞動」,『南充師範學院學報』1983-3
柯昌基,「試論中國之行會」,『南充師範學院學報』1986-1
賈海彦,「明代資本主義萌芽的新制度經濟學解釋」,『文史哲』2004-3
葛金芳・顧蓉,「從原始工業化進程看宋代資本主義萌芽的產生」,『社會學硏究』1994-6
葛榮晉,「明淸實學与中國資本主義」,『人文雜志』2003-1
甘滿堂,「淸代福建地痞無賴與福建社會」,『福州大學學報』1999-7
姜守鵬,「淸代前期的會館和手工業行會」,『松遼學刊』1989-1

江太新,「中國農業資本主義萌芽問題討論述評」,『中國社會經濟史研究』1984-1
經君健,「校對一條史料」,『歷史研究』1962-2(=1962A)
經君健,「評『明清農村社會經濟』」,『經濟研究』1962-5(=1962B)
經君健,「論清代社會的等級結構」,『中國社會科學院經濟研究所集刊』3, 1981
桂栖鵬,「元代進士在元末農民戰爭時期的動向」,『浙江師大學報』(社會科學版) 2000-6
賈敬顔,「明代景德鎮的瓷器業和松江的棉布業」,『歷史教學』1954-8
敬顔,「明代瓷器的海外貿易」,『歷史教學』1954-8
賈大泉,「井鹽與宋代四川的政治和經濟」,『西南師範學院學報』1983-3
高翔,「論清前期中國社會的近代化趨勢」,『中國社會科學』2000-4
高壽仙,「關于中國人的'流氓性'以及明代流氓階層膨脹的社會原因的幾點看法—與王毅先生商榷—」,『社會學研究』2002-1
高言弘,「封建國家的經濟政策與資本主義萌芽」,『廣西大學學報』1982-2
顧准,「資本的原始積累和資本主義發展」,『顧准文集』, 貴陽, 1994
谷書堂,「我國的資本原始積累問題」,『學術月刊』1961-6
龔關,「官府, 牙行與市集—明清至民國時期華北集市的市場制度分析」,『天津商學院學報』2001-1
孔經緯,「中國封建社會手工業中的資本主義萌芽」,『新史學通訊』1955-12
孔經緯・李普國,「關于宋朝富裕普通工商業者成長的某些事實」,『歷史教學問題』1957-3
孔經緯,「關于『中國原始資本積累問題』的理論錯誤」,『讀書』1958-13
孔經緯,「關于唐宋時期已有資本主義萌芽的歷史事實」,『新史學通訊』1956-3
孔經緯,「鴉片戰爭前中國社會是否形成了統一市場 —與伍丹戈同志商榷」,『學術月刊』1961-5
孔經緯,「關于中國資本主義萌芽和初步發展」,『理論學習』1978-2
孔經緯,「論中國資本主義」,『吉林大學學報』1979-5
孔經緯,「關于中國經濟史的一些理論問題」,『吉林大學學報』1982-1
孔令奇,「試論清前期蘇州的手工業行會」,『社會科學戰線』1994-6
孔令仁,「試論中國原始資本積累」,『山東大學學報』1959-3
孔令仁,「關于中國資本原始積累的幾个問題 —兼與孫江, 紀新兩位同志商榷」,『文史哲』1964-1
龔勝生,「論'湖廣熟天下足'」,『農業考古』1995-1
孔永松,「評傅衣凌先生在明清經濟史研究中的幾个錯誤觀點」,『論壇』1960-2

郭勁·王禮鑫·劉亞平,「試論封建官僚制度的流弊對宋代資本主義萌芽的影響」,『黃岡師范學院學報』 1999-6
郭世佑,「排外意識與賀金聲募勇反教」,『湘潭大學學報』 1995-6
郭松義,「江南地主階級與清初中央政權的矛盾及其發展和變化」,『清史論叢』1, 1979
郭松義,「清代國內海運貿易」,『清史論叢』4, 1983
郭松義,「清代的人口增長和人口流遷」,『清史論叢』5, 1984
郭松義,「玉米, 番薯在中國傳播中的一些問題」,『清史論叢』7, 1986
郭松義,「清初四川的外來移民與經濟發展」,『中國經濟史研究』 1988-4
郭松義,「清代糧食市場和商品糧數量的估測」,『中國史研究』 1994-4
郭正忠,「宋代四川鹽業生產中的資本主義萌芽」,『社會科學研究』 1981-6
郭正忠,「宋代紡織業中的"包買商"」,『光明日報』 1984年 7月 18日
邱捷,「清末文獻中的廣東'紳商'」,『歷史研究』 2001-2
瞿大風·崔樹華,「元末統治集團對山西地區的爭奪及其作用」,『蒙古學信息』 2002-2
瞿同祖,「清律的繼承和變化」,『中國法學文集』, 北京, 法律出版社, 1984
歐播,「清代南昌紳士與社會變遷」, 南昌大學 碩士學位 論文, 2000
歐陽凡修,「明清兩代"雇工人"的法律地位問題」,『新建設』 1961-4
歐陽凡修,「明清兩代農業雇工法律上人身隷屬關係的解放」,『經濟研究』 1961-6
歐陽凡修,「清代前期四川井鹽業的生產規模問題」,『光明日報』 1964年 4月27日
邱仲麟,「明代北京的社會風氣變遷—禮制與價值觀的改變—」,『大陸雜誌』 88-3, 1994.
邱捷,「晚清廣東的'公局'—士紳控制鄉村基層社會的權力機構—」,『中山大學學報』(社科版) 2005-4
菊池英夫,「中國における封建制理論覺え書」,『歷史論評』197, 1967
屈文軍,「紅巾軍活動對高麗政局和元麗關系的影響」,『浙江師大學報』(社會科學版) 2000-5
貴芳,「寶山泥船和商船會館 —記明清兩代上海海運業盛況」,『解放日報』 1956年 8月 4日
金成前,「鄭成功南京戰敗與征臺之役」,『臺灣文獻』 25-1, 1974
金濟思,「十七世紀末到二十世紀初中國封建社會的幾種手工業和手工工場的史料」,『經濟研究』 1955-5
金志霖,「資本主義萌芽的最初形態與雇傭工人(再論雇傭工人與生產資料的關係)」,『歷史研究』 1992-3

吉敦諭,「對『論北宋時資本主義生産關係的産生』一文的若干意見」,『光明日報』1963年 2月 27日
羅崙,「一九八一年南京"資本主義萌芽問題學術討論會"動態」,『南京大學學報』1981-3
羅崙,「清代山東地主經營社會性質的幾个問題—答威爾金森先生」,『學術月刊』1981-7
羅崙,「"農民佃戶"所雇"耕作"之人的等級問題—與歐陽凡修同志商榷」,『學術月刊』1983-6
羅崙,「關于清代山東農業資本主義萌芽發生的道路問題」,南京大學歷史系明清史研究室,

『中國資本主義萌芽問題論文集』,江蘇人民出版社,1983(=1983A)

羅明,「尚鉞同志在明清之際農民階級鬪爭問題上的錯誤觀點」,『教學與研究』1960-6
羅炳綿,「明太祖的文學統制術」,『中國學人』3,1971
羅耀九,「明代中葉的雇傭勞動是資本主義性質的嗎?」,『歷史研究』1961-1
羅耀九,「再論明朝萬曆年間雇傭勞動的性質」,『歷史研究』1962-4
羅一星,「關于明清"佛山鐵廠"的幾點質疑」,『學術研究』1984-1
羅包庚,「太平天國時期江西軍費狀況及其影響」,『贛文化研究』7,2000
羅紅星,「明至清前期佛山冶鐵業初探」,『中國社會經濟史研究』1983-4
羅曉翔,「南京教案新探」,『第十屆明史國際學術討論會論文集』,人民日報出版社,北京,2005
羅輝,「清代清江商人研究」,南昌大學碩士論文,1999(=1999A)
羅輝,「清代清江商人的經營活動—清江商人研究之一」,『贛文化研究』6,1999(=1999B)
南開大學歷史系中國近代史教研組,「批判尚鉞同志在中國近代史的修正主義觀點」,『歷史教學』1960-6
南炳文,「『三言』中的明代奴僕—讀『三言』札記—」,南炳文,『明清史蠡測』,天津教育,1996
來新夏,「清代前期的商人和社會風尚」,『中國文化研究集刊』1,復旦大學,1984
魯堯賢,「明清閉關鎖國的危害和教訓」,『安庄師範學院學報』1985-3
魯子健,「清代四川的倉政與民食問題」,『四川歷史研究文集』,成都,1987
農也,「清代鴉片戰爭前的地租,商業資本,高利貸與農民生活」,『經濟研究』1956-1
賴家度,「明代農民的墾荒運動」,『歷史教學』1952-3
賴惠敏,「明清浙西士紳家族的研究」,國立臺灣大學歷史研究所 博士論文,1988
雷惠萍·謝祖鵬,「明末清初的資本主義商品經濟和社會環境」,『江漢大學學報』1989-3
單强,「江南資本主義家庭勞動的結構與功能」,『蘇州大學學報』1995-2
單强,「略論近代江南市場經紀人」,『蘇州大學學報』1997-3
段建宏,「封建社會后期中西手工工場之比較—再論資本主義萌芽問題」,『晉東南師范

專科學校學報』2003-3
丹戈,「歷史材料的調查和研究—讀傅衣凌『明清農村社會經濟』」,『文匯報』1962年 4月 1日
段本洛, 「商品經濟的發展孕育着資本主義萌芽—明末清初蘇松地區商品經濟發展的一斑」,『光明日報』1975年 11月 13日
段本洛,「論清代蘇州絲織業中商業資本的性質」,『中學歷史』1980-4
段本洛,「論明末清初蘇松地區的綿紡織手工業」,『中學歷史』1985(=1985A)
段本洛,「明末清初蘇州商品經濟的發展」,『中學歷史』1985(=1985B)
段本洛,「蘇州絲織手工業中資本主義萌芽的孕育」,『歷史教學』1986-1
段從光,「贛西棚民的抗清鬪爭」,『歷史教學』1955-1
談家勝,「洪武朝江浙地主之厄運」,『安慶師範學院學報』2001-1
譚其驤,「中國內地移民史—湖南篇」,『史學年報』4, 1932
譚作剛,「清代湖廣垸田的濫行圍墾及清政府的對策」,『中國農事』1985-4
譚棣華 等,「劉永成著『清代前期農業資本主義萌芽初探』」,『中國社會經濟史研究』1983-1
答振益,「從尚鉞對中國近代社會性質的歪曲看其修正主義觀點」,『史學月刊』1960-7
唐力行,「論明代徽州海商與中國資本主義萌芽」,『中國經濟史研究』1990-3
唐任伍,「從鄭和與哥倫布航海活動的比較中看中國資本主義萌芽緩慢的原因」,『中學歷史教學』1985-4
唐振常,「辛亥上海光復再認識」,『中華文史論叢』49, 1992
戴斌武,「丁寶楨反教心態及范式透視」,『貴州社會科學』2004-1
戴靜華,「兩宋的行」,『學術研究』1963-9
童光政,「明律"私充牙行埠頭"條的創立及其活用」,『法學研究』2004-2
董立章,「略論中國資本主義萌芽于宋」,『華南師范大學學報』(社會科學版) 2001-3
董一清,「從清初至鴉片戰爭中國資本主義因素的萎縮和成長」,『歷史教學』1955-3
同豊,「西方殖民者的東來對明代私人海上貿易的發展十分有利嗎?」,『河南師範大學學報』1983-4
杜德風,「太平天國在江西的失敗」,『近代史研究』1992-4
杜黎,「關于鴉片戰爭前蘇松地區棉布染踹業的生産關係」,『學術月刊』1962-12
杜寶才,「清代北京市場述略」,『北京商學院學報』1984-1

杜婉言,「明代宦官與明代經濟」,『中國史硏究』1980-2(→『明代宦官與經濟史料初探』, 北京, 1986)

杜眞,「關于中國資本主義萌芽問題的討論」,『歷史研究』1956-7

杜香芹·王先明, 「鄉紳與鄉村權力結構的演變—20世紀三·四十年代閩中鄉村權力的重构—」,『中國農史』2004-3

鄧福秋, 「兩漢前期的市場經濟和我國歷史上的資本主義萌芽問題: 讀『史記貨殖列傳』札記之二」,『中國經濟研究』1994-4

鄧小東,「略論民國時期的乞丐問題」,『寧夏社會科學』2004-1

鄧小東·楊駿,「民國時期的乞丐及乞丐救濟」,『晉陽學刊』2004-1

滕新才,「明玉珍及其大夏國本末(上)」,『重慶三峽學院學報』2000-4

鄧拓,「從萬曆到乾隆—關于中國資本主義萌芽時期的一个論證」,『歷史研究』1956-10

鄧拓,「近代中國資本主義發展曲折過程」,『論中國歷史的幾個問題』, 北京, 1959(=1959-A)

鄧拓,「論'紅樓夢'的社會背景和歷史意義」,『論中國歷史的幾個問題』, 北京, 1959(=1959-B)

滕顯間,「略論中國封建社會商人資本的特徵」,『北京師範大學學報』1983-3

馬敏,「辛亥革命時期的蘇州紳商」,『辛亥革命史叢刊』8, 1991

馬敏,「'紳商'詞義及其內涵的幾點討論」,『歷史研究』2001-2(=2001-B)

馬小泉,「地方自治 : 晚清新式紳商的公民意識與政治参與」,『天津社會科學』1997-4

馬楚堅,「陽明先生重建社區治安理想與實施」, 周天游,『地域社會與傳統中國』, 西北大學, 1995

馬楚堅, 「有關清初遷海的問題—以廣東爲例」,『第二屆明清史國際學術討論會論文集』, 天津人民出版社, 1993

馬學强,「鄉紳與明清上海社會」,『學術季刊』1997-1

梅莉,「洞庭平原垸田經濟的歷史地理分析」,『湖北大學學報』(哲社版) 1990-2

梅莉,「洞庭湖區垸田的興起與湖南糧食的輸出」,『中國農史』1991-2

孟森,「科場案」,『明清史論著集刊』, 臺北, 1965(=1965A)

孟森,「書明史鈔略」,『明清史論著集刊』, 臺北, 1965(=1965B)

孟祥才,「中國資本主義萌芽問題斷想」,『山東大學學報』(哲學社會科學版) 2002-3

孟昭信,「試論清初的江南政策」,『吉林大學學報』1990-3

孟彭興,「明代商品經濟的繁榮與市民社會生活的嬗變」,『上海社會科學院學術季刊』1994-2

孟彦弘, 「中國從農業文明向工業文明的過渡－對中國資本主義萌芽及相關諸問題研究的反思」, 『史學理論研究』 2002-4

毛曉陽, 「清代江西鄉紳助考活動研究」, 江西師範大學 碩士論文, 1999

毛曉陽, 「太平天國時期江西鄉紳的捐輸廣額」, 『福州師專學報』 2000-1

木偉・經紅, 「從清代蘇州絲織業生産討論資本主義萌芽」, 『新建設』 1963-9

巫仁恕, 「明清湖南市鎭的經濟發展與社會變遷」, 國立臺灣大學歷史學研究所 碩士論文, 臺北, 1991

巫仁恕, 「明清城市民變研究—傳統中國城市群衆集體行動之分析—」, 臺灣大學 歷史學研究所 博士論文, 1996

巫仁恕, 「明末清初城市手工業人的集體抗議行動」, 『中央研究院近代史研究所集刊』 28, 1997

巫仁恕, 「明代平民服飾的流行風尙與士大夫的反應」, 『新史學』 10-3, 1999

巫仁恕, 「晩明的旅游與消費中心—以江南爲討論中心—」, 『生活・知識與中國現代性國際學術硏討會論文集』, 臺北, 中央研究院近代史研究所, 2002(=2002A)

巫仁恕, 「明代士大夫與轎子文化」, 『中央研究院近代史研究所集刊』 38, 2002(=2002B)

巫仁恕, 「民間信仰與集體抗爭: 萬曆承天府民變與岳飛信仰」(第十屆明史學術討論會, 在南京, 2004. 8. 25, 在社會組發表文)

文君, 「唐代的雇傭—評孔經緯先生關于唐代已有資本主義萌芽的意見」, 『光明日報』 1957年 3月 28日

閔宗殿, 「試論淸代農業的成就」, 『中國農史』 2005-1

潘光旦・費孝通, 「科擧與社會流動」, 『社會科學』 4-1, 1947

潘一安, 「明朝蘇州絲織工人的一次罷工抗稅鬪爭」, 『浙江絲綢』 1963-12

方詩銘・湯志鈞, 「不能容許對中國近代史的起點加以曲解—評尙鉞同志對中國近代史分期的論点」, 『學術月刊』 1960-5

方楫, 「明代手工業發展的趨勢」, 『歷史教學問題』 1958-4

方卓芬・方梧, 「許滌新与中國資本主義發展史研究」, 『文史哲』 2002-3

方行, 「清代陝西地區資本主義萌芽興衰條件的探索」, 『經濟研究』 1979-12.

方行, 「中國封建社會的經濟結構與資本主義萌芽」, 『歷史研究』 1981-4

方行, 「論清代前期地主經濟的發展」, 『中國史研究』 1983-2

方行, 「清代前期小農經濟的再生産」, 『歷史研究』 1984-5

樊樹志,「明代江南市鎭研究」,『明史研究論叢』第2輯, 1983

樊樹志,「明代荊襄流民與棚民」,『中國史研究』1980-3

樊樹志,「明清江南市鎭的實態分析—以蘇州府嘉定縣爲中心」,『學術研究』1988-1

范金民, 「明清時期蘇州的外地商人述略」, 洪煥椿・羅侖,『長江三角洲地區社會經濟史研究』, 南京大學, 1989

范金民,「明代禁酒禁麯的初步研究」,『九州學刊』4-3, 1991

范金民,「明代江南絲綢的國內貿易」,『史學月刊』1992-1

范金民,「清代蘇州宗族義莊的發展」,『中國史研究』1995-1

范金民,「明清地域商人與江南市鎭經濟」,『中國社會經濟史研究』2003-4

范金民,「清代蘇州城市文化繁榮的寫照—「姑蘇繁華圖」—」,『江海學刊』2003-5

范植清,「明末農民大起義與漢口鎭的發展」,『中國農民戰爭史研究集刊』4, 1985

范毅軍,「明中葉以來江南市鎭的成長趨勢擴張性質」,『歷史語言研究所集刊』73-3, 2002

范傳賢,「明清時代農業中的資本主義萌芽」,『中國人民大學學報』1990-1

卞利,「明代徽州的地痞無賴與徽州社會」,『徽州大學學報(哲學社會科學版)』1996-5

卞恩才・林述, 「一部富有特色的地方經濟史專著『明清徽州農村社會與佃僕制』一書介紹」, 『江淮論壇』1983-3

封越健,「論清代商人資本的來源」,『中國經濟史研究』1997-2

付慶芬,「清初“江南奏銷案”補証」,『江蘇社會科學』(南京) 2004-1(→『復印報刊資料』,『明清史』2004-2)

傅同欽,「明代安徽文約拾零」,『南開史學』1981-2

傅同欽,「明清時期的廣東沙田」,『學術研究』1981-3

夫馬進,「試論明末徽州府的絲絹分担紛爭」,『中國史研究』2000-2

傅崇蘭,「論明清時期杭州城市的發展」,『中國史研究』1983-4

傅衣凌, 「明末清初閩贛毗鄰地區的社會經濟與佃農抗租風潮」, 『社會科學』3-3・4, 1947(→同氏,『明清社會經濟史論文集』, 北京, 1982, 再收)

傅衣凌,「明代蘇州織工・江西陶工反封建鬪爭史料類輯」,『廈門大學學報』1954-1(→『中國資本主義萌芽問題討論集』上, 1957 再收)

傅衣凌,「明代江南地主經濟新發展的初步研究」,『廈門大學學報』1954-5

傅衣凌,「從『紅樓夢』一書談到清代的社會性質問題」,『厦門大學學報』1955-1
傅衣凌,「明代江南富戶的分析」,『厦門大學學報』1956-1(＝1956B)
傅衣凌,「明代徽州商人」,『明清時代商人及商業資本』, 北京, 1956(＝1956C)
傅衣凌,「明末清初江南及東南沿海地區“富衣經營”的初步考察」,『厦門大學學報』1957-1
傅衣凌,「論明清時代的棉布字號」,『明代江南市民經濟試探』, 上海, 1957(＝1957B)
傅衣凌,「明代後期江南城鎮下層士民的反封建運動」,『明代江南市民經濟試探』, 上海, 1957(＝1957C)
傅衣凌,「明代浙江龍游商人拾零」,『光明日報』1958年 3月 3日(＝1958A)
傅衣凌,「明清時代河南武安商人考略」,『學術論壇』1958-1(＝1958B)
傅衣凌,「關于明末清初織工農村社會關係的新估計」,『厦門大學學報』1959-2
傅衣凌,「明清之際的‘奴變’和佃農解放運動」,『明清農村社會經濟』, 北京, 1961(＝1961B)
傅衣凌,「我對于明代中葉以後雇傭勞動的再認識」,『歷史研究』1961-3(＝1961C)
傅衣凌,「關于織工資本主義萌芽的若干問題的商榷—附論中國封建社會長期遲滯原因」,『文匯報』1961年 12月 21日(＝1961D)
傅衣凌,「從一篇史料看十七世紀中國海上貿易商性質」,『文匯報』1962年 11月 2日
傅衣凌,「關于中國資本主義萌芽的幾個問題」,『江海學刊』1964-1(＝1964A)
傅衣凌,「明清時代江南市鎭經濟的分析」,『歷史教學』1964-5(＝1964B)
傅衣凌,「論明清社會的發展和遲滯」,『社會科學戰線』1978-4.
傅衣凌,「明代江西的工商人及其移動」,『抖擻』41, 1980(→同氏,『明清社會經濟史論文集』, 北京, 1982 再收)
傅衣凌「略論我國農業資本主義萌芽的發展規律」,『明清社會經濟史論文集』,北京, 1982(＝1982B)
傅衣凌,「清代中葉川陝湖三省變區手工業形態及其歷史意義」,『明清社會經濟史論文集』, 北京, 1982(＝1982C)
傅衣凌,「明萬曆二十二年福州的搶米風潮—明末社會變革與動亂雜考之二—」,『南開學報』1982-5(＝1982D)
傅衣凌,「明代經濟史上的河南與山東」,『社會科學戰線』1984(＝1984A)
傅衣凌,「我是怎樣研究明清資本主義萌芽的」,『文史知識』1984(＝1984B)
傅筑夫・谷書堂,「中國原始資本積累問題」,『南開大學學報』1956-1(＝1956A)

傅筑夫,「中國原始資本積累發展遲緩的原因」,『天津日報』1956年 12月 7日(=1956B)
傅筑夫,「唐宋時代商品經濟的發展與資本」,『陝西師範大學學報』1979-1
傅筑夫,「再論資本主義萌芽 —關于資本主義萌芽的幾點補充意見」,『社會科學戰線』1983-1
傅筑夫,「說中國有一个商業資本主義歷史階段是錯誤的」,『社會科學戰線』1984-4
傅筑夫・李競能,「中國封建社會內資本主義因素的萌芽」,『新建設』1995-10・11
史宏達,「明代絲織業生產力初探」,『文史哲』1957-8
謝宏維,「論明清時期江西進士的數量變化與地區分布」,『江西師範大學學報』33卷4期, 2000
謝宏維,「清代徽州棚民的問題及對應機制」,『清史研究』2003-2
謝國楨,「記清初通海案」, 同氏,『明清之際黨社運動考』, 北京中華書局, 1982(=1982A)
謝國楨,「清初東南沿海遷界考」・「清初東南沿海遷界補考」, 同氏,『明清之際黨社運動考』, 臺北, 1967/中華書局, 北京, 1982(=1982B)
謝國楨,「清初利用漢族地主集團所施行的統治政策」,『明清史國際學術討論會論文集』, 天津人民, 1982(=1982C)(←『中國史研究』1980-4)
司徒尚紀,「從珠江三角洲生產分布的地理變化看明代廣東資本主義萌芽」,『中山大學研究生學刊』1981-3
謝盧明,「明清贛南墟市的發展與社會經濟的變遷」,『贛南師範學院學報』1998-5
謝盧明,「贛南的農村墟市與近代社會變遷」,『中國社會經濟史研究』2001-1
謝放,「'紳商'詞義考析」,『歷史研究』2001-2
謝放,「從鄉紳到城紳—清季民初鄉村社會權勢的轉移—」(「近代中國鄉村社會權勢」國際學術研討會, 中山大學歷史系, 2004. 7. 12-13, 發表文)
沙鄭軍,「試論明清時期的江南脚夫」,『中國史研究』1988-4
史濟今,「關于中國資本主義原始積累問題的討論綜述」,『文匯報』1962年 2月 16日
謝天禎,「明清時期珠江三角洲的生態平衡與農業經濟」,『農史研究』5, 1985(→「明清時期珠江三角洲的農業生態與農業經濟」,『明清廣東社會經濟研究』, 廣州, 1985)
常建華,「論明代社會生活性消費風俗的變遷」,『南開學報』1994-4
商涎鎏,「科場案件與軼聞」,『清代科擧考試述錄』, 北京, 1958
尚鉞,「中國資本主義生産因素的萌芽及其增長」,『歷史研究』1955-3
尚鉞,「清代前期中國社會之停滯・變化和發展」,『教學與研究』1955-6・7

尙鉞,「有關中國資本主義萌芽問題的二三事」,『歷史硏究』1959-7(『中國資本主義萌芽問題討論集』續編 再收)
尙鉞,「關于中國無産階級發生, 發展及形成的問題」,『新建設』1962-8
尙鉞,「『織工對』新探」,『新建設』1963-9
徐茂明,「科擧之廢與江南士紳之蛻變」,『社會科學』2004-11
徐文·江思淸,「從明代景德鎭磁業看資本主義因素的萌芽」,『光明日報』1956年 3月 29日
徐文·江思淸,「對「關于中國資本主義萌芽問題的考察」一文的一點意見」,『光明日報』1957年 4月 11日
徐小冬,「中國何時出現資本主義萌芽?」,『廣西日報』1981年 11月 28日
徐新吾,「關于資本主義萌芽一則史料的辯識」,『經濟硏究』1978-7
徐新吾,「關于『木棉譜』中所記布商業資本性質的探討」,『社會科學』1980-1
徐新吾,「中國和日本綿紡織業資本主義萌芽的比較硏究」,『歷史硏究』1981-6
徐新吾,「關于鴉片戰爭前中國民營絲織工工場竝未存的考證」,『學術月刊』1983-9
徐揚杰,「漢代雇傭勞動的幾个問題」,『江漢論斷』1982-1
徐元基,「關于中國資本主義萌芽問題的討論」,『文匯報』1963年 5月 16日
徐鼎新,「舊中國商會溯源」,『中國社會經濟史硏究』1983-1
徐振武,「明代倭寇海盜, 海禁與中國資本主義萌芽問題—讀『明代乾隆年間的倭寇海盜與中國資本主義萌芽』」,『貴州社會科學』1983-4
徐泓,「明代社會風氣的變遷—以江·浙地區爲例—」,『東亞文化』24, 1986(→『第二屆國際漢學會議論文集』, 明淸與近代史組, 臺北, 中央硏究院, 1989)
徐泓,「明代後期華北商品經濟的發展與社會風氣的變遷」,『第二次中國近代經濟史硏討會論文集』, 臺北, 中央硏究院經濟硏究所, 1989
石開,「從"銀子成精作怪"看資本主義生産方式的萌芽」,『河北財貿學院學報』1983-4
石錦,「明淸間農業結構的轉變」,『新史學』創刊號, 1990(=1990A)
石錦,「淸初稅務改革與社會」,『新史學』1-3, 1990(=1990B)
宣北琦,「關于中國資本主義萌芽發展趨勢的比較硏究」,『學習與探索』1988-1
薛國中,「從『補農書』探索十五至十七世紀中國農村經濟關係的變化」,『武漢大學學報』1981-5
薛國中,「16至18世紀的中國農業革命」,『武漢大學學報』(社會科學) 1990-2

蕭國亮,「明清時期上海地區的農村家庭棉紡織生產」,『財經研究』1984-3
蕭國亮,「試論淸代前期商業利潤不能普遍地轉化爲產業資本的原因」,『中國史研究』1984-4
蘇梅芳,「淸初遷界事件之研究」,『國立成功大學歷史學報』5, 1978
蕭放,「論明淸時期江西四工商市鎭的發展及其歷史局限」,『江西經濟史論叢』1, 1987
邵循正,「尙鉞同志對歷史規律的歪曲」,『新建設』1960-7
蕭灼基,「論中國資本原始積累」,『北京大學學報』1962-6
邵鴻,「明淸時期江西農村社區中的會」,『中國社會經濟史硏究』1998-1
邵鴻,「竹木貿易與明淸贛中山區土著種族社會之變遷—樂安縣流坑村的個案硏究—」, 周天游,『地域社會與傳統中國』, 西北大學, 1995
邵鴻,「淸代後期江西賓興活動中的官紳商」,『贛文化硏究』8, 2001
束世澂,「論北宋時資本主義關係的産生」,『華東師範大學學報』1956-3
束世澂,「行會制度發展規律的硏究」,『歷史教學問題』1958-4
孫健,「明淸時期商業資本的發展及其歷史作用」,『人文雜志』1988-2
孫競昊,「明淸江南勞動力市場結構與性能探析」,『江漢論壇』1997-1
孫達人,「張獻忠'屠蜀'的眞相—試論大西政權失敗的原因—」,『張獻忠在四川』, 成都, 1981
孫文良,「礦稅監高淮亂遼述略」,『明史硏究論叢』1, 1982
孫述圻·吳志根·張承德,「批判尙鉞同志在硏究明淸時期階級關係問題上的幾个錯誤觀點」,『江海學刊』1960-5
孫毓棠·張寄謙,「淸代的墾田與丁口的記錄」,『淸史論叢』1, 1979
宋伯胤,「蘇州淸代公所調查」,『江海學刊』1958-5
宋伯胤,「蘇州淸代織署調查報告」,『文物參考資料』1958-9
宋元强,「硏究明淸社會經濟史的重要碑刻資料」,『歷史硏究』1982-4
宋伯胤,「盛澤鎭絲織手工業歷史調查隨筆」,『中國歷史博物館館刊』1983-5
宋一夫·丁德軍·馬跃塹,「封建國家政權對封建生産關係的調整和對資本主義萌芽的扼殺是明淸社會緩慢發展的主要原因」,『松遼學刊』(增刊), 1985
柴德賡,「記永禁機匠叫歇碑發現經過」,『文物參考資料』1956-7
施民,「淸代江西農村社會經濟的發展述略」,『宜春師專學報』1995-4
申浩,「江南'訪行'的興起, 結構及功能」,『史林』2001-3

沈潔, 「廢科擧後清末鄕村學務中的權勢轉移」, 『中國近代史』(復印報刊) 2004-12
沈雨梧, 「浙江資本主義萌芽問題」, 『浙江學刊』 1987-1
沈定平, 「"强本抑末"與資本主義萌芽」, 『光明日報』 1981年 1月 6日
雙默, 「近年來明代'縉紳地主'研究概述」, 『中國史研究動態』 1985-9
岸本美緖, 「清初上海的審判與調解—以『歷年記』爲例—」, 『近世家族與政治比較歷史論文集』(上), 臺北, 中央研究院, 1992(=1992A)
楊建廣・駱梅芬, 「中國古代經紀法制源流初探」, 『中山大學學報』 1996-增
楊啓樵, 「明初人才培養與登進制度及其演變」, 『新亞學報』 6-2, 1964
楊光華・胡德榮, 「明末清初農民軍隊的鄖陽戰史」, 『鄖陽師範高等專科學校學報』 1995-5
楊國禎, 「試論清代閩北民間的土地買賣—清代閩北土地買賣文書剖析」, 『中國史研究』 1981-1
楊其民「買賣中間商'牙人'・'牙行'的歷史演變—兼釋新發現的『嘉靖牙帖』」, 『史林』 1994-4
楊訥, 「天完大漢紅巾軍史述論」, 『元史論叢』1, 1982
楊立華, 「中國封建社會長期延續之討論」, 『雲南社會科學』 1999-2
梁淼泰, 「明代後期景德鎭御器廠匠役制度的變化」, 『中國社會經濟史研究』 1982-1
梁淼泰, 「清代景德鎭一處寸窯號的收支贏利」, 『中國社會經濟史研究』 1984-4(=1984A)
梁淼泰, 「明清時期景德鎭城市經濟的特點」, 『東北師範大學學報』 1984-5(=1984B)
梁方仲, 「明代戶口田地及田土統計」, 『中國社會經濟史集刊』 3-1, 1935
梁方仲, 「一條鞭法」, 『中國近代社會經濟史集刊』 4-1, 1936
梁方仲, 「明代銀鑛考」, 『中國社會經濟史集刊』 6-1, 1939
楊師群, 「明清城鎭不存在資本主義萌芽—与西歐中世紀城市的比較研究」, 『浙江社會科學』 2005-01
楊生民, 「從『補農書』看明末清初浙江嘉,湖地區的農業資本主義萌芽問題」, 『北京師範學院學報』 1979-2
楊余練, 「康雍時期鑛業政策的演變」, 『社會科學輯刊』 1983-2
楊念群, 「論中國近代知識分子參政的三種模式」, 『廣州研究』 1988-2
楊正泰, 「明清臨清的盛衰與地理條件的變化」, 『歷史地理』3, 1982
楊超, 「明清紡織業中資本主義手工工場的兩種發生過程」, 『光明日報』 1955年 12月 8日
梁洪生, 「家族組織的整合與鄕紳—樂安流坑村'彰義堂'祭祀的歷史考察—」, 周天游,

『地域社會與傳統中國』, 西北大學, 1995(=1995A)

梁洪生, 「吳城商鎭及其早期商會」, 『中國經濟史研究』 1995-1(=1995B)

梁洪生, 「吳城商鎭發展與聶公崇拜」, 『南昌大學學報』第26卷—增刊, 『贛文化研究專輯』, 1995(=1995C)

梁洪生, 「吳城神廟系統與行業控制—兼論宗族勢力控制商鎭的條件問題—」, 許懷林, 『江西歷史研究論集』, 江西人民出版社, 1999

嚴昌洪, 「紳士與地方—以河南士紳王錫彤爲個案的透視—」(「近代中國鄕村社會權勢」國際學術硏討會, 中山大學歷史系, 2004.7.12-13, 發表文)

余濤, 「清代南昌慈善事業硏究」, 南昌大學 碩士論文, 2001

余新忠, 「清前期浙西北基層社會精英的晉身途徑與社會流動」, 『南開學報』(哲社) 2000-4 (『明清史』 2001-1)

黎仁凱, 「論太平天國時期的知識分子」, 『河北學刊』 1993-2

余子明, 「從鄕村到都市 : 晩淸紳士群體的城市化」, 『中國近代史』(復印報刊) 2002-12

呂作燮, 「明淸時期的會館幷非工商業行會」, 『中國史硏究』 1982-2

黎澍, 「關于中國資本主義萌芽問題的考察」, 『歷史硏究』 1956-4

黎澍, 「中國的近代始于何時」, 『歷史硏究』 1959-3

黎澍, 「評“四人幇”的封建專制主義」, 『歷史硏究』 1977-6

呂振羽, 「關于明迄鴉片戰爭前中國資本主義的萌芽問題」, 『求索』 1981-1

燕石, 「幾壞有關鎭壓踹坊, 染紙坊手工工人的碑刻資料」, 『文物參考資料』 1957-9

冉光榮, 「明代四川井鹽業的初步硏究」, 『井鹽史硏究』 1968-1

冉光榮・張學君, 「四川井鹽業資本主義萌芽的探討 — 關于淸代富榮鹽場經營契約的初步分析」, 『四川大學學報叢刊』 1980-5

閻澤, 「“中華帝國晩期近代化”語境下的天津早期城市化屬性分析」, 『天津成人高等學校聯合學報』2004-04

葉茂, 「商品化, 過密化與農業發展—部分經濟史學者討論黃宗智『中國經濟史中的悖論現象與當前規範認識危機』」, 『史學理論硏究』 1993-4

葉顯恩, 「試論徽州商人資本的形成發展」, 『中國史硏究』 1980-3

葉顯恩, 「封建土地占有關係與鄕紳階層」, 『明淸徽州農村社會與佃僕制』, 安徽人民出

版社, 1983(=1983B)
葉顯恩,「徽商利潤封建化與資本主義萌芽」,『中山大學學報』1983-1(=1983C)
寧超,「明代雲南的礦冶業及其特點」,『學術研究』1962-1
倪根金·陳志國,「略論清代廣東鄉村的乞丐及其管治—以碑刻資料爲中心—」,『清史研究』2006-2
倪道善,「清代書吏考略」,『社會科學研究』1988-2
黎民,「乾隆刑科題本中有關農業資本主義萌芽的材料」,『文物』1979-5
黎邦正,「從明清兩代看封建專制度對經濟發展的影響」,『重慶日報』1981年 2月 4日
吳江,「中國資本主義經濟發展史的若干特點」,『經濟研究』1955-5
吳建雍,「清前期榷關及其管理制度」,『中國史研究』1984-1
吳金成,「近十年來韓國的中國近現代史研究」,『近代中國史研究通訊』15, 臺北, 1992
吳金成,「朝鮮學者之明史研究」,『中韓關係史國際研討會論文集』, 臺北, 1981
吳金成,「明·清時代紳士層研究的諸問題」,『中國史研究的成果與展望』, 北京社會科學院, 1991(=1991B)
吳金成「近十年來韓國的中國近現代史研究」,『近代中國史研究通訊』15,臺北, 1993(=1993B)
吳琦,「晩明至清的社會風常與民俗心理機制」,『華中師範大學學報』(哲社版) 1990-6
吳奇衍,「清代前期牙行制試述」,『清史論叢』6, 1985
吳吉遠,「試論清代吏·役的作用和地位」,『清史研究』1993-3
吳奈夫,「關于葛成領導的蘇州織工鬪爭」,『江蘇師範學院學報』1981-4
伍丹戈,「論清初奏銷案的歷史意義」,『中國經濟問題』1981-1(=1981A)
伍丹戈,「明代紳衿地主的形成」,『抖擻』47, 1981(=1981B)(→歷史研究編輯部,『中國封建地主階級研究』, 中國社會科學, 1987
伍丹戈,「明代紳衿地主的發展」,『明史研究論叢』2, 1983(=1983A)
伍丹戈,「明代徭役的優免」,『中國社會經濟史研究』1983-3(=1983B)
吳大琨「關于『中國歷史綱要』明清史部分幾个經濟問題的意見」,『文史哲』1955-3(=1955A)
吳大琨,「略論'紅樓夢'的時代背景」,『文史哲』1955-1(=1955B)
吳大琨「關于『略論』紅樓夢』的時代背景』及其他—答陳湛若先生」,『文史哲』1956-4(=1956A)
吳大琨, 「關于中國清初資本主義生産萌芽發展水平問題—答李之勤同志兼評尚鉞同

志的幾个論点」,『教學與研究』1956-5(=1956B)
吳大琨, 「評'明清之際中國市民運動的特徵及發展'」, 『中國資本主義萌芽問題討論集』(續編), 北京, 1960
吳濤, 「清嘉慶年間陜西木工和鐵工的起義」, 『史學月刊』1964-8
吳滔, 「明清江南市鎮與農村關係史研究概述」, 『中國農史』2005-2
吳量愷, 「清代乾隆時期農業經濟關係的演變和發展」, 『清史論叢』第1輯, 北京, 1979
吳量愷, 「試論鴉片戰爭前清代農業資本主義萌芽緩慢發展的主要原因」, 『清史論叢』第3輯, 北京, 1982
吳量愷「清代前期農業經濟中的短雇與資本主義萌芽」,『華中師範學院學報』1983-5(=1983A)
吳量愷, 「清前期農業雇工的工價」, 『中國社會經濟史研究』1983-2(=1983B)
吳量愷, 「清代農民的永佃權及其影響」, 『江漢論斷』1984-6
吳量愷, 「明代中後期"農民非農化"的傾向與社會結構的變異」, 『中國農史』1994-1
吳美琪, 「明代士人的服飾風尚及其反映的社會心態—以江南地區爲例—」, 臺北, 國立臺灣師範大學歷史研究所碩士論文, 2000
吳少珉, 「我國歷史上的經紀人及行業組織考略」, 『史學月刊』, 1997-5
伍純武, 「再論資本原始積累的特徵」, 『學術月刊』1961-8(=1961A)
伍純武, 「中國資本的原始積累問題」, 『學術月刊』1961-3(=1961B)
吳承明, 「關于中國資本主義萌芽的幾個問題」, 『文史哲』1981-5(=1981A)
吳承明, 「中國資本主義的發展略述」, 『中華學術論文集』, 北京, 1981(=1981B)
吳承明, 「論清代前期我國國內市場」, 『歷史研究』1983-1(=1983A)
吳承明, 「我國手工綿紡織業爲什麼長期停留在家庭手工業階段」, 『文史哲』1983(=1983B)
吳承明, 「明代國內市場和商人資本」, 『中國社會科學院經濟研究所集刊』第5集, 1983
吳仁安, 「明代江南社會風常初探」, 『社會科學家』(桂林) 1987-2
吳仁中, 「明代廣東三十六行初探」, 『學術研究』1980-2
吳智和, 「明代蘇州鄉土生活史擧隅—以文人集團爲例」, 『方志學與社區鄉土史學術研討會論文集』, 臺灣學生書局, 1998
吳智和, 「明代提學教權與社會之變遷」, 柏樺, 『慶祝王鍾翰教授八十五暨韋慶遠教授七十華誕學術論文合集』, 黃山書社, 1999

吳振漢,「明代後期擧貢出身文官之仕途」, 中國明代硏究學會,『明人文集與明代硏究』, 臺北, 2001

吳緝華,「明代臨清德州的地位及其漕倉的硏究」,『大陸雜誌』 11-1・2, 1960

吳緝華,「明代海運及運河的硏究」,『歷史語言硏究所專刊』43, 1961

吳天潁,「論宋代四川制鹽業中的生產關係」,『文史哲』 1964-1

吳太昌,「略論中國封建社會經濟結構對資本主義發展的影響」,『中國經濟史硏究』 1990-1

吳澤,「馬克思論封建工具所有制與行會制度 —紀念馬克思逝世一百周年」,『歷史敎學問題』 1983-2

吳楓,「略論公元十六, 十七世紀我國封建社會中資本主義關係萌芽的產生及其主要表現」,『東北師範大學函授敎學』(歷史版) 1956-6

吳晗,「明代的農民」,『益世報』, 史學 12, 13, 1935(『吳晗史學論著選集』第1卷, 北京, 1984 再收)

吳晗,「論紳權」,『時與文』 3-1, 1948

吳晗,「明初的恐怖政治」,『中建』 3-5, 1948(=1948A)(『吳晗史學論著選集』北京, 第2卷, 1986 再收)

吳晗,「明初的學校」,『淸華學報』 15-1, 1948(=1948B)(『讀史箚記』, 北京, 1956 再收)

吳晗,「關于中國資本主義萌芽的一些問題— 在北京大學歷史系所作的報告」,『光明日報』 1955年 12月 22日(=1955B)

吳晗,「明初社會生產力的發展」,『歷史硏究』 1955-3(=1955B) (『中國資本主義萌芽問題討論集』上, 1957 再收)

吳晗,「明代的科擧情況和紳士特權」,『光明日報』 1959. 8. 26(→『燈下集』, 北京, 1960)

吳晗,「明代新仕宦階級, 社會的政治的文化的關係及其生活」,『明史硏究論叢』5, 1991

吳海若,「中國資本主義生產的萌芽」,『經濟硏究』 1956-4

阮忠仁,「淸末民初農工商機構的設立—政府與經濟現代化關係之檢討 (1903-1916)」,『國立臺灣師範大學歷史硏究所專刊』19, 1988

王家范,「晩明江南士大夫的歷史命運」,『史林』 1987-2(總5期)

王家範,「明淸江南消費風氣與消費結構描述—明淸江南消費經濟探測之一—」,『華東師範大學學報』(哲社) 1988-2

王家范,「明清江南市鎮結構及歷史價值初探」,『華東師範大學學報』1984-1

王綱,「論明末清初四川人口大量減少的原因」,『張獻忠在四川』, 成都, 1981

王建娥·張海英,「對布羅代爾關于資本主義論述的分析與思考: 兼論布羅代爾資本主義論述對中國社會經濟史研究的啓示」,『中國經濟史研究』1998-1

王敬新,「試論中國封建社會的抑商政策」,『人文雜志』1986-2

汪敬虞,「關于資本主義萌芽的方法論」,『經濟研究』1963-2

汪敬虞,「從綿紡織品的貿易看中國資本主義的産生」,『中國社會經濟史研究』1986-1

汪槐齡,「明萬曆年間的市民運動」,『歷史教學』1959-6

王宏鈞,「中國從先進到落後的三百年」,『中國史研究』1980-1

王宏鈞·劉如仲,「廣東佛山資本主義萌芽的幾點探討」,『中國歷史博物館館刊』1980-2

王根泉,「明清時期一个典型農業地區的墟鎭」,『江西大學學報』1990-2

王德昭,「清代的科擧入仕與政府」,『明淸史國際學術討論會論文集』, 天津人民, 1982

汪林茂,「江浙士紳與辛亥革命」,『近代史研究』1990-5

王明倫,「鴉片戰爭前雲南銅鑛業中的資本主義萌芽」,『歷史研究』1956-3

王方中,「宋代民營手工業的社會經濟性質」,『歷史研究』1959-2

王士達,「近代中國人口的估計」,『社會科學雜誌』1-4(1930, 2-1(1931)

汪士信,「試論牙行」,『中國社會科學經濟研究所集刊』8, 1986

汪士信,「我國手工業行會的産生, 性質及其作用」,『中國社會科學院經濟研究所集刊』第2集, 1980

王思治 · 金成基,「從淸初的吏治看封建官僚政治」,『歷史研究』1980-1

王翔,「論江南絲綢業中的資本主義萌芽」,『蘇州大學學報』1992-2(=1992A)

王翔,「明淸商業資本的動向與江南絲綢業資本主義萌芽」,『江海學刊』1992-4(=1992B)

王翔,「中國資本主義萌芽研究的新成果」,『中國社會科學』1993-2

王先明,「近代中國紳士階層的分化」,『社會科學戰線』1987-3

王先明,「論近代社會中的紳士集團」,『史學月刊』1989-1(=1989A)

王先明,「中國近代紳士述論」,『求索』1989-1(=1989B)

王先明,「近代中國紳士集團轉型初探」,『東南文化』1990-4

王先明,「中國近代紳士階層的社會流動」,『歷史研究』1993-2

王先明,「從紳士階層到紳商階層(論收回利權運動的主導力量)」,『社會科學戰線』 1995-1(=1995A)
王先明,「淸代社會結構中紳士階層的地位與角色」,『中國史硏究』 1995-4(=1995B)
王先明, 「晩淸士紳階層社會地位的歷史變動」, 『歷史硏究』 1996-1
王世鋒 · 張學君, 「四川井鹽史硏究述略」, 『中國史硏究動態』 1984-2
王世襄, 「談淸代的匠作則例」, 『文物』 1963-7
王守稼, 「明淸時期上海地區資本主義的萌芽及其歷史運命」, 『學術月刊』 1988-12
王秀絨, 「土地兼并的歷史功罪補論」, 『商洛師范專科學校學報』 1995-1
汪叔子, 「江西'戊戌維新'考述」, 『江西社會科學』 1997-10
王崇武, 「明代戶口的消長」, 『燕京學報』20, 1936
王崇武, 「論元末農民起義的社會背景」, 『歷史硏究』 1954-1
王新, 「明淸時期社會風尙變革擧隅」, 『吉林大學社會科學學報』 1990-3
王亞南, 「『紅樓夢』現實主義的社會基礎問題」, 『厦門大學學報』1955-1
王躍生, 「淸代科擧人口硏究」, 『人口硏究』 1989-3
王躍生, 「淸代生監的人數計量及其社會構成」, 『南開學報』 1998-1
王業鍵, 「淸雍正時期的財政改革」, 『中央硏究員院歷史語言硏究所集刊』32, 1961
王業鍵, 「明淸經濟發展並論資本主義萌芽問題」, 『中國社會經濟史硏究』 1983-3
王業鍵 · 黃國樞, 「十八世紀中國糧食供需的考察」, 中央硏究院近代史硏究所, 『近代中國農村經濟史論文集』, 臺北, 1989
王燕梅, 「關于中國的資本原始積累問題」, 『靑海師大學報』 1988-1
王衛平, 「明淸蘇州社會風尙的變遷—吳地民風檀變硏究之二—」, 『歷史教學問題』 1993-4
王衛平, 「明淸時期太湖地區的奢侈風氣及其評價—吳地民風檀變硏究之四—」, 『學術月刊』 1994-2.
王衛平 · 黃鴻山, 「淸代江南地區的鄕村社會救濟—以市鎭爲中心的考察—」, 『中國農史』 2003-4
汪維眞 · 牛健强, 「明代中後期江南地區風尙趣向的更移」, 『史學月刊』 1990-5
王育濟, 「走出"中世紀"—理學 · 實學 · 朴學的檀演及其啓蒙意義」, 『中國哲學史』 1994-3
王聿均, 「淸代中葉士大夫之憂患意識」, 『中央硏究院近代史所硏究所集刊』11, 1983
王戎笙, 「淸初科場案硏究」, 『淸史論叢』, 遼寧古籍出版社, 1995
王毅, 「明代流氓文化的惡性膨脹與專制政體的關係及其對國民心理的影響(上 · 下) — 通過

明代後期世態小說的內容對社會史的考察」, 『社會學硏究』 2000-2・5

王毅, 「再論明代流氓文化與專制政體的關係—兼答高壽仙先生」, 『社會學硏究』 2002-2

王日根・成之平, 「明清社會經濟史地區性硏究的新成果 : 『明淸廣東社會經濟形態硏究』評價」」, 『中國社會經濟史硏究』 1986-3

王日根, 「明淸福建與江南義田的比較」, 『學術月刊』 1996-1(=1996B)

汪杼庵, 「十三行與屈大均廣州竹枝詞」, 『歷史硏究』 1957-6

王笛, 「淸代四川人口, 耕地及糧食問題」(上), 『四川大學學報』(哲社) 1989-3(=1989A)

王笛, 「淸代四川人口, 耕地及糧食問題」(下), 『四川大學學報』(哲社) 1989-4(=1989B)

王笛, 「晩淸長江上游地區公共領域的發展」, 『歷史硏究』 1996-1

王廷元, 「論明淸時期的徽州牙商」, 『中國社會經濟史硏究』, 1993-2

王仲犖, 「明代蘇松嘉湖四府的租額和江南紡織業」, 『文史哲』 1951-2

王天有, 「萬曆天啓時期的市民鬪爭和東林黨議」, 『北京大學學報』2, 1984

王天奬, 「十九世紀下半期中國的秘密結社」, 『歷史硏究』 1963-2

王春瑜・杜婉言, 「明淸宦官與江南經濟」, 『學術月刊』, 1984-6(『明代宦官與經濟史料初探』, 北京, 1986 再收)

王春瑜, 「明代流氓及流氓意識」, 『社會學硏究』 1991-3

王興亞, 「明代中後期河南社會風尙的變化」, 『中州學刊』 1989-4.

遼寧大學歷史系中國古代史世紀史教硏室, 「批判尙鉞同志關于明淸之際農村階級關係和農民戰爭的錯誤觀點」, 『光明日報』 1960年 7月 21日

姚從斌, 「試論徽商資本土地化問題」, 『安徽大學學報』 1988-3

廖聲豊, 「淸代贛關硏究」, 南昌大學碩士論文, 1998

廖志豪, 「蘇州發現淸“織造局”圖」, 『文物』 1964-9

廖志豪, 「概述明朝末年蘇州手工業工人和市民鬪爭」, 『江蘇師範學院學報』 1977-3・4

廖華生, 「淸初士人: 道德追求與社會責任—以寧都魏氏一門爲例」, 江西師範大學 碩士學位 論文, 2002

容肇祖, 「劉基的哲學思想及其社會政治觀點」, 『哲學硏究』 1961-3

隈瀛濤・王永年, 「中國資本主義萌芽與近代資本主義的産生」, 『貴州文史叢刊』 1984-3

牛健强・汪維眞, 「再論明代中後期江南地區社會風尙的變化」, 『河南大學學報』(社科版)

31-1, 1991
牛健强・汪維眞,「明代中後期江南周圍地區風尚趣向的改變及其特徵」,『東北師大學報』(哲社版) 1992-1
于瑞桓・何成,「明末清初新城王氏婚姻簡論」,『烟台大學學報』 2002-4
袁英光・李曉路,「唐代財政重心的南移與兩稅法的產生」,『北京師院學報』(社科版) 1985-3
袁定中,「批判尙鉞同志關于中國近代史開端問題的謬論」,『光明日報』 1960年 6月 23日
韋慶遠・魯素,「論清初商辦鑛業中資本主義萌芽未能茁壯成長的原因」,『中國史研究』 1982-4
韋慶遠,「清代牙商利弊論」, 韋慶遠,『明淸史辨析』, 北京, 1989
魏金玉,「中國資本主義萌芽學術討論會紹介」,『中國歷史學年監』, 1982
魏金玉,「試說明清時代雇傭勞動者與雇工人等級之間的關係」,『中國經濟史硏究』 1986-4
魏嵩山,「元末劉福通等起義經過与最初起義之地考實」,『中國史研究』 1994-1
魏千志,「關于中國資本主義的萌芽問題的討論」,『史學月刊』 1957-2
劉炎,「明末城市經濟發展下的初期市民運動」,『歷史研究』 1955-6(→『中國資本主義萌芽問題討論集』 上, 北京, 1957)
劉大年,『關于尙鉞同志爲「明淸社會經濟形態的硏究」一書所寫的序言』,『歷史硏究』 1958-1
劉曼麗・范紅麗,「方國珍家族事跡拾遺」,『西安建筑科技大學學報』(社會科學版) 2001-01
劉敏,「論淸代棚民的戶籍問題」,『中國社會經濟史研究』 1983-1
劉敏,「試論清代商業資本的發展趨勢」,『中國社會經濟史研究』 1984-4
劉石吉,「明淸市鎭發展與資本主義萌芽(綜合討論與相關著作之評價)」,『社會科學家』 1988-4
劉石吉,「明淸時代江西墟市與市鎭的發展」,『第二次中國近代經濟史會議』(1), 1989
劉秀生,「清代牙行與產地市場」,『北京商學院學報』 1991-2
劉泱泱,「近代湖南紳士與敎案」,『求索』 1992-3
劉炎,「明末城市經濟發展下的初期市民運動」,『歷史研究』 1955-6
劉永成,「乾隆蘇州元長吳三縣『議定紙坊條議章程碑』」,『歷史研究』 1958-4
劉永成,「對蘇州『織造經制記』碑文的看法」,『歷史研究』 1958-4
劉永成,「解釋幾个有關行會的碑文」,『歷史研究』 1958-9
劉永成,「試論清代蘇州手工業行會」,『歷史研究』 1959-11.
劉永成,「論淸代雇傭勞動 —兼與歐陽凡修同志商榷」,『歷史研究』 1962-4

劉永成, 「論『紅樓夢』時代的租佃關係」, 『新建設』 1963-11

劉永成, 「論中國資本主義萌芽的歷史前提」, 『中國史研究』 1979-2

劉永成, 「乾隆刑科題本與清代前期農村社會經濟研究」, 『歷史檔案』 1981-2

劉永成, 「清代前期的農業租佃關係」, 『清史論叢』 第2輯, 1980

劉耀 「十九世紀七八十年代南昌杭州两个城市錫箔業中的資本主義關係」, 『史學集刊』 1957-1

劉堯庭, 「試論西周到鴉片戰爭我國手工業發展的幾个階段」, 『新史學通訊』 1955-2・3

劉堯庭, 「有關我國封建社會商業發展的幾个問題」, 『新史學通訊』 1955-11

劉雲村, 「關于中國資本主義萌芽問題的商榷」, 『明清資本主義萌芽研究論文集』, 1981

劉重日・左雲鵬, 「對'牙人''牙行'的初步探討」, 『文史哲』 1957-8(=1957A→『明清資本主義萌芽論文集』, 上海人民出版社, 1981)

劉重日・左云鵬, 「明代東林黨爭的社會背景及其與市民運動的關係」, 『新建設』 1957-10(=1957B)

劉重日, 「明代農業資本主義萌芽問題論略」, 『求是學刊』 1994-3

劉志琴, 「論東林黨的興亡」, 『中國史研究』 1979-3

劉志琴, 「試論萬曆民變」, 『明清史國際學術討論會論文集』, 天津, 1982(=1982A)

劉志琴, 「城市民變與士大夫」, 『中國農民戰爭史論叢』4, 1982(=1982B)(← 劉志琴, 「試論萬曆民變」, 『明清史國際學術討論會論文集』, 天津, 1982)

劉志琴, 「商人資本與晚明社會」, 『中國史研究』 1983-2

劉志琴, 「晚明城市風尚初探」, 『中國文化研究集刊』1, 復旦大學, 1984

劉志琴, 「晚明世風漫議」, 『社會學研究』 1992-3(=1992A)

劉志琴, 「晚明時尚與社會變革的曙光」, 『古代禮制風俗漫談』4, 北京, 中華書局, 1992(=1992B)

劉昶, 「爲什麽資本主義不曾在中國發展起來」, 『上海師範學院學報』 1982-2

劉昌潤 ・ 潘際湘, 「從竹枝詞看漢口資本主義的萌芽」, 『武漢春秋』 1984-2

劉翠溶, 「清初順治康熙年間減免賦稅的過程」, 『中央研究員院歷史語言研究所集刊』 37下, 1967

劉翠溶, 「明清時代南方地區的專業生產」, 『大陸雜誌』 56-3・4, 1978

劉洪元, 「明清時期的會館幷非工商業行業補證」, 『宜春師專學報』 1985-1

劉和惠, 「論晚明社會風尚」, 『安徽史學』 1990-3

陸仰淵, 「明末清初明萬里率南通民衆兩次暴動稽考」, 『學海』 2000-2

陸咸, 「從"蘇湖熟, 天下足"到"衣被天下"—明・清時期江南地區資本主義萌芽的發生」, 『蘇州科技學院學報』(社會科學版) 2004-4

尹金翔, 「尚鉞同志有關明末市民鬬爭問題的幾个錯誤論点」, 『教學與研究』 1960-7

尹進, 「關于中國農業中資本主義萌芽問題」, 『歷史研究』 1980-2

尹進, 「中國封建社會後期農業中已有資本主義萌芽嗎?」, 『武漢大學學報』 1981-5

尹進, 「中國封建社會內資本主義萌芽問題」, 孫鍵, 『中國經濟史論文集』, 北京, 1987

戎笙, 「試論明代後期農民階級鬬爭的性質和特點」, 『歷史研究』 1958-10

殷民, 「批判尚鉞同志"中國近代史應始于明清之際"的謬論」, 『人文雜志』 1960-4

李家壽, 「試論中國民族市場的形成」, 『光明日報』 1963年 5月 13日

李强, 「評傅衣凌先生『明代江南市民經濟初探』一書中關于階級鬬爭問題上的錯誤觀點」, 『論壇』 1960-2

李剛・徐文華, 「十六世紀以來中外貿易通商與中國資本主義萌芽」, 『中國社會經濟史研究』 1987-4

李格, 「多爾衮與清朝統治的建立」, 『清史論叢』3, 中華書局, 1982

李景林, 「從『三省邊防備覽』一書看十八世紀至十九世紀二十年代陝川鄂三省交界地區社會關係的一些特點」, 『史學集刊』 1956-1

李景林・劉耀, 「鴉片戰爭前蘇松地區綿紡織業中商業資本和資本主義萌芽問題的探討」, 『史學集刊』1956-2

李桂海, 「論中國封建社會商品經濟興衰的原因」, 『晉陽學刊』 1984-6

李光濤, 「洪承疇背明始末」, 『中央研究院歷史語言研究所集刊』17, 1948

李光壁, 「明代手工業的發展」, 『歷史教學』 1954-7

李光壁, 「試論明中期農民起義的歷史作用」, 『歷史教學』 1961-8・9

李國祁, 「清代杭嘉湖寧紹五府的市鎭結構及其演變初稿」, 『中山學術文化論文集刊』 27, 1981

李龍潛, 「試論明代礦業運動的反抗鬬爭」, 『史學月刊』 1959-3(=1959A)

李龍潛, 「試論明代礦業中資本主義因素的萌芽及特點」, 『理論和實踐』 1959-6(=1959B)

李龍潛, 「清代前期廣東采礦, 冶鑄業中的資本主義萌芽」, 『學術研究』 1979-5

李立,「朱元璋時期的社會教育」,『歷史教學』1994-10

李淖然,「論東林黨爭與晚明政治」,『明清史集刊』(香港大學中文系)1, 1985

李文治,「晚明統治階級的投降清朝及農民起義軍反清鬪爭」, 李光壁,『明清史論叢』, 武漢, 1957

李文治,「論清代前期的土地占有關係」,『歷史研究』1963-5

李文治,「論中國地主經濟制與農業資本主義萌芽」,『中國社會科學』1980-1

李文治,「明清時代中國農業資本主義萌芽」, 李文治,『明清廣東社會經濟形態研究』, 廣州, 1985

李文海・朱滸,「義和團運動時期江南紳商對戰爭難民的社會救助」,『清史研究』2004-2

李伯重,「明清時期江南水稻生産集約程度的提高—明清江南農業經濟發展特點探討之一—」,『中國農史』1984-1

李伯重,「明清江南農業資源的合理利用—明清江南農業經濟發展特點探討之三—」,『農業考古』1985-2(=1985A)

李伯重,「桑爭稻田與明清江南農業生産集約程度的提高—明清江南農業經濟發展特點探討之二—」,『中國農史』1985-1(=1985B)

李伯重,「明清江南與外地經濟聯系的加强及其對江南經濟發展的影響」,『中國經濟史研究』1986-2(=1986A)

李伯重,「明清江南種稻農戶生産能力初探—明清江南農業經濟發展特點探討之四—」,『中國農史』1986-3(=1986B)

李伯重,「‘人耕十畝’與明清江南農民的經營規模—明清江南農業經濟發展特點探討之五—」,『中國農史』15-1, 1996(=1996A)

李伯重,「資本主義萌芽情結」,『讀書』1996-8(=1996B)

李伯重,「資本主義萌芽研究与現代中國史學」,『歷史研究』2000-2(=2000B)

李伯重,「英國模式・江南道路与資本主義萌芽」,『歷史研究』2001-1

李伯重,「有無“13,14世紀的轉折”?」,『多視覺看江南經濟史(1250-1850)』, 三聯書店, 北京, 2003(=2003B)

李伯重,「控制增長, 以保富裕 : 清代前中期江南的人口行爲」・「工業發展與城市變化—明中葉至清中葉的蘇州—」,『多視角看江南經濟史, 1250-1850』, 三聯書店, 北京, 2003(=2003C)

李伯重,「工業發展與城市變化—明中葉至清中葉的蘇州—」,『多視角看江南經濟史, 1250-1850』,

三聯書店, 北京, 2003(=2003D)

李伯重, 「16, 17世紀江南的生態農業」(下), 『中國農史』 2004-4

李洵, 「試論明代的流民問題」, 『社會科學輯刊』 1980-3

李洵, 「論明代江南地區士大夫勢力的興衰」, 『史學集刊』 1987-4

李昱姣・劉万云, 「論中國歷史進程中小農經濟的必然性和相對合理性」,『西南師范大學學報』(人文社會科學版) 2000-4

李運元, 「延續性是資本主義萌芽的重要屬性」, 『經濟研究』 1984-3

李運元, 「淺談"農業資本主義萌芽"—兼談中國農業中資本主義問題」, 『經濟學家』 1991-5

伊原弘介, 「明末清初'紳士的土地經營—以張履祥爲例—」, 『明清史國際學術討論會論文集』, 天津人民, 1982

李濟賢, 「李自成起義軍在山東」, 『中國農民戰爭史論叢』4, 1982

李中清, 「明清時期中國西南的經濟發展和人口增長」, 『清史論叢』5, 1984

李之勤, 「關于中國清初資本主義生産萌芽的發展水平問題—和吳大琨先生商榷」, 『教學與硏究』 1956-2

李之勤, 「論明末清初商業資本對資本主義萌芽的發生和發展的積極作用」, 『西北大學學報』 1957-1(=1957A)

李之勤,「論鴉片戰爭以前清代商業性農業的發展」,『明清社會經濟形態研究』,上海, 1957(=1957B)

李鴻彬, 「鄭成功與'南京之役'」, 『清史研究通訊』 1988-1

李紅英, 「略論近代中國社會的職業乞丐問題」, 『安徽師範大學學報』(社科版) 2000-2

李華, 「試論清代前期的市民鬪爭」, 『文史哲』 1957-10

李華, 「從徐揚『盛世滋生圖』看清代前期蘇州工商業的繁榮」, 『文物』 1960-1

李華, 「明清以來北京的工商業行會」, 『歷史研究』 1978-4

李華, 「康熙對漢族士大夫的政策」, 『社會科學輯刊』 1980-3

李孝悌, 「從中國傳統士庶文化的關係看二十世紀的新動向」, 『近代史研究所集刊』 19, 1990

李希凡・藍翎, 「關於『紅樓夢簡論』及其他」, 『文史哲』 1954-9(=1954A)

李希凡・藍翎, 「論紅樓夢的人民性」, 『新建設』 1954年 11月號(=1954B)

李希凡・藍翎, 「評『紅樓夢研究』」, 『光明日報』 1954. 10. 10(=1954C)

林甘泉,「加强中國封建社會經濟史的研究」,『光明日報』 1982年 11月 3日
林甘泉,「呂振羽與中國社會經濟形態研究」,『史學史研究』 2000-4
林甘泉,「世紀之交中國古代史研究的几個熱點問題」,『云南大學學報』(社會科學版) 2002-2
林乾,「一个模式和三種結構: 論明清政權的經濟平衡政策」,『松遼學刊』(增刊), 1985
林乾,「訟師對法秩序的沖擊與清朝嚴治訟師立法」,『清史研究』 2005-3
任道斌,「清代嘉興地區胥吏衙蠹在經濟方面罪惡活動」,『清史論叢』6, 1985
任道斌,「試論明代杭嘉湖平原市鎮的發展」,『明史研究論叢』4, 1991
林頓,「清代前期四川商業貿易與社會經濟的發展」,『四川歷史研究文集』, 成都, 1987
林麗月,「閩南士紳與嘉靖年間的海上走私貿易」,『明史研究論叢』2, 1979
林麗月,「明末東林運動新探」, 臺灣師大 歷史研究所 博士論文, 1984
林麗月,「'擊內'抑或'調和'?—試論東林領袖的制宦策略」,『歷史學報』(臺灣師大)14, 1986
林麗月,「東林運動與晚明經濟」, 淡江大學中文系,『晚明思潮與社會變動』, 臺北, 1987
林麗月,「商稅與晚明的商業發展」,『國立臺灣師範大學歷史學報』16, 1988
林麗月,「晚明'崇奢'思想隅論」,『歷史學報』(臺灣師範大學)19, 1991
林麗月,「科場競爭與天下之'公': 明代科擧區域配額問題的一些考察」,『國立臺灣師範大學歷史學報』20, 1992
林麗月,「明代禁奢令初探」,『歷史學報』(臺灣師範大學)22, 1994
林麗月,「衣裳與風教; 晚明的服飾風尙與'服妖'議論」,『新史學』 10-3, 1999
林麗月,「明代中後期的服飾文化及其消費心態」,『中央研究院第三居國際漢學會議論文集』(經濟史・都市文化與物質文化), 臺北, 中央研究院, 2002
林麗月,「晚明的消費與文化」,『明清史研究』20, 2004
林立平,「唐後半期人口南遷及其影響」,『江漢論壇』 1983-9
任放,「明清長江中游地區的市鎭類型」,『中國社會經濟史研究』 2002-4
林祥瑞, 「論清朝的"海禁"與資本主義萌芽—與陳柯云同志商榷」,『北京師範學院學報』1981-4
林祥瑞,「清代前期福建地主經濟的若干特點」,『歷史研究』 1985-1(=1985A)
林祥瑞,「永佃權與福建農業資本主義萌芽」,『中國史研究』 1985-2(=1985B)
林永匡,「"清史國際學術討論會"在大連擧行」,『中國史研究動態』 1986-10

林仁川, 「明代私人海上貿易的性質和影響」, 『中國古代史論叢』第2輯, 福州, 1981
林仁川, 「明代漳州海上貿易的發展與海商反對稅監高寀的鬪爭」, 『廈門大學學報』 1982-3
林仁川, 「讀伍丹戈著『明代土地制度和賦役制度的發展』」, 『中國社會經濟史研究』 1983-2
林仁川·陳杰中, 「清代臺灣與祖國大陸的貿易結構」, 『中國社會經濟史研究』 1983-2
林仁川, 「明後期海禁的開放與商品經濟的發展」, 『安徽史學』 1992-3
林增平, 「近代中國資産階級論略」, 『中華學術論文集』, 北京, 1981
張家炎, 「明淸江漢平原農業經濟發展的地區特徵」, 『中國農史』 1992-2
張建民, 「淸代江漢—洞庭湖區垸堤農田的發展及其綜合考察」, 『中國農史』 1987-2(=1987A)
張建民, 「'湖廣熟, 天下足'述論」, 『中國農史』 1987(=1987B)
蔣建平, 「明淸時期湖南穀倉地位的形成」, 『經濟科學』 1982-2
張桂林, 「贛西棚民與福建佃農」, 『福建師範大學學報』 1986-3
張光燦, 「論淸朝前期的閉關政策 , 『寧夏大學學報』 1985-2
張九皋, 「蕪湖手工煉鋼業的片段史料」, 『安徽史學通訊』 1958-1
張國臣, 「中西方資本主義萌芽比較研究」 , 『許昌師專學報』 1995-2
張國雄, 「江漢平原垸田的特徵及其在明淸時期的發展演變」, 『農業考古』 1989-1·2.
張國雄·梅莉, 「明淸時期江漢—洞庭平原的人口變化與農業經濟的發展」, 『中國歷史地理論叢』(西安) 1989-4
張國雄, 「"湖廣熟, 天下足"的內外條件分析」, 『中國農史』 1994-3
蔣群, 「辛亥江西光復記」, 『辛亥革命史資料選輯』(下), 湖南人民, 1981
張濤, 「牙行的演變」, 『武漢文史資料』, 1997-4
張洞明·楊康蓀·宣斯文, 「試論織工封建社會非身分性地主經濟的性質」, 『學術月刊』 1982-10
莊練, 「湖州莊氏史案」, 『明淸史事叢談』, 臺北, 1972
張明富, 「試論明淸商人會館出現的原因」, 『東北師範大學學報』 1997-1
張明富, 「'賈以好儒'並非徽商特色—以明淸江浙·山西·廣東商人爲中心的考察—」, 『中國社會經濟史研究』 2002-4
張文, 「論中國封建社會長期延續的原因」, 『雲南行政學院學報』 2000-4(=2000A)
張文, 「中國封建社會長期延續的地緣文明分析」, 『中共中央黨校學報』 2000-2(=2000B)
蔣丙炎, 「我國封建行會組織的演變」, 『縱橫經濟』 1987-9

張彬村,「十六~十八世紀中國海貿思想的演進」,『中國海洋發展史論文集』(二), 中央研究院, 臺北, 1986

張士尊,「元末紅巾軍遼東活動考」,『松遼學刊』(人文社會科學版) 1996-2

張小青,「明清時期中國農業資本主義萌芽的經濟條件超初探」,『吉安師專學報』1987-4

張壽彭,「對"兩漢資本主義萌芽說"的質疑」,『遼寧師範學院學報』1982-1

蔣英杰,「鴉片戰爭前我國有資本主義萌芽嗎?」,『貴州師範大學學報』1985-4

張煜榮,「清代前期雲南礦業的興盛與衰落」,『學術研究』1962-5

張煜榮,「關于清代前期雲南礦冶業中資本主義萌芽問題—兼與黎澍·尚鉞兩同志商榷」,『學術研究』1963-3

張維安,「近代中國社會階級結構—士紳與商人階級文獻之檢討—」,『臺灣中央研究院近代史研究所特刊』1, 1988

章有義,「中國農業資本主義萌芽史料問題瑣議」,『中國經濟史研究』1987-4

張維華,「『紅樓夢』寫作的歷史背景」,『文史哲』1955-1

張一中,「明清間松江地區綿紡織業中的資本主義萌芽」,『湘潭大學學報』1989-2

張載,「論『紅樓夢』的時代背景和曹雪芹的創作思想」,『新建設』1955-3

張婷·劉會平,「地理環境對商品市場的限制作用」,『湖南師大社會科學學報』1988-2

張存武「中國初期近代史要義 1511—1839」,『近代中國初期歷史研討會議論文集』, 臺北, 1988

張志康,「略論中國封建社會經濟形態的幾个特點—兼與中國封建社會長期延滯的原因」,『學術月刊』1982-5

張澤成·王曾瑜,「試論秦漢至兩宋的鄉村雇傭勞動」,『中國史研究』1984-3

張學君·冉光英,「清代富榮鹽場經營契約研究」,『中國歷史博物館館刊』1981-2

張學君·冉光榮,「清代富榮鹽場經營契約輯錄」,『中國歷史博物館館刊』1982-4

張學君,「宋代四川鹽業中的所有制變化」,『中國社會經濟史研究』1984-4

章楷,「江浙近代養蠶的經濟收益和蠶業興衰」,『中國經濟史研究』1995-2

張海鵬·唐力行,「論明清資本主義萌芽緩慢發展的原因」,『安徽師範大學學報』1981-6

張海英,「明清社會變遷與商人意識形態—以明清商書爲中心—」, 復旦大學,『古代中國 : 傳統與變革』, 復旦大學出版社, 2005

張海瀛,「略論明代流民問題的社會性質—與李洵先生商榷—」,『北京師院學報』1981-3

張海瀛, 「明代的庄田地主及其對土地買賣的影響」, 『晉陽學刊』 1985-4

張顯清, 「明代縉紳地主淺論」, 『中國史研究』 1984-2(→張顯清, 『張顯清文集』, 上海辭書出版社, 2005)

張顯清, 「明代官紳優免和庶民'中戶'的徭役負擔」, 『歷史研究』 1986-2(=1986A) (→張顯清, 『張顯清文集』, 上海辭書出版社, 2005)

張顯清, 「明代土地'投獻'簡論」, 『北京師範學院學報』 1986-2(=1986B)(→ 張顯清, 『張顯清文集』, 上海辭書出版社, 2005)

張顯清, 「論明代官紳優免冒濫之弊」, 『中國經濟史研究』 1992-4(→ 張顯清, 『張顯清文集』, 上海辭書出版社, 2005)

張華, 「明代太湖流域農村專業市鎮興起的原因及其作用」, 『明史研究論叢』4, 1991

張畵石, 「建國以來中國資本主義萌芽問題討論槪述」, 『南京大學學報』 1981-4

張和平, 「從韋伯的社會學假說看資本主義萌芽与清代中國社會」, 『中國社會經濟史研究』 1998-1

張效英, 「『中國資本主義萌芽』評價」, 『人民日報』(海外版) 1986年 2月 14日

張曉虹・召利, 「明清時期陝西商品經濟的發展與社會風尙的檀變」, 『中國社會經濟史研究』 1999-3

田强, 「南宋初期的人口南遷及影響」, 『南都學壇』 1998-2

田居儉・宋元强, 「中國資本主義萌芽研究略述」, 同氏, 『中國資本主義萌芽』(上), 成都, 1987

錢大江, 「從近代無錫針織業看資本主義經濟中的工場手工業」, 『蘇州大學學報』 1986-1

田培棟, 「關于明代後期"長工"的身分地位問題」, 『北京師範學院學報』 1982-3

田培棟, 「明朝前期海外貿易研究—兼論鄭和下西洋的性質」, 『北京師範學院學報』 1983-4

翦伯贊, 「論18世紀上半期中國社會經濟的性質—兼論紅樓夢所反映的社會經濟情況」, 『北京大學學報』(人文科學) 1955-2

翦伯贊, 「"新冒出來"的史學體系還是"舊的傳統史學體系"的翻版」, 『歷史研究』 1960-3

全漢昇, 「鴉片戰爭前江蘇的棉紡織業」, 『淸華學報』 新1-3, 1958

全漢昇, 「淸代的人口變動」, 『歷史語言硏究所集刊』32, 1961(同氏, 『中國經濟史論叢』 第2冊 再收)

全漢昇, 「美洲發現對於中國農業的影響」, 『新亞生活』 8-19, 1966(→同氏, 『中國經濟

史研究』(下), 香港, 1976).

全漢昇,「清朝中葉蘇州的米糧貿易」,『中央研究院歷史語言研究所集刊』39-下, 1969 (同氏,『中國經濟史論叢』第2冊, 香港, 1972 再收)

田鴻鈞,「中國資本原始積累的特點」,『經濟經緯』1994-4

浙江絲綢史料編纂室,「杭州機神廟舊址現存石碑與清代紡織工人的罷工鬪爭」,『絲綢』1964-1

鄭慶平,「清代前期農業中的資本主義萌芽」,『中國農史』1988-2

定光平・彭南生, 「清以降鄉村紳商的形成及其社會經濟功能—以湖北羊樓洞雷氏等家族爲例—」,『中國農史』2005-1

鄭克晟・馮爾康, 「『金瓶梅』與『紅樓夢』研究初議—兼論明末清初山東臨清經濟衰落的原因—」, 葉顯恩,『清代區域社會經濟研究』(上), 北京, 中華書局, 1992

鄭克晟,「清初之蘇松士紳與土國寶」,『慶祝王鍾翰先生80壽辰學術論文集』, 遼寧大學出版社, 1993

鄭克晟,「明代的江南士大夫与東林党人」,『江南論壇』1994-6

鄭克晟,「明初江南地主的衰落与北方地主的興起」,『北京師范大學學報』(人文社會) 2001-5(=2001A)

鄭克晟「試論元末明初江南士人之境遇」,『明清史探實』, 中國社會科學出版社, 2001(=2001B)

廷藩,「中國資本主義萌芽出現在何時?」,『北京日報』1957年 3月 22日

丁易,「明代蘇松常三府人民反官僚地主的鬪爭」,『新建設』1952-2

鄭利華,「明代中葉吳中文人集團及其文化特徵」,『上海大學學報』1997-4

丁長清,「試論中國近代農業中資本主義的發展水平」,『南開大學學報』1984-6

程洪・羅翠芳,「試論中西16世紀商業資本的不同命運」,『武漢教育學院學報』2000-5

鄭曉文,「試論明清牙行的商業資本」,『開封大學學報』2005-1

程厚恩,「清代江浙地區米糧不足原因探析」,『中國農史』1990-3

齊功民,「明末市民反封建鬪爭」,『文史哲』1957-2

趙毅,「明代的吏員與吏治」,『史學月刊』1987-2

趙岡,「明清的新型市鎭」,『中國城市發展史論集』, 聯經, 1995

趙國亮,「清代踹匠鬪爭碑刻在蘇州發現」,『光明日報』1957年 2月 27日

趙克生,「朱元璋戰時幕府略論」,『皖西學院學報』2001-1

趙儷生, 「明正德間幾次農民起義的經過和特點」, 『文史哲』 1954-12

趙儷生, 「論清中葉揚州畵派中的"異端"特質—爲『紅樓夢』討論助一瀾」, 『文史哲』 1956-2

趙世瑜, 「明代府縣吏典社會危害初探」, 『中國社會經濟史研究』 1988-4(=1988A)

趙世瑜, 「明代吏典制度簡說」, 『北京師範大學學報』(社科版) 1988-2(=1988B)

趙世瑜, 「兩種不同的政治心態與明淸胥吏的社會地位」, 『政治學硏究』 1989-1

趙世瑜, 「社會動湯與地方士紳—以明末淸初的山西陽城陳氏爲例」, 『淸史硏究』 1999-2

曹樹基, 「明淸時期的流民和贛南山區的開發」, 『中國農史』 1985-4

曹樹基, 「明淸時期的流民和贛北山區的開發」, 『中國農史』 1986-2

曹樹基, 「湖南人由來新考」, 『歷史地理』9, 1990(=1990A)

曹樹基, 「淸代玉米, 番薯分布的地理特徵」, 『歷史地理硏究』2, 1990(=1990B)

曹樹基, 「明代初年長江流域的人口遷移」, 『中華文史論叢』47, 1991

曹樹基, 「洪武時期鳳陽府的人口遷移」, 『安徽史學』 1997-3(=1997B)

曹樹基, 「淸代臺灣拓墾過程中股份制經營 : 兼論中國農村資本主義萌芽理論的不成立」, 『中國社會科學』 1998-2

趙永良·徐志鈞, 「明代無錫社會經濟初探—讀黃印『錫金識小錄』—」, 『明史硏究論叢』4, 1991

趙毅, 「鋪戶, 商役與明代城市經濟」, 『東北師範大學學報』 1985-4

趙毅, 「明代的吏員與吏治」, 『史學月刊』 1987-2

曹爾琴, 「唐代經濟重心的轉移」, 『歷史地理』2, 1982

趙人俊, 「明政府鎭壓礦工起義告示牌的發現」, 『歷史硏究』 1957-1

晁中辰, 「淸前期人口激增對資本主義萌芽的阻碍」, 『山東師大學報』 1982-1

晁中辰, 「淸前期人口激增資本主義萌芽的阻碍」, 『山東師大學報』 1982-2

趙踐, 「淸初奏疏案發微—從淸廷內閣中樞一介文件說起—」, 『淸史硏究』 1999-1

趙鐵峰, 「試論明代貨幣制度的演變及其歷史影響」, 『東北師範大學學報』 1985-4

鐘史聲, 「明淸廣東社會經濟史硏究的回顧與展望」, 『學術硏究』 1985-6

鐘祥財, 「略論中國中產階級經濟思想的產生—兼評鴉片戰爭以前的反抑商思想」, 『東北師範大學學報』1984-5

腫瘍, 「十六世紀一個新型流氓的喜劇—論西門慶—」, 『濟寧師專學報』 1999-1

鐘子望, 「介紹中國資本主義的萌芽問題的討論」, 『學習』 1956-11

從翰香, 「關于中國民族資本的原始積累問題」, 『歷史研究』 1962-2

從翰香, 「中國封建社會內資本主義萌芽諸問題」, 『歷史研究』 1963-6

從翰香, 「試述明代植棉和綿紡織業的發展」, 『中國史研究』 1981-1

從翰香, 「論明代江南地區的人口密集及其對經濟發展的影響」, 『明清社會經濟史論稿』, 河南, 1984(←『求是學刊』 1980-3)

左雲鵬·劉重日, 「明代東林黨爭的社會背景及其與市民運動的關係」, 『中國資本主義萌芽問題討論集』續篇, 北京, 1960

朱建, 「關于中國農業的資本主義萌芽問題」, 『學術月刊』 1961-4

朱德蘭, 「清初遷界令時中國船海上貿易之硏究」, 『中國海洋發展史論文集』(2), 臺北, 1986

周良宵, 「明代蘇松地區的官田及重賦問題」, 『歷史研究』 1957-10

朱莉莎, 「試談我國清代資本主義萌芽的發展」, 『雲南財貿學院學報』 1985-3

朱培夫, 「武漢牙行初探」, 『武漢師範學院學報』 1984-2

朱伯康, 「論中國資本的原始積累問題—與伍純武先生商榷」, 『學術月刊』 1961-4

周北彤, 「宋代造船業的社會性質」, 『光明日報』 1962年 8月 15日

朱誠如, 「清代前期的資本主義萌芽及其發展遲緩原因探索」, 『遼寧大學學報』 1986-4(=1986A)

朱誠如, 「清史諸問題的探討—清史國際學術討論會述要」, 『要寧師範大學學報』 1986-6(=1986B)

朱淑瑤, 「略論唐代行會的形成 —兼談唐代行會如歐洲中世紀的區別」, 『廣西師範學院學報』 1983-2

周玉英, 「從文契看明清福建農村經濟的商品化趨勢和資本主義萌芽」, 『中國社會經濟史研究』 2000-4

周殿杰, 「安史之亂前唐代經濟重心在北方說」, 『學術月刊』 1982-9

朱宗宙, 「明末太湖地區的農業雇傭勞動」, 『南京大學學報』 1965-2

周志斌, 「論清初蘇州的'哭廟案'」, 『學海』 2001-6

朱清澤 等, 「鄭成功兵敗南京之役」, 『南京史志』 1987-4

周清和, 「關于中國資本主義萌芽的起因和大同學說的問題解答」, 『文史哲』 1952-7

周學軍, 「明清江南儒士群體的歷史變動」, 『歷史研究』 1993-1

朱諧漢, 「太平天國時期的江西團練」, 『江西師大學報』 1989-4

朱華, 「中國資本主義發生條件再探討」, 『上海行政學院學報』 2001-01

周輝湘,「對中國資本主義萌芽發展前景的再思考」,『學習與探索』1987-3
峻影,「明清的閉關政策」,『中國青年報』1985年 12月 15日
中國人民大學中國歷史教研室,「評尚鉞同志關于明清社會經濟結構的若干觀點」,『歷史研究』1958-12
中國第一歷史檔案館,「乾隆前期牙商牙行史料」,『歷史檔案』1991-2
仲偉民,「資本主義萌芽問題的學術史回顧與反思」,『學術界』2003-4
曾學優,「清代贛江中游農村市場初探」,『中國社會經濟史研究』1996-1
池子華,「沉重的歷史省思—近代中國的乞丐及其職業化—」,『中國黨政幹部論壇』2004-4
陳家富,「清代的閉關政策及其危害」,『中學歷史教學』1986-2
陳柯云,「論清初的“海禁”」,『北京師範學院學報』1980-1
陳鏗,「從『醒世姻緣傳』看明清之際的地方士紳」,『厦門大學學報』1985-4
陳劍安,「江西擧督趨議」,『江西社會科學』1980-4
陳劍安,「江西的近代化學堂」,『江西社會科學』1993-4
陳桂炳, 「略論晚晴泉州紳商」,『中國社會經濟史研究』2000-2
陳高華.「元末浙東地區與朱元璋」,『新建設』1963-5
陳高華,「元末農民起義中南方漢族地主的政治動向」,『新建設』1964-12
陳國棟,「哭廟與焚儒服—明末清初生員層的社會性動作—」,『新史學』1992-1
陳乃聖,「論資本原始積累與暴力的關係—和伍純武先生商榷—」,『學術月刊』1961-6
陳湛若,「試論『紅樓夢』社會背景—評吳大琨先生的幾个論点」,『文史哲』1956-4
陳麗娟・王光成,「明清時期山東農村集市中的牙行」,『安徽史學』2002-4
陳茂山,「試論明代中後期的社會風紀」,『史學集刊』1989-4
陳文石,「清代滿人政治参與」,『歷史語言研究所集刊』48-4, 1977
陳寶良,「論晚明的士大夫」,『齊魯學刊』1991-2
陳寶良,「明代無賴階層的社會活動及其影響」,『齊魯學刊』1992-2(→『復印報刊 明清史』1993-3)
陳寶良,「晚明生員的棄巾之風及其山人化」,『史學集刊』2000-2(＝2000A)
陳寶良,「明代生員層的經濟特權及其貧困化」,『中國社會經濟史研究』2000-2(＝2000B)
陳寶良,「明代生員層社會生活之眞面相」,『浙江學刊』2001-3(＝2001A)

陳寶良,「明人文集之學政史料及其價值」, 中國明代硏究學會,『明人文集與明代硏究』, 臺北, 2001(=2001B)

陳寶良,「明代生員層的社會職業流動及其影響」,『明淸論叢』3, 2002

陳鋒,「中國的原始積累問題」,『江漢學報』1962-3

陳生璽,「淸兵入關與吳三桂降淸問題」,『明淸史國際學術討論會論文集』, 天津, 1982

陳守實,「讀『永禁機匠叫歇碑記』」,『復旦』1959-7(=1959A)

陳守實,「跋『蘇州織造局志』」,『復旦』1959-10(=1959B)

陳守實,「一條鞭法施行後的丁徭問題」,『學術月刊』1962-7

陳樹平,「玉米和番薯在中國傳播情況硏究」,『中國社會科學』1980-3

陳詩啓,「明代的工匠制度」,『歷史硏究』1956-6(『中國資本主義萌芽問題討論集』(上) 再收)

陳詩啓,「明代的竈戶和鹽的生産」,『厦門大學學報』1957-6

陳詩啓,「明代的官手工業及其演變」,『歷史教學』1962-10

陳野,「論徽州商業資本的形成及其特色—試以徽州一地爲例來論證明淸時期商業資本的作用問題」,『安徽史學通訊』1958-5

陳梧桐,「論元末農民戰爭中的朱元璋」,『中國農民戰爭史論叢』5, 1987

陳在正,「1654至1661年淸鄭之間的和戰關係及其得失—兼與臺灣歷史學者商榷」,『鄭成功硏究論文選』(續輯), 福州, 1984

陳智超,「宋代的書舖與訟師」,『劉子健博士頌壽記念宋史硏究論集』, 東京, 1989

陳振漢,「明末淸初(1620-1720)年中國的農業勞動生産率, 地租和土地集中」,『經濟硏究』1955-3

陳春聲,「論淸末廣東義倉的興起」,『中國社會經濟史』1994-1

陳忠平,「明淸時期江南市鎭的牙人與牙行」,『中國經濟史硏究』1987-2

陳忠平,「明淸江南市鎭人口考査」,『南京師大學報』1988-4

陳忠平,「明淸時期江南地區市場考察」,『中國經濟史硏究』1990-2

秦佩珩,「明代城市經濟略論」,『理論戰線』1958-3

秦佩珩,「論十六, 十七世紀中國社會經濟的性質」,『鄭州大學學報』1962-1

秦佩珩,「論中國資本主義的開端」,『晋陽學刊』1985-5

陳平,「社會傳統和經濟結構的關係」,『學習與探索』1981-3

陳學文,「明淸時代佛山經濟的初步硏究」,『理論與實踐』1959

陳學文,「試論明淸時期閩粵地區蔗糖業的生產性質」,『羊城晚報』1962年 1月 25日

陳學文,「中國古代蔗糖工業的發展」,『史學月刊』1965-3

陳學文,「明代中葉浙江杭嘉湖地區農業中商品生産和雇傭勞動的探索」,『浙江學刊』1980-1

陳學文,「論明代江浙地區市鎭經濟的發展」,『溫州師專學報』1981-2

陳學文,「明代杭州城市經濟的發展及其特色」,『浙江學刊』1982-2

陳學文,「論嘉靖時的倭寇問題」,『文史哲』1983-5

陳學文,「明淸時期江南的一个專業市鎭: 濮院鎭的經濟結構之探索」,『中國社會經濟史硏究』1985-1

陳學文,「明代中葉民情風尙習俗及一些社會意識的變化—」,『山根幸夫敎授退休記念明代史論叢』, 東京, 汲古書院, 1990(=1990A)

陳學文,「明代中葉以來棄農棄儒從商風氣和重商思潮的出現」,『九州學刊』3-4, 1990(=1990B)

陳學文,「萬曆杭州兵民變考索」,『明淸社會經濟史硏究』, 臺北, 稻禾出版社, 1991(=1991B)

陳寒鳴,「金華朱學 : 洪武儒學的主流」,『朱子學刊』1995-1

陳懷荃,「批判尙鉞同志』有關中國資本主義萌芽問題的二三事』一些錯誤觀點」,『安徽史學』1960-4

蔡惠琴,「明淸無賴的社會活動及其人際關係網之探討—兼論無賴集團・打行及窩訪—」, 淸華大學碩士論文, 1993

蔡曉榮,「江西士紳與晚淸社會劇變—以江西士紳在太平天國運動和辛亥革命時期的歷史作用爲考察中心—」, 江西師範大學 碩士學位 論文, 2002

鐵航・姜哲,「商業對封建社會末期資本主義萌芽的促進作用」,『北京財貿學院學報』1990-6

肖愛樹,「淸代中期山東商品經濟的發展与資本主義萌芽」,『齊魯學刊』1998-02

肖雲玲, 「試論中國行會的家族性, 地緣性, 官府性及其影響」, 『江西師範大學學報』1989-4

肖宗志,「政府行爲與廢科擧後擧貢生員的出路問題」,『北方論叢』2005-2

蜀石,「試論明代厂衛對資本主義萌芽的抑制」,『四川文物』1995-6

鄒德彭,「元末農民戰爭与社會經濟」,『雁北師范學院學報』1994-1

鄒德彭,「朱元璋在元末農民起義軍中的治軍方策」,『雁北師范學院學報』1995-5

鄒時炎,「略論湖廣市民反對陳奉的鬪爭」,『武漢師範學院學報』1980-3

衷海燕,「清代江西義倉與社會變遷—以新城縣爲例」, 江西師範大學 碩士學位論文, 2002

衷海燕,「清代江西的家族·鄉紳與義倉—新城縣廣仁莊研究」,『中國社會經濟史研究』2002-4

衷海燕,「清代江西的鄉紳·望族與地方社會—新城縣中田鎭的個案研究」,『清史研究』2003-2

衷海燕,「明清吉安府士紳的結構變遷與地方文化」,『江西科技師範學院學報』5, 2004

衷海燕,「士紳, 鄉紳與地方精英群體研究的回顧」,『華南農業大學學報』2005-2

湯開建,「元明之際廣東政局演變与東莞何氏家族」,『中國史研究』2001-1

湯勤福,「關于江浙水利與資本主義萌芽的若干問題」,『浙江學刊』1989-5

湯明檖·李龍潛·張維熊, 「對鄧拓同志『從萬曆到乾隆』一文的商榷和補充—幷試論處理和運用實地調查材料的方法」,『歷史研究』1958-1

湯明檖,「批判尚鉞同志對明清農村生產關係的錯誤論斷」,『理論與實踐』1960-5

巴根,「明清紳士研究綜述」,『清史研究』1996-3

彭大成,「資本主義萌芽在王船山經濟思想中的反映」,『求索』(增刊), 1982

彭雨新,「從清代前期蘇州的踹布業看資本主義萌芽」,『理論戰線』1951-12

彭雨新,「從清代前期蘇松地區絲綿手工業的生產來看資本主義萌芽」,『武漢大學學報』1959-8

彭雨新, 「從絲綿手工業的變化看外國資本主義入侵對我國原有資本主義萌芽的影響」,『光明日報』1961年 8月 2日

彭雨新,「明清時期的鋪戶作坊和資本主義萌芽」,『江漢學報』1962-5

彭雨新,「清代前期雲南銅礦業及其生產性質的探討」,『武漢大學學報』1984-5

彭澤益,「十七世紀末到十九世紀初中國封建社會的工場手工業」,『經濟研究』1955-5(『中國資本主義萌芽問題討論集』上 再收)

彭澤益,「清代廣東洋行制度的起源」,『歷史研究』1957-1

彭澤益, 「『織工對』史料能說明中國手工業資本主義萌芽的問題嗎?—兼論中國資本主義萌芽研究在運用史料與論證方法上存在的問題」,『經濟研究』1958-4

彭澤益,「中國資本原始積累若干問題的討論」,『人民日報』1962年 8月 9日

彭澤益,「從明代官營織造的經營方式看江南絲織業生產的性質」,『歷史研究』1963-2(=1963A)

彭澤益,「清代前期江南織造的研究」,『歷史研究』1963-4(=1963B)

彭澤益,「鴉片戰爭前清代蘇州絲織業生產的形式與性質」,『經濟研究』1963-10(=1963C)

彭澤益,「十九世紀後期中國城市手工業商業行會的重建和作用」,『歷史研究』1965-1

彭澤益,「清代前期茶葉資本主義萌芽的特點」,『中國社會經濟史研究』1983-3

彭澤益,「清代四川井鹽工場手工業的興起和發展」,『中國經濟史研究』1986-3

馮爾康,「試論清中葉皖南富裕棚民的經營方式」,『南開大學學報』1978-2

馮爾康,「論清朝蘇南義莊的性質與族權的關係」,『中華文史論叢』1980-3

馮漢鏞,「讀『中國封建社會內資本主義因素的萌芽』後的一点意見」,『光明日報』1956年 12月 6日

馮賢亮,「明末清初江南的地方防護」,『雲南社會科學』2001-3

皮德濤,「廢科擧前後關于舊有擧貢生員出路初探」,『上饒師範學院學報』2005-1

何炳棣,「南宋至今土地數字的考釋和評價」(上・下),『中國社會科學』1985-2・3 (=1985A)

何炳棣,「美洲作物的引進傳播及其對中國糧食產生的影響」,『歷史論叢』5, 1985(=1985B)
(←『大公報在港復刊三十周年記念論文集』, 香港, 1978)

何炳棣,「明代進士與東南文人」, 柏樺,『慶祝王鍾翰敎授八十五暨韋慶遠敎授七十華誕學術論文合集』, 黃山書社, 1999

何淑宜,「以禮化俗—晚明士紳喪俗改革思想及其實踐—」,『新史學』11-3, 2000(=2000B)

賀躍夫,「晚清士紳與中國近代化」,『中山大學學報』1993-3

賀躍夫,「清末廣東士紳與辛亥革命」,『辛亥革命史叢刊』9, 1997

夏重宣,「關于明代中葉以後雇傭勞動的性質問題的商榷」,『寧派師院學報』1962-2

何泉達,「明代松江地區棉產研究」,『中國史研究』1993-4

何清谷,「略論戰國時期的雇傭勞動」,『陝西師範大學學報』1981-4

郝康迪(余新忠 譯),「十六世紀江西吉安府的鄉約」,『贛文化研究』6, 1999

郝康迪(余新忠 譯),「十六世紀江西吉安府的鄉約參考文獻」,『贛文化研究』7, 2000

郝秉鍵,「晚明清初江南'打行'研究」,『清史研究』2001-1

韓大成,「明代牙行淺論」,『社會科學戰線』1986-2

許檀,「明清時期的臨淸商業」,『中國經濟史研究』1986-2

許檀,「清代前期流通格局的變化」,『清史研究』1999-3

許大齡,「16世紀—17世紀初期中國封建社會內資本主義萌芽」,『北京大學學報』1956-3
(『中國資本主義萌芽問題討論集』下, 1957에 再收)

許大齡,「十六世紀, 十七世紀初期中國封建社會內部資本主義的萌芽」,『北京大學學報』1956-3

許大齡,「論15～16世紀江南地區資本主義生產關係的萌芽」,『歷史教學問題』1958-4

許大齡,「讀『校對一條史料』」,『歷史研究』1963-3

許大齡,「試論明代後期的東林黨人」,『明清史國際學術討論會論文集』, 天津人民, 1982

許文繼,「歇家與明清社會」,『明史研究論叢』6, 2004

許敏,「關于明代鋪戶的幾个問題」,『明史研究論叢』第2輯, 1983

許蘇民,「"內發原生"模式:中國近代史的開端實為明万歷九年」,『河北學刊』2003-2

許滌新・吳承明,『中國資本主義的萌芽』(『中國資本主義發展史』第一卷), 人民出版, 1985

許海泉,「辛亥革命在江西的勝利與失敗」,『江西社會科學』1993-6

許懷林,「江西古代州縣建置沿革及其發展原因的探討」,『中國地方史志論叢』, 北京, 1984

惠東,「『明清社會經濟形態和研究』一書的史料問題」,『江海學刊』1962-2

胡嘉,「評傅衣凌著明清時代社會經濟史研究論文集兩種」,『歷史研究』1953-3

胡嘉,「論明清時期資本主義萌芽形態」,『安徽大學學報』1963-11

胡巨川,「從碑碣看臺灣之流民與乞丐」,『史聯雜誌』20, 1992

胡寄窓,「論中國封建經濟成熟甚久瓦解特慢的原因」,『經濟研究』1981-6

胡成,「"資本主義萌芽"與本土化研究的思考」,『史學理論研究』1999-2

胡小平,「中國封建社會商人資本的積累及轉移」,『財經科學』1988-4

胡阿祥,「紅巾軍反元复宋与朱元璋國號大明述論」,『煙台師范學院學報』(哲學社會科學版) 2001-01

胡鐵文,「試論清前期景德鎮制瓷業中官窯行會同資本主義萌芽的關係」,『中國社會科學院經濟研究所集刊』第5集, 北京, 1983

胡鐵文,「試論行幇」,『文史哲』1984-1

洪晃堂,「論清代前期的蘇州・松江・嘉興・湖州四府的農業經濟發展與資本主義萌芽」,『明清資本主義萌芽研究論文集』, 1981

洪煥椿,「關于明代資本主義生產的萌芽問題」,『歷史教學問題』1958-4

洪煥椿,「論15～16世紀江南地區資本主義生產關係的萌芽」,『歷史教學問題』1958-4

洪煥椿,「批判尚鉞同志在明清社會經濟中的修正主義觀點」,『江海學刊』1960-4

洪煥椿,「論明清蘇州地區會館的性質與作用—蘇州工商業碑刻資料剖析之一」,『中國

史研究』1980-2(=1980A)

洪煥椿,「清代蘇州手工業工匠的工資狀況和叫歇鬪爭」,『群衆論叢』1980-4(=1980B)

洪煥椿,「明清封建專制政權對資本主義萌芽的阻碍」,『歷史研究』1981-5(=1981A)

洪煥椿,「明清蘇州地區資本主義萌芽初步考察」,『中國資本主義萌芽研究論文集』, 上海, 1981(=1981B)

洪煥椿,「評劉石吉先生的明淸江南市鎭研究」,『學術月刊』1984-12

華山,「從茶葉經濟看宋代社會」,『文史哲』1957-2・3

黃啓臣,「明代民營冶鐵業的經營方式是資本主義工場手工業嗎?」,『理論與實踐』1959-6

黃啓臣,「中國封建社會經濟結構問題討論簡述」,『羊城晩報』1982年 11月 17日

黃啓臣,「明代廣東鐵鑛業的反封建鬪爭」,『中學歷史敎學』1983-1(=1983A)

黃啓臣,「試論明淸時期商業資本流向土地問題」,『中山大學學報』1983-1(=1983B)

黃啓臣,「明淸珠江三角洲商業與商人資本的發展」,『中國社會經濟史研究』1984-3

黃廣廓,「鴉片戰爭前的淸海關是資本主義萌芽的桎梏」,『鄭州大學學報』1985-1

黃國强,「明中葉荊襄地區流民的墾荒鬪爭」,『中國農民戰爭史研究集刊』4, 1985

黃國信, 「紳商之間—從周學思叩閽案透視淸初鄕村的權力關係—」(「近代中國鄕村社會權勢」國際學術研討會, 中山大學歷史系, 2004.7.12-13, 發表文)

黃凌飛,「略論封建主義對福建資本主義萌芽的束縛」,『福建論壇』1981-2

黃冕堂, 「論淸代前期的蘇州・松江・嘉興・湖州四府的農業經濟發展與資本主義萌芽」,『明淸資本主義萌芽研究論文集』, 1981

黃瑞卿,「明代中後期士人棄學經商之風初探」,『中國社會經濟史研究』1990-2

黃錫之,「從『盛世滋生圖』看乾隆時期蘇州對江南社會經濟的影響」,『中國農史』2003-4

黃盛璋,「唐代戶口的分布與變遷」,『歷史研究』1980-6

黃仁宇,「從『三言』看晩明商人」,『香港中文大學中國文化研究所學報』7-1, 1974(→同氏,『放寬歷史的視界』, 三聯書店, 2001)

黃一農,「明末淸初天主敎傳華史研究的 回顧與展望」,『新史學』7-1

黃逸峰,「中國資本原始積累的形式及其特點」,『江海學刊』1962-3

黃志繁,「淸代贛南市場研究」, 南昌大學 碩士學位論文, 1998

黃志繁,「十七至十八世紀的贛南 : 流民・土著與社會動亂」,『贛文化研究』7, 2000

黄志繁,「12-18世紀贛南的地方動亂與社會變遷」, 中山大學博士學位論文, 2001
黄志繁,「鄉約與保甲 : 以明代贛南爲中心的分析」,『中國社會經濟史研究』2002-2
黄志繁,「清代贛南的生態與生計—兼析山區商品生產發展之限制—」,『中國農史』2003-3
黄志中,「福建地區商品經濟的發展和資本主義萌芽」,『福建師範大學學報』1981-2
黄漢民,「關于中國民族市場形成問題的討論」,『歷史研究』1962-3
況浩林,「鴉片戰爭前中國少數民族地區的資本主義萌芽」,『廣西民族研究』1991-4
曉學,「略論嘉靖倭寇 —與"反海禁"論者商榷」,『貴州民族學院學報』1983-1
候外廬,「論明清之際的社會·階級關係和啓蒙思潮的特點」,『新建設』1955-5
候外廬,「十七世紀的中國社會和啓蒙思潮的特點」,『中國早期啓蒙思想史』 第一章, 北京, 1956
侯且岸,「資本主義萌芽·過密化·商品化」,『史學理論研究』1994-2

3. 日 文

加藤繁,「支那における稻作, 特にその品種の發達に就いて」,『東洋學報』31-1, 1947 (→同氏,『支那經濟史考證』下, 1952)
加藤繁,「宋代の人口統計について」,『支那經濟史考證』下, 1952(=1952B)
加藤繁,「宋代の戸口」,『支那經濟史考證』下, 東京, 1952B(=1952C)
加藤繁,「支那に於ける占城稻栽培の發達に就いて」,『支那經濟史考證』下, 東京, 1952(=1952D)
岡野昌子,「明末臨清民變考」, 小野和子,『明清時代の政治と社會』, 京都, 1983
高橋芳郎,「宋代の士大夫身分について」,『史林』69-3, 1986
高橋孝助,「清朝專制支配の成立と'小土地所有者'—清初江南における'重賦'問題を素材にした場合」,『歷史學研究』421, 1975
高橋孝助,「清朝封建國家論への一視點—重田德氏の清朝="地主政權"論に寄せて—」,『歷史評論』324, 1977
古島和雄,「明末長江デルタ地帶における地主經營—沈氏農書の一考察—」,『歷史學硏究』149, 1950
古島和雄,「補農書の成立とその地盤」,『東洋文化研究所紀要』3, 1952
古垣光一,「宋代の官僚數について—特に眞宗時代を中心として—」,『アジア史研究』8, 1984

古垣光一, 「宋代の官僚數について—眞宗朝中期以降の人事行政上の新問題—」, 『宋代の社會と宗教』, 汲古書院, 1985

古垣光一, 「宋代の官僚數について(その四)－眞宗朝中期以降の獵官運動の激化－」, 『中村治兵衛先生古稀記念東洋史論叢』, 東京, 1986

高中利惠, 「明代の泉・漳を中心とする都市共同體」, 『歷史學研究』77, 1960

谷光隆, 「明代監生の硏究 — 仕官の方途について」(一, 二), 『史學雜誌』 73-4, 73-6, 1964

谷口規矩雄, 「明代中期荊襄地帶農民反亂の一面」, 『硏究』35, 1965

谷口規矩雄, 「明代の農民反亂」, 『岩波講座世界史』12, 東京, 1971

谷口規矩雄, 「于成龍の保甲法について」, 『東洋史硏究』 34-3, 1975

谷口規矩雄. 「1975年 歷史學界 : 回顧と展望—明 · 淸」, 『史學雜誌』 85-5, 1976

谷口規矩雄, 「漢口鎭の成立について」, 『唐宋時代の行政・經濟地圖の製作硏究成果報告書』, 1981

谷口規矩雄, 「呂坤の鄕甲法について」, 『佐久間重男教授退休紀念中國史・陶磁史論集』, 東京, 1983

谷口規矩雄, 「東陽民變 — 所謂許都の亂について」, 『東方學報』58, 1986

谷口規矩雄, 「明代華北における一條鞭法の展開」, 『明末淸初期の硏究』, 京都, 1989

谷川道雄, 「中國史硏究の新しい課題」, 『日本史硏究』94, 1967

谷川道雄, 「中國史硏究の新しい課題再論」, 『東洋史硏究』 28-2・3, 1969

谷川道雄・森正夫, 『中國民衆叛亂史』第3, 4卷, 東京, 1982 · 1983

溝口雄三, 「明末を生きた李卓吾」, 『東洋文化硏究所紀要』55, 1971

溝口雄三, 「いわゆる東林派人士の思想—前近代における中國思想の展開—」, 『東洋文化硏究所紀要』 75, 1978

宮崎市定, 「明淸時代の蘇州と輕工業の發達」, 『東方學』2, 1951

宮崎市定, 「明代蘇松地方の士大夫と民衆—明代史素描の試み—」, 『史林』37-3, 1954(＝1954A)(→『アジア硏究』 4, 京都, 1964)

宮崎市定, 「宋元時代の法制と裁判機構」, 『東方學報』(京都)24, 1954(＝1954B)(→『宮崎市定全集』 第11卷, 岩波書店, 1992)

宮崎市定, 「胥吏の陪備を中心として—中國官吏生活の一面—」, 『アジア史硏究』3, 京都, 1957

宮崎市定, 「清代の胥吏と幕友—特に雍正朝を中心として—」, 『東洋史研究』 16-4, 1958(→同氏, 『アジア史論考』 下, 東京, 1976)

宮崎市定, 「張溥とその時代—明末における一鄕紳の生涯—」, 『東洋史研究』 33-3, 1974(→同氏, 『アジア史研究』 5, 京都, 1978)

宮崎市定, 「明清時代の蘇州の輕工業の發達」, 『アジア史研究』4, 京都, 1975

宮崎一市, 「清初における官僚の考成—清初財政史の一齣—」(1), 『釧路論集』1, 1970

橘樸, 「支那官僚の特殊性」, 『支那社會研究』, 日本評論社, 1936

近藤秀樹, 「清代の捐納と官僚社會の終末」(上下), 『史林』 46-2, 4, 1963

磯部祐子, 「中國小說・戲曲にあらわれた鄕紳像」, 『日本文化研究所研究報告』13, 1987

吉尾寬, 「明末・楊嗣昌の地域防衛案について」, 『東洋史研究』 45-4, 1987

吉尾寬, 「張獻忠集團の組織と士大夫」, 『名古屋大學東洋史研究報告』15, 1990

奈良修一, 「明代福建省の高寀に對する民變について」, 『山根幸夫教授退休記念明代史論叢』(上), 東京, 汲古書院, 1990

內田直文, 「康熙朝政治史の一考察 — 江南の彈劾事件をめぐって—」, 『九州大學東洋史論集』29, 2001

多賀秋五郎, 「近世中國における教育構造の成立と明太祖の文教政策」, 『謹細アジア教育史研究』, 東京, 1966

多賀秋五郎, 「明太宗の學校教育政策」, 『近世東アジア教育史研究』, 東京, 1970

多賀秋五郎, 「王陽明と明代の教育制度」, 『陽明學入門』, 東京, 1971

檀上寬, 「明王朝成立期の軌跡—洪武朝の疑獄事件と京師問題をめぐって」, 『東洋史研究』 37-3, 1978

檀上寬, 「義門鄭氏と元末の社會」, 『東洋學報』 63-3・4, 1982

檀上寬, 「『鄭氏規範』の世界—明朝權力と富民層」, 『明清時代の政治と社會』, 京都, 1983

檀上寬, 「明代科擧改革の政治的背景—南北卷の創設をめぐって」, 『東方學報』 58, 1986

檀上寬, 「明代南北卷の思想的背景」, 小谷仲男, 『東アジア史における文化傳播と地方差の諸相』, 福山大學, 1988

檀上寬, 「明清鄕紳論」, 谷川道雄, 『戰後日本の中國史論爭』, 東京, 1993

大久保英子, 「明末讀書人結社と教育活動」, 林友春, 『近世中國教育史研究』, 東京,

1958(→ 大久保英子,『明清時代書院の硏究』, 東京, 1976)

大澤正昭,「唐代江南の水稻作と經營」, 中國史硏究會,『中國史像の再構成, 國家と農民』, 京都, 文理閣 1983

大澤正昭・足立啓二,「中國中世における農業の展開」,『中世史講座』2, 東京, 1987

大澤顯浩,「明末宗敎的反亂の一考察」,『東洋史硏究』44-1, 1985

道邦彦,「清初靖南藩の福建移鎭と遷界令」,『歷史硏究』12, 1960

渡邊修,「順治年間(1644-1661)漢軍(遼人)とその任用」, 石橋秀雄,『清代中國の諸問題』, 山川出版社, 1995

渡部忠世 等,「明・清時代の分圩をめぐって一デルタ開拓の集約化」,『中國江南の稻作文化一その學際的硏究』, 東京, 1984(=1984B)

渡部忠世,「宋・元代の圩田・圍田をめぐって一デルタ開拓の工學的適應」,『中國江南の稻作文化一その學際的硏究』, 東京, 1984(=1984C)

渡部忠世 等,「占城稻をめぐって一デルタ開拓の農學的適應」,『中國江南の稻作文化一その學際的硏究』, 東京, 1984(=1984D)

渡部忠世 等,「火耕水耨をめぐって一デルタの初期開拓」,『中國江南の稻作文化一その學際的硏究』, 東京, 1984(=1984E)

渡部忠世,「商品作物の展開一デルタ開拓の多角化」, 1984(=1984F)

稻田清一,「清末江南の鎭董について—松江府・太倉州を中心といて—」, 森正夫 編,『江南デルタ市鎭硏究』, 名古屋大學, 1992

渡昌弘,「明代生員の徭役優免特權をめぐって」,『東方學』97, 1999

藤岡次郎,「重田德 著『清代社會經濟史硏究』書評」,『史學雜誌』85-4, 1976

藤井宏,「明代田土統計に關する一考察」(1, 2, 3),『東洋學報』30-3・4, 33-1, 1944・1947

藤井宏,「中國史における新と舊」,『東方文化』9, 1952

藤井宏,「新安商人の硏究」(1)『東洋學報』36-1, 1953(=1953A)

藤井宏,「新安商人の硏究」(2)『東洋學報』36-2, 1953(=1953B)

藤井宏,「新安商人の硏究」(3)『東洋學報』36-3, 1953(=1953C)

藤井宏,「新安商人の硏究」(4)『東洋學報』36-4, 1954

藤井宏,「明代鹽場の硏究」(上・下),『北海道大學文學部紀要』1·3, 1952·1954

鈴木健一,「明代里甲制と鄉約の教育史的意義」,『近世アジア教育史研究』, 東京, 1966

木村正一,「清代社會における紳士の存在」,『史淵』24, 1940

聞立鼎・王衛平,「明清期, 太湖地區の社會風潮の變遷」,『廣島大學東洋史研究室報告』14, 1992

尾上悦三,「尚鉞‘中国における資本主義生産素因の萌芽及びその成長’」,『六甲台論集』4(4), 1958

夫馬進,「明末の都市改革と杭州民變」,『東方學報』49, 1977

夫馬進,「明末反地方官士變」,『東方學報』52, 1980(=1980A)

夫馬進,「‘明末反地方官士變’補論」,『富山大學人文學部紀要』4, 1980(=1980B)

夫馬進,「明末清初の都市暴動」, 谷川道雄・森正夫,『中國民衆反亂史』4, 東京, 1983

夫馬進,「明清時代の訟師と訴訟制度」,『中國近世の法制と社會』, 京都, 1993

夫馬進,「訟師秘本『蕭曹遺筆』の出現」,『史林』77-2, 1994

北村敬直,「明末清初における地主について」,『歷史學硏究』140, 1949(→同氏,『清代社會經濟史研究』, 京都, 1978에 再收)

北村敬直,「中國の地主と日本の地主」,『歷史評論』20, 1950

北村敬直,「農村工業と佃戶制の展開—明清社會經濟史の諸問題」,『社會經濟史學』20-4·5·6合, 1955

北村敬直,「魏氏三兄弟とその時代」,『清代社會經濟史研究』, 東京, 1978(←同氏,「寧都の魏氏—清初地主の一例—」,『經濟學年報』7·8, 1957·1958)

濱島敦俊,「蘇松地方における都市の棉布商人について」,『史林』41-6, 1958

濱島敦俊,「蘇州踹布業の經營形態」,『東北大文學部研究年報』18, 1968

濱島敦俊,「明代江南の水利の一考察」,『東洋文化研究所紀要47, 1969

濱島敦俊,「明末浙江の嘉湖兩府における均田均役法」,『東洋文化研究所紀要』52, 1970

濱島敦俊,「明清時代における商品生産の展開」,『岩波講座世界史』12, 1971

濱島敦俊,「均田均役の實施をめぐって」,『東洋史研究』33-3, 1974(=1974A)

濱島敦俊,「明末清初江南デルタの水利慣行の再編について」,『社會經濟史學』40-2, 1974(=1974B)

濱島敦俊,「明末南直の蘇松常三府における均田均役法」,『東洋學報』57-3·4 合, 1976

濱島敦俊,「明代前半の江南デルタの水利慣行」,『史潮』新3, 1978(=1978A)

濱島敦俊, 「明末清初の均田均役と鄕紳—デナライン氏の硏究をめぐって」, 『史朋』8, 1978(=1978B)

濱島敦俊, 「東アジアにおける國家と共同體」(2), 中世, 『現代歷史學の成果と課題』Ⅱ・(2), 前近代の社會と國家, 東京, 1982(=1982B)

濱島敦俊,「明末江南鄕紳の具體像—南潯・莊氏について—」, 岩見宏,『明末淸初期の硏究』, 京都, 1989(=1989A)

濱島敦俊,「中國の鄕紳」,『歷史硏究の新しい波』, 東京, 1989(=1989B)

濱島敦俊,「明代の水利技術と江南社會の變用」,『シリズ世界史への問い 2, 生活の技術・生產技術』, 岩波書店, 1990

濱島敦俊,「朱元璋政權と士大夫—優免問題をめぐって」,「農村社會—覚書」, 森正夫等編,『明淸時代史の基本問題』, 汲古書院, 東京, 1997

濱島敦俊, 「'民望'から'鄕紳'へ—十六·七世紀の江南士大夫—」, 『大阪大學大學院文學硏究科紀要』41, 2001

寺田隆信,「明代蘇州平野の農家經濟について」,『東洋史硏究』 16-1, 1957

寺田隆信,「蘇州地方における都市の棉業商人について」,『史林』 41-6, 1958

寺田隆信,「商品生產と地主制をめぐる硏究—明淸社會經濟史の諸問題(一)—」,『東洋史硏究』 19-4, 1961

寺田隆信,「蘇州踹布業の經營形態」,『東北大文學部硏究年報』18, 1968

寺田隆信,「明淸時代における商品生產の展開」,『岩波講座世界歷史』12, 東京, 1971

寺田隆信,「蘇州の哭廟案について」,『星博士退官紀念中國史論叢』, 東京, 1978

寺田隆信,「湖廣熟天下足」,『文化』 43-1·2, 1980

寺田隆信,「'鄕紳'について」,『文化』 45-1·2, 1981(→寺田隆信,「關于'鄕紳'」,『明淸史國際學術討論會論文集』, 天津人民, 1982)

寺田隆信,「蘇州の哭廟案について」,『星博士退官記念中國史論叢』, 東京, 1982(=1982A)

寺田隆信,「新安商人と山西商人」,『中世史講座』卷3,『中世の都市』, 東京, 1982(=1982B)

斯波義信,「中國中世の商業」,『中世史講座』3,『中世の都市』, 東京, 1982

山口建治,「馮夢龍『智囊』と開讀の變」,『東方學』75, 1988

山根幸夫, 「15·16世紀中國における賦役勞動制の改革—均徭法を中心として」, 『史學雜誌』 60-11, 1951(→ 山根幸夫, 『明代徭役制度の展開』, 東京, 1966)
山根幸夫, 「明代里長の職責に關する一考察」, 『東方學』3, 1952
山根幸夫, 「明帝國の形成と發展」, 『世界の歷史』11, 東京, 筑摩書房, 1961(=1961A)
山根幸夫, 「一條鞭法と地丁銀」, 『世界の歷史』11, 東京, 筑摩書房, 1961(=1961B)
山根幸夫, 「元末の反亂と明朝支配の確立」, 『岩波講座世界史』12, 1971
山根幸夫・稻田英子 譯, 「清代生監層の性格」(上・下), 『明代史研究』 4～5, 1976～1977.
山根幸夫, 「明・清初の華北の市集と紳士・豪民」, 『中山八郎教授頌壽記念明清史論叢』, 東京, 1977(→ 同氏, 『明清華北定期市の研究』 第2章, 汲古書院, 1995)
山根幸夫, 「明清時代華北市集の牙行」, 『星博士退官記念中國史論集』, 東京, 1978(→ 同氏 『明清華北定期市の研究』 第3章, 汲古書院, 1995)
山根幸夫「明末農民反亂と紳士層の對應」,『中嶋敏先生古稀紀念論集』(下),東京, 1981(=1981A)
山根幸夫, 「河南省南城縣の紳士層の存在形態」, 『東洋史研究』 40-2, 1981(=1981B)
山根幸夫, 「大西政權と紳士層の對應, 小野和子 編 『明清時代の政治と社會』, 京都, 1983(=1983B)
山根幸夫, 「‘中国資本主義萌芽問題論文集’ 南京大学歴史系明清史研究室編」, 『東洋学報』 65(3·4), 1984
山根幸夫, 「清代山東の市集と紳士層－曲阜縣ㅋ義集を中心として－」, 『東洋學報』66 合, 1985
山本英史, 「清初における包攬の展開」, 『東洋學報』 59-1・2, 1977(=1977A)
山本英史, 「1976年 歷史學界 : 回顧と展望—明・清」, 『史學雜誌』 86-5, 1977(=1977B)
山本英史, 「‘自封投櫃’考」, 『中國－社會と文化』 4, 1989
山本英史, 「紳衿による稅糧包攬と清朝國家」, 『東洋史研究』 48-4, 1990
山本英史, 「雍正紳衿抗糧處分考」, 『中國近代史研究』 7, 1992
山本英史, 「浙江觀風整俗使の設置について」, 『明清時代の法と社會』, 汲古書院, 1993
山本英史, 「清代康熙年間の浙江在地勢力」, 山本英史 編, 『傳統中國の地域像』, 慶應義塾大學出版會, 2000
山本英史, 「清朝の江南統治と在地勢力」, 岩井茂樹, 『中國近世社會の秩序形成』, 京都大學人文科學研究所, 2004

山本進, 「清代四川の地域經濟―移入代替棉業の形成と巴縣牙行」, 『史學雜誌』 100-12, 1991

山本進, 「清代後期四川における地方財政の形成―會館と釐金―」, 『史林』 75-6, 1992

山本進, 「清代江南の牙行」, 『東洋學報』 74-12, 1993

山本進, 「明末清初江南の牙行と國家」, 『名古屋大学東洋史研究報告』21, 1997

山本進, 「清代巴縣の脚夫」, 『東洋學報』 82-1, 2000

山本進, 「清代の雑税と牙行」, 『名古屋大学東洋史研究報告』28, 2004

山田秀二, 「明清時代の村落自治に就いて」, 『歷史學研究』2·3·4·5, 1934

山田賢, 「清代の移住民社會―嘉慶白蓮教反亂の基礎的考察―」, 『史林』 69-6, 1986

山田賢, 「移住民社會と地域社會―四川省雲陽縣における嘉慶白蓮教反亂―」, 『名古屋大學東洋史研究報告』12, 1987

山田賢, 「中國明清時代史研究における'地域社會論'の現狀と課題」, 『歷史評論』580, 1998

三木聰, 「明代の福建における保甲制」, 『東方學』20, 1960(同氏, 『清代水利史研究』, 東京, 1974, 再收)

三木聰, 「抗租と法・裁判」, 『北海道大學文學部紀要』 37-1, 1988

三田村泰助, 「朱元璋と紅巾軍」, 『田村博士頌壽紀念東洋史論叢』, 東京, 1968

森正夫, 「明末の江南における'救荒論'と地主佃戶關係」, 『高知大學學術研究報告』(人文科學)14, 1968

森正夫, 「16-18世紀における荒政と地主佃戶關係」, 『東洋史研究』 27-4, 1969(=1969A)

森正夫, 「18世紀における荒政と地主佃戶關係」, 『高知大學教育學部研究報告』(第1部)21, 1969(=1969B)

森正夫, 「明清時代の土地制度」, 『岩波講座世界歷史』12, 東京, 1971

森正夫, 「いわゆる'鄉紳的土地所有'論をめぐって」, 『歷史評論』304, 1975

森正夫, 「日本の明清史研究における鄉紳論について」(1·2·3), 『歷史評論』 308·312·314, 1975·1976

森正夫, 「17世紀の福建寧化縣における黃通の抗租反亂」(1·2·3), 『名古屋大學文學部研究論集』59·62·74, 1973·1974·1978

森正夫, 「1645年太倉州沙溪鎮における烏龍會の反亂について」, 『中山八郎教授頌壽記念明清史論叢』, 東京, 1977

森正夫, 「明末社會關係における秩序の變動について」, 『名古屋大學文學部三十周年記念論文集』, 名古屋大學, 1978

森正夫, 「明代の鄉紳—士大夫と地域社會との關連についての覺書—」, 『名古屋大學文學部研究論集』77, 史學 26, 1980

森正夫, 「17世紀初頭の'織傭の變'をめぐる二三の資料について」, 『名古屋大學文學部研究論集』 80, 1981

森正夫, 「中國前近代史研究における地域社會の視點」, 『名古屋大學文學部研究論集』83(史學 28), 1982

森正夫, 「明中葉江南における稅糧徵收制度の改革—蘇州・松江二府を中心として—」, 小野和子, 『明清時代の政治と社會』, 京都, 1983(=1983A)

森正夫, 「抗租」, 谷川道雄・森正夫, 『中國民衆叛亂史』4, 東京, 1983(=1983B)

森正夫, 「『寇變紀』の世界—李世熊と明末清初福建寧化縣の地域社會—」, 『名古屋大學文學部研究論集』(史學)37, 1991

森正夫, 「明末における秩序變動再考」, 『中國—社會と文化』10, 1995(=1995A)

森正夫,「'錫金識小錄'の性格について」,『名古屋大學文學部研究論集』122(史學41), 1995(=1995B)

上田信, 「明末清初, 江南の都市の'無賴'をめぐる社會關係—打行と脚夫—」, 『史學雜誌』 90-11, 1981

上田信, 「中國都市における無賴の世界」, 東大東文硏, 『イスラムの都市性研究報告』, 1989

生駒晶(Ikoma), 「明初科擧合格者の出身に關する一考察」, 『山根幸夫教授退休紀念明代史論叢』(上), 汲古書院, 1990

西嶋定生, 「松江府における棉業形成の過程について」, 『社會經濟史學』 13-11·12, 1944

西嶋定生, 「火耕水耨について」, 『和田博士還曆記念東洋史論叢』, 東京, 1951(→同氏, 『中國經濟史研究』, 東京, 1966)

西嶋定生, 「中國初期棉業の形成と構造」, 『中國經濟史研究』, 東京, 1966(=1966B)

西嶋定生, 「中國における地方都市の手工業」, 『中世史講座』 3, 『中世の都市』, 東京, 1982

西嶋定生, 「明清時代の問屋制前貸生產について—衣料生產を主とする研究史的覺え書—」, 『東アジアにおける國家と農民』, 東京, 1984

西山武一,「齊民要術における淮域稻作の實體」,『アジア的農法と農業社會』, 東京, 1969
西村元照,「明代後期丈量に就いて」,『史林』54-5, 1971(=1971A)
西村元照,「張居正の土地丈量―全體像と歷史的意義把握のために―」(上·下),『東洋史研究』30-1・2・3, 1971(=1971B)
西村元照,「劉六劉七の亂について」,『東洋史研究』32-4, 1974(=1974A)
西村元照,「清初の土地丈量について―土地臺帳と隱田をめぐる國家と鄉紳の對抗關係を基軸として」,『東洋史研究』33-3, 1974(=1974B)
西村元照,「明・清」,『史學雜誌』84-5, 1975
西村元照,「清初の包攬―私徵體制の確立, 解禁から請負徵稅制へ―」,『東洋史研究』35-3, 1976
西村元照,「明代中期の二大叛亂」, 谷川道雄・森正夫,『中國民衆叛亂史』2, 東京, 1979
西村かずよ,「明清時代の奴僕をめぐって」,『東洋史研究』36-4, 1978
西村かずよ,「明代の奴僕」,『東洋史研究』38-1, 1979(=1979A)
西村かずよ,「明末清初の奴僕について」, 小野和子,『明清時代の政治と社會』, 京都, 1979(=1979B)
石橋秀雄,「清初の對漢人政策―とくに太祖の遼東進出時代を中心として―」,『史艸』2, 1961
石井米雄,「稻作と歷史」,『タイ國―一つの稻作社會―』, 東京, 1975
城井隆志,「明末, 地方生員層の活動と黨爭に關する一試論―提學御史熊廷弼の諸生仗殺をめぐって―」,『九州大學東洋史論集』10, 1982
細野浩二,「明末清初江南における地主奴僕關係―家訓にみられるその新展開をめぐって―」,『東洋學報』50-3, 1967
細野浩二,「明末清初江南における地主奴僕關係―家訓にみられるその新展開をめぐって―」,『東洋學報』50-3, 1968
細野浩二,「里老人と衆老人―「教民榜文」の理解に關聯して―」,『史學雜誌』78-7, 1969
細井昌治,「清初の胥吏―社會史的一考察―」,『社會經濟史學』14-6, 1944
小島淑男,「清末の鄉村統治について― 蘇州府の區・區董を中心に」,『史潮』88, 1964
小林一美,「抗租・抗糧鬪爭の彼方―下層生活者の想いと政治的・宗教的自立の途―」,『思想』584, 1973

小山正明,「明末清初の大土地所有—とくに江南デルタ地帶を中心にして—」(1·2),『史學雜誌』66～12, 67-1, 1957·1958

小山正明,「清末中國における外國綿製品の流入」,『近代中國研究』4, 1960

小山正明,「明代の十段法について」(1),『前近代アジアの法と社會』,東京, 1967(=1967A)

小山正明,「中國社會の變容とその展開」,『東洋史入門』, 東京, 1967(=1967B)

小山正明,「明代糧長について—とくに前半期の江南デルタ地帶を中心にして—」,『東洋史研究』27-4, 1969

小山正明,「賦役制度の變革」,『岩波講座世界歷史』12, 1971

小山正明,「明代の土地所有と奴僕」,『東洋文化研究所紀要』62, 1974(=1974A)

小山正明,「アジアの封建制—中國封建制の問題—」,『前近代史研究の課題と方法』,現代歷史學の成果と課題2, 1974(=1974B)

小山正明,「宋代以後の國家の農民支配」,『歷史における民族の形成—75年歷史學研究別冊特輯』, 1975

小山正明,「明·清時代の雇工人律について」,『星博士退官記念中國史論集』, 山形, 1978

小沼正,「華北農村市集の牙行について—とくに徵稅機構として—」,『和田博士還曆記念東洋史論叢』, 東京, 講談社, 1951

小野和子,「東林派とその政治思想」,『東方學報』28, 1958

小野和子,「清初の思想統制をめぐって」,『東洋史研究』18-3, 1959

小野和子,「明末・清初における知識人の政治活動」,『世界の歷史』11, 筑摩書房, 1962

小野和子,「明末の結社に關する一考察—とくに復社について—」(上·下),『史林』45-2·3, 1962

小野和子,「東林派と張居正—考成法を中心に—」,『明清時代の政治と社會』, 京都, 1983

小野和子,「復社の人びととレジスタンス」, 同氏,『明季黨社考—東林黨と復社—』, 京都, 1996(=1996B)

小畑龍雄,「明初の地方制度と里甲制」,『人文科學』1～4, 1947

小畑龍雄,「明代極初の老人制」,『山口大學文學會誌』1, 1950

小畑龍雄,「明代鄉村の教化と裁判—申明亭を中心として—」,『東洋史研究』11-5・6, 1952

松田吉郎,「明末清初廣東珠江デルタの沙田開發と鄉紳支配の形成過程」,『社會經濟史學』46～6, 1981

松浦章, 「明代江南の水運について」, 『山根幸夫教授退休記念明代史論叢』(下), 東京, 1990

水野正明, 「『新安原板士商類要』について」, 『東方學』60, 1980

矢澤利彦, 「長江流域教案の一考察」, 『近代中國研究』1, 1958

矢澤利彦, 「長江流域教案の研究」, 『近代中國研究』4, 1960

植松正, 「元代江南の豪民朱清・張瑄について—その誅殺と財産官沒をめぐって—」, 『東洋史研究』 27-3, 1968

植松正, 「元代江南における徵稅體制について」, 『東洋史研究』 33-1, 1974

新宮學, 「明代の牙行について—商稅との關係を中心に—」, 『山根幸夫教授退休記念明代史論叢』(下), 東京, 1990

岸本美緒, 「『歷年記』に見る清初地方社會の生活」, 『史學雜誌』 95-6, 1986

岸本美緒, 「明末清初の地方社會と世論—松江府を中心とする素描—」, 『歷史學研究』 573, 1987(=1987A)

岸本美緒, 「'中国資本主義発展史(1)中国資本主義的萌芽'許滌新,呉承明主編」,『東洋史研究』 46-1, 1987(=1987B)

岸本美緒, 「明清期の社會組織と社會變容」, 社會經濟史學會, 『社會經濟史學の課題と展望』, 東京, 1992(=1992B)

岸本美緒, 「地域社會の視點と明清國家論」, 『舊中國における地域社會の特質』, 1994

岸本美緒, 「明清時代の身分感覺」, 『明清時代史の基本問題』(『中國史學の基本問題』 4), 汲古書院, 1997(=1997B)

岸本美緒, 「明清時代の鄉紳」, 『明清交替と江南社會—17世紀中國の秩序問題—』, 東京大學出版會, 1999(=1999B)(← 『權威と權力』, 『シリズ世界史』への問い』7, 岩波書店, 1990)

岸本美緒, 「崇禎17年の江南社會と北京情報」, 『明清交替と江南社會—17世紀中國の秩序問題』, 東京大學出版會, 1999(=1999C)

岸本美緒, 「清初松江府社會と地方官たち」, 『明清交替と江南社會—17世紀中國の秩序問題』, 東京大學出版會, 1999(=1999D)

安部健夫, 「米穀需給の研究—'雍正史'の一章としてみた—」, 『東洋史研究』 15-4, 1957 (→ 『清代史の研究』, 東京, 1971)

安部健夫「耗羡提害の研究—雍正史の一章としてみた—」,『東洋史研究』16-4, 1958
(同氏,『清代史の研究』東京, 1971에 再收)

安野省三,「明末清初, 揚子江中流域の大土地所有に關する一考察—漢川縣蕭堯寀の場合を中心として—」,『東洋學報』44-3, 1961

安野省三,「清代の農民反亂」,『岩波講座世界歷史』12, 1971

安野省三,「地主制の實態と地主制研究の間」,『東洋史研究』33-3, 1974

安野省三,「'湖廣熟すれば天下足る'考」,『木村正雄先生退官記念東洋史論集』, 東京, 1976

安野省三,「中國の異端と無頼」,『中世史講座 7, 中世の民衆運動』, 東京, 1985

岸和行,「廣東地方社會における無頼像—明末期の珠池盜をめぐって—」,『元明清期における國家"支配"と民衆像の再檢討—"支配"の中國的特質—』, 九州大學東洋史研究室, 1983

岩間一雄,「中國封建制の特質について—明代里甲制試論—」,『法學會雜誌』26-2, 1978

岩見宏,「雍正財政史の一面—錢糧の虧空とその整理—」,『研究』(神戶大學)16, 1958

岩見宏,「湖廣熟天下足」,『東洋史研究』20-4, 1965

岩見宏,「清朝の中國支配」,『岩波講座世界歷史』12, 1971

岩井茂樹,「張居正財政の課題と方法」,『明末清初の研究』, 京都, 1989

岩井茂樹,「均傜からみた明代傜役問題」,『中國近世財政史の研究』第6章, 京都大學學術出版會, 2004(=2004B)

愛宕松男,「朱吳國と張吳國—初期明王朝の性格に關する一考察—」,『文化』17-6, 1953

野口鐵郎,「初期朱元璋集團の性格」,『橫濱國立大學人文紀要』第1類 18輯, 1972

野口鐵郎,「白蓮教結社の成立」,『明代白蓮教史の研究』, 東京, 1986

余英時,「中國知識人の史的考察」,『中國-社會と文化』5, 1990

吳金成,「韓國における中國史研究の半世紀」,『中國—社會と文化』15, 2000

吳金成,「韓國の明·清時代史研究の現況と課題」,『中國—社會と文化』4, 1989(=1989D)

吳金成,「明末・清初江西南部の社會と紳士—清朝權力の地方浸透過程と關聯して—」,『山根幸夫教授退休記念 明代史論叢』, 東京, 1990

吳金成, 「紳士と兩班の政治・社會的位相」, 『東アジア近世社會の比較研究』(『平成8~9年度科學研究費補助金研究成果報告書』), 京都, 1998(=1998C)

五井直弘,「中國古代史と共同體」,『歷史論評』255, 1971
有高巖,「支那における地方自治の由來」,『史潮』1-1, 1931
柳田節子,「中國前近代社會における專制支配と農民運動」,『歷史評論』300, 1975
栗林宣夫,「萬曆十年の杭州民變について」,『木村正雄先生退官記念東洋史論叢』, 東京, 1976
伊藤公夫,「嘉靖海寇反亂の再檢討―王直と嘉靖三十年代前半の海寇反亂をめぐって―」,
『明代史硏究』8, 1980.
伊原弘介,「中國における封建權力成立のとらえ方について」,『歷史論評』304, 1975
伊原弘介,「清朝國家の農民統治と紳士身分」, 今掘誠二,『中國へのアプロ―チ』, 東京, 1983
里井彦七郎,「中國の地主と日本の地主」,『歷史評論』20, 1950(=1950A)
里井彦七郎,「清代鑛業資本について」(上),『東洋史硏究』11-1, 1950(=1950B)
里井彦七郎,「十七世紀中國仇教運動の一側面」(上·中),『東洋史硏究』13-1·2, 13-4,
1954(→『近代中國における民衆運動とその思想』, 東京, 1972 再收)
里井彦七郎,「農村工業と佃戶制の展開―明清社會經濟史の諸問題」,『社會經濟史學』
20-4·5·6合, 1955
里井彦七郎,「清代銅鉛鑛業の發展」,『桃山學院大學經濟學論集』, 東京, 1956
里井彦七郎,「清代銅・鉛鑛業の構造」,『東洋史硏究』17-1, 1958
李泰鎭,「朝鮮時代の兩班―概念と硏究動向」,『中國―社會文化』8, 1993
仁井田陞,「支那近世の一田兩主慣行と其の成立」(1,2),『法學協會雜誌』64-3・4,
1946(→同氏,『中國法制史硏究』〈土地法・取引法〉, 東京, 1960)
仁井田陞,「中國の農奴・雇傭人の法的身分の形成と變質―主僕の分について―」,『野
村博士還曆記念論文集, 封建制と資本制』, 1956
日高一宇,「明代農民支配―里甲制と明朝國家の構造」,『史學硏究』118, 1973
日野康一郞,「明末民變と山地開發の問題―江西省上饒縣の場合―」,『東洋學報』86-4, 2005
齋藤史範,「明清時代の'鄕紳'に關する學說史的檢討」,『史叢』40, 1987
田曉利,「中国における近代産業の展開と資本形態の変容―清朝末期官僚制資本主義
の萌芽を中心に」,『立命館経済学』49-4, 2000
田尻利,「清代江西における藍作の展開」(上,下),『鹿島兒經大論集』14-1・2, 1973
前田司.「清初の保甲」,『硏究紀要』(鹿兒島短期大學)14, 1974

前田司, 「清初期の鄉約—とくに黄州府の中心として—」, 『史觀』90, 1975
前田勝太郎, 「明代中期以降の福建における水利機構の變貌について」, 『東方學』32, 1966
田中克己, 「清初の支那沿海—遷界を中心として見たる」(1), 『歷史研究』 6-1, 1936
田中克己, 「遷界令と五大商」, 『史苑』 26-2・3, 1966
田中正俊, 「補農書をぐる諸研究—明末清初土地制度史研究の動向」, 『東洋學報』 43-1, 1960
田中正俊, 「明末清初江南農村手工業に關する一考察」, 『和田博士古稀紀念東洋史論叢』, 東京, 1961(=1961A)
田中正俊, 「民變・抗租・奴變」, 『世界の歷史』11, 東京, 1961(=1961B)
田中正俊, 「中世中國における國家權力と土地所有關係」, 1961年 2月 8日 歷史學研究會 發表文(=1961C)
田中正俊, 「中國の變革と封建制研究の課題」(一), 『歷史評論』271, 1972
田中正俊, 「十六・十七世紀の江南における農村手工業」, 『中國近代經濟史研究序說』, 東京, 1973(=1973A)(←『和田博士古稀記念東洋史論叢』, 東京, 1961)
田中正俊, 「中國歷史學界における'資本主義の萌芽'研究, 『中國近代經濟史研究序說』, 東京, 1973(=1973B)(鈴木俊, 『中國史の時代區分』, 東京, 1957 原載; 閔斗基, 『中國史時代區分論』, 創作과 批評社, 1984, pp. 265-294에 번역됨)
田中正俊, 「中國における地方都市の手工業」, 『中世史講座』3, 『中世の都市』, 東京, 1982
田中正俊, 「明清時代の問屋制前貸生産について—衣料生産を主とする研究史的覺え書—」, 『東アジアにおける國家と農民』, 東京, 1984
井上徹, 「廣東珠江右岸デルタにおける秩序再編と鄉紳の役割について」, 『地域社會の視點—地域社會とリダ』, 名古屋大學, 1982
井上徹, 「'鄉約'の理念について—鄉官・士人層と鄉里社會—」, 『名古屋大學東洋史研究報告』11, 1986(=1986A)
井上徹, 「黄佐『泰泉鄉禮』の世界—鄉約保甲制に關聯して—」, 『東洋學報』 67-3·4, 1986(=1986B)
足立啓二, 「明末景德鎭の民窯の發展と民變」, 『鈴木俊教授還曆記念東洋史論叢』, 東京, 1964
足立啓二, 「明清時代の小經營と地主制に關する覺え書」, 『新しい歷史學のために』143, 1976
足立啓二, 「明清時代の商品生産と地主制研究をめぐつて」, 『東洋史學研究』 36-1, 1977

足立啓二, 「明末清初の農業經營—'沈氏農書'の再評價—」, 『史林』 61-1, 1978

足立啓二, 「中國封建制論の批判的檢討」, 『歷史評論』400, 1983

足立啓二, 「明末の流通構造—『杜騙新書』の世界—」, 『熊本大學文學部論叢—史學篇』41, 1992

足立啓二, 「牙行經營の構造」, 『熊本大學文學部論叢』73, 2001

佐久間重男, 「明代景德鎭窯業の一考察」, 『清水博士追悼記念明代史論叢』, 東京, 1962

佐久間重男, 「明末景德鎭の民窯の發展と民變」, 『鈴木俊教授還曆記念東洋史論叢』, 東京, 1964

佐久間重男, 「明代の鐵鑛業と國家管理—初期官營企業を中心に—」, 『集刊東洋學』20, 1968

座談會, 「中國の近代化」, 『世界の歷史』 11, 筑摩書房, 1961

佐藤武敏, 「明清時代浙江における水利事業—三江閘の中心に—」, 『集刊東洋學』20, 1968

佐藤文俊, 「'土賊'李青山の亂について—華北農民叛亂の一形態—」, 『東洋學報』 53-3, 1971(→同氏, 『明末農民叛亂の研究』, 東京, 1985)

佐藤文俊, 「福王府と明末農民反亂」, 『中國—社會と文化』3, 1988

佐伯富, 「清代における奏銷制度」, 『東洋史研究』 22-3, 1963

佐伯富, 「明清時代の民壯について」, 同氏, 『中國史研究』1, 同朋舍, 1969

佐伯有一・田中正俊, 「16·17世紀の中國農村製糸・絹織業」, 『世界史講座』1, 『東アジア世界の形成』, 東京, 1955

佐伯有一,「明代前半期の機戶—王朝權力による掌握をめぐって」,『東洋文化研究所紀要』8, 1956

佐伯有一, 「明代匠役制度の崩壞と都市絹織物流通市場の發展」, 『東洋文化研究所紀要』10, 1956

佐伯有一, 「明末の董氏の變—所謂'奴僕'の性格に關連して—」, 『東洋史研究』 16-1, 1957(=1957A)

佐伯有一, 「日本の明清時代研究における商品生產評價をめぐって—その學說史的展望—」, 鈴木俊, 『中國史の時代區分』, 東京, 1957(=1957B)

佐伯有一, 「手工業の發達」, 『世界の歷史』11, 東京, 1961(=1961A)

佐伯有一, 「中国の歴史学界における'資本主義萌芽'に関する論争のその後—雑誌「歴史研究」所載論文を通じて—」, 『社会経済史学』27(3), 1961(=1961B)

佐伯有一, 「1601年'織傭の變'をめぐる諸問題—その一—」, 『東洋文化研究所紀要』45, 1968

佐伯有一, 「明清交替期の胥吏像一斑」, 『中村治兵衛先生古稀記念東洋史論叢』, 刀水

書房, 東京, 1986
佐々木正哉,「同治年間教案及び重慶教案資料」(上,下),『東洋學報』46-3·4, 1963-1964
佐竹靖彦,「中國近世における小經營と國家權力について」,『新しい歷史學のために』150, 1978
周藤吉之,「南宋稻作の地域性」,『宋代經濟史硏究』, 東京, 1962(=1962B)
周藤吉之,「南宋における稻の種類と品種の地域性」,『宋代經濟史硏究』,東京, 1962(=1962C)
周藤吉之,「宋代の圩田と莊園制－特に江南東路について」,『宋代經濟史硏究』, 東京, 1962(=1962D)
周藤吉之,「宋代浙西地方の圍田の發展—土地所有制との關係—」,『宋代史硏究』, 東京, 1969
酒井忠夫,「鄕紳について」,『史潮』49, 1952(同氏,『中國善書の硏究』, 東京, 1960에 再收)
酒井忠夫,「明代の日用類書と庶民敎育」, 林右春 編,『近世中國敎育史硏究』, 東京, 1958
酒井忠夫,「明末の社會と善書」, 同氏,『中國善書の硏究』, 國書刊行會, 1960(=1960B)
酒井忠夫,「明代前・中期の保甲制について」,『淸水博士追憶紀念明代史論叢』, 東京, 1962
中道邦彦,「淸初靖南藩の福建移鎭と遷界令」,『歷史の硏究』12, 1968
中島樂章,「明代の訴訟制度と老人制—越訴問題と懲罰權をめぐって—」,『中國—社會と文化』15, 2000
中山八郞,「明代の織染局」,『一橋論叢』9-5, 1942(→ 同氏,『明淸史論集』, 汲古書院, 1995)
重田德,「淸初における湖南米市場の一考察」,『東洋文化硏究所紀要』10, 1956(→同氏,『淸代社會經濟史硏究』, 東京, 1975)
重田德,「一條鞭法と地丁銀との間」,『人文硏究』18-3, 1967
重田德,「淸朝農民支配の歷史的特質—地丁銀成立のいみするもの—」,『前近代アジアの法と社會』, 1967(→同氏,『淸代社會經濟史硏究』, 東京, 1975)
重田德,「封建制の視點と明淸社會」,『東洋史硏究』27-4, 1969
重田德,「鄕紳支配の成立と構造」,『岩波講座世界歷史』12, 1971(=1971A)(→同氏,『淸代社會經濟史硏究』, 東京, 1975)
重田德,「鄕紳の歷史的性格をめぐって—鄕紳觀の系譜—」,『人文硏究』22-4, 1971(=1971B)(同氏,『淸代社會經濟史硏究』, 東京, 1975)
中村哲夫,「鄕紳の手になる鄕紳調査について」,『中國近代社會史硏究序說』, 東京, 1984

中村治兵衛,「清代都市のかごかき人夫の闘争―喪葬禮と扛夫·吹手をめぐって―」,『中央大學アジア史研究』1, 1977

曾我部靜雄,「明の關節生員と納粟監生」,『近世東アジア教育史研究』, 東京, 1970 (同氏,『中國社會經濟史の研究』, 東京, 1977 再收)

倉持德一郎,「明初における富民の京師移徙―所謂富戶の設定―」,『石田博士頌壽紀念東洋史論叢』, 東京, 1965

川勝守,「張居正丈量の展開―特に明末江南における地主制の展開について―」,『史學雜誌』80-3·4, 1971

川勝守,「明末清初江南の圩長について」,『東洋學報』55-4, 1973(=1973A)

川勝守,「浙江嘉興府の嵌田問題―明末鄉紳支配の成立に關する一考察―」,『史學雜誌』82-4, 1973(=1973B)

川勝守,「明代の寄莊戶について」,『東洋史研究』33-3, 1974(=1974A)

川勝守,「明末江南における丈量策の展開と地主・佃戶關係の發展」,『東洋史論集』(九州大)2, 1974(=1974B)

川勝守,「明末揚子江デルタ地帶における水利慣行の變質」,『史淵』111, 1974(=1974C)

川勝守,「明代里甲編成の變質過程―小山正明氏の'析戶の意義'論の批判―」,『史淵』112, 1975(=1975A)

川勝守,「初期清朝國家における江南統治政策の展開」,『史淵』113, 1975(=1975B)

川勝守,「明末, 江南五府における均田均役法」,『史學雜誌』85-6, 1976(=1976A)

川勝守,「明末清初, 蘇州嘉興兩府いおける圩長の職務と均田均役法の展開」,『榎博士還曆記念東洋史論叢』, 1976(=1976B)

川勝守,「初期清朝國家における江南統治策の展開」,『史淵』113, 1976(=1976C)

川勝守,「明末清初, 長江デルタにおける棉作と水利」(1),『東洋史論集』(九州大, 文學部)6, 1977(=1977A)

川勝守,「清朝賦役制度の確立―江南の均田均役法と順莊編里法とについて―」,『法制史研究』26, 1977(=1977B)

川勝守,「明末, 南京兵士の叛亂―明末の都市構造についての一素描―」,『星博士退官記念中國史論叢』, 東京, 1978

川勝守,「中國近世都市の社會構造—明末清初, 江南都市について—」,『思潮』新6號, 1979
川勝守,「明代里甲編成の變質過程」,『史淵』112, 1979
川勝守,「初期清朝國家における江南統治策の展開」,『中國封建國家の支配構造』, 東京, 1980(=1980B)
川勝守,「明末清初の訟師について—舊中國社會における無賴知識人の一形態—」,『九州大學東洋史論集』9, 1981(=1981A)
川勝守,「徐乾學三兄弟とその時代－江南鄕紳の地域支配の一具體像－」,『東洋史研究』40-3, 1981(=1981B)
川勝守,「明末清初における打行と訪行—舊中國社會における無賴の諸史料—」,『史淵』119, 1982
川勝守,「明清胥吏政治と民衆」,『元明清期における國家"支配"と民衆像の再檢討—"支配"の中國的特質—』, 九州大學東洋史研究室, 1983
川勝守,「江南市鎭の生産・流通・消費の歷史的位置—手工業生産と無賴・棍徒・脚夫—」, 同氏,『明清江南市鎭社會史研究』, 東京, 汲古書院, 1999(=1999B)
川勝守,「清初莊氏史禍事件と南潯鎭社會」, 同氏,『明清江南市鎭社會史研究』, 汲古書院, 1999(=1999C)
川勝義雄,「重田氏の六朝封建制論批判について」,『歷史評論』247, 1971
天野元之助,「陳敷の『農書』と水稻作技術の展開」,『東方學報』19・21, 1950・1952 (→同氏,『中國農業史研究』, 東京, 御茶の水書房, 1962/1979)
天野元之助,「農村市場の交易」, 同氏,『中國農業の諸問題(下)』(=『中國農業經濟論』下), 東京, 1952
天野元之助,「天工開物と明代の農業」, 藪內清,『天工開物の研究』, 東京, 1953
天野元之助,「魏晉南北朝時における農業生産力の展開」,『史學雜誌』66-10, 1957
天野元之助,「中國古代農業の展開」,『東方學報』(京都)30, 1959
天野元之助,「中世農業の展開」, 藪內清,『中國中世科學技術史の研究』, 東京, 1963
天野元之助,「明代の農業と農民」,『明清時代の科學技術史』, 京都, 1970
淺井紀,「明末における奢安の亂と白蓮教」,『史學』47-3, 1976
青山定雄,「隋唐宋三代に於ける戶數の地域的考察(1・2)」,『歷史學研究』(舊) 6-4・5, 1936
清水泰次,「明代の流民と流寇」(1,2),『史學雜誌』46-2,3, 1935

清水泰次, 「明の太祖の戰後土地經營」, 『東亞經濟研究』 24-3, 1940

清水泰次, 「明の太祖の里甲制」, 『支那』 34-6, 1943

清水泰次, 「明の太祖の對權豪策─特に張吳の戰犯及び蘇州の豪農について─」, 『史觀』38, 1952

清水泰次, 「明初の民情」, 『東洋史研究』 13-3, 1954

村松祐次, 「清代のいわゆる蘇松の重賦について」, 『一橋論叢』 45-6, 1961

湯淺幸孫, 「湖州莊氏の史案と参訂の史家」, 『史林』164, 1968

波多野善大, 「中國史把握の前進─西嶋定生氏の研究成果について」, 『歷史學研究』139, 1949

波多野善大, 「清代兩淮製鹽における生産組織」, 『東洋史研究』 11-1, 1950

波多野善大, 「中國輸出茶の生産構造」, 『中國近代工業史の研究』, 京都, 1961

片岡芝子, 「福建の一田兩主制について」, 『歷史學研究』294, 1964

片山誠二郞, 「明代海上密貿易と沿海鄕紳層─朱紈の海禁政策强行と挫折の過程を通しての一考察─」, 『歷史學研究』164, 1953

片山誠二郞, 「嘉靖海寇反亂の一考察─王直一黨の反抗を中心に─」, 『東洋史學論叢』4, 1955

片山誠二郞, 「月港'二十四將'の反亂」, 『清水博士追悼記念明代史論叢』, 東京, 1962

浦廉一, 「諸制度上に現われたる清朝の漢人統治策に就いて」(1·2), 『史學研究』 2-1·3, 1930·1931

浦廉一, 「清初の遷界令の研究」, 『廣島大學文學部紀要』5, 1954

河內利治, 「陳子龍の變貌─師黃道周との出會いをめぐって─」, 『調布日本文化』(調布學園女短大)1, 1991

河池重造, 「アヘン戰爭以後のウエスタン・インパクト中國の農村經濟體制」, 『アジア研究』 14-3, 1967

河池重造, 「舊中國における農村經濟體制と村落」, 『田村博士頌壽東洋史論叢』, 1968

鶴見尚弘, 「明代の畸零戶について」, 『東洋學報』 47-3, 1964

鶴見尚弘, 「明代における鄕紳支配」, 『岩波講座世界歷史』12, 東京, 1971

鶴見尚弘, 「舊中國における共同體の諸問題」, 『史潮』新4, 1979

和田博德, 「明末の承天府における民變─『郢事紀略』について─」, 『創價大學人文論叢』創刊號, 1989

和田正廣, 「明代擧人層の形成過程に關する一考察─科擧條例の檢討を中心として─」,

『史學雜誌』87-3, 1978(=1978A)

和田正廣, 「徭役優免條例の展開と明末擧人の法的位置—免役基準額の檢討を通じて—」, 『東洋學報』60-1・2, 1978(=1978B)

和田正廣, 「明末官評の出現過程」, 『九州大學東洋史論集』8, 1980(=1980A)

和田正廣, 「明末窩訪の出現過程」, 『東洋學報』62-1·2, 1980(=1980B)

和田正廣, 「明末清初以降の紳士身分に關する一考察」, 『明代史研究』9, 1981(=1981A)

和田正廣,「明末清初の鄕紳用語に關する一考察」,『九州大學東洋史論集』9, 1981(=1981B)

和田正廣, 「明代科擧制度と士大夫」, 『元明清期における國家'支配'と民衆像の再檢討—'支配'の中國的特質—』, 九州大學, 1984

和田正廣, 「明代地方官ポストにおける身分制序列に關する一考察」, 『東洋史研究』44-1, 1985

和田正廣, 「福建稅監高寀の海外私貿易」, 川勝守, 『東アジアにおける生産流通歷史社會學的研究』, 福岡, 1995

和田清, 「明の太祖と紅巾の賊」, 『東洋學報』13-2, 1913

和田清, 「明の太祖の教育勅語に就いて」, 『白鳥博士還曆記念東洋史論叢』, 1926

横山寬, 「明王朝成立期の軌跡—洪武朝の疑獄事件と京師問題をめぐって—」, 『東洋史研究』37-3, 1978

横山英, 「中國における商工業勞動者の發展と役割」, 『歷史學研究』160, 1952

横山英, 「中國における農民運動の一形成—太平天國前の'抗糧'運動について—」, 『廣島大學文學部紀要』7, 1955

横山英, 「清代の都市絹織物業の生産形態」, 『東洋史研究』19-3·4, 1960·1961

横山英,「清代江西省における運輸業の機構」,『中國近代化の經濟構造』,東京, 1972(=1972B)

横山英, 「清代における包頭制の展開」, 『中國近代化の經濟構造』, 東京, 1972(=1972C)

横山英,「清代における踹布業の經營形態」,『中國近代化の經濟構造』,東京, 1972(=1972D)

横山英,「清代の都市絹織物業の生産形態」,『中國近代化の經濟構造』, 東京, 1972(=1972E)

横田整三, 「明代における戶口の移動現象について」(上・下), 『東洋學報』26-1,2, 1938

4. 歐 文

Arif Dirlik, "Chinese Historians and the Marxist Concept of Capitalism; A Critical Examination", *Modern China* 8-1, 1982

Atwell, William S., "From Education to Politics: The Fushe", de Bary W. T. ed., *The Unfolding of Neo-Confucianism*, Columbia University Press, 1975

Atwell, William S., "The T'ai-ch'ang, T'ien-ch'i, and Ch'ung-chen Reigns, 1620-1644" in Frederick W. Mote and Denis Twitchett ed., *The Ming Dynasty, 1368-1644*, Part Ⅰ, *The Cambridge History of China* Vol.7, Cambridge University Press, 1988

Busch, Heinrich, "The Tung-lin Academy and Its Political and Philosophical Significance" *Monumenta Serica* XIV, 1955

Cartier, Michel, "Nouvelles dennées sur la démographie Chinoise a I'epoque des Ming(1368～1644)", *Annales E'conomies Sociétés Civilisation 28e Année*～N°6, 1973

Cartier, Michel and Will, Pierre-E'tienne, "Démographie et institutions en Chine: Contribution à I'analyse des recensemenrts de I'epoque Impériale(2 A.D.～1750)", *Annales de Démographie Historique*, 1971

Chang, Pin-tsun, "Chinese Maritime Trade: The Case of Sixteenth Century Fuchien(Fukien)", Ph.D. Dissertation, Princeton University, 1983

Cohen, Pul A., "Christian Missions and Their Impact to 1900" in Fairbank, John F, ed., *Late Ch'ing, 1800～1911*, Part 1, *The Cambridge History of China* V.10, Cambridge University Press, 1978

Crawford, Robert, "Chang Chü-Cheng's Confucian Legalism" de Bary, W. T. ed., *Self and Society in Ming Thought*, New York, 1971

Dennerline, J., "Fiscal Reform and Local Control: The Gentry-Bureaucratic Alliance Servives the Conquest", Wakeman, Jr. ed., *Conflict and Control in Late Imperial China*, University of California Press, 1976

Dreyer, Edward L., "Military Origin of Ming China", in Frederick W. Mote and Denis

Twitchett ed., *The Ming Dynasty, 1368~1644*, Part 1, *The Cambridge History of China*, V.7, Cambridge University Press, 1988

Dudink, Adrian, "Opposition to the Introduction of Western Science and the Nanjing Persecution(1616-1617)", Catherine Jami, Peter Engelfriet, and Gregory Blue eds., *Statecraft and Intellectual Renewal in Late Imperial China*, Brill, 2001

Durand, John D., "The Population Statistics of China, A.D. 2-1953", *Population Studies* 13-3, 1960

Elman, Benjamin A., "Confucian Civil Service Examinations and Imperial Ideology During the Ming and Ch'ing Dynasties" in B. Elman and A. Woodside ed., *Education and Society in Late Imperial China, 1600-1900*, University of California Pr., London, 1994

Elman, Benjamin A., "Political, Social, and Cultural Reproduction via Civil Service Examinations in Late Imperial China", *The Journal of Asian Studies* 50-1, 1991

Elvin, Mark, "The Technology of Farming in Late-Traditional China", R. Barker and R. Sinha with B. Rose ed., *The Chinese Agricultural Economy*, Boulder, Colorado, 1982

Elvin, Markn, "Why China Failed to Create an Endogenous Industrial Capitalism: A Critique of Max Weber's Explanation", *Theory and Society* 13-3, Special Issue on China, 1984

Entenman, Robert, "Sichuan and Qing Migration Policy", *Ch'ing-shih wen-t'i* 4-4, 1980

Fairbank, John K., "Introduction: the Old Order", Fairbank, John K. ed., *Late Ch'ing, 1800~1911*, Part1, *The Cambridge History of China*, V.10, Cambridge University Press, 1978(=1978B)

Geiss, James, "The Cheng-te reign, 1501-1521", in Frederick W. Mote and Denis Twitchett ed., *The Ming Dynasty, 1368~1644*, Part 1, *The Cambridge History of China* V.7, Cambridge University Press, 1988

Han, Seunghyun, "Re-inventing Local Tradition: Politics, Culture, and Identity in the Early 19th Century Suzhou", Harvard University Doctoral Dissertation, 2005

Hartwell, Robert M., "Demographic, Political, and Social Transformation of China, 750-1550", *Harvard Journal of Asiatic Studies* 42, 1982

Ho, Ping-ti(何炳棣), "The Salt Merchants of Yang-Chou: A Study of Commercial Capitalism in Eighteenth-Century China", *Harvard Journal of Asiatic Studies* 17-1-2, 1954

Ho, Ping-ti(何炳棣), "The Introduction of American Food Plants into China", *American Anthropologist* 57-2, 1955

Ho, Ping-ti(何炳棣), "Early-Ripening Rice in Chinese History", *Economic History Review* 9, 1956

Ho, Ping-ti(何炳棣), "An Estimate of the Total Population of Sung-Chin China", *études Song in Memoriam étienne Balazs*, Ser. 1, Mouton & Co., 1970

Huang, Lay, "The Lung-ch'ing and Wan-li reign, 1567~1620", in Frederick W. Mote and Denis Twitchett ed., *The Ming Dynasty, 1368~1644*, Part 1, *The Cambridge History of China* V.7, Cambridge University Press, 1988

Hucker, Charles O., "Su-chou and Agents of Wei Chung-hsien, A Translatin of K'ai-tu Ch'uan-hsin(開讀傳信)," *Silver Jubilee Volume of the Zinbun Kagaku Kenkyusho*, Kyoto U., 1954

Hucker, Charles O., "THe Tuglin Movement of the Late Ming Period", J. K. Fairbank ed., *Chinese Thought and Institutions*, The University. of Chicago Press, 1957

Jones, Susan Mann and Kuhn, Philip A., "Dynasty Decline and the Roots of Rebellion", in Fairbank, John K. ed., *Late Ch'ing, 1800-1911*, Part1, *The Cambridge History of China* V.10, Cambridge: Cambridge University Press, 1978

Kessler, Lawrence D., "Chinese Scholars and the Early Manchu State", *Harvard Journal of Asiatic Studies* 31, 1971

Kracke, "Family versus Merit in Chinese Civil Examinations under the Empire", *Harvard Journal of Asiatic Studies* 10, 1947

Kracke, "Rigion, Family and Individual in Chinese Examination System", in John K. Fairbank ed., *Chinese Thought and Institutions*, Chicago: University of Chicago

Press, 1957

Kracke, "The Examination of Educational Opportunity in the Reign of Hui-tsung of the Sung and Its Implications", *Sung Studies Newsletter* 13, 1977

Kuhn, Philip A., "The Taiping Rebelion" in Fairbank, John K. ed., *Late Ch'ing, 1800-1911*, Part1, *The Cambridge History of China* V.10, Cambridge University Press, 1978

Langlois, Jr · John D., "The Hung-wu reign, 1368~1398", in Frederick W. Mote and Denis Twitchett ed., *The Ming Dynasty, 1368~1644*, Part 1, *The Cambridge History of China* V.7, Cambridge University Press, 1988

Lawrence D. Kessler, "Ethnic Compositon of Provincial Leadership during the Ch'ing Dynasty", *The Journal of Asian Studies* 28-3, 1965

Lee, En-han, "China's Response to the Full-fledged Christian Challenge, 1860~1900: An Analysis of Chinese Anti-Christian Thought After the Mid-19th Century", 『아시아문화』4, 1988

Lee, James and Eng, Robert Y., "Population and Famili History in Eighteenth Century Manchuria: Preliminary Results from Daoyi 1774~1798", *Ch'ing-shih wen-ti* 5-1, 1984

Linda Grove and Joseph W. Esherick, "From Feudalism to Capitalism: Japanese Scholarship on the Transformation of Chinese Rural Society", *Modern China* 6-4, 1980

Liu, Kwang-ching, "Statecraft and the Rise of Enterprise: The Late Ch'ing Perspective", 『第二次中國近代經濟史會議』(1), 1989

Liu, Pau K. C. and Hwang, Kuo-shu, "Population Change and Economic Development in Mainland china since 1400", Hou, Chi-ming and Yu, Tzong-shian ed., *Modern Chinese Economic History*, The Institute of Economics, Academia Sinica, Taipei, 1979

Liu, Tsui-jung, "Rice Culture in South China, 1500-1900: Adjustment and Limitation in Historical Perspective", 『國立臺灣大學歷史學系學報』 16, 1991

Mote, Frederik W., "The Y'u-mu Incident of 1449", Kierman, Frank A. Jr., ed., *Chinese Ways in Warfare*, Harvard University Press, 1974

Mote, Frederik W., "The Rise of The Ming Dynasty, 1330～1367" in Frederick W. Mote and Denis Twitchett ed., *The Ming Dynasty, 1368～1644*, Part 1, *The Cambridge History of China*, V.7, Cambridge University Press, 1988(=1988B)

Ng, Chin-Keong(吳振强), "Gentry-Merchants and Peasant-Peddlers — the Response of the Fukienese to the Offshore Trading Opportunities, 1522～1566", *Nanyang University Journal* V, Ⅶ, 1973

Oxnam, Robert B., "Policies and Institutions of the Oboi Regency 1661-1669", *The Journal of Asian Studies* 32-2, 1973

Perdue, Peter C., "Official Goals and Local Interests: Water Control in the Dongting Lake Region during the Ming and Qing Periods" *The Journal of Asian Studies* 41-4, 1982

Perdue, Peter C., "Insiders and Outsiders: The Xiangtan Riot of 1819 and Collective Action in Hinan", *Modern China* 12-2, 1986

Skinner, G. William, "Marketing and Social Structure in Rural China", Part Ⅰ・Ⅱ・Ⅲ, *The Journal of Asian Studies* 24-1, 2, 3, 1964-1965

Skinner, G. William, "Regional Urbanization in Nineteenth-Century China", Skinner ed., *The City in Late Imperial China*, Stanford University Press, 1979

Struve, Lynn A., "The Southern Mig, 1644-1662," in Frederick W. Mote and Denis Twitchett ed., *The Ming Dynasty, 1368—1644*, Part 1, *The Cambridge History of China* V.7, Cambridge University Press, 1988

Twitchet, Denniss, "The Cheng-t'ung, Ching-t'ai, and T'ien-shun reign, 1436-1464," in Frederick W. Mote and Denis Twitchett ed., *The Ming Dynasty, 1368-1644*, Part 1, *The Cambridge History of China* V.7, Cambridge University Press, 1988

Van der Sprenkel, O.B., "Population Statistics of Ming China," *Bulletin of School of Oriental and Asian Studies* 15-2, 1953

Wakeman Jr., F., "Localism and Loyalism during the Ch'ing Conquest of Kiangnan: The

Tragedy of Chiang-yin," Wakeman and Grant ed., *Conflict and Control in Late Imperial China*, University of California Press, 1976

Waltner, Ann, "Building on the Ladder of Success: The Ladder of Success in Imperial China and Recent Work on Social Mobility," *Ming Studies* 17, 1983

Wang, Chen-main, "The Life and Career of Hong, Cheng-chou: Public Service in Time of Dynastic Change" Ph.D. Dissertation, University of Arizona, 1984

Wang, Yeh-chien(王業鍵), "Secular Trends of Rice Prices in Yangzi Delta, 1368-1935," in T.G. Rawski & L.M. Li ed., *Chinese History of Economic Perspective*, University of California Press, 1992

Wong, R. Bin, "The Political Economy of Food Supplies in Qing China," Ph. D. Dissertation, Havard University, 1983

Yamamoto Eishi(山本英史), "Tax Farming by the Gentry: Reorganization of the Tax Collection System in the Early Qing," *The Memoirs of the Toyo Bunko* 57, 1999

Yuan, Tsing, "Urban Riots and Disturbances," Spence, Jonathan D. and Wills JR., Johe E ed., *From Ming to Ch'ing: Conquest, Region and Continuity in Seventeenth Century China*, Yale University Press, 1979

索 引

ㄴ

ㄷ

ㄹ

ㅁ

ㅂ

ㅅ

ㅊ

ㅋ

ㅌ

ㅍ